Manual Brasileiro de Geossintéticos

Blucher

Manual Brasileiro de Geossintéticos

Coordenador:
José Carlos Vertematti

2ª edição atualizada e ampliada

ABINT – *Associação Brasileira das Indústrias de Nãotecidos e Tecidos Técnicos*
2.ª edição – 2015
Editora Edgard Blücher Ltda.

Blucher

Rua Pedroso Alvarenga, 1245, 4º andar
04531-934 - São Paulo - SP - Brasil
Tel.: 55 11 3078-5366
contato@blucher.com.br
www.blucher.com.br

Segundo o Novo Acordo Ortográfico, conforme 5. ed.
do *Vocabulário Ortográfico da Língua Portuguesa*,
Academia Brasileira de Letras, março de 2009.

É proibida a reprodução total ou parcial por quaisquer meios sem
autorização escrita da editora.

Todos os direitos reservados pela Editora Edgard Blücher Ltda.

FICHA CATALOGRÁFICA

Manual Brasileiro de Geossintéticos / José Carlos
  Vertematti (coord.). – 2. ed. – São Paulo: Blucher, 2015

  2. ed. atualizada e ampliada
  Bibliografia
  ISBN 978-85-212-0926-3

  1. Geossintéticos 2. Fundações (Engenharia) 3. Mecânica
do solo I. Vertematti, José Carlos.

15-0683   CDD-624-15

Índices para catálogo sistemático:
1. Fundações (Engenharia)

Dedicatória

Coube a mim a honra e o privilégio de escrever uma singela homenagem ao Prof. Benedito de Souza Bueno, nesta 2ª edição do Manual Brasileiro de Geossintéticos, obra em que ele foi um entusiasta e coautor.

Escrever sobre seu vasto conhecimento técnico, sua excelente produção científica, sua grande contribuição para o desenvolvimento dos geossintéticos no Brasil e no mundo e, principalmente, sobre sua competência didática como professor na UFV e na EESC-USP, onde, com pioneirismo, implantou o Laboratório de geossintéticos – centro de referência e excelência na área –, é ser totalmente repetitivo, pois muito já se falou e se escreveu sobre isto, sendo unânime o reconhecimento do trabalho do Professor Benedito.

Prof. Benedito de Souza Bueno
12 outubro 1951 – 1 Agosto de 2015

Mais importante que seu legado profissional, por maior que seja, é o que ele nos deixa como exemplo, em personalidade e virtudes pessoais. Desde que eu o conheci no final da década de 1990, e nos inúmeros contatos que mantive com ele, sua postura e comportamento eram marcantes e destacados pela simplicidade, humildade, tranquilidade e cordialidade. A determinação pela iniciativa, pelo trabalho em equipe, e a vontade em ajudar, orientar e passar experiências a quem quer que fosse, também eram fortes características de sua personalidade.

Enfim, por tudo isto, assim como por promover a saudável interação entre a Academia e o setor produtivo de Geossintéticos, deixo aqui registrada nossa singela homenagem ao Prof. Benedito de Souza Bueno.

QUE DEUS O TENHA!

Eng. Lavoisier Machado

Coordenador do CTG-ABINT na 1ª edição do Manual Brasileiro de Geossintéticos

Agradecimentos

Aos associados-membros do CTG
– Comitê Técnico de Geossintéticos

Quando no ano 2000 discutíamos com empresas fabricantes e distribuidoras de geossintéticos, a necessidade da formação do CTG – Comitê Técnico Geossintéticos da ABINT – Associação Brasileira das Indústrias de Nãotecidos e Tecidos Técnicos, alguns dos objetivos implícitos eram o de unir as forças das empresas e a energia dispendida, especialmente das indústrias, em prol do desenvolvimento mercadológico e potencial desse importante segmento, os geossintéticos.

A consciência de todos sempre foi a de que, para os geossintéticos, não haveria crescimento mercadológico sem um forte embasamento técnico-científico, e esta sempre foi a tônica do grupo de empresas que formaram e participam ativamente do nosso CTG.

Nos primórdios das discussões do CTG, vários temas e projetos foram abordados, mas sempre se destacou a necessidade de estender o conhecimento sobre os geossintéticos ao público especificador e usuário, da forma mais massiva e correta possível; daí nasceu a ideia de se escrever e editar o **MBG – Manual Brasileiro de Geossintéticos**, uma tarefa árdua e por si só não muito fácil, mesmo contando em nossa comunidade de geossintéticos com uma vasta gama de bem preparados especialistas.

Foi um grande desafio, enfrentado e conduzido pelo CTG de forma exemplar, jamais vista talvez em um grupo formado por empresas muitas vezes concorrentes entre si, mas no seu íntimo com um espírito de equipe e ética muito fortes. A visão do CTG sempre foi a de focar o mercado e seus usuários.

Agora em 2015, retomamos estes trabalhos e estes princípios que nortearam a 1ª edição do MBG, para elaborarmos desta vez a 2ª edição do MBG, atualizada e ampliada, para a continuidade do desenvolvimento tecnológico e de mercado dos públicos especificador e usuário.

Neste momento, torna-se difícil citar tantos colaboradores para as justas homenagens e agradecimentos, como aos autores, à diretoria e funcionários da ABINT, e muitos outros, mas com a licença de todos cabe uma especial citação a um profissional que foi de uma importân-

Manual Brasileiro de Geossintéticos

cia ímpar na condução dos trabalhos, o Eng. José Carlos Vertematti, coordenador do MBG.

Por último, em nome da ABINT – Associação Brasileira das Indústrias de Nãotecidos e Tecidos Técnicos), gostaria de aqui deixar registrados os nossos especiais agradecimentos às empresas associadas que compõem o CTG – Comitê Técnico de Geossintéticos: **Braskem, Cipatex, Huesker, Maccaferri, Mexichem Bidim, Ober, Sansuy, e Santa Fé**, pelo apoio incondicional emprestado à realização deste projeto, sem o qual jamais teríamos alcançado o objetivo final de colocar à disposição do mercado a 2ª edição do **MBG – Manual Brasileiro de Geossintéticos**, atualizada e ampliada, e que, pela excelência e pioneirismo da obra, com certeza, continuará como referência, tanto no meio acadêmico quanto no prático, de mercado.

Laerte Guião Maroni
Diretor de Relações Externas da ABINT

Aos profissionais que colaboraram com esta obra

Como atual coordenador do CTG da ABINT, e atuante por mais de 20 anos da minha vida profissional neste segmento, é uma realização extremamente gratificante a publicação desta obra, e uma satisfação em sabermos da expressividade deste segmento hoje dentro da Engenharia, o que nos motivou a continuidade desse trabalho de mais de 10 anos.

Mesmo sabendo que corro o risco de ser indelicado e injusto para com alguém, prefiro corrê-lo e externar publicamente meu agradecimento às seguintes pessoas e instituições:

- A todos os autores pela competência, dedicação e, principalmente, pela flexibilidade de opiniões e compromisso, atributos imprescindíveis na elaboração de uma obra coletiva.

- Ao coordenador da obra, Eng. José Carlos Vertematti, por seu conhecimento, experiência e enorme dedicação.

- Ao Eng. Laerte Guião Maroni, ex-Presidente e atual Diretor de Relações Externas da ABINT, que foi o mentor da ideia do livro MBG, e um dos maiores entusiastas dessa obra pioneira.

- À diretoria da ABINT, pelo apoio e cooperação, e ao Presidente Wagner Souto Carvalho, pela total autonomia de trabalho permitida.

- Aos profissionais Adolpho Meldau, Alexandre Marcos Texeira, André Estevão Silva, Carlos Eduardo Fonseca, Demetrius Guimarães, Edson Miquilin, Gustavo Lombardi e Vinicius Benjamim, representantes técnicos das empresas patrocinadoras do CTG – Comitê Técnico de Geossintéticos, pela colaboração, pelo apoio, e pela participação nas decisões que tornaram possível a realização desta obra.

- Ao Adm. Jorge Saito e à Engª. Cristiane Gimenes Lima, respectivamente secretário executivo e assistente técnica da ABINT, pela organização administrativa financeira do CTG – Comitê Técnico de Geossintéticos, e pelo suporte ao projeto do livro.

- Ao Dr. Plínio Cabral, que viabilizou juridicamente a existência desta obra coletiva.

- Ao Eng. Edgard Blucher, por sua experiência e profissionalismo editorial, como também por seu companheirismo na busca pela solução dos inúmeros problemas de formatação inerentes a uma obra coletiva.

- Ao colega e Eng. Vinicius Benjamim, que iniciou os trabalhos desta 2ª edição do MBG, quando coordenador na gestão antecessora do CTG da ABINT.

- E, por fim, à minha família e minha equipe na Maccaferri, pelo apoio diário e pela compreensão quanto à minha ausência, nos momentos de dedicação ao CTG.

Engenheiro Fabricio Zambotto
Coordenador do CTG
Comitê Técnico de Geossintéticos da ABINT

Prefácio da 2ª edição

É com grande satisfação que introduzo a segunda edição do Manual Brasileiro de Geossintéticos. O grupo de profissionais na área de geossintéticos que liderou a compilação da primeira edição deste manual teve certamente a visão clara sobre a importância de oferecer conhecimentos nessa tecnologia comparativamente nova para a comunidade profissional brasileira. O sucesso dessa primeira publicação se reflete não apenas na vasta utilização do manual como também na demanda significativa sobre novos conhecimentos que continuaram a ser gerados. Consequentemente, o lançamento da segunda edição deste manual se materializa pontualmente no décimo aniversário do seu primeiro lançamento. Assim como na primeira edição, esta edição reflete o fato de que a tecnologia de geossintéticos em nível mundial tem se beneficiado enormemente dos avanços de conhecimento propulsionados pela comunidade técnica brasileira.

Considero que a engenhosidade continua a ser um atributo importante em projetos de engenharia civil que incorporam o uso de materiais geossintéticos. Isto é devido à capacidade de podermos adaptar as propriedades mecânicas e hidráulicas desses materiais, de forma controlada, para atender às necessidades específicas de diferentes projetos de obras civis. Esta segunda edição do Manual Brasileiro de Geossintéticos reflete avanços significativos quanto ao uso desses materiais em uma ampla variedade de funções e aplicações nas áreas de engenharia civil e geotecnia. Desta forma o manual proporciona aos profissionais brasileiros uma informação cuidadosamente atualizada na área de geossintéticos que é necessária para projetar barragens de terra, barreiras hidráulicas, taludes, sistemas de proteção costeira, fundações, encontros de ponte, muros de arrimo, aterros, pavimentos, dentre outras obras de engenharia civil.

Com a segunda edição deste manual, os engenheiros brasileiros ganham acesso a uma excelente compilação de informação que lhes permite continuar a oferecer às obras civis o melhor desempenho que é viabilizado com a utilização de geossintéticos.

Jorge G. Zornberg, Ph.D., P.E.
Professor, Universidade de Texas em Austin, Estados Unidos
Ex-Presidente, Sociedade Internacional de Geossintéticos (IGS)
Austin, 2015

Prefácio da 1ª edição

Nós, engenheiros civis, temos uma postura que pode ser interpretada como conservadora. Existem motivos para isso: lidamos, em geral, com materiais e fenômenos naturais, sujeitos, portanto, a grandes incertezas; ruínas podem ter, na Engenharia Civil, consequências de magnitudes muito mais significativas do que em outras áreas da atuação humana. O suposto conservadorismo nada mais é, portanto, do que reflexo da consciência dos riscos envolvidos na nossa atividade.

É na área de técnicas, produtos e processos que a nossa profissão revela seu caráter mais inovador. Os geossintéticos desempenham, aí, um papel muito relevante, exatamente por auxiliarem a reduzir aquelas incertezas dos materiais naturais com que lidamos todos os dias.

Considerando tudo o que há por fazer em termos de infraestrutura no nosso país, a qualificação do nosso meio técnico e a disponibilidade de produtos de qualidade, parece evidente que a utilização dos geossintéticos experimentará pelo menos uma década de grande desenvolvimento.

Nesse contexto, foi extremamente oportuna a iniciativa da ABINT de produzir este manual. Trata-se de obra abrangente e profunda, preparada por um grupo de especialistas da maior competência no assunto, que apresenta conceitos, especificações, critérios de projeto, recomendações práticas de aplicação e, como se não bastasse, inúmeros exemplos de aplicação.

Os organizadores conseguiram algo que quem já empreendeu tarefa semelhante sabe que não é nada fácil: harmonizar a amplitude desse escopo com o rigor em cada tema, zelar pela homogeneidade do texto, preservando a individualidade de estilo e de vivência profissional dos autores, enfim, produzir um texto de qualidade. Estou certo de que tudo isso contribuirá para tornar este manual uma obra de referência obrigatória nos próximos anos, tanto para profissionais quanto para acadêmicos de Engenharia Civil.

Finalmente, como atual presidente da Associação Brasileira de Mecânica dos Solos e Engenharia Geotécnica (ABMS), a entidade que congrega talvez o maior contingente de profissionais interessados nos geossintéticos, não poderia deixar de dizer, que é motivo de orgulho para a nossa Associação ver, entre os autores, diversos membros de sua Comissão Técnica de Geossintéticos e da IGS-Brasil.

Parabéns à ABINT, pela iniciativa. Aos organizadores, pelo brilhante resultado alcançado. Aos autores, pela qualidade das contribuições. Aos leitores, por estarem consultanto o que há de melhor nesse assunto no Brasil e no Mundo.

Agosto de 2004

Waldemar Hachich
Presidente da AMBS
Professor Titular da Escola Politécnica da USP

Apresentação

Em meados de 2004 nasce a ambiciosa ideia por meio do Comitê Técnico de Geossintéticos, da ABINT, de editar o 1º Manual Brasileiro de Geossintéticos.

A ABINT – Associação Brasileira das Indústrias de Nãotecidos e Tecidos Técnicos, fundada em 1991, é uma entidade formada pelas principais empresas do setor, que tem, entre seus principais objetivos, o de promover e incentivar o ensino, a formação e a especialização de profissionais dos mais variados setores de desenvolvimento e aplicação de nãotecidos e tecidos técnicos.

Coube ao CTG – Comitê Técnico de Geossintéticos a missão de editar este manual, que foi o primeiro livro brasileiro sobre o tema, em tempos que a aplicação de geossintéticos era incipiente. Hoje, 10 anos depois, temos a honra de revisitar a obra e promover a 2ª edição com as evoluções que o segmento ganhou ao longo destes anos.

Temos, por um lado, as indústrias, com inúmeras inovações de produtos e soluções, por outro, incansáveis pesquisadores, que desenvolveram estudos, projetos e aplicações durante estes anos, e o CTG, que tem a responsabilidade e o foco em fomentar o mercado por meio de suporte técnico a normas, cursos de capacitação, publicações do setor, e por meio do site www.geossinteticos.org.br.

Diante deste cenário chega o momento de mais uma importante etapa, a de atualizar e ampliar esta obra com a 2ª edição do MBG, hoje, fomentado por mais aplicações e profissionais que vêm dedicando grande parte do seu tempo a este setor crescente da Engenharia, que, mesmo com toda maturidade técnica adquirida, ainda é jovem e ávido por novos trabalhos e conhecimentos.

A 2ª edição do MBG tem a expectativa de atualizar e suprir as necessidades técnicas das soluções em geossintéticos para engenheiros, professores, estudantes, projetistas e consultores, possibilitando a esses profissionais determinar o desempenho esperado da solução adotada, dentro das melhores técnicas disponíveis no segmento, sem comprometer a qualidade de seu projeto ou obra.

Este manual esteve sob a responsabilidade de 34 renomados profissionais com larga experiência teórica e prática no assunto, que contemplam o tema por diferentes perspectivas, que mantêm a característica eclética do MBG.

Esperamos que você leitor, que nos reencontra nesta obra, e aos que se deparam pela primeira vez com os geossintéticos por meio deste manual, encontrem aqui um aliado nos desafios das obras em que atuem, e esperamos ainda que lhes despertem mais o interesse de seguir buscando soluções cada vez mais inovadoras e eficientes com o uso de geossintéticos.

Mãos à obra !

Engenheiro Fabricio Zambotto
Coordenador do CTG
Comitê Técnico de Geossintéticos da ABINT

Coeditores

Bidim

Braskem

cipatex

HUESKER
Ideen. Ingenieure. Innovationen.

MACCAFERRI

OBER

sansuy

santa fé

Conteúdo

1
Introdução
Paulo R. Aguiar, José C. Vertematti
17

2
Matérias-Primas
Benedito S. Bueno, Celso L. Lotti
31

3
Propriedades, Ensaios e Normas
Benedito S. Bueno, Orencio M. Vilar
47

4
Aplicações em Reforço de Solos

4.1 Introdução – José C. Vertematti 85

4.2 Função Reforço, definição – José C. Vertematti 86

4.3 Propriedades Relevantes – José C. Vertematti 86

4.4 Aterros sobre Solos Moles – Ennio M. Palmeira, Alberto Ortigão 94

4.5 Muros e Taludes Reforçados – Mauricio Ehrlich, Romero C. Gomes,
Alberto S. F. J. Sayão, Eduardo Azambuja 106

4.6 Reforços de Fundações – Werner Bilfinger, Luiz Guilherme F. S. Mello 149

4.7 Aterros sobre Estacas – Luiz G. F. S. Mello, Werner Bilfinger 155

4.8 Aterros sobre Cavidades – Rogério F. K. Puppi, Ney A. Nascimento 177

4.9 Reforço de Base de Pavimentos – Glicério Trichês, André K. Kuchiishi, Tiago Vieira e
Liedi B. Bernucci 201

4.10 Solos Reforçados com Fibras – Nilo C. Consoli, Lucas Festugato 222

4.11 Conclusões – José C. Vertematti..231

85

5
Aplicações em Filtração
Paulo R. Aguiar, José C. Vertematti
247

6
Contenções em Obras Hidráulicas
José C. Vertematti, Gerson R. Castro
275

16 Manual Brasileiro de Geossintéticos

7
Aplicações em Drenagens
Paulo R. Aguiar, José C. Vertematti
305

8
Aplicações em Separação de Materiais
Ennio M. Palmeira, Evangelista C. Fonseca
323

9
Aplicações em Proteção
Maurício Abramento, Virginia C. Pezzolo
341

10
Aplicações em Adensamento de Solos Compressíveis
Henrique M. Oliveira, Márcio S. S. Almeida, Maria E. S. Marques
357

11
Aplicações em Colunas Encamisadas
Clara N. Takaki, Werner Bilfinger, Luiz Guilherme F. S. Mello
381

12
Aplicações em Restauração de Pavimentos
Régis M. Rodrigues, Jorge A. P. Ceratti
395

13
Aplicações em Controle de Erosão Superficial
Afonso C. M. Marques, Regis E. Geroto
421

14
Aplicações em Barreiras Impermeabilizantes
Orencio M. Vilar, Benedito S. Bueno, Clóvis Benvenuto
457

15
Aplicações em Acondicionamento e Dessecagem de Lodos e Lamas
José C. Vertematti
505

16
Recomendações Básicas para Estocagem, Manuseio e Instalação de Geossintéticos
José C. Vertematti
529

17
Apêndice – Unidades e Notações
José C. Vertematti
537

Currículo dos Autores

Capítulo 1

Introdução

Paulo R. Aguiar
José C. Vertematti

1.1 PALAVRAS INICIAIS

Desde 1971, quando foi produzido o primeiro geossintético brasileiro, nosso desenvolvimento no campo da pesquisa acadêmica, nas aplicações e mercados, na formação de profissionais, na organização de grupos e associações, na produção e no desenvolvimento de novos produtos, assim como na organização de eventos técnicos, tem superado as expectativas mais otimistas. Isso tudo apesar do contexto socioeconômico pouco estável.

Contatos diários com profissionais que atuam na área acadêmica, em empresas de projetos, em consultorias, em órgãos públicos e em construtoras, têm revelado a necessidade de uma melhor disseminação dos conhecimentos básicos acumulados nas últimas décadas de geossintéticos no Brasil, apresentados de uma forma prática, simples e objetiva. Foi com base nessa percepção que a **ABINT - Associação Brasileira das Indústrias de Nãotecidos e Tecidos Técnicos** , por meio do **CTG - Comitê Técnico Geossintético** , decidiu enfrentar o desafio e viabilizou a elaboração e lançamento da **Primeira Edição do MBG - Manual Brasileiro de Geossintéticos** no mês de outubro de 2004, tornando acessíveis informações básicas sobre tipos, especificações, campos de aplicação, métodos de dimensionamento e processos de instalação dos Geossintéticos disponíveis no mercado brasileiro.

Hoje, passados mais de dez anos, a **ABINT** tem o orgulho de lançar a **Segunda Edição do MBG**, revista, atualizada e ampliada. Essa tarefa, nada fácil, só se tornou possível por meio do engajamento de vários profissionais entusiastas dos produtos geossintéticos e que os pesquisam, especificam em projetos, empregam em obras e desenvolvem suas novas aplicações.

1.2 OS AUTORES DO MBG

Para elaborar os capítulos que compõem esta **Segunda Edição do MBG**, foram selecionados, em todo o nosso país, 34 profissionais que atuam na área. Cada um deles se dedica e detém conhecimentos em uma ou mais aplicações de geossintéticos, e vem prestando grande colaboração em seus campos de atuação, como se pode conferir nas apresentações pessoais, encontradas no final do livro.

1.3 HISTÓRICO

A utilização de materiais naturais para melhorar a qualidade dos solos é prática comum desde 3000 a.C. Estivas de junco, solo misturado com palha, bambus etc., em geral, materiais vegetais constituídos de fibras resistentes, foram empregados nos *Zigurates* da Mesopotâmia, na **Grande Muralha da China** e em várias obras do **Império Romano**.

Entretanto o emprego de materiais sintéticos produzidos pela indústria têxtil somente ocorreu com o desenvolvimento dos seguintes polímeros:

- policloreto de vinil, em 1913, produzido comercialmente em 1934;

- poliamida, em 1930, produzido comercialmente em 1940;

- poliéster, em 1930, produzido comercialmente em 1949;

- polietileno, em 1949 (baixa resistência), 1954 (alta resistência);

- polipropileno, em 1954, produzido comercialmente no final dos anos 1950.

Um grande passo no desenvolvimento dos materiais geossintéticos foi a fabricação de geotêxteis nãotecidos de filamentos contínuos, na metade dos anos 1960, na França, na Inglaterra e nos Estados Unidos. Também data dessa época o desenvolvimento, pelas indústrias, de embalagens inglesas, a tecnologia de fabricação de malhas sintéticas, ou georredes. Nos dias de hoje, já existem outros polímeros que estão sendo desenvolvidos e incorporados à fabricação de geossintéticos, com propriedades diferenciadas dos demais, procurando atender a necessidades específicas da moderna engenharia.

1.4 DESENVOLVIMENTO

Os principais desenvolvimentos e aplicações ocorridos no mundo — e particularmente no Brasil — estão relacionados a seguir.

Década de 1950

Surgem as primeiras aplicações de geotêxteis tecidos como elementos de filtro para proteção antierosiva, em obras hidráulicas. Na Holanda, foram inicialmente utilizados sacos de areia, produzidos com tecidos de náilon em obras hidráulicas. Logo a seguir, em 31 de janeiro de 1953, ocorreu um desastre natural, ocasionado por fortes ventos e pela ação das ondas, com rompimento de inúmeros diques, inundando diversas áreas e matando 1.850 pessoas. Foi então desenvolvido o Projeto Delta, que, para recuperação daquelas defensas, empregou 10 milhões de metros quadrados de tecidos.

Nos Estados Unidos, foram utilizados tecidos para o controle de erosões marítimas, na Flórida. Aplicações semelhantes foram realizadas na antiga Alemanha Ocidental e no Japão.

Década de 1960

Nos Estados Unidos ocorreu, em 1966, a primeira aplicação de geotêxtil nãotecido de fibras em recapeamento asfáltico. Em 1967, no Japão, georredes foram utilizadas em obras de reforço de aterros sobre solos moles, o que provocou o desenvolvimento das geogrelhas. Em 1968, ocorreram as primeiras aplicações de geotêxteis nãotecidos como elemento separador e de reforço entre materiais com características mecânicas e físicas diferentes, principalmente em obras viárias e controle de erosão, na Europa.

Década de 1970

Ocorrem inúmeras aplicações de geotêxteis, tais como aterros rodoviários sobre solos de baixa capacidade de suporte, muros em solo reforçado, filtros de drenos e barragens, associações entre geotêxteis e geomembranas, geotêxteis espessos como elementos drenantes de túneis. Nessa década, foram iniciadas as construções de grandes barragens (aproximadamente 80 m de altura) tendo geotêxtil no sistema drenante/filtrante, como é o caso da Frauenau Dam, na Alemanha ocidental, e da Hans Stridjon Dam, na África do Sul.

Vários grupos técnicos de trabalho foram criados na França, na Alemanha e nos Estados Unidos para desenvolver normas específicas. Em 1977, realizou-se na França a International Conference on the Use of Fabrics in Geotechnics, ocasião em que o professor Jean Pierre Giroud propôs o emprego dos termos "geotêxtil" e "geomembrana".

No Brasil, as primeiras aplicações de geotêxteis aconteceram em 1971, principalmente em obras rodoviárias (reforço de aterros sobre solos de baixa capacidade portante), como é o caso da BR-101, em Angra dos Reis (RJ), e na rodovia Transamazônica. O primeiro geossintético fabricado no Brasil foi um geotêxtil nãotecido de filamentos contínuos, cuja produção comercial começou em 1973. Naquela década, uma das suas principais aplicações foi na drenagem da Rodovia dos Bandeirantes, no Estado de São Paulo, ligando a capital a Campinas, e que consumiu mais de 500.000 m².

Década de 1980

Surgem vários métodos de dimensionamento, é criada a International Geosynthetics Society (IGS) e acontecem os seguintes eventos internacionais: II International Conference on Geotextiles (Las Vegas, 1982), III International Conference on Geotextiles (Viena, 1986); e são formados os seguintes comitês de geossintéticos: American Society for Testing and Materials (ASTM) D35, Comitê Europeu de Normalização (CEN), Geosynthetic Research Institute (GRI), International Society for Soil Mechanics and Foundation Engineering (ISSMFE) TC9 e International Standardization Organization (ISO).

Tem início no Brasil a fabricação dos geotêxteis tecidos, sendo uma das primeiras obras significativas o reforço de aterros sobre solos de baixa capacidade de suporte no Conjunto Residencial Tancredo Neves, do Departamento Nacional de Obras e Saneamento (DNOS), no Rio de Janeiro, em 1981. Ainda nessa década, começa, em nosso país, a comercialização dos geotêxteis nãotecidos cardados, assim como a produção das georredes e, em 1982, ocorre a primeira aplicação de geomembrana nacional de PVC, na Alcoa Alumínio S/A, no Maranhão, com a instalação de mais de 500.000 m² em lagoas de rejeito de bauxita. Também é criada a Comissão de Estudos de Geossintéticos, pelo Comitê Brasileiro de Construção Civil — CB-02 da Associação Brasileira de Normas Técnicas (ABNT), além da formação da ABINT.

Década de 1990

No decorrer da década de 1990, o impulso gerado pelos estudos teóricos apresentados, de casos históricos e novas aplicações, desencadeou o surgimento de uma grande multiplicidade de produtos e usos que, ao se combinar, resultaram na geração de inúmeras novas utilizações importantes. São relacionados mundialmente mais de 400 produtos comercializados e utilizados em mais de cem aplicações diferentes.

Eventos internacionais significativos: IV International Conference on Geotextiles, Geomembranes and Related Products (Holanda,1990); V International Conference on Geotextiles, Geomembranes and Related Products (Cingapura, 1994), VI International Conference on Geosynthetics (Atlanta, 1998), onde se cunhou o termo "geossintético". No Brasil, em 1992, em Brasília, realiza-se o Seminário Sobre Aplicações de Geossintéticos em Geotecnia – Geossintéticos 92; em 1995, em São

Paulo, ocorre o II Simpósio Brasileiro sobre Aplicações de Geossintéticos"; em 1999, tem lugar no Rio de Janeiro, o III Simpósio Brasileiro sobre Geossintéticos/I Simpósio Sul-americano de Geossintéticos; e, em 1994, é formada a Associação Brasileira de Geossintéticos – IGS-Brasil. Inúmeros produtos tiveram sua comercialização iniciada no Brasil, destacando-se as geogrelhas, as barreiras geossintéticas e as geocélulas.

A partir de 1994, a cada ano, novos eventos locais, estaduais, nacionais e internacionais passaram a surgir e se consolidar, o que vem acelerando sensivelmente o desenvolvimento mundial dos produtos geossintéticos.

Décadas de 2000 e 2010

O bom desenvolvimento dos geossintéticos no Brasil, desde os anos 1970 até os dias de hoje, tem se refletido sensivelmente na atividade acadêmica e propiciou a realização do ***9ICG – International Conference on Geosynthetics*** aqui no Brasil, no Guarujá, em 2010, com total sucesso.

No ano de 2001 iniciaram-se os trabalhos de elaboração da Primeira Edição do MBG – Manual Brasileiro de Geossintéticos, obra pioneira no mundo, patrocinada pela ABINT. Foram mais de três anos de trabalhos envolvendo 26 coautores da obra, todos especialistas em geotecnia e hidráulica, dedicados aos estudos dos Geossintéticos e sediados ao longo de todo o País.

O resultado do lançamento desta obra pode ser constatado por meio da análise das Tabelas 1-1 e 1-2: duplicação do número de trabalhos apresentados por brasileiros nos congressos internacionais e a intensa utilização de geossintéticos em obras de grande porte, onde vários tipos e diferentes aplicações foram contemplados em uma mesma obra, denotando o crescente interesse e desenvolvimento técnico-comercial dos geossintéticos entre nós. Hoje há disciplinas específicas dedicadas aos geossintéticos em diversas universidades, tanto em nível de graduação como de pós-graduação.

Com relação ao número de trabalhos técnicos apresentados em congressos, simpósios e seminários, há uma participação crescente de brasileiros nos eventos internacionais, conforme demonstrado na Tabela 1-1.

Algumas das obras relevantes realizadas de 1975 a 2014 no Brasil com o emprego de geossintéticos, seja pelo pioneirismo, pela importância ou pelo porte, encontram-se resumidas na Tabela 1-2.

TABELA 1-1
Participação do Brasil em congressos internacionais de geossintéticos

Congresso	Data	Local	Trabalhos brasileiros	Trabalhos apresentados	Participação brasileira (%)
I International Conference on the Use of Fabrics in Geotechnics	1977	Paris	01	67	1,5
II International Conference on Geotextiles	1982	Las Vegas	02	138	1,5
III International Conference on Geotextiles	1986	Viena	01	232	0,5
IV International Conference on Geotextiles	1990	The Hague	04	234	1,7
V International Conference on Geotextiles	1994	Cingapura	06	280	2,0
6th International Conference on Geosynthetics	1998	Atlanta	07	185	3,7
7th International Conference on Geosynthetics	2002	Nice	23	316	7,3
8th International Conference on Geosynthetics	2006	Yokohama	23	355	6,5
9th International Conference on Geosynthetics	2010	Guarujá	58	351	16,5
10th International Conference on Geosynthetics	2014	Berlim	40	344	11,5

TABELA 1-2
Algumas obras relevantes realizadas com geossintéticos no Brasil de 1971 a 2014

Aplicação	Data	Local	Detalhamento/Nome da obra/Contratante
Aterro sobre solo mole	1971	Angra do Reis (RJ)	Camada de separação e reforço na BR-101; Rodovia Rio-Santos; DNER
Drenagem profunda	1975	Araraquara (SP)	Drenos longitudinais profundos em silo horizontal enterrado; Ceagesp
Enrocamentos marítimos	1977	Angra do Reis (RJ)	Contenção de aterro mecânico; terminal de Ilha Grande; Petrobras
Barragem de terra	1978	Bagé (RS)	Tapete drenante da Barragem de Terra de Sanga Rasa

TABELA 1-2
Algumas obras relevantes realizadas com geossintéticos no Brasil de 1971 a 2014

Aplicação	Data	Local	Detalhamento/Nome da obra/Contratante
Drenos longitudinais profundos	1979	Várias cidades (SP)	Rodovia dos Bandeirantes
Diques contínuos de geotêxtil	1980	São Luiz (MA)	Aterros hidráulicos para construção de conjuntos habitacionais; DNOS
Revestimento impermeabilizante	1980	Salvador (BA)	Canal do sistema de adução de Pedra do Cavalo
Lastro ferroviário	1981	São Paulo (SP)	Camada separadora entre o lastro e o subleito; Fepasa
Travessia ferroviária sobre o Rio Lages	1998	Chapadão do Sul (MS)	Aterro estaqueado e reforçado, Ferronorte
Reforço de base de pavimento	2002	São Paulo (SP)	Implantação do trecho oeste do Rodoanel Mário Covas
Reacapeamento asfáltico	2004	Camboriú (SC)	Camada inibidora da reflexão de trincas – P. M. Balneário de Camboriú
Aterros de conquista, aterros sobre solos moles e muros reforçados	2005 a 2010	(SC) e (RS)	Duplicação da BR 101 – Rodovia Regis Bittencourt
Aceleração de Adensamento de solo mole	2006	Palhoça (SC)	Drenos verticais geossintéticos – Duplicação da BR-101 – Sul – DNIT
Acondicionamento e dessecagem de lodo orgânico	2006	Uberlândia (MG)	Fôrmas têxteis utilizadas na ETE Uberabinha – DMAE
Rebaixamento de linha férrea	2006 a 2009	Maringá (PR)	Muro em solo reforçado com face em blocos segmentais
Sistema antirreflexão de trincas	2006 a 2012	Vários Estados da União	Restauração das pistas de pouso dos principais aeroportos de SP, RJ, MG, DF, PE e PR.
Solo envelopado	2007	Carajás (MA)	Solo reforçado com geogrelhas – Estrada de Ferro Carajás – CVRD
Aterro sobre solo mole e dragagem de solo contaminado	2007 a 2013	Santos (SP)	Separação reforço, acondicionamento e dessecagem de lama contaminada, Embraport
Aterro sobre solo mole	2008 a 2010	Itaguaí (RJ)	Separação, reforço, drenos verticais e colunas de areia encamisadas, CSA – Cia. Siderúrgica do Atlântico

TABELA 1-2			
Algumas obras relevantes realizadas com geossintéticos no Brasil de 1971 a 2014			
Aplicação	Data	Local	Detalhamento/Nome da obra/Contratante
Reforço de aterros de conquista e aterro de infraestrutura	2009 a 2011	Santos (SP)	Implantação do terminal portuário BTP-EMBRAPORT
Acondicionamento e dessecagem de lodo de ETE	2010	Porto Velho (RO)	Formas têxteis tubulares na ETE da UHE Santo Antonio, AS-SAE
Controle de fluxo e drenagem	2011	Uberaba (MG)	Impermeabilização de tanque de vinhaça – Usina Uberaba S.A.
Estradas de acesso de cargas pesadas	2013 a 2014	Itaboraí (RJ)	Aterros estaqueados, drenos verticais, reforços e colunas encamisadas – COMPERJ

1.5 PRINCIPAIS FUNÇÕES DOS GEOSSINTÉTICOS

Em obras de engenharia, os geossintéticos podem exercer, concomitantemente, uma ou mais funções. A seguir, são definidas as principais funções, de acordo com a norma brasileira NBR ISO 10318 — Geossintéticos — Termos e Definições.

Controle de erosão superficial – Uso de um geotêxtil ou produto correlato para evitar ou limitar os movimentos do solo ou de outras partículas na superfície, por exemplo, de um talude.

Drenagem – Coleta e condução de águas pluviais, águas subterrâneas e outro fluidos no plano de um geotêxtil ou produto correlato.

Filtração – Retenção de um solo ou de outras partículas submetidas a forças hidrodinâmicas, permitindo a passagem do fluido em movimento através, ou no interior, de um geotêxtil ou produto correlato.

Barreira – uso de um geossintético para prevenir ou limitar a migração de fluidos.

Proteção – Limitação ou prevenção de danos localizados em um elemento ou material, pelo uso de um geotêxtil ou produto correlato.

Reforço – Uso do comportamento tensão–deformação de um geotêxtil ou produto correlato para melhorar o comportamento mecânico do solo ou de outros materiais de construção.

Separação – Prevenção da mistura de dois materiais adjacentes de naturezas diferentes, solos ou material de aterro, pelo uso de um geotêxtil ou produto correlato.

1.6 TIPOS E CLASSIFICAÇÃO

A cada dia, novos geossintéticos são desenvolvidos. Desse modo, muitos deles ainda não foram devidamente definidos e classificados. Da mesma forma, as classificações, definições e designações por siglas diferem entre países e organizações. A **IGS - *International Geosynthethic Society*** e a **IGS-Brasil**, desenvolvem esforços contínuos no sentido de uniformizar, definir e regulamentar a terminologia e os ensaios dos geossintéticos, a nível mundial e regional. No Brasil, a **ABNT** está em contínua atuação para normatizar os geossintéticos, sempre em consonância com a **ISO**, a **IGS** e a **IGS-Brasil**.

São apresentadas, a seguir, a classificação, as definições e as siglas dos principais geossintéticos existentes, de acordo com a **NBR ISO 10318 – Geossintéticos –Termos e Definições**.

Geossintético, GSY – Termo genérico que designa um produto do qual ao menos um de seus componentes é produzido a partir de um polímero sintético ou natural. Apresenta-se na forma de manta, tira ou estrutura tridimensional, sendo utilizado em contato com o solo ou outros materiais, em aplicações de engenharia geotécnica e civil.

Geocélula, GCE – Estrutura polimérica tridimensional, permeável, em forma de casa de abelha ou similar, produzida a partir de tiras de geossintéticos ligadas entre si.

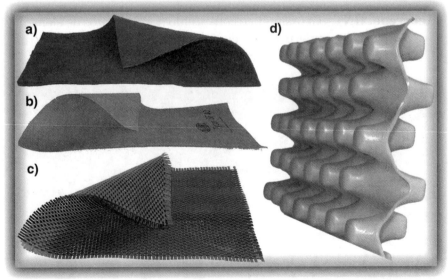

FIGURA 1-1
a) GTX-N – agulhado;
b) GTX-N – termo ligado;
c) GTX-W – laminetes;
d) GSP – patas duplas.

Geocomposto, GCO – Material industrializado formado pela superposição ou associação de materiais sendo que, pelo menos um deles, é um produto geossintético.

Geoespaçador, GSP – Estrutura tridimensional à base de polímero, concebida para criar um espaço de ar no solo e/ou outros materiais, em aplicações de engenharia geotécnica e civil.

FIGURA 1-2
a) GDPs ranhurado e perfurado;
b) GCO-D;
c) GTN;
d) GMA.

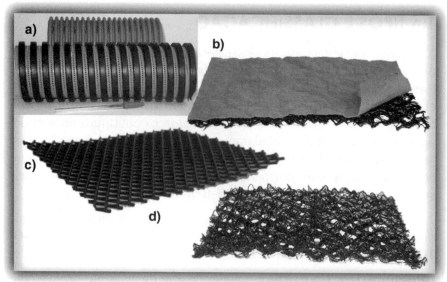

Geogrelha, GGR – Estrutura polimérica planar constituída por uma malha aberta de elementos resistentes à tração, que podem ser unidos por extrusão, solda ou entrelaçamento, e cujas aberturas são maiores que os elementos constituintes.

Geomanta, GMA – Estrutura tridimensional permeável constituída de monofilamentos poliméricos e/ou outros elementos, sintéticos ou naturais, interligados por meio mecânico e/ou térmico, e/ou químico.

Georrede, GNT – Geossintético constituído por conjuntos de elementos paralelos superpostos e completamente conectados a outros elementos similares a vários ângulos.

FIGURA 1-3
a) FTP – colchão;
b) GGR – extrudada;
c) GGR – soldada.

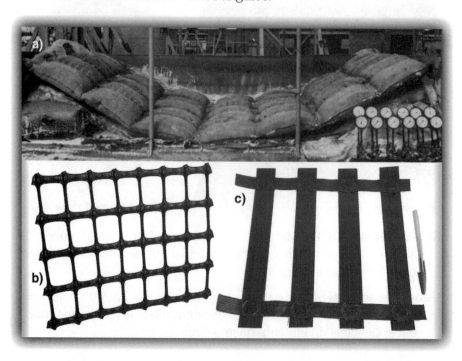

Geotêxtil, GTX – Material têxtil plano, permeável fabricado com polímero natural ou sintético, podendo ser tecido, nãotecido ou tricotado, utilizado em contato com o solo ou outros materiais em aplicações de engenharia geotécnica e civil.

Geotêxtil não tecido, GTX-N – Geotêxtil fabricado a partir de fibras, filamentos ou outros elementos distribuídos aleatoriamente e interligados por processos mecânicos, térmicos ou químicos.

Geotêxtil tricotado, GTX-K – Geotêxtil produzido pelo entrelaçamento de um ou vários fios, filamentos ou outros elementos.

Geotêxtil tecido, GTX-W – Geotêxtil produzido pelo entrelaçamento, habitualmente em ângulo reto, de dois ou vários conjuntos de fios, laminetes ou outros elementos.

Geotira, GST – Material polimérico na forma de uma tira, com largura inferior a 200 mm, utilizado em contato com o solo ou outro material de construção em aplicações da engenharia civil.

Barreira Geossintética, GBR – Material geossintético de baixa permeabilidade, utilizado em aplicações de engenharia geotécnica e civil, com a finalidade de prevenir ou limitar a percolação de fluidos através da estrutura. É, também, conhecido como geomembrana – GM.

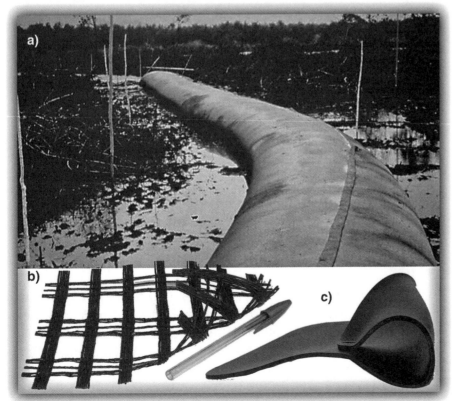

FIGURA 1-4
a) FTT – "salsichão";
b) GGR – tecida;
c) GBR-P

FIGURA 1-5
a) GCE;
b) GBR-C;
c) GCO-B – união de uma GBR-P com um GTX-N.

Barreira Geossintética Polimérica, GBR-P – Estrutura constituída de materiais geossintéticos produzida industrialmente em forma de lâmina, que atua como uma barreira. É, também, conhecida como geomembrana – GM.

Barreira Geossintética Argilosa, GBR-C – Estrutura constituída de materiais geossintéticos, entremeados com argila, produzida industrialmente em forma de lâmina, que atua como uma barreira. É, também, conhecida como geocomposto argiloso – GCL.

Barreira Geossintética Betuminosa, GBR-B – Estrutura constituída de materiais geossintéticos, entremeados com asfalto, produzida industrialmente em forma de lâmina, que atua como uma barreira. É, também, conhecida como geomembrana betuminosa.

Vários tipos de geossintéticos, recentes e existentes há vários anos, ainda não foram definidos pelos organismos oficiais. No entanto, eles são utilizados diuturnamente, no Brasil e em todo o mundo, e estão referendados em vários capítulos deste manual. Assim, é importante nominá-los e defini-los interinamente, visando possibilitar suas citações e identificações.

A seguir, estes geossintéticos são apresentados por meio de nomes e siglas sugeridos por este autor:

Barreira Geossintética Composta, GCO-B – Geocomposto produzido com dois ou mais geossintéticos, acoplados entre si, resultando em um produto de baixa permeabilidade, utilizado em aplicações da engenharia geotécnica e civil, com a finalidade de prevenir ou limitar a percolação de fluidos através da estrutura.

Fôrma Têxtil Tubular, FTT – Estrutura tubular, linear, produzida a partir de geossintéticos com a finalidade de conter materiais, de modo permanente ou provisório. É, também, apelidada de "salsichão".

Fôrma Têxtil Plana, FTP – Estrutura plana, produzida a partir de geossintéticos com a finalidade de conter materiais de modo permanente ou provisório. É, também, conhecidas como colchão polimérico.

Fôrma Têxtil Cúbica, FTC – Estrutura cúbica, produzida a partir de geossintéticos com a finalidade de conter materiais de modo permanente ou provisório. É, também, conhecida como bolsa ou "*geobag*".

Geobarra, GBA – geossintético em forma de barra com função predominante de reforço de solos.

Geocomposto Drenante, GCO-D – Geossintético desenvolvido para drenagem, composto geralmente por um geotêxtil que atua como filtro que envolve uma georrede ou um geoespaçador.

Geocomposto Resistente, GCO-R – Estrutura formada pela associação de geossintéticos não similares, desenvolvida para reforço de solos.

Geoexpandido, GFM – Geossintético fabricado a partir de um polímero expandido, formando uma estrutura tridimensional leve, com finalidade principal de aliviar o peso de uma estrutura geotécnica.

Tubo Dreno Geossintético, GDP – Tubo polimérico, perfurado ou ranhurado, liso ou corrugado, rígido ou flexível, utilizado como elemento drenante e condutor, em vários tipos de drenos subterrâneos. É, também, conhecido como geotubo.

As matérias-primas mais utilizadas na fabricação dos geossintéticos são apresentadas no Capítulo 2 deste manual.

REFERÊNCIAS BIBLIOGRÁFICAS

ABNT. Associação Brasileira de Normas Técnicas. *NBR ISO 10318:2013* – Geossintéticos – Termos e definições. São Paulo: ABNT, 2013.

AGUIAR, P. R. Geosynthetics Market in Brazil. *IFAI Report*, São Paulo, P-028/94, 1994.

GIROUD, J. P. Geotextiles to Geosynthetics: a Revolution in Geotechnical Engineering. In: INTERNATIONAL CONFERENCE ON GEOTEXTILES. 3., *Proceedings...* Vienna, 1986.

IGS – Brasil. – *Recomendação 002* – Características requeridas para o emprego de geossintéticos – Parte 1 – geotêxteis e produtos correlatos. São Paulo: IGS, 2014.

IGS – Brasil – *Recomendação 003* – Termos e Definições Complementares. São Paulo: IGS, 2014.

VERTEMATTI, J. C. *Curso básico de geotêxteis*. São Paulo: ABINT, 2001.

Capítulo 2

Matérias-Primas

Celso L. Lotti
Benedito S. Bueno

2.1 INTRODUÇÃO

Vive-se a era dos polímeros, em que plásticos, fibras, elastômeros, adesivos, coberturas, borrachas, geossintéticos etc., tornaram-se termos comuns no nosso quotidiano. Os materiais poliméricos juntaram-se ao aço, ao concreto e à madeira para formar o leque dos materiais de construção civil utilizados hoje em dia.

O primeiro relato de polimerização teve lugar em 1839, quando se obteve o estireno. O nitrato e o acetato de celulose, comercializados a partir de 1870 e 1905, respectivamente, foram os primeiros produtos poliméricos manufaturados em escala industrial. Tinham, no entanto, base natural.

O primeiro polímero sintético com apelo comercial foi a resina fenol-formaldeído, desenvolvida nos primeiros anos do século XX e conhecida comercialmente como baquelita. Até aquela época se acreditava que os polímeros resultavam da agregação de pequenas moléculas, muito semelhantes aos coloides, aglutinadas por forças atrativas de natureza desconhecida.

O conceito de que os polímeros são compostos químicos formados por grandes moléculas, com alto peso molecular, interligadas por forças atrativas intermoleculares simples, foi introduzido em 1920 pelo químico alemão Hermann Staudinger (1881-1965). Seu trabalho deu um impulso à química dos polímeros e constituiu a base para o desenvolvimento de produtos importantes, como a borracha de neoprene e as fibras de náilon.

Na segunda metade do século XX, a indústria dos polímeros experimentou um extraordinário avanço. Acredita-se que existam atualmente dezenas de milhares de patentes de polímeros registradas em todo o mundo, embora apenas uma insignificante fração desse total seja utilizada comercialmente.

O uso de materiais poliméricos para fabricar geossintéticos floresceu a partir de 1960, mas há registros de utilização em menor escala em décadas anteriores. A Tabela 2-1 sintetiza alguns registros históricos de emprego de geossintéticos e a data de surgimento dos mais importantes polímeros utilizados.

TABELA 2-1
Primeiros polímeros utilizados na fabricação dos geossintéticos

Data	Produto/Sigla	Primeira aplicação	Referências
1933	PVC	Revestimento de piscinas	STAFF (1984)
1939	PEBD	Barreiras impermeabilizantes em estradas	BELL e YODER (1957)
1955	PEAD	Revestimento de margens de canais	HAWKINS (1984)
1956	PA, PP e PET	Colchões de geotêxtil tecido para proteção de fundos de rios	VAN ZATEN (1983)

2.2 CONCEITOS

Os geossintéticos são constituídos essencialmente por polímeros e, em menor escala, por aditivos. Os aditivos têm função de introduzir melhorias nos processos de fabricação ou modificar aspectos do comportamento de engenharia do polímero básico. No geral, os geossintéticos são fabricados a partir de polímeros sintéticos, derivados de petróleo, embora algumas fibras naturais, como as de juta, sisal e coco, também sejam empregadas na fabricação de alguns geotêxteis (chamados, então, de biotêxteis) e geomantas (chamadas, então, de biomantas).

A palavra polímero origina-se do grego *poli* (muitos) e *mero* (unidade de repetição).Os polímeros resultam do encadeamento de átomos de carbono, formando uma cadeia carbônica associada ou não a grupos funcionais, estruturados a partir de pequenas unidades de repetição denominadas monômeros, e de grupos de ponta, que são pequenas unidades que terminam a cadeia polimérica. O processo de polimerização pode ser resumido pela equação:

$$nM \rightarrow [\text{---}M\text{---}]_n,\qquad\qquad [2\text{-}1]$$

em que n é o grau de polimerização, M é o monômero ou unidade de repetição e $[M\text{---}]_n$ designa o polímero resultante.

Matérias-Primas

Quando se especificam, também, os grupos de ponta, eles são colocados fora dos colchetes na Equação [2-2], como mostra o exemplo a seguir:

$$CH_3CH_2-[CH_2CH_2]_n-[CH]=CH_2. \qquad [2-2]$$

Muitas propriedades físicas são dependentes do comprimento da molécula formada, ou seja, da sua massa molar. Como os polímeros normalmente envolvem uma larga faixa de valores de massa molar, é de se esperar grande variação em suas propriedades. A Figura 2-1 apresenta de forma esquemática, a variação de uma propriedade física geral com o aumento da massa molar. Essa variação é assintótica, tendendo para um valor de referência.

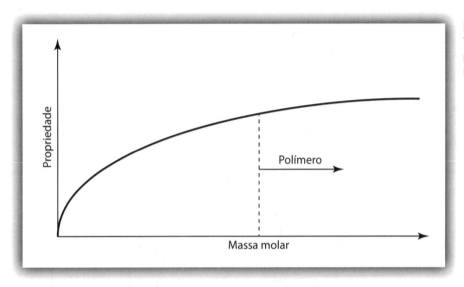

FIGURA 2-1
Variação esquemática de propriedade física em função da massa molar de um polímero.

Os processos de polimerização são comumente separados em duas classes, a adição e a condensação. No primeiro caso, os monômeros são adicionados uns aos outros por ligações covalentes de extremidades. No segundo caso, no processo de ligação dos monômeros, há formação de subprodutos da reação.

Os polímeros podem ser formados linearmente, a partir de um único monômero (homopolímeros), ou por mais de um monômero (copolímeros). Nesse caso, a combinação pode ser alternada, ou aleatória. Pode ocorrer também a alternância linear de blocos ordenados de monômeros (copolímeros em bloco) e, ainda, arranjo não linear entre blocos (polímeros enxertados).

Os polímeros podem ainda ser classificados, segundo a estrutura da cadeia polimérica, em lineares, ramificados e em rede, como se vê na Figura 2-2. A estrutura em rede pode apresentar formas de estrela, pente, escada e semiescada.

A estrutura em rede ocorre quando as cadeias poliméricos lineares se unem por ligações cruzadas, do tipo covalente, que são ligações fortes, ou quando se empregam polímeros multifuncionais. Um exemplo clássico de união por ligações cruzadas é o da borracha vulcanizada, em que a estrutura em cadeias lineares da borracha natural é ligada por átomos de enxofre, transformando o material natural, extremamente elástico, em outro muito mais rígido.

Por causa das ligações cruzadas, os polímeros perdem a capacidade de fluir irreversivelmente e o material exibe elevado grau de estabilidade dimensional. O polímero não se funde, e não pode, portanto, ser moldado. Esse tipo de polímero é denominado termofixo ou termorrígido (Mano, 1991).

FIGURA 2-2
Estruturas de polímeros:
(a) (b) lineares;
(c) ramificada;
(d) (e) em rede.

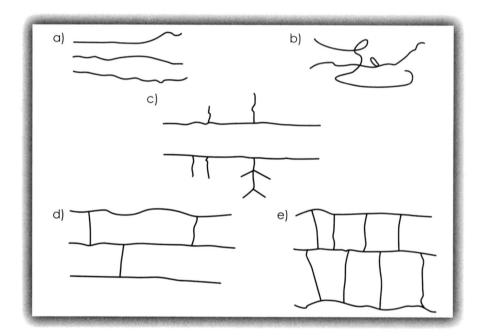

Para fabricar produtos a partir de materiais termofixos, devem-se induzir no processo de fabricação as reações químicas que geram as ligações cruzadas ou inibir temporariamente esses tipos de ligação, inerentes ao material termofixo, para permitir a fusão do material. Ao resfriar, depois de moldado, o produto torna-se rígido e, a partir daí, não pode mais ser fundido, sob pena de perder suas propriedades iniciais.

Os materiais termorrígidos são insolúveis porque as ligações cruzadas geram produtos com alto peso molecular e se expandem apenas em contato com alguns solventes que podem penetrar na estrutura molecular.

Polímeros sem ligações cruzadas, de estrutura linear ou ramificadas, fundem-se e solidificam reversivelmente. O aquecimento não produz modificações das ligações químicas entre as cadeias poliméricas, apenas alterações físicas. Além disso, podem ser dissolvidos em algum tipo de solvente. Esses materiais são denominados termoplásticos.

Além dessa classificação, os polímeros também podem ser divididos, de acordo com o comportamento mecânico do produto final, em borrachas (ou elastômeros), plásticos, fibras, coberturas e adesivos. No entanto os termos borracha e elastômero são utilizados para designar, respectivamente, o látex natural e o polímero sintético, exibindo leves ligações cruzadas e memória elástica. Geralmente essas ligações cruzadas são obtidas por aquecimento e adição de enxofre ao polímero básico. O processo químico obtido é também irreversível.

Os polímeros apresentam duas morfologias típicas, amorfa e cristalina. O estado amorfo caracteriza-se por uma completa ausência de ordem entre as moléculas. Uma imagem simples, utilizada na engenharia de polímeros para representar esse estado, é a de um prato de espaguete. Cada macromolécula seria um fio de macarrão, que se entrelaça aleatoriamente com os vizinhos. No estado cristalino, ao contrário, as moléculas são orientadas ou alinhadas, à semelhança da estrutura de um cristal. Como esses dois estados coexistem e a cristalinidade nunca atinge 100%, os polímeros são, em geral, tidos como amorfos e semicristalinos. Quanto maior a cristalinidade, maior a rigidez, estabilidade dimensional, resistência química, resistência à abrasão, temperaturas de fusão e de transição vítrea. A densidade das zonas cristalinas é também maior do que a das zonas amorfas.

A temperatura de transição vítrea indica a mudança de comportamento do polímero de um estado sólido para outro denominado de mobilidade, quando o material se torna essencialmente mais deformável. Acima desse estado, as zonas amorfas acham-se excitadas e em movimento constante. A imagem simples e clássica dessa condição é a de um recipiente cheio de minhocas: cada uma delas se move de forma caótica sem se desprender do conjunto.

Os principais polímeros utilizados na fabricação dos geossintéticos estão relacionados na Tabela 2-2. Além da resina básica, os geossintéticos contêm também aditivos, como plastificantes, antioxidantes, inibidores da ação ultravioleta (antiUV) etc. Os plastificantes aumentam a flexibilidade do produto e lhe conferem um aspecto de borracha. Apenas o PVC consome cerca de 80% de todos os plastificantes utilizados mundialmente. No geral, os plastificantes são misturados à resina básica, formando um todo homogêneo que só pode ser separado por volatização, extração e ataque biológico. Medidas são tomadas para garantir a máxima permanência possível dos plastificantes, uma vez que estes podem ser removidos, por exemplo, por aquecimento.

TABELA 2-2
Principais polímeros utilizados na fabricação dos geossintéticos

Polímero	Sigla	Aplicações
Polietileno	PE	Geotêxteis, barreiras geossintéticas, geogrelhas, tubos drenos geossintéticos, georredes e geocompostos
Poliestireno expandido	EPS	Geoexpandidos
Polipropileno	PP	Geotêxteis, barreiras geossintéticas, geogrelhas e geocompostos
Polivinil clorado	PVC	barreiras geossintéticas, tubos drenos geossintéticos e geocompostos
Poliéster	PET	Geotêxteis e geogrelhas
Poliestireno	PS	Geocompostos e geoexpandidos
Poliamida	PA	Geotêxteis, geogrelhas e geocompostos
Etileno-propileno Monômero diênico	EPDM	Barreiras geossintéticas e geocompostos
Polivinil álcool	PVA	Geotêxteis, geogrelhas e geocompostos
Polietileno clorado	CPE	Barreiras geossintéticas e geocompostos
Poliaramida	PPTA	Geotêxteis, geogrelhas e geocompostos

A fotoxidação, causada pela radiação ultravioleta, tem efeito deletério sobre os geossintéticos, uma vez que causa a ruptura de ligações da estrutura principal do polímero. O abrigo da luz solar é, portanto, vital para a longevidade dos geossintéticos — talvez a razão principal do sucesso desses materiais na área de geotecnia, pois podem ser enterrados no solo.

Para garantir a permanência das propriedades durante o transporte, a estocagem e a instalação — e, eventualmente, durante a vida útil das obras, se expostos ao sol —, os geossintéticos devem incorporar aditivos antiUV. O mais comum deles é o negrodefumo.

Os polímeros também oxidam, principalmente em ambiente ricos em ozônio, por isso devem incorporar antioxidantes na sua formulação.

A seguir, descrevem-se as características dos mais importantes polímeros utilizados como matéria-prima na fabricação dos geossintéticos.

Polipropileno (PP): é um polímero termoplástico semicristalino, obtido por meio da polimerização do monômero propeno, sendo o material mais leve utilizado na fabricação de geossintéticos. O PP tem uma estrutura semicristalina, que lhe confere rigidez elevada, boas propriedades de tração e de ótima resistência a ácidos, a bases e à maioria dos solventes, sendo desta forma indicado para uso em obras ambientais, expostos a condições de pH extremos. O carbono terciário é sensível à oxidação, de modo que aditivos estabilizantes são adicionados durante a fabricação para evitar a oxidação, bem como para melhorar a durabilidade no longo prazo e a estabilidade aos raios UV.

Polietileno (PE): produto resultante da polimerização de monômeros de etileno. Suas propriedades mecânicas estão fortemente relacionadas com o comprimento das cadeias moleculares, que podem atingir centenas de milhares de pesos moleculares. O PP e o PE possuem muitas similaridades químicas e compõem o grupo das poliolefinas.

O PE é um termoplástico bastante cristalino, tendo-se em vista o elevado empacotamento das cadeias poliméricas. Isso dá a ele alta resistência química, pela dificuldade de ser permeado por gases, líquidos e vapores. De acordo com a densidade, o polietileno pode ser classificado como se vê na Tabela 2-3, e tem suas características físico-mecânicas sensivelmente alteradas, de acordo com o tipo empregado (Tabelas 2-5 e 2-6). Para a fabricação de barreiras geossintéticas, pode ser usado um polietileno de alta densidade (PEAD), conhecido por sua boa resistência química, ou um polietileno de baixa densidade linear (PEBDL), conhecido por sua excelente flexibilidade, facilidade de processamento, e suas boas propriedades físicas, mas menos resistente quimicamente. O PE necessita ser estabilizado para aumentar a sua resistência ao intemperismo e a oxidação.

Tabela 2-3
Tipos de polietileno, de acordo com a densidade

Tipo de polietileno	Siglas	Densidade (g/cm^3)
Alta densidade	PEAD (HDPE)	0,941 a 0,959
Baixa densidade	PEBD (LDPE)	0,910 a 0,925
Linear de baixa densidade	PELBD (LLDPE)	0,926 a 0,940
Observação: a sigla entre parênteses provém da designação em inglês.		

A densidade de um geossintético fabricado a partir de PE pode ser maior do que a do polímero-base, em função da presença de aditivos, especialmente de negrodefumo (2 a 3%), que tem densidade de 1,80 g/cm^3.

Poliéster (PET): o tipo de poliéster mais utilizado na fabricação de geossintéticos é o polietileno tereftalato, que é um polímero de condensação do ácido tereftalato e etilenoglicol. Difere da maioria dos polímeros utilizados na fabricação de geossintéticos porque sua estrutura molecular contém oxigênio. Quando são necessários geossintéticos com alta resistência à tração, utilizam-se cadeias moleculares mais pesadas. Sob condições de acidez ou de elevada alcalinidade, os trechos da cadeia em éster podem sofrer hidrólise, comprometendo a durabilidade do geossintético. Em geral, utilizam-se aditivos para minimizar degradações térmicas e sob exposição aos raios UV.

Poliamida (PA): as poliamidas são conhecidas como náilon 6 ou náilon 66. A poliamida apresenta uma combinação de propriedades, incluindo a ductilidade, resistência ao desgaste e à abrasão, baixa rugosidade, baixa permeabilidade a gases e aos hidrocarbonetos, e boa resistência química. As suas limitações incluem a tendência para absorver a umidade, com alterações nas propriedades dimensionais e mecânicas, e uma resistência limitada aos ácidos, oxidação e intemperismo. Compostos metálicos e negrodefumo são adicionados para garantir melhores propriedades de engenharia e reduzir a degradação quando há exposição aos raios UV.

Polivinil clorado (PVC): é um plástico muito versátil porque a sua capacidade de mistura com plastificantes e outros aditivos lhe permite ter uma grande variedade de formas. Os plastificantes e agentes de enchimento (*fillers*) são usados em quantidades de até 35% para criar compostos mais flexíveis. A escolha do plastificante deve ser feita de acordo com as propriedades pretendidas. Por outro lado, o PVC absorve certos líquidos orgânicos que têm um efeito plastificante semelhante. O PVC também tende a tornar-se frágil e escurecer, quando exposto à luz ultravioleta ou à degradação induzida pelo calor por meio da redução do plastificante. Muitas formulações de PVC, com características de durabilidade bastante diferentes, estão disponíveis no mercado para aplicações específicas. A estabilidade aos raios UV e à oxidação pode ser ajustada para a aplicação, por meio da adição de estabilizadores adequados. O PVC apresenta elevada resistência a químicos inorgânicos, mas é susceptível ao ataque de solventes e óleos orgânicos.

Etileno-propileno monômero diênico (EPDM): é um elastômero composto principalmente de cadeias poliméricas saturadas constituídas por moléculas de etileno e propileno. Este material polimérico apresenta uma estrutura que aumenta a resistência ao ozônio e ao envelhecimento. A presença de um terceiro monômero, etilideno norborneno (ENB), é eficiente na cura, proporcionando regiões quimicamente ativas para vulcanização. O negro de fumo é adicionado à formulação para aumentar a resistência aos raios UV e também à resistência ao rasgo. Os estabilizantes também são adicionados à formulação antes do processo de vulcanização, para melhorar a resistência à oxidação.

Poliaramida (PPTA): a poliaramida é uma fibra sintética, em que a substância formadora de fibras é uma poliamida sintética de cadeia longa, em que pelo menos 85% das ligações amida estão diretamente ligadas a dois anéis aromáticos. As ligações são formadas por fortes ligações de hidrogênio o que confere propriedades especiais ao material. A poliaramida apresenta uma elevada relação resistência, peso com baixo alongamento e baixa deformação plástica. É tipicamente estável entre pH 4 e 9,5. A poliaramida é geralmente sensível à radiação UV, e as ligações de amida podem ser hidrolisadas, especialmente em meios mais ácidos. O material absorve a umidade, tem alta temperatura de transição vítrea e resistência térmica.

Polivinil álcool (PVA): após a síntese, o polivinil álcool é obtido na forma de um precipitado branco, o qual é, então, refinado e lavado para produzir o produto comercial em pó. O PVA insolúvel em água, utilizado em geossintéticos, é geralmente transformado em fibras por meio de três operações sucessivas: dissolução, fiação e acabamento. As fibras resultantes exibem uma tenacidade muito alta, um alto módulo e baixo alongamento (normalmente < 6%). O PVA não é afetado por óleos de origem animal, vegetal ou mineral e apresenta um alto grau de resistência a ácidos e álcalis. É tipicamente estável entre pH 4 e 13.

Polietileno clorado (CPE): o polietileno clorado é um produto próximo do PE. Na molécula de CPE, átomos de cloro são introduzidos ao longo do lado da espinha dorsal de PE, substituindo átomos de hidrogênio. Os átomos de cloro muito mais pesados tendem a perturbar a formação de qualquer cristalinidade. A quantidade de cloro que é introduzida, e a aleatoriedade da sua fixação, irá determinar a extensão em que a resina resultante será semicristalina ou amorfa. Portanto, o CPE tenderá a ser um material mais flexível do que o polietileno. A estabilidade UV e à oxidação pode ser ajustada para a aplicação por meio da adição de estabilizadores adequados. Finalmente, alguns desses polímeros ainda são utilizados, em maior extensão, no exterior, para a fabricação de barreiras geossintéticas.

Entre eles, destacam-se o polietileno clorossulfonado (PECS), o copolímero isobutileno-isopreno ou borracha butílica (IIR), o polietileno clorado (PEC), o copolímero-etileno-propileno (EDPM) e o neoprene.

Os polímeros podem ser identificados a partir de ensaios químicos, como a análise termogravimétrica (TGA), a calorimetria diferencial de varredura (DSC) e a espectrometria de infravermelho, cujo detalhamento foge ao escopo deste trabalho. De uma forma prática, podem-se identificar os polímeros pela queima, de acordo com as características enumeradas na Tabela 2-4.

TABELA 2-4
Identificação de alguns polímeros a partir da queima

Polímero	Teste ao fogo
PA	Incendeia-se com dificuldade e se auto-extingue. Chama azul com base amarela. Odor de cabelo queimado.
PE	Antes de tocar a chama, o material encolhe, derrete e se contorce. Incendeia-se rapidamente e pinga. Chama amarela com base azul. Odor de cera queimada. As cinzas são macias e da cor do material.
PET	Incendeia-se devagar. A chama dança e se contorce. Chama amarela. Odor adocicado. O material derretido pinga.
PP	Antes de tocar a chama, o material encolhe, derrete e se contorce. Incendeia-se rapidamente. Chama amarela com base azul. Odor de asfalto queimado. Cinzas duras.
PS	Incendeia-se rapidamente. Chama amarela com base azul. Em menor escala, a chama dança e se contorce. Odor de benzeno.
PVC	Incendeia-se com dificuldade e se autoextingue. Chama amarela com base verde. Odor acre.

2.3 COMPORTAMENTO E CARACTERÍSTICAS

Para atender às várias necessidades da engenharia, um polímero deve apresentar propriedades como resistência mecânica, rigidez, durabilidade, elasticidade, resistência química etc. Essas propriedades são afetadas por várias características, incluindo o peso molecular, a morfologia – estrutura, arranjo e forma das moléculas –, a cristalinidade e a temperatura de transição vítrea.

O peso molecular é uma das características que mais afeta o comportamento mecânico. Para que certo tipo de polímero ofereça vantagens técnicas e comerciais, seu peso molecular deve atingir um determinado valor mínimo. Em geral, quanto maior o peso molecular médio, maior a resistência têxtil do produto. No entanto, quando o peso molecular torna-se muito elevado, surgem dificuldades de fabricação.

Tão importante quanto o peso molecular é a estrutura química do polímero. As propriedades mecânicas se elevam à medida que há uma maior atração eletroquímica entre suas macromoléculas formadoras. Em moléculas polarizadas, surgem forças de atração entre dipolos adjacentes, incluindo pontes de hidrogênio; em moléculas não polarizadas, forças de Van der Wals, que, embora fracas, acabam sendo significativas quando o peso molecular cresce. As forças de ligação são tipo iônico ou de íons-dipolos em polímeros que contêm grupos iônicos.

A Figura 2-3 mostra o efeito da temperatura sobre o módulo de deformabilidade obtido no ensaio de tração para polímeros. Nota-se uma elevada rigidez inicial que caracteriza a região denominada vítrea, cujo limite superior é a temperatura de transição vítrea. Em seguida, o material escoa e, depois, adquire um comportamento de borracha, com módulos bem menores, para, finalmente, em elevadas temperaturas, fluir. Quanto maior o peso molecular de uma dada estrutura polimérica, maior a temperatura necessária para que ocorra o fluxo plástico do material.

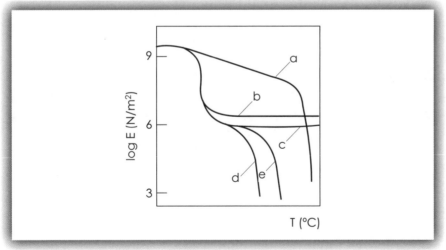

FIGURA 2-3
Efeito da temperatura na deformabilidade dos polímeros:
(a) cristalino;
(b) com alta densidade de ligações cruzadas;
(c) com baixa densidade de ligações cruzadas;
(d) com baixo peso molecular;
(e) com elevado peso molecular.

Polímeros com alto grau de cristalinidade não apresentam o trecho intermediário de comportamento de borracha. Permanecem no estado vítreo até os níveis de temperatura em que fluem. Por outro lado, polímeros com elevado grau de ligações cruzadas não fluem. Quanto maior esse grau, maior o módulo no trecho com comportamento de borracha.

A Tabela 2-5 resume algumas das propriedades físicas mais importantes dos principais polímeros utilizados na fabricação dos geossintéticos. Nota-se, por exemplo, que as poliolefinas são mais leves que a água, possuem baixas temperaturas de transição vítrea e alta cristalinidade, em comparação aos outros polímeros.

A Tabela 2-6, por sua vez, sintetiza as principais características mecânicas dos polímeros utilizados na fabricação dos geossintéticos. Nota-se que esses materiais apresentam uma resistência à tração de razoável magnitude e alta elongação, com exceção do poliestireno, que se rompe para deformações muito baixas.

TABELA 2-5
Características físicas mais importantes dos principais polímeros utilizados na fabricação dos geossintéticos

Polímero	Peso molecular (g/mol)	Densidade (g/cm³)	T_g (°C)	T_f (°C)	Cristalinidade (%)	Características
PEAD	200.000	0,94 a 0,96	–100 a –125	130 a 135	< 95	Branco, opaco
PEBD	50.000	0,91 a 0,94	–20 a –30	109 a 125	< 60	Branco, translúcido a opaco
PP	80.000 a 500.000	0,90	4 a 12	165 a 175	60 a 70	Branco, opaco
PS	300.000	1,05 a 1,06	100	240	Muito baixa	Incolor, transparente
PVC	50.000 a 100.000	1,53 a 1,56	81	273	5 a 15	Incolor, transparente
PET	15.000 a 42.000	1,33 a 1,45	70 a 74	250 a 270	< 40	Branco, transparente a opaco
PA/6	10.000 a 30.000	1,12 a 1,14	50	215 a 220	<60	Amarelado, translúcido
PA/66	10.000 a 20.000	1,13 a 1,15	50	250 a 260	<60	Amarelado, translúcido
EPDM	100.000 a 400.000	0,86 a 0,89	–54 A –45	–	Muito baixa	Incolor, transparente
CPE	100.000 a 200.000	1,1 a 1,3	–30 A –10	–	Muito baixa	Branco, opaco
PPTA	–	1,44	300	–	<95	Amarelado, translúcido
PVA	23.000 a 186.000	1,27 a 1,31	85 A 90	220 A 267	<68	Branco, opaco

T_g = temperatura de transição vítrea; T_f = temperatura de fusão.

Matérias-Primas

A resistência química dos polímeros é uma característica necessária quando o material é colocado em ambientes agressivos. No geral, quanto mais cristalino o polímero, mais quimicamente resistente ele é, devido ao maior empacotamento das cadeias poliméricas. Além disso, quando maior o grau de ligações cruzadas, menos susceptível à ação de solventes ele será.

Sob elevadas temperaturas ocorre a excitação atômica, que pode provocar ruptura das cadeias poliméricas. Polímeros com cadeias fechadas – em anel ou em escada – são mais resistentes à degradação térmica do que aqueles com cadeias lineares.

A Tabela 2-7 apresenta aspectos da resistência química dos polímeros mais utilizados na fabricação dos geossintéticos. Nota-se que o conjunto dos geossintéticos atende muito bem às várias situações de agressividade química. Basta que essas condições sejam identificadas e se proceda à escolha adequada do polímero mais conveniente para cada tipo de aplicação.

TABELA 2-6 Características mecânicas mais importantes dos principais polímeros utilizados na fabricação dos geossintéticos (Stevens, 1990)			
Polímero	Resistência à tração (MPa)	Elongação na ruptura (%)	Módulo de elasticidade em tração (GPa)
PEAD	22 a 31	100 a 650	1,07 a 1,09
PEBD	8,3 a 31	10 a 1.200	0,2 a 0,3
PP	31 a 41	100 a 600	1,17 a 1,72
PS	36 a 52	1,2 a 2,5	2,28 a 3,28
PVC	41 a 52	40 a 80	2,41 a 4,14
PET	48 a 72	50 a 300	2,76 a 4,14
PA 66	76 a 83	60 a 300	—

TABELA 2-7
Resistência química dos principais polímeros utilizados na fabricação dos geossintéticos (VAN ZANTEN, 1986)

Polímero	PA (6 e 6,6)		PET		PP		PE		PVC (3)	
Duração do carregamento	C(1)	L(2)	C(1)	L(2)	C(1)	L(2)	C(1)	L(2)	C(1)	L(2)
Ácidos diluídos	+	o	++	+	++	++	++	++	+	o
Ácidos concentrados	o	–	o	–	++	+	++	+	o	–
Álcalis diluídos	++	+	++	o	++	++	++	++	++	+
Álcalis concentrados	o	–	o	–	++	++	++	++	+	o
Sais (Prine)	++	++	++	++	++	++	++	++	++	++
Óleo (mineral)	++	++	++	++	+	o	+	o	+	o
Glicol	+	o	++	o	++	++	++	++	++	++
Microrganismos	++	+	++	++	++	++	++	++	+	o
Luz UV	+	o	+	o	o	–	o	–	+	–
Luz UV (estabilizada)	++	+	++	+	++	+	++	+	++	+
Calor a seco (acima de 100 °C)	++	+	++	++	++	+	++	o	+	o
Vapor d'água (acima de 100 °C)	++	+	o	–	o	–	o	–	o	–
Absorção de umidade	++	++	++	++	++	++	++	++	+	+
Detergentes	++	++	++	++	++	++	++	++	++	++
Susceptibilidade à fluência	++	+	++	++	+	o	+	o	+	o

Grau de resistência: (–) não resistente; (o) moderada; (+) aceitável; (++) boa.
Essa avaliação da resistência é válida sob condições normais de temperaturas: (1), durante a execução; (2), durante o uso; (3), dependente do tipo de plastificante e umidade relativa elevada.

2.4 CONCLUSÕES

Os geossintéticos passaram, definitivamente, a integrar o elenco de materiais de construção utilizados em todas as modalidades de obras de engenharia civil.

A possibilidade de utilizar produtos manufaturados como parte das solução de um problema de engenharia traz inúmeras vantagens, como velocidade de execução, controle da qualidade e redução de custo. Na maioria dos casos, conseguem-se também outras vantagens, se houver necessidade, por exemplo, de manutenção periódica da obra. Hoje em dia, os materiais poliméricos competem tecnicamente com os materiais naturais, apresentando propriedades de engenharia e durabilidade equivalentes.

A diversidade dos problemas de engenharia e dos condicionantes de projeto pode requerer que, em situações específicas, haja à disposição produtos manufaturados diversos que possam atender às necessidades particulares das obras. Nesse sentido, o fato de se poder contar com produtos fabricados a partir de matérias-primas diferentes, com propriedades físicas, mecânicas e químicas distintas, constitui uma grande vantagem técnica, pois em cada situação específica um tipo de polímero pode fornecer as características exigidas pelo projeto.

Em vista disso, não se pode afirmar casuisticamente que uma matéria-prima seja melhor ou pior que a outra; o que geralmente ocorre é que um produto pode ser mais adequado a uma situação específica do que outro.

Nesse contexto a diversidade de polímeros disponíveis para a fabricação dos geossintéticos é um aspecto extremamente positivo sob o ponto de vista de aplicação. Além disso, é importante não desenvolver preconceitos ou exacerbar as qualidades dos vários produtos disponíveis no mercado. Cada um tem suas próprias características e isso é fundamental para se atender a diversidade de situações encontradas na prática da engenharia.

Como observação final, é de suma importância ressaltar que as características químicas, físicas, mecânicas, hidráulicas e de durabilidade de um geossintético não dependem apenas do tipo de matéria-prima utilizada em sua fabricação, mas também de uma combinação de vários fatores de ordem técnica, tais como: processo de fabricação, aditivação, catalisadores, controle de qualidade, condições de estocagem, forma de apresentação do produto, entre outros.

REFERÊNCIAS BIBLIOGRÁFICAS

AGNELLI, J. A. M. *Introdução a materiais poliméricos*. UFSCar, Curso de graduação, 189 p. São Carlos, 2001.

BELL, J. R.; YODER, E. J. *Plastic moisture barrier for highway subgrade protection*. In: HIGHWAY RESEARCH BOARD. *Proceedings...*v. 36, p. 713-735, Washington, D C, 1957

BILLMEYER, F. W. *Textbook of polymer science*. 2. ed. John Wiley & Sons, 1970.

CANEVAROLO JR., S. V. *Ciência dos polímeros* – um texto básico para tecnólogos e engenheiros. , 2. ed. São Paulo: Editora Artliber, 2006.

HAWKINS, G. Development and use of membrane linnings for canal construction worldwide. In: INTERNATIONAL CONFERENCE ON GEOMEMBRANES, 1., 1984. *Proceedings...*, v. 1, p. 15-20. Denver, 1984.

ISOTS 13434 – *Geosynthetics* – Guidelines for the assessment of durability, 1. ed., 2008.

MANO, E. B. *Polímeros como materiais de engenharia*. 1. ed. São Paulo: Editora Edgard Blücher, 1991.

MANO, E. B. *Introdução aos polímeros*. 1. ed. São Paulo: Editora Edgard Blücher, 1999.STAFF, C. E. The foundation and growth of the geomembrane industry in the United States. In: INTERNATIONAL CONFERENCE ON GEOMEMBRANES, 1., 1984. *Proceedings...*, v. 1, Denver, 1984. p 5-7.

STEVENS, M. P. *Polymer chemistry – an introduction*. 2. ed. New York: Oxford University Press, 1990.

Van ZATEN, R. V. *Geotextiles and geomembranes in civil engineering*, Rotterdam: Balkema, 1986.

Capítulo 3

Propriedades, Ensaios e Normas

Benedito S. Bueno
Orencio M. Vilar

3.1 INTRODUÇÃO

Os geossintéticos podem desempenhar diferentes funções no corpo de um projeto de engenharia, como, por exemplo, separação entre dois materiais distintos, drenagem de líquidos e gases, reforço e impermeabilização.

A seleção dos geossintéticos para atender às exigências da obra deve se basear em propriedades de engenharia que traduzam as condições técnicas a que serão submetidos, quando em serviço. Essas propriedades são determinadas, comumente, a partir de ensaios de laboratório, os quais, para serem realistas, precisam reproduzir os aspectos importantes da interação do geossintético com o meio em que será inserido. Além disso, esses materiais devem apresentar vida útil compatível com a das obras onde são empregados (Bueno, 2003).

Como todo material manufaturado, os geossintéticos devem obedecer a um rigoroso controle de qualidade de fabricação, de tal sorte que o produto entregue na obra possua as características técnicas estabelecidas no projeto. Para a confirmação dessas características, recorre-se a ensaios de recebimento, que devem ser executados com frequência preestabelecida. Além disso, em certos casos, é necessário controlar a qualidade do produto acabado como é frequente em algumas aplicações, como no caso das geomembranas[1], onde se deve verificar a eficiência das soldas e uniões.

Este capítulo descreve os ensaios utilizados para identificar as matérias-primas empregadas na confecção dos geossintéticos; os en-

---

[1] Segundo a nova nomenclatura adotada pela NBR ISO 10318/2013 – Termos e Definições, passam a ser denominadas como barreiras geossintéticas – GBR (vide item 1.6 do Capítulo 1). Neste texto, no entanto, será mantida a nomenclatura anterior, pelo fato de ainda ser de domínio público.

saios de caracterização física, mecânica e hidráulica e os ensaios de desempenho.

A Tabela 3-1 sintetiza as diferentes funções a que os geossintéticos podem atender nas aplicações de engenharia. Como se pode ver, os geotêxteis são os membros mais versáteis dessa família. Os demais geossintéticos atendem a funções específicas e, em particular, as geomembranas — e, mais recentemente, os geocompostos argilosos[2], — têm sido os geossintéticos mais empregados na área ambiental na composição de barreiras para líquidos e gases. Para maior clareza do texto, os ensaios serão descritos em quatro categorias: executados sobre a matéria-prima, em geotêxteis e produtos correlatos (geogrelhas, georredes, geocompostos etc.), em geomembranas e em geocompostos argilosos.

TABELA 3-1
Funções dos vários geossintéticos nos projetos de engenharia

Geossintético	Separação	Proteção	Filtração	Drenagem	Erosão	Reforço	Impermeabilização
Geotêxtil	X	X	X	X	X	X	X[*]
Geogrelha	X	-	-	-	-	X	-
Geomembranas	X	-	-	-	-	-	X
Georrede	-	X	-	X	-	-	-
Geocompostos argilosos	-	-	-	-	-	-	X
Geocélula	-	X	-	-	X	X	-
Geotubo	-	-	-	X	-	-	-
Geofibras	-	-	-	-	-	X	-

*Quando impregnado com material asfáltico.

3.2 ENSAIOS SOBRE AS MATÉRIAS-PRIMAS

O comportamento de um geossintético depende das matérias-primas que o compõem, dos polímeros básicos e aditivos e do processo de fabricação. Em algumas situações, particularmente quando se empregam geossintéticos em obras ambientais, o conhecimento das

---

[2] Segundo a nova nomenclatura, adotada pela NBR ISO 10318/2013 – Termos e Definições, passam a ser denominadas como barreiras geossintéticas argilosas – GBR-C (vide item 1.6 do Capítulo 1). Neste texto, será mantida a nomenclatura anterior por ainda ser de domínio público.

propriedades da matéria básica pode dar indicações sobre possível degradação e envelhecimento precoce do material, em contato com os vários produtos e agentes do meio. Detalhes sobre as formas de identificação da composição química dos geossintéticos são apresentados no Capítulo 2.

3.3 ENSAIOS EM GEOTÊXTEIS E PRODUTOS CORRELATOS

Os ensaios executados sobre geotêxteis podem ser aplicados também a outros tipos de geossintéticos, como os geocompostos drenantes, por exemplo. Em razão disso, em geral, são denominados "ensaios em geotêxteis e produtos correlatos". Esses ensaios podem ser divididos em quatro categorias:

- ensaios para determinação das propriedades físicas;
- ensaios para determinação das propriedades mecânicas;
- ensaios para determinação das propriedades hidráulicas;
- ensaios de desempenho.

A Tabela 3-2 sintetiza as principais propriedades e tipos de ensaio executados com os geotêxteis e produtos correlatos, bem como as respectivas normas técnicas que orientam as rotinas de laboratório.

3.3.1 Ensaios para determinação das propriedades físicas

As propriedades físicas dos geossintéticos de maior interesse são massa por unidade de área, comumente conhecida como gramatura, espessura nominal, porosidade e porcentagem de área aberta. São consideradas propriedades-índices, que servem para identificar os produtos.

Massa por unidade de área, ou gramatura

A gramatura (ρ_A) é a relação entre a massa e a área de um corpo de prova de geometria regular. O valor médio de dez determinações, expresso em g/m^2, representa a gramatura média do geotêxtil.

A gramatura está associada ao custo do produto e à sua resistência mecânica. No entanto a gramatura deve ser entendida como um índice de caracterização e ser utilizada apenas como elemento de comparação entre membros de uma mesma família, com os mesmos processos de fabricação e que utilizam as mesmas matérias-primas (polímeros e aditivos).

A gramatura de um geotêxtil nãotecido, por exemplo, não fornece indicações como o produto é fabricado (a partir de fibras cortadas ou de filamentos contínuos), como o entrelaçamento dos fios é feito, que intensidade de entrelaçamento foi dada ao produto e se ele sofreu ou não termoligação, entre outros aspectos. Informações dessa natureza, úteis ao projeto, só podem ser obtidas do fabricante, e o desempenho do produto, apenas por meio de ensaios específicos.

A gramatura não deve, portanto, ser utilizada isoladamente como propriedade de especificação, pois, dependendo dos processos de fabricação, produtos com a mesma gramatura podem apresentar propriedades mecânicas e hidráulicas totalmente diferentes.

Valores típicos de gramatura de geotêxteis variam entre 100 a 900 g/m².

Espessura nominal

A espessura nominal (d_{GTX}) de um geotêxtil, expressa em milímetros, é determinada registrando-se a distância interna entre duas placas rígidas, que comprimem corpos de prova sob uma tensão vertical de 2 kPa. A área de contato entre as placas, segundo a NBR ISO 9863, deve ser 2.500 mm², conforme ilustra a Figura 3-1.

Com exceção dos geotêxteis não tecidos e dos geocompostos, que comprimem sob tensão, os demais geossintéticos apresentam espessuras praticamente constantes, para as faixas de tensões correntes nas obras de engenharia.

Porosidade

A porosidade (n_{GTX}) de um geotêxtil expressa a relação entre o volume dos poros e o volume total de uma amostra. Esse parâmetro é obtido pela expressão

$$n_{GTX} = \left(1 - \frac{\rho_A}{d_{GTX} \cdot \rho_f \cdot \rho_w}\right) \times 100\%, \qquad [3\text{-}1]$$

sendo:
- ρ_A a gramatura;
- ρ_f a massa específica da fibra ou do filamento que constitui o geotêxtil; e
- ρ_w a massa específica da água.

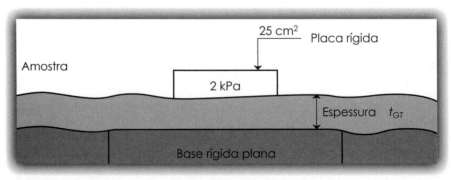

FIGURA 3-1
Esquema do ensaio para a determinação da espessura nominal.

TABELA 3-2
Normas aplicáveis a ensaios com geotêxteis e produtos assemelhados

Propriedades	Norma	Observações
Físicas		
Espessura nominal	ABNT NBR ISO 9863, ASTM D5199;	Medida sob carga de 2 kPa que pode variar para outros geossintéticos
Massa por unidade de área	ABNT NBR ISO 9864, ASTM D5261;	Corpos de prova com 100 cm^2
Porosidade	—	Determinação analítica
Mecânicas		
Compressibilidade	ABNT NBR ISO 25619;	Tensões usuais, de 10 a 200 kPa
Resistência a tração: - Faixa larga	ABNT NBR ISO10319, ASTM D 4595;	Dimensões dos CPs (C x L), mm:
- Faixa restrita ou grab	ASTM D 4632;	100 x 150, área de tração 25 x 25
Resistência a puncionamento - Estático (CBR)	ABNT NBR ISO 12236;	Pistão com diâmetro de 50 mm
- Dinâmico (queda do cone)	ABNT NBR ISO 13433;	Cone de 500 g, altura de queda de 500 mm
Resistência ao rasgo	ASTM D 4533;	—
Resistência ao estouro	ASTM D 3786;	—
Fluência	ABNT NBR 15226, ASTM D 5262, ISO 13431;	Tempos de ensaio podem variar de 1.000 a 10.000 horas de duração
Hidráulicas		
Permissividade	ABNT NBR ISO 11058;,ASTM D4491	Fluxo na direção normal ao geossintético
Transmissividade	ABNT NBR ISO 12958; ASTM D4716;	Fluxo através do plano do geossintético
Abertura de filtração	ABNT NBR ISO 12956, AFNOR G 38 017;	Peneiramento por lavagem de solo bem graduado segundo diferentes procedimentos.
Abertura aparente de filtração	ASTM D 4751;	Peneiramento a seco com esferas de vidro
Desempenho		
Resistências de interface: a) arrancamento b) cisalhamento direto c) plano inclinado	— ABNT NBR ISO 13427-1(*);ASTM D 5321 ABNT NBR ISO 13427-2	Não há norma específica ainda Procedimentos de mecânica dos solos; corpo de prova 300 mm x 300 mm —
Resistência à abrasão	ABNT NBR 15228, ASTM D4886;	—
Filtração de longa duração	ASTM D 5101;	Verificação da colmatação do geotêxtil
Danos de instalação	ASTM D 5818(*), ISO 10722(*);	Carga repetida; material granular

(*) aplicável a diversos geossintéticos.
ABNT – Associação Brasileira de Normas Técnicas; ASTM – American Society for Testing and Materials (EUA); AFNOR – Association Française de Normalisation; EPA – Environmental Protection Agency (EUA) ISO – International Organization for Standardization.

Porcentagem de área aberta (PAA)

Nos geotêxteis tecidos, a PAA é a área dos espaços vazios resultantes do processo de tecelagem, entre os elementos longitudinais (urdume) e os transversais (trama).

3.3.2 Ensaios para determinação das propriedades mecânicas

As propriedades mecânicas, em princípio, são utilizadas em métodos de dimensionamento, porém algumas delas são utilizadas como índice. O ensaio mais comum é o de tração, realizado segundo diferentes arranjos e configurações, sendo seu resultado representado em termos de uma curva tensão – deformação. A seguir discute-se a obtenção das diversas propriedades mecânicas.

Compressibilidade

A compressibilidade de um geotêxtil é obtida registrando-se a sua espessura sob diferentes níveis de carregamento. O resultado da determinação é um gráfico, como o mostrado na Figura 3-2. Normalmente são empregadas tensões de 10, 20, 50, 100 e 200 kPa. Entretanto pode-se ampliar a gama de tensões para cobrir os níveis de confinamento encontrados no campo.

Nota-se que os geotêxteis tecidos e as geogrelhas são praticamente incompressíveis e, entre os geotêxteis não tecidos, os agulhados são os mais compressíveis.

FIGURA 3-2
Resultados de ensaios de compressibilidade de geossintéticos.

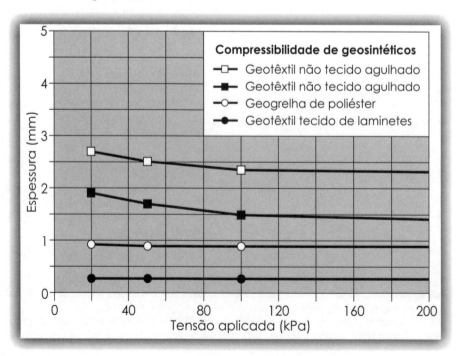

Resistência a tração unidirecional

A resistência dos geotêxteis a tração pode ser determinada de várias formas, cada qual buscando reproduzir uma condição de campo.

De um modo geral, esse tipo de ensaio consiste em prender as extremidades de corpos de prova com um par de garras metálicas e sujeitar o conjunto a uma máquina universal de ensaio. Aplicam-se ao conjunto cargas de tração crescentes, registrando-se as deformações correspondentes até a ruptura.

Em tiras

A condição mais geral de solicitação dos geossintéticos no campo é a de tração, que pode ser representada em laboratório pelos ensaios de tração em faixa estreita e em faixa larga. Os primeiros utilizam corpos de prova de 50 mm de largura por 100 mm de comprimento. Ao serem solicitados, os geotêxteis não tecidos sofrem extremo estrangulamento na parte central, reduzindo em consequência a largura efetiva da amostra. Esse fenômeno, denominado "estricção", promove um alinhamento dos filamentos nesse trecho central e, no geral, é responsável por uma diminuição nos valores de resistência e um aumento nas deformações obtidas. Em vista disso, os ensaios de tração em faixa estreita caíram em desuso, mas ainda são empregados por fabricantes para controle de qualidade, essencialmente por serem mais simples de executar.

Em laboratório, rotineiramente se utilizam os ensaios em faixa larga para quantificar a resistência a tração dos geotêxteis (Figura 3-3). Com essas dimensões, reduz-se sobremaneira a estricção e se obtêm resultados mais próximos das condições de campo. A norma brasileira abre perspectiva para se utilizar também corpos de prova de 500 mm de largura.

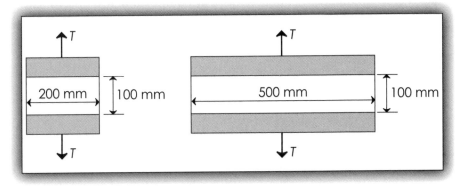

FIGURA 3-3
Ensaios de tração unidirecional em faixa larga.

Na Figura 3-4, veem-se curvas que relacionam a força de tração por unidade de largura *versus* a deformação axial, obtidas em ensaios de faixa larga para vários tipos de geossintético. Nota-se que as geogrelhas

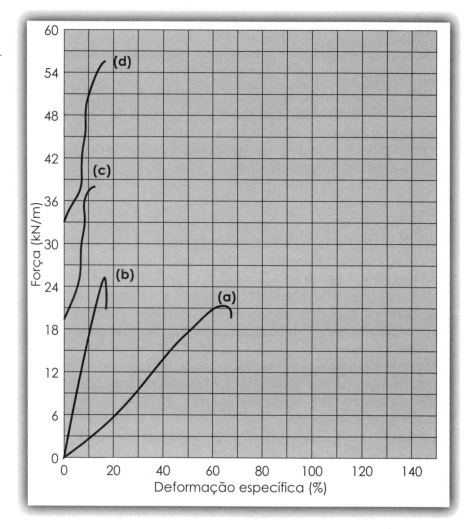

FIGURA 3-4
Resultados de ensaios de tração em faixa larga de geossintéticos:
(a) geotêxtil não tecido;
(b) geotêxtil tecido;
(c) e (d) geogrelhas.

e os geotêxteis tecidos são bastante rígidos, enquanto os geotêxteis não tecidos agulhados tendem a mostrar comportamento oposto, isto é, menores resistências e maiores deformabilidades. Considerações adicionais sobre ensaios de tração em geogrelhas serão feitas mais adiante.

A resistência a tração das geogrelhas é normalmente determinada em ensaios de faixa larga. Entretanto, como são materiais muito resistentes, que exigem equipamentos de maior capacidade de ensaio, além de garras de tração mais elaboradas, há recomendações universalmente aceitas — mas ainda não normatizadas — para se ensaiarem isoladamente os elementos das geogrelhas. Isso facilita sobremaneira as técnicas de ensaio e fornece resultados similares aos obtidos em ensaios de tração em faixa larga.

Em faixa restrita ou grab test

Outra condição passível de ocorrer no campo é aquela em que apenas uma zona restrita do geotêxtil fica tracionada. Isto pode ocorrer, por exemplo, quando o material envolvente é granular e alguns blocos maiores prendem localmente o geotêxtil, como mostra esquematicamente a Figura 3-5.

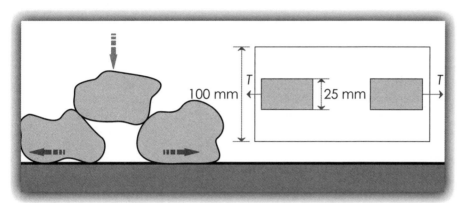

FIGURA 3-5
Esquema do ensaio em faixa restrita (tipo *grab*).

Este tipo de solicitação pode ser representado pelo ensaio de tração do tipo *grab* (ou de mordedura). Nesse ensaio, um corpo de prova com 100 mm de largura por 100 mm de comprimento é seguro nas extremidades por garras, que só prendem uma área central de 25 mm de largura. O conjunto é colocado em uma máquina universal de ensaio e estirado até a ruptura. Durante o ensaio, registram-se as forças aplicadas e as correspondentes deformações axiais.

Tração multidirecional e resistência a estouro

Em situações particulares, como, por exemplo, no reforço de aterros sobre um vazio circular, o geotêxtil pode ser tracionado multidirecionalmente e, ao se deformar, adquire a conformação de uma calota esférica ou parabólica, conforme ilustra a Figura 3-6.

Para ensaiar materiais permeáveis, como geotêxteis, é necessário recobrir a amostra com uma membrana flexível; prender o conjunto a um molde metálico, circular, e aplicar uma pressão interna crescente, que leva o conjunto ao colapso. Resultados de pesquisas mostram que

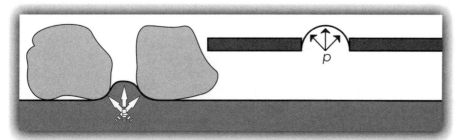

FIGURA 3-6
Esquema do ensaio de tração multidirecional.

a resistência multidirecional de um produto depende do diâmetro do corpo de prova e que uma constância de resultados só é obtida para corpos de prova com diâmetro superior a 500 mm.

O ensaio de resistência ao estouro (ASTM D 3786/80) pode ser classificado como de resistência à tração multidirecional, com o inconveniente de que se registra apenas a pressão extrema, não se obtendo uma curva da pressão aplicada *versus* a deformação vertical da calota.

No cotidiano, o ensaio de resistência ao estouro continua fornecendo um índice de classificação qualitativa dos geossintéticos quanto a esse tipo de solicitação, enquanto o ensaio de tração multidirecional de grande dimensão, mais refinado, deve ser utilizado nas situações que exigem maior rigor de análise.

Resistência à propagação de rasgos

Em certas situações, os geotêxteis podem ser solicitados à propagação de rasgos, que ocorreria a partir de uma incisão inicial. Tal situação pode ocorrer durante a instalação sob manuseio descuidado, sob a ação de vento, ou durante a vida útil, em zonas próximas de planos de ruptura.

O ensaio de rasgo, normalizado pela ASTM D4533, comumente utilizado em geotêxteis e materiais correlatos, é denominado "propagação do rasgo trapezoidal" (Figura 3-7). Esse ensaio não mede a resistência para se provocar um rasgo, mas apenas para propagá-lo. Faz-se uma incisão de 12 mm em um corpo de prova trapezoidal, cujas laterais são presas em garras de tração. O conjunto é levado a uma máquina universal de ensaios e se aplica força crescente até o rasgo completo do corpo de prova. A resistência ao rasgo é definida como o valor máximo da força aplicada.

Praticamente sem qualquer relevância em projetos, os resultados da resistência à propagação de rasgos têm sido utilizados em recomendações de órgãos rodoviários dos Estados Unidos, como um índice de classificação do produto para selecionar geotêxteis.

Resistência a puncionamentos

Em muitas situações práticas, os geossintéticos podem ficar sujeitos a esforços de compressão localizados como, por exemplo, quando em contato com material granular graúdo [Figura 3-8(a)]. Nesse caso, os esforços de compressão gerados por grãos isolados podem ser de tal monta que causam sua perfuração. Faz-se a quantificação da resistência a puncionamento fixando-se um corpo de prova às bordas de um cilindro rígido e submetendo-o a uma força estática ou dinâmica.

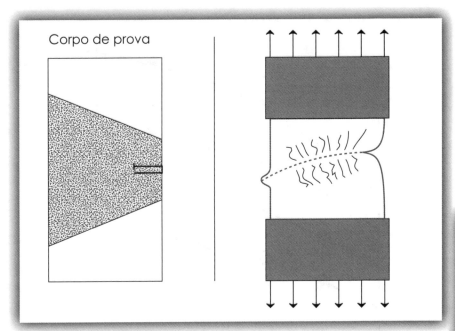

FIGURA 3-7
Esquema do ensaio de propagação de rasgos.

O puncionamento estático é feito levando-se o conjunto a uma máquina universal de ensaio e aplicando-se à superfície do corpo de prova uma força vertical crescente através de uma haste cilíndrica, similar a um pistão [Figura 3-8(a)]. Registra-se a força máxima necessária (em newtons) para perfurar o corpo de prova e o deslocamento correspondente (em milímetros).

Como essa haste é similar à utilizada em ensaios de Índice Suporte Califórnia (CBR), executado em materiais de pavimentação rodoviária e diferindo apenas pelo fato de as bordas inferiores do pistão serem chanfradas, o ensaio é denominado "de puncionamento com pistão CBR".

No puncionamento dinâmico, um cone padronizado de 500 g desce em queda livre de uma altura de 500 mm sobre o geossintético, provocando um furo cujo diâmetro é medido por outro cone padronizado, com marcas de referência em seu corpo [Figura 3-8(b)]. Nesse caso, o ensaio tenta representar o lançamento de material granular sobre o geotêxtil, situações frequentes em obras de drenagem e separação.

Fluência

Os geossintéticos fluem ou escoam quando submetidos a esforços de longa duração. A fluência será tanto maior quanto maior for a magnitude do carregamento aplicado (Figura 3-9) e também a temperatura do meio em que o geossintético é inserido (Figura 3-10). Nas várias aplicações, os geossintéticos podem fluir sob ação de esforços cisalhantes (como em geocompostos argilosos), sob esforços de compressão (como

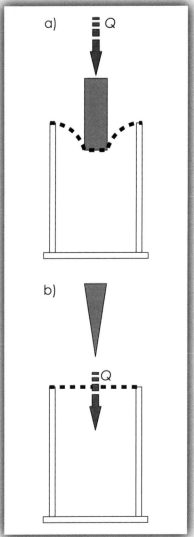

FIGURA 3-8
Ensaios de puncionamento:
a) estático do tipo pistão CBR;
b) dinâmico, através da queda de um cone padronizado.

FIGURA 3-9
Resultados de ensaios de fluência – efeito da carga aplicada.

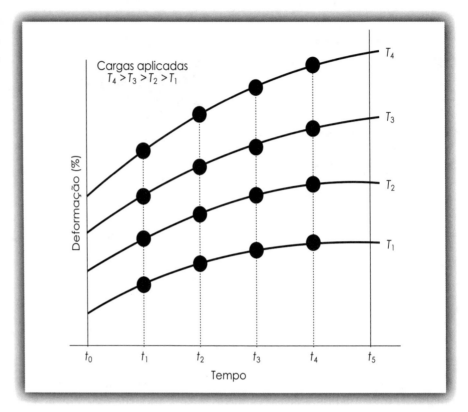

em geocompostos drenantes) ou quando tracionados (por exemplo, em estruturas de solo reforçado).

Os geossintéticos utilizados em reforços devem ser caracterizados quanto à fluência sob tração. A caracterização de cada produto deve ser acompanhada das curvas isócronas que, para um tempo predeterminado, relacionam carga e deformação e a curva de ruptura por fluência, que estabelece tempos de ruptura para os vários níveis de carregamento.

A ABNT, em concordância com a ISO, estabelece que, para definição das isócronas, sejam ensaiados quatro corpos de prova com níveis de carregamento escolhidos entre 10 e 60% da carga que provoca a ruptura do material sob tracionamento em faixa larga. Carregados os corpos de prova, registram-se os seus deslocamentos ao longo de 1.000 h (ou 43 dias) de ensaio em ambiente climatizado (temperatura de 22 ± 2°C e umidade relativa de 65 ± 5%). Já a ASTM estabelece 10.000 h de ensaio, o que totaliza cerca de um ano e três meses de observação.

A partir das curvas de fluência para cada nível de carregamento, podem-se obter as curvas isócronas (Figura 3-11), que relacionam força por unidade de largura e deformação para tempos de observação e temperatura específicos.

Para definir a curva de ruptura por fluência carregam-se corpos de prova com níveis de carga elevados (entre 60 e 90% da carga com

Propriedades, Ensaios e Normas 59

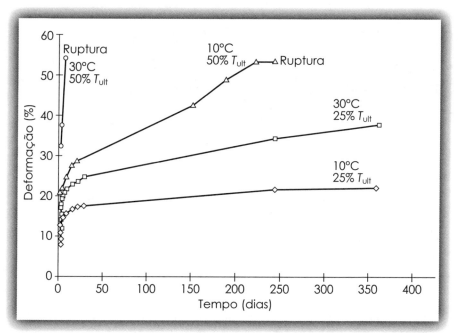

FIGURA 3-10
Resultados de ensaios de fluência – efeito da temperatura.

que rompe o material sob tração em faixa larga) e registram-se os tempos para a ruptura dos corpos de prova. As normas recomendam a utilização de três corpos de prova para cada nível de carregamento.

Construindo-se um gráfico com o tempo de ruptura (em escala logarítmica) *versus* o carregamento aplicado, os pontos tendem a se alinhar e a reta resultante pode ser extrapolada em um ciclo logarítmico

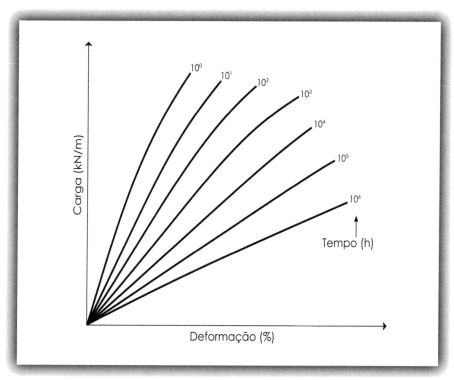

FIGURA 3-11
Ensaio de fluência – curvas isócronas.

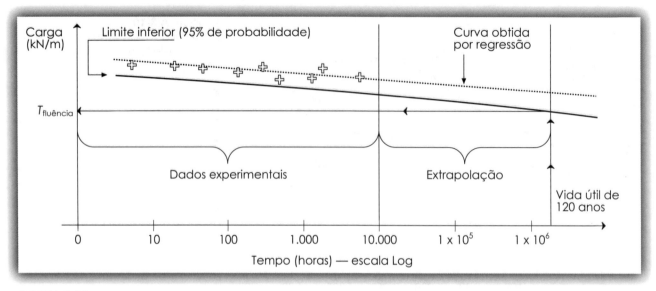

FIGURA 3-12
Curva de ruptura por fluência.

sem perda de precisão. Dessa forma, estabelecendo-se um tempo de vida útil para a obra, é possível obter o nível de carga máxima que pode ser aplicado ao geossintético, conforme ilustra a Figura 3-12.

Em vista da longa duração desses ensaios e da dinâmica da indústria dos polímeros, tem havido tentativas para se acelerar o fenômeno da fluência com o aumento da temperatura de ensaios (ver, por exemplo, BARAS et al., 2002).

3.3.3 Ensaios para determinação das propriedades hidráulicas

Os geossintéticos são largamente empregados em obras de drenagem e filtração. No Brasil, essas utilizações são as de uso mais intenso entre todas as que os geossintéticos podem desempenhar.

Um material é considerado um filtro se permite a passagem da água ou de outro fluido qualquer, mas retém os sólidos. Um dreno, por sua vez, deve permitir a livre passagem de líquidos com a menor perda de carga hidráulica possível.

Permeabilidade normal e permissividade

A permeabilidade (k_n) na direção normal ao plano de geotêxteis e geocompostos drenantes é, em geral, muito elevada. Além disso, como os geotêxteis não tecidos e geocompostos drenantes são materiais compressíveis, essa propriedade decresce com o aumento dos esforços normais aplicados ao material. Dessa forma, para cada espessura resultante, o material apresenta uma condutividade hidráulica diferente.

Em vista desse comportamento, define-se o parâmetro Ψ, denominado "permissividade", relação entre o coeficiente de permeabilidade normal k_n (em m/s) e a espessura do geossintético (d) sob determinada tensão como:

$$\psi = \frac{k_n}{d} \quad (\text{s}^{-1}). \qquad [3\text{-}2]$$

As formas de determinação do coeficiente de permeabilidade normal são similares às utilizadas em mecânica dos solos, com permeâmetros de carga constante e de carga variável. Diferem apenas no fato de os geossintéticos utilizados em drenagem serem muito permeáveis e, portanto, os instrumentais requeridos para registrar cargas e vazões devem ser muito precisos.

A Figura 3-13 mostra esquemas dos dois tipos de determinação: da permeabilidade normal e da permissividade, por meio das técnicas de carga constante e variável.

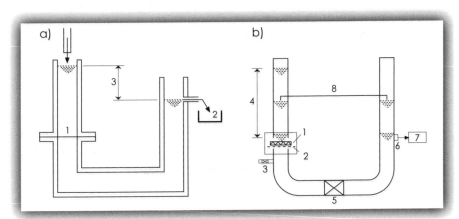

FIGURA 3-13
Esquema do ensaio de permeabilidade normal e permissividade.
(a) Carga constante: 1, geotêxtil; 2, coletor de água; 3, ΔH.
(b) Carga variável: 1, geotêxtil; 2, tela-suporte do corpo de prova; 3, registro; 4, altura inicial da coluna de água; 5, registro; 6, transdutor de pressão; 7, unidade de leitura digital; 8, equilíbrio hidráulico ao final do ensaio.

Permeabilidade planar e transmissividade

Geotêxteis não tecidos e geocompostos drenantes permitem também a passagem de fluidos ao longo do seu corpo. A permeabilidade no plano (k_p) é função do esforço normal aplicado, pois, à medida que o geossintético se comprime, a vazão no plano decresce.

Tendo em vista que o volume percolado é função da espessura t do geossintético utilizado, define-se um parâmetro denominado "transmissividade" (θ), expresso como o produto da permeabilidade no plano do geossintético pela sua espessura, sob determinada tensão normal de confinamento:

$$\theta = k_p \cdot d \quad (\text{m}^2/\text{s}) \qquad [3\text{-}3]$$

O ensaio para determinação da transmissividade é executado em instrumental como o esquematizado na Figura 3-14. O corpo de prova

FIGURA 3-14
Esquema do ensaio de permeabilidade planar e transmissividade.
1, registros de controle de gradiente;
2, recipiente de coleta de água;
3, sistema para aplicação da tensão vertical;
4 amostra.

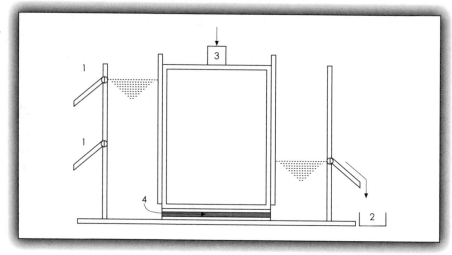

preenche a calha do ensaio e adentra o reservatório superior. A critério podem-se empregar interfaces flexíveis, lisas ou rugosas, rígidas ou o próprio solo a ser utilizado na obra. O ensaio, tal como prescrito pelas normas técnicas, é executado aplicando-se tensões normais ao corpo de prova entre 20 e 200 kPa, e gradientes hidráulicos de 0,1 e 1. No entanto, em condições particulares, podem-se ajustar essas grandezas a características particulares dos projetos.

Os resultados podem ser apresentados na forma de gráfico, como os da Figura 3-15, que relacionam a transmissividade com o gradiente para tensões normais constantes, ou a variação da transmissividade com as tensões aplicadas para gradientes constantes.

FIGURA 3-15
Resultados de transmissividade *versus* a tensão normal aplicada à amostra.

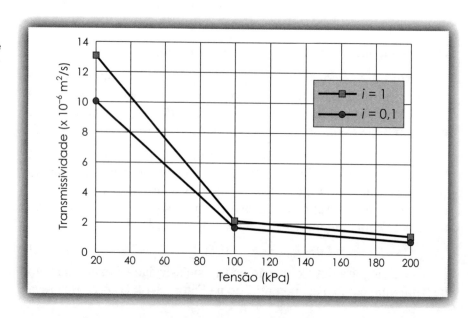

Ensaios para definir as propriedades de filtração dos geotêxteis

A seleção de um geotêxtil como filtro de uma camada de solo deve ser feita com base na curva granulométrica e na abertura de filtração do geotêxtil. A seguir, apresentam-se formas de determinação da abertura de filtração de geotêxteis.

Abertura de filtração — O_{95}

A abertura de filtração refere-se ao diâmetro equivalente da maior partícula que pode atravessar o geotêxtil. Esse parâmetro é determinado por peneiramento úmido.

Há duas montagens típicas para esse ensaio, conforme ilustra a Figura 3-16. Na primeira, proposta pela norma francesa, AFNOR G 38 017, corpos de prova de geotêxtil são presos à base de anéis metálicos para constituir o equivalente a uma peneira. Sobre o geotêxtil lança-se um solo bem graduado. O sistema, similar a uma roda-gigante, gira por 24 h ininterruptamente. Nesse processo, cada peneira é imersa em um tanque cheio de água limpa, onde se promove a inundação do reservatório que contém o solo, sem que haja transbordamento, efetuando-se o fluxo através do geotêxtil. Ao emergir do tanque, a água que adentrou

FIGURA 3-16
Esquemas dos ensaios de abertura de filtração:
(a) ensaio hidrodinâmico (AFNOR G 38 017);
(b) ensaio de peneiramento úmido (ABNT NBR ISO 12956).
1, Entrada de água; 2, dispersor; 3, solo padrão; 4, amostra de geotêxtil; 5, tela para suporte de geotêxtil; 6, ajuste de frequência de vibração;
7, papel-filtro; 8, funil.

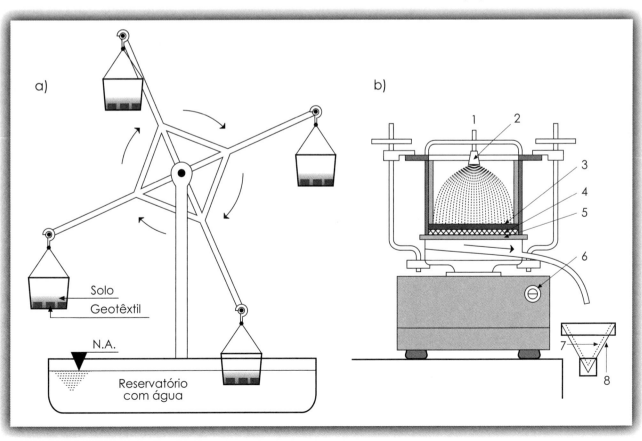

a peneira é drenada através do geotêxtil, carreando as partículas finas do solo, que se sedimentam no tanque.

Ao final das 24 h de ciclagem, o material fino que passa através do geotêxtil é submetido a um ensaio de granulometria conjunta para se definir sua curva granulométrica, conforme ilustra a Figura 3-17. O diâmetro correspondente a 95% da porcentagem que passa é denominado de "abertura de filtração", ou O_{95}. Fisicamente, essa abertura representa o menor diâmetro de partícula que o geossintético pode reter; ou, inversamente, o maior diâmetro de partícula que pode passar pelo geotêxtil.

Na montagem especificada pela norma brasileira ABNT NBR ISO 12956, um fluxo contínuo de água, sob pressão, é lançado sobre uma amostra de solo colocado sobre o corpo de prova do geotêxtil ensaiado. O geotêxtil apoia-se sobre uma peneira presa a um agitador que impõe movimentos verticais e horizontais ao conjunto. Por ação da água e da vibração, o solo é forçado a atravessar o geotêxtil. O material que passa é então peneirado e, da mesma forma, determina-se a sua curva granulométrica e a abertura de filtração.

Abertura aparente — $O_{95,d}$

A abertura aparente é um ensaio equivalente ao da abertura de filtração, porém conduzido com peneiramento seco de esferas de vidro, com faixas de diâmetro selecionadas, no geral entre 0,075 e 2,00 mm.

Na montagem do ensaio, fixa-se o geotêxtil no fundo de uma peneira do tipo utilizado para determinar a granulometria de solos (séries

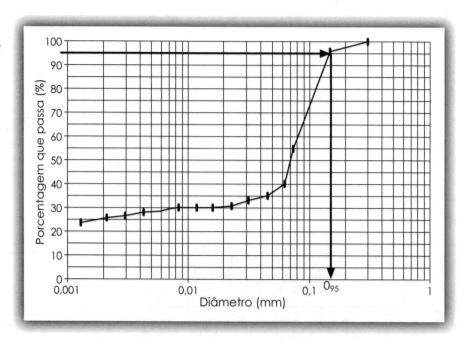

FIGURA 3-17
Curva granulométrica típica de material passante no ensaio de peneiramento hidrodinâmico.

Tyler ou USBS). As esferas se depositam sobre o geotêxtil — uma faixa de diâmetro de cada vez — e o conjunto, acoplado a um fundo, é levado a um peneirador por 15 minutos. Anotam-se o diâmetro médio das esferas utilizadas e a porcentagem do peso inicial que atravessou o geotêxtil. Repetindo-se o processo para esferas com diâmetros cada vez menores, pode-se determinar uma curva granulométrica de esferas que atravessam o geotêxtil (diâmetro médio das esferas *versus* porcentagem de esferas que atravessam o geotêxtil). A abertura aparente O_{95d}, é definida como o diâmetro de esfera tal que 5%, ou menos, atravessam o geotêxtil.

O resultado dos ensaios de peneiramento a seco não é comparável ao dos ensaios hidrodinâmicos (peneiramento por via úmida). Sobre o peneiramento a seco recaem muitos questionamentos, como o efeito da eletricidade estática das esferas de vidro em contato com o geotêxtil e a paulatina deposição de esferas no seio do geotêxtil, impossíveis de remover quando se muda de um diâmetro de esfera para outro.Cuidados como o umedecimento das esferas com *spray* antiestático e uma criteriosa limpeza do geotêxtil entre peneiramentos sucessivos, ajudam a minimizar essas interferências e melhorar a qualidade dos resultados.

3.3.4 Ensaios de desempenho

Os ensaios de desempenho são executados tomando-se em consideração o meio em que se insere o geossintético. Os resultados obtidos são típicos da combinação geossintético/meio (solo, geossintético, líquido) envolvente.

Resistência a deslizamentos da interface

A resistência a deslizamentos da interface do geossintético em contato com solo, com outro material qualquer, ou mesmo com outro geossintético, pode ser determinada experimentalmente por meio de ensaios de plano inclinado ou de cisalhamento direto.

No ensaio de plano inclinado, aplica-se um esforço cisalhante na interface entre pares de materiais, aumentando-se o ângulo de inclinação do plano de contato até que ocorra o deslizamento na interface.

Os equipamentos convencionais de plano inclinado são constituídos por uma rampa plana, na qual se fixam os geossintéticos, e uma caixa rígida, que confina o solo ou outro material que terá contato com o geossintético e sobre o qual pode deslizar. A magnitude do esforço normal ao plano de deslizamento é muito baixa visto que resulta do peso do material colocado na caixa deslizante. Montagens mais sofisticadas, em que se podem aplicar cargas externas, via sistema de reação e rótulas, permitem o uso de tensões normais substancialmente mais elevadas.

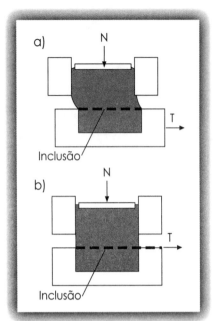

FIGURA 3-18
Esquema do ensaio para determinação da resistência de interface: (a) cisalhamento direto; (b) arrancamento.

Rotineiramente, para se determinar a resistência de interface, utilizam-se montagens no equipamento de cisalhamento direto, seja na sua forma convencional, seja substituindo a meia caixa inferior por um bloco rígido, em geral de dimensões maiores do que a meia caixa superior [Figura 3-18(a)].

Variando a tensão normal (σ) aplicada em ambos os tipos de ensaio, pode-se obter uma equação da envoltória de resistência ao deslizamento, que pode ser escrita como:

$$\tau = c_a + \sigma \operatorname{tg} \delta, \qquad [3\text{-}4]$$

em que:
  τ é a resistência ao cisalhamento de interface;
  c_a a adesão de interface;
  δ o ângulo de atrito de interface.

Resistência a arrancamento

Ensaios de arrancamento são geralmente utilizados para avaliar a resistência de interface de materiais rígidos, como as geogrelhas [Figura 3-18(b)]. Extrai-se uma amostra de geossintético da massa de solo pela aplicação de um esforço de tração em uma extremidade. Além do esforço de arrancamento, medem-se os deslocamentos do geossintético em vários pontos ao longo do comprimento da amostra e a tensão normal na superfície ou próxima da interface no interior do solo.

Esse ensaio permite obter curvas de deslocamento *versus* força de arrancamento aplicada (Figura 3-19) e um fator de interface (f),

FIGURA 3-19
Resultados típicos de ensaios de arrancamento em geogrelhas; TD$_i$ são as posições dos transdutores situados ao longo do cp, medidas a partir do ponto de aplicação da força de arrancamento.

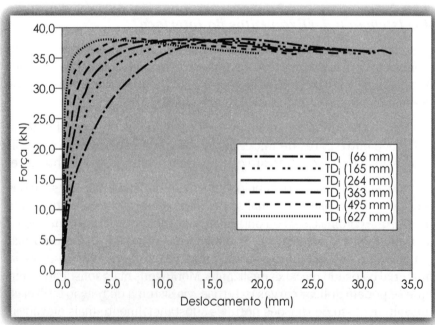

definido pela expressão

$$f = \frac{\tau}{\sigma_n},\qquad [3\text{-}5]$$

em que τ é o esforço cisalhante e σ_n é a tensão normal.

Tração confinada

Materiais compressíveis — como os geotêxteis não tecidos agulhados — sofrem ação do confinamento no solo quando enterrados e apresentam rigidez superior à do material ensaiado sem confinamento. Para se avaliar mais fielmente o desempenho do geotêxtil, executam-se ensaios de tração confinada.

Idealmente, o material deveria ser confinado entre duas camadas de solo de pequena espessura e submetido a um esforço normal de confinamento antes da solicitação por tração. Além disso, o instrumental de ensaio deveria inibir ao máximo o atrito nas bordas e o deslocamento relativo entre o solo e o geotêxtil, de tal forma que a carga aplicada em tração pudesse ser transmitida ao geotêxtil de maneira uniforme ao longo de seu comprimento. Um instrumental ideal ainda não existe, embora algumas montagens forneçam resultados de boa qualidade.

Entende-se que, quando o geotêxtil é confinado no solo, não apenas as partículas penetram a matriz têxtil da manta e promovem uma restrição ao movimento, como o confinamento aproxima suas fibras, aumentando a força de atrito entre elas e, portanto, dando maior rigidez ao produto. Tem-se constatado, porém, que a aproximação das fibras é o fator mais importante no processo, já que o imbrincamento da matriz têxtil pelas partículas de solo é de menor importância na maioria dos casos, exceto quando se utilizam solos granulares limpos. Por essa razão, tem-se sugerido executar esse tipo de ensaio de tração sem a presença de solo, confinando-se o geotêxtil com membranas lisas, facilitando assim a montagem dos equipamentos.

Fluência confinada

De modo similar ao que ocorre com a tração confinada, sob carregamento constante, materiais compressíveis como os geotêxteis não tecidos apresentam respostas que diferem daquelas obtidas com o material não confinado.

Os equipamentos de fluência confinada são raros e, em geral, concebidos apenas para pesquisa. A Figura 3-20 mostra um desses equipamentos e os resultados típicos obtidos do confinamento de geotêxteis fabricados a partir de vários polímeros com areia pura. Nota-se que o geotêxtil do ensaio (a) demonstra uma grande melhora de comporta-

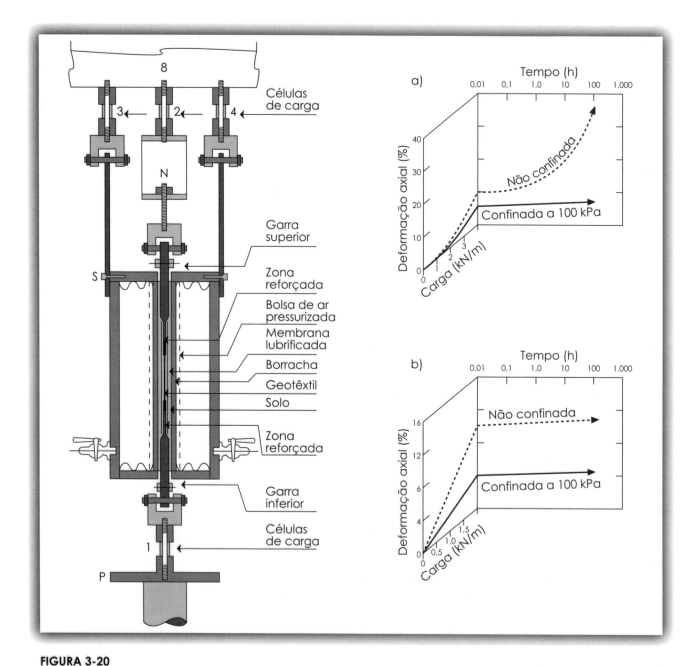

FIGURA 3-20
Equipamento de ensaio e resultados típicos de fluência confinada para dois geossintéticos distintos.

mento na fluência quando confinado. Já no geotêxtil do ensaio (b), os benefícios são menos significativos, em função das características das matérias-primas e processos de fabricação de cada produto.

Resistência a abrasão

O geotêxtil é forçado a deslizar sobre uma lixa de graduação específica fixada sobre uma base rígida. Após um elevado número de ciclos de desgaste, a amostra é recolhida e submetida a ensaios mecânicos ou hidráulicos, conforme o interesse do projeto.

Resistência a danos de instalação

Uma amostra de geossintético, colocada em uma caixa metálica, geralmente de 300 × 300 mm, é recoberta por solo ou agregado e comprimida ciclicamente com tensões que variam entre 5 e 900 kPa, conforme a conveniência, por uma placa algo menor que as dimensões internas da caixa, tipicamente de 100 × 200 mm. Após cerca de duzentos ciclos, a amostra é retirada e ensaiada para se verificar o seu comportamento mecânico ou hidráulico.

Ensaio de filtração de longa duração

O desempenho de um geotêxtil em contato com um determinado tipo de solo pode ser investigado através de ensaios de razão de gradiente. Nesse tipo de ensaio (Figura 3-21), o geotêxtil recobre a base de um permeâmetro, preenchido com o solo em questão, e registram-se os gradientes hidráulicos entre os pontos 3 e 6, i_{36}, e entre os pontos 2 e 3, i_{23}. A razão de gradientes (GR) é então definida como:

$$GR = \frac{i_{36}}{i_{23}}. \qquad [3\text{-}6]$$

- Se $GR = 1$, há uma perda de carga uniforme ao longo da amostra de solo, inclusive no trecho 3-6, em que o geotêxtil está inserido. Portanto não estaria havendo colmatação ou perda de finos no sistema.

- Se $GR < 1$, a perda de carga no trecho 2-3, no interior do solo, é menor do que aquela do trecho 3-6 que contém o geotêxtil. Isto seria um indicativo de ocorrência de *piping*.

- Se $GR > 1$, estaria ocorrendo colmatação do geotêxtil.

3.4 ENSAIOS EM GEOMEMBRANAS

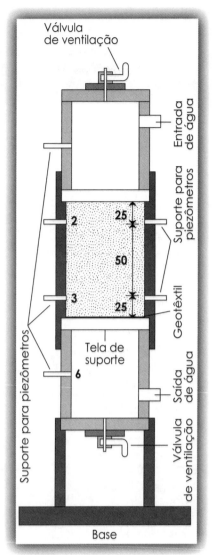

FIGURA 3-21
Esquema do ensaio de razão de gradientes (dimensões em mm).

As geomembranas são fabricadas a partir de diferentes polímeros básicos, em várias espessuras, com superfícies lisas ou rugosas. Em função dessas características, algumas propriedades como a espessura e a resistência a tração, por exemplo, podem requerer diferentes formas de determinação, de acordo com diferentes normas técnicas.

A Tabela 3-3 lista os ensaios usuais realizados em geomembranas.

3.4.1 Ensaios para determinação das propriedades físicas

As propriedades físicas das geomembranas de interesse nos projetos de engenharia são espessura, gramatura, densidade, dureza e índice de fluidez. A seguir, discute-se a obtenção de cada uma dessas grandezas.

TABELA 3-3
Normas aplicáveis a ensaios realizados em geomembranas

Propriedade	Norma	Observações
FÍSICAS		
Espessura	ASTM D5199; ASTM D 5994	Sob carga de 20 kPa (em alguns casos mais alta) Geomembrana texturizada.
Densidade	ASTM D 792; ASTM D 1505; ISO 1183	Método do deslocamento Método do gradiente de densidades Método do picnômetro
Índice de fluidez	ASTM D 1238	Massa extruída sob certas cargas e temperatura
Dureza	ASTM D 2240; ISO 868	Durômetro do tipo A
Estabilidade dimensional	ASTM D 1204	Variação por temperatura elevada
MECÂNICAS		
Resistência a tração uniaxial	ASTM D 4885 ASTM D 638 ASTM D 882 ISO 37 ISO 527 ISO 1421	Ensaio em faixa larga - seção de ensaio 100 mm × 200 mm Corpos de prova na forma de halteres Corpos de prova na forma de tiras Corpos de prova na forma de halteres CP na forma de halteres ou tira, conforme tipo da geomembrana CP na forma de tiras (50 mm × 2 00 mm)
Tração multidirecional	ASTM D 5617	Diâmetro mínimo 500 mm
Resistência a rasgos	ASTM D 1004; ISO 4674	Forma geométrica particular (Figura 3-24) Formas variadas, conforme os métodos da norma
Resistência contra puncionamento estático	ABNT NBR ISO 12236 ASTM D 4833	Pistão CBR Pistão: 8 mm de diâmetro
Resistência contra puncionamento dinâmico	ABNT NBR ISO 13433	Cone de 500 g, altura de queda de 500 mm
HIDRÁULICAS		
Permeabilidade a vapor de água	ASTM E 96	Difusão de vapor pela GM
DESEMPENHO		
Resistências de interface: a) cisalhamento direto b) plano inclinado	ABNT NBR ISO 13427-1; ASTM D 5321 ABNT NBR ISO 13427-2	Procedimentos de mecânica dos solos; corpo de prova 300 mm x 300 mm
Resistência de emendas	ASTM D6392	Cisalhamento e descolamento de emendas efetuadas por métodos térmicos
Resistência contra fissuração sob tensão (*stress cracking*)	ASTM 5397	Corpo de prova (halteres) com ranhura, sob tração e imerso em meio agressivo
Resistência a raios UV	ASTM D7238- ASTM D1435 ASTM D4355 ISO 4892	Lâmpada UV + vapor de água Exposição ao clima local Arco xenon Também contempla as ações listadas acima
Resistência química	ASTM D5322 EPA 9090 ISO 12960	Incubação de amostras em contato com meio agressivo em temperaturas variadas.
Resistência a degradação térmica	ASTM D5721	Incubação de amostras em estufa sob elevadas temperaturas e circulação de ar
Atrito de interface	ASTM D 5321	Cisalhamento direto ou plano inclinado

ABNT – Associação Brasileira de Normas Técnicas; ASTM – American Society for Testing and Materials (EUA); EPA – Environmental Protection Agency (EUA) ISO – International Organization for Standardization.

Propriedades, Ensaios e Normas

Espessura

A determinação da espessura de geomembranas lisas segue procedimentos similares aos das normas de geotêxteis e produtos correlatos. Para geomembranas texturizadas, a ASTM 5994 recomenda medir a espessura do corpo principal sem levar em conta as saliências das texturas. Utilizam-se, para tanto, duas hastes de aproximação, opostas, com ponta cônica, com raio de curvatura de 0,8 ± 0,2 mm e ângulo de abertura com a horizontal de 60 ± 2° e se mede a espessura pontualmente.

As espessuras usuais de geomembranas lisas situam-se entre 0,5 e 2 mm.

Densidade

A densidade expressa uma relação entre massa e volume de uma amostra e a densidade da água. Pode ser obtida por vários processos, entre eles os de imersão (em água ou outros líquidos), e o do gradiente de densidade e o do picnômetro. A Tabela 3-4 lista densidades médias de geomembranas fabricadas no Brasil.

Índice de fluidez

O índice de fluidez (IF ou MI, *melt index*) expressa a velocidade de fluxo de um polímero fundido sob temperatura e pressão definidas. Esse índice tem importância maior em geomembranas de polietileno. Como pode estar relacionado com o peso molecular do polímero, acaba por se constituir em um teste de controle de qualidade. Um elevado IF expressa um baixo peso molecular e vice-versa.

TABELA 3-4 Densidades de geomembranas fabricadas no Brasil	
Tipo de geomembrana	**Densidade das matérias-primas (g/cm³)**
PVC	1,340
PEAD	0,940
PEBDL	0,935

Dureza

No ensaio de dureza, mede-se a capacidade da membrana em resistir a esforços de indentação de uma haste padronizada, que comprime localmente o material em condições também padronizadas. A dureza é inversamente proporcional à penetração obtida e função do módulo de deformabilidade e do comportamento viscoelástico do material.

3.4.2 Ensaios para determinação das propriedades mecânicas

Tração unidirecional

Em muitas situações de projeto, as geomembranas sofrem solicitação de tração por esforços atuantes no plano da manta. A avaliação da resistência à tração para esse caso pode ser feita em tiras estreitas, em corpos de prova no formato de **halteres** e em faixa larga. Para amostras com espessura inferior a 1,00 mm (membranas e filmes finos), recomenda-se o uso da ASTM D 882 ou da ISO 527, enquanto, para membranas com espessuras de até 14 mm, recomenda-se a ASTM D 638 ou a ISO 527.

Na Figura 3-22 podem ser vistos os corpos de prova na forma de haltere recomendados pela ASTM 638, enquanto a Figura 3.23 apresenta algumas curvas tração *versus* deformação de geomembranas

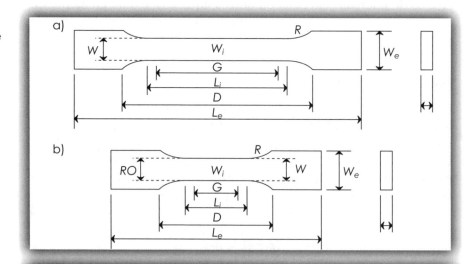

FIGURA 3-22
Corpos de prova em forma de haltere da ASTM D 638:
(a) tipos M-I e M-III;
(b) tipo M-II.

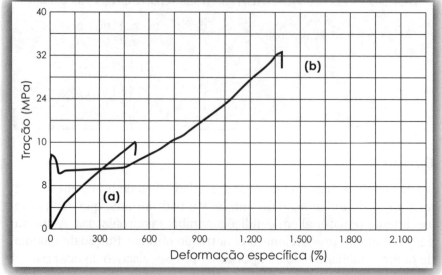

FIGURA 3-23
Curvas típicas de tração.
(a) Geomembranas de PVC;
(b) Geomembranas de PEAD.

brasileiras ensaiadas pelo Laboratório de Geossintéticos do Departamento de Geotecnia da Escola de Engenharia de São Carlos (USP).

Tração multidirecional

A determinação da resistência multidirecional de geomembranas é feita utilizando-se o mesmo instrumental descrito para geotêxteis e produtos correlatos.

Resistência a rasgos

A possibilidade de ocorrência de rasgos em geomembranas, especialmente nas mais finas e não reforçadas, em razão de solicitações de tração em direções opostas, tanto no plano da manta como em situação tridimensional, deve ser sempre investigada e levada em consideração nos projetos.

No caso de membranas, a partir de corpos de prova com geometria particular, induz-se o rasgo tracionando-se as extremidades da amostra. A Figura 3-24 apresenta detalhes dos corpos de prova utilizados pela ASTM D 1004.

Resistência a puncionamentos

A resistência das geomembranas a puncionamentos pode ocorrer por esforços estáticos ou dinâmicos. O puncionamento estático é geralmente executado utilizando-se o pistão CBR, conforme prescrito pela ABNT NBR ISO13359, embora a norma ASTM D 4833 especifique dimensões inferiores às desse ensaio, tanto para o corpo de prova como para o pistão de perfuração.

O puncionamento dinâmico, conforme prescrito pela ABNT NBR ISO 13433, compreende a verificação do dano causado pela queda de um cone padrão sobre uma amostra, presa nas bordas de um molde cilíndrico, porém sem ser tracionada.

3.4.3 Ensaios de desempenho para geomembranas

Nas obras, as geomembranas podem ser implantadas em situações particulares de carregamento, entrar em contato com substâncias agressivas ou ficar sujeitas a condições climáticas e ambientais adversas. Tais situações são características de cada projeto e devem ser simuladas em laboratório para que se possa antever o comportamento da membrana ao longo de sua vida útil. De um modo geral, as propriedades físicas, mecânicas, hidráulicas ou de constituição das membranas submetidas a essas ações são comparadas com as de amostras virgens para se quantificar um percentual da modificação ocorrida.

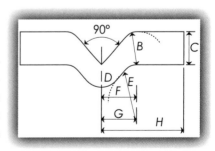

FIGURA 3-24
Formato dos corpos de prova para ensaios de rasgo em geomembranas.

Algumas dessas ações são reproduzidas em montagens normatizadas como, por exemplo, a ação da radiação ultravioleta, do aumento de temperatura, de exposição a produtos químicos agressivos, entre outras, buscando caracterizar a degradação das geomembranas, ou seja, a alteração de sua constituição química, pela quebra de cadeias poliméricas e perda de aditivos e plastificantes, por exemplo. São descritas, a seguir, algumas ações de solicitação frequentes.

Resistência a intempéries

Essa avaliação é feita expondo-se os produtos ao ar livre para que recebam incidência de luz solar e de variações climáticas — chuvas, ventos, mudanças de temperatura. As amostras são dispostas em painéis inclinados 45 graus em relação à horizontal e orientados de forma tal que a amostra receba a máxima incidência de luz solar ao longo do ano.

Ao longo do período de observação — tipicamente acima de um ano —, registram-se diariamente os dados climáticos do local. A ASTM D 1435 orienta a forma de montagem do sistema, de amostragem e de tratamento dos resultados. Depois de envelhecidas, as amostras são testadas em laboratório para quantificar perdas de propriedades mecânicas ou hidráulicas.

Alternativamente, pode-se reproduzir de modo artificial o ambiente de degradação por incidência solar em laboratório. Para tanto, submetem-se as amostras a ciclos de exposição a luz ultravioleta e condensação, sob elevadas temperaturas (Figura 3-25). Nesse caso, avalia-se, em períodos pré-fixados, as propriedades de interesse. Os tempos de observação, no geral, são superiores a 500 h, podendo, em casos especiais, atingir 10.000 h.

FIGURA 3-25
Ensaio de resistência à degradação por radiação ultravioleta.

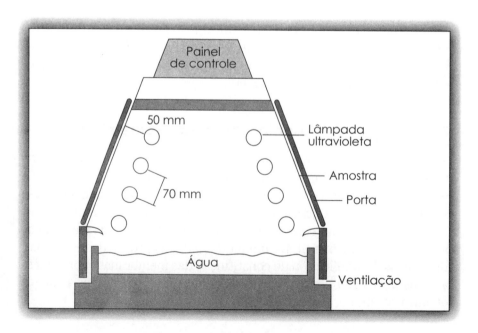

Resistência a degradação química

A avaliação da degradação química das geomembranas em laboratório é feita mergulhando-se amostras em tanques contendo a substância agressiva. Esses tanques devem ser executados com material inerte ao produto em análise, tipicamente aço inoxidável ou de vidro (Figura 3-26).

No geral, empregam-se amostras em duplicatas, que são mantidas em tanques a temperaturas constantes de 23 °C e 50 °C por períodos de até 120 dias. Periodicamente, as amostras de ambos os tanques são ensaiadas e suas propriedades comparadas com as da amostra virgem.

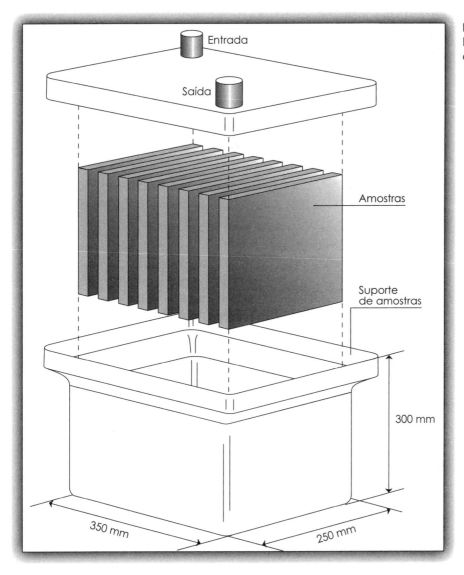

FIGURA 3-26
Esquema do ensaio de resistência a degradação química.

Resistência a degradação térmica

Para avaliar esse efeito, amostras de geomembranas são colocadas em estufa, a elevadas temperaturas (geralmente 75 °C), com contínua circulação de ar. Em tempos predeterminados, avaliam-se as propriedades de interesse, como resistência a tração, a rasgos, a puncionamento, entre outras.

Resistência a degradação biológica

A resistência dos geossintéticos ao ataque de fungos e bactérias que vivem no solo pode ser avaliada enterrando-se amostras em recipientes preenchidos com solo contaminado.

Em geral, compara-se o desempenho de duas amostras enterradas no mesmo solo. No primeiro caso, a amostra é enterrada em uma condição absolutamente artificial, obtida pela desinfecção do solo em autoclave. Essa é a condição de referência. No segundo, a mostra é enterrada em solo orgânico, rico em bactérias, que se alimentam prioritariamente de produtos à base de celulose, ou contendo fungos e cogumelos. Em períodos determinados, avaliam-se as propriedades de interesse de ambas as amostras e verifica-se, por comparação, a ação deletéria dos microrganismos na geomembrana.

Resistência a atrito de interfaces

O atrito de interface entre geomembranas em contato com outros materiais (solos, concreto, geossintéticos etc.) pode ser quantificado por meio dos mesmos procedimentos descritos para geotêxteis e produtos correlatos.

Em muitos casos, porém, as geomembranas, especialmente as texturizadas, podem apresentar curvas de resistência *versus* deslocamento de interface com um pico muito agudo, que ocorre para baixos valores de deslocamento. Há, depois, uma brusca queda de tensão pós-pico, que vai se atenuando até um valor residual que ocorre para grandes deslocamentos relativos.

Como nessas situações pode ser importante caracterizar o valor de resistência residual, é necessário utilizar um instrumental que permita o registro de deslocamentos relativos elevados – em muitos casos, de várias vezes o comprimento da amostra ensaiada. É necessário, nessas situações, dispor de equipamento especial que permita esse registro.

Resistência das soldas

A resistência mecânica de soldas em geomembranas pode ser determinada em laboratório submetendo-se corpos de prova, obtidos da região soldada, a ensaios de tração que simulam as condições de cisalhamento ou de adesão, conforme mostra a Figura 3-27.

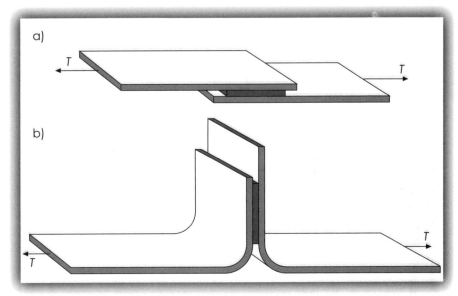

FIGURA 3-27
Tipos de solicitação nos ensaios de resistência de soldas.
(a) cisalhamento;
(b) adesão.

Resistência a fissuramentos sob tensão

Geomembranas semicristalinas podem fissurar, interna ou externamente, quando sob a ação de cargas de longa duração inferiores à sua resistência a tração. A susceptibilidade da geomembrana a esse fenômeno – denominado *stress cracking* em inglês – pode ser verificada em laboratório pelo ensaio de carregamento de longa duração, ASTM D 5397. Neste ensaio, impõe-se uma incisão a meia altura do corpo de prova (em forma de halteres), que atinge cerca de 20% de sua espessura. Posteriormente o corpo de prova é imerso em uma solução detergente, normalmente *igepal* com concentração de 10% em volume, em ambiente com temperatura elevada (50 °C) e sujeito a tensões de tração constantes, inferiores à ruptura. Essas condições agressivas podem provocar o fissuramento da amostra, o que pode levá-la localmente a um dano físico. O ensaio visa verificar a susceptibilidade da amostra a esse fenômeno.

O ensaio assemelha-se a um teste de fluência não confinada. O sistema é dotado de um dispositivo que permite registrar o instante em que a membrana entra em colapso sob efeito do fissuramento.

A Figura 3-28 mostra o arranjo do ensaio de *stress cracking* segundo a ASTM D 5397.

3.5 ENSAIOS EM GEOCOMPOSTOS ARGILOSOS ou *Geosynthetic Clay Liners* (GCL)

Os GCLs são tipicamente utilizados na composição de barreiras impermeabilizantes para líquidos e gases, em substituição ou em adição aos solos do local do empreendimento. As características técnicas exigidas para o GCL nesta aplicação são:

FIGURA 3-28
Ensaio de fissuramento sob tensão (*stress cracking*) sob carga constante.

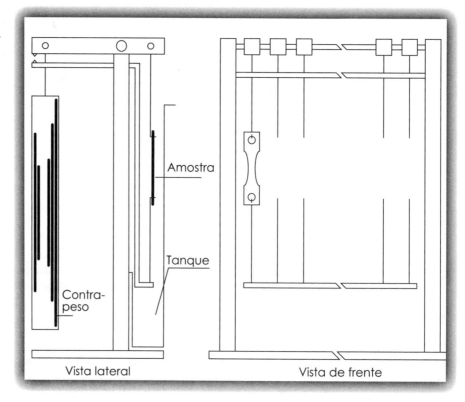

- estanqueidade;
- possibilidade de autocicatrização;
- incompatibilidade química com o rejeito a ser estocado (ou seja, não reage com o rejeito de forma a ter suas propriedades alteradas).

Além disso, o geocomposto argiloso deve apresentar características físicas, mecânicas e de desempenho típicas de qualquer outro geossintético.

3.5.1 Ensaios físicos

A avaliação do potencial de expansibilidade e da permeabilidade da bentonita pode ser feita de forma simples, a partir dos resultados dos ensaios de índice de expansão e de perda de suspensão argilosa, apresentados a seguir.

Índice de expansão da bentonita

Prepara-se, por agitação, uma suspensão argilosa (2 g de argila seca depositada em 90 mL de água destilada), que é depositada em uma proveta e deixada em repouso por 16 h.

O índice de expansão é obtido registrando-se o aumento de volume da suspensão argilosa que ocorre entre o início e o fim do ensaio.

Propriedades, Ensaios e Normas

TABELA 3-5
Ensaios realizados em barreiras geossintéticas argilosas

Propriedades	Norma	Observações
FÍSICAS		
Índice de expansão da bentonita	ASTM D 5890	Expansão de material sedimentado em água
Perda de líquido de suspensão argilosa	ASTM D 5891	Perda de líquido de suspensão argilosa, sob 700 kPa de pressão, através de papel de filtro
Massa por unidade de área	ASTM D 5993	Amostras secas em estufa
Espessura nominal	ASTM D 5199	Tensão de 2 kPa
Teor de umidade	ASTM D 5993	Amostras virgens do produto
MECÂNICAS		
Resistência a tração	ASTM D 4595 NBR 12824 ISO 10319	Em faixa larga
Adesão	ASTM D 6496	Adesão entre geossintéticos
Resistência a puncionamento	ABNT NBR ISO 12236	Pistão CBR
Cisalhamento pelo corpo da bentonita	ISO 12957-1	Corpo de prova saturado sob tensão normal e ensaiado em condições drenado/não drenado
HIDRÁULICAS		
Permeabilidade normal	ASTM D 5887	Amostra revestida com membrana de látex e sob tensão confinante de 35 kPa
DESEMPENHO		
Resistência química	ASTM D 5890	—

Bentonitas sódicas de boa qualidade apresentam índices de expansão superiores a 24 mL.

3.5.2 Ensaios mecânicos

As propriedades mecânicas dos geocompostos argilosos — resistência a tração e a puncionamento — são obtidas de forma similar às dos geotêxteis e produtos correlatos.

A resistência ao cisalhamento da camada de bentonita deve ser investigada para verificação da eficiência do entrelaçamento (fios de agulhamento ou de costura) entre a bentonita e os geossintéticos. Os ensaios devem reproduzir as condições de solicitação de campo — drenada ou não drenada, e a forma como a saturação do geocomposto ocorreu — com ou sem confinamento. Os procedimentos de ensaio são os tradicionais da mecânica dos solos.

3.5.3 Ensaios hidráulicos

A estanqueidade do geocomposto é avaliada tendo-se em consideração que o material bentonítico é altamente expansivo e apresenta coeficiente de permeabilidade muito baixo, no geral cerca de 5×10^{-11} m/s.

A medida da permeabilidade é feita por meio do ensaio normalizado pela ASTM D 5887, que utiliza uma amostra de 100 mm de diâmetro. Essa amostra é colocada entre duas pedras porosas, em um pedestal de ensaios de compressão. O conjunto é vedado lateralmente por membrana de látex e, em vista disso, recebe a denominação de "permeâmetro de paredes flexíveis". Normalmente se utiliza o instrumental do ensaio triaxial — câmara, painel e sistema de aplicação de pressões e aquisição de dados, pois a saturação da amostra é feita por contrapressão.

No processo de saturação aplicam-se ao corpo de prova, em estágios, pressão externa, de confinamento, e interna, contrapressão, garantindo entre elas uma diferença de 35 kPa, até que se atinja, respectivamente, 550 e 515 kPa. Essas pressões finais são mantidas por 48 h para garantir a saturação e a expansão da amostra.

Após esse período, eleva-se a pressão interna para 530 kPa e inicia-se o fluxo na amostra com água deionizada. Quando os volumes de entrada e saída se equivalem, faz-se a determinação do coeficiente de permeabilidade.

3.5.4 Ensaios de desempenho

De forma similar ao visto em geomembranas, os geocompostos argilosos devem ser avaliados quanto à resistência química, quando em contato com materiais agressivos, e à capacidade de autocicatrização.

Além disso, como a bentonita apresenta elevada capacidade de troca catiônica, dependendo do meio onde o geocomposto é inserido, é possível que parte dos íons de sódio presentes na dupla camada da argila seja trocada por íons de maior valência. Isso reduz a espessura da dupla camada e o potencial de floculação, aumentando o seu coeficiente de permeabilidade.

A característica de autocicatrização exige que a argila apresente um elevado potencial de expansão. Assim, se o geocomposto for perfurado por manuseio inadequado, trânsito de equipamentos e outros agentes, durante o processo construtivo, a argila deverá ser capaz de, quando vier a ser hidratada e estiver confinada, expandir-se e selar esses furos produzidos durante a instalação.

As propriedades de catálogo dos geocompostos argilosos são obtidas quando o líquido de embebição e de percolação é a água pura. Portanto a compatibilidade química, a permeabilidade e o potencial

Propriedades, Ensaios e Normas

autocicatrizante do material, frente a outros líquidos percolantes de notória atividade, devem ser investigados caso a caso.

3.6 ENSAIOS EM GEOGRELHAS

Como os demais geossintéticos, as geogrelhas são caracterizadas fisicamente e isto inclui descrever a espessura de seus elementos, o tipo de geogrelha, a porcentagem de área aberta e a forma como são as ligações entre as junções dos elementos longitudinais e transversais.

A resistência a tração das geogrelhas é normalmente determinada em ensaios de faixa larga. Entretanto, como são materiais muito resistentes, que exigem equipamentos de maior capacidade de ensaio, além de garras de tração mais elaboradas, há recomendações para se ensaiar um ou apenas alguns elementos das geogrelhas (ASTM D 6637). Isso facilita sobremaneira as técnicas de ensaio e fornece resultados similares aos obtidos em ensaios de tração em faixa larga. A força por unidade de largura, geralmente por metro (F_t), é determinada multiplicando-se o valor da força obtida em um elemento (F_i) pelo número (n) de elementos em 1 m de largura:

$$Ft = n \cdot Fi \qquad\qquad [3\text{-}7]$$

Como as geogrelhas normalmente se apresentam com elevada rigidez, o que implica pequenas deformações com o carregamento, o cálculo das deformações por medidas externas de deslocamento das garras são muito imprecisas pela possibilidade de escorregamento e de acomodação do corpo de prova ao longo do carregamento. Assim, é necessário proporcionar medidas locais de deslocamento (ou seja, em uma pequena extensão da face do corpo de prova) para uma boa precisão, sendo o uso de mira a laser útil para esta finalidade. Da curva tensão deformação tem-se indicações da rigidez, porém um ensaio alternativo (e com outra base mecânica) é o especificado na ASTM D1388 que aborda a rigidez à flexão. De acordo com os resultados dos ensaios realizados por essa norma, considera-se rígida a geogrelha que apresenta uma rigidez superior a 1.000 gf · m.

Outra avaliação de interesse reside na resistência dos nós ou junções entre os elementos da geogrelhas, onde se procura avaliar a contribuição do elemento transversal à direção ensaiada na resistência a tração.

Além desses ensaios, na função de reforço, típica das geogrelhas, pode ser necessário conhecer a resistência de interface (ASTM D5321, por exemplo) e a resistência ao arranchamento, o que demanda equipamentos especiais. Com relação ao desempenho e à degradação, aplicam-se também às geogrelhas as considerações atrás efetuadas para os outros geossintéticos as quais podem ser seguidas, com as necessárias adaptações, quando for o caso.

3.7 CONCLUSÕES

Do exposto, pode-se ter uma ideia da grande variedade de aspectos do comportamento dos geossintéticos, em vista da versatilidade dessa família de materiais de construção civil e os vários tipos de solicitação a que acabam submetidos durante a vida útil de uma obra de engenharia. Grande parte das propriedades de interesse possui normas de ensaios específicas e procedimentos gerais que norteiam a forma de condução dos estudos.

É importante ressaltar que a grande experiência acumulada com o uso de geossintéticos provém dos países do hemisfério norte, de clima temperado. Aspectos particulares do comportamento que possam ser afetados por questões climáticas típicas dos trópicos e por condições ambientais próprias devem ser investigados com maior rigor para evitar imprevistos com o desempenho dos materiais ao longo do tempo.

No intuito de criar normas brasileiras adequadas às nossas condições climáticas, geológico-geotécnicas, tecnológicas e econômicas, foi criado o Comitê Brasileiro de Geossintéticos/ABNT, que vem atuando intensamente desde 1990. A Tabela 3-6 sintetiza as normas brasileiras disponíveis sobre geossintéticos.

Sob o ponto de vista da garantia da qualidade dos geossintéticos utilizados nas obras, é de suma importância que os consumidores finais exijam que:

a) os projetistas especifiquem os geossintéticos por meio de suas propriedades e características, quantificadas e qualificadas por normas de ensaios e procedimentos oficiais;

b) os construtores adquiram os geossintéticos que atendam às especificações dos projetistas;

c) os fornecedores entreguem os produtos adquiridos, em conformidade com as especificações dos projetistas.

TABELA 3-6
Normas brasileiras de geossintéticos

ABNT NBR ISO 9862:2013 Geossintéticos — Amostragem e preparação de corpos de prova para ensaios

ABNT NBR ISO 9863-1:2013 Geossintéticos — Determinação da espessura a pressões especificadas
Parte 1: Camada única

ABNT NBR ISO 9864:2013 Geossintéticos — Método de ensaio para determinação da massa por unidade de área de geotêxteis e produtos correlatos

ABNT NBR ISO 10318:2013 Geossintéticos — Termos e definições

ABNT NBR ISO 10319:2013 Geossintéticos — Ensaio de tração faixa larga

ABNT NBR ISO 10320:2013 Geotêxteis e produtos correlatos — Identificação na obra

ABNT NBR ISO 10321:2013 Geossintéticos — Ensaio de tração de emendas pelo método da faixa larga

ABNT NBR ISO 11058:2013 Geotêxteis e produtos correlatos — Determinação das características de permeabilidade hidráulica normal ao plano e sem confinamento

ABNT NBR ISO 12236:2013 Geossintéticos — Ensaio de puncionameno estático (punção CBR)

ABNT NBR ISO 12957-2:2013 Geossintéticos — Determinação das características de atrito Parte 2: Ensaio de plano inclinado

ABNT NBR ISO 12957-1:2013 Geossintéticos — Determinação das características de atrito Parte 1: Ensaio de cisalhamento direto

ABNT NBR ISO 12956:2013 Geotêxteis e produtos correlatos — Determinação da abertura de filtração característica

ABNT NBR ISO 12958:2013 Geotêxteis e produtos correlatos — Determinação da capacidade de fluxo no plano

ABNT NBR ISO 13433:2013 Geossintéticos — Ensaio de perfuração dinâmica (ensaio de queda de cone)

ABNT NBR 15224:2005 Geotêxteis — Instalação em trincheiras drenantes

ABNT NBR 15226:2005 Geossintéticos — Determinação do comportamento em deformação e na ruptura, por fluência sob tração não confinada

ABNT NBR 15228:2005 Geotêxteis e produtos correlatos — Simulação do dano por abrasão – Ensaio de bloco deslizante

ABNT NBR 15228:2005 Geotêxteis e produtos correlatos — Simulação do dano por abrasão – Ensaio de bloco deslizante

ABNT NBR 15352:2006 Mantas termoplásticas de polietileno de alta densidade (PEAD) e de polietileno linear (PEBDL) para impermeabilização

ABNT NBR 15856:2010 Barreiras geossintéticas e produtos correlatos — Determinação das propriedades de tração

ABNT NBR 15856:2010 Barreiras geossintéticas e produtos correlatos — Determinação das propriedades de tração

ABNT NBR 16199:2013 Barreiras geossintéticas termoplásticas — Instalação em obras geotécnicas e de saneamento ambiental

ABNT NBR ISO 25619-1:2013 Geossintéticos — Determinação do comportamento em compressão
Parte 1: Propriedades na fluência à compressão

REFERÊNCIAS BIBLIOGRÁFICAS

ABNT. Associação Brasileira de Normas Técnicas. São Paulo. Disponível em: <http://www.abnt.org.br>.

ASTM Standards — American Society for Testing and Materials, Philadelphia. Disponível em: <http://www.astm.org>.

BARAS, L. C. S., BUENO, B. S., COSTA, C. M. L, On the evaluation of stepped isothermal method for characterizing creep properties of geotextiles. In: International Congress on Geosynthetics, 8., *Proceedings*...v. 4, p. 1515-1518, Nice, 2002.

BUENO, B. S., Propriedades, especificações e ensaios. In: Simpósio Brasileiro de Geossintéticos, *Anais*... 4., v. 1, p. 163-176, Porto Alegre, 2003.

ISO. International Organization for Standardization. Geneva.Disponível em: <http://www.iso.ch/iso/en/>.

KOERNER, R. M. *Designing with geosynthetics*. 4. ed. Upper Saddle River: Prentice Hall, 1998.

ROLLIN, A.; RIGO, J. M. *Geomembranes* — indentification and peformance testing report of technical commitee. 103-MGH, Cambridge: Rilem, Chapman Hall, 1991.

VIDAL, D. M. Propriedades físicas, mecânicas e hidráulicas dos geossintéticos. Capítulo 2 em Curso sobre Aplicações de Geossintéticos em Geotecnia e Meio Ambiente. São Paulo: IGS Brasil, 1998.

Capítulo 4

Aplicações em Reforço de Solos

4.1 INTRODUÇÃO

Quando se fala em trabalhar com solos, imediatamente nos vêm à mente suas características exclusivas: descontinuidades, grandes variações granulométricas, baixa resistência à tração/cisalhamento, grande variação de permeabilidade, elevadas deformabilidades, altos graus de erodibilidade etc. Exatamente por essas características, as obras de engenharia no último século procuraram sempre por sítios mais nobres, por solos homogêneos, mais resistentes, isentos da presença de água, pouco deformáveis e pouco erodíveis, mesmo que isso representasse maior custo.

José C. Vertematti

Nos dias de hoje, o crescimento urbano das grandes cidades, associado ao porte das obras da engenharia moderna, impossibilita a livre escolha do melhor sítio, pois os melhores locais já abrigam construções e os poucos sítios nobres que restam passam a ser supervalorizados. São nessas situações que as novas soluções geotécnicas se aplicam, em que se tem de conviver com situações adversas, em que as sondagens indicam solos que necessitam tratamentos, reforços, inclusões etc., para se adequar aos esforços solicitantes das grandes obras.

Nas últimas décadas, os geossintéticos vêm desempenhando um papel fundamental, substituindo ou aprimorando técnicas existentes, permitindo associações e combinações com solos e agregados, resultando em soluções mais rápidas, mais leves, mais esbeltas, mais confiáveis e mais econômicas.

Neste capítulo, são abordadas as principais utilizações dos geossintéticos como elemento de reforço, função que tem gerado o maior crescimento nas aplicações e na oferta de novos tipos de geossintéticos.

4.2 FUNÇÃO REFORÇO – DEFINIÇÃO

José C. Vertematti

Trata-se da utilização da resistência à tração de um geossintético para reforçar e/ou restringir deformações em estruturas geotécnicas ou granulares. Embora essa definição não seja a mais fiel e completa, representa o atual estágio de desenvolvimento das utilizações de geossintéticos como inclusões de reforço.

Mesmo nas obras em que a função principal do geossintético é o reforço, existem variações nos tipos de solicitações quanto à intensidade, ao tempo de duração, ao mecanismo de interação, aos níveis de deformação etc., exigindo estudos diferenciados e específicos para cada aplicação. As propriedades do geossintético que podem intervir variam também em função de seu tipo, de sua matéria-prima e das condições de contorno. Assim, a correta especificação de um geossintético para reforço começa pelo estudo de suas propriedades relevantes.

4.3 PROPRIEDADES RELEVANTES

José C. Vertematti

O perfeito desempenho da função de reforço de um geossintético não depende apenas de um correto dimensionamento dos esforços solicitantes de projeto, mas também de sua correta especificação, por meio de valores adequados de suas propriedades relevantes.

Podemos resumir como relevantes, para o desempenho da função de reforço, as seguintes propriedades:

- resistência à tração, T (kN/m);
- elongação sob tração, ε (%);
- taxa de deformação, ε' (%/s);
- módulo de rigidez à tração, J (kN/m);
- comportamento em fluência;
- resistência a esforços de instalação;
- resistência à degradação ambiental;
- interação mecânica com o solo envolvente;
- fatores de redução.

4.3.1 Resistência/deformação/rigidez à tração

Dependendo do polímero usado, do processo e da qualidade da fabricação, assim como do tipo de geossintético, suas características podem sofrer significativas variações, proporcionando uma ampla gama de produtos disponíveis e adequados a cada tipo e porte de obra.

Aplicações em Reforço de Solos

A Figura 4-1 ilustra o ensaio de tração em faixa larga (NBR ISO 10319), que possibilita a obtenção dos valores de resistência à tração (T_{max} ou T_r), da elongação na ruptura (ε_{max}) e do módulo de rigidez à tração (J). Como esses valores são obtidos em ensaio rápido de laboratório, evidentemente não representam as condições de obra, servindo apenas como caracterização dos produtos para controle de qualidade, recepção em obra e constatação de conformidade.

Os valores de resistência e rigidez à tração desempenhados pelo geossintético na obra são função da taxa de deformação ε' imposta aos corpos de prova (velocidade de tracionamento nos ensaios) e da temperatura ambiente, como se vê na Figura 4-2.

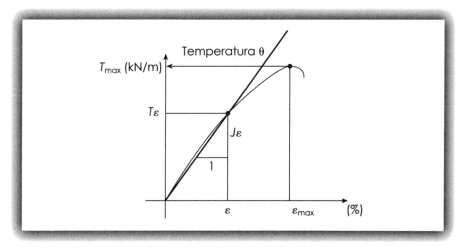

FIGURA 4-1
Ensaio de tração de faixa larga para geossintéticos.

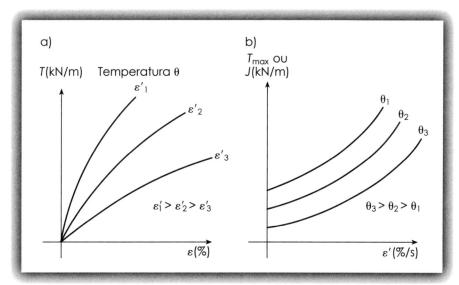

FIGURA 4-2
(a) Relação $T \times \varepsilon$ para vários ε'; quando maior a taxa de deformação aplicada, maior a resistência à tração apresentada, em um mesmo instante e temperatura.
(b) Relação $T_{max} \times \varepsilon'$ para várias temperaturas; quanto maior a temperatura ambiente, menor a resistência, para uma mesma taxa de deformação.

4.3.2 Comportamento em fluência sob tração

Fluência é a deformação lenta e constante que o geossintético sofre quando tracionado, em decorrência do rearranjo molecular de sua matéria-prima. Assim, o grau de fluência depende do polímero constituinte do geossintético, da temperatura ambiente e também do valor da carga de tração aplicada, conforme ilustra a Figura 4-3. Em virtude da fluência, um geossintético poderá atingir a ruptura em determinado tempo, mesmo quando submetido a tensões de tração bem inferiores à T_{max}. Se o geossintético estiver submetido a uma tração próxima à máxima, sua ruptura por fluência será mais rápida.

Se plotarmos os tempos obtidos para ocorrer a ruptura, apresentados na Figura 4-3(a), contra os respectivos percentuais de T_{max}, obteremos a curva de referência que permite prever a resistência à tração de referência (T_{ref}) do geossintético a cada momento, ao longo da vida útil da obra, conforme ilustra a Figura 4-4.

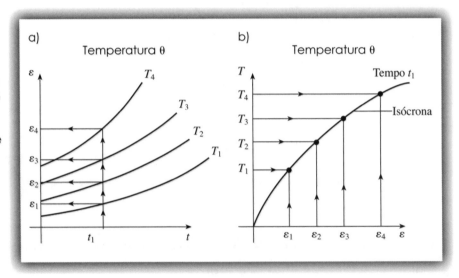

FIGURA 4-3
Ensaios de fluência.
(a) Curvas $\varepsilon \times t$; ensaio de fluência para diferentes níveis de carregamento, definidos em porcentagem de T_{max}, realizado a temperaturas fixas.
(b) Cada vertical traçada em (a), como t_1, por exemplo, pode gerar uma curva isócrona que permite estabelecer a tensão atuante no geossintético, em função da elongação, em um determinado instante, a uma certa temperatura.

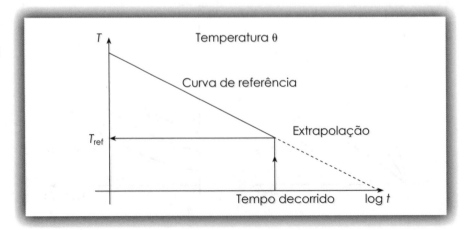

FIGURA 4-4
Curva de referência para ruptura sob tração por fluência – determinação de T_{ref}.

4.3.3 Resistência a esforços de instalação

Durante a instalação em obra, o geossintético é submetido a esforços de manuseio, deslocamento, compactação dos materiais envolventes etc. Portanto sua sobrevivência e características remanescentes dependem de sua constituição (matéria-prima, processo de fabricação, gramatura, qualidade de fabricação e outros) e dos esforços solicitantes (tracionamento exercido, objetos contundentes, energia de compactação, deformações de base etc.). Assim, quanto mais resistente o geossintético e menores forem os esforços de instalação, maiores serão suas caraterísticas remanescentes.

4.3.4 Resistência à degradação ambiental

De um modo geral, amostras exumadas de obras com mais de 20 anos de vida mostram que os geossintéticos apresentaram degradação ambiental desprezível, sendo a expectativa de vida, em alguns casos, de algumas centenas de anos.

Quando, no entanto, existem elementos agressivos ou combinações capazes de desencadear a perda gradual de suas características mecânicas, os geossintéticos podem ser fornecidos com características extremamente resistentes aos ataques químicos e microbiológicos. Essas características são obtidas por meio de aditivos, banhos com polímeros especiais ou fabricação por meio de técnicas diferenciadas.

4.3.5 Interação mecânica com o solo envolvente

Quanto maior a interação mecânica do geossintético com o solo, maior será sua eficiência como elemento de reforço, pois maior será a ancoragem e a mobilização da sua resistência à tração.

Basicamente, dois tipos característicos de comportamento se destacam nos geossintéticos para reforços de solos: os contínuos, como os geotêxteis tecidos ou não tecidos, e os descontínuos, como as geogrelhas.

No caso de geossintéticos contínuos, a interação com o solo adjacente se dá por meio das parcelas de adesão e atrito, expressas por:

$$\tau_{sr} = a_{sr} + \sigma \tan \delta_{sr}, \qquad [4\text{-}1]$$

sendo:

τ_{sr} a tensão de aderência entre solo e reforço;
a_{sr} a adesão entre solo e reforço;
σ a tensão normal no plano do reforço;
δ_{sr} o ângulo de atrito entre o solo e o reforço.

Os valores de a_{sr} e δ_{sr} dependem da natureza do geossintético, do tipo de solo e das condições de saturação de projeto.

No caso de geossintéticos descontínuos, a aderência conta também com a resistência passiva dos membros transversais, uma vez que o solo traspassa as malhas do geossintético. Assim, a partir de ensaios de cisalhamento e arrancamento, pode-se calcular o coeficiente de deslizamento direto (C_d), que corresponde à relação entre a resistência ao cisalhamento da interface solo/geossintético com a resistência ao cisalhamento do solo, e também o coeficiente de interação (C_i), que corresponde à relação entre a tensão cisalhante de arrancamento de uma das faces do geossintético e a resistência ao cisalhamento do solo. Em solos não coesivos, temos:

$$C_d = \frac{\tau_{sr}}{\tau_s} = \frac{\tan \delta_{sr}}{\tan \phi} \qquad [4\text{-}2]$$

$$C_i = \frac{\tau_a}{\tau_s} = \frac{T_a}{2L\sigma \tan \phi} \qquad [4\text{-}3]$$

em que:

τ_{sr} é a tensão de aderência entre solo e reforço;
τ_s a resistência ao cisalhamento do solo;
δ_{sr} o ângulo de atrito entre o solo e o reforço;
φ o ângulo de atrito do solo;
τ_a a tensão cisalhante de arrancamento em uma das faces do geossintético;
T_a a carga de arrancamento;
L_a o comprimento da ancoragem; e
σ a tensão normal no plano do reforço.

4.3.6 Fatores de redução

Os projetos básico e executivo têm por objetivo determinar os esforços solicitantes nos geossintéticos. Em virtude de incertezas com relação aos parâmetros adotados e/ou os métodos de cálculo adotados, costuma-se majorar os esforços solicitantes calculados por meio de um fator de segurança global *FS*, obtendo-se a solicitação mínima requerida do geossintético a ser utilizado. No caso de reforço de solos, o projeto irá conduzir a definição da resistência à tração requerida (T_{req}) do geossintético.

Focando o geossintético em si, vários fatores nos levam a fazer o inverso: reduzir o valor índice de sua resistência à tração ($T_{\max}$) indicada pelo fabricante. Tal redução pode ser feita levando-se em conta vários fatores parciais. Uma das formas de considerá-los simultaneamente é por meio da adoção do conceito de fator de redução total (*FRT*),

Aplicações em Reforço de Solos

conforme indicado a seguir:

$$FRT = FRP_{FL} \cdot FRP_{DI} \cdot FRP_{MA} \cdot FRP_{AQ},$$ [4-4]

onde:

FRT é o fator de redução global;
FRP_{FL} o fator de redução parcial para fluência em tração ($=T_{max}/T_{ref}$);
FRP_{DI} o fator de redução parcial para danos mecânicos de instalação;
FRP_{MA} o fator de redução parcial para degradação ambiental; e
FRP_{AQ} é o fator de redução parcial para ataque químico.

Obtido FRT, podemos determinar a resistência à tração disponível (T_a) do geossintético:

$$T_a = \frac{T_{max}}{FRT}$$ [4-5]

Portanto, para o geossintético adotado, devemos ter satisfeita a condição:

$$T_a \geq T_{req}.$$ [4-6]

Na prática, o que fazemos é determinar qual o menor T_{max} que atende às Eqs. (4-5) e (4-6):

$$T_{max} \geq FRT \cdot T_{req}.$$ [4-7]

Os valores dos coeficientes parciais f podem ser obtidos de várias formas:

- em tabelas publicadas em bibliografia técnica, baseadas em experiências anteriores;
- por meio de ensaios realizados e fornecidos pelos fabricantes;
- por meio de ensaios próprios realizados/solicitados pelos interessados.

Na fase de projeto básico, quando ainda não se definiu o tipo exato de geossintético a ser utilizado, podem-se utilizar fatores parciais tabelados. A inconveniência é que as faixas de valores são relativamente grandes, levando a um FRT alto, conservativo.

O ideal é que sejam utilizados, na fase de projeto executivo, valores fornecidos pelos fabricantes e/ou obtidos pelos interessados. Assim obtém-se um valor de FRT mais realista, compatível com o geossintético a ser utilizado e, certamente, com resultados mais econômicos.

A tabela mostra uma faixa de variação dos fatores de redução parciais, apenas com o objetivo de ilustrar e exemplificar sua utilização.

Se já na fase de projeto básico forem definidos a matéria-prima, os critérios de instalação, as condições ambientais e a qualidade mínima do produto, podemos trazer o FRT para perto do limite mínimo apresentado na Tabela 4-1.

TABELA 4-1		
Faixa de valores indicativos para os fatores de redução utilizáveis na fase de projeto básico		
Fator	Valor mínimo	Valor máximo
Fluência em tração (FRP_{FL})	2,00	5,00
Danos de instalação (FRP_{DI})	1,50	2,00
Degradação ambiental (FRP_{MA})	1,05	2,00
Ataque químico (FRP_{AQ})	1,00	2,00
Fator de redução global (FRT)	3,15	40,00

4.3.7 Considerações importantes

- Além dos fatores de redução citados, dependendo das condições e exigências do projeto, podem ser aplicados outros fatores de redução. Por exemplo, em obras onde os geossintéticos são unidos entre si por meio de costura, deve-se considerar um fator de redução parcial (FRP_{CT}), cujos valores podem atingir até 2,50.

- Existem condições de obras em que as deformações do geossintético devem ser limitadas a valores específicos para se compatibilizarem com as deformações do solo envolvente e/ou com a natureza da obra como, por exemplo, em reforço na base de um aterro lançado sobre um solo com uma subsidência existente. Nesses casos, além da resistência à tração (T) do geossintético, deve ser discriminado o módulo de rigidez (J) necessário, obtido por cálculos ou por ensaios.

- Nos textos dos itens desenvolvidos neste manual, em função do tipo de utilização do geossintético, da natureza da obra e da concepção do autor, os efeitos de redução de resistência são considerados por meio de procedimentos diferenciados, porém sempre dentro do mesmo conceito.

4.3.8 Exemplo de cálculo de projeto

Os cálculos de projeto indicaram T_{req} = 10 kN/m. Como as condições ambientais, relatadas por estudos preliminares existentes, exigiam uma matéria-prima específica para o geossintético, a pesquisa bibliográfica pôde definir os fatores de redução parciais, realizar o cálculo do fator global e obter a especificação inicial do geossintético, como ilustra a Tabela 4-2.

Aplicações em Reforço de Solos

Norteou-se o projeto executivo por um estudo ambiental complementar, as condições de instalação do geossintético foram estabelecidas por rotinas detalhadas e definiu-se um tipo específico de geossintético, com base nas informações de ensaios realizados pelos fabricantes.

Nessas condições, após o refinamento dos fatores parciais, obteve-se o novo fator de redução global *FRT*, e a especificação final do geossintético pôde ser realizada, como se vê na Tabela 4-3.

A análise desse exemplo demonstra a importância da inclusão dos geossintéticos como item de projeto, assim como a necessidade da disseminação dos conhecimentos disponíveis sobre os materiais geossintéticos para todo o meio técnico brasileiro, no sentido de permitir a correta especificação dos produtos em nossas obras.

TABELA 4-2
Especificação inicial do geossintético – valores adotados para os fatores de redução na fase de projeto básico (exemplo)

Fator	Valor
Fluência sob tração (FRP_{FL})	3,00
Danos de instalação (FRP_{DI})	2,00
Degradação ambiental (FRP_{MA})	1,25
Ataque químico (FRP_{AQ})	1,05
Fator de redução global (FRT)	7,87
Resistência à tração requerida pelo projeto (T_{req}) - kN/m	10,00
Valor-índice da resistência à tração (T_{max}) - kN/m	≥ 78,70

TABELA 4-3
Especificação final do geossintético – valores reavaliados para os fatores de redução no projeto executivo (exemplo)

Fator	Valor
Fluência sob tração (FRP_{FL})	2,60
Danos de instalação (FRP_{DI})	1,20
Degradação ambiental (FRP_{MA})	1,10
Ataque químico (FRP_{AQ})	1,03
Fator de redução global (FRT)	3,53
Resistência à tração requerida pelo projeto (T_{req}) - kN/m	10,00
Valor índice da resistência à tração (T_{max}) - kN/m	≥ 35,30

4.4 ATERROS SOBRE SOLOS MOLES

Ennio M. Palmeira

Alberto Ortigão

4.4.1 Introdução

Construir um aterro alto sobre solo de fundação mole é um desafio que requer alguma solução para estabilização. Existe um elenco de soluções para esse tipo de problema, como, por exemplo: bermas de equilíbrio, aterro estaqueado, melhoramento do solo e reforço. Essa última alternativa pode empregar geossintéticos na base do aterro e constitui o objeto neste item. O reforço geossintético nesse tipo de obra pode aumentar a sua estabilidade, permitindo a construção mais rápida e a utilização de taludes mais íngremes.

A Figura 4-5 (PALMEIRA, 2012) apresenta os mecanismos de instabilidade em aterros sobre solos moles. O primeiro [4-5(a)] se refere à possibilidade de ruptura no interior do aterro ou neste, mais a interface aterro/geossintético. O segundo [4-5(b)] diz respeito à expulsão do solo mole de fundação, em que o elemento de reforço tende a uniformizar o afundamento da base do aterro no solo mole. Finalmente, o terceiro [4-5(c)] apresenta o mecanismo de ruptura generalizada envolvendo aterro, reforço e solo de fundação.

O mecanismo 4-5(c) apresenta, também, a forma convencional de se levar em conta a contribuição do geossintético de reforço no aumento do fator de segurança da obra. No estado-limite, a resistência à tração do reforço é mobilizada na interseção do geossintético com a superfície de ruptura. Tal força provê uma ação estabilizadora contra a ruptura da obra.

Há, na literatura, uma grande variedade de métodos de análise de estabilidade de taludes que podem ser empregados ou adaptados para obras de solo reforçado [PALMEIRA, 1992]. A hipótese de ruptura mais comum em análises preliminares é a de superfície de deslizamento com forma circular e o emprego de métodos de equilíbrio-limite. Neste item, serão abordadas soluções que visam o dimensionamento preliminar de aterros reforçados com geossintéticos por meio de métodos de equilíbrio-limite.

4.4.2 Produtos utilizados

Na aplicação com a função principal de reforço, são comumente utilizados os seguintes geossintéticos: geotêxteis (GTX), geogrelhas (GGR), geotiras e geocompostos resistentes (GCO-R). Dependendo das condições locais da obra e dos materiais disponíveis, pode-se utilizar uma ou mais camadas de geossintéticos dispostas na base do aterro e separadas por camada de solo compactado.

4.4.3 Dimensionamento e especificação

São analisados, a seguir, os mecanismos de instabilidade apresentados na Figura 4-5. Não é abordado o mecanismo 4-5(a), ruptura no interior do aterro, visto que, com as propriedades mecânicas dos materiais de aterro usualmente utilizados, é remota sua possibilidade de ocorrência.

Verificação da possibilidade de expulsão do solo mole

O esquema de cálculo para estimar o fator de segurança contra a expulsão do solo mole de fundação é visto na Figura 4-6. O método de cálculo convencional estuda o equilíbrio do bloco de solo mole sob o talude do aterro. Assim, o fator de segurança contra a expulsão do solo mole pode ser estimado pela equação:

$$F_e = \frac{P_P + R_B + R_T}{P_a} \qquad [4\text{-}8]$$

sendo:

F_e o fator de segurança contra a expulsão do solo mole;
P_P a reação passiva contra o deslizamento do bloco de solo mole;
R_T a força de aderência no topo do bloco de solo mole;
R_B a força de aderência na base do bloco de solo mole;
P_A e o esforço ativo atuante sobre o bloco de solo mole.

Os valores de P_A e P_P podem ser estimados por teorias convencionais de empuxos de terras (Rankine, por exemplo).

Ruptura generalizada — método de Low et al. (1990)

Low et al. (1990) apresentaram um método para dimensionamento de aterros reforçados sobre solos moles por meio do emprego de gráficos e expressões matemáticas, com base no método do equilíbrio-limite, desenvolvidos a partir da utilização de programa computacional para as condições geométricas apresentadas na Figura 4-7. O método de Low et al. não é aplicável a aterros dotados de bermas de equilíbrio.

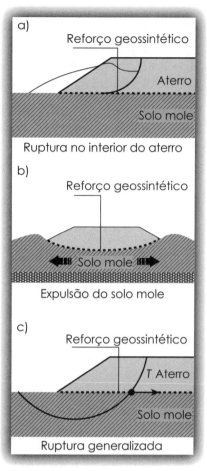

FIGURA 4-5
Mecanismos de instabilidade de aterros sobre solos moles [Palmeira, 2002].

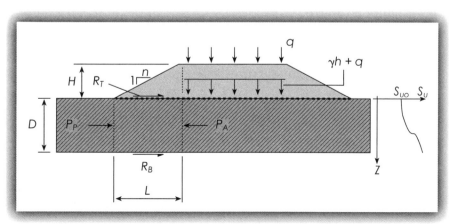

FIGURA 4-6
Análise da expulsão do solo mole de fundação (Palmeira, 1992).

FIGURA 4-7
Análise de estabilidade do aterro reforçado por Low et al. (1990) e Palmeira (1992).

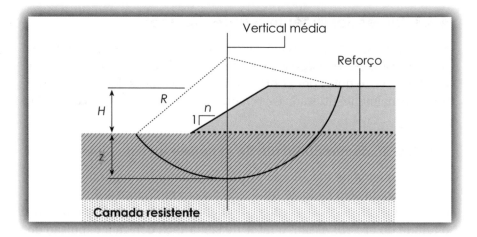

O método fornece o fator de segurança mínimo para as superfícies de ruptura com centros sobre a vertical passando pelo meio do talude (localização dos centros críticos para as condições da Figura 4-7) e tangentes a uma linha horizontal numa profundidade arbitrada. Variando-se a profundidade de tangência, pode-se determinar o fator de segurança mínimo *minimorum* da obra. A expressão que fornece o fator de segurança mínimo do aterro reforçado para todas as superfícies tangentes à horizontal na profundidade z é:

$$F_r = \frac{F_0}{1 - \frac{TI_R}{H^2}}, \qquad [4\text{-}9]$$

sendo:

F_r o fator de segurança mínimo para todas as superfícies tangentes à horizontal, na profundidade z, no caso reforçado;
F_0 o fator de segurança mínimo para todas as superfícies tangentes à horizontal na profundidade z, no caso sem reforço;
T o esforço de tração mobilizado no reforço;
I_R é um coeficiente obtido a partir de gráfico e que depende da geometria do aterro e da profundidade de tangência dos círculos;
γ o peso específico do material de aterro; e
H a altura do aterro.

Do ponto de vista prático, a Equação [4-9] pode ser reescrita de forma a se determinar a força a ser mobilizada no reforço (T) para se garantir um fator de segurança preestabelecido para o aterro reforçado (F_r), o que resulta em:

$$T = \left(1 - \frac{F_0}{F_r}\right)\frac{\gamma H^2}{I_R} \qquad [4\text{-}10]$$

Como se pode observar das Equações [4-9] e [4-10], para a utilização do método proposto por Low et al., é necessário determinar-se inicialmente o fator de segurança da obra, no caso sem reforço. Para tal, dispõe-se da seguinte expressão, apresentada em Low (1989) para o caso de aterros sobre solos moles (sem reforço – condições não drenadas):

$$F_0 = N_1 \frac{S_{ueq}}{\gamma H} + N_2 \left(\frac{c}{\gamma H} + \lambda \tan\phi \right), \qquad [4\text{-}11]$$

sendo:

F_0 o fator de segurança mínimo para todos os círculos tangentes à linha horizontal na profundidade z para o caso sem reforço;
N_1, N_2 e λ números de estabilidade;
S_{ueq} a resistência não drenada equivalente do solo mole;
γ o peso específico do material de aterro;
c e ϕ os parâmetros de resistência do material de aterro.

Os valores de N_1, N_2 e λ podem ser obtidos dos gráficos apresentados na Figura 4-8, em função da inclinação do talude do aterro (n), da altura do aterro (H) e da profundidade de tangência considerada (z). O valor da resistência não drenada equivalente do solo mole, para a profundidade z, depende da forma de variação da resistência não drenada com a profundidade. Para o caso de resistência não drenada (Su) constante com a profundidade, $Sueq$ é igual a esse valor constante. Para o caso típico apresentado na Figura 4-9, o valor de $Sueq$ para a profundidade z pode ser obtido por:

$$S_{ueq} = 0{,}35 S'_{uo} + 0{,}65 S_{uz} + 0{,}35 \left(\frac{z_c}{z} \right)^{1{,}1} \Delta S'_{uo} \quad \text{se } z > z_c \qquad [4\text{-}12a]$$

$$S_{ueq} = 0{,}35 (S'_{uo} + \Delta S'_{uo}) + 0{,}65 S_{uz} \qquad \text{se } z \leq z_c \qquad [4\text{-}12b]$$

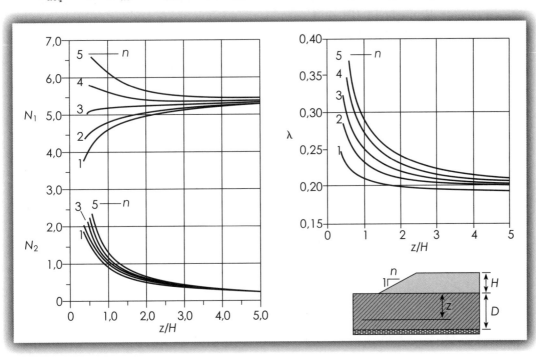

FIGURA 4-8
Números de estabilidade de Low (1989) para aterros sem reforço.
[Palmeira, 2002].

FIGURA 4-9
Determinação de S_{ueq} para variação bi-linear de resistência não drenada do solo mole com a profundidade (modificado de Low, 1989).

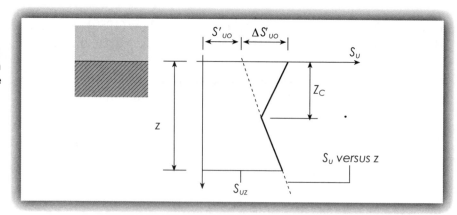

O raio do círculo crítico tangente à horizontal na profundidade z, para o caso sem reforço, pode ser calculado por:

$$R_0 = \left[0{,}1303 \frac{n^2+1}{\left(\dfrac{z}{h}+0{,}5\right)} + 1{,}5638\left(\dfrac{z}{h}+0{,}5\right)\right] H \quad (\text{com } R_0 \geq z+H) \quad [4\text{-}13]$$

sendo:
R_0 o raio do círculo crítico tangente à horizontal na profundidade z;
n a inclinação do talude;
z a profundidade considerada; e
H a altura do aterro.

Para estimar o esforço de tração (T) necessário no reforço para elevar o fator de segurança mínimo, na profundidade z, do valor F_0, no caso sem reforço, para o valor F_{RT}, no caso reforçado, utiliza-se a Equação [4-10], onde o valor do coeficiente I_R pode ser obtido no gráfico da Figura 4-10, em função da inclinação do talude do aterro, da altura deste e do valor de z. Variando-se a profundidade z de tangência dentro da espessura de solo mole, pode-se determinar a profundidade crítica, para a qual o valor de T é máximo. O conhecimento do valor de T permite a escolha do tipo de reforço geossintético dentro de margens de segurança apropriadas.

O raio do círculo crítico, tangente à horizontal na profundidade z, para o caso reforçado, pode ser calculado por:

$$R_r = \frac{3{,}128\left(a - \dfrac{z}{H}\dfrac{T}{\gamma H^2}\right)}{\left(\dfrac{z}{H}+0{,}5 - \dfrac{T}{\gamma H^2}\right)} H \quad (\text{com } R_r \geq z+H) \quad [4\text{-}14]$$

sendo:

$$a = \frac{1}{2}\left(\frac{z}{H}+0{,}5\right)^2 + \frac{(n^2+1)}{24}. \quad [4\text{-}15]$$

Aplicações em Reforço de Solos

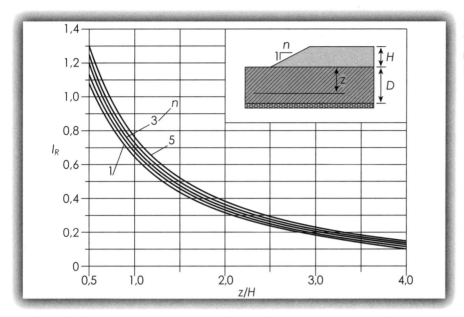

FIGURA 4-10
Valor de I_R para o caso de aterro reforçado (modificado de Low et al., 1990).

Note-se que, pela hipótese geométrica adotada pelo método (base do aterro com largura infinita, Figura 4-7), no caso de um aterro com geometria de seção transversal tradicional (seção trapezoidal), as superfícies circulares de deslizamento devem interceptar a superfície do aterro dentro de sua plataforma, para atender às hipóteses do método.

O geossintético utilizado deve ser suficientemente rígido para evitar deformações excessivas do aterro. Dependendo das condições e características da obra e do reforço, as deformações admissíveis no elemento de reforço variam tipicamente de 3 a 10%. Assim, o módulo de rigidez secante à tração requerido, para um elemento de reforço, é dado por:

$$J_\varepsilon = \frac{T}{\varepsilon_{adm}} \quad [4\text{-}16]$$

em que J_ε é o módulo de rigidez à tração requerido para o reforço e ε_{adm} é a deformação específica admissível no reforço.

Cálculo do comprimento mínimo de ancoragem do reforço — interação solo/geossintético

Para garantir a estabilidade da obra, devem-se também ter comprimentos de ancoragem do reforço apropriados em ambos os lados do ponto de interseção da superfície circular de deslizamento crítica com a direção da camada de reforço, conforme ilustrado na Figura 4-11.

O valor do comprimento de ancoragem (l_{anc}), pode ser obtido por (PALMEIRA, 1992):

$$l_{\text{anc}} = \frac{F_{\text{anc}} T}{\tau_{as} + \tau_{ai}} \qquad [4\text{-}17]$$

sendo:

l_{anc} o comprimento mínimo de ancoragem;
F_{anc} o fator de segurança contra a ruptura por deficiência de ancoragem (geralmente ≥ 1,5);
T o esforço de tração no reforço;
τ_{as} a tensão de aderência na face superior do reforço; e
τ_{ai} a tensão de aderência na face inferior do reforço.

O comprimento l_t (Figura 4-11), à esquerda da interseção do reforço com a superfície circular crítica, também deve atender às condições de ancoragem, sendo calculado segundo raciocínio semelhante ao utilizado na Equação [4-17].

Caso o comprimento do reforço seja insuficiente para atender aos requisitos de ancoragem, pode-se aumentar a resistência por ancoragem da camada de reforço por meio do abatimento do talude ou da utilização de bermas laterais.

4.4.4 Recomendações de instalação

A estocagem, movimentação, manuseio e instalação do geossintético são operações importantes e devem ser incorporadas ao projeto por meio de um plano de instalação. Essas recomendações, de caráter genérico, são apresentadas no Capítulo 14 e devem ser complementadas em projeto, na constituição do plano de instalação, em função do tipo de geossintético especificado e das condições locais de trabalho.

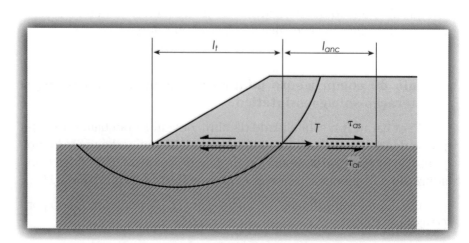

FIGURA 4-11
Cálculo do comprimento mínimo de ancoragem [PALMEIRA, 1992].

4.4.5 Exemplo de pré-dimensionamento

Deseja-se pré-dimensionar o aterro sobre solo mole esquematizado na Figura 4-12, de forma a ter um fator de segurança igual a 1,4 para o caso reforçado. Admitamos como sendo de 32° o ângulo de atrito entre o material de aterro e o geossintético.

Verificação da possibilidade de expulsão do solo mole

Utilizando a teoria de Rankine para os cálculos dos empuxos ativo (P_A) e passivo (P_P), supondo situação de carregamento não drenado e análise a tensões totais (ϕ_{total} do solo mole igual a zero), de acordo com a Figura 4-13, tem-se:

- Cálculo de P_A
    - Tensão horizontal ativa (condição $\phi_{total} = 0$): $\sigma_h = \sigma_v - 2S_u$;
    - No ponto A (Figura 4-13):
      $\sigma_{hA} = \sigma_v - 2S_u = 3,5 \times 20 - 2 \times 15 = 40$ kPa;
    - No ponto B (Figura 4-13):
      $\sigma_{hB} = \sigma_v - 2S_u = 3,5 \times 20 + 5 \times 14 - 2 \times 15 = 110$ kPa.

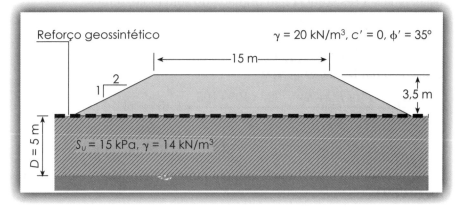

FIGURA 4-12
Características geométricas e dados do problema.

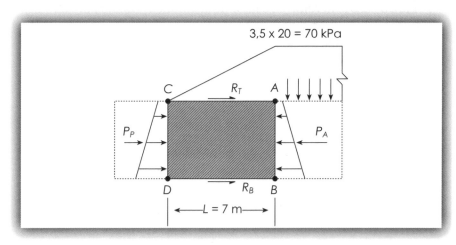

FIGURA 4-13
Verificação da expulsão do solo mole de fundação.

Assim:

$$P_A = \frac{\sigma_{hA} + \sigma_{hB}}{2} \times D = \frac{40 + 110}{2} \times 5 = 375 \text{ kN} / \text{m},$$

sendo D a espessura do solo mole (= 5 m).

- Cálculo de P_P
  - Tensão horizontal passiva (condição $\phi_{total} = 0$): $\sigma_h = \sigma_v + 2S_u$;
  - No ponto C (Figura 4-13): $\sigma_{hC} = 2S_u = 2 \times 15 = 30$ kPa;
  - No ponto D (Figura 4-13):
    $$\sigma_{hD} = \sigma_v + 2S_u = 5 \times 14 + 2 \times 15 = 100 \text{ kPa}.$$

Assim:

$$P_P = \frac{\sigma_{hC} + \sigma_{hB}}{2} \times D = \frac{30 + 100}{2} \times 5 = 325 \text{ kN} / \text{m}$$

Supondo, no presente caso, a tensão cisalhante resistente ao movimento do bloco de solo mole, sob o talude do aterro, em seu topo e base, iguais à resistência não drenada do solo mole, temos:

$$R_T = R_B = LS_u = 7 \times 15 = 105 \text{ kN/m}$$

Assim, o fator de segurança contra a expulsão do solo mole, de acordo com a Equação [4-4] é:

$$F_e = \frac{P_P + R_B + R_T}{P_A} = \frac{325 + 105 + 105}{3735} = 1,43 \Rightarrow \text{ ok!}$$

Verificação da estabilidade contra ruptura circular por Low et al. (1990)

Para o caso sem reforço, o fator de segurança mínimo para círculos tangentes à linha horizontal na profundidade z é dado pela Equação [4-11], e S_{ueq} é dado pela Equação [4-12], que, para o caso de resistência constante com a profundidade, é igual à resistência do solo de fundação. Assim:

$$S_{ueq} = S_u = 15 \text{ kPa}$$

O valor do esforço requerido no reforço é calculado pela Equação [4-10]. Os valores de N_1, N_2, λ e I_R são obtidos dos gráficos das Figuras 4-8 e 4-10 para diversos valores de z/H. Para diferentes valores de profundidade de tangência dos círculos (z), pode-se construir a Tabela 4-4, de onde tiramos os resultados:

Aplicações em Reforço de Solos

$z_{crítico}$ (para os casos com e sem reforço) = 5 m;

$F_0 = 1{,}186$;

$T = 89{,}17$ kN/m.

TABELA 4-4
Cálculos pelo método de Low et al (1990)

z (m)	S_{ueq} (kPa)	$S_{ueq}/(\gamma H)$	N_1	N_2	λ	F_0	I_R	T
2	15	0,214	4,6	1,60	0,260	1,276	1,04	20,86
3	15	0,214	4,8	1,20	0,240	1,229	0,69	43,37
4	15	0,214	4,9	0,95	0,225	1,198	0,54	65,46
5	15	0,214	5,0	0,76	0,218	1,186	0,42	89,17

O raio do círculo crítico do caso sem reforço é dado pela Equação [4-13]. Substituindo os valores, tem-se:

$$R_0 = \left[0{,}1303 \frac{2^2+1}{\left(\dfrac{5}{3.5}+0{,}5\right)} + 1{,}5638\left(\frac{5}{3{,}5}+0{,}5\right) \right] 3{,}5$$

$$R_0 = 11{,}74 \text{ m}$$

Para o caso com reforço, aplica-se a Equação [4-15], obtendo:

$$a = \frac{1}{2}\left(\frac{5}{3{,}5}+0{,}5\right)^2 + \frac{\left(2^2+1\right)}{24} = 2{,}068$$

Substituindo os valores na Equação [4-14], obtém-se:

$$R_r = \frac{3{,}128\left(2{,}068 - \dfrac{5}{3{,}5}\dfrac{89{,}17}{20\times 3{,}5^2}\right)}{\left(\dfrac{5}{3{,}5}+0{,}5 - \dfrac{89{,}17}{20\times 3{,}5^2}\right)} \times 3{,}5 = 10{,}83 \text{ m}$$

Para o raio do círculo crítico obtido, tem-se a situação apresentada na Figura 4-14. Nessas condições, o círculo crítico intercepta a superfície do aterro dentro da sua plataforma, o que implica a validade da aplicação do método de Low et al. (1990) no presente caso.

FIGURA 4-14
Posição do círculo crítico no caso reforçado.

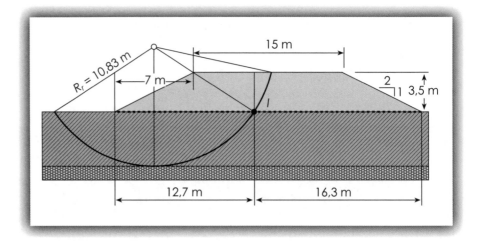

Em vista do valor de T requerido para se ter $FRT = 1,4$, o valor da resistência de referência mínima do reforço é dado por:

$$T_{ref} = T \cdot FRP_{GU} \cdot FRP_{DI} \cdot FRP_{MA} \qquad [4\text{-}18]$$

sendo:

T_{ref} a resistência de referência do material de reforço, para o tempo de vida útil esperado para a obra;
FRP_{GU} o fator de redução para incertezas estatísticas na determinação da resistência do geossintético;
FRP_{DI} o fator de redução para danos mecânicos;
FRP_{MA} o fator de redução para danos de natureza ambiental.

Mais detalhes sobre fatores de redução são fornecidos no item 4.3.

Se, para o presente caso, $FRP_{GU} = 1,3$, adotando-se $FRP_{DI} = 1,3$ e $FRP_{MA} = 1$ obtém-se:

$$T_{ref} \geq 89,17 \times 1,3 \times 1,3 \times 1;$$

$$T_{ref} \geq 151 \text{ kN/m}.$$

Admitindo-se, para as condições do problema, uma deformação máxima de 6% no reforço, com relação carga × deformação linear, tem-se para o valor da rigidez à tração requerida:

$$J = \frac{T}{\varepsilon_{adm}} = \frac{151}{0,06} \cong 2.517 \text{ kN/m}$$

Verificação das condições de ancoragem do reforço

É preciso conferir se os comprimentos enterrados do reforço, à esquerda e à direita do ponto de interseção entre a superfície circular

Aplicações em Reforço de Solos

crítica e o reforço (ponto I na Figura 4-14), são superiores ao valor mínimo do comprimento de ancoragem. Se o geossintético a ser utilizado for um geotêxtil, a ancoragem será dada por:

$$l_{anc} = \frac{F_{anc}T}{\tau_{as} + \tau_{ai}}$$

Admitindo uma adesão reforço/solo mole igual à resistência não drenada do solo mole, fator de segurança contra a ruptura por ancoragem igual a 1,5 e ângulo de atrito entre solo e reforço igual a 32°, teremos:

- À esquerda do ponto I (Figura 4-14) – comprimento de ancoragem disponível = 12,7 m:

$$\tau_{as} = \frac{\dfrac{5,7+12,7}{2} \times 3,5 \times 20}{12,7} \times \tan(32°) = 31,69 \text{ kPa}$$

$$\tau_{ai} = S_u = 15 \text{ kPa}$$

$$l_{anc} = \frac{1,5 \times 89,17}{31,69 + 15} = 2,86 \text{ m} < 12,7 \text{ m} \Rightarrow \text{ok}$$

- À direita do ponto I (Figura 4-14) – comprimento de ancoragem disponível = 16,3 m:

$$\tau_{as} = \frac{\dfrac{9,3+16,3}{2} \times 3,5 \times 20}{16,3} \times \tan(32°) = 34,35 \text{ kPa}$$

$$\tau_{ai} = S_u = 15 \text{ kPa}$$

$$l_{anc} = \frac{1,5 \times 89,17}{34,35 + 15} = 2,71 \text{ m} < 16,3 \text{ m} \Rightarrow \text{ok}$$

4.4.6 Considerações finais

Este capítulo abordou alguns métodos de análise de estabilidade de aterros reforçados com geossintéticos sobre solos moles, utilizando métodos de equilíbrio limite. Foi dada ênfase a problemas envolvendo situações de geometria e de materiais relativamente simples, mas comuns na prática. Situações mais complexas podem requerer a utilização de ferramentas ou soluções mais requintadas. Por exemplo, programas computacionais para a análise de estabilidade de taludes que permitam a incorporação de camadas de reforço podem também ser utilizados no caso de problemas mais complexos. Programas que utilizem métodos numéricos mais sofisticados (método dos elementos finitos, por exemplo) podem ser empregados, caso sejam necessárias estimativas de deslocamentos ou deformações nos materiais envolvidos no problema. Outras soluções com utilização de geossintéticos em obras de aterros sobre solos moles podem ser encontradas em Palmeira (2012).

4.5 MUROS E TALUDES REFORÇADOS

Maurício Ehrlich
Romero C. Gomes
Alberto S. F. Sayão
Eduardo Azambuja

4.5.1 Introdução

Em maciços de solo reforçado, a inclusão de materiais geossintéticos como elementos de reforço do material de aterro propicia uma redistribuição global das tensões e deformações, permitindo a adoção de estruturas com face vertical (muros) ou maciços mais íngremes (taludes), com menor volume de aterro compactado (Figura 4-15). Este fato, associado à possibilidade de se utilizar solos disponíveis no local da obra, pode reduzir de forma significativa o custo da solução envolvendo solo reforçado, quando esta é comparada com as proposições convencionais.

Do ponto de vista de execução, são inúmeras as vantagens da utilização de geossintéticos como elementos de reforço:

a) Possibilita a construção de taludes e aterros com inclinações mais acentuadas;

b) Minimiza o impacto ambiental decorrente das obras de contenção;

c) Permite a adoção de tipos variados de acabamento da face dos taludes;

d) Permite a execução de obras em locais de difícil acesso;

e) Permite o uso de mão de obra não qualificada e equipamentos simples;

f) Reduz consideravelmente o tempo de construção da obra.

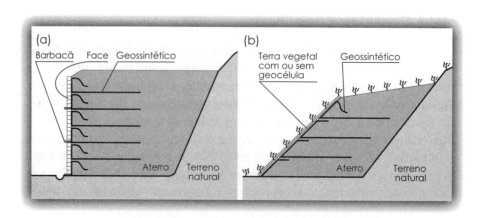

FIGURA 4-15
Solos reforçados:
a) muros e
b) taludes íngremes.

Aplicações em Reforço de Solos

A estrutura final obtida (Figura 4-16) é essencialmente flexível, esteticamente adequada e economicamente viável.

A estabilidade de maciços reforçados deve ser garantida pelos mecanismos de interação solo–reforço. Neste sentido, são particularmente importantes os parâmetros de interação solo–reforço, a resistência à tração do geossintético e as tensões confinantes impostas pelo solo sobrejacente.

4.5.2 Materiais utilizados

Os geossintéticos utilizados para reforço de solo devem restringir as deformações e aumentar resistência do maciço. Em particular, o reforço deve conferir ao solo a resistência à tração que este não possui. Os geossintéticos empregados com mais frequência em maciços reforçados são os geotêxteis tecidos e não tecidos, as geogrelhas, as geotiras e os geocompostos resistentes. Adicionalmente, podem ser adotadas inclusões sob a forma de fibras dispersas na massa de solo (vide item 4.10 – Solos Reforçados com Fibras).

4.5.3 Especificações dos geossintéticos em solos reforçados

Em um maciço de solo reforçado, a resistência de projeto para o material de reforço deve ser prevista considerando o tempo de referência da obra (vida útil), a possibilidade de degradação ambiental, de danos de

FIGURA 4-16
Seção transversal típica de um maciço de solo reforçado com geossintéticos.

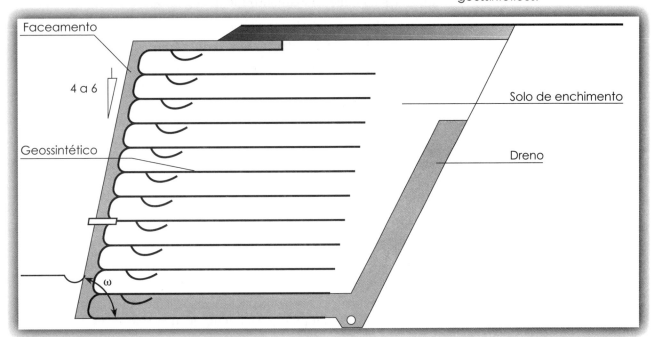

instalação e a condição de carregamento. Os polímeros são materiais visco-elastoplásticos e, portanto, estão sujeitos aos efeitos de fluência, ou seja, a variações importantes da resistência de longo prazo sob carregamento constante.

Em projetos de solo reforçado, deve-se estabelecer critérios de redução da resistência nominal do geossintético, para incorporar as incertezas relativas ao produto em si e às influências relativas às solicitações, ao processo de instalação e ao meio ambiente. A sistemática usual recomenda a adoção de fatores parciais de redução, que contemplam os condicionantes de instalação e solicitação dos geossintéticos durante a vida útil da obra (KOERNER, 1998; PALMEIRA, 1998; VIDAL et al., 1999). Um procedimento alternativo consiste em se estabelecer uma resistência de projeto definida em termos de um dado valor limite de deformação admissível em projeto, corrigida de um FS global que incorpore os fatores parciais de redução mencionados.

Os critérios para a determinação da resistência à tração disponível T_a dos geossintéticos utilizados como elementos de reforço são descritos no item 4.3 deste manual.

4.5.4 Critérios de projeto

4.5.4.1 Parâmetros de projeto

A Figura 4-17 apresenta o arranjo típico de uma estrutura em solo reforçado com as características geométricas e os parâmetros geotécnicos a serem considerados no projeto deste tipo de estrutura. As variáveis utilizadas no dimensionamento são as seguintes:

- ○ Altura do talude reforçado (H);
- ○ Inclinação da estrutura de arrimo (ϖ);
- ○ Ângulo de inclinação do terreno (α);
- ○ Propriedades de resistência dos solos de aterro e de fundação;
- ○ Resistência da interface solo/geossintético;
- ○ Resistência, comprimento (L) e espaçamento S_v do geossintético;
- ○ Condições de compactação do aterro;
- ○ Carregamentos externos (q);
- ○ Fatores de segurança de estabilidade.

O dimensionamento de estruturas de solo reforçado é geralmente dividido em duas etapas: análise da estabilidade externa e interna da estrutura. A zona reforçada, como um todo, atua similarmente a um muro de gravidade convencional. O colapso de um sistema solo–reforço pode ocorrer interna ou externamente à zona reforçada. Uma etapa

Aplicações em Reforço de Solos

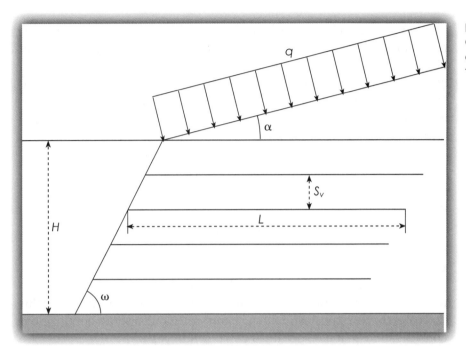

FIGURA 4-17
Geometria típica e parâmetros de projeto de estruturas em taludes reforçados.

adicional do dimensionamento consiste em incluir, também, a determinação dos deslocamentos de face dessas estruturas.

4.5.4.2 Estabilidade externa

Na verificação da estabilidade externa, considera-se o comportamento do conjunto similar ao de um muro de gravidade. Neste caso, deve-se verificar a possibilidade de ocorrência de quatro mecanismos clássicos de instabilidade dessas estruturas de contenção (Figura 4-18): deslizamento da base, tombamento, inadequação da capacidade de carga da fundação e ruptura global.

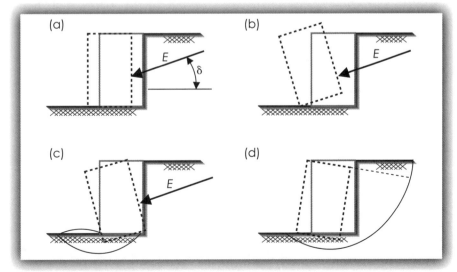

FIGURA 4-18
Mecanismos para análise de estabilidade externa de maciços reforçados:
a) deslizamento;
b) tombamento;
c) capacidade de carga;
d) estabilidade global.

Para a determinação dos empuxos de solo E, que a massa de solo não reforçada exerce na massa reforçada, é possível adotar as teorias clássicas de equilíbrio limite. Muitos autores recomendam a utilização da formulação de Coulomb, admitindo-se o atrito entre o muro (zona reforçada) e o terreno (zona não reforçada) como equivalente ao ângulo de atrito interno do solo no estado crítico ($\delta = \phi_{cv}$). Outros autores, entretanto, consideram a mobilização de atrito improvável, uma vez que a zona reforçada não se comporta como bloco rígido. Com tal hipótese, a formulação de Rankine tornar-se-ia mais ajustada e os empuxos ativos seriam admitidos como sendo paralelos à superfície do terreno ($\delta = 0$).

Na Figura 4-19, apresenta-se esquematicamente um maciço reforçado e os esforços nele atuantes (peso próprio, sobrecargas e empuxo de terra). Nessa situação, admite-se que o maciço reforçado possa ser construído com um solo diferente do restante do aterro. Na prática, no entanto, pode-se utilizar no maciço reforçado o mesmo solo do reaterro. Na exposição feita a seguir, os cálculos serão conduzidos considerando-se a face do muro como sendo vertical.

Segurança contra o deslizamento da estrutura ao longo da base

O fator de segurança ao deslizamento FS_d é determinado pela razão entre a força resistente capaz de ser mobilizada na base do muro e a força devida ao empuxo de terra:

$$FS_d = \frac{(\gamma_1 H + q) \cdot L_r \cdot \text{tg}\phi'_1}{E} \geq 1,5 \qquad [4\text{-}19]$$

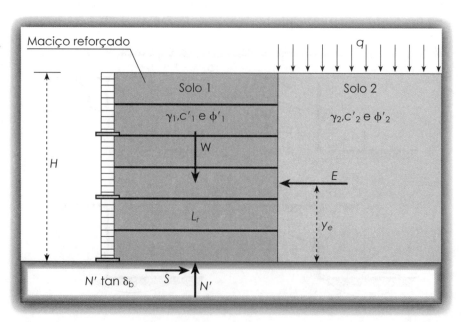

FIGURA 4-19
Forças atuantes para estudo de estabilidade.

Na Figura 4-19, o comprimento de reforço L_r pode ser calculado por:

$$L_r = \frac{FS_d \cdot E}{(\gamma_1 H + q) \cdot \mathrm{tg}\phi_1'} \qquad [4\text{-}20]$$

sendo:

q a sobrecarga uniformemente distribuída sobre o terrapleno;

FS_d o fator de segurança contra o deslizamento ao longo da base do muro ($\geq 1{,}5$);

γ_1 o peso específico do solo;

H a altura do maciço reforçado;

ϕ_1' o ângulo de atrito entre a base do maciço reforçado e o solo de fundação;

E o empuxo ativo.

O valor de ϕ_1' depende das condições da base da estrutura; nas aplicações mais convencionais, em que uma camada de geossintético é instalada na base do muro, este parâmetro representa o ângulo de atrito de interface entre o geossintético e o solo de fundação.

Segurança contra o Tombamento

O fator de segurança ao tombamento FS_t é definido pela razão entre o momento estabilizante proporcionado pelo peso do muro e o momento instabilizante gerado pelo empuxo de solo E, sendo determinado pela expressão:

$$FS_t = \frac{(\gamma_1 H + q) \cdot (L_r)^2}{2E \cdot y_E} \geq 2{,}0 \qquad [4\text{-}21]$$

Neste caso, pode-se determinar a largura da massa reforçada, de modo a se garantir a estabilidade quanto ao tombamento do muro por:

$$L_r = \sqrt{\frac{2FS_t \cdot E y_E}{(\gamma_1 H + q)}} \qquad [4\text{-}22]$$

sendo:

L_r o comprimento do reforço ou largura da base da massa de solo reforçado;

FS_t o fator de segurança contra o tombamento;

y_E o braço de alavanca do empuxo ativo em relação ao pé da estrutura.

Segurança contra a ruptura do solo de fundação

A excentricidade da carga resultante na base do maciço reforçado é dada por:

$$e = \frac{k_{a2}\left(1+3\dfrac{q}{\gamma_2 H}\right)}{6\left(\dfrac{\gamma_1}{\gamma_2}+\dfrac{q}{\gamma_2 H}\right)} \cdot \left(\dfrac{H^2}{L_r}\right) \qquad [4\text{-}23]$$

Os índices 1 e 2, referem-se, respectivamente, a parâmetros do solo reforçado e do solo de reaterro. A resultante das tensões atuantes na base do muro deve garantir que toda a base esteja submetida apenas a esforços de compressão (Figura 4-20). Para tanto, a excentricidade (e) deve ser inferior à sexta parte de L_r, ou seja:

$$e \leq \dfrac{L_r}{6} \qquad [4\text{-}24]$$

O comprimento do reforço deve ser determinado de modo a atender aos três critérios apresentados: deslizamento, tombamento e ruptura do solo de fundação. Para que os três critérios sejam atendidos, deve-se utilizar o maior valor de L_r (obtido a partir das Equações [4-20], [4-22] e [4-23]) no dimensionamento de maciços reforçados.

A capacidade de carga do solo de fundação pode ser estimada pela expressão (TERZAGHI; PECK, 1967):

$$q_{max} = c'N_c + q_s N_q + 0{,}5\gamma_f B' N\gamma \qquad [4\text{-}25]$$

sendo:

q_{max} a capacidade de carga do solo de fundação;
c' a coesão do solo de fundação;
q_s a sobrecarga no nível da base da estrutura, caso esta esteja parcialmente enterrada;

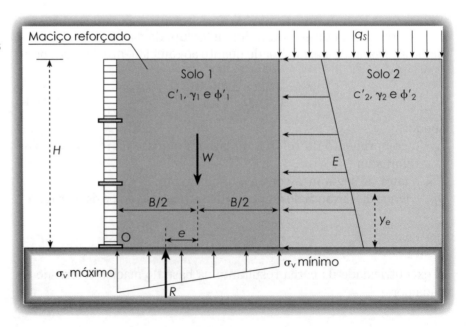

FIGURA 4-20
Distribuição de tensões verticais na base.

γ_f o peso específico do solo de fundação;

N_c, N_q e N_γ os fatores de capacidade de carga obtidos a partir das expressões (TERZAGHI; PECK, 1967):

$$N_q = e^{(\pi \cdot \tan \phi')} \cdot \tan^2 \left(45° + \phi'/2\right) \qquad [4\text{-}26]$$

$$N_c = \left(N_q - 1\right) \cdot \cot \tan \phi' \qquad [4\text{-}27]$$

$$N_\gamma = 1,80 \cdot \left(N_q - 1\right) \cdot \tan \phi' \qquad [4\text{-}28]$$

No caso de solo de fundação fino solicitado por carregamento não drenado, a expressão de capacidade de carga a utilizar é dada por:

$$q_{\max} = S_u N_c + q_s \qquad [4\text{-}29]$$

Considerando a formulação de Meyerhof (1955) para uma distribuição uniforme das tensões normais σ atuantes na base do muro, tem-se que:

$$\sigma = \frac{3\left(\gamma_1 H + q\right)}{3 - k_{a2}\left(\dfrac{\gamma_2 H + 3q}{\gamma_1 H + q}\right) \cdot \left(\dfrac{H}{L_r}\right)^2} \qquad [4\text{-}30]$$

Tanto no caso de carregamento drenado como no caso não drenado, deve-se ter:

$$FS_f = \frac{q_{\max}}{\sigma} \geq 3,0 \qquad [4\text{-}31]$$

sendo FS_f o fator de segurança contra a ruptura do solo de fundação.

Segurança contra a ruptura global

A última análise de estabilidade externa consiste na verificação de um mecanismo de ruptura global do maciço. Neste caso, a estrutura de solo reforçado é considerada como um elemento interno à massa de solo, que potencialmente pode se deslocar como um corpo rígido. Normalmente, essa verificação consiste em se garantir um fator de segurança contra a rotação de uma massa de solo ao longo de uma superfície cilíndrica. Para o cálculo do fator de segurança, pode ser utilizado qualquer método de cálculo de equilíbrio limite normalmente empregado para avaliação da estabilidade de taludes (FELLENIUS, 1936; BISHOP, 1955; JANBU, 1954; MORGENSTERN; PRICE, 1965; SPENCER, 1967; SARMA, 1979).

O fator de segurança é definido como:

$$FS_g = \frac{\Sigma M_R}{\Sigma M_S} \qquad [4\text{-}32]$$

sendo:

$\sum M_R$ o somatório dos momentos dos esforços resistentes em relação ao centro de rotação.
$\sum M_S$ o somatório dos momentos dos esforços solicitantes em relação ao centro de rotação.

Os valores aceitos para o fator de segurança acima definido são:

$FS_g \geq 1,3$ para obras provisórias;
$FS_g \geq 1,5$ para obras permanentes.

No caso de locais sujeitos a sismos, recomenda-se incrementar os fatores de segurança acima mencionados (deslizamento da base, tombamento, capacidade de carga da fundação e ruptura global) em cerca de 75% (ELLIAS et al., 2001).

4.5.4.3 Estabilidade interna

O aspecto particular no dimensionamento de uma estrutura em solo reforçado é a análise de sua estabilidade interna. A ruptura interna pode ocorrer quando as solicitações impostas ao reforço são superiores àquelas que ele pode suportar (Figura 4-21a) ou quando há o escorregamento do reforço na massa de solo por insuficiência de ancoragem (Figura 4-21b). Neste contexto, caracteriza-se um processo de ruptura progressiva, em que os esforços oriundos do reforço rompido são transferidos aos adjacentes, desencadeando um processo de colapsos sucessivos.

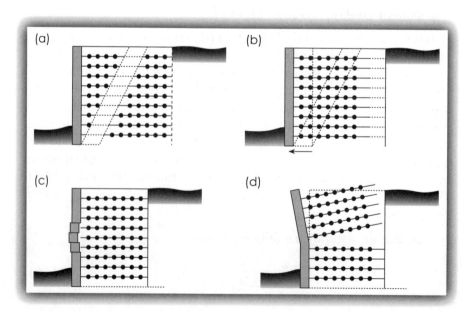

FIGURA 4-21
Mecanismos para análise de estabilidade interna:
a) ruptura dos reforços;
b) arrancamento dos reforços;
c) desprendimento da face;
d) instabilidade local.

Aplicações em Reforço de Solos

Para evitar a ruptura dos reforços, o valor da tensão máxima atuante T_{max} não deverá ser superior ao menor valor esperado para a resistência de projeto do geossintético T_d, resguardado por um adequado fator de segurança. Analogamente, o projeto deve estabelecer um embutimento mínimo do reforço na zona resistente, evitando-se a possibilidade de perda de sua ancoragem. Para tanto, o valor de T_{max} não deverá superar o valor da resistência ao arrancamento do reforço P_r, resguardado também por um correspondente fator de segurança. Esses mecanismos podem ser controlados mediante a especificação de espaçamentos e comprimentos apropriados para os elementos de reforço.

Em geral, considera-se que o paramento não desempenha um papel relevante neste tipo de estrutura. No entanto, estudos experimentais têm demonstrado que as tensões mobilizadas no reforço, como também o deslocamento lateral da face, podem diminuir com o aumento da rigidez da face e da resistência lateral da base do faceamento (ALLEN et al., 2003; BATHURST et al., 2006; BATHURST et al., 2009; HUANG et al. 2010; EHRLICH; BECKER, 2010; EHRLICH; MIRMORADI, 2013; RICCIO et al., 2014). Estas reduções podem se apresentar significativas em estruturas com faceamento de blocos, por exemplo.

A conexão entre os reforços e a face deve ser eficiente o bastante para garantir mecanismos adequados de transferência das tensões locais. Embora as conexões tenham comumente resistências menores que os reforços, as tensões próximas à face T_0 tendem a ser menores do que os valores de T_{max}. Em um sistema adequado de contenção em solo reforçado, a resistência admissível da conexão P_{r0} deve ser superior à máxima solicitação no reforço junto à face T_0, evitando-se, desta forma, um mecanismo de instabilidade dos reforços nesta região (Figura 4-21c). Adicionalmente, como em qualquer sistema de contenção incremental, as análises devem incorporar a possibilidade de mecanismos de instabilidade local (Figura 4-21d).

No caso da adoção de critérios determinísticos, a estabilidade interna deverá atender aos seguintes fatores de segurança (ELIAS et al., 2001):

Ruptura do reforço
$$T_d \geq T_{max} \cdot FS \quad \Rightarrow \quad FS \geq 1,50$$
$$\text{(para obras permanentes e críticas)}$$
$$\Rightarrow \quad FS \geq 1,15$$
$$\text{(para obras temporárias e não críticas)}$$

Arrancamento
$$P_r \geq T_{max} \cdot FS \quad \Rightarrow \quad FS \geq 1,50$$

Estabilidade das conexões
$$P_{r,0} \geq T_0 \cdot FS \quad \Rightarrow \quad FS \geq 1,50$$

Os procedimentos usuais para determinação de T_{max} são baseados em métodos de equilíbrio limite (LESCHINSKY; BOEDEKER, 1989; JEWELL, 1991; ELIAS et al., 2001). Este tipo de abordagem é limitado, pois não incorpora nas análises a influência da rigidez dos reforços e os efeitos resultantes da compactação, aspectos discutidos a seguir.

Rigidez Relativa solo–reforço

A análise da estabilidade interna de uma massa de solo reforçado está diretamente associada ao processo de redistribuição global das tensões e deformações induzidas no maciço pela ação dos reforços. A Figura 4-22 ilustra o processo de forma esquemática. Com o solo em um estado de tensões correspondente ao repouso (hipótese de deformações laterais nulas), a tensão nos elementos de reforço é nula. Com a ocorrência de deformações laterais, entretanto, as tensões horizontais no solo ($\sigma_{s,x}$) decrescem, tendendo à condição ativa de equilíbrio limite, enquanto as tensões nos reforços crescem.

A tensão ou deformação, nesta condição de equilíbrio solo–reforço, depende da razão entre os valores de rigidez do reforço e do solo, denominada Índice de Rigidez Relativa, S_i (EHRLICH; MITCHELL, 1994):

$$S_I = \frac{J_R}{k \cdot P_a \cdot Sv} \qquad [4\text{-}33]$$

sendo:
J_r o módulo de rigidez do reforço à tração;
k o parâmetro de módulo tangente inicial do solo (do modelo hiperbólico de Duncan et al., 1980);
P_a a pressão atmosférica;
Sv o espaçamento vertical entre reforços.

FIGURA 4-22
Mobilização de tensões em uma massa de solo reforçado.

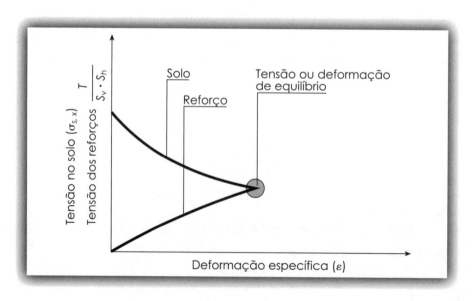

A Tabela 4-5 apresenta os valores usuais de S_i, típicos de maciços de solo reforçado.

TABELA 4-5 Valores típicos para o índice de rigidez relativa (EHRLICH; BECKER, 2009)	
Tipo geossintético	S_i
Geogrelhas de PVA [1]	0,020 a 0,200
Geogrelhas de PET [1]	0,010 a 0,100
Geogrelhas de PP [1]	0,015 a 0,150
Geotêxteis tecidos [1]	0,010 a 0,100
Geotêxteis não tecidos [2]	0,001 a 0,003

(1): resistência à tração entre 20 e 200 kN/m
(2): resistência à tração entre 20 e 50 kN/m

No caso dos reforços rígidos, o equilíbrio é atingido sob menores deformações, sendo as tensões mobilizadas no solo e nos reforços mais elevadas. Sob condições idênticas, a tração mobilizada em um reforço com geogrelhas de poliálcool vinílico (PVA) é, portanto, maior do que em reforços com geotêxteis. Em consequência, quanto mais rígido é o reforço, mais afastado pode ficar o solo do estado ativo de tensões.

Compactação do solo

A compactação gera no solo reforçado um efeito similar ao sobre-adensamento, sendo $\sigma'_{zc,i}$ a máxima tensão vertical efetiva induzida durante a operação do equipamento de compactação (EHRLICH; MITCHELL, 1994; EHRLICH et al., 2012; MIRMORADI; EHRLICH, 2014). Caso σ'_z ultrapasse $\sigma'_{zc,i}$, passa a prevalecer o peso próprio. A pressão de sobreadensamento (σ'_{zc}) é definida como a máxima tensão vertical que ocorreu no solo em sua história. Enquanto o valor de $\sigma'_{zc,i}$ for superior à tensão vertical (σ'_z) atuante na camada considerada, o efeito da compactação prevalece no solo.

$$\sigma'_z \leq \sigma'_{zc,i} \Rightarrow \sigma'_{zc} = \sigma'_{zc,i} \qquad [4\text{-}34]$$

$$\sigma'_z \geq \sigma'_{zc,i} \Rightarrow \sigma'_{zc} = \sigma'_z \qquad [4\text{-}35]$$

A Figura 4-23 apresenta genericamente a evolução das tensões efetivas em um ponto da massa de solo compactado durante a construção das diversas camadas. O ponto (1) representa o estado de tensões após o lançamento da própria camada. A compactação induz um acréscimo na tensão vertical efetiva, elevando-a para $\sigma'_{zc,i}$, correspondendo a um aumento das tensões horizontais, representado no ponto (2). Ao final da operação de compactação, a tensão vertical retorna para um valor próximo ao inicial (σ'_z). A tensão horizontal, no entanto, permanece superior à tensão geostática inicial (linha K_0), conforme indicado pelo ponto (3). A construção das camadas seguintes induzirá acréscimos das tensões, representados em (4). O efeito da compactação desaparece somente quando a tensão vertical, em decorrência do peso próprio das camadas superiores, ultrapassar a tensão $\sigma'_{zc,i}$ induzida pela compactação (Ehrlich; Mitchell, 1994).

Desconsiderando a compactação, os pontos 1, 2 e 3 estariam se superpondo, isto é, a ocorrência do "sobreadensamento" não seria considerada. Neste caso, as tensões no solo estariam situadas entre as condições de repouso e ativa.

No caso de compactação com placa vibratória, o valor de $\sigma'_{zc,i}$ pode ser estimado como a tensão média atuante no contato solo–placa:

$$\sigma'_{zc,i} = \frac{Q}{B \cdot L} \qquad [4\text{-}36]$$

onde

Q é a carga estática equivalente do compactador (massa vezes o fator de amplificação dinâmica);
B é a largura da placa; e
L é o comprimento da placa.

Para compactação com rolo vibratório, $\sigma'_{zc,i}$ pode ser estimada pela seguinte expressão (Ehrlich; Mitchell, 1994):

FIGURA 4-23
Tensões induzidas pela compactação.

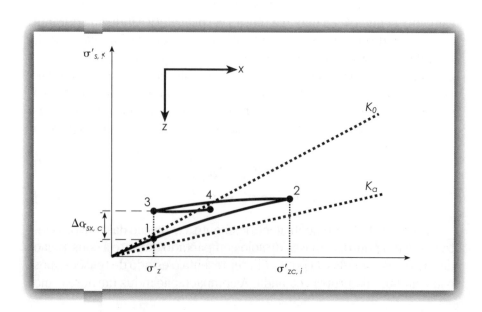

Aplicações em Reforço de Solos

$$\sigma'_{zc,i} = (1-\nu_0) \cdot (1+K_a) \cdot \sqrt{\frac{1}{2}\gamma' \cdot \frac{Q \cdot N\gamma}{L}} \qquad [4\text{-}37]$$

onde

K_a é o coeficiente de empuxo ativo (Rankine);
γ é o peso específico do solo compactado;
L é o comprimento do tambor do rolo;
N_γ é o coeficiente de capacidade de carga do solo e
ν_0 é o coeficiente de Poisson no repouso.

Considerando o solo com comportamento elástico-linear, tem-se:

$$\nu_0 = \frac{K_0}{1+K_0} \qquad [4\text{-}38]$$

onde o coeficiente de empuxo no repouso (K_0) pode ser estimado através da correlação empírica de Jaky, com base no ângulo de atrito efetivo (ϕ') de solos normalmente adensados:

$$K_0 = 1 - \operatorname{sen} \phi' \qquad [4\text{-}39]$$

A Figura 4-24 apresenta curvas correspondentes a dois reforços com índices de rigidez relativa ($S_{i,1} > S_{i,2}$). As condições de equilíbrio são analisadas considerando ou não a compactação. Para o reforço com índice $S_{i,1}$, verifica-se que o equilíbrio se dá para ambas as condições (com e sem compactação). Já no caso do reforço $S_{i,2}$, não há equilíbrio possível para a condição que inclui o efeito da compactação, mesmo considerando grandes deformações, havendo possibilidade de ocorrer ruptura do reforço durante a construção do muro.

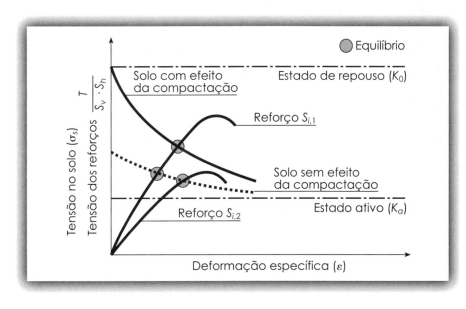

FIGURA 4-24
Tensões mobilizadas em maciços reforçados com diferentes valores de S_i.

Observe-se que ambos os reforços apresentam resistência superior àquela correspondente ao estado ativo, condição usualmente adotada em projetos de solos reforçados com geossintéticos. Assim, não basta que os reforços tenham resistência suficiente para suportar os esforços da cunha ativa. É também necessário que as deformações para mobilização destes esforços no reforço geossintético sejam compatíveis com aquelas a serem desenvolvidas no solo.

A compactação apresenta-se como o principal fator de influência nas tensões internas para profundidades inferiores à profundidade de influência Z_c, que pode ser determinada pela relação:

$$Z_c = \frac{\sigma'_{zc,i}}{\gamma'} \qquad [4\text{-}40]$$

Para muros de solo reforçado com face vertical, Z_c pode atingir cerca de 6 m. Para taludes reforçados com inclinação inferior a 70°, o valor de Z_c pode chegar a 10 m (DANTAS; EHRLICH, 2000).

4.5.5 Dimensionamento

Os critérios de dimensionamento expostos a seguir referem-se especificamente às condições de estabilidade interna de estruturas de muros reforçados, uma vez que as análises de estabilidade externa, similares às aplicadas a estruturas de contenção convencionais, já foram apresentadas no item 4.5.4. Inicialmente, será apresentado o método simplificado de JEWELL (1991), que permite a determinação do comprimento dos reforços e dos espaçamentos verticais, a partir do conhecimento dos parâmetros geométricos do maciço, das características geotécnicas do solo e das características mecânicas dos reforços. Jewell (1991) propõe ábacos para o dimensionamento de taludes íngremes em solos não coesivos, considerando superfícies de deslizamento em forma de espiral logarítmica.

Posteriormente, será apresentado o método de Ehrlich e Mitchell (1994), que permite a análise de estruturas de solo reforçado sob condições de trabalho, considerando os efeitos acoplados da rigidez dos reforços e da compactação. O cálculo pode ser efetuado utilizando expressões analíticas ou através de ábacos adimensionais, tendo sido generalizado, também, para utilização em taludes reforçados (DANTAS; EHRLICH, 2000).

4.5.5.1 Método de Jewell (1991)

O caso típico analisado por Jewell está esquematizado na Figura 4-25. Admite-se que o solo de fundação apresente uma resistência igual ou superior ao material de aterro. O método permite a consideração de

Aplicações em Reforço de Solos

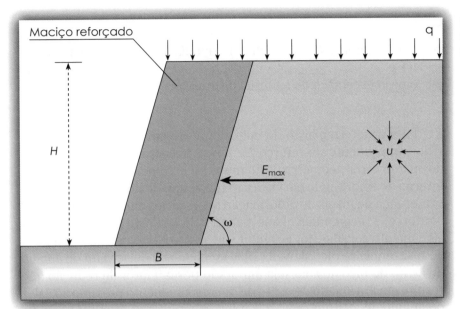

FIGURA 4-25
Características do problema analisado por Jewell (1991).

eventuais poropressões induzidas no aterro, por meio da determinação do parâmetro de poropressão (r_u), definido por:

$$r_u = \frac{u}{\gamma \cdot z} \qquad [4\text{-}41]$$

sendo:

r_u é o parâmetro de poropressão;
γ é o peso específico do solo; e
z é a profundidade do elemento de solo considerado.

Em geral, utiliza-se um valor constante de r_u ao longo de toda a altura do maciço.

Uma sobrecarga uniformemente distribuída no terrapleno pode ser considerada no dimensionamento adotando-se uma altura de terra equivalente, dada por:

$$H_{eq} = H + h_0 \qquad [4\text{-}42]$$

sendo:

H_{eq} a altura equivalente do terrapleno levando-se em conta a sobrecarga na superfície;
H a altura real do terrapleno; e
h_0 a espessura de solo equivalente à sobrecarga aplicada na superfície do terrapleno, calculada pela expressão:

$$h_0 = \frac{q}{\gamma} \qquad [4\text{-}43]$$

sendo:

q a sobrecarga uniformemente distribuída na superfície do terrapleno; e

γ o peso específico do material de aterro.

Para a determinação do coeficiente de empuxo horizontal k_{req} e do comprimento do reforço L_r, faz-se necessário o conhecimento dos parâmetros geométricos do muro (H e $x\omega$) e do ângulo de atrito interno do solo. Tendo em vista a extensibilidade dos geossintéticos e a diferença de níveis de deformação necessários para romper o solo e o reforço, é recomendável que o ângulo de atrito do solo para dimensionamento seja inferior ao ângulo de atrito obtido para as condições de resistência de pico. Jewell (1996) recomenda que o valor do ângulo de atrito de pico do solo seja minorado por um fator de redução que resulte em um ângulo de atrito de dimensionamento próximo ao valor do ângulo de atrito do solo a volume constante (ϕ'_{cv}). Assim:

$$\phi' = \tan^{-1}\left(\frac{\tan \phi'_p}{f\phi}\right) \cong \phi'_{cv} \qquad [4\text{-}44]$$

sendo:

ϕ o ângulo de atrito efetivo do solo para dimensionamento;

ϕ'_p o ângulo de atrito efetivo do solo obtido em condições de pico de resistência;

f_ϕ o fator de redução no valor do ângulo de atrito do solo; e

ϕ'_{cv} o ângulo de atrito do solo em condições de volume constante.

Os ábacos para a determinação do coeficiente de empuxo horizontal k_{req} estão apresentados na Figura 4-26, para valores de r_u iguais a 0,0 e 0,5, respectivamente, bem como os gráficos para a determinação dos comprimentos dos reforços L_r. O comprimento do reforço é determinado de modo a atender à estabilidade interna e à segurança contra o deslizamento ao longo da base, devendo-se adotar o maior valor entre eles.

Os ábacos de Jewell (1991) para a determinação de L_r foram construídos admitindo-se um coeficiente de interação solo–reforço f_b igual a 0,8. Para valores distintos de f_b, o valor de L_r obtido pelo ábaco deve ser multiplicado por $0,8/f_b$.

O espaçamento entre camadas horizontais de reforços é adotado como constante e é calculado por:

$$S_v = \frac{T_d}{k_d \cdot \gamma \cdot H_{eq}} \qquad [4\text{-}45]$$

Aplicações em Reforço de Solos 123

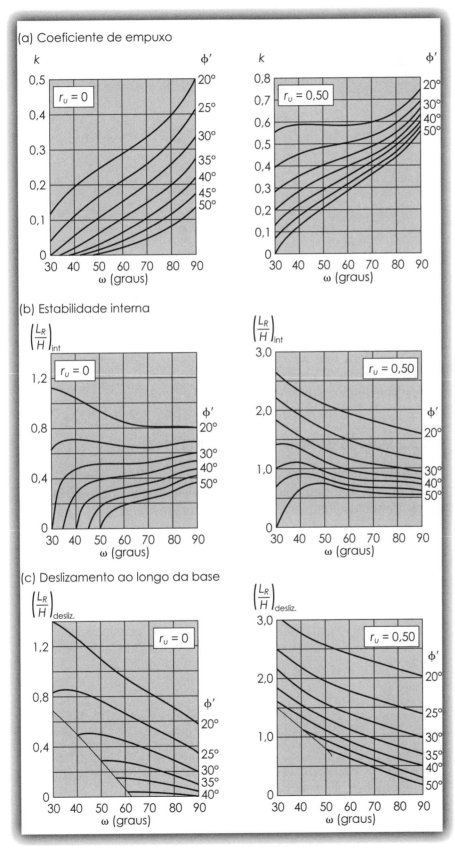

FIGURA 4-26
Ábacos para dimensionamento de taludes íngremes (JEWELL, 1996).

A resistência por ancoragem limita a carga que o reforço é capaz de desenvolver de forma a manter o equilíbrio da estrutura. Para compensar a perda de força capaz de ser mobilizada no reforço, utiliza-se o coeficiente de empuxo de dimensionamento k_d dado por:

$$k_d = \frac{k_{\text{Req}}}{1 - \dfrac{L_B}{L_R}}$$ [4-46]

com:

$$L_B = \left(\frac{T_d}{2 \cdot \gamma \cdot H}\right)\left(\frac{1}{1 - r_u}\right)\left(\frac{1}{f_b \cdot \tan \phi'}\right)$$ [4-47]

sendo:

k_d o coeficiente de empuxo usado no dimensionamento;
L_B o comprimento de ancoragem requerido para o reforço na base da estrutura;
L_R o comprimento do reforço de modo a atender às condições de estabilidade interna e segurança contra o deslizamento;
T_d a resistência de projeto à tração do reforço; e
f_b o coeficiente de interação entre solo e reforço.

4.5.5.2 Método de Ehrlich e Mitchell (1994)

O método de dimensionamento exposto a seguir permite a análise de estruturas de solo reforçado sob condições de trabalho, considerando os efeitos da compactação e da rigidez dos reforços. Os cálculos podem ser efetuados de forma analítica ou por meio de ábacos adimensionais.

Determinação das tensões máximas nos reforços

As tensões máximas induzidas nos reforços são determinadas com base nos ábacos da Figura 4-27, considerando para cada camada a tensão vertical atuante σ'_z, a tensão vertical máxima após a compactação (σ'_{zc}) e o valor do parâmetro p, que reflete a deformabilidade do reforço:

$$\beta = \frac{\left(\dfrac{\sigma'_{zc}}{P_a}\right)^n}{S_i}$$ [4-48]

sendo

n o módulo expoente da curva tensão–deformação do solo (modelo hiperbólico, Duncan et al., 1980) e
S_i o índice de rigidez relativa solo–reforço.
P_a a pressão atmosférica.

Aplicações em Reforço de Solos

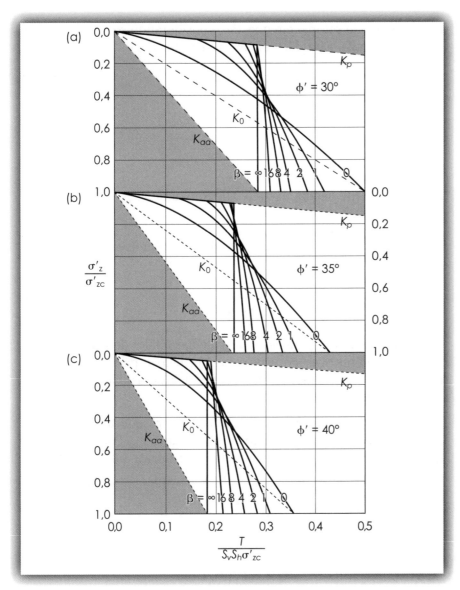

FIGURA 4-27
Ábacos para determinação de X para o cálculo de T_{max} (EHRLICH; MITCHELL, 1994).

Como S_i é função da área da seção transversal dos reforços, a determinação de T_{max} no geossintético dá-se segundo um processo iterativo, sendo usualmente necessárias três iterações. No caso de geossintéticos, sob condições típicas de solos de aterro e espaçamento de reforços, tem-se $8 < \beta < 300$. Reforços mais rígidos correspondem aos menores valores de β.

Na condição de não compactação do aterro, ou para profundidades nas quais $\sigma'_{zc,i}$ é inferior à tensão geostática, tem-se que $\sigma'_z = \sigma'_{zc}$.

A tensão vertical ao final da construção σ'_z pode ser determinada considerando a excentricidade da resultante das tensões na base (MEYERHOF, 1955). O cálculo é efetuado com base no equilíbrio da massa acima do reforço em questão, considerando-se o peso próprio e o empuxo ativo exercido pelo aterro no muro:

$$\sigma'_z = \frac{\gamma' \cdot z}{1 - \left(\frac{K_a}{3}\right) \cdot \left(\frac{z}{L_r}\right)^2} \qquad [4\text{-}49]$$

sendo:

L_r o comprimento dos reforços e
K_a o coeficiente de empuxo ativo de Rankine.

Com base nos ábacos da Figura 4-27, obtém-se o valor de χ, definido por:

$$\chi = \frac{T}{Sv \cdot Sh \cdot \sigma'_{zc}} \qquad [4\text{-}50]$$

Como valor de χ, pode-se então calcular o valor de T. A Tabela 4-6 apresenta valores conservativos para os principais parâmetros de solo, os quais podem ser utilizados como referência para dimensionamentos preliminares.

No caso de solos coesivos, a Figura 4-28 apresenta ábacos que permitem a consideração da coesão no cálculo de T_{max}. Pode-se verificar que a coesão reduz significativamente a tensão atuante nos reforços.

FIGURA 4-28
Ábacos para determinação de T_{max} em maciços reforçados com solos coesivos (DANTAS; EHRLICH, 1999).

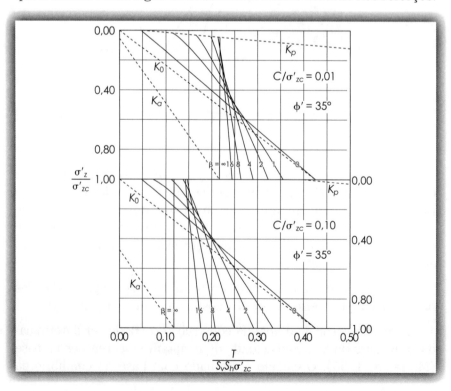

TABELA 4-6						
Parâmetros típicos de solos (Duncan et al., 1980)						
Classificação do solo	GC (AASHTO) (%)	γ (kN/m³)	ϕ (°)	c (kPa)	k*	n
Areias e cascalhos	105	24	42	0	600	0,40
	100	23	39	0	450	0,40
	95	22	36	0	300	0,40
	90	21	33	0	200	0,40
Areia siltosa	100	21	36	0	600	0,25
	95	20	34	0	450	0,25
	90	19	32	0	300	0,25
	85	18	30	0	150	0,25
Areia argilosa	100	21	33	24	400	0,60
	95	20	33	19	200	0,60
	90	19	33	14	150	0,60
	85	18	33	10	100	0,60
Argila arenosa	100	21	30	19	150	0,45
	95	20	30	14	120	0,45
	90	19	30	10	90	0,45
	85	18	30	5	60	0,45

(*) "k" é o parâmetro do módulo tangente inicial da curva tensão–deformação no modelo hiperbólico.

Posição da tensão máxima nos reforços

A tensão máxima nos elementos de reforço situa-se no ponto de interseção com a superfície potencial de ruptura (separação entre as zonas ativa e resistente). Na Figura 4-29, apresentam-se as hipóteses usuais para definição desta superfície (Christopher et al., 1990). Para reforços mais deformáveis (geotêxteis e geogrelhas de PET ou PEAD), faz-se a posição de T_{max} coincidir com a superfície crítica prevista por Rankine (Figura 4-29a). No caso de reforços pouco extensíveis (geogrelhas de poliaramida ou geobarras, por exemplo), as restrições às

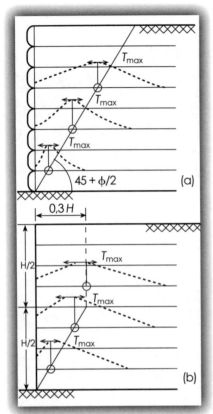

FIGURA 4-29
Ponto de atuação de T_{max} para muros de solo reforçado (CHRISTOPHER et al., 1990); a) reforço extensível; b) reforço rígido.

deformações laterais do maciço reforçado fazem com que a superfície crítica apresente-se mais verticalizada. Nestes casos, a posição de T_{max} está indicada na Figura 4-29b.

A Figura 4-30 apresenta um procedimento alternativo para a definição do ponto de atuação da tensão máxima no reforço em taludes íngremes, com base em análises numéricas. Resultados similares foram obtidos em estudos com centrífuga por ZORNBERG et al. (1999).

Na Figura 4-30, tem-se que:

$$\text{para } 45° \leq \omega \leq 65° \Rightarrow x = \frac{\frac{3}{4}H}{\tan\omega} \therefore h = \frac{x}{3} \qquad [4\text{-}51]$$

$$\text{para } 65° \leq \omega \leq 90° \Rightarrow x = \frac{0,8 \cdot H}{\tan\omega} \therefore h = \frac{x}{2} \qquad [4\text{-}52]$$

4.5.5.3 Análise para verificação de arrancamento

A expressão geral para análise da resistência ao arrancamento por unidade de comprimento transversal do reforço (P_r) foi proposta por Christopher et al., 1990:

$$P_r = 2F^* \cdot \alpha \cdot \sigma'_v \cdot L_e \geq FS \cdot T_{max} \qquad [4\text{-}53]$$

onde:

L_e o comprimento de reforço na zona resistente além da superfície potencial de ruptura;
F^* o fator de resistência ao arrancamento;
α o fator de correção do efeito de escala; e
σ'_v o tensão efetiva vertical na interface solo–reforço.

O fator F^* pode ser determinado com maior precisão por meio de ensaios de arrancamento com o solo de aterro a ser utilizado. Alternativamente, pode-se utilizar a expressão a seguir, considerando que

FIGURA 4-30
Ponto de atuação de T_{max} para reforço de taludes íngremes (DANTAS; EHRLICH, 2000a).

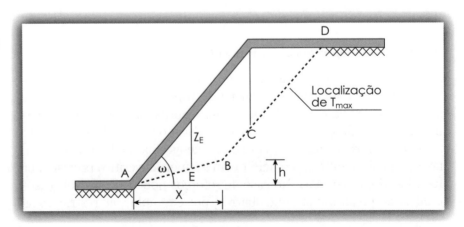

Aplicações em Reforço de Solos

o fator F^* é uma combinação de resistências mobilizadas pelo atrito e componentes passivas na interface entre o geossintético e o solo:

$$F^* = F_q \cdot \alpha_\beta + \mu^* \cdot \alpha_f \qquad [4\text{-}54]$$

onde:

F_q o fator de capacidade de carga para o embutimento (ou carregamento);
α_β o fator geométrico estrutural para resistência passiva;
μ^* o coeficiente de atrito aparente da interface solo–reforço; e
α_f o fator geométrico estrutural para resistência friccional.

Em razão da deformabilidade do reforço, a aplicação da força de arrancamento resulta em uma distribuição decrescente do deslocamento ao longo do comprimento. Com deformações variáveis, tem-se uma mobilização desigual das tensões tangenciais na interface e, portanto, mobilização desigual da resistência ao arrancamento ao longo do reforço.

O fator de escala a representa essa não uniformidade. Os parâmetros de dimensionamento da capacidade de ancoragem de maciços de solo reforçado estão sistematizados na Tabela 4-7.

O valor de F^* pode ser determinado, de forma simplificada pela relação:

$$F^* = f_a \cdot \tan\phi \qquad [4\text{-}55]$$

onde:

ϕ o ângulo de atrito do solo e
f_a o coeficiente de aderência.

Recomenda-se adotar, de forma conservativa, valores de f_a entre 0,7 e 0,8 para geotêxteis e entre 0,8 e 1,0 para geogrelhas.

TABELA 4-7 Parâmetros para análise do arrancamento					
Tipo de geossintético	Componente Friccional		Componente passivo		Fator de escala (α)*
	μ^*	α_f	F_q	α_β	
Geogrelhas	$\tan \rho$	α_s	~20	$\dfrac{f_b \cdot t}{2 \cdot S_x}$	0,7 a 1,0
Geotêxteis	$\tan \rho$	1	—	—	0,6 a 0,8

sendo:
ρ o ângulo de atrito mobilizado na interface solo–reforço;
α_s a fração da superfície sólida da grelha;
f_b a fração do elemento transversal no qual a resistência passiva é totalmente desenvolvida;
t a espessura do elemento transversal; e
S_x o espaçamento longitudinal entre os elementos transversais.
Nota: *adotar $\alpha = 0,6$ no caso de ausência de ensaios.

4.5.5.4 Eficiência da conexão entre o reforço e o paramento

Em virtude da mobilização das tensões tangenciais no interior da zona ativa, a força transmitida pelo reforço ao paramento é menor do que T_{max}, possibilitando que este seja mais esbelto, uma das razões da competitividade econômica dos sistemas de solo reforçado. A redução da força transmitida ao paramento depende da rigidez relativa entre o reforço e o solo, das tensões induzidas pela compactação e da rigidez relativa entre a próprio paramento e o solo.

Em geral, reforços menos extensíveis transmitem maior parcela de T_{max} à face do que os deformáveis. Da mesma forma, paramentos mais rígidos tendem a atrair maiores tensões para a face do que os flexíveis. Entre todos esses fatores, a influência da compactação é o mais marcante, razão pela qual existe uma orientação geral para se evitar a passagem de equipamentos de compactação enérgicos nas proximidades do paramento.

A expressão geral para análise da resistência ao arrancamento por unidade de comprimento transversal do reforço ($P_{r,0}$) é determinada de acordo com o tipo de conexão. Nos aterros envelopados, a ancoragem de extremidade pode ser calculada admitindo-se que T_0 seja igual a 50% de T_{max}:

$$P_{r,0} = 2F^* \cdot \alpha \cdot \sigma'_v \cdot L_0 \geq FS \cdot T_0 \qquad [4\text{-}56]$$

sendo:

L_0 o comprimento de ancoragem do envelopamento;
F^* o fator de resistência ao arrancamento;
α o fator de correção do efeito de escala;
σ'_v a tensão efetiva vertical na interface solo–reforço junto à face; e
T_0 a tensão de tração no reforço, junto à face do muro ou talude reforçado.

Nos sistemas com face rígida ou com blocos intertravados, a conexão entre a face e o reforço depende do tipo e da eficiência do acoplamento (CR), parâmetro que expressa a parcela da resistência admissível do reforço que pode ser suportada na ligação entre o mesmo e a face ($P_{r,0}$). O parâmetro CR só pode ser determinado por meio de ensaios em escala natural. Em razão das dificuldades para realização destes ensaios, os valores de CR devem ser fornecidos pelo fabricante do bloco. Assim, para ligações com blocos ou com painéis, temos:

$$P_{r,0} = CR \cdot T_d \geq FS \cdot T_0 \qquad [4\text{-}57]$$

Em muros com paramentos de blocos intertravados, painéis ou paredes monolíticas, o valor de T_0 é de difícil determinação. Assim, para a garantia de menores deformações no paramento, recomenda-

Aplicações em Reforço de Solos

-se a adoção de valores conservadores para T_0, da ordem de 80% a 100% de T_{max}.

4.5.6 Aspectos construtivos de taludes e muros de solo reforçado

4.5.6.1 Tipo de reforço

Conforme exposto previamente, existem vários tipos de geossintéticos disponíveis para a aplicação, como reforços em sistemas de contenção, com particular ênfase na utilização de geogrelhas e dos geotêxteis. A escolha de um determinado tipo de reforço em um projeto de sistema de contenção em solo reforçado passa pela análise do desempenho econômico, uma vez que qualquer produto pode ser utilizado, desde que as suas propriedades mecânicas e reológicas sejam conhecidas. Entretanto, existem algumas condições estruturais ou características do meio que favorecem determinados tipos de geossintéticos e, por isso, devem ser observadas na escolha do tipo de produto ou no tipo de polímero-base a ser adotado (sendo os mais utilizados o poliéster, o polipropileno e o polietileno de alta densidade).

Altura do muro

Quanto maior for a altura do muro, maiores serão as tensões exigidas nos reforços. De um modo geral, as geogrelhas são mais favoráveis para muros com altura superior a 4 metros, enquanto os geotêxteis costumam apresentar vantagens econômicas para muros menores.

Restrição às deformações

Em muros nos quais as tolerâncias dimensionais são condicionantes importantes ou as deformações após a construção são indesejáveis, as geogrelhas são mais indicadas, seguidas dos geotêxteis reforçados. As deformações por fluência são mais difíceis de prever nos reforços constituídos por poliolefinas (polietileno de alta densidade e polipropileno) e são restrições severas a produtos com tais polímeros, quando as deformações pós-construção (de longo prazo) são condicionantes críticos. Nesses casos, o emprego de reforços com poliéster ou poliaramidas costuma apresentar vantagens econômicas.

Severidade do meio

A agressividade química dos solos ou do meio onde deverá ser implantado o sistema de contenção é outro fator importante na escolha do produto. Em ambientes quimicamente adversos, as geogrelhas são menos sensíveis que os geotêxteis. Isto se deve à maior espessura dos seus elementos, o que reduz a superfície de exposição, ou ao revestimento de proteção que alguns produtos possuem. Certos ambientes fortemente alcalinos, por exemplo, são restrições severas à utilização de geossintéticos à base de poliéster, em decorrência da degradação por hidrólise desses polímeros.

Além da agressividade química, há que se considerar a severidade do meio aos danos mecânicos de instalação. Solos mais granulares e com grãos angulosos tendem a danificar, de forma mais intensa, geotêxteis tecidos do que os não tecidos. Por outro lado, as geogrelhas rígidas tendem a apresentar danos menores do que as flexíveis. Essas sensibilidades devem ser consideradas na determinação das resistências admissíveis dos reforços ou na prescrição do tipo de solo do sistema de contenção para cada situação específica de projeto.

4.5.6.2 Natureza do paramento e forma construtiva

Sistemas autoenvelopados

A técnica consiste na conformação de sistemas nos quais o próprio geossintético confina lateralmente o solo entre duas camadas de reforço por meio da sua dobra e ancoragem no interior do muro. Na maioria dos casos, o muro ou o talude íngreme é erigido com o auxílio de fôrmas laterais leves e o paramento é construído posteriormente.

Os sistemas autoenvelopados podem ser construídos com a ancoragem superior (Figura 4-31) ou inferior (Figura 4-32). Tipicamente essas ancoragens possuem um comprimento mínimo de 1 metro, embora possam ser maiores se o dimensionamento assim o exigir. O paramento definitivo pode ser construído com diversas técnicas, desde paredes de alvenaria até concreto projetado. As técnicas de melhor sucesso são aquelas nas quais a parede é construída ligeiramente afastada da estrutura de solo reforçado, o que diminui os efeitos das deformações pós-construção sobre a estética do muro. Outras técnicas de autoenvelopamento atraentes são as que utilizam uma fôrma perdida, constituída de uma tela eletrossoldada e tensores metálicos, indicados para o uso de geogrelhas. O faceamento definitivo pode ser com concreto projetado (Figura 4-33), para muros, ou com revestimento vegetal, para taludes.

Outras técnicas de autoenvelopamento atraentes são as que utilizam uma fôrma perdida, constituída de uma tela eletrossoldada e tensores metálicos, indicados para o uso de geogrelhas. O faceamento definitivo pode ser com concreto projetado (Figura 4-33), para muros, ou com revestimento vegetal, para taludes.

Aplicações em Reforço de Solos

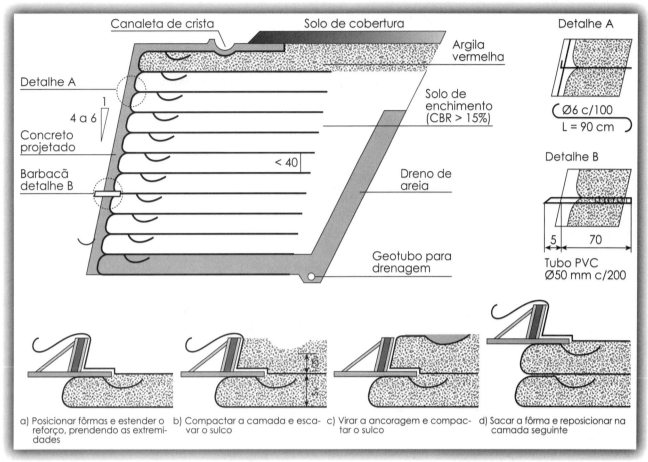

FIGURA 4-31
Seção transversal típica de muro autoenvelopado com ancoragem superior.

Sistemas com blocos segmentais

Os sistemas com blocos segmentais consistem na utilização de elementos pré-fabricados de concreto que são utilizados como fôrma lateral para a compactação das camadas e o próprio paramento definitivo. Em geral, são compostos por blocos leves que podem ser montados manualmente por um trabalhador. Os blocos possuem dispositivos de encaixe entre si, de tal forma que o alinhamento do muro ou talude é facilitado durante a construção, ao mesmo tempo em que proporcionam uma ancoragem eficiente dos reforços (também denominados "blocos intertravados").

Existem muitos sistemas construtivos desse tipo patenteados, alguns deles adaptados para um determinado tipo de reforço, geogrelhas na maioria dos casos. Um exemplo de sistema com blocos segmentais é apresentado na Figura 4-34.

Sistemas híbridos

Alguns sistemas com blocos segmentais são associados às técnicas de autoenvelopamento, constituindo um método híbrido, o qual é mais empregado para reforços com geotêxteis. São técnicas em que o paramento definitivo é também utilizado como fôrma, mas o reforço não é conectado a ele. Isto implica dificuldades na manutenção do alinhamento vertical e horizontal da face.

Geralmente, os blocos são ancorados no maciço por meio de reforços secundários. Entre esses sistemas, enquadram-se aqueles que utilizam peças de concreto pré-moldado em "L" como paramento, que podem apresentar dificuldades construtivas pelo peso excessivo dos elementos e pela menor flexibilidade.

FIGURA 4-32
Seção transversal típica de muro autoenvelopado com ancoragem inferior.

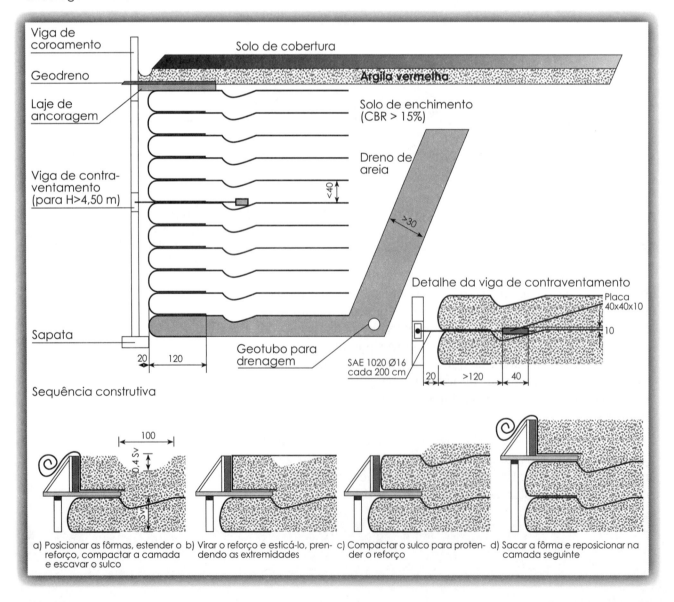

Sistemas com painéis modulares e painéis integrais

O processo construtivo de solo reforçado com painéis modulares foi difundido com o emprego da Terra Armada. Nesse caso, a face também atua como fôrma, porém possui uma conexão mais complexa dos painéis com os reforços e entre os próprios painéis. Embora relativamente esbeltos, os painéis modulares exigem mecanização para o seu manuseio. As paredes integrais, por outro lado, são estruturas altas em que cada elemento de face possui a altura total do muro. São sistemas dedicados a muros cuja estética da face deve ser especial, uma vez que o manejo das peças enseja grande dificuldade.

Tanto os painéis modulares como as paredes integrais são paramentos mais indicados a reforços pouco extensíveis, como geobarras ou fitas com polímeros de alta tenacidade, uma vez que não permitem deformações construtivas significativas.

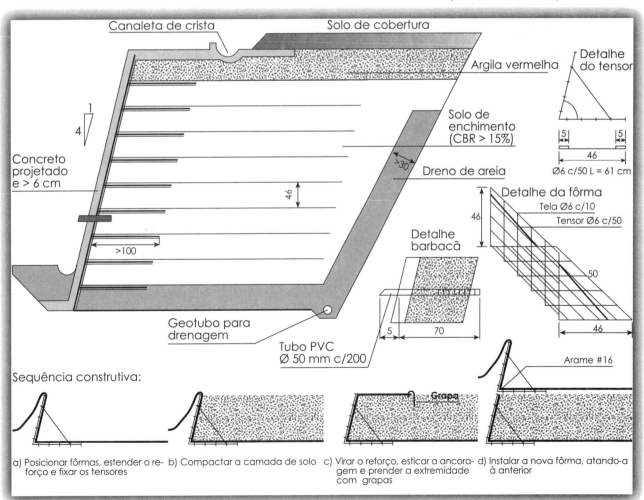

FIGURA 4-33
Seção transversal típica de muro com sistema autoenvelopado com fôrmas perdidas.

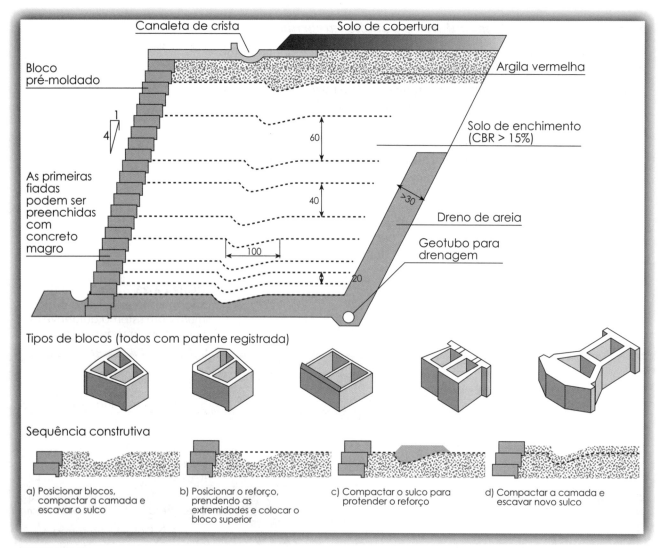

FIGURA 4-34
Seção transversal típica de muro com sistema de blocos segmentais.

Comparação entre os sistemas construtivos

Em linhas gerais, uma comparação entre as características dos sistemas construtivos é sintetizada na Tabela 4-8. O projetista ou empreendedor poderá escolher a técnica que melhor se adequar às funções mecânica e arquitetônica da estrutura de contenção. Contudo, é aconselhável que construtores sem experiência em obras de solo reforçado, em suas primeiras obras, opte por sistemas de blocos segmentais. Da mesma forma, os muros com paredes integrais devem ser construídos por empresas com razoável experiência na aplicação prática de estruturas em solos reforçados.

TABELA 4-8
Comparação entre as técnicas construtivas de muros de solo reforçado com geossintéticos

Sistema construtivo	Reforço mais aplicável	Estética	Tolerância a deformações	Controle dimensional	Custos
Autoenvelopado	Geotêxteis	Deficiente	Tolerante	Ruim	Baixo
Autoenvelopado com fôrmas perdidas	Geogrelhas	Deficiente	Tolerante	Regular	Baixo
Blocos segmentais	Geogrelhas	Boa	Regular	Bom	Regular
Híbridos	Geotêxteis	Regular	Regular	Regular	Regular
Painéis modulares	Geogrelhas ou geobarras	Boa	Pouco tolerante	Muito bom	Elevado
Paredes integrais	Geogrelhas ou geobarras	Boa	Pouco tolerante	Muito bom	Elevado

4.5.6.3. Arranjos dos reforços

Os reforços podem ser organizados com espaçamentos verticais uniformes ou variáveis. Nos sistemas autoenvelopados, os espaçamentos uniformes são recomendáveis por questões executivas, especialmente no controle das deformações construtivas. Nos sistemas com blocos segmentais, o espaçamento variável entre camadas permite uma melhor racionalização do sistema, porém o máximo espaçamento entre reforços depende, evidentemente, da capacidade dos blocos para absorver as pressões geradas pela compactação.

Os problemas com espaçamentos elevados podem ser dirimidos com a utilização de reforços secundários curtos, para qualquer sistema construtivo. De modo geral é recomendável limitar o espaçamento vertical Sv em 0,80 m. Para sistemas com blocos segmentais, é recomendável que o espaçamento não seja superior a duas vezes a dimensão dos blocos.

4.5.6.4 Sistemas de drenagem

A região reforçada deve, dentro do possível, estar livre da presença de águas freáticas. Por esta razão, os cuidados com a drenagem são vitais em sistemas de contenção de solo reforçado. A inserção de um colchão drenante na base do muro e entre a região reforçada e o maciço a ser contido deve constituir um procedimento normal de projeto.

4.5.6.5 Solos empregados nos reaterros

Os solos mais empregados para estruturas de solo reforçado são predominantemente granulares. A maioria das prescrições internacionais especifica o emprego de solos não plásticos (*IP*< 4%). Estas regras procuram evitar os solos finos dos países temperados, que, em geral, apresentam desempenho reconhecidamente desfavorável. Entretanto, tratando-se de países com solos tropicais, o emprego de solos lateríticos é particularmente vantajoso porque estes possuem coesão significativa, sem que haja uma tendência à plastificação exagerada ou fluência do maciço. Assim, para a realidade brasileira, recomenda-se que o índice de plasticidade seja menor do que 20%. Para efeitos de controle da resistência e também da degradabilidade do material, recomenda-se que o índice de suporte *CBR* seja superior a 15% e a expansão por saturação na umidade ótima seja inferior a 2%. Em razão de custos de transporte, a exceção dos materiais inservíveis, a melhor jazida de solo é a que se encontra mais próxima. De maneira geral, pode-se afirmar que quaisquer solos adequados para a compactação de aterros não reforçados podem também ser considerados para estruturas de solos reforçados, desde que tomadas as providencias necessárias de drenagem (EHRLICH; BECKER, 2009). Materiais de natureza específica, como resíduos de mineração, têm sido empregados com sucesso em obras de grande porte no país (GOMES; MARTINS, 2003).

A compactação dos muros de solo reforçado deve ser gerenciada levando-se em conta o tipo de solo (severidade do meio), o tipo de reforço (capacidade de sobrevivência) e a resistência que se almeja na zona reforçada. É conveniente, dentro das possibilidades, mecanizar-se o trabalho de espalhamento e compactação. Em razão da sensibilidade da face, recomenda-se enfaticamente uma compactação leve (placas vibratórias ou socadores leves) em uma faixa da ordem de 1 metro de largura junto ao paramento.

O controle de compactação deve ser realizado a cada camada ou a cada duas camadas, conforme a escala da obra. Como há dificuldade de se realizar correção de umidade em estruturas reforçadas, recomenda-se o controle de umidade nos materiais de jazida antes da compactação.

4.5.6.6 Controle de qualidade e tolerâncias construtivas

Os três aspectos mais importantes no controle de qualidade de muros de contenção em solo reforçado são a resistência nominal dos reforços, o controle de danos mecânicos e o controle de deformações durante a construção. É recomendável que os reforços sejam ensaiados por partida e a cada 1.000 m^2 de reforço. Os ensaios mínimos recomendados para o controle dos reforços são a tração de faixa larga (NBR ISO 10319) e a punção (NBR ISO 12236). Os ensaios deverão proporcionar

Aplicações em Reforço de Solos   139

resultados compatíveis com a resistência nominal dos produtos, dentro de um nível de confiabilidade de 95%.

As deformações construtivas do paramento devem ser controladas a cada camada. As distorções da face (razão deslocamentos na crista/altura do muro) devem ser inferiores a 1%, para painéis e paredes integrais, inferiores a 2%, para blocos segmentais, e inferiores a 5%, para autoenvelopados (antes da face definitiva).

4.5.6.7 Guarda-rodas e defensas

O projetista deverá tomar cuidado com os problemas de impactos de veículos no topo dos muros de solo reforçado, em estruturas de pavimentos. As defensas e guarda-rodas não devem ser diretamente acopladas ao faceamento, mas fixadas a uma estrutura independente da contenção.

4.5.7 Exemplo de dimensionamento

4.5.7.1 Características do solo e do muro

Considere-se o projeto de um muro de solo reforçado com face em blocos intertravados de concreto e geogrelhas, com as seguintes características:

Geometria do muro
- Altura do muro $H = 8,0$ m
- Espaçamento dos reforços $Sv = 0,80$ m (constante)
- Inclinação da face $\omega = 84,3°$ (1H:10V)

Parâmetros do solo:
- Peso específico $\gamma = 20$ kN/m^3
- Granulometria: × solo arenoso com pouco cascalho $\varnothing < 10$ mm
- Atividade química do solo pH $= 5$
- Ângulo de atrito $\phi' = 35°$
- Módulo tangente inicial $k = 460$
- Módulo expoente $n = 0,5$
- Fator de redução de pico $f_\phi = 1,25$
- Fator de segurança à ruptura mecânica individual das camadas de reforço $FS = 1,5$

Parâmetros do geossintético e do bloco:
- Tipo de reforço geogrelha flexível
- Coeficiente de interação solo/geogrelha $f_b = 0,8$

- Fator de redução parcial para danos mecânicos de instalação $FRP_{DI} = 1{,}15$
- Fator de redução parcial por degradação ambiental $FRP_{MA} = 1{,}20$
- Fator de redução parcial para fluência em tração $FRP_{FL} = 2{,}00$
- Fator e redução parcial para incertezas estatísticas do geossintético $FRP_{GU} = 1{,}04$
- Eficiência do acoplamento 85%
- Dimensões do bloco 40 cm × 40 cm e altura de 20 cm

Características do rolo compactador:
- Tipo de equipamento rolo autopropelido
- Peso $Q = 120$ kN;
- Comprimento do tambor $L = 2{,}10$ m.

4.5.7.2 Análise da estabilidade externa

Determinação do comprimento dos reforços

O comprimento dos reforços, Lr, deve ser definido de forma a garantir a estabilidade externa. A Figura 4-35 apresenta as forças e variáveis envolvidas nas análises. Para fins de cálculos, o muro será considerado com face vertical.

a) Cálculo do empuxo da zona não reforçada

O empuxo E, na ausência de sobrecargas, pode ser determinado por:

$$E = \frac{1}{2} \cdot \gamma \cdot H^2 \cdot Ka$$

FIGURA 4-35
Forças e variáveis envolvidas nas análises de estabilidade externa.

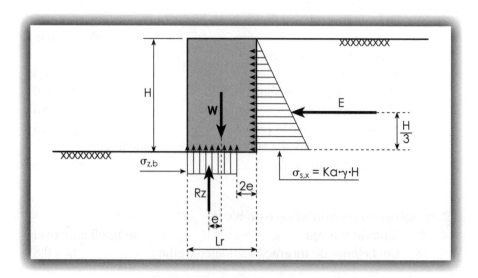

Aplicações em Reforço de Solos

141

O coeficiente de empuxo de terras no estado ativo (Ka), considerando o terrapleno horizontal e o atrito entre o solo e o muro, pode ser calculado pela formulação de Rankine:

$$Ka = \tan^2\left(45° - \frac{\sigma}{2}\right) \Rightarrow Ka = \tan^2\left(45° - \frac{35°}{2}\right) = 0,27$$

b) Verificação do deslizamento

$$E = \frac{1}{2} \cdot \gamma \cdot H^2 \cdot Ka = 0,5 \cdot 20 \cdot 8^2 \cdot 0,27 = 172,8 \text{ kN/m}$$

Uma vez que

$$f_b = \frac{\text{tg}\phi_1'}{\text{tg}\phi'} = 0,8,$$

tem-se que: $\text{tg}\phi_1' = 0,8 \text{ tg } 35$, tal que $\phi_1' = 29,3°$

Considerando o fator de segurança mínimo de 1,5, o comprimento de reforço (Lr) para um muro sem a ação de sobrecarga pode ser calculado por:

$$L_r = \frac{FS_d \cdot E}{(\gamma_1 H + q) \cdot \text{tg}\phi_1'} \Rightarrow L_r = \frac{1,5 \cdot 172,8}{(20 \cdot 8 + 0) \cdot \text{tg } 29,3} = 2,89 \text{ m}$$

c) Verificação do tombamento

Considerando o fator de segurança mínimo de 2,0, o comprimento de reforço (Lr) para um muro sem a ação de sobrecarga pode ser calculado por:

$$L_r = \sqrt{\frac{2FS_t \cdot E y_E}{(\gamma_1 H + q)}} \Rightarrow L_r = \sqrt{\frac{2 \cdot 2 \cdot 172,8 \cdot \frac{8}{3}}{(20 \cdot 8 + 0)}} = 3,39 \text{ m}$$

d) Verificação das tensões na base

Para uma condição de sobrecarga nula e mesmo solo sendo utilizado na estrutura reforçada e no reaterro, resulta que a relação [4-24] reduz-se a:

$$e = \frac{Ka \cdot H^2}{6 \cdot Lr} \leq \frac{Lr}{6} \Rightarrow Lr \geq H\sqrt{Ka} \Rightarrow Lr \geq 8 \cdot \sqrt{0,27} = 4,16 \text{ m}$$

Desta forma, o comprimento mínimo necessário dos reforços (Lr) para evitar simultaneamente o deslizamento, o tombamento e ainda manter a base do muro totalmente comprimida será de 4,16 m.

e) Capacidade de carga do terreno de fundação

Considerando-se a formulação de Meyerhof (1955) para a distribuição das tensões atuantes na base do muro, sobrecarga nula e mesmo solo sendo utilizado na estrutura reforçada e no reaterro, resulta que a relação [4-31] reduz-se a:

$$\sigma = \frac{\gamma H}{1 - \dfrac{k_a}{3} \cdot \left(\dfrac{H}{L_r}\right)^2}$$

Adotando-se para os reforços o comprimento de 6,40 m $(0,8\,H)$ de forma a se evitar o arrancamento dos reforços da zona resistente (valor definido com base nas análises de estabilidade interna, apresentadas mais adiante). Com esta largura de reforço, a tensão na base fica:

$$\sigma = \frac{20,8}{1 - \dfrac{0,27}{3}\left(\dfrac{8}{6,4}\right)^2} = 186,1 \text{ kN/m}^2$$

Considerando o fator de segurança 2,5 para a capacidade de carga da fundação, o terreno deve apresentar uma tensão última superior a 465 kN/m². Admitindo-se o terreno da fundação semelhante ao solo de enchimento do muro, a formulação de Meyerhof fornece:

$$q_{\lim} = c \cdot N_c \cdot s_c \cdot d_c + \gamma \cdot D \cdot N_q \cdot s_q \cdot d_q +$$

$$+ \frac{1}{2} Lr \cdot \gamma \cdot N_\gamma \cdot s_\gamma \cdot d_\gamma \Rightarrow N_q = 10,66 \therefore N_\gamma = 6,76$$

Considerando, ainda, um muro longo e terreno horizontal, pode-se considerar $s_q = s_\gamma = d_q = d_\gamma = 1$. Então, para que as tensões na base sejam aceitáveis, devemos calcular qual o embutimento necessário para o muro, que é expresso por D.

$$q_{\lim} = 20 \cdot D \cdot 10,66 + \frac{1}{2} 4,6 \cdot 20 \cdot 6,76 \geq 465 \text{ kN/m}^2 \Rightarrow D \geq 0,7 \text{ m}$$

Considerando-se que os blocos intertravados possuem uma altura de 20 cm, então a fundação do muro deverá possuir quatro blocos.

4.5.7.3 Análise da estabilidade interna

Método de Jewell (1991)

a) Determinação de r_u:

Neste exemplo, considera-se

$$r^u = \frac{u}{\gamma \cdot z} = 0$$

Aplicações em Reforço de Solos

b) Cálculo do ângulo de atrito de dimensionamento:

$$\phi' = \tan^{-1}\left(\frac{\tan\phi'_p}{f_\phi}\right) = \tan^{-1}\left(\frac{\tan 35}{1,25}\right) = 29,3°$$

c) Cálculo do comprimento mínimo do reforço L_r:

Com os parâmetros geométricos do muro H e β e o ângulo ϕ'_d, obtém-se k_{req} e L_r a partir dos ábacos da Figura 4-24:

$$k_{req} = 0,34$$

$L_r = 0,60 \cdot H = 4,8$ m, para garantir a estabilidade interna do maciço.

$L_r = 0,20 \cdot H = 1,6$ m, para garantir a estabilidade contra o deslizamento da base.

Adotando-se o maior valor, o comprimento mínimo de reforço deverá ser $L_r = 4,8$ m, que não precisa ser corrigido, uma vez que $f_b = 0,8$.

d) Cálculo do coeficiente de empuxo de dimensionamento:

Utilizando-se uma geogrelha com resistência à tração de projeto $T_d = 50$ kN/m e coeficiente de interação $f_b = 0,8$:

$$L_B = \left(\frac{T_d}{2\cdot\gamma\cdot H}\right)\left(\frac{1}{1-r_u}\right)\left(\frac{1}{f_b\cdot\tan\phi'}\right) = \left(\frac{50}{2\cdot 20\cdot 8}\right)\left(\frac{1}{0,8\cdot\tan 29,3}\right) = 0,34 \text{ m}$$

$$k_d = \frac{k_{Req}}{1-\dfrac{L_B}{L_R}} = \frac{0,34}{1-\dfrac{0,34}{4,8}} = 0,365$$

e) Cálculo do espaçamento máximo entre camadas horizontais de reforços:

$$S_v = \frac{T_d}{k_d\cdot\gamma\cdot H_{eq}} = \frac{50}{0,365\cdot 20\cdot 8} = 0,85 \text{ m}$$

Portanto, utilizando uma geogrelha com $T_d = 50$ kN/m, podemos adotar o espaçamento de 0,80 m entre camadas de reforço, de forma a atender à geometria prevista para o muro.

Método de Ehrlich e Mitchell (1994)

Os reforços devem ser calculados para evitar a ruptura por tração ou o arrancamento da zona resistente. O comprimento, a resistência e a quantidade de reforços são determinados com base na tensão máxima nos reforços T_{max}.

Para a determinação de A_r, é necessário conhecer T_{max}, que, por sua vez, é também função de A_r, pois as tensões são dependentes da rigidez relativa solo–reforço. Assim, é necessário um cálculo iterativo. A convergência é usualmente rápida; neste caso, três iterações foram suficientes.

Os cálculos consideram a condição de final de construção, com a profundidade correspondente a cada camada de reforço. Os fatores de segurança FS foram calculados usando o procedimento convencional (CHRISTOPHER et al., 1990).

a) Cálculo da tensão vertical induzida pela compactação

$$\nu_0 = \frac{K_0}{1+K_0} = \frac{1-\text{sen }\varphi'}{2-\text{sen }\varphi'} \Rightarrow \nu_0 = 0,30$$

$$N_\gamma = \tan\left(45° + \frac{\varphi'}{2}\right) \cdot \left[\tan^4\left(45° + \frac{\varphi'}{2}\right) - 1\right] \Rightarrow N_\gamma = 24,23$$

Desta forma, o valor da tensão vertical induzida pela compactação será:

$$\sigma'_{zc,i} = (1-\nu_0)\cdot(1+K_a)\cdot\sqrt{\frac{1}{2}\gamma'\cdot\frac{Q\cdot N\gamma}{L}} \Rightarrow \sigma'_{zc,i} = 104,61 \text{ kN/m}^2$$

b) Cálculo da tensão vertical geostática no nível do reforço

Cada reforço está situado a uma profundidade genérica Z. Pela formulação de Meyerhof (1995), tem-se:

$$\sigma'_z = \frac{\gamma'\cdot z}{1 - \left(\frac{K_a}{3}\right)\cdot\left(\frac{z}{L_r}\right)^2} = \frac{20\cdot z}{1 - 0,0022\cdot z^2}$$

c) Cálculo da tensão σ'_{zc}

Para profundidades nas quais $\sigma'_z < \sigma'_{zc,i}$, ou seja, nas quais σ'_z <104,61 kPa, tem-se $\sigma'_{zc} = 104,61$ kPa. Para maiores profundidades, nas quais $\sigma'_z > 104,61$ kPa, tem-se $\sigma'_{zc} = \sigma'_z$.

d) Cálculo de β

Para a primeira iteração, adota-se um valor adequado de S_i, de acordo com o tipo de reforço. Neste exemplo, para a geogrelha adotada, considera-se $S_i = 0,03$:

$$\beta = \frac{\left(\dfrac{\sigma'_{zc}}{P_a}\right)^n}{S_i}$$

Aplicações em Reforço de Solos
145

Primeira iteração:

$$\beta = \frac{\left(\dfrac{\sigma'_{zc}}{100}\right)^{0,5}}{0,03} = 3,3 \cdot \left(\sigma'_{zc}\right)^{0,5}$$

Demais iterações:

$$\beta = \frac{\left(\dfrac{\sigma'_{zc}}{100}\right)^{0,5}}{S_i}$$

onde

$$S_i = \frac{E_r \cdot A_r}{k \cdot P_a \cdot Sv \cdot Sh} = \frac{E_r \cdot A_r}{460 \times 100 \times 0,8 \times 1,0} = \frac{E_r \cdot A_r}{36.800}$$

e) Cálculo da tração máxima $T_{\max}$

O valor de $T_{\max}$ é determinado para cada nível de reforço, considerando-se os valores de β, σ'_z e σ'_{zc} a partir dos ábacos da Figura 4-28.

f) Cálculo das características dos reforços

Com as tensões máximas, deve-se estabelecer as características adequadas dos reforços, considerando-se os fatores de segurança e as resistências de cálculo para a ruptura e para o arrancamento.

g) Refinamento do cálculo

A partir dos reforços escolhidos pela primeira iteração, é possível calcular o valor de S_i. Como possivelmente os valores de S_i calculados serão diferentes do valor atribuído na primeira iteração, deve-se repetir as etapas de (b) a (e). O processo iterativo segue até que os valores calculados e admitidos para S_i sejam coerentes e conduzam a valores de $T_{\max}$ semelhantes.

No presente exemplo, três iterações foram necessárias, os cálculos correspondentes à terceira iteração são apresentadas na Tabela 4-9.

h) Resistência à tração admissível no reforço

Considerando $FS = 1,5$, com respeito à ruptura dos reforços, deve-se contar com uma geogrelha com resistência de cálculo $T_d = 20,09 \cdot 1,5 = 30,1$ kN/m para os níveis superiores e $T_d = 33,43 \cdot 1,5 = 50,1$ kN/m para os níveis inferiores.

TABELA 4-9

Planilha de cálculo para a terceira iteração; na tabela, a camada número 1 representa o reforço superior e a camada número 10, o reforço inferior

Camada de reforço	Prof. (m)	σ'_z (kPa)	$\sigma'_{zc,l}$ (kPa)	σ'_{zc} (kPa)	β	T_{max} (kN/m)
1	0,40	8,00	104,61	104,61	37,75	20,09
2	1,20	24,08	104,61	104,61	37,75	20,09
3	2,00	40,35	104,61	104,61	37,75	20,09
4	2,80	56,98	104,61	104,61	37,75	20,09
5	3,60	74,11	104,61	104,61	37,75	20,09
6	4,40	91,91	104,61	104,61	37,75	20,09
7	5,20	110,57	104,61	110,57	34,70	21,23
8	6,00	130,31	104,61	130,31	37,67	25,02
9	6,80	151,38	104,61	151,38	40,60	29,06
10	7,60	174,10	104,61	174,10	43,54	33,43

i) Estabilidade ao arrancamento

Determina-se o comprimento de ancoragem disponível além da cunha ativa (L_e), o qual é dependente da profundidade de cada reforço.

$$Le = Lr - (H-z) \cdot \left[\tan\left(45° - \frac{\phi}{2}\right) - \frac{1}{\tan\omega} \right] = 6,4 - 0,42(8-z)$$

A resistência ao arrancamento (P_r) pode ser determinada a partir das características do contato solo–reforço e das tensões geostáticas verticais atuantes em cada reforço:

$$P_r = 2F^* \cdot \alpha \cdot \sigma'_v \cdot L_e \geq FS \cdot T_{max}$$

O fator de efeito de escala (α) será admitido como 1,00 e o fator de resistência ao arrancamento (F^*) pode ser determinado por:

$$F^* = f_a \cdot \tan\phi = 0,8 \cdot \tan 35° = 0,56$$

Assim, temos:

$$P_r = 2 \times 0,56 \times 20 \times z \times 1,00 \times [6,4 - 042(8-z)]$$

$$FS = \frac{P_r}{T_{max}}$$

A Tabela 4-10 apresenta a síntese dos fatores de segurança com respeito ao arrancamento.

Aplicações em Reforço de Solos

TABELA 4-10
Planilha de cálculo para a terceira iteração; na tabela, a camada número 1 representa o reforço superior e a camada número 10, o reforço inferior

Camada de reforço	Prof. (m)	L_e (m)	P_r (kN/m)	T_{max} (kN/m)	FS
1	0,40	3,20	28,70	20,09	1,42
2	1,20	3,50	95,15	20,09	4,74
3	2,00	3,88	173,82	20,09	8,65
4	2,80	4,21	264,24	20,09	13,15
5	3,60	4,55	366,91	20,09	18,26
6	4,40	4,89	481,56	20,09	23,97
7	5,20	5,22	608,31	21,23	28,65
8	6,00	5,56	747,26	25,02	29,87
9	6,80	5,90	897,98	29,06	30,90
10	7,60	6,23	1.060,60	33,43	31,73

O valor de $FS_{mín} = 1,5$ foi atendido em todos níveis de reforços, excetuando-se o primeiro reforço, no qual o fator de segurança ao arrancamento foi igual a 1,42. Para atender a segurança mínima, o valor mínimo do comprimento do reforço nesse nível deve ser igual a 6,55 m.

4.5.7.4 Especificação dos geossintéticos

Levando-se em conta os fatores parciais de redução (vide mais informações sobre fatores parciais no item 4-3), pode-se determinar as resistências nominais T_r dos geossintéticos projetados pelos dois métodos apresentados.

Assim, o fator de redução total tem o valor dado por:

$FRT = FRP_{DI} \cdot FRP_{MA} \cdot FRP_{FL} \cdot FRP_{GU} = 1,15 \cdot 1,20 \cdot 2,00 \cdot 1,04 = 2,87$

a) Especificação para a solução pelo método de Jewell

$T_d = T_r/FRT$ ou $T_r = T_d \cdot FRT = 2,87 \cdot 50,0$ kN/m ou $T_r = 144,0$ kN/m

b) Especificação para a solução pelo método de Ehrlich e Mitchell

Neste caso, são duas as geogrelhas a serem especificadas

$T_d = T_r/FRT$ ou $T_r = T_d \cdot FRT$

Geogrelha para as camadas inferiores:

$T_r = 2{,}87 \cdot 50{,}1$ kN/m ou $T_r = 144{,}0$ kN/m

Geogrelha para as camadas superiores:

$T_r = 2{,}87 \cdot 30{,}1$ kN/m ou $T_r = 86{,}50$ kN/m

4.5.7.5 Arranjo final da estrutura de contenção – Método Ehrlich e Mitchell

Para ilustrar a configuração final, considerando-se todos os detalhes executivos da obra, na Figura 4-36 é apresentada a seção transversal

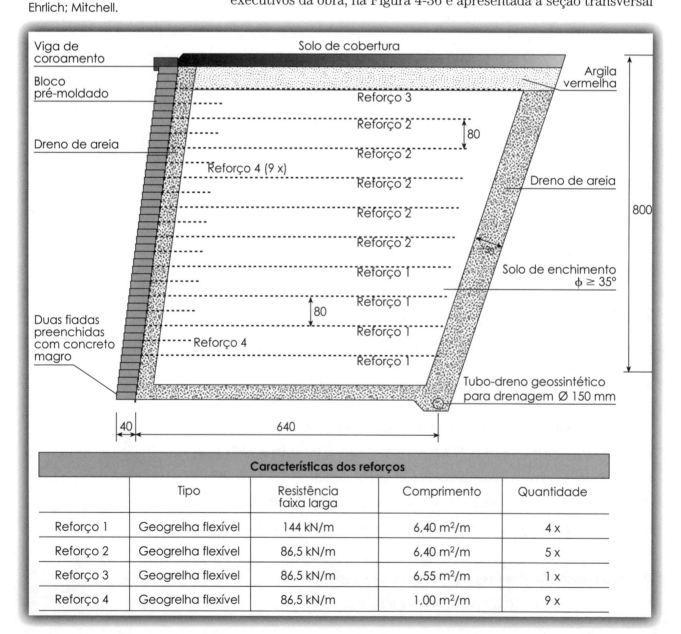

FIGURA 4-36 Arranjo dos reforços no exemplo de dimensionamento – método Ehrlich; Mitchell.

	Tipo	Resistência faixa larga	Comprimento	Quantidade
Reforço 1	Geogrelha flexível	144 kN/m	6,40 m²/m	4 x
Reforço 2	Geogrelha flexível	86,5 kN/m	6,40 m²/m	5 x
Reforço 3	Geogrelha flexível	86,5 kN/m	6,55 m²/m	1 x
Reforço 4	Geogrelha flexível	86,5 kN/m	1,00 m²/m	9 x

Aplicações em Reforço de Solos

do muro para a solução obtida pelo método de Ehrlich e Mitchell, com a utilização de duas geogrelhas com resistências e comprimentos diferenciados. Em função do grande espaçamento adotado entre os reforços, é conveniente a utilização de reforços curtos secundários, cujo comprimento seja ligeiramente maior que o espaçamento existente entre os reforços principais.

4.6 REFORÇOS DE FUNDAÇÕES

4.6.1 Introdução

Werner Bilfinger

Luiz G. F. S. Mello

Obras em solos com baixa capacidade de suporte muitas vezes impõem a troca destes, a fim de aumentar a capacidade de carga para a solução em fundações diretas. Essa troca pode ser total ou parcial e, para incrementar a capacidade de carga do solo utilizado na substituição, é possível reforçá-lo com uma ou mais camadas de geossintéticos.

O uso de geossintéticos como reforço de fundações diretas não é prática comum no Brasil, nem no âmbito internacional. Diversos estudos em modelos numéricos, modelos reduzidos e modelos em centrífugas têm mostrado ganhos significativos de desempenho em relação a fundações diretas convencionais, mas a implementação em obras ainda encontra resistência no meio técnico, provavelmente pela falta de experiência prática e de casos históricos.

4.6.2 Histórico

Fundações diretas são as mais simples e comumente empregadas, pela facilidade construtiva, dispensa de equipamentos especiais e consequente custo reduzido. Entretanto, nas situações em que o solo de fundação apresenta baixa capacidade de suporte (alta deformabilidade e baixa resistência a cisalhamento), geralmente esse tipo de fundação deixa de ser vantajoso e passa-se a utilizar fundações profundas.

O uso de geossintéticos como reforço de fundações diretas tem como objetivo permitir sua utilização em situações nas quais fundações diretas convencionais não seriam aplicáveis. Assim, os geossintéticos como reforço de fundações têm um paralelo bastante próximo com reforços geossintéticos em rodovias, tal como proposto por Giroud e Noiray (1981). Neste estudo, é avaliada a redução da espessura dos lastros de vias não pavimentadas, decorrente da instalação de geossintéticos em sua base. Os estudos são baseados em ensaios e avaliações teóricas e mostram reduções que variam de 20 a 60%.

Omar et al. (1993) apresentam estudos em modelos reduzidos de sapatas apoiadas em areias puras, avaliando a influência de diversos parâmetros geométricos, tais como extensão lateral das camadas de reforço sob a fundação, relação entre os lados da sapata, quantidade de camadas de reforço etc. Os resultados apresentados mostram que a carga de ruptura aumenta em até quatro vezes, em comparação à carga de ruptura sem reforço.

Khing et al. (1994) também apresentam estudos em modelos reduzidos, simulando sapatas apoiadas em camadas de areia, sobrepostas a solos argilosos moles. Os estudos mostraram ganhos de 20 a 25% na capacidade de carga, para uma camada única de reforço. Manjunath e Dewaikar (1996) apresentam dados obtidos de modelos reduzidos, com arranjo similar ao dos modelos apresentados por Khing et al. (1994), mostrando ganhos de capacidade de carga crescentes em função da inclinação da carga aplicada. Para cargas verticais, o ganho é de 30%, passando para 52% sob cargas com inclinação de 15 graus.

Nataraj et al. (1996) apresentam resultados de simulações numéricas, com análises variando as dimensões das fundações, a quantidade e as dimensões dos reforços com geossintéticos. Os resultados obtidos mostram ganhos de capacidade de carga de 25 a 70% e, adicionalmente, indicam que os ganhos são maiores para fundações menores.

Fabrin e QUEIROZ (1999) apresentam resultados de comparações entre modelos numéricos e reduzidos, concluindo que ocorrem ganhos de capacidade de carga entre um modelo sem e com reforço e que o comportamento dos solos reforçados precisa ser mais bem estudado.

Haza et al. (2002) realizaram estudos em modelo centrifugado, concluindo que reforços de fundações apoiadas em camadas arenosas sobre solos argilosos moles levam a aumentos na capacidade de carga da ordem de 20%. Ou seja, embora o ganho na capacidade de carga não seja muito significativo, o comportamento tensão versus deformação resulta mais dúctil, sem aumentos expressivos de recalque quando a carga se aproxima do limite de ruptura.

Pospisil e Zednik (2002) apresentam resultados de ensaios em modelos reduzidos, indicando ganhos de capacidade de carga da ordem de 30 a 40% para solos reforçados com apenas uma camada de geos- sintético. Esses autores também concluem que a influência do reforço está relacionada à sua distância com a fundação: a partir de certa profundidade, a influência do reforço passa a ser desprezível.

Shin et al. (2002) apresentam estudo em modelo reduzido, avaliando o aumento do módulo cisalhante do solo $(\mathbf{G})$, em função da quantidade de camadas de reforço. Eles concluem que existe uma clara relação de ganho de módulo (ou seja, redução de recalques) com a quantidade de camadas de reforço, e que são necessários estudos adicionais.

Analogamente, um grande número de estudos, simulações e análises é apresentado na bibliografia específica, com resultados, por vezes, contraditórios. De maneira geral, mostra-se que existem ganhos tanto

Aplicações em Reforço de Solos

do ponto de vista da deformabilidade, quanto da capacidade de carga, sem, no entanto, propor-se uma metodologia de dimensionamento propriamente dita. A norma inglesa BS 8006 (1995) não trata do assunto, pois, segundo o seu texto, não existe experiência suficiente para fins de normatização.

Como exceção, podem-se citar as *Recomendações para Reforço com Geossintéticos* – EBGEO (DGGT, 1997), que apresentam um roteiro de cálculo específico para reforços de fundações com geossintéticos, e cujo conteúdo se resume a seguir. A Figura 4-37 resume, visualmente, os ganhos de capacidade de carga apresentados nos diversos estudos anteriormente citados.

4.6.3 Metodologia de cálculo

Os conceitos básicos de reforços de fundações são praticamente os mesmos aplicados aos reforços de pavimentos, conforme já apresentado por Giroud e Noiray (1981).

Segundo a EBGEO (DGGT, 1997), os reforços de fundações com geossintéticos têm a configuração apresentada na Figura 4-38. No roteiro proposto na EBGEO, os cálculos passam pelas verificações dos seguintes estados-limite:

Estabilidade externa — as verificações são realizadas de forma convencional, tomando-se como superfície de apoio a base da camada de solo reforçado.

Estabilidade interna — as verificações incluem a ruptura da camada de reforço.

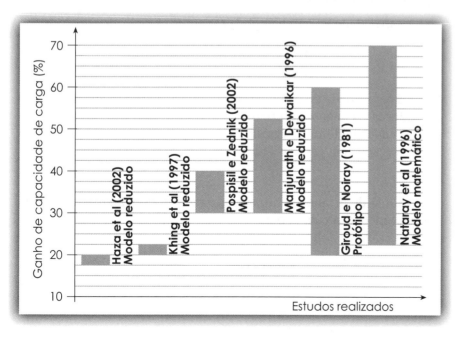

FIGURA 4-37
Faixas de ganho de capacidade de carga, em fundações reforçadas, apuradas em diversos estudos.

A norma alemã DIN V 4017-100 apresenta um roteiro de cálculo para a capacidade de carga de um reforço de fundação por meio de uma camada de solo de reforço. As recomendações EBGEO apresentam uma forma de acrescentar a parcela resistente à capacidade de carga das fundações, em decorrência das inclusões dos reforços geossintéticos, calculada conforme descrito a seguir.

O princípio do método de cálculo é o do equilíbrio de cunhas, bastante simplificado, ilustrado na Figura 4-38. O acréscimo de carga proporcionado pela inclusão das camadas de geossintético é dado por:

$$\Delta Q = \frac{\cos\varphi'_{F,k} \cdot \cos\delta}{\cos\left(v_{a,d} - \delta\right)} \cdot \sum_{i=1}^{n} F_{i,d} \qquad [4\text{-}58]$$

e

$$v_{a,d} = \operatorname{arc\,cot}\left(\sqrt{\left(1 + \tan^2\varphi'_{F,k}\right)\frac{\tan\varphi'_{F,k} - \tan\delta}{\tan\varphi'_{F,k} + \tan\delta}} - \tan\varphi'_{F,k}\right) \qquad [4\text{-}59]$$

sendo:

ΔQ o acréscimo da capacidade de carga devido ao reforço com geossintéticos;

δ a inclinação da carga Q atuante na sapata;

i a numeração das camadas de geossintético, de cima para baixo;

$\varphi'_{F,k}$ o ângulo de atrito efetivo do solo de reforço;

$v_{a,d}$ o ângulo que define a cunha de ruptura (Figura 4-38); e

$F_{i,d}$ a força que fornece cada uma das camadas i de reforço, e cujo valor é limitado pela resistência a ruptura ou pela força de arrancamento do reforço.

A capacidade de carga final da sapata é, então, calculada por:

$$Q'_{p,d} = Q_{p,d} + \Delta Q \qquad [4\text{-}60]$$

em que:

$Q_{p,d}$ é a capacidade de carga da sapata apoiada em camada de solo de reforço (sem geossintético); e

$Q'_{p,d}$ a capacidade de carga de sapata apoiada em camada de solo reforçada com geossintético.

A força de arrancamento atuante em cada uma das camadas de geossintético é calculada por:

$$F_{Ai,d} = 2 f_{sg,d}\left(\frac{V_d}{b l_{in,i}} + \sigma_{v,i} l_{u,b}\right) \qquad [4\text{-}61]$$

onde:

$F_{Ai,d}$ é a resistência ao arrancamento da camada de geossintético i;
$f_{Sg,d}$ o coeficiente de atrito da interface geossintético/solo;
b a largura da sapata;
V_d o componente vertical da carga atuante na sapata;
H_d o componente horizontal da carga atuante na sapata;
$l_{in,i}$ o comprimento do geossintético sob a atuação da sapata
     [=(cot $\nu_{a,\delta}$ + tan $\delta \cdot \Delta hi$)];
$\sigma_{v,i}$ a tensão vertical atuante no geossintético, fora da área de projeção
     da sapata (= $\gamma \cdot \Delta hi + \gamma_u \cdot d$);
$l_{u,b}$ o comprimento do geossintético fora da área de projeção da sapata
     [=$^1/_2(l_b - b)$];
γ a densidade do solo de reforço;
γ_u a densidade do solo de reaterro;
d a espessura da camada de reaterro;
Δh o espaçamento vertical entre camadas de geossintético;
t_p a espessura total da camada de solo reforçada;
n_B o número de camadas de geossintético; e
l_b a largura total do geossintético (= $b + 2l_{u,b}$).

O espaçamento entre as camadas de geossintético deve obedecer às relações:

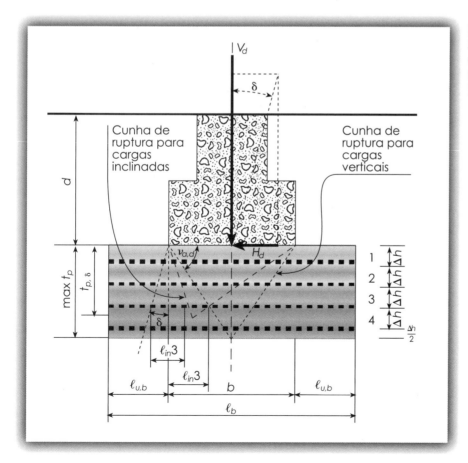

FIGURA 4-38
Seção esquemática ilustrando os esforços e a geometria do método, segundo a EBGEO [DGGT, 1997].

$$0,15 \text{ m} \leq \Delta h \leq 0,40 \text{ m} \quad \text{e} \quad \Delta h \leq 0,50b \qquad [4\text{-}62]$$

A largura total dos reforços geossintéticos deve obedecer a:

$$(b + 5\Delta h) < l_b \leq 2b \qquad [4\text{-}63]$$

A profundidade total da camada reforçada t_p é calculada da seguinte forma:

$$t_p = (n_B + 0,5) \cdot \Delta h, \text{ e} \qquad [4\text{-}64]$$

$$t_p \geq 2,5) \, \Delta h, \text{ e} \qquad [4\text{-}65]$$

$$t_p \leq \left(\frac{b}{2}\right)\tan\left(\frac{45° + \varphi'_{F,k}}{2}\right) \qquad [4\text{-}66]$$

Essa metodologia é válida quando utilizada em conjunto com a respectiva norma alemã DIN para cálculo de capacidade de carga de fundações apoiadas em camadas de solo reforçado, sobrepostas a camadas de solos de baixa capacidade de suporte. Por essa razão, sua aplicação não é recomendada em situações rotineiras devendo sua utilização se limitar a casos muito específicos e bem-definidos.

Para fins de dimensionamento de fundações com reforços geossintéticos, sugere-se o seguinte roteiro de cálculo:

Capacidade de carga — utilização do método do equilíbrio-limite considerando os reforços, de um lado, de sua resistência física e, de outro lado, de sua resistência ao arrancamento.

Recalques — cálculos por metodologias consagradas como, por exemplo, a Teoria da Elasticidade.

Tendo em vista que, a princípio, as camadas de solo de reforço são bastante compactas em relação ao solo mole sotoposto, as verificações de recalques podem se restringir à camada inferior, devendo-se avaliar somente a distribuição de tensões no topo da camada de solo mole.

Esse roteiro de cálculo assemelha-se aos roteiros de cálculo de aterros reforçados sobre solos moles.

4.6.4 Conclusões

A utilização de fundações apoiadas em solos reforçados com geossintéticos, embora já estudada desde a década 1980, ainda é passível de pesquisa teórica e experimental, tendo-se em vista que as metodologias de cálculo disponíveis são conservadoras e pouco realistas.

Trata-se, portanto, de um assunto que deverá ser objeto de estudos aprofundados, colocando-se como um desafio ao meio técnico, inclusive para nós brasileiros.

4.7 ATERROS SOBRE ESTACAS

4.7.1 Introdução

A construção de aterros sobre estacas em regiões de "solos moles" tem sido solução de engenharia cada vez mais comum, em alternativa às soluções convencionais de troca de solo, total ou parcial, ou construção de bermas.

Luiz G. F. S. Mello

Werner Bilfinger

Nesse tipo de solução, parte do peso do aterro é transmitida através de estacas para camadas geotecnicamente competentes, evitando-se, desta forma, grande parte dos problemas do carregamento direto dos "solos moles", como recalques elevados e potencial instabilidade, além de não serem necessários grandes volumes de solo (no caso da construção de bermas de equilíbrio) ou grandes volumes de bota fora (no caso de trocas de solo).

Para permitir a transferência do peso do aterro para as estacas geralmente se utilizam capitéis, associados ou não a geossintéticos. A utilização de geossintéticos geralmente permite a otimização dos espaçamentos entre estacas e/ou a redução das dimensões dos capitéis.

A utilização de aterros estaqueados não é recente, existindo relatos a respeito desde a década de 1970, como, por exemplo, Holtz e Massarsch (1976), Broms (1977), Holmberg (1979). A partir da década de 1980 começaram a ser publicadas formulações teóricas utilizando diversos enfoques, como, por exemplo, Hewlett e Randolph (1988), Folque (1990), Ehrlich (1993), Low et al. (1994).

A utilização de reforços nas bases dos aterros foi introduzida em formulações específicas por diversos autores, como John (1987), Jones et al. (1990), na norma inglesa BS 8006 (BSI 2010), Kempfert et al. (1997 e 2004), Zaske e Kempfert (2002), DGGT (2011), van Eekelen et al. (2012 e 2013) e van Eekelen e Bezuijen (2013), entre outros. Almeida e Marques (2011) publicaram recentemente compilação de parte dos artigos acima, na língua portuguesa.

Recentemente, a utilização de aterros estaqueados com altura relativamente reduzida tem se tornado mais frequente. Nesses casos, a solução envolve cuidados adicionais de projeto e obra, pois pequenos desvios podem levar a problemas de desempenho significativos.

4.7.2 Produtos utilizados

A utilização de geossintéticos como reforço basal em aterros estaqueados é comum e diversos produtos têm sido utilizados, incluindo geotêxteis não tecidos e tecidos, geogrelhas unidirecionais/bidirecionais e geocompostos resistentes. É importante que o projeto considere a resistência e a rigidez do produto previsto para as diversas fases de obra, assim como para a sua vida útil.

4.7.3 Dimensionamento e especificação

Conceitos básicos

O conceito básico do funcionamento de um aterro estaqueado é relacionado ao fenômeno do arqueamento do solo. O arqueamento permite que o aterro seja apoiado em elementos discretos – capitéis, não sendo necessária uma laje contínua.

O arqueamento envolve aspectos relacionados à rigidez e resistência ao cisalhamento do solo. O exemplo clássico apresentado por Terzaghi (1943) toma como base um recipiente preenchido com solo, no qual parte do fundo é móvel e pode ser deslocado para baixo. No início, as tensões na base são iguais, mas quando se desloca a parte móvel do fundo para baixo, gradativamente as tensões atuantes na parte móvel diminuem, aumentando as tensões na região adjacente. Este comportamento depende, em parte, da rigidez dos materiais, pois se o solo for muito deformável, serão necessários grandes deslocamentos para a ocorrência do fenômeno. No caso de solos mais rígidos, o fenômeno ocorre com pequenos deslocamentos. Mas a resistência ao cisalhamento também afeta de forma importante o arqueamento, pois este somente ocorre em virtude da "transferência de carregamentos" por cisalhamento. No limite, um material sem resistência ao cisalhamento, como água, não arqueia.

Os mecanismos que envolvem a resistência ao cisalhamento podem ser descritos por meio de três modelos de comportamento:

- punção – mecanismo que tem um paralelo com a resistência ao arrancamento de uma placa, conforme descrito por Meyerhof e Adams (1968);
- capacidade de carga – mecanismo similar ao de uma sapata, mas em sentido contrário, conforme proposto por Folque (1990);
- capacidade de arqueamento – mecanismo conforme descrito por Terzaghi (1943).

Os mecanismos acima descrevem o funcionamento de uma "célula", delimitada por um capitel e a semidistância entre os capitéis adjacentes. Entretanto, não pode ser negligenciada a região de borda do aterro, onde ocorre geralmente a transição entre a área estaqueada e a área sem estacas, bem como a gradativa redução da altura do aterro. A existência do talude leva à ocorrência de esforços horizontais/empuxos desequilibrados para os quais estacas verticais são pouco eficientes. Em muitos casos são utilizadas estacas inclinadas, que introduzem componente horizontal na base dos aterros, gerando, desta forma, condição estável.

A utilização de reforços geossintéticos na base de aterros permite modificar os mecanismos atuantes: a resistência e a rigidez do reforço introduzem esforços adicionais no sistema, que permitem:

Aplicações em Reforço de Solos

- aumento do espaçamento entre capitéis e/ou redução de seu tamanho, pois o geossintético "contém" o solo entre capitéis;
- eliminar estacas inclinadas na borda do aterro, pois os esforços horizontais podem ser equilibrados pelos geossintéticos.

Existem diversos métodos de dimensionamento de aterros estaqueados com reforços em suas bases, sendo atualmente os mais utilizados aqueles apresentados na norma inglesa BS 8006 (2010) e na DGGT (2011). Os trabalhos recentes de van Eekelen em Delft/Deltares, sintetizados em van Eekelen e Bezuijen (2013) também ajudam na compreensão dos mecanismos de interação geossintético–solo–capitel.

Um aspecto importante a ser discutido é a consideração pelas recomendações europeias de que o aterro seria sempre constituído por material granular. No Brasil, especialmente nos solos lateríticos compactados, a resistência ao cisalhamento incorpora parcela coesiva, que pode afetar os modelos de cálculos utilizados.

Método de dimensionamento adotado

O método de dimensionamento proposto neste manual se baseia na norma inglesa BS 8006, por esta ser bastante conhecida e difundida, apresentar um roteiro de cálculo relativamente simples e "automatizável" e, além disto, levar a resultados geralmente conservadores.

A sequência de cálculo proposta passa pela verificação dos seguintes estados-limite últimos:

- capacidade de carga das estacas – esta verificação não faz parte deste manual, pois e capacidade de carga de estacas encontra-se amplamente discutida na bibliografia, como, por exemplo, em Poulos e Davis (1980) ou Décourt et al. (1998). A verificação deve considerar a carga total do aterro, adicionada da sobrecarga e ao eventual atrito negativo devido à construção de uma plataforma temporária de trabalho;
- extensão lateral do estaqueamento (sob o talude);
- arqueamento da carga vertical;
- escorregamento lateral;
- estabilidade Global.

Para as verificações de estado limite último, a carga última no reforço geossintético T_r (por metro) deve ser estimada da seguinte forma:

- na direção longitudinal do aterro, a máxima tração deve ser aquela que garanta a transferência da carga vertical do aterro para os capitéis (T_{rp}).

- na direção transversal ao aterro, a máxima tração deve ser a soma da tração necessária que garanta a transferência da carga vertical do aterro para os capitéis (T_{rp}) com a tração necessária que garanta estabilidade contra escorregamento lateral (T_{ds}).

É válido discutir neste ponto se é correto somar os valores de T_{dp} e T_{ds}. Na realidade, dependendo da posição dos capitéis em relação à borda do aterro, este procedimento pode ser considerado conservador, pois T_{dp} e T_{ds} podem estar atuando em sentidos contrários. Na recomendação/norma EBGEO (DGGT, 2011) apresenta-se a possibilidade de seguir dois procedimentos distintos: o primeiro, mais simplificado, equivale ao descrito acima. No segundo, no qual se recomenda verificar os deslocamentos horizontais das estacas sob os capitéis, o dimensionamento do geossintético não é realizado utilizando-se a soma dos valores de T_{dp} e T_{ds}, mas escolhendo-se o maior destes. Neste manual se recomenda o procedimento de soma dos valores, visando-se assegurar uma abordagem a favor da segurança.

Para que se garanta desempenho adequado ao longo da vida útil da obra, a seguinte condição deve ser garantida:

$$\frac{T_d}{f_n} \geq T_r \qquad\qquad [4\text{-}67]$$

sendo:

T_d força de dimensionamento no reforço;
f_n coeficiente de segurança parcial associado a fatores econômicos (entre e 1 e 1,1).

Para garantia de que a tração T seja desenvolvida, é necessário que exista ligação adequada entre o reforço e o solo adjacente e, por esta razão, esta verificação deve ser realizada para cada um dos estados limite verificados (último e de utilização).

Adicionalmente a sequência de cálculo proposta passa pela verificação dos seguintes estados limite de utilização:

- deformação excessiva do reforço;
- recalques das estacas.

Extensão lateral das estacas

A área a ser estaqueada deve se estender lateralmente sob a saia do aterro até uma distância suficiente para que o desempenho do aterro não seja afetado por recalques diferenciais ou instabilidades. A distância L_p entre a face externa do último capitel e o pé do aterro pode ser estimada da seguinte forma:

Aplicações em Reforço de Solos

$$L_p = H(n - \tan \theta_p) \qquad [4\text{-}68]$$

$$\theta_p = 45° - \frac{\varphi'_{cv}}{2} \qquad [4\text{-}69]$$

onde:

H altura do aterro;

n inclinação do talude lateral do aterro ($1V : nH$);

θ_p ângulo com a vertical entre a face externo do último capitel e a borda do aterro;

ω'_{cv} ângulo de atrito efetivo do material do aterro a grandes deformações[1]

Esta verificação deverá ser complementada por análise de recalques e estabilidade do trecho não suportado por estacas.

Arqueamento da carga vertical

Para garantir a adequada transferência de carga vertical para os capitéis, é recomendada que a relação entre a altura do aterro e distância entre capitéis seja estimada pela seguinte formulação empírica:

$$H \geq 0,7 \ (s - a) \qquad [4\text{-}70]$$

sendo:

$a =$ dimensão do capitel;

$s =$ espaçamento entre estacas adjacentes.

No caso de capitéis circulares com diâmetro D, a dimensão do capitel deve ser transformada em uma dimensão equivalente a_{eq}:

$$a_{eq} = \sqrt{\frac{\pi D^2}{4}} = 0,866D \qquad [4\text{-}71]$$

Carga distribuída no reforço

A norma inglesa permite duas formas de cálculo da carga distribuída no reforço. A primeira metodologia utiliza abordagem proposta por Marston (JOHN, 1987) e a segunda utilizando a abordagem proposta por Hewlett e Randolph (1988).

Fórmula de Marston

Considerando a grande diferença de rigidez entre as estacas e o solo mole existente na base do aterro, a relação entre a tensão atuante nos capitéis (p'_c) e a tensão vertical média na base do aterro (σ'_v) pode ser estimada pela fórmula de Marston (JOHN, 1987).

---

[1] É importante colocar que, no caso de utilização de aterros compactados, a parcela da coesão efetiva está sendo desprezada, indicando que a metodologia é conservadora.

$$\frac{p'_c}{\sigma'_v} = \left[\frac{C_c a}{H}\right]^2 \qquad [4\text{-}72]$$

sendo:

C_c coeficiente de arqueamento[2], conforme a Tabela (4-11);
$\sigma'_v = f_{fs}\,\gamma H + f_q\,w_s$;
$\gamma =$ peso específico do aterro;
$w_s =$ sobrecarga atuante sobre o aterro; e
$f_{fs} = f_q = 1{,}3$ para estado limite último. No caso de estado limite de utilização, os fatores parciais assumem valor unitário.

TABELA 4-11
Coeficiente de arqueamento

Tipo de estaca	Coeficiente de arqueamento
Estacas tipo ponta	$C_c = 1{,}95\,H/a - 0{,}18$
Estacas tipo atrito lateral	$C_c = 1{,}5\,H/a - 0{,}70$

A Figura 4-39 ilustra a variação do coeficiente de arqueamento C_c em função da dimensão do capitel para duas alturas de aterro (2 e 4 m). Note-se que o tipo de estaca tem influência significativa no parâmetro C_c e, em consequência, no carregamento atuante no geossintético.

FIGURA 4-39
Variação de C_c em função da dimensão do capitel.

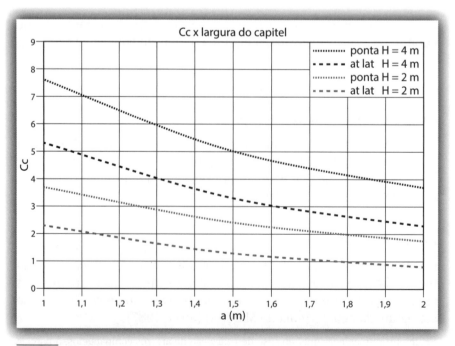

---
[2] Note-se que o coeficiente não considera o tipo de solo, a resistência ao cisalhamento ou sua rigidez.

A carga vertical distribuída (W_T) suportada pelo reforço entre capitéis pode ser estimada de duas formas:

a) Para $H > 1,4(s-a)$:

$$W_T = \left[\frac{[1,4 \times s \times f_{fs} \times \gamma(s-a)]}{s^2 - a^2}\right] \times \left[s^2 - a^2\left(\frac{p'_c}{\sigma'_v}\right)\right] \quad [4\text{-}73]$$

b) Para $0,7(s-a) < H < 1,4(s-a)$:

$$W_T = \frac{s(f_{fs} \times \gamma \times H + f_q \times w_s)}{s^2 - a^2} \times \left[s^2 - a^2\left(\frac{p'_c}{\sigma'_v}\right)\right] \quad [4\text{-}74]$$

Como pode ser visto, a carga atuante na geogrelha, W_T, independe, por esta metodologia, da resistência ao cisalhamento do solo.

Método de Hewlett e Randolph

Esta metodologia foi baseada em observações de modelos e o mecanismos de arqueamento considera uma série de abóbadas semiesféricas.

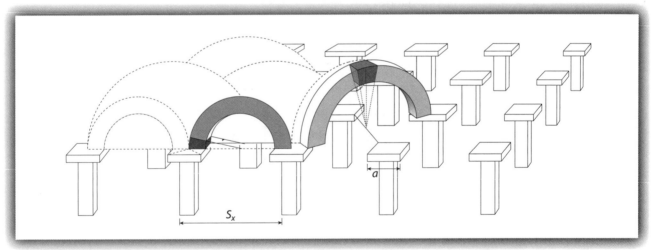

FIGURA 4-40
Mecanismo conforme proposição de Hewlett e Randolph (1988). Imagem extraída de van Eekelen e Bezuijen (2013).

A metodologia determina a eficiência do arqueamento E, definida como a proporção do peso do aterro suportado pelas estacas em relação ao peso total. Portanto, (1-E) será a proporção do carregamento a ser suportado pelo reforço geossintético. Ou seja, é recomendável que todo o peso do aterro seja suportado pelas estacas, seja por arqueamento diretamente para os capitéis, seja por meio da ação do reforço.

É importante colocar que nesta metodologia se verificam duas condições limite: compressão máxima no centro da abóbadas ou compressão máxima sobre o capitel. Normalmente, para aterros baixos, a compressão máxima na abóbada é limitante e, para aterros mais altos, a compressão máxima sobre o capitel é limitante.

Portanto, as duas condições limite precisam ser verificadas, $E_{abóbada}$ e $E_{capitel}$ escolhendo-se a menor para dimensionamento.

$$E_{abóbada} = 1 - \frac{\left(s^2 - a^2\right)}{s^2 \times \gamma \times H}\left[\sigma_i + \frac{\gamma(s-a)}{\sqrt{2}}\right] \qquad [4\text{-}75]$$

onde:

σi = pressão atuante na face interna da abóbada;

$\frac{\gamma(s-a)}{\sqrt{2}}$ = peso do solo abaixo da abóbada.

$E_{abóbada}$ = pode ser determinado por :

$$E_{abóbada} = 1 - \left[1 - \left(\frac{a}{s}\right)^2\right]\left(A - AB + C\right) \qquad [4\text{-}76]$$

Onde A, B e C são:

$$A = \left[1 - \left(\frac{a}{s}\right)\right]^{2\left(k_p - 1\right)}, B = \frac{s}{\sqrt{2}H}\left(\frac{2k_p - 2}{2k_p - 3}\right), C = \frac{s-a}{\sqrt{2}H}\left(\frac{2k_p - 2}{2k_p - 3}\right) \qquad [4\text{-}77]$$

Onde:

$$k_p = \frac{1 + \text{sen}\varphi'_p}{1 - \text{sen}\varphi'_p}$$

$$E_{capitel} = \frac{\beta}{1 - \beta} \qquad [4\text{-}78]$$

Onde:

$$\beta = \frac{2k_p}{\left(k_p + 1\right)\left(1 + \frac{a}{s}\right)}\left[\left(1 - \frac{a}{s}\right)^{-k_p} - \left(1 + k_p\frac{a}{s}\right)\right]$$

O valor menor de E (carga atuando diretamente nas estacas), E_{min}, deve ser utilizado para estimar a carga máxima distribuída no reforço W_T.

$$W_T = \frac{\left(f_{fs} \times \gamma \times H + f_q \times w_s\right)}{2(s-a)}\left(1 - E_{min}\right)s^2 \qquad [4\text{-}79]$$

Observação: a formulação acima difere da versão publicada na BS 8006 de 2010, pois em 2012 foi emitida uma errata da BS 8006, corrigindo a formulação.

Carga mínima no reforço

Independentemente da metodologia utilizada para estimar o carregamento, e norma inglesa recomenda que pelo menos 15% do peso do aterro seja suportado pelo reforço.

Aplicações em Reforço de Solos

$$W_{Tmin} = 0,15 \times s \left(f_{fs} \gamma H + f_q w_s \right) \qquad [4\text{-}80]$$

Tração no reforço

A tração no reforço é estimada a partir da seguinte equação:

$$T_{rp} = \frac{W_T(s-a)}{2a}\sqrt{1+\frac{1}{6\varepsilon}} \qquad [4\text{-}81]$$

onde:
Tr_p = tração no reforço;
ε = deformação no reforço.

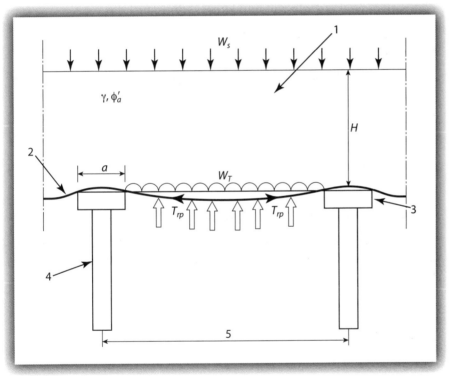

FIGURA 4-41
Indicação esquemática do mecanismo de carregamento. Imagem extraída da BS 8006 (BSI, 2010) (1) aterro, (2) reforço, (3) capitéis, (4) estacas, (5) espaçamento.

Na Equação [4-81] há duas variáveis, a tração no reforço e a sua deformação. Ela pode ser resolvida considerando, por exemplo, a deformação máxima admissível do reforço ou outro tipo de abordagem que considere as deformações. Especialmente no caso de aterros baixos, é importante limitar as deformações para evitar recalques elevados entre capitéis. Esta limitação é particularmente importante nos aterros baixos, em virtude do fato de parcela significativa do carregamento estar associado a cargas variáveis.

É importante colocar que, segundo a equação acima, a deformação adotada como sendo admissível para o geossintético mobilizar sua resistência, tem impacto significativo na força de dimensionamento T_{rP}: Adotar uma deformação máxima para o geossintético de 2% significa que a força T_{rP} será 57% maior do que se a deformação máxima for limitada a 6%. *A priori*, portanto, seria interessante utilizar geossintéticos que permitam deformações elevadas. Entretanto, o desempenho de aterros estaqueados com geossintéticos deformáveis passa a ser pior, com recalques maiores entre capitéis e maiores movimentações em suas laterais.

Escorregamento lateral

O reforço deve resistir à força horizontal que se desenvolve na lateral do aterro. A força no reforço deve ser mobilizada com uma deformação compatível com o deslocamento lateral admissível das estacas.

Segundo a BS 8006, esta força pode ser estimada por meio da equação:

$$T_{ds} = 0,5 K_a \left(f_{fs} \gamma H + 2 f_q w_s \right) H \qquad [4\text{-}82]$$

onde:

T_{ds} = força horizontal por metro para evitar o escorregamento lateral;

K_a = coeficiente de empuxo ativo.

A equação acima representa o empuxo ativo na borda do aterro.

Incluindo a consideração da coesão efetiva no dimensionamento, a força acima poderia ser estimada pela integração em h do empuxo horizontal:

$$\text{empuxo lateral} = K_a \left(f_{fs} \gamma H + f_q w_s \right) - 2 f_c c' K_a^{0,5} \qquad [4\text{-}83]$$

onde:

f_c = fator de redução para o valor da coesão efetiva. A BS 8006 não considera a coesão no roteiro de cálculo proposto. Propõe-se adotar valores entre 0,5 e 0,8, em função das incertezas associadas a este parâmetro.

Para que a força horizontal possa se desenvolver no reforço, o aterro não poderá escorregar sobre o reforço, sendo necessário um comprimento mínimo L_e.

$$L_e \geq \frac{T_{ds} f_s f_n}{\gamma h \dfrac{\alpha' \tan \varphi'_{cv}}{f_{ms}} + f_c c'} \qquad [4\text{-}84]$$

onde:

- f_s = fator de segurança parcial para escorregamento lateral – para ELU (Estado Limite Último) $f_s = 1{,}3$; para ELS (Estado Limite de Serviço) $f_s = 1$;
- f_n = fator de segurança parcial que considera aspectos econômicos: $f_n = 1{,}0$ quando a ruptura leva a perdas moderadas e $f_n = 1{,}1$ quando o aterro suportar rodovias ou avenidas principais, ferrovias, habitações etc.;
- h = altura média do aterro sobre o reforço;
- α' = coeficiente de interação relacionando o ângulo de atrito entre solo e reforço como ângulo de atrito φ'_{cv};
- f_{ms} = fator de segurança parcial do material aplicado a $\tan \varphi'_{cv}$, para ELU e ELS $f_{ms} = 1$.

Note-se que, na equação apresentada aqui foi incluída parcela relativa à coesão efetiva em relação à formulação proposta pela BS 8006.

Resistência ao arrancamento

O reforço deve estar adequadamente ancorado no solo, nas extremidades das áreas estaqueadas, para que a força necessária ao arqueamento e à estabilidade possam se desenvolver. Por esta razão, o reforço deve se estender além da área estaqueada, no sentido transversal do aterro no mínimo, pela distância L_b.

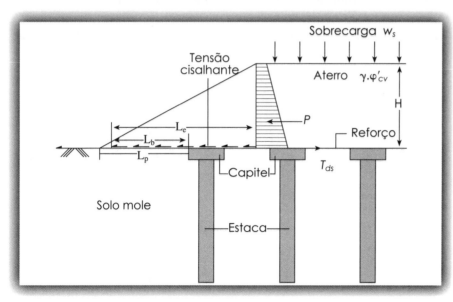

FIGURA 4-42
Principais esforços atuantes.

$$L_b = \frac{f_n f_p \left(T_{rp} + T_{ds} \right)}{\gamma h \left(\dfrac{a'_1 \tan \varphi'_{cv1}}{f_{ms}} + \dfrac{a'_2 \tan \varphi'_{cv2}}{f_{ms}} \right) + 2 f_c c'} \qquad [4\text{-}85]$$

onde:

f_p = fator de segurança parcial para arrancamento – para ELU (Estado Limite Último) f_p = 1,3; para ELS (Estado Limite de Serviço) f_p = 1;
α'_1 = coeficiente de interação relacionando o ângulo de atrito entre solo de um lado do reforço com o ângulo de atrito $\varphi'cv_1$;
α'_2 = coeficiente de interação relacionando o ângulo de atrito entre solo de um lado do reforço com o ângulo de atrito $\varphi'cv_2$.

Note-se que, na equação apresentada aqui foi incluída parcela relativa à coesão efetiva em relação à formulação proposta pela BS 8006.

No sentido longitudinal do aterro Lb é definido por:

$$L_b = \frac{f_n f_p T_{rp}}{\gamma h \left(\dfrac{a'_1 \tan \varphi'_{cv1}}{f_{ms}} + \dfrac{a'_2 \tan \varphi'_{cv2}}{f_{ms}} \right) + f_c c'} \quad [4\text{-}86]$$

Note-se que, na equação acima, foi incluída parcela relativa à coesão efetiva em relação à formulação proposta pela BS 8006.

Em alguns casos, os comprimentos de ancoragem resultantes do dimensionamento acima resultam elevados e de difícil implementação. Nesses casos uma valeta de ancoragem ou de uma linha de gabiões, por exemplo, podem ser utilizadas para obter o comprimento de ancoragem necessário, conforme indicado nas Figuras 4-43 e 4-44.

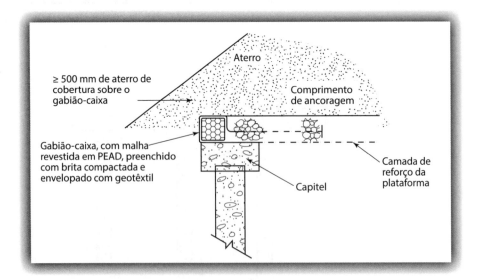

FIGURA 4-43
Exemplo de linha de gabiões para ancoragem de geossintético. Imagem extraída da BS 8006 (BSL, 2010).

Aplicações em Reforço de Solos

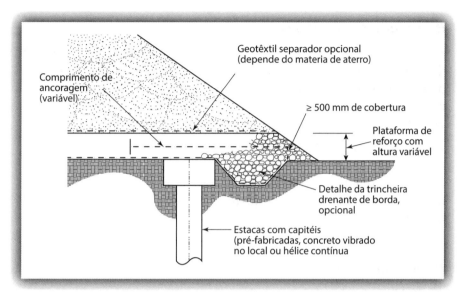

FIGURA 4-44
Exemplo de valeta para ancoragem de geossintético. Imagem extraída da BS 8006 (BSL, 2010).

Deformação máxima do reforço

Não existem limitações máximas teóricas para os reforços. Na prática, para aterros convencionais deve-se limitar a deformação máxima a 6%, para que a transferência de carga do reforço para os capitéis efetivamente ocorra.

Para aterros baixos, com $H < 0,7$ (s–a), valores típicos de deformação máxima são 3%.

Outro fator limitante é a deflexão máxima do reforço entre capitéis, que deve ser mantida inferior a 300 mm. A deflexão máxima pode ser estimada por meio da formulação abaixo:

$$y = (s-a)\sqrt{\frac{3\varepsilon}{8}} \qquad [4\text{-}87]$$

onde:

y = deflexão máxima;
ε = deformação específica do reforço.

É importante levar em consideração que, ao longo da metodologia proposta, em vários pontos são consideradas hipóteses relativas à deformação específica e, evidentemente, é necessário que exista compatibilidade entre essas hipóteses.

Finalmente, as deformações máximas de longo prazo por escoamento (*creep*) devem ser limitadas a 2%.

Recalques das fundações

Os recalques das fundações (estacas ou outros elementos verticais) devem ser controlados, para que se garanta o funcionamento adequado do sistema. Recalques excessivos podem levar à ocorrência de recalques diferenciais, aumento das tensões nos reforços e, no limite, desestabilização do sistema como um todo.

Por esta razão, é importante que os critérios de cravação das estacas sejam definidos adequadamente. A utilização de, por exemplo, estacas "flutuantes" em determinado trecho e estacas "de ponta" em outro trecho pode levar a problemas de comportamento diferencial importantes.

Estabilidade global

A estabilidade global da obra deve ser verificada, por exemplo, por meio de cálculos convencionais pelo método do equilíbrio limite, considerando a presença das estacas. Foge aos objetivos deste trabalho a discussão desse tipo de análise.

4.7.4 Fatores de segurança – tração nominal × tração de dimensionamento

Embora não seja objetivo principal deste item, a seguir são apresentadas algumas recomendações relativas à segurança, que devem ser consideradas no dimensionamento.

A metodologia de dimensionamento acima apresentada, baseada na BS 8006, inclui os seguintes fatores de segurança parciais:

- majorações nas ações f_{fs} carga permanente, f_q, carga variável;
- escorregamento parcial, f_s;
- resistência na interface solo–geossintético, f_{ms};
- consideração de aspectos econômicos, f_n;
- arrancamento, f_p;
- coesão efetiva, f_c.

O dimensionamento utilizando as formulações permite a obtenção de T_d, que é força de dimensionamento no reforço. Esse valor, no entanto, não deve ser comparado com a resistência nominal do geossintético, pois a resistência nominal é medida com o produto intacto, em um ensaio de tração de curta duração.

A resistência nominal do geossintético deve ser minorada, considerando seus fatores de reduções parciais:

- *creep* – deformação lenta ou escoamento;

Aplicações em Reforço de Solos

- Danos de instalação;
- Danos por clima;
- Danos por efeitos químicos.

A BS 8006 indica os seguintes procedimentos:

Estado limite último

$$T_{CR} = T_{char}/FRP_{FL}$$

onde:

T_{char} = resistência característica para cargas de curta duração = resistência nominal;

FRP_{FL} = fator de redução devido ao *creep* ou escoamento.

A resistência de dimensionamento T_d é definida como sendo:

$T_D = T_{CR}/f_m$;

$f_m = FRP_{DI} \times FRP_{MA} \times FRP_{AQ} \times f_s$;

FRP_{DI} = fator de redução devido a danos de instalação;

FRP_{MA} = fator de redução devido ao clima (*weathering*);

FRP_{AQ} = fator de redução devido a efeitos químicos;

f_s = fator de segurança pela extrapolação de dados.

O valor T_D obtido desta forma é comparado com o valor de dimensionamento do estado limite último da metodologia de cálculo utilizada.

Estado limite de utilização

A resistência de dimensionamento T_D é definida como sendo:

$$T_D = T_{CS}/f_m$$

T_{CS} = é o valor de dimensionamento calculado para o estado limite de utilização, ou seja, sem majoração das ações e compatível com as deformações limite.

$f_m = FRP_{DI} \times FRP_{MA} \times FRP_{AQ} \times f_s^3$

FRP_{DI} = fator de redução devido a danos de instalação;

FRP_{MA} = fator de redução devido ao clima (*weathering*);

FRP_{AQ} = fator de redução devido a efeitos químicos;

f_s = fator de segurança pela extrapolação de dados.

O valor T_D obtido desta forma é comparado com o valor de dimensionamento do estado limite de utilização da metodologia de cálculo utilizada.

---

[3] Os fatores de redução para estado limite último e utilização, segundo a BS 8006, podem ser diferentes.

Valores típicos

Com a finalidade apenas de prover valores típicos de um produto comercial de poliéster, a tabela abaixo apresenta valores obtidos em testes utilizando as metodologias PD ISO/TR 20432 (ISO, 2007) para uma vida útil de 120 anos.

FRP_{FL} = aprox. 1,5;
FRP_{DI} = em areias:, 1,1 a 1,2; material granular grosso: 1,1 a 1,6;
FRP_{MA} = 1,0 a 1,25, dependendo das condições de armazenamento antes da instalação;
FRP_{AQ} = aprox. 1,1;
f_s = aprox. 1,2.

O produto dos valores acima alcança valores maiores do que 2, ou seja, os valores calculados pela metodologia descrita acima, baseada na BS 8006 precisa ser majorado em mais do que duas vezes, para poder ser comparado diretamente com valores nominais.

4.7.5 Recomendações construtivas

Soluções de aterros estaqueados precisam levar em consideração uma série de detalhes importantes:

- Especificação adequada do material de aterro e de seu método executivo, para garantir a necessária resistência ao cisalhamento. Vale lembrar que, a princípio, solos com coesão efetiva não nula podem ser utilizados, embora formulações originais da BS 8006 não a considerem.

- Detalhamento geométrico dos capitéis: o uso de chanfros arredondados em suas arestas pode ajudar para que o reforço não seja danificado durante instalação e vida útil.

- Utilização de geossintético nãotecido de elevada gramatura sobre os capitéis, estendendo-se além destes, como medida adicional de proteção.

- Modulação adequada de produtos comerciais: preferencialmente as emendas devem se localizar sobre os capitéis, sendo, portanto, importante ter conhecimento das larguras e comprimentos de "bobinas" dos fabricantes.

- Uso de mais de uma camada de geossintético: mais do que duas camadas, segundo a bibliografia, pode levar a um comportamento distinto daquele no qual os modelos de cálculo foram baseados.

- Instalação dos capitéis pode ser executada "acima do terreno" ou posteriormente, pode ser realizado o preenchimento do espaço entre os capitéis com solo.

Aplicações em Reforço de Solos

- Sequência construtiva dos aterros, iniciando pela ancoragem em valeta nas laterais do aterro e, posteriormente, de "fora para dentro". A sequência construtiva executada no sentido inverso pode levar ao deslocamento da geogrelha.

- Compactação cuidadosa das primeiras camadas e cuidado com tráfego de equipamentos pesados nas fases iniciais do aterro, quando este ainda não tiver alcançado a altura do projeto. Caso este tráfego seja necessário, o projeto do aterro deverá considerá-lo.

4.7.6 Exemplo de dimensionamento

O exemplo apresentado considera:

Altura do aterro = 4 m;
Sobrecarga = 10 kPa;
Taludes 1V : 1,5 H;
Propriedades do aterro: $\varphi = 35°$, $c' = 0$, $\gamma = 18$ kN/m^3;
Deformação máxima aceitável no geossintético = 3,5%.

Estacas com capacidade de carga de 750 kN (carga de trabalho)

$$\alpha'_1 = \alpha'_2 = \alpha' = 1 \qquad f_{ms} = f_n = 1 \qquad f_{fs} = f_q = f_s = f_p = 1,3$$

As estacas de fundação podem ser consideradas "de ponta".

Extensão lateral das estacas

$$L_p = H \, (n - \tan\theta_p)$$

$$\theta_p = 45° - \frac{\varphi'_{cv}}{2}$$

$$\theta_p = 45 - 35/2 = 27,5°$$

$$L_p = 4 \times (1,5 - \tan(27,5)) = 3,92 \text{ m}$$

Arqueamento da carga vertical $\Rightarrow$ *estimativa do espaçamento entre estacas*

$$H \geq 0,7 \, (s - a)$$

Para capitéis com dimensões 1×1 m (dimensão usual):

$$s < 6,71 \text{ m}$$

Considerando estacas com capacidade de carga de 750 kN, o espaçamento máximo entre estacas pode ser estimado considerando a altura máxima do aterro e a sobrecarga:

Tensão média = $18 \times 4 + 10 = 82$ kPa.
Área máxima de influência da estaca = $750/82 = 9,14$ m^2

Um espaçamento da ordem de $s = 3$ m atende ao critério de arqueamento e à utilização de estacas com capacidade de carga de 750 kN.

Carga distribuída no Reforço

Neste exemplo, são apresentados os cálculos utilizando tanto a fórmula de Marston, quanto a fórmula de Hewlett e Randolph.

Fórmula de Marston

$$\frac{p'_c}{\sigma'_v} = \left[\frac{C_c a}{H}\right]^2$$

Tipo de estaca	Coeficiente de arqueamento
Estacas tipo ponta	$C_c = 1{,}95\ H/a - 0{,}18$

$C_c = 1{,}95\ H/a - 0{,}18 = 1{,}95 \times 4/1 - 0{,}18 = 7{,}62$

$\sigma'_v = f_{fs}\ \gamma\ H + f_q\ w_s = 1{,}3 \times 18 \times 4 + 1{,}3 \times 10 = 106{,}6$ kPa

$p'_c = \sigma'_v \times (7{,}62 \times 1/4)^2 = 386{,}9$ kPa

Como $H > 1{,}4\ (s{-}a) \Rightarrow 4 > 1{,}4\ (3{-}1)\ 2{,}8$

$$W_T = \left[\frac{\left[1{,}4 \times s \times f_{fs} \times \gamma(s-a)\right]}{s^2 - a^2}\right] \times \left[s^2 - a^2\left(\frac{p'_c}{\sigma'_v}\right)\right]$$

$$W_T = \left[\frac{\left[1{,}4 \times 3 \times 1{,}3 \times 18(3-1)\right]}{3^2 - 1^2}\right] \times \left[3^2 - 1^2\left(\frac{386{,}9}{106{,}6}\right)\right]$$

$W_T = 132$ kN/m

Método de Hewlett e Randolph

$$k_p \frac{1 + \mathrm{sen}\,\sigma'_p}{1 - \mathrm{sen}\,\sigma'_p} = 3{,}69$$

Onde A, B e C são:

$$A = \left[1 - \left(\frac{a}{s}\right)\right]^{2(k_p - 1)} = 0{,}113$$

$$B = \frac{s}{\sqrt{2}H}\left(\frac{2k_p - 2}{2k_p - 3}\right) = 0{,}651$$

$$C = \frac{s - a}{\sqrt{2}H}\left(\frac{2k_p - 2}{2k_p - 3}\right) = 0{,}434$$

Aplicações em Reforço de Solos

$$E_{\text{abóbada}} = 1 - \left[1 - \left(\frac{a}{s} \right)^2 \right] (A - AB + C) = 0,579$$

$$\beta = \frac{2k_p}{(k_p + 1)\left(1 + \dfrac{a}{s} \right)} \left[\left(1 - \frac{a}{s} \right)^{-k_p} - \left(1 + k_p \frac{a}{s} \right) \right] = 2,637$$

$$E_{\text{capitel}} = \frac{\beta}{1 - \beta} = 0,725$$

$$E_{\min} = E_{\text{abóbada}} = 0,579$$

O valor menor de E (carga atuando diretamente nas estacas), $E_{\min}$, deve ser utilizado para estimar a carga máxima distribuída no reforço W_T.

$$W_T = \frac{\left(f_{fs} \times \gamma \times H + f_q \times w_s \right)}{2(s-a)} (1 - E_{\min}) s^2$$

$$W_T = \frac{(1,3 \times 18 \times 4 + 1,3 \times 10)}{2(3-1)} (1 - 0,579) 3^2 = 101 \text{ kPa}$$

Carga mínima no reforço

Independentemente da metodologia utilizada para estimar o carregamento, a norma inglesa recomenda que pelo menos 15% do peso do aterro seja suportado pelo reforço.

$$W_{T\min} = 0,15 \times s(f_{fs}\, \gamma H + f_q\, w_s)$$

$$W_{T\min} = 0,15 \times 3(1,3 \times 18 \times 4 + 1,3 \times 10) = 48 \text{ kPa}$$

Tração no reforço

Utilizando o resultado da fórmula de Marston:

$$T_{rp} = \frac{W_T(s-a)}{2a} \sqrt{1 + \frac{1}{6\varepsilon}}$$

$$T_{rp} = \frac{132(3-1)}{2} \sqrt{1 + \frac{1}{6 \times 0,035}} = 316,8 \text{ kN/m}$$

Escorregamento lateral

$$T_{ds} = 0,5 K_a (f_{fs}\gamma H + 2f_q w_s) H$$

$$K_a = 1/K_q = 0,271$$

$$T_{ds} = 0,5 \times 0,271\, (1,3 \times 18 \times 4 + 2 \times 1,3 \times 10)4 = 64,8 \text{ kN/m}$$

Para que a força horizontal possa se desenvolver no reforço, o aterro não poderá escorregar sobre o reforço, sendo necessário um comprimento mínimo L_e.

$$L_e \geq \frac{T_{ds}f_s f_n}{\gamma h \dfrac{\alpha' \tan \varphi'_{cv}}{f_{ms}} + f_c c'}$$

h será adotado, para facilidade de cálculo, igual a metade da altura do aterro = 2 m.

$$L_e \geq \frac{64{,}8 \times 1{,}3 \times 1}{18 \times 2 \times \dfrac{1 \times \tan 35}{1}} = 3{,}34 \text{ m}$$

Como L_e resultou menor do que a lateral completa do aterro, h poderia ser revisto, para recalcular L_e.

Resistência ao Arrancamento

No sentido transversal:

$$L_b = \frac{f_n f_p \left(T_{rp} + T_{ds}\right)}{\gamma h \left(\dfrac{\alpha'_1 \tan \varphi'_{cv1}}{f_{ms}} + \dfrac{\alpha'_2 \tan \varphi'_{cv2}}{f_{ms}}\right) + 2 f_c c'}$$

h será adotado, para facilidade de cálculo, igual à metade da altura do aterro = 2 m.

$$L_b = \frac{1 \times 1{,}3(316{,}8 + 64{,}8)}{18 \times 2 \left(\dfrac{1 \times \tan 35}{1} + \dfrac{1 \tan 35}{1}\right)} = 9{,}84 \text{ m}$$

O valor de h deve ser ajustado à altura média de aterro sobre geossintético, em função de sua real implantação.

No sentido longitudinal:

$$L_b = \frac{f_n f_p T_{rp}}{\gamma h \left(\dfrac{\alpha'_1 \tan \varphi'_{cv1}}{f_{ms}} + \dfrac{\alpha'_2 \tan \varphi'_{cv2}}{f_{ms}}\right) + f_c c'}$$

$$L_b = \frac{1 \times 1{,}3(316{,}8)}{18 \times 2 \left(\dfrac{1 \times \tan 35}{1} + \dfrac{1 \tan 35}{1}\right)} = 8{,}17 \text{ m}$$

Assim como no sentido transversal, o valor de h deve ser ajustado às condições reais de implantação.

Deformação máxima do reforço

$$y = (s-a)\sqrt{\frac{3\varepsilon}{8}}$$

$$(3-1)\sqrt{\frac{3 \times 0{,}035}{8}} = 0{,}229 < 0{,}300$$

Como a deformação máxima resultou inferior a 300 mm, OK!

4.7.7 Comparação entre metodologias

Com finalidade ilustrativa, as figuras a seguir apresentam avaliações das trações no reforço no sentido transversal e longitudinal do aterro, utilizando-se a metodologia de Marston e a de Hewlett e Randolph. Para a análise no sentido longitudinal, uma avaliação utilizando a EBGEO também foi incluída. Note-se que não foi aplicado nenhum fator de majoração e os gráficos apresentados têm apenas finalidade comparativa entre métodos de cálculo.

Fazendo-se uma análise paramétrica para o exemplo apresentado, as figuras a seguir apresentam a variação na tração no sentido longitudinal e transversal do aterro, utilizando-se as formulações de Marston e de Hewlett e Randolph, variando-se o ângulo de atrito e o espaçamento entre capitéis.

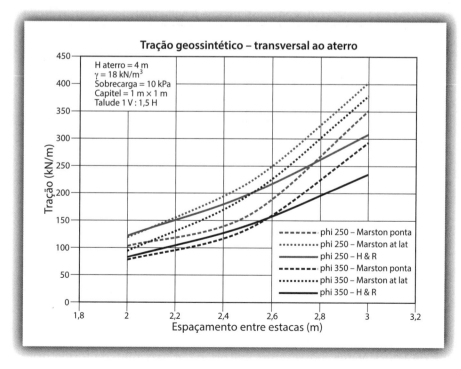

FIGURA 4-45
Variação da tração no geossintético (sentido transversal do aterro) em função do ângulo de atrito e do espaçamento das estacas, utilizando-se as formulações Marston e de Hewlett e Randolph.

FIGURA 4-46
Variação da tração no geossintético (sentido longitudinal do aterro) em função do ângulo de atrito e do espaçamento das estacas, utilizando-se as formulações de Marston e de Hewlett e Randolph. Note-se que os valores para as formulações de Marston independem do ângulo de atrito. O dimensionamento utilizando a metodologia EBGEO também está representado.

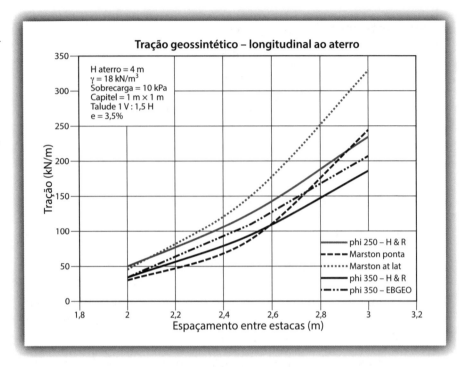

É interessante notar que a metodologia de dimensionamento apresentada na EBGEO (DGGT, 2011), apresenta resultados compatíveis.

FIGURA 4-47
Comparação entre métodos de cálculo da BS 8006 e EBGEO.

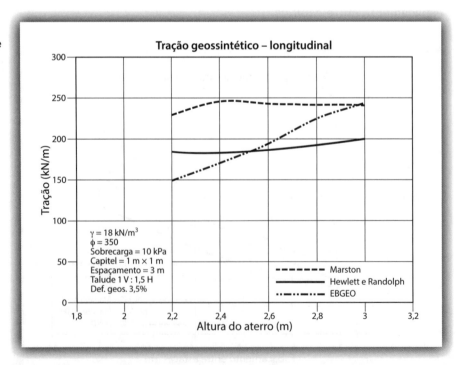

A figura acima mostra que a altura de aterro influi de forma praticamente linear com a tração no reforço no caso da EBGEO. No caso dos métodos de cálculo da BS, a influência é significativamente menor, o que pode ser explicado facilmente pelas formulações adotadas. A inflexão no gráfico associado ao método de Marston se deve à mudança da formulação em função do limite de $H = 1,4$ (s–a).

4.7.8 Conclusões

A metodologia de dimensionamento apresentada, baseada na norma inglesa BS 8006, pode levar a resultados bastante distintos. Dentre as formulações apresentadas, aquela proposta por Marston para estacas "de ponta" é o que leva a resultados menos conservadores.

Entretanto, os estudos realizados mostram que, ao menos para faixas de valores usuais, dimensionamentos realizados pela BS 8006 tendem ser a favor da segurança, se comparados com os da EBGEO.

Portanto para fins de pré-dimensionamentos e cálculos simplificados, a utilização da metodologia proposta pode ser considerada adequada.

4.8 ATERROS SOBRE CAVIDADES

4.8.1 Introdução

Rogério F. K. Puppi
Ney A. Nascimento

O uso de geossintéticos pode assegurar a estabilidade de longo prazo em terrenos sujeitos ao aparecimento de cavidades por recalques diferenciais, subsidência em áreas cársticas e também pela deterioração de materiais em aterros sanitários. A existência de geossintéticos empregados como material de reforço evita ou atenua a transmissão dos efeitos para as camadas superiores dos aterros em solo ou de aterros sanitários. Nestes últimos, a presença do geossintético pode evitar a ruptura de camadas de cobertura ou *liners*, mantendo as deformações dentro de limites suportáveis pelos seus materiais constituintes, assegurando a necessária proteção ambiental.

Estudos pioneiros estabeleceram critérios para o dimensionamento de reforço colocado na base de um aterro para evitar a ruptura do corpo do aterro pelo surgimento de uma cavidade ou recalque de camada de solo mole subjacente (GIROUD, 1990). A Figura 4-41 mostra a colocação do reforço de base, inicialmente sem tensão, e que passa a ser tensionado pelo surgimento de uma cavidade no terreno de fundação. O enfoque nestes estudos levava em conta um estado limite de ruptura para o dimensionamento do geossintético.

Dentro do programa de estudos RAFAEL (Renforcement des Assises Ferroviaires et Autoroutières contre les Effondrements Localisés) realizado na França entre 1997 e 1998, foi desenvolvido um método de dimensionamento que tem em vista manter aterros rodoviários e ferroviários em serviço, de maneira permanente ou, ao menos, de forma temporária, evitando rupturas catastróficas pelo surgimento de cavidades no terreno de fundação. Este novo enfoque de projeto emprega conceito de estado limite de serviço relacionado às deformações diferenciais na superfície do aterro. O método de dimensionamento é referido na literatura como Método RAFAEL (Blivet et al., 2001) e é baseado em ensaios em verdadeira grandeza e modelagem numérica para validação dos resultados. Na sequência foram introduzidos melhoramentos para a consideração de deslocamentos relativos que ocorrem entre o geossintético e o material de fundação e do corpo do aterro, nas regiões de ancoragem adjacentes à cavidade.

FIGURA 4-48
Ação do geossintético de reforço: H = altura do aterro a proteger, B = diâmetro da cavidade, B_s = diâmetro da bacia na superfície, d_g = flecha do geossintético, d_s = deformação na superfície (adaptado de Blivet et al., 2006).

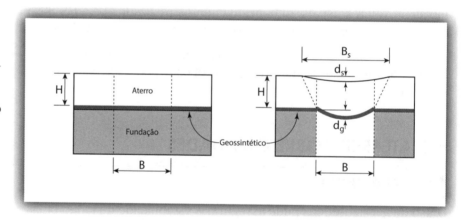

Na literatura, encontram-se diversos métodos de dimensionamento, dos quais serão aqui descritos três: o método de Giroud, o método RAFAEL e o método da norma inglesa BS 8006 (1995). Embora já exista boa experiência acumulada e resultados de ensaios, os diversos métodos em uso apresentam valores de resultados algo diferentes, que podem ser explicados pela observação de Huckert et al., 2014: "A concepção de tais estruturas continua a ser problemática devido a mecanismos complexos, combinando arqueamento, efeito de membrana e transferência de carga dentro do aterro reforçado sobreposto a uma cavidade".

O apresentado a seguir considera solos com resistência ao cisalhamento, mobilizada exclusivamente por atrito. Casos de aterros reforçados de solos com coesão, ou de solos tratados, ainda são objeto de estudos.

4.8.2 Produtos utilizados

Geogrelhas e geocompostos resistentes são particularmente indicados para reforço de aterros sujeitos à subsidência do terreno de fundação, necessitando para seu emprego apresentar:

a) alta resistência e módulo a tração;
b) vida útil da ordem de 100 anos;
c) resistência à ação química de substâncias agressivas originadas nos aterros sanitários;
d) capacidade de intertravamento com o solo; e
e) facilidade de instalação.

O uso de geossintéticos provê soluções econômicas, bem adaptadas ao meio ambiente e de execução simples. As propriedades importantes para o dimensionamento do geossintético neste caso, caso de reforço, são a resistência à tração e o módulo à tração do geossintético.

4.8.3 Estados Limites

O dimensionamento de aterros com reforço de base cobrindo cavidades leva em conta três estados limites, relacionados ao reforço de geossintéticos. Estes estão mostrados na Figura 4-49. Existem dois estados limites últimos, ou seja, modos de colapso, que tratam da ruptura e da falha de aderência do reforço de base na região de ancoragem. E há um estado de limite de serviço, isto é, um modo de deformação, onde o reforço de base deforma e sofre deflexão, mas a funcionalidade da superfície do aterro é mantida.

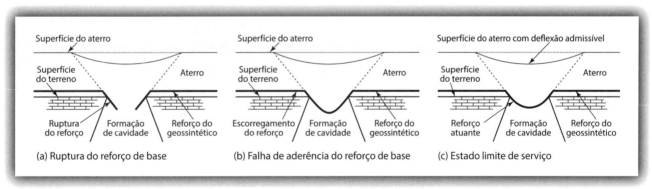

FIGURA 4-49
Estados limites para aterros com reforço de base recobrindo cavidades (adaptado de Lawson e Yee, (2011)).

Vários parâmetros do aterro (geométricos e de material) estão associados com a manutenção do estado limite de serviço. Os parâmetros geométricos de interesse estão mostrados na Figura 4-50. Para este estado limite o critério é normalmente descrito em termos de uma deformação diferencial admissível na superfície – a razão d_s/D_s na Figura 4-50, onde d_s é a deformação vertical máxima na superfície, devida à formação do vazio na fundação do aterro, e D_s é a extensão horizontal dessa deformação superficial.

Resultados obtidos com modelos contínuos de diferenças finitas mostram que a deformação diferencial de superfície d_s/D_s está relacionada com a razão H/D e com o módulo à tração do reforço de base J, sendo a variável principal a razão H/D e o módulo à tração, tendo uma influência secundária. Soluções apropriadas de manutenção de limite de serviço são obtidas por uma combinação adequada de razão H/D e módulo do reforço à tração J.

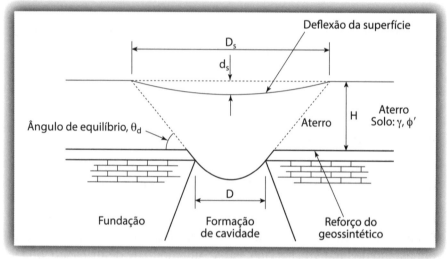

FIGURA 4-50
Parâmetros associados com o estado limite de serviço (adaptado de Lawson e Yee, 2011).

A Tabela 4-12 lista os limites de serviço, em termos de deformação diferencial de superfície, para quatro casos de aplicação.

TABELA 4-12 Limites recomendados de deformação diferencial de superfície (Lawson; Yee, 2011)	
Parques e passeios	$d_s/D_s \leq 5\%$
Estradas secundárias, tráfego sob baixas velocidades	$d_s/D_s \leq 2\%$
Rodovias, tráfego sob altas velocidades	$d_s/D_s \leq 1\%$
Fundações de plataformas ferroviárias	$d_s/D_s \leq 0,5\%$

Com o desenvolvimento de cavidades da ordem de 10 a 20 m de largura pode não ser possível projetar contra o caso de limite último. Neste caso, o colapso da estrutura é inevitável e precauções estruturais restringem-se a fornecer o aviso do colapso, a fim de que a perda de vidas possa ser evitada e, se necessário, para permitir a mobilização de medidas de emergência. Normalmente o objetivo do projeto é, neste caso, fornecer prazo seguro de 24 horas de perda de capacidade de serviço até o colapso total. No caso de pequenos vazios (1 a 8 m de diâmetro) o objetivo do projeto é manter a capacidade portante de longo prazo (Jones; Cooper, 2005).

4.8.4 Dimensionamento e cálculo de deflexão de reforço

Muitos são os casos de carregamento aplicado sobre um sistema de camadas solo/geossintético, o qual pode eventualmente recobrir um vazio. Tais ocorrências são comuns em terrenos sujeitos à subsidência, servindo de fundação para aterros rodoviários ou para a construção de reservatórios.

Em terrenos sujeitos à formação de cavidades deve-se assegurar que a camada de geossintético suporte as cargas aplicadas pelo solo sobreposto e por qualquer outra causa – como o carregamento aplicado pelo tráfego em uma estrada ou pelo líquido em um reservatório – sem sofrer ruptura ou deformação excessiva. Sujeito a carga, o sistema solo/geossintético sofre deflexão sobre a cavidade, podendo ocorrer três situações, como mostra a Figura 4-51.

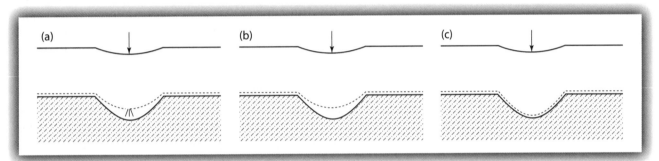

FIGURA 4-51
Possíveis desempenhos de um geossintético sobre cavidades.
a) o geossintético se rompe;
b) o geossintético sofre deflexão limitada e vence o vão do vazio;
c) o geossintético sofre deflexão até entrar em contato com o fundo do vazio (adaptado de Giroud et al., 1990).

Mecanismo resistente idealizado para o geossintético

Suponha-se uma camada de solo e o geossintético subjacente inicialmente apoiados sobre um terreno firme de fundação. Após algum tempo, surge uma cavidade sob o geossintético, que sofre deflexão, com o peso da camada de solo e dos carregamentos aplicados. A deflexão causa dois efeitos: a flexão da camada de solo e o estiramento do geossintético.

A flexão do solo faz surgir o efeito de arqueamento em seu interior, transferindo parte das cargas aplicadas para o exterior da área da cavidade, como mostra a Figura 4-52. Em decorrência, a tensão vertical (σ_v) sobre a área da cavidade é menor do que a tensão média geostática, $\sigma_{v\,med}$ ($= \gamma \cdot H + q$), em razão do peso da camada de solo de espessura H e peso específico γ bem como do carregamento uniformemente distribuído de taxa q.

FIGURA 4-52
Efeito de arqueamento sobre a distribuição de tensão vertical (adaptado de Giroud et al., 1990).

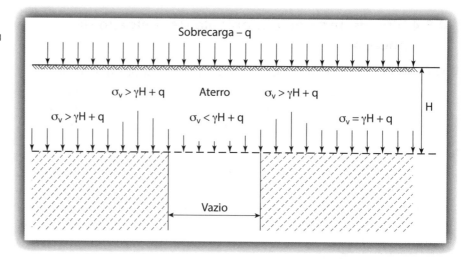

O estiramento do geossintético mobiliza uma parcela de sua resistência a tração. Em consequência, ele passa a atuar como uma membrana tracionada, tornando-se capaz de suportar cargas aplicadas perpendicularmente à sua superfície de colocação. Como resultado do estiramento, dois casos devem ser considerados, como segue:

- No primeiro caso, o geossintético estirado entra em contato com o fundo do vazio. A parcela mobilizada da resistência do geossintético suporta uma parte do carregamento normal à sua superfície. O restante da carga é transmitido para o fundo do vazio.

- No segundo caso, o geossintético não se deforma o suficiente para entrar em contato com o fundo do vazio. Nessa situação, ou o geossintético é resistente o suficiente para suportar a carga normal em sua superfície ou ele se rompe. Esta segunda possibilidade é a mais crítica em termos de solicitação do geossintético, pois este responde por toda a capacidade de suporte.

Em resumo, após o surgimento de uma cavidade, o sistema formado pelo solo e pelo geossintético sofre deformação, e o geossintético estira-se até o rompimento ou até atingir um estado de equilíbrio, apoiado sobre o fundo ou não.

Na exposição a seguir, é admitida a pior condição de solicitação do geossintético. Ou seja, que o geossintético vence o vão sem se apoiar sobre o fundo da cavidade.

As determinações da tensão vertical aplicada sobre o plano do geossintético e também do esforço de tração são feitas em separado, segundo o processo proposto por Giroud et al. (2000). Para se determinar a tensão vertical sobre o geossintético, o comportamento do solo é analisado por meio da teoria clássica do arqueamento, de Terzaghi (1943). Já para se estabelecer uma relação entre a tensão vertical sobre o geossintético e a deflexão, a deformação e o esforço de tração sobre ele, emprega-se a teoria das membranas tracionadas.

Teoria do arqueamento

O vazio formado sob o geossintético pode ser circular (de diâmetro $2r$) ou retangular de comprimento infinito (de largura b). A camada de solo sobre o geossintético é considerada horizontal, de espessura H, peso específico γ, e sujeita a uma sobrecarga uniforme de taxa q, como mostra a Figura 4-53.

Quando o geossintético sofre deflexão, o arqueamento se desenvolve na camada de solo, fazendo surgir tensões cisalhantes ao longo das superfícies AB e A'B' da Figura 4-53.

Efeito de arqueamento sobre vazio de comprimento infinito

Terzaghi estabeleceu equações para o efeito de arqueamento sobre um vazio de comprimento infinito, admitindo que a transferência lateral de carga ocorre por meio das tensões cisalhantes ao longo dos planos verticais AB e A'B' da Figura 4-53.

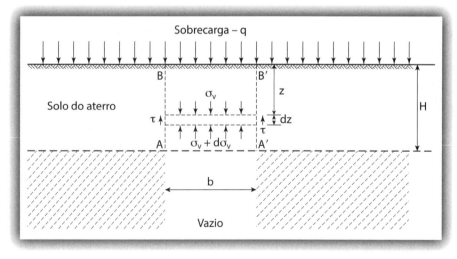

FIGURA 4-53
Determinação da tensão p sobre o geossintético, considerando-se o efeito de arqueamento (adaptado de Giroud et al., 1990).

A equação de equilíbrio vertical para o elemento infinitesimal mostrado na Figura 4-53 conduz à expressão:

$$d\sigma_v = \left(\gamma - 2\frac{\tau}{b}\right)dz \qquad [4\text{-}88]$$

A tensão de cisalhamento ao longo dos planos verticais AB e A'B' é expressa pela equação de Coulomb:

$$\tau = c + \sigma_h \cdot \operatorname{tg}\phi \qquad [4\text{-}89]$$

A relação entre a tensão vertical e a horizontal é expressa por meio do coeficiente de empuxo K:

$$\sigma_h = K \cdot \sigma_v \qquad [4\text{-}90]$$

Substituindo as Equações [4-89] e [4-90] em [4-88], obtém-se a equação diferencial ordinária:

$$\frac{d\sigma_v}{dz} + \left(\frac{2}{b} \cdot K \cdot \operatorname{tg}\phi\right) \cdot \sigma_v - \left(\gamma - 2 \cdot \frac{c}{b}\right) = 0 \qquad [4\text{-}91]$$

cuja solução, aplicando-se a condição de contorno $\sigma_v = q$ para $z = 0$, é dada por:

$$\sigma_v(z) = \frac{b\left(\gamma - 2 \cdot \dfrac{c}{b}\right)}{2 \cdot K \cdot \operatorname{tg}\phi}\left[1 - e^{-K \cdot \operatorname{tg}\phi(2 \cdot z/b)}\right] + q \cdot e^{-K \cdot \operatorname{tg}\phi(2 \cdot z/b)} \qquad [4\text{-}92]$$

onde: z é a altura do aterro, γ é o peso específico e ϕ é o ângulo de atrito interno do solo, K é coeficiente de empuxo ativo e q é uma sobrecarga aplicada sobre o aterro.

Para aplicações práticas, é conveniente desprezar a coesão (c) do solo. Considerando-se ainda o uso de expressões empíricas para o coeficiente de empuxo, como, por exemplo, a expressão de Jaky ($K = 1 - \operatorname{sen} \phi$), observa-se que o produto $K \tan \phi$ não varia significativamente para $\phi < 20°$, assumindo um valor em torno de 0,25. Cabe observar que, para valores de $\phi < 20°$, não há desenvolvimento sensível de arqueamento.

Aplicando-se essas considerações à Equação [4-92], a pressão p sobre o geossintético será a tensão σ_v calculada para a profundidade $z = H$. Assim:

$$p = 2 \cdot \gamma \cdot b(1 - e^{-0,5 \cdot (H/b)}) + q \cdot e^{-0,5 \cdot (H/b)} \qquad [4\text{-}93]$$

A Figura 4-54 mostra a influência da profundidade relativa H/b sobre a carga distribuída p incidente sobre o geossintético. Note-se que a primeira parcela na Equação [4-93] representa a contribuição devida ao peso próprio do aterro, e a segunda a contribuição devida à sobrecarga. No exemplo numérico foram adotados os seguintes parâmetros: largura de cavidade $b = 2$ m, peso específico do aterro $\gamma = 15$ kN/m^3, e sobrecarga $q = 10$ kN/m^2 (e ângulo de atrito do solo do aterro $\phi \geq 20°$).

Nota-se que não é necessário considerar altura de aterro maior do que três ou quatro vezes o diâmetro (largura) da cavidade, isto é, razão (H/b) maior do que três ou quatro, já que a taxa de carga sobre o geossintético tende a um valor assintótico limite.

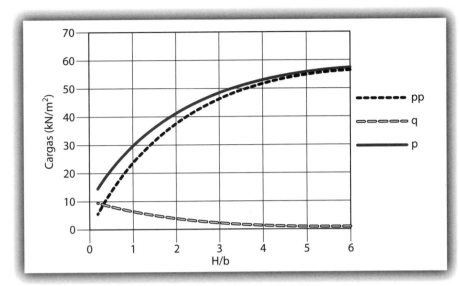

FIGURA 4-54
Carga distribuída sobre geossintético recobrindo cavidade considerando efeito de arqueamento (*pp* – parcela de peso próprio, *q* – parcela de sobrecarga e *p* – carga distribuída sobre o geossintético, em kN/m²).

Efeito de arqueamento sobre vazio circular

De forma análoga, para o caso de vazio circular, partindo da equação de equilíbrio para o elemento infinitesimal

$$d\sigma_v \left[\gamma - 2\frac{\tau}{r}\right] dz \qquad [4\text{-}94]$$

chega-se à expressão da pressão p sobre o geossintético sobre uma cavidade circular de raio r:

$$p = 2\gamma r(1 - e^{-0,5\cdot(H/r)}) + q \cdot e^{-0,5\cdot(H/r)} \qquad [4\text{-}95]$$

Como observa Giroud et al., (1990), a teoria de arqueamento de Terzaghi não considera a dilatância do solo, que pode aumentar a tensão horizontal, aumentando assim a capacidade de arqueamento do solo. Desta forma, a taxa de carga distribuída sobre o reforço pode ser considerada a favor da segurança para solos compactos. Por outro lado, a análise pode ser não conservadora para solos fofos que tendem a se contrair quando cisalhados.

Teoria da membrana tracionada

Admitindo-se que:

a) o problema é de estado plano;
b) o reforço de comprimento original b é fixo em cada extremidade;
c) o reforço é sujeito a uma carga vertical uniformemente distribuída p;
d) a carga permanece constante e vertical após a ocorrência da deformação;

e) não há nenhum deslocamento horizontal dos vários pontos do reforço durante a deflexão;

f) o geossintético é assumido de comportamento elástico linear ($T = J \cdot \varepsilon$, onde ε é a deformação, T a força de tração no geossintético, e J o módulo à tração do geossintético, definido para uma largura unitária do reforço).

A geometria de referência para o cálculo do esforço de tração no geossintético está indicada na Figura 4-55.

A forma deformada do geossintético, observada em ensaios de campo e modelagens numéricas, se aproxima muito das formas de arco circular ou de curva parabólica, assumidas nos métodos de cálculo.

Métodos de dimensionamento

Existem diferentes métodos de dimensionamento de aterros sobre cavidades na literatura. Os modelos são diversos e variados e não se apoiam sobre as mesmas hipóteses e princípios. Contudo, o comportamento de membrana do geossintético é uma hipótese constante que é empregada na maior parte dos métodos. Eles permitem obter uma boa estimativa da deformação e do comportamento do geossintético sob as cargas devidas ao peso próprio do solo do aterro e de eventuais sobrecargas.

FIGURA 4-55
Caso de carregamento: a) antes da deflexão e b) depois da deflexão (adaptado de Gourc e Villard, 2000).

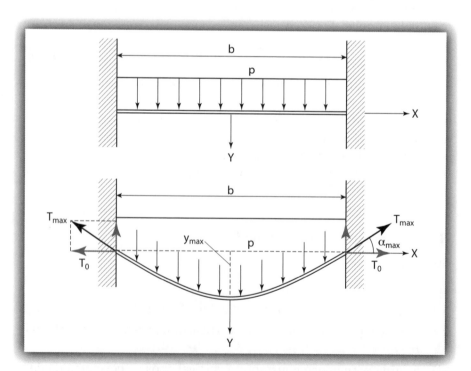

Aplicações em Reforço de Solos

São apresentados aqui três dos principais modelos utilizados na prática, o de Giroud (1990), o da norma inglesa BS 8006 (1995) e o método utilizado no projeto RAFAEL.

A) Método de Giroud

Esforço de tração no geossintético sobre cavidade de comprimento infinito e largura b

Como mostra a Figura 4-56, a deformação do geossintético é semelhante a uma superfície cilíndrica, reduzindo-se a um arco de curva circular de corda b e flecha y em seção transversal.

A deformação específica ε é obtida da relação entre o comprimento do arco e o comprimento inicial expresso, pelo comprimento da corda b é dada por:

$$1 + \varepsilon = \left(\frac{b^2 + 4y^2}{4by}\right) \text{arcsen}\left(\frac{4by}{b^2 + 4y^2}\right) \qquad [4\text{-}96]$$

(válida para y/b $\leq$ 0,5).

Colocando-se nessa expressão

$$\left(\frac{4by}{b^2 + 4y^2}\right) = \left(\frac{4\left(\frac{y}{b}\right)}{1 + 4\left(\frac{y}{b}\right)^2}\right) = x = \text{sen}\,\alpha \qquad [4\text{-}97]$$

a Equação [4-90] simplifica-se para:

$$1 + \varepsilon = \frac{1}{x} \cdot \text{arcsen}\,x \qquad [4\text{-}98]$$

Do equilíbrio estático na direção vertical,

$$2\,T \cdot \text{sen}\,\alpha - p \cdot b = 0 \qquad [4\text{-}99]$$

pode-se finalmente determinar o esforço de tração (T), por metro de comprimento do geossintético, com base no esquema estático ilustrado na Figura 4-56:

$$T = \frac{p \cdot b}{2 \cdot x} \qquad [4\text{-}100]$$

FIGURA 4-56
Configuração deformada do geossintético em forma de arco circular.

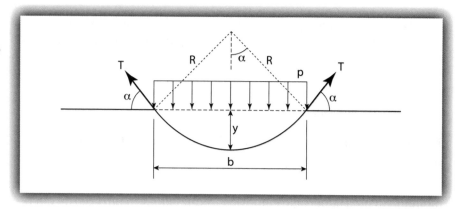

Esforço de tração no geossintético sobre cavidade circular de raio r

No caso de vazio circular, a deformação não é uniforme, obtendo-se apenas um valor aproximado para a deformação específica ε com o uso da Equação [4-98].

De forma semelhante ao caso de cavidade de comprimento infinito, obtém-se um valor aproximado para o esforço de tração por metro de perímetro da cavidade, por meio da expressão:

$$T = \frac{p \cdot r}{2 \cdot x} \qquad [4\text{-}101]$$

A relação entre o esforço de tração no geossintético e a deformação específica de tração é considerada linear, na forma:

$$T = J \cdot \varepsilon \qquad [4\text{-}102]$$

Parâmetros utilizados no método:

H = altura de solo acima do geossintético;
b = largura da cavidade de comprimento infinito;
r = raio da cavidade circular;
γ = peso específico do solo acima do geossintético;
q = sobrecarga uniforme aplicada na superfície do terreno;
p = tensão normal aplicada sobre o geossintético;
c = coesão do solo;
ϕ = ângulo de atrito do solo, em graus;
T = esforço de tração no geossintético, em kN/m;
σ_h, σ_v = tensão normal horizontal e vertical, respectivamente;
K = coeficiente de empuxo;
τ = tensão de cisalhamento;

Aplicações em Reforço de Solos

ε = deformação específica do geossintético;

J = módulo à tração do geossintético, em kN/m.

FRT = fator de redução global, para a resistência do geossintético a tração.

Sequência de cálculo

Para a geometria do problema e certa dimensão de vazios esperados, determinar a pressão vertical sobre o geossintético utilizando as expressões:

$$p = 2 \cdot \gamma \cdot b(1 - e^{-0,5 \cdot (H/b)}) + q \cdot e^{-0,5 \cdot (H/b)} \qquad [4\text{-}103]$$

(vazio infinito de largura b)

$$p = 2 \cdot \gamma \cdot r(1 - e^{-0,5 \cdot (H/r)}) + q \cdot e^{-0,5 \cdot (H/r)} \qquad [4\text{-}104]$$

(vazio circular de raio r)

Selecionar a deformação específica ε máxima que pode sofrer o sistema solo/geossintético, deformação essa que não deve causar a ruptura do geossintético, nem danos nos materiais sobrepostos. Com o valor da deformação específica ε escolhida, determinar o valor de x que verifica a Equação [4-98], que pode ser reescrita na forma:

$$\frac{\text{sen}\left[x \cdot (1 + \varepsilon)\right]}{x} - 1 = 0 \qquad [4\text{-}105\text{a}]$$

Resolvendo-se a Equação [4-105a], por tentativas obtém-se o valor de x, e se pode determinar o esforço de tração no geossintético por meio das expressões:

$$T = \frac{p \cdot b}{2 \cdot x} \text{ (vazio infinito de largura } b) \qquad [4\text{-}106]$$

$$T = \frac{p \cdot r}{2 \cdot x} \text{ (vazio circular de raio } r) \qquad [4\text{-}107]$$

Com o esforço de tração T determinado e com a deformação específica ε correspondente, pode-se determinar o módulo à tração do geossintético: $J = T/\varepsilon$, que atenda à condição de deflexão relativa y/b.

O esforço de tração requerido do geossintético selecionado deve atender à condição:

$$T_{req} = T \times FRT \qquad [4\text{-}108]$$

onde FRT é o fator de redução global, que leva em consideração a natureza do geossintético, as condições de instalação, o meio ambiente e a vida útil da obra (para mais detalhes sobre o FRT, ver definição no item 4.3.6).

Para valores de deflexão relativa $y/b \leq 0,30$ para cavidades lineares (ou $y/2r \leq 0,30$) Giroud (1995) mostrou que

$$\varepsilon \approx \frac{8}{3} \cdot \left(\frac{y}{b}\right)^2 \qquad [4\text{-}109]$$

Giroud chama a atenção para o fato de que este resultado foi obtido com o truncamento de séries de expansão de funções em séries de potências de (y/b), e que, deste modo, ele aproxima a deformação do geossintético quando a deflexão relativa é pequena, até deflexão relativa da ordem de $y/b = 0,30$. Esta deflexão relativa, geralmente é menor do que os valores impostos, em função de limites de serviço para operação de vias rodoviárias e ferroviárias e de reforço de liners e coberturas de aterros sanitários.

Ademais, assinala Giroud, que esta expressão aproximada é conveniente, porque diferentemente das duas expressões rigorosas, determinadas para deformada parabólica e circular, ela pode ser usada para colocar a deflexão relativa y/b, de forma explícita, em função da deformação específica ε:

$$\frac{y}{b} \approx \sqrt{\frac{3\varepsilon}{8}} \qquad [4\text{-}110]$$

O emprego das Equações [4-109] e [4-110] evita o cálculo iterativo de solução da Equação [4-98], para definir a deformação específica de tração ε em função da deflexão relativa y/b, ou vice-versa. Observe-se que para deflexão relativa $y/b = 0,30$ corresponde deformação específica do geossintético $\varepsilon = 0,24$, ou 24%, o que deve abranger a faixa de valores admissíveis de deformação estabelecidos para o aterro a reforçar na maioria dos casos.

B) Método RAFAEL

Esforço de tração no geossintético sobre cavidade circular

No método RAFAEL a deflexão do geossintético d_g é associada à deflexão na superfície do aterro d_s. Os resultados de ensaios sobre cavidades circulares mostraram que a ruptura do solo segue uma forma cilíndrica, como mostra a Figura 4-57, que acompanha a vertical dos bordos da cavidade e produz uma descompactação do solo.

A flecha d_g ao nível do geossintético é função da deformação de recalque na superfície d_s, da espessura dos materiais de cobertura H e do coeficiente de expansão C_e do solo do aterro. O coeficiente de expansão C_e é definido como a relação entre o volume de solo descompactado V_{sd} e o volume de solo inicial antes da descompactação V_s, isto é $C_e = V_{sd}/V_s$.

Aplicações em Reforço de Solos

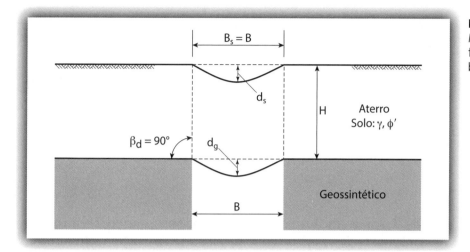

FIGURA 4-57
Método RAFAEL – ruptura de tipo cilíndrico e deflexão parabólica.

Correlacionando o volume do tronco de cilindro inicial, com o do material expandido depois da formação da cavidade, as deformações relativas e absolutas são relacionadas pelas seguintes expressões:

$$\frac{d_g}{B} = \frac{d_s}{B} + \frac{2H(C_e - 1)}{B} \qquad [4\text{-}111]$$

e

$$d_g = d_s + 2H(C_e - 1) \qquad [4\text{-}112]$$

Considerando-se que a forma deformada do reforço se ajusta a uma parábola, da equação de equilíbrio da metade do arco de parábola AB (estado plano de deformação), tomando momentos em relação ao ponto B, resulta:

$$y_0 = \frac{pb^2}{8T_0} \qquad [4\text{-}113]$$

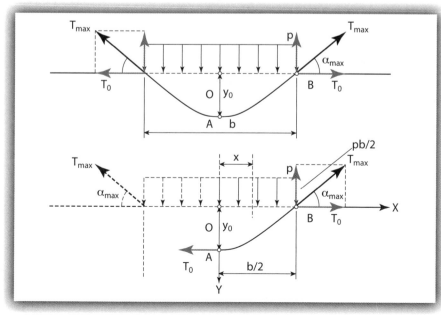

FIGURA 4-58
Método RAFAEL – esforço de tração ao longo do geossintético.

E para um ponto de abcissa x qualquer ao longo de AB, da mesma forma decorre:

$$y(x) = \frac{pb^2}{8T_0} - \frac{qx^2}{2T_0}$$ [4-114]

E a deflexão máxima é igual à y_0, abaixo designada simplesmente como y, assim:

$$y = y_0 = y_{max} = \frac{pb^2}{8T_0}$$ [4-115]

O esforço de tração máxima no geossintético, que ocorre no ponto B é a resultante da componente horizontal T_0 e da componente vertical, de módulo igual a $pb/2$:

$$T_{max} = \sqrt{T_0^2 + \left(\frac{pb^2}{2}\right)}$$ [4-116]

e onde

$$T_0 = \frac{pb}{2\beta}$$ [4-117]

é a projeção horizontal de T_{max}, e corresponde ao esforço de tração no ponto médio da membrana, isto é, no vértice da parábola. Ele é definido pela Equação [4-117], na qual $\beta = tg\ \alpha_{max}$ é uma variável obtida resolvendo a Equação [4-118]:

$$\frac{pb}{J} = 3\frac{\left[\beta\sqrt{1+\beta^2} + \arg sen(\beta) - 2\beta\right]}{\left(3+\beta^2\right)}$$ [4-118]

Para valores dados de pb, a carga total sobre a cavidade por metro, e módulo à tração J, pode-se determinar a deflexão relativa y/b e a força de tração máxima T_{max} a ser resistida pelo geossintético, por meio das Equações [4-115] a [4-118].

Sobre a cavidade ocorre variação do esforço de tração ao longo do geossintético, que, pela análise teórica para deformada parabólica, indica que o esforço máximo de tração ocorre junto do trecho de ancoragem. A relação entre o esforço máximo de tração T_{max} no ponto B da Figura 4-58 e o esforço de tração no ponto médio do geossintético, esforço horizontal T_0, é dada por:

$$\frac{T_{max}}{T_0} = \frac{1}{\cos\alpha_{max}}$$ [4-119]

E, portanto, a relação entre as deformações à tração, decorrentes da relação linear $T = J \cdot \varepsilon$, no ponto B e no ponto A, são relacionadas por:

$$\frac{\varepsilon_{\max}}{\varepsilon_0} = \frac{1}{\cos\alpha_{\max}} \qquad [4\text{-}120]$$

Onde $\alpha_{\max}$ é a inclinação do esforço de tração $T_{\max}$ em relação à horizontal, junto à ancoragem, no ponto B. Para razões de deflexão relativa y/b moderadas a razão dada pela Equação [4-119] não se afasta muito da unidade e o esforço de tração no geossintético pode ser determinado com base na deformação média de Giroud, dada pela Equação [4-109]. Esta é a forma de cálculo indicada a seguir, evitando a necessidade de cálculos iterativos para a solução da Equação [4.118].

Sequência de cálculo

O método RAFAEL pode ser sumarizado como segue:

- O geossintético recalca como se fosse uma membrana parabólica. A deformação média do geossintético (para $y/b \leq 0{,}30$) pode ser estimada como:

$$\varepsilon \approx \frac{8}{3} \cdot \left(\frac{y}{b}\right)^2 = \frac{8}{3} \cdot \left(\frac{d_g}{b}\right)^2 \qquad [4\text{-}121]$$

- Se ocorre expansão à medida que o aterro sofre deformação sobre o reforço, o recalque da superfície d_s e o recalque de membrana do geossintético d_g são relacionados por:

$$d_g = d_s + 2H\,(C_e - 1) \qquad [4\text{-}122]$$

- Se p é a carga uniformemente distribuída, transferida sobre o reforço, a força de tração no geossintético é dada por:

$$T = \frac{pb}{2}\sqrt{1 + \frac{1}{6\varepsilon}} = J \cdot \varepsilon \qquad [4\text{-}123]$$

A carga distribuída p sobre o geossintético é calculada pelas Equações [4-103] e [4-104], de Terzaghi.

Verificação em relação à ruptura

A verificação em relação ao estado limite de ruptura é feita tomando por hipótese que o geossintético alonga-se sob sua deformação máxima. O objetivo deste cálculo é verificar se o coeficiente de segurança no que diz respeito à ruptura do geossintético é superior à 2 (considerando-se função provisória da obra após o afundamento).

C) Método BS 8006

Este método baseia-se em experiências de subsidências efetuadas em ausência de reforço por geossintéticos. Também é baseado no conceito de comportamento de membrana do geossintético e na consideração de uma deflexão superficial d_s resultante do afundamento (supõe-se o volume de solo constante). Contrariamente aos dois outros métodos apresentados aqui, no modelo da norma BS 8006, para a zona de ruptura implicada no desmoronamento, é desprezado qualquer efeito de arqueamento para o material contido na região cônica de material mobilizado acima do geossintético. Isto pode ser considerado caso de estado limite último porque a pior condição de carregamento ocorre quando o aterro está em estado de pleno colapso e tem de ser suportado de forma total pelo geossintético de reforço. Neste estado um sistema de deformação controlada é gerado de forma que a máxima deformação diferencial na superfície d_s/D_s é controlada pela máxima deformação admissível do geossintético ε_{max} na base do aterro (Lawson, 1995)

Este método divide-se em duas partes: a determinação da deformação ε no geossintético e a determinação da resistência à tração necessária. Uma correlação direta é formulada entre a deformação do geossintético e a do solo na superfície. O modelo emprega cálculo iterativo até que a resistência à tração necessária no reforço atenda à deformação imposta e à geometria do aterro. Este método mostra que a resistência à tração necessária diminui com o aumento da altura da terraplenagem.

FIGURA 4-59
O modelo da norma inglesa BS 8006.

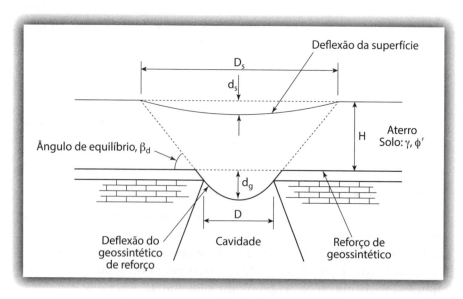

Deformação específica do geossintético para cavidade alongada de largura D

O ângulo de equilíbrio β_d, mostrado na Figura 4-59, é o parâmetro geométrico que define o acréscimo de extensão horizontal da deformação de superfície D_s em relação à largura do vazio sob o reforço D. Uma relação simples é estabelecida como segue.

$$D_s = D + \frac{2H}{\tan \beta_d} \qquad [4.124]$$

A norma inglesa recomenda tomar $\beta = \phi'$ (ângulo de atrito de pico do material). A hipótese para relacionar d_s e d_g é que não ocorre variação de volume do aterro, de forma que a deformação do geossintético, quando se deforma parabolicamente sobre cavidade de largura D, é dada pela seguinte equação (estado plano de tensão):

$$\varepsilon = \frac{8}{3} \cdot \left(\frac{d_s}{D_s}\right)^2 \cdot \left(\frac{D + \dfrac{2H}{\tan \beta_d}}{D}\right)^4 = \frac{8}{3} \cdot \left(\frac{d_s}{D_s}\right)^2 \cdot \left(\frac{d_s}{D}\right)^4 \qquad [4.125]$$

Deformação específica do geossintético para cavidade circular de diâmetro D

Para o caso de cavidade circular a expressão para determinar a deformação do geossintético é dada a seguir:

$$\varepsilon = \frac{8}{3} \cdot \left(\frac{d_s}{D_s}\right)^2 \cdot \left(\frac{D + \dfrac{2H}{\tan \beta_d}}{D}\right)^6 = \frac{8}{3} \cdot \left(\frac{d_s}{D_s}\right)^2 \cdot \left(\frac{d_s}{D}\right)^6 \qquad [4.126]$$

E o esforço de tração no geossintético (sem consideração de sobrecarga) é dado por:

$$T = 0,5 \cdot \lambda \cdot \gamma \cdot H \cdot b \sqrt{1 + \frac{1}{6\varepsilon}} \qquad [4.127]$$

Onde $\lambda = 1$ para estado de deformação plana.

Valores recomendados de β_d são citados na literatura por Lawson e Yee (2011), e estes variam consideravelmente, por exemplo: $\beta_d = 45° + \phi'/2$ (PARRY, 1983), $\beta_d = \phi'_p$ (BS8006, 1995), $\beta_d = 90°$ (BRIANÇON; VILLARD, 2008), $\beta_d = 85°$ (EBGEO, 2010). Resultados de ensaios com modelos reduzidos de Le et al. (2014) mostraram ângulo de planos de escorregamento inclinados de $\beta_d = 45° + \phi'/2$.

4.8.5 Recomendações de instalação

A instalação dos geossintéticos é simples, mas os seguintes detalhes precisam ser observados:

- Quando for necessária a mesma resistência a tração em duas direções, deve-se usar geossintético com igual tração nas duas direções, ou duas camadas superpostas, no caso de geogrelhas uniaxiais com disposição ortogonal e com a necessária tensão de tração em cada direção.

- Nas emendas, deve-se utilizar um sistema de união que permita a transferência do esforço de tração determinado no dimensionamento do geossintético.

- Deve-se calcular o comprimento de ancoragem de acordo com a recomendação de cada fabricante, pois a interação entre o geossintético e o solo varia sensivelmente, em função do tipo de produto utilizado.

4.8.6 Exemplos de cálculo

Exemplo 1 – Método de Giroud

Considerando-se um fator de redução global $FRT = 2,50$, determinar o esforço de tração no geossintético para cavidades com 0,9 m de raio (r), com os seguintes dados:

- altura do material de um aterro sanitário, $H_{as} = 12$ m;
- ângulo de atrito, $\phi'_{as} = 25°$;
- peso específico, $\gamma_{as} = 11$ kN/m^3;
- camada de liner, $H_1 = 0,6$ m;
- ângulo de atrito, $\phi'_1 = 35°$;
- peso específico, $\gamma_1 = 19$ kN/m^3;
- sobrecarga, $q = 0$ kN/m^2.

Considerando-se um peso específico médio para as camadas de aterro e de *liner*, igual a:

$$\gamma_{med} = \frac{(12 \times 11 + 0,6 \times 19)}{(12 + 0,6)} = 11,4 \text{ kN} / \text{m}^3$$

A pressão atuante sobre o geossintético, considerando o efeito de arqueamento, será:

$$p = 2 \times \gamma_{med} \times r(1 - e^{-0,5 \cdot (H_t/r)}) + qe^{-0,5 \cdot (H_t/r)},$$
$$p = 2 \times 11,4 \times 0,9 \, (1 - e^{-0,5 \cdot (12,6/0,9)}) + 0 \times e^{-0,5 \cdot (12,6/0,9)},$$
$$p = 20,5 \text{ kN/m}^2.$$

Aplicações em Reforço de Solos

Adotando-se uma deformação específica máxima para o caso $\varepsilon = 6,7\%$, obtemos para o parâmetro intermediário x, resolvendo a Equação [4-91a] por tentativas, com aproximação até a quarta casa decimal:

$$\frac{\operatorname{sen}\left[x\left(1+\varepsilon\right)\right]}{x} - 1 = 0 \therefore \frac{\operatorname{sen}\left[x\left(1+0,067\right)\right]}{x} - 1 = 0 \therefore x = 0,5808$$

E o esforço de tração no geossintético, sobre cavidade circular resulta:

$$T = \frac{p \cdot r}{2 \cdot x} \therefore T = \frac{20,5 \times 0,9}{2 \times 0,5808} \therefore T = 15,88 \text{ kN / m}.$$

Por fim, o esforço de tração requerido do geossintético é igual a:

$$T_{req} = T \times FRT \therefore T_{req} = 15,88 \times 2,50 \therefore T_{req} = 39,70 \text{ kN/m}$$

Obs.: Para a deformação específica adotada $\varepsilon = 6,7\%$, a deflexão relativa pela expressão aproximada de Giroud:

$$\frac{y}{b} \approx \left(\frac{3\varepsilon}{8}\right)^{\frac{1}{2}} = \left(\frac{3x0,067}{8}\right)^{\frac{1}{2}} - 0,1585 < 0,30$$

A flecha do geossintético deverá ser: $y = 0,1585 \times 0,90 = 0,143$ m.

E o módulo à tração necessário é de valor igual ou maior que

$$J = \frac{T}{\varepsilon} = \frac{15,88}{0,067} - 237 \frac{\text{kN}}{\text{m}}$$

Exemplo 2 – Método de Giroud

Usando-se os mesmos dados do aterro sanitário do Exemplo 1, determinar o esforço de tração no geossintético para cavidades com $r = 4,5$ m e considerando-se $FRT = 2,50$.

Supõe-se para as camadas de aterro e de *liner* um peso específico médio igual a:

$$\gamma_{med} = \frac{(12 \times 11 + 0,6 \times 19)}{(12 + 0,6)} \therefore \gamma_{med} = 11,4 \text{ kN / m}^3$$

A pressão atuante sobre o geossintético, considerando o efeito de arqueamento, é:

$$p = 2 \times \gamma_{med} \, r(1 - e^{-0,5 \cdot (H_t/r)}) + q e^{-0,5(H_t/r)},$$
$$p = 2 \times 11,4 \times 4,5(1 - e^{-0,5 \cdot (12,6/4,5)}) + 0 \times e^{-0,5(12,6/4,5)},$$
$$p = 77,3 \text{ kN/m}^2.$$

Adotando-se uma deformação específica máxima para o caso $\varepsilon = 6,7\%$, obtemos para o parâmetro intermediário x, resolvendo a Equação [4-91a] por tentativas, com aproximação até a quarta casa decimal:

$$\frac{\operatorname{sen}\left[x\left(1+\varepsilon\right)\right]}{x} - 1 = 0 \therefore \frac{\operatorname{sen}\left[x\left(1+0,067\right)\right]}{x} - 1 = 0 \therefore x = 0,5808$$

E o esforço de tração no geossintético sobre cavidade circular resulta:

$$T = \frac{p \cdot r}{2 \cdot x} \therefore T = \frac{77,3 \times 4,5}{2 \times 0,5808} \therefore T = 299,45 \text{ kN / m}$$

Finalmente, o esforço de tração requerido do geossintético é igual a:

$$T_{req} = T \times FRT \therefore T_{req} = 299,45 \times 2,50 \therefore T_{req} = 749 \text{ kN/m}$$

Obs.: De forma similar à do Exemplo 1, para a deformação específica adotada $\varepsilon = 6,7\%$, a deflexão relativa pela expressão aproximada de Giroud é:

$$\frac{y}{b} \approx \left(\frac{3\varepsilon}{8}\right)^{\frac{1}{2}} = \left(\frac{3x0,067}{0,067}\right)^{\frac{1}{2}} = 0,1585 < 0,30$$

A flecha do geossintético deverá ser: $y = 0,1585 \times 9,00 = 1,43$ m. E o módulo à tração necessário é de valor igual ou maior que

$$J = \frac{T}{\varepsilon} = \frac{299,45}{0,067} = 4.470 \frac{\text{kN}}{\text{m}}$$

Exemplo 3 – Método RAFAEL

Para aterro com altura $H = 2,00$ m, peso específico do solo $\gamma = 14 \text{ kN/m}^3$, ângulo de atrito $\phi' = 35°$, diâmetro de cavidade $D = 2,0$ m, recalque na superfície $d_s = 0,08$ m , ou seja, $(d_s/D = 4\%)$, coeficiente de expansão do solo $C_e = 1,03$, e sobrecarga $q = 10 \text{ kN/m}^2$, determinar o recalque esperado para o reforço de geossintético, a deformação de tração, o esforço de tração no geossintético e a rigidez J necessária para o reforço.

A carga distribuída p sobre o geossintético, considerando efeito de arqueamento de Terzaghi é igual a:

$$p = 2\gamma r \left(1 - e^{-0,5 \cdot (H/r)}\right) + q \cdot e^{-0,5 \cdot (H/r)} \qquad [4.104]$$

$$p = 2 \cdot 14 \cdot 1 \cdot \left(1 - e^{-0,5 \cdot (2/1)}\right) + 10 \cdot e^{-0,5 \cdot (2/1)} = 21,38 \text{ kN/m}^2$$

Aplicações em Reforço de Solos

199

O recalque esperado para o geossintético é obtido de:

$$d_g = d_s + 2H(C_e - 1) \qquad [4.112]$$

$$d_g = 0,08 + 2 \cdot 2 \cdot (1,03 - 1) = 0,20 \text{ m}$$

A deformação do geossintético pode ser calculada pela expressão aproximada de Giroud, já que a deflexão relativa $y/D = d_g/D = 0,22/4,0 = 0,055 < 0,30$, assim:

$$\varepsilon \approx \frac{8}{3} \cdot \left(\frac{y}{b}\right)^2 = \frac{8}{3} \cdot \left(\frac{d_g}{b}\right)^2 \qquad [4.109]$$

$$\varepsilon \approx \frac{8}{3} \cdot \left(\frac{0,20}{2}\right)^2 = 0,026666$$

O esforço de tração no geossintético resulta:

$$T = \frac{pb}{2}\sqrt{1 + \frac{1}{6\varepsilon}} = J \cdot \varepsilon \qquad [4.123]$$

$$T = \frac{21,38 \cdot 2}{2}\sqrt{1 + \frac{1}{6 \cdot 0,026666}} = 57,57 \text{ kN/m}$$

E o módulo à tração requerido para o geossintético deve ser:

$$J = T/\varepsilon = 57,57/0,026666 = 2.159 \text{ kN/m}$$

Exemplo 4 – Método BS8006

Para os mesmos dados do Exemplo 3: $H = 2,00$ m, $\gamma = 14$ kN/m^3, $\phi' = 35°$, $D = 2,0$ m, $d_s = 0,08$ m, isto é $d_s/D = 4\%$, e sobrecarga $q = 10$ kN/m^2, determinar o recalque esperado para o reforço de geossintético, a deformação de tração, o esforço de tração no geossintético e a rigidez J necessária para o reforço.

O método é aqui aplicado para duas hipóteses de ângulo de equilíbrio β_d.

a) Para ângulo de equilíbrio $\beta_d = \phi' = 35°$.

O diâmetro da região abatida na superfície é:

$$D_s = D + \frac{2H}{\tan\beta_d} \therefore D_s = 2 + \frac{2 \cdot 2}{\tan 35°} \therefore D_s = 7,715 \text{ m} \qquad [4.124]$$

A deformação do geossintético é obtida de:

$$\varepsilon = \frac{8}{3} \cdot \left(\frac{d_s}{D_s}\right)^2 \cdot \left(\frac{d_s}{D}\right)^6 \therefore \varepsilon = \frac{8}{3} \cdot \left(\frac{0,08}{7,715}\right)^2 \cdot \left(\frac{7,715}{2}\right)^6 \therefore \varepsilon = 0,943 \qquad [4.126]$$

Ou seja, a deformação é igual a ε (%) = 94,3%. E, neste caso, a hipótese de cálculo para o ângulo de equilíbrio β_d conduz a resultado irreal de deformação para o geossintético.

b) Para ângulo de equilíbrio $\beta_d = 45 + \phi'/2 = 62,5°$.

O diâmetro da região abatida na superfície é:

$$D_s = D + \frac{2H}{\tan \beta_d} \therefore D_s = 2 + \frac{2 \cdot 2}{\tan 62,5°} \therefore D_s = 4,082 \text{ m} \quad [4.124]$$

A deformação do geossintético é obtida de:

$$\varepsilon = \frac{8}{3} \cdot \left(\frac{d_s}{D_s}\right)^2 \cdot \left(\frac{d_s}{D}\right)^6 \therefore \varepsilon = \frac{8}{3} \cdot \left(\frac{0,08}{4,082}\right)^2 \cdot \left(\frac{4,082}{2}\right)^6 \therefore \varepsilon = 0,07607 \quad [4.126]$$

Ou seja, a deformação é igual a ε (%) = 7,607%.

Para este valor de deformação deve corresponder razão d_g/D pela hipótese aproximada de Giroud:

$$\frac{y}{b} \approx \sqrt{\frac{3\varepsilon}{8}} \text{ ou } \frac{d_g}{D} \approx \sqrt{\frac{3\varepsilon}{8}} \therefore \frac{d_g}{D} \approx \sqrt{\frac{3 \cdot 0,07607}{8}} \therefore \frac{d_g}{D} \approx 0,169 < 0,30 \quad [4.110]$$

Como a razão relativa d_g/D é menor do que o limite 0,30, o recalque do geossintético pode ser estimado em:

$$\frac{d_g}{D} \approx 0,169 \therefore \frac{d_g}{2} \approx 0,169 \therefore d_g \approx 0,388 \text{ m}$$

A carga distribuída p sobre o geossintético, desconsiderando efeito de arqueamento e incluindo a sobrecarga é igual a

$$p = \gamma H + q \therefore p = 14 \cdot 2 + 10 \therefore p = 38 \text{ kN/m}^2$$

O esforço de tração no geossintético considerando $\lambda = 1$ e a carga distribuída p em lugar de $\gamma \cdot H$, resulta:

$$T = 0,5 \cdot \lambda \cdot \gamma \cdot H \cdot b \sqrt{1 + \frac{1}{6\varepsilon}} \quad [4.127]$$

$$T = 0,5 \cdot 1,0 \cdot 38 \cdot 2 \sqrt{1 + \frac{1}{6 \cdot 0,07607}} \therefore T = 67,88 \text{ kN/m}$$

E o módulo à tração requerido para o geossintético deve ser:

$$J = 67,88 / 0,07607 = 892,3 \quad J \approx 900 \text{ kN/m}$$

Para assegurar fator de segurança mínimo $FS = 2$, deve ser escolhido geossintético com tensão de ruptura

$$T_{\text{req}} = T \times FRT \therefore T_{\text{req}} = 67,88 \times 2,0 \therefore T_{\text{req}} = 136 \text{ kN/m}$$

Aplicações em Reforço de Solos

4.8.7 Comentários finais sobre a aplicação dos métodos de cálculo

O método de Giroud é útil se o objetivo for assegurar fator de segurança adequado à ruptura. Ademais, ele permite a definição de deformação específica para a camada de reforço de geossintético, mas não trata da estimativa de recalque absoluto ou diferencial da superfície do aterro.

O método RAFAEL permite considerar o estado limite de serviço e estabelecer relação entre o recalque superficial (absoluto ou diferencial) e a deformação específica do geossintético de reforço. Pela calibração do método, com resultados experimentais em verdadeira grandeza, parece conduzir aos melhores resultados de aplicação.

O método baseado na norma inglesa BS8006 produz resultados que dependem fortemente do ângulo de equilíbrio β_d adotado, relacionando o recalque diferencial na superfície ao recalque diferencial do geossintético de reforço. No exemplo mostrado, a adoção de ângulo $\beta_d = 45° + \phi'/2$ produziu esforço de tração semelhante ao método RAFAEL, e exigência de módulo à tração menor. A adoção de ângulo $\beta_d = \phi'$ produziu resultado irreal.

A sugestão para uso prático é o emprego do método RAFAEL, que apresenta boa comprovação com resultados de ensaios de campo.

4.9 REFORÇO DE BASE DE PAVIMENTOS

4.9.1 Introdução

Glicério Trichês
André K. Kuchiishi
Tiago Vieira
Liedi B. Bernucci

No Brasil, a maioria dos pavimentos é classificada como flexível. Ou seja, sua estrutura é formada por um sistema composto por revestimentos asfálticos e camadas de base, sub-base e reforços do subleito constituídas por materiais granulares ou de solo, assentados sobre o subleito. Os subleitos são constituídos pelo solo natural existente ou resultante dos trabalhos de terraplenagem. O comportamento dos solos e materiais granulares pode ser considerado quase que elástico, porém não linear, ou seja, dependente da magnitude das tensões aplicadas e das condições de confinamento.

Em algumas dessas estruturas de pavimento flexíveis, tem-se observado que o emprego de camadas granulares diretamente sobre subleitos de baixa capacidade de suporte (ou mal compactados), pode levar aos problemas a seguir relatados:

- Redução de espessura e da resistência da camada granular pela cravação ou "agulhamento" do material granular no subleito ou na camada final de terraplenagem. Isso ocorre tanto na fase construtiva, quanto também decorre da repetição de solicitação de tráfego,

FIGURA 4-60
Redução de espessura e da resistência por cravação do material granular no subleito ou camada final de terraplanagem de baixa capacidade de suporte.

que promove, em presença de água, ascensão do solo plástico para os vazios da camada granular por bombeamento, como ilustra a Figura 4-60;

- Heterogeneidade do estado da camada granular. Decorre de problemas nos serviços de compactação da camada granular, em decorrência da baixa capacidade de suporte do subleito, e resulta em menor densificação da parte inferior da camada granular compactada, que fica em contato com o subleito. Associa-se a isso o fato de solos de baixa capacidade oferecerem baixa resistência ao deslocamento lateral dos agregados. Tem-se, então, que o fundo ou parcela inferior da camada granular irá "trabalhar" com menores valores de módulo de resiliência e são, em geral, também de respostas heterogêneas.

A combinação desses problemas pode levar, principalmente, à manifestação das seguintes patologias na estrutura do pavimento:

- afundamento de trilha de roda, como se vê na Figura 4-61a, ou ainda afundamentos localizados plásticos com ou sem trincamento, rupturas localizadas, entre outros; e/ou

- trincamento por fadiga do revestimento, como ilustra a Figura 4-46b, podendo estar associado ao bombeamento de finos pelas trincas, desagregação da mistura asfáltica e possível ocorrência de panelas.

Uma das tecnologias disponíveis no meio rodoviário para controlar ou mesmo reduzir a um mínimo a manifestação dessas patologias, está na utilização de geossintéticos como camada de reforço de base.

FIGURA 4-61
(a) afundamento em trilha de roda e
(b) trincamento por fadiga do revestimento asfáltico.

Aplicações em Reforço de Solos

Além disto, o emprego de geossintéticos pode reduzir espessuras de projeto de camadas granulares, como ilustra a Figura 4-62, ou aumentar a vida/período de projeto do pavimento, e também atuar como elemento separador e filtrante (Figura 4-63a) e elemento de reforço (Figura 4-63b).

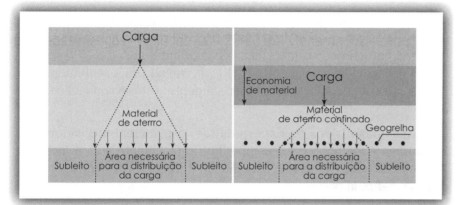

FIGURA 4-62
Aumento da área de distribuição de tensões no subleito diminuindo as espessuras das camadas.

FIGURA 4-63
Benefícios gerados pela presença de um geossintético
(a) o geotêxtil atua como elemento separador e filtrante de base;
(b) a geogrelha atua como elemento de reforço e confinante de base.
(c) obra de pavimentação com geogrelha atuando como reforço e confinante de base granular.

4.9.2 Aplicações de geossintéticos em pavimentos

Para demonstrar a efetiva contribuição do emprego de geossintéticos na separação, filtração e reforço de camadas de estruturas de pavimentos flexíveis, muitas pesquisas foram executadas, de maneira geral analisando a influência das seguintes variáveis no desempenho do pavimento:

- espessura da camada granular a ser reforçada;
- posição relativa do geossintético na camada granular;
- características mecânicas do geossintético;
- capacidade de suporte (CBR) da camada de assentamento; e
- forma de aplicação do carregamento: estático ou cíclico.

Em quase todos os experimentos, o principal indicador que quantifica a melhoria do desempenho do pavimento com a inclusão do geossintético é a taxa de benefício de tráfego, TBR (*traffic benefit ratio*), definida por:

$$\text{TBR} = \frac{N_{\text{geo}}}{N} \qquad\qquad [4\text{-}128]$$

em que:

N_{geo} é o número de repetições do eixo padrão de 82 kN que produz um determinado afundamento em trilha de roda (T_R) no pavimento com o geossintético; e

N é o número de repetições do eixo padrão de 82 kN que produz o mesmo afundamento em trilha de roda (T_R) no pavimento sem o geossintético.

Em geral, adota-se T_R entre 20 e 25 mm (ou uma polegada) para indicar a falha ou "ruptura" da estrutura do pavimento. Em situações de pavimentos de rodovias ou vias de tráfego pesado, os afundamentos limites admitidos são em geral de 1/2" (ou 12,5 mm); em rodovias concessionadas, tem sido admitido no Brasil, pelas agências regulamentadoras, afundamentos em trilha de roda de no máximo 7 mm.

Alguns estudos de caso

Melhorias no desempenho do pavimento com a inserção de um geossintético foram observadas em experimentos de laboratório envolvendo a aplicação de carga estática (KLEIN et al., 2003) e cíclica (CANOELLI et al., 1996; HASS et al., 1988; MIURA et al., 1990), bem como em experimentos em verdadeira grandeza, construídos com equipamentos industriais (ANDERSON; KILLEAVY, 1989; MIURA, 1990). Os resultados obtidos indicam que os pavimentos reforçados apresentam vida ou período de projeto de três a dez vezes maior em comparação com uma seção similar de

Aplicações em Reforço de Solos

205

pavimento não reforçado; no caso de espessura da camada de base granular, os experimentos mostram uma redução de 20 a 50% graças aos geossintéticos.

Experimentos com o uso de geotêxteis conduzidos por Brown et al. (1982), Halliday e Potter (1984), citados por Perkins et al. (1998) e Ruddook et al. (1982), indicaram uma inibição muito pequena no desenvolvimento de trilha de roda. Estudos desenvolvidos por Anderson e Killeavy (1989) e Canoelli et al. (1996) demonstraram que as geogrelhas são superiores aos geotêxteis quando empregados como elemento de reforço.

Entre 1984 e 1992, o Corpo de Engenheiros do Exército dos Estados Unidos (USACE), em Vicksburg, e as universidades do Alasca, de Waterlloo e de Nottingham conduziram quatro grandes experimentos, cujo principal objetivo foi avaliar a eficiência de diferentes tipos de geogrelhas no reforço de camada de base de pavimentos (Tensar Corporation, 1996). As espessuras da camada de base variaram de 15,0 a 30,0 cm e a capacidade de suporte do solo de fundação (CBR) variou de 1,0 até 8,0%. O desempenho das geogrelhas foi avaliado por meio da taxa de benefício de tráfego. Os experimentos permitiram chegar às seguintes conclusões:

- a TBR para os diferentes tipos de geogrelhas avaliados varia de 2 a 4, definida para afundamentos em trilhas de roda entre 25 e 30 mm;

- as geogrelhas com maior módulo secante conduzem a maiores valores de TBR (Equação [4.128] anterior);

- quanto maior a capacidade de suporte do solo de fundação, menor a eficiência da geogrelha na redução da trilha de roda e, portanto, menor a TBR; e,

- o melhor desempenho da estrutura ocorre com a geogrelha posicionada na profundidade entre 18,0 e 26,0 cm, pois trabalha bem sob tração.

Em dois estudos realizados para o Corpo de Engenheiros do Exército dos Estados Unidos sobre o emprego de geossintéticos no reforço da camada de base de pavimentos, White (1991) e Webster (1992) verificaram que:

- a função principal de um geotêxtil em uma rodovia consiste na separação de camadas, evitando a contaminação da camada de base com solo do subleito. Ele não aumenta capacidade estrutural da camada de base; e

- a geogrelha propicia um reforço na camada de base granular; porém, quando esse material é mal graduado, ocorre migração de finos vindos do subleito. Nesses casos, há a necessidade de se usar um conjunto de geogrelha com um geotêxtil, constituindo um geocomposto, a fim de perenizar sua função como reforço de base granular. Já existem no mercado geocompostos que combinam as duas funções, de reforço e de filtração.

A influência de diferentes tipos de geotêxtil no comportamento mecânico de uma camada de areia foi estudada por Abduliyaüwad et al. (1994), verificando-se que, sob carregamento cíclico, quanto mais espessa a camada de areia, menor o benefício introduzido pelo geotêxtil. Por outro lado, quanto mais resistente o geotêxtil, melhor seu desempenho.

Huntington e Ksaibati (2000) realizaram um experimento para verificar a influência de geogrelhas no reforço da camada de base de uma rodovia pavimentada. Eles observaram que as seções com geogrelha apresentaram um ganho de rigidez ou aumento do módulo de resiliência da camada granular, após certo tempo de operação, avaliados por meio de retroanálise de bacias de deflexão (ou bacias de deslocamentos recuperáveis) obtidas com FWD (*falling weight deflectometer*, deflectômetro de impacto). As deflexões indicaram redução de 35% na espessura da camada granular pela inserção da geogrelha.

Pesquisando em laboratório a ação de um carregamento cíclico sobre um subleito reforçado com geogrelha, Chang et al. (1998) verificaram que, para profundidades de instalação superiores a uma vez o diâmetro da área de carregamento (cerca de 20,0 cm), o efeito da geogrelha no reforço é desprezível. Concluíram, ainda, que a eficiência do reforço não está diretamente relacionada com a resistência da geogrelha, e sim com a rigidez do seu material.

Experimento realizado e monitorado durante três anos por Al-Qadi et al. (1998), em rodovia de baixo volume de tráfego, na Virgínia (Estados Unidos), mostrou que, para pequenas espessuras da camada de base (10,0 cm apenas), é evidente a contribuição da presença de um geossintético na redução da profundidade da trilha de roda. Além disso, o desempenho das seções-teste com geotêxtil foi levemente melhor do que as seções com geogrelha. Já para espessuras maiores de camada de base, da ordem de 15,0 a 20,0 cm, a diferença na profundidade da trilha de roda nas diferentes seções testadas com e sem geossintético é mínima, indicando uma eficiência quase nula do geossintético no reforço da camada de base nesses casos.

Dondi (1994) instrumentalizou um segmento de rodovia para analisar o reforço da estrutura propiciado pela incorporação de uma geogrelha, verificando que:

- há um decréscimo de 20% e 15% na deflexão da estrutura quando se emprega uma geogrelha com módulo secante de 1.200 kN/m e 600 kN/m, respectivamente;

- as tensões de tração na geogrelha não são significativas (ao redor de 5 kN/m), mas para melhor mobilizar o efeito de reforço, a geogrelha dever apresentar elevada rigidez; e,
- a presença da geogrelha aumenta a vida de fadiga da estrutura de 2 a 2,5 vezes, dependendo do módulo secante da geogrelha, sendo que, quanto maior o módulo, maior a vida de fadiga.

A aplicação de geogrelhas não reduz o nível deflectométrico da estrutura nos primeiros anos da abertura ao tráfego, segundo Chang et al. (1998). Isso se deve ao fato de a grandeza da medição de deflexão ser da ordem de centésimos de milímetro e, para deslocamento pequeno assim, não se consegue mobilizar plenamente a rigidez da geogrelha.

No Brasil, o uso de geossintéticos em obras de reforço intensificou-se a partir da década de 1980. A Figura 4-64 ilustra a utilização de um geotêxtil como reforço da base granular de um pátio industrial assentado sobre solo siltoso, com CBR = 3%, em local de tráfego e manobras de carretas.

Rezende (1999) utilizou três diferentes formas de aplicar o geotêxtil em bases de solos lateríticos plásticos, em um estudo abrangendo a construção de vários segmentos experimentais, nas proximidades de Brasília. Em uma delas, empregou-se o geotêxtil como membrana de "envelopamento" das camadas de solo plástico, recobrindo a camada em sua totalidade. Em outra, o geotêxtil foi posicionado entre o subleito e a base. No terceiro caso, o geotêxtil foi colocado no topo da camada de base. Os dados de Rezende mostraram que não houve redução da deflexão pelo uso de geotêxtil, pelo menos nos primeiros meses de operação da via.

Vantagens e limitações no uso de geossintéticos em bases

A partir dos resultados e conclusões das pesquisas apresentadas e com base em experiências brasileiras, pode-se formar um conjunto coerente de conceitos sobre o reforço de pavimentos com geossintéticos, conforme segue.

- A presença de um geossintético propicia um aumento da capacidade de carga, restringe o deslocamento lateral do agregado e inibe a contaminação por finos.
- As geogrelhas são muito mais eficientes na redução de trilhas de rodas em pavimentos flexíveis, se comparadas com os geotêxteis.
- Existe um intervalo de espessura ótima da camada de base para a instalação de geogrelhas, e essa espessura se situa entre 15 e 25 cm. Em espessuras de base maiores que 30 cm, a eficiência é

FIGURA 4-64
a) Vista geral de geotêxtil atuando como reforço de base em pátio industrial.
b) Presença de areia como material de bloqueio para prevenir puncionamento do geotêxtil pelos agregados.

insignificante. Nessa condição, as geogrelhas devem ser inseridas no interior da camada de base.

- O uso de reforços geossintéticos para redução de trilhas de rodas em estruturas é eficaz em pavimentos relativamente esbeltos (Número Estrutural entre 2,5 e 3,0 pela AASHTO), construídos sobre subleitos fracos, com CBR menores ou iguais a 3%, segundo TRB (1989).

- Estruturas de pavimentos com geogrelhas apresentam um aumento de duas a quatro vezes em sua vida ou período de projeto, expresso pela TBR. De maneira geral, a TBR diminui com o aumento do CBR do subleito; por outro lado, estruturas com geogrelhas de maior módulo secante tendem a apresentar maior TBR.

- As geogrelhas podem atuar também como elementos separadores de camadas, impedindo a cravação dos agregados no subleito. Podem, porém, ser menos eficientes na separação de camadas se comparadas com os geotêxteis. Isso ocorre caso o subleito gere "lama" em presença de água e o material da camada de base não seja filtrante. O solo plástico pode, por bombeamento, ascender para a camada de base, reduzindo a resistência ao cisalhamento da camada granular.

- A principal função de um geotêxtil dentro de uma estrutura de pavimento é a separação de materiais, podendo também atuar como camada filtrante. Isso possibilita que se mantenha a espessura efetiva da camada de base durante o período de projeto ou operação da rodovia e que se evite a contaminação da camada de base por finos plásticos durante o processo construtivo.

4.9.3 Produtos utilizados

Geotêxteis

Entre as aplicações, o uso mais comum tem sido como separador ou elemento filtrante com o objetivo de prevenir a interpenetração do material da base com o da camada inferior.

Holtz et al. (1995) consideram que as condições do subleito mais apropriadas para o uso de geotêxteis em rodovias são aquelas em que o solo de fundação é argiloso ou siltoso, ou ainda, orgânico, com baixa resistência ao cisalhamento, expressa por CBR < 3% (ou módulo de resiliência < 30 MPa), associado a níveis elevados do lençol freático ou mesmo na superfície. Recomendam, ainda, que a função do geotêxtil dependa da resistência do solo de fundação de acordo com a Tabela 4-13. Note-se que o geotêxtil somente tem função estrutural quando a capacidade de suporte do solo de fundação é extremamente baixa.

TABELA 4-13		
Relação entre a resistência do subleito e a função do geotêxtil [HOLTZ et al., 1995]		
Resistência não drenada (kPa)	CBR do subleito (%)	Função do geotêxtil
60 - 90	2 - 3	Filtração e possibilidade de separação
30 - 60	1 - 2	Filtração, separação e possibilidade de reforço.
< 30	< 1	Todas as funções, incluindo reforço.

O emprego de geotêxteis como camada de bloqueio de reflexão de trincas provenientes de bases de solo trincada para revestimentos asfálticos delgados, como no caso de tratamentos superficiais, é uma das aplicações que pode ser classificada como de separação. Aplicações de geotêxteis com tal finalidade foram experimentadas com sucesso por Ogurtsova et al. (1991) no Estado do Paraná.

Geogrelhas

As geogrelhas são empregadas prioritariamente no reforço de estruturas de pavimento. Quanto ao processo de fabricação, basicamente as geogrelhas podem ser rígidas ou flexíveis. Uma vez que esse elemento é aplicado na região onde ocorrem as deformações máximas de tração, há tendência de que o tipo rígido conduza a um melhor desempenho no reforço da camada granular. Isso porque, no caso de geogrelha flexível, ou não adequadamente estendida, há a necessidade de certa deformação para mobilização de sua resistência. Essa deformação deve ser prioritariamente a parcela recuperável dos pavimentos sob carregamento, evitando que a parcela de deformação plástica seja a mobilizadora da resistência das geogrelhas, pois iria repercutir na formação de afundamento em trilha de roda na superfície, patologia esta indesejada em pavimentos. O aumento na capacidade estrutural da camada granular com o emprego de geogrelhas se dá por meio de quatro mecanismos principais: intertravamento, tensão de tração, confinamento e separação.

Intertravamento

O aumento do intertravamento entre os grãos na interface com o subleito inibe o movimento lateral dos agregados.

Tensão de tração

Proporciona uma "resistência à tração" com baixas deformações na camada de base.

Confinamento

Propicia um confinamento uniforme do agregado na interface com o subleito. O aumento do confinamento dos materiais não coesivos nesta região da estrutura do pavimento, proporciona um aumento da resistência e do módulo resiliente dos materiais granulares, possibilitando, desta forma, uma redução na espessura das camadas granulares e na deflexão total da estrutura.

Separação

Inibe a cravação dos agregados da camada no subleito, mantendo a efetiva espessura da camada granular. Conforme comentado em 4.9.2, o sucesso como elemento de separação depende da graduação do material granular, da capacidade de suporte do subleito e da presença de água. Pode-se conjugar a geogrelha com um geotêxtil (colocado sob a geogrelha) de modo que este último assegure que, em presença de água, os finos não migrem para a camada granular.

Holtz et al., (1995) constataram que as geogrelhas assentadas na interface das camadas granulares com o subleito têm a função de reforço e separação em subleitos com CBR inferiores a 5. Nesses casos, as geogrelhas reduzem a tensão vertical no topo do subleito por aumentarem a área de distribuição das tensões, diminuindo a possibilidade de ruptura por cisalhamento do subleito (Figura 4-62). Em bases granulares com espessuras superiores a 25 cm, as geogrelhas devem ser posicionadas no interior da camada granular para poderem exercer seu papel de reforço. Nessa aplicação, observam--se, entre outros benefícios, redução do afundamento em trilha de roda, aumento da vida ou período de projeto, redução dos serviços de manutenção etc.

4.9.4 Dimensionamento do pavimento considerando o geossintético como reforço de base

Muitos métodos de dimensionamento propostos por diferentes autores levam em conta a hipotética existência de um deslocamento permanente significativo para mobilizar o efeito membrana do geossintético. Em rodovias não pavimentadas, ou temporárias, pode-se conviver com afundamentos em trilhas de roda da ordem até de dezenas de centímetros; já em rodovias pavimentadas, essa situação é inaceitável.

Aplicações em Reforço de Solos

Em rodovias pavimentadas, é inadmissível imaginar que a melhora do desempenho pela presença de um geossintético — o que indubitavelmente se verifica na prática — se deva ao efeito membrana, a qual requer, para sua mobilização, deslocamentos verticais significativos. Isso levaria ao aparecimento de profundas trilhas de roda (acima de 2,5 cm), que condenariam a rodovia em pouco tempo.

A hipótese de cálculo mais plausível consiste em admitir que a função de reforço é levada a termo pela absorção, pelo geossintético, de grande parcela das tensões de cisalhamento impostas pelo tráfego e que seriam transmitidas para o subleito. Esse mecanismo possibilitaria, assim, um decréscimo das tensões e deformações que chegariam até o subleito. Para que essa hipótese de cálculo seja garantida em campo, é necessário que o geossintético trabalhe solidário com o material da camada. Nesse sentido, quanto mais bem esticado estiver o geossintético e mais rígido ele for, mais eficiente ele será no reforço da camada de base.

Rodovias não pavimentadas

Existem vários procedimentos para se dimensionar a espessura da camada granular em rodovias não pavimentadas. Por exemplo: Stewart et al. (1977); Barenberg (1980); Giroud e Noiray (1981); FHWA Geosynthetics Manual; Holtz e Tsai (1998) (citados pelo IGS, 2002); e, Giroud e Han (2003), entre outros.

A Equação [4-129] mostra a proposição de Giroud e Han (2004) para o dimensionamento de espessura de camada de revestimento primário considerando-se a presença de um geossintético:

$$h = \frac{0868 + (0,661 - 1,006J^2)\left(\frac{r}{h}\right)^{1,5} \log N}{1 + 0,204(R_E - 1)} \times$$

$$\times \left\{ \sqrt{\frac{\frac{P}{\pi r^2}}{\sqrt{\left(\frac{s}{sf}\right)\left[1 - 0,9\exp\left(-\left(\frac{r}{h}\right)^2\right)\right]N_c f_c}}} \right\} r \qquad [4\text{-}129]$$

onde:

h é a espessura da base granular requerida (m);
J o módulo de estabilidade de abertura da geogrelha (m-N/grau)
N o número de repetições do eixo padrão (AASHTO);
P a carga de roda (kN);
r o raio da área de contato da roda equivalente (m);

R_E $3{,}48\ CBR_{base}^{0,3}/CBR_{sub}$ (CBR_{base} = CBR da base; CBR_{sub} = CBR do subleito);

s a profundidade máxima permitida da trilha de roda (mm);

f_s o fator igual a 75 mm;

N_c o fator de capacidade de carga;

f_C o fator igual a 30 kPa;

$N_c = 3{,}14$ e $J = 0$ para bases não reforçadas;

$N_c = 5{,}14$ e $J = 0$ para reforços da base granular com geotêxtil; e

$N_c = 5{,}71$ e $J = 0{,}32\ m$-N/grau ou $J = 0{,}65\ m$-N/grau para reforços de base granular com geogrelhas, com J dependente do tipo de geogrelha.

Em aplicações do método de Giroud-Han, sugere-se, com base em estudos de campo de bases não reforçadas, que a razão R_E seja limitada no valor máximo de 5,0, levando em conta a dificuldade de compactação dessas bases granulares sobre solos de baixa capacidade de suporte. No entanto, sabe-se que o uso de geogrelha permite uma melhora substancial nos serviços de compactação de bases granulares sobre subleitos de baixa capacidade de suporte, o que permitiria a elevação da razão R_E.

É importante ressaltar que, assim como todo modelo, o método em questão apresenta algumas limitações. O dimensionamento proposto por Giroud-Han deve ser aplicado de maneira cautelosa quando forem utilizadas geogrelhas com propriedades diferentes daquelas apresentadas em Giroud e Han (2004). O módulo de estabilidade de abertura da geogrelha deve ser maior que zero e menor que $0{,}8\ m$-N/grau. As geogrelhas utilizadas para calibração possuem módulo de $0{,}32\ m$-N/grau e $0{,}65\ m$-N/grau, que correspondem aos modelos BX1100 e BX1200 da Tensar, respectivamente. Segundo Giroud e Han (2004), novos ensaios laboratoriais e de campo deveriam ser realizados em conjunto com uma calibração adequada do modelo caso as geogrelhas com módulo de estabilidade de abertura superior a $0{,}8\ m$-N/grau sejam utilizadas. Estudos da própria Tensar foram realizados para validar e calibrar as geogrelhas de polipropileno TriAx, utilizando o método Giroud-Han (2004).

Além disso, outra hipótese limitadora que deve ser considerada é a de que o subleito é admitido como saturado e de baixa permeabilidade, com composição siltosa ou argilosa. Desta forma, com a carga de tráfego, a camada se comporta de maneira não drenada, ou seja, permitindo considerar a camada de subleito incompressível.

Inicialmente, Giroud e Han (2004) verificaram a validade do método considerando trilhas de roda entre 50 e 100 mm de profundidade. Porém, após a constante aplicação do método, Giroud e Han (2012) verificaram que o modelo também é válido para trilhas de roda de até

40 mm, aumentando assim a abrangência do método. Novamente, um maior número de ensaios de campo seria necessário para garantir a validade do modelo de dimensionamento para valores que extrapolem o limite mencionado. Desta forma, não é recomendado fazer extrapolações no método.

Finalmente, vale acrescentar que no estudo de Giroud e Han (2004) é recomendada a aplicação de uma camada de base com espessura mínima de 100 mm, espessura esta utilizada na calibração do método. Dessa maneira, a existência deste valor limitante da espessura deve ser respeitada durante a execução da via. Segundo Giroud e Han (2012), a espessura da camada de base obtida pelo método corresponde à camada compactada de material. Portanto, tanto para fins de projeto quanto para fins de cálculo deve-se atentar que o valor obtido para a espessura da camada de base corresponde à configuração compactada.

Embora seja um dos métodos mais utilizados de dimensionamento de vias não pavimentadas com reforço por geogrelhas, conhecer as limitações do modelo é imprescindível para garantir a aplicação correta e confiabilidade nos resultados.

Rodovias pavimentadas

O dimensionamento de estruturas de rodovias pavimentadas reforçadas com geossintéticos pode ser feito por meio de vários métodos (IGS, 2002). Entre eles citam-se: Penner et al. (1985); Burd e Houlsby (1986); Barksdale et al. (1989); Burd e Brocklehurst (1990); Davies e Bridle (1990); Miura et al. (1990); Sellmeijer (1990); Webster (1993); Dondi (1994); Tensar (1996); Wathugala et al. (1996); Akzo-Nobel (1998); e Zhao e Foxworthy (1999).

Apresenta-se como sugestão o emprego do método de dimensionamento de pavimentos flexíveis indicado pelo Guia da AASHTO (1993), cuja equação é:

$$9,36 \ \log_{10}\left(SN+1\right) + \frac{\log_{10}\left[\dfrac{\Delta PSI}{4,2-1,5}\right]}{0,40 + \dfrac{1.094}{\left(SN+1\right)^{5,19}}} -$$

$$- \log W_{18} + 2,32 \ \log\left(M_R\right) + Z_R S_0 - 8,27 = 0 \qquad \text{[4-130]}$$

onde:

ΔPSI é a perda de serventia esperada durante o período de projeto (tipicamente, entre 1,7 e 2,2);

W_{18} número de solicitações equivalentes ao eixo padrão de 82 kN, calculado com os coeficientes da AASHTO;

M_R o módulo de resiliência do subleito (psi);

Z_R o desvio padrão para a probabilidade de êxito que se quer para a estrutura dimensionada (valores entre –0,84 e –1,34 para probabilidade de êxito de 80 e 91%, respectivamente);

S_0 o desvio padrão que leva em conta as incertezas das variáveis medidas e do processo construtivo (tipicamente entre 0,44 e 0,49); e,

SN o número estrutural que representa a capacidade que o pavimento dimensionado deverá ter para atender ao tráfego estimado para o período de projeto.

O número estrutural é calculado pela equação

$$SN = a_1 D_1 + a_2 D_2 m_2 + a_3 D_3 m_3, \qquad [4\text{-}131]$$

sendo:

a_i o coeficiente estrutural do material da camada i;
D_i a espessura da camada i (polegadas); e
m_i o coeficiente de drenagem do material da camada i.

Os coeficientes a_i e m_i são fornecidos pela AASHTO (1993). Para resolução da Equação [4-97], entra-se com as variáveis conhecidas e determina-se o valor de N_e que a torne nula. Para contemplar o aumento da vida ou período de projeto que a geogrelha proporciona, utiliza-se a TBR conforme a equação:

$$9,36\ \log_{10}\left(SN_{BR} + 1\right) + \frac{\log_{10}\left[\dfrac{\Delta PSI}{4,2 - 1,5}\right]}{0,40 + \dfrac{1.094}{\left(SN_{BR} + 1\right)^{5,19}}}$$
$$-\log \frac{W_{18}}{TBR} + 2,32\ \log\ \left(M_R\right) + Z_R S_0 - 8,27 = 0, \qquad [4\text{-}132]$$

sendo:

TBR a taxa de benefício de tráfego; e
SN_{BR} o número estrutural considerando-se a contribuição da geogrelha.

O valor usual para a TBR é 2. Preferencialmente, o geossintético deverá apresentar um módulo secante superior a 600 kN/m.

Para o dimensionamento de pavimentos submetidos à ação de cargas especiais (empilhadeiras, transportadores de contêineres, entre outros), recomenda-se proceder à análise de tensão/deformação por meio de programas computacionais apropriados.

A AASHTO (2001), em sua recomendação prática para reforço de bases com geossintéticos, encoraja os projetistas e empreiteiros a executar trechos-piloto de verificação do desempenho do reforço para confirmação de projeto.

4.9.5 Análise mecanicista

Atualmente, diversas análises mecanicistas podem ser empregadas para modelagem de pavimentos flexíveis reforçados com geossintéticos. Segundo Kwon et al. (2005), modelos mecanicistas com análise pelo Método dos Elementos Finitos (MEF), é uma das alternativas mais adequadas para avaliar a eficácia e os benefícios que a presença do geossintético pode trazer para o desempenho da estrutura do pavimento. Diversos estudos já foram realizados, mencionando-se: Raad e Figueroa (1980); Zeevart (1980); Tutumluer (1995); Perkins (2001); Eiksund et al. (2002); Leng e Gabr (2002); Dondi (1994).

Perkins (2001) utilizou o software ABAQUS^{TM} para desenvolver um modelo de dimensionamento de pavimentos flexíveis reforçados com geossintético. Mais de 400 cenários foram estudados para calibração e validação do modelo empírico-mecanicista. Perkins observou que o modelo permitia identificar uma melhora na capacidade de reforço quando a resistência do subleito diminuía, uma vez que a resistência à tração mobilizada no geossintético aumentava. Também foi observado que o modelo era sensível a variações da espessura do pavimento. Outros estudos também foram realizados com o ABAQUS^{TM} a partir de análises numéricas para avaliar o desempenho de vias não pavimentadas com geossintéticos (LENG; GABR, 2002). Em trabalhos posteriores (LENG; GABR, 2003), foi observado que os trechos reforçados com material geossintético obtiveram um melhor desempenho conforme a razão entre o módulo da camada de base e do subleito diminuía.

Eiksund et al. (2002), também utilizaram o ABAQUS^{TM} e elaboraram um modelo bidimensional para análise de pavimentos flexíveis reforçados com geogrelha. A anisotropia cruzada foi utilizada na caracterização da camada de base granular, o que permitiu inferir propriedades como rigidez na direção horizontal e vertical de maneira mais realística ao modelo (TUTUMLUER; BARKSDALE, 1995; TUTUMLUER; THOMPSON, 1997). Segundo Barksdale et al. (1989), um modelo elástico linear considerando uma camada de base com anisotropia cruzada é um modelo capaz de prever simultaneamente a deformação por tração no fundo da camada de base e as pequenas deformações verticais na parte superior e inferior da camada. Estudos foram realizados para modelagem do sistema subleito–geossintético–base (BARKSDALE; BROWN, 1988) utilizando um modelo com anisotropia cruzada e oferecendo resultados mais confiáveis de deformação por tração na parte inferior da camada de base. Assim, uma previsão mais refinada e realística da deformação por tração no fundo da camada de base é fundamental, pois quanto maiores forem as deformações, maiores serão as forças aplicadas ao material geossintético, aumentando assim sua capacidade de reforço.

Dondi (1994) também utilizou o ABAQUS^{TM} para modelar um pavimento reforçado com geossintético. Um par de rodas duplas foi considerado no modelo para simulação das cargas verticais na superfície do pavimento, exigindo assim um modelo tridimensional com elementos finitos. Dondi constatou que o uso de reforço com material geossintético aumentava a capacidade de suporte da camada de base e diminuía significativamente as deformações no subleito. Observou-se uma redução de 15 a 20% da deformação vertical nas regiões abaixo da aplicação de carga. O modelo também indicou que o emprego do reforço com geossintético garantiu uma redução das tensões de cisalhamento no subleito.

Além da análise empírica para dimensionamento de pavimentos com material geossintético, a utilização da análise mecanicista é recomendada por se tratar de uma análise mais realista, suplantando algumas das limitações impostas por métodos empíricos. Diversos estudos já vêm sendo realizados com a modelagem por elementos finitos das camadas estruturais do pavimento ou do próprio geossintético, sendo necessário avaliar as características do solo, do tráfego e do material de reforço, de modo a formular modelos adequados para cada situação específica. Tais estudos oferecem maior confiabilidade nos resultados em virtude de uma análise mais refinada, podendo implicar direta e indiretamente na redução de custos, tanto de projeto quanto construtivos, na etapa de implantação.

4.9.6 Recomendações de instalação

O principal cuidado para que um geossintético efetivamente funcione como reforço de estrutura de pavimento é que haja um eficiente entrosamento entre ele e o solo. Isso possibilitará ao geossintético mobilizar sua resistência mediante um valor mínimo de deformação da estrutura. Nesse sentido, geossintéticos com maior rigidez (maior módulo secante), devidamente esticados e ancorados, irão proporcionar um melhor empenho como elemento de reforço.

O procedimento executivo básico deverá seguir as etapas comentadas a seguir.

- Deve-se proceder à remoção de agregados pontiagudos da superfície do subleito ou camada final de terraplanagem para evitar a perfuração do geotêxtil, no caso de seu emprego como elemento separador e filtrante. Em situações dessa natureza ou quando se empregam agregados de grandes dimensões, como pedra-pulmão ou rachão, pode-se fazer uso de uma camada de bloqueio de areia ou pó-de-pedra entre o geotêxtil e a camada que o puncionará. A Figura 4-64b mostra a presença de camada de areia sobre geossintético como proteção mecânica.

- A fixação do geossintético, no caso de emprego do geotêxtil para separação e filtragem, pode ser realizada no sentido do tráfego, uma vez que nessa forma de aplicação as deformações que ocorrem nas emendas (costuras) não comprometem seu efetivo funcionamento.

Já quando se aplica uma geogrelha para reforço da estrutura, ela deve ser estendida de preferência perpendicularmente à atuação do tráfego, evitando-se dessa forma as deformações originadas nas emendas. A Figura 4-66 ilustra a fixação esquemática de uma geogrelha.

- O transporte e o espalhamento do material granular devem ser preferencialmente realizados sem que os equipamentos trafeguem diretamente sobre o geossintético, como ilustra a Figura 4-65.
- A compactação da camada granular deve ser realizada em espessura máxima de compactação de 20,0 cm. No controle tecnológico de execução da camada granular deverão ser seguidas as especificações gerais do DNER/97.

FIGURA 4-65
Transporte e espalhamento do agregado da camada de base.

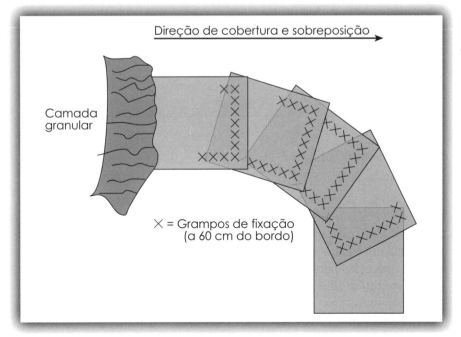

FIGURA 4-66
Estendimento e fixação de uma geogrelha.

4.9.7 Exemplo de dimensionamento

No exemplo a seguir será dimensionado o pavimento de uma rodovia coletora urbana, considerando-se a presença ou não de uma geogrelha. O tráfego previsto no período de projeto (W_{18} AASHTO) é de 3.000.000 e o CBR de projeto do subleito é 4,0%.

Definições dos parâmetros de dimensionamento

Nível de confiabilidade desejado

O nível de confiabilidade desejado (R) para uma rodovia coletora urbana varia de 80 a 95%. No dimensionamento, ele é levado em conta por meio do termo $Z_R \times S_0$ da Equação [4.130], em que Z_R representa o desvio padrão normal correspondente ao R selecionado e S_0, representa o desvio padrão total levando-se em conta a variabilidade dos parâmetros de tráfego, de resistência dos materiais e do próprio processo construtivo. O valor de Z_R varia de acordo com a Tabela 4-14 e S_0 varia de 0,4 a 0,5.

Para o exemplo proposto, selecionou-se uma confiabilidade de 90%, correspondente a um Z_R de –1,282, e um valor de S_0 igual a 0,45.

TABELA 4-14 Nível de confiabilidade desejado e valor de Z_R [AASHTO, 1993]			
Confiabilidade R (%)	Z_R	Confiabilidade R (%)	Z_R
80	– 0,841	92	–1,405
85	–1,037	94	–1,555
90	–1,282	95	–1,645

Índice de serventia final (P_f)

A serventia de um pavimento representa a sua capacidade de servir ao tráfego. A medida da serventia é feita pelo índice de serventia presente (PSI), que varia de 0 (intrafegável) até 5,0 (em perfeitas condições de rolamento). Um pavimento flexível, recém-construído, apresenta um PSI inicial (P_0) em geral de 4,2. Normalmente, a serventia final adotada (P_f) para essa classificação de rodovia é igual a 2. Resulta, então, em um ΔPSI de 2,2.

Módulo de resiliência do subleito (M_R)

Quando não se realiza ensaio triaxial com cargas cíclicas, o M_R pode ser estimado por meio do modelo considerado pela AASHTO (1993), expresso na equação:

$$M_R \text{ (psi)} = 1.500 \text{ CBR (\%)}, \qquad [4\text{-}133]$$

que resulta em um M_R de 6.000 psi para o subleito deste exemplo, onde será assentado o pavimento. Ressalte-se que o cálculo do M_R pelo valor de CBR pode conduzir a erros devido a variações nessas correlações, dependendo do tipo de material. Recomenda-se fortemente a realização de ensaios laboratoriais de resiliência dos materiais (solos, granulares etc.) para a determinação do comportamento destes materiais.

Coeficientes estruturais das camadas do pavimento

Revestimento de concreto asfáltico (a_1)

O coeficiente estrutural do concreto asfáltico pode ser estimado pelo modelo expresso na equação:

$$a_1 = \frac{E_{ca}}{1,43 E_{ca} + 27.200} \qquad [4\text{-}134]$$

onde E_{ca} corresponde ao módulo de elasticidade do concreto asfáltico, em kgf/cm^2. Para uma mistura com módulo de 33.000 kgf/cm^2, o valor de a_1 será 0,44 (podendo variar normalmente entre 0,2 até 0,5 para as misturas asfálticas novas). Novamente, reafirma-se a recomendação de determinação em laboratório do módulo (de resiliência, dinâmico etc.) das misturas asfálticas que comporão os revestimentos asfálticos dos pavimentos.

Camada de base (a_2)

O coeficiente estrutural da camada de base pode ser estimado pelo modelo expresso na equação:

$$a_2 = 0,249 \log E_b - 0,977, \qquad [4\text{-}135]$$

correspondendo E_b ao módulo de elasticidade médio da camada de base, em psi. Para uma brita graduada com módulo médio de 42.850 psi (3.000 kgf/cm^2), o valor de a_2 é 0,157 (podendo variar normalmente de 0,13 até 0,21). Novamente, reafirma-se a recomendação de determinação em laboratório do módulo de resiliência dos materiais granulares.

Camada de sub-base (a_3)

O coeficiente estrutural da camada de sub-base pode ser estimado pelo modelo expresso na equação:

$$a_3 = 0{,}227 \log E_{sb} - 0{,}839, \qquad\qquad [4\text{-}136]$$

correspondendo E_{sb} ao módulo de elasticidade médio da camada de sub-base (em psi). Para uma camada de sub-base com módulo médio de 21.400 psi (1.500 kgf/cm^2) o valor de a_3 é 0,14 (podendo variar normalmente entre 0,09 até 0,15). Realça-se a recomendação de determinação em laboratório do módulo de resiliência destes materiais.

Coeficientes de drenagem (m_i)

Considerando-se que, para as condições climáticas brasileiras, em menos de 5% do tempo o pavimento será exposto a níveis de umidade próximos à saturação e que as camadas de base e sub-base granulares têm uma boa qualidade de drenagem, pode-se estimar um valor para o coeficiente de drenagem ao redor de 1,1 (AASHTO, 1993). Para camadas executadas em solo, o coeficiente de drenagem pode variar de 0,75 a 1,0.

Dimensionamento da estrutura

Será considerada a presença de uma geogrelha com módulo de rigidez de 600 kN/m, que proporciona um TBR de, pelo menos, 2.

Substituindo na Equação [4-132] os parâmetros de projeto (W_{18} = 3.000.000; TBR = 2; Z_R = –1,282; S_0 = 0,45; M_R subleito = 6.000 psi), obtém-se que é necessário a estrutura do pavimento apresentar um número estrutural *(SN)* de pelo menos 3,81.

Entrando-se nessa mesma equação, porém agora com o M_R da camada da base (42.850 psi), conclui-se que é necessário o revestimento apresentar um ΔSN (contribuição da referida camada no *SN*) de, pelo menos, 1,90, o que significa uma espessura de 11,0 cm (1,9 × 2,54/0,44).

Considerando-se que será executada uma camada de sub-base (com material que apresente um CBR igual ou superior a 20% e módulo igual ou superior a 1.500 kgf/cm^2) de 17,0 cm de espessura (definida por critério do projetista), essa camada colaborará com um ΔSN de 0,94 (17 × 0,14/2,54). Não se considerou no cálculo do ΔSN, a contribuição do coeficiente de drenagem (igual a 1,1).

A camada de base (em brita graduada) deverá apresentar um ΔSN de 0,97, o que resulta em uma espessura de 16,0 cm (0,97 × 2,54/0,157).

A estrutura final do pavimento será assim constituída:

- revestimento – 11,0 cm de espessura em concreto asfáltico usinado a quente, devendo apresentar um módulo de elasticidade de 33.000 kgf/cm^2;

Aplicações em Reforço de Solos 221

- base – 16,0 cm de espessura, em brita graduada devendo apresentar um módulo de elasticidade médio de 3.000 kgf/cm^2;

- sub-base – 17,0 cm de macadame seco, devendo apresentar um módulo de elasticidade médio de 1.500 kgf/cm^2.

A geogrelha a ser especificada precisará ter um módulo de rigidez de pelo menos 600 kN/m, devendo ser instalada na interface entre a camada de sub-base e base.

Dimensionamento comparativo sem geossintético

Aplicando um procedimento análogo, descrito em 4.9.6, porém com a Equação [4-96], obtém-se que é necessário a estrutura do pavimento apresentar um SN de pelo menos 4,25.

Será necessário que o revestimento apresente um ΔSN de pelo menos 2,11, o que representa uma espessura de 12,5 cm $(2,11 \times 2,54/0,44)$.

Para efeito comparativo, considerou-se que nessa estrutura também será executada uma camada de sub-base com a mesma espessura definida em "Dimensionamento da estrutura", tendo, portanto, a mesma contribuição estrutural ($\Delta SN = 0,94$). Dessa forma, a camada de base terá uma espessura de 18,5 cm.

A estrutura final será assim constituída:

- revestimento: 12,5 cm de espessura em concreto asfáltico usinado a quente, devendo apresentar um módulo de elasticidade de 33.000 kgf/cm^2;

- base: 18,5 cm de espessura, em brita graduada simples, devendo apresentar um módulo de elasticidade médio de 3.000 kgf/cm^2;

- sub-base: 17,0 cm de macadame seco, devendo apresentar um módulo de elasticidade médio de 1.500 kgf/cm^2.

Deve-se ressaltar que quanto menor o número estrutural (SN), ou seja, quanto mais esbelta a estrutura, mais eficiente será o emprego da geogrelha na redução de espessuras de camadas.

Reforça-se a recomendação de testes de laboratório com os materiais disponíveis, preliminarmente à aplicação de dimensionamentos empregando métodos empíricos ou empíricos-mecanicistas. Ressalta-se também a recomendação de execução de um trecho experimental na obra, de modo a poder calibrar o dimensionamento realizado, medindo-se as deflexões obtidas, e analisando por retroanálise a efetividade dos geossintéticos como reforços estruturais.

4.10 SOLOS REFORÇADOS COM FIBRAS

Nilo C. Consoli

Lucas Festugato

4.10.1 Introdução

A grande disponibilidade e o baixo custo tornam o solo um material vastamente empregado. Por se apresentar de forma heterogênea, complexa e variável, com frequência, suas propriedades não se enquadram às características e às necessidades de projeto. Alternativas para adequar aos requisitos o comportamento do solo local podem abranger desde a alteração de suas propriedades, com a possível inclusão de algum agente estabilizante, até a remoção completa e substituição do material.

Numerosas técnicas de melhoramento das características do solo e, assim, de seu comportamento já são conhecidas e utilizadas. Do ponto de vista técnico, o melhoramento do solo é, provavelmente, o mais antigo, porém, ainda o mais intrigante de todos os métodos executivos comuns em engenharia geotécnica.

O reforço do solo com fibras, há mais de 3.000 anos, já era empregado pelos babilônicos. No mesmo período, a inclusão de fibras naturais de bambu ao solo era empregada pelos chineses como técnica de reforço.

A utilização do reforço de solos com fibras se torna atraente em casos em que a resistência pós-pico, a grandes deformações, é requisito de projeto. O mecanismo de atuação se dá por meio da transferência dos esforços do solo para as inclusões fibrosas, que têm sua resistência à tração mobilizada. As fibras absorvem e redistribuem os esforços e, dessa forma, melhoram o comportamento do solo. Destaca-se, como exemplo de aplicação, o reforço de solos sob fundações diretas e em cobertura de aterros sanitários.

A inclusão de fibras aos solos tem sido estudada por diversos pesquisadores nos últimos anos para numerosas aplicações, desde estruturas de contenção até a estabilização de solos sob pavimentos e fundações (GRAY; OHASHI 1983; CROCKFORD et al., 1993; CAVEY et al., 1995; CONSOLI et al., 1997, 2003a, 2009a, 2012a; SANTONI et al., 2001; SOBHAN; MASHNAD 2003; CASAGRANDE et al., 2006; RATTLEY et al., 2008; VELLOSO et al., 2013; FESTUGATO et al., 2013).

É destacada, na área, a experiência brasileira (SILVA et al., 1995; LIMA et al., 1996; BUENO et al., 1996; TEODORO; BUENO 1998) e a experiência acumulada UFRGS (CONSOLI et al., 1998, 1999, 2002, 2003b, 2004, 2005, 2007a, 2007b, 2009b, 2009c, 2010, 2011a, 2011b, 2012b, 2012c, 2013a, 2013b; SPECHT et al., 2002; Donato et al., 2004; HEINECK et al., 2005; SILVA DOS SANTOS et al., 2010; FESTUGATO et al., 2015).

4.10.2 Estudos experimentais

Numerosos estudos experimentais já foram realizados e comprovam a eficácia do uso de fibras no melhoramento de solos, nomeadamente no ganho de resistência mecânica e na redução da queda de resistência após o pico. Além disso, as fibras comprovadamente reduzem a fragilidade dos materiais e, dessa forma, reduzem consideravelmente as chances de rupturas abruptas quando empregadas.

A Figura 4-67 apresenta resultados de ensaios de compressão isotrópica realizados em uma areia não reforçada e reforçada com fibras de polipropileno. Na figura, são apresentadas, no espaço $v \times p'$ (*volume específico* × *pressão média*), as linhas de compressão isotrópica *LIC* para os dois materiais. As fibras não alteraram a inclinação das linhas de compressão (λ) e aumentaram o valor de N, que é o volume específico para a pressão de 1 kPa. Mesmo sob carregamento puramente compressivo, a inclusão de fibras melhora a resposta do solo. O movimento relativo das partículas do solo provoca a mobilização a tração dos reforços.

A Figura 4-68 mostra a comparação de medidas de rigidez a pequenas deformações (G_0) em uma amostra de areia fina não reforçada e outra amostra reforçada com fibras de polipropileno. Na figura, G_0 foi apresentado em função da pressão média p' atuante nas amostras. Ambos foram normalizados através de uma pressão de referência p_r de 1 kPa. A inclusão dos reforços não afeta a rigidez inicial do material.

A Figura 4-69 apresenta os resultados de um estudo realizado com uma areia fina uniforme reforçada com fibras de polipropileno. As fibras de polipropileno são resistentes à ação do tempo e seu uso é também vantajoso em função de suas propriedades mecânicas e de sua disponibilidade no mercado.

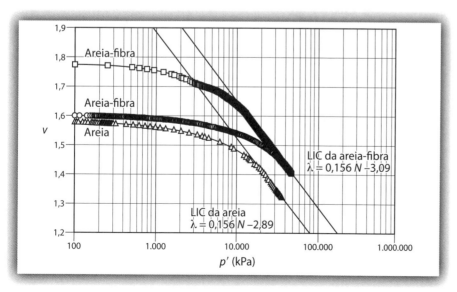

FIGURA 4-67
Compressão isotrópica de solo não reforçado e reforçado com fibras.

FIGURA 4-68
Medidas de G_0 para material reforçado e não reforçado com fibras.

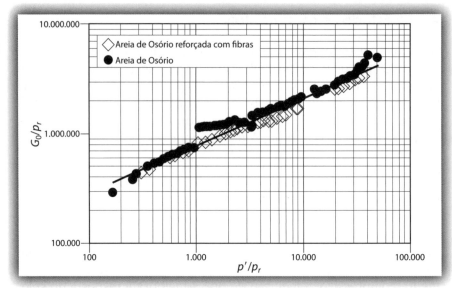

FIGURA 4-69
Resistência *versus* deformação de material reforçado com fibras sob diferentes confinamentos.

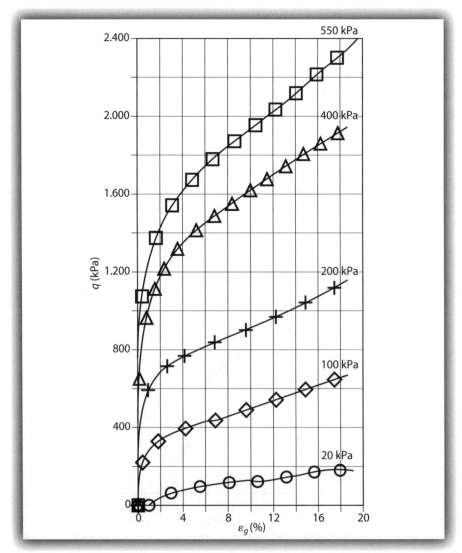

Os resultados apresentados na Figura 4-69 mostram, para diferentes níveis de confinamento, o comportamento conferido à areia pela adição das fibras. Pode ser percebido, para todos os níveis de tensões apresentados, um comportamento de enrijecimento. Não há queda da resistência, q, mesmo até deformações distorcionais, ε_s, da ordem de 20%.

A existência desse expressivo comportamento de ganho de resistência, mesmo com níveis elevados de deformação, pode ser definida em função do índice aspecto das fibras, que é a razão entre o comprimento e o diâmetro das mesmas. Pode ser visto, na Figura 4-70, o comportamento tensão–deformação de uma areia não reforçada e reforçada com fibras de diferentes índices aspectos (razão entre seu comprimento e diâmetro l/d). É evidente o ganho de resistência proporcionado pela inclusão de fibras. Quanto maior o índice aspecto, maior a resistência alcançada e, a partir de um determinado valor, o comportamento de enrijecimento é verificado.

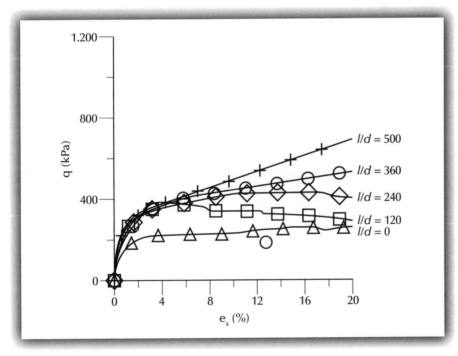

FIGURA 4-70
Resistência *versus* deformação de material reforçado com fibras de distintos índices aspectos.

Além de melhorar o comportamento tensão–deformação do solo até deformações consideradas elevadas para obras tradicionais de engenharia (da ordem de 20%), as fibras provocam o aumento da resistência ao cisalhamento das misturas mesmo a deformações cisalhantes muito superiores às usuais, como as que, por exemplo, as coberturas de aterros sanitários ficam submetidas. Na Figura 4-71, por meio de resultados de ensaios do tipo *ring shear*, o comportamento de uma areia não reforçada e reforçada com fibras de polipropileno é comparado. A adição de fibras gera um aumento da resistência ao cisalhamento que é mantido até deformações cisalhantes da ordem de 3.000%. Ao absorver e redistribuir os esforços, parte das fibras alonga e parte vem a romper, mas, mesmo assim, o mecanismo de melhora continua a atuar.

FIGURA 4-71
Comparação do comportamento do material reforçado e não reforçado para grandes deformações

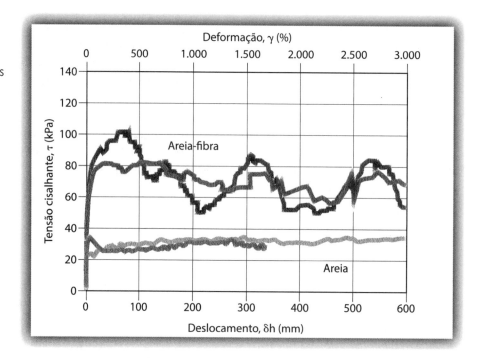

Os benefícios da inclusão de fibras também são verificados em misturas de solo artificialmente cimentados. Consoli et al. (2009b) avaliaram o comportamento de uma areia reforçada com fibras cimentada com uma ampla faixa de teores de cimento. Em misturas cimentadas, as fibras provocam a redução da queda de resistência pós-pico e tornam o comportamento do material menos rígido, além de proporcionar ganho de resistência mais destacado para menores teores de cimento.

As fibras também atuam de maneira benéfica quando o solo é submetido a carregamentos cíclicos. Por meio de ensaios do tipo *simple shear*, Festugato et al. (2013) estudaram o efeito da inclusão de fibras de polipropileno na resposta cisalhante cíclica de um resíduo de mineração de ouro cimentado. A Figura 4-72 aponta resultados de tais estudos por meio de gráficos de resistência ao cisalhamento normalizada, $\tau_{cíc.máx}/\sigma'_{vinicial}$ (tensão cisalhante máxima/tensão vertical efetiva inicial), em função do número de ciclos para diferentes níveis de deformação cisalhante, γ(2,5%, 4,5% e 7,5%). Após sucessivos ciclos de carregamento, a resposta cisalhante do material cimentado foi melhorada pela inclusão fibras.

Aplicações em Reforço de Solos

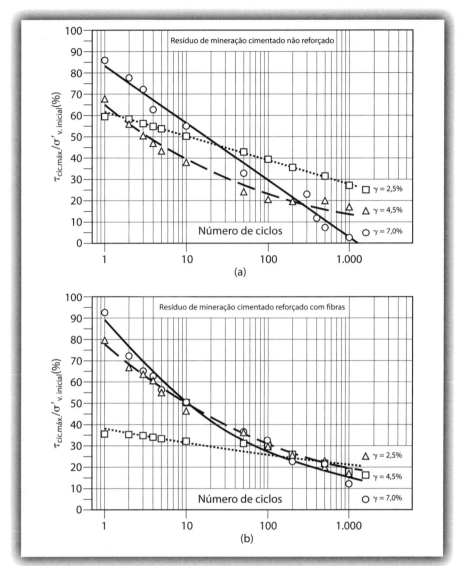

FIGURA 4-72
Resistência normalizada de material cimentado (a) não reforçado e (b) reforçado com fibras para diferentes níveis de deformação.

A dosagem de misturas de solo artificialmente cimentado reforçado com fibras pode ser realizada por meio do uso da relação entre a porosidade e o teor volumétrico das misturas. A Figura 4-73 exemplifica o método de dosagem. Na figura mencionada, são apresentados resultados de ensaios de resistência à compressão simples, realizados em amostras de solo residual de arenito da formação Botucatu, cimentado com diferentes quantidades de cimento, reforçado com diferentes teores de fibras de polipropileno em diferentes níveis de compactação. É possível estimar, por meio da reta de ajuste, a resistência mecânica das misturas para todas as diferentes variações avaliadas. Na equação da reta, q_u representa a resistência à compressão simples das misturas, C_{iv} indica o teor volumétrico de cimento (volume de cimento/volume total), η refere-se à porosidade e F ao teor de fibras (peso de fibras/peso de solo mais cimento). De forma agrupada, a figura aponta que quanto maior a quantidade de fibras e a quantidade de cimento e quanto menor a porosidade, maior a resistência.

FIGURA 4-73
Dosagem de misturas cimentadas reforçadas com fibras.

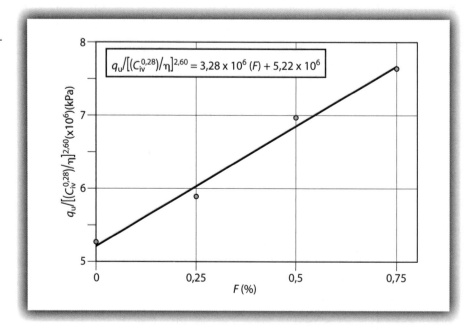

Consoli et al. (2013a) propuseram um método prático para a estimativa dos parâmetros de resistência ao cisalhamento de misturas cimentadas reforçadas com fibras. O método baseia-se na premissa de que a razão entre a resistência à tração, σ_t, e a resistência à compressão, σ_c, das misturas é constante. O valor dessa razão, $\xi = \sigma_t/\sigma_c$, usado para estimativa dos parâmetros, pode ser descoberto de maneira simples e relativamente rápida por meio de ensaios de compressão simples e de tração por compressão diametral. A determinação dos valores do ângulo de atrito interno, ϕ', e do intercepto coesivo, c', é feito por meio das Equações [4-137] e [4.138]. Para um solo arenoso cimentado reforçado com fibras de vidro, a Figura 4-74 mostra a comparação da envoltória de resistência definida a partir do método proposto e da envoltória definida a partir de ensaios de compressão triaxial. Nesse estudo, a razão entre a resistência à tração e à compressão do material foi de 0,10 ($\xi = 0,10$). Com o uso da Equação [4-137], foi então definido o ângulo de atrito de 48,6°. Com o valor da mesma razão e com o valor da resistência à compressão simples de 857 kPa, por meio da Equação (4-138), foi definido o intercepto coesivo de 162 kPa.

$$\phi' = \operatorname{arcsen}\left(\frac{1-4\xi}{1-2\xi}\right) \qquad (4\text{-}137)$$

Aplicações em Reforço de Solos

$$c' = \frac{\sigma_c \left[1 - \left(\frac{1-4\xi}{1-2\xi}\right)\right]}{2\cos\left[\arcsen\left(\frac{1-4\xi}{1-2\xi}\right)\right]} \qquad (4\text{-}138)$$

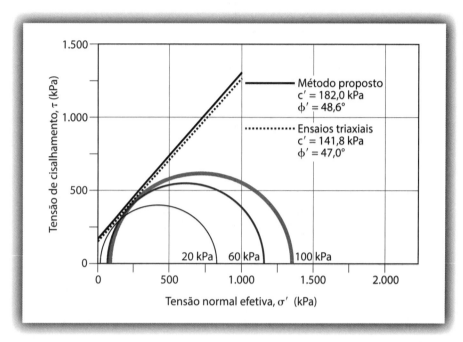

FIGURA 4-74
Comparação da envoltória proposta pelo método e ajuste aos círculos de Mohr.

4.10.3 Desafio

Alguns trabalham já foram desenvolvidos com enfoque prático direcionado. Consoli et al. (2003a) realizaram ensaios de placa (para representar o comportamento de fundações diretas) sobre camadas de solo cimentado não reforçado e reforçado com fibras. Como esquematicamente demonstra a Figura 4-75, a inclusão de fibras à camada de solo cimentado provoca a alteração do mecanismo de mobilização de resistência. Na camada de solo cimentado não reforçado, há a formação de fissuras e trincas associadas a um comportamento frágil. Na camada cimentada reforçada, as fibras redistribuem os esforços e provocam a formação de bandas de cisalhamento associadas a um comportamento menos rígido.

Também por meio de ensaios de placa, o comportamento carga–recalque de placas sobre um solo arenoso com e sem a inclusão de fibras foi avaliado por Consoli et al. (2009a). Como mostra a Figura 5-60, para as três densidades relativas avaliadas (D_R = 30%, 50% e 90%), a inclusão de fibras provocou considerável melhora na capacidade de carga do solo estudado, inclusive para deslocamentos superiores a 200 mm. A densidade relativa é definida pela equação $D_R = (e_{max} - e)/(e_{max} - e_{min})$, onde e_{max} representa o índice de vazios máximo do material, correspondente ao estado mais fofo, e_{min} representa o índice de vazios mínimo, correspondente ao estado mais denso, e e representa o índice de vazios do material *in situ*.

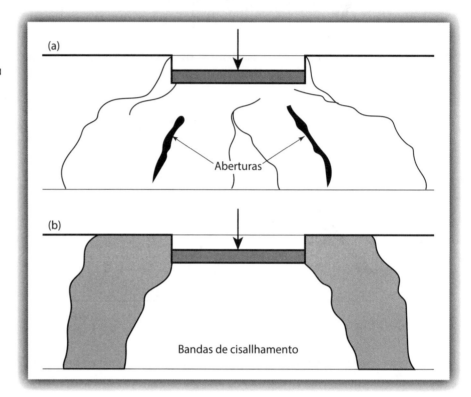

FIGURA 4-75
Alteração de mecanismo de ruptura em função da adição de fibras. Placa sobre camada de (a) solo–cimento e de (b) solo–cimento–fibra.

O arrancamento de placas em camadas de solo não cimentado com e sem fibras foi objeto de estudo de Consoli et al. (2012a). A inclusão de fibras melhorou o comportamento carga–deslocamento vertical e resultou em um comportamento menos frágil.

É inegável a melhoria do comportamento mecânico dos solos, comprovada por estudos experimentais, através da adição de fibras. Tal melhoria certamente resulta em projetos mais seguros e potencialmente mais econômicos. Permanece o desafio de incorporar essa solução à prática de Engenharia corrente.

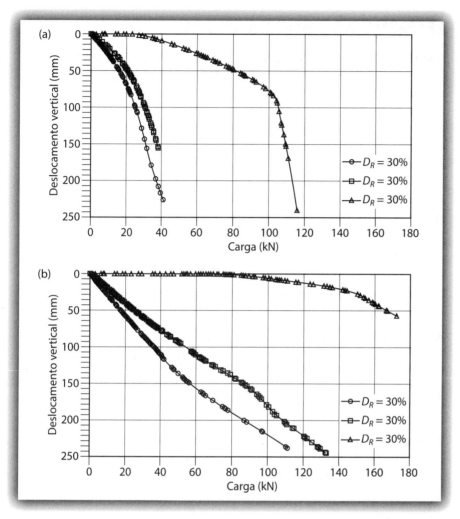

FIGURA 4-76
Curvas carga-recalque de ensaios de placa em (a) solo arenoso não reforçado e (b) solo arenoso com fibras.

4.11 CONCLUSÕES

A cada dia que passa, maiores se tornam as necessidades pela utilização dos geossintéticos atuando como inclusões resistentes em obras de terra e estruturas granulares. Essa demanda decorre da crescente escassez de subsolos com boa capacidade portante e de materiais de empréstimo de boa qualidade.

A indústria, por sua vez, vem aumentando a oferta de diferentes tipos de geossintéticos, procurando adaptá-los às necessidades detectadas no mercado. Hoje, há no mundo todo mais de quinhentos produtos que podem exercer funções de reforço.

Diante dessa realidade, os profissionais da área devem se manter constantemente informados e agir no sentido de especificar o produto mais adequado para cada obra, não apenas do ponto vista técnico, mas também econômico.

José C. Vertematti

REFERÊNCIAS BIBLIOGRÁFICAS

AASHTO. Provisional standards, interim edition. Washington, DC: American Association of State Highway and Transportation Officials, 2001.

ABDULIJAUWAD, S. N.; BAYOMY, F.; AL-SHAIKH, A M. Use of geotextiles to improvise sabka subgrades for low volume roads. In: INTERNATIONAL CONFERENCE ON GEOTEXTILES, GEOMEMBRANES AND RELATED PRODUCTS, 5., 1994, Singapore. *Proceedings...* Singapore., 1994.

ABRAMENTO, M. Numerical analysis of a pavement base reinforced with geogrid. In: INTERNATIONAL CONFERENCE ON GEOSYNTHETICS, 6., 1998, Atlanta . *Proceedings...* Atlanta, 1998.

ALAWAHI, H. A. Settlement and bearing capacity of geogrid-reinforced sand over collapsible soil. *Geotextiles and Geomembranes*, London, v. 19, p. 75-88, 2001.

ALLEN, T. M. Determination of long-term tensile strength of geosynthetics: a state-of-the-art rewiew. In: Geosynthetics, 91., 1991, Atlanta. *Proceedings...*, Atlanta, 1991. p. 351-380.

ALMEIDA, M. S. S.; MARQUES, M. E. S. *Aterros sobre solos moles*: projeto e desempenho. São Paulo: Oficina de Textos, 2011.

AL-QADI, I. L. et al. Quantifying the separation characteristic of geosynthetics in flexible pavements. In: INTERNATIONAL CONFERENCE ON GEOSYNTHETICS, 6., Atlanta, 1998.

ANDERSON, P.; KILLEAVY, M. Geotextiles and geogrids: cost effective alternative materials for pavement design and construction. In: CONFERENCE OF GEOSYNTHETICS , 1989, San Diego. *Proceedings...* Easley: IGS, 1989.

AZAMBUJA, E. A influência do dano mecânico na determinação da tensão admissível dos geossintéticos em estruturas de solo reforçado. In: SOUTH AMERICAN SYMP. ON GEOSYNTHETICS. 1., 1999, Rio de Janeiro. *Proceedings...* Rio de Janeiro, 1999.AZAMBUJA, E. Determinação da resistência admissível dos geossintéticos empregados como reforço em muros ou taludes íngremes. *Curso sobre aplicação de geossintéticos em geotecnia e meio ambiente.* Florianópolis: IGS-Brasil, 1999.

BARKSDALE, R. D.; BROWN, S. F. *Potential benefits of geosynthetics in flexible pavements* – final report, NCHRP 10-33, SCEGIT-88-102. Department of Civil Engineering. Atlanta: Georgia Institute of Technology, 1988.

BARKSDALE, R. D.; BROWN, S. F.; CHAN, F. Potential benefits of geosynthetics in flexible pavement systems. *National Cooperative Highway*

Research Program, Transportation Research Board, National Research Council, Washington, DC, report 315, 1989.

BATHURST, R. J.; KKNIGHT, M. A. Analysis of geocell reinforced-soil covers over large span conduits. *Computers and Geotechnics*, London, v. 22, p. 205-219, 1998.

BERETTA, L. et al. Full scale laboratory tests on geosynthetics reinforced roads on soft soil. In: INTERNATIONAL CONFERENCE ON GEO-TEXTILES, GEOMEMBRANES AND RELATED PRODUCTS, 5., 1994, Singapore.

BILLING, J. W.; GREENSOOD, J. H; SMALL, G. D. Chemical and Mechanical Durability of Geotextiles. In: INTERN. CONF. ON GEOTEXTILES, GEOMEMBRANES AND RELATED PRODUCTS, 4., 1990, Hague.

BISHOP, A. W. The use of the slip circle in the stability analysis of slopes. *Geotchnique*, v. 5, n. 1, p 7-17, 1955.

BLIVET, J. C. et al. Design considerations of geosynthetic for reinforced embankments subjected to localized subsidence. In: , PROC. OF THE GOESYNTHETICS., 2001, Portland. *Proceedings...* Portland, 2001. p. 741-754.

BRIANÇON, L.; VILLARD, P. Design of geosynthetic-reinforced platforms spanning localized sinkholes. *Geossintéticoes and Geomem-branes*, v. 26, p. 416-428, 2008.

BROMS, B. B. Stability of Foundation on Soft Clay. In: INTERNATIONAL SYMPOSIUM ON SOFT CLAY. Bangkok, 1977. p. 36-39.

BROW, S. F.; JONES, C. P. D.; BRODRICK, B. V. Use of non-woven fabrics in permanent roads pavements. In: THE INSTITUTION OF CIVIL ENGINEERS. *Proceedings...* part 2, v. 73, London, 1982.

BSI – *BS 8006. Code of practice for strengthened/reinforced soils and other fills.* London: British Standard Institution, 2010.

BSI – *BS 8006.* Code of practice for strengthned/reinforced soil and other fills. London: British Standard Institution, 1995.

BSI – *BS 8006.* Errata do Code of practice for strengthened/reinforced soils and other fills. London: British Standard Institution, 2012b.

BSI. *BS 8006.* Strengthened / reinforced soils and other fills. London: British Standard Institution, 1995.

BUENO, B. S.et al. Soil fiber reinforcement: basic understanding. In: INTERNATIONAL SYMPOSIUM ON ENVIRONMENTAL GEO-TECHNOLOGY, 1996, San Diego. *Anais...* v. 1, 1996. p. 878-884.

CANCELLI, A. et al. Full scale laboratory tests on geosynthetics reinforced paved roads. In: INTERNATIONAL SYMPOSIUM ON EARTH REINFORCEMENT. *Proceedings...* Fukuoka, 1996.

CARVALHO, P. A.; PEDROSA, J. A. B. A.; WOLLE, C. M. Aterro reforçado com geotêxteis – uma opção alternativa para engenharia geotécnica. In: CONGRESSO BRASILEIRO DE MECÂNICA DOS SOLOS E ENGENHARIA DE FUNDAÇÕES. 1986, Porto Alegre, *Anais...*, v. IV. p. 1169-1178

CASAGRANDE, M. D. T.; COOP, M. R.; CONSOLI, N. C. Behavior of a fiber-reinforced bentonite at large shear displacements. *Journal of Geotechnical and Geoenvironmental Engineering*, New York, v. 132, n. 11, p. 1505-1508, 2006.

CAVEY, J. K. et al. Waste fibers in cement-stabilized recycled aggregate base course material. *Transportation Research Record 1486*. Washington: Transportation Research Board, 1995. p. 97-106.

CHANG, D. T.; WANG, W. J.; WANG, Y. H. Laboratory study of the dynamic test system on geogrid reinforced subgrade soil. In: International Conference on Geosynthetics, 6., Atlanta, 1998.

CHRISTOPHER, B. R. et al. Reinforced soil structures. v. I. Design and construction guidelines. *Federal Hwy. Administration Rep.* Washington, n. FHWA/RD/89-043, 1990.

CONSOLI, N. C. et al. Effect of polypropylene fibers on the uplift behavior of model footings embedded in sand. *Geosynthetics International*, v. 19, p. 79-84, 2012a.

CONSOLI, N. C. et al. Effect of relative density on plate loading tests on fibre-reinforced sand. *Géotechnique*, London, v. 57, n. 9, p. 751-756, 2009a.

CONSOLI, N. C. et al. Engineering behavior of a sand reinforced with plastic waste. *Journal of Geotechnical and Geoenvironmental Engineering*, New York, v. 128, n. 6, p. 462-472, 2002.

CONSOLI, N. C. et al. Fiber reinforcement effects on sand considering a wide cementation range. *Geotextiles and Geomembranes*, v. 27, p. 196-203, 2009c.

CONSOLI, N. C. et al. Plate load test on fiber-reinforced soil. *Journal of Geotechnical and Geoenvironmental Engineering*, Reston, v. 129, n. 10, p. 951-955, 2003b.

CONSOLI, N. C. et al. Shear strength behavior of fiber-reinforced sand considering triaxial tests under distinct stress paths. *Journal of Geotechnical and Geoenvironmental Engineering*, New York, v. 133, n. 11, p. 1466-1469, 2007b.

CONSOLI, N. C. et al. Uplift behavior of plates embedded in fiber-reinforced cement stabilized backfill. *Geotextiles and Geomembranes*, v. 35, p. 107-111, 2012c.

CONSOLI, N. C.; BASSANI, M. A.; FESTUGATO, L. Effect of fiber-reinforcement on the strength of cemented soils. *Geotextiles and Geomembranes*, v. 28, p. 344-351, 2010.

Consoli, N. C.; Casagrande, M. D. T.; Coop, M. R. Effect of fiber-reinforcement on the isotropic compression behavior of a sand. *Journal of Geotechnical and Geoenvironmental Engineering*, Reston, v. 131, n. 11, p. 1434-1436, 2005.

Consoli, N. C.; Casagrande, M. D. T.; Coop, M. R. Performance of fibre-reinforced sand at large shear strains. *Géotechnique*, London, v. 57, n. 9, p. 751-756, 2007a.

Consoli, N. C.; Consoli, B. S.; Festugato, L. A practical methodology for the determination of failure envelopes of fiber-reinforced cemented sands. *Geotextiles and Geomembranes*, v. 41, p. 50-54, 2013a.

Consoli, N. C.; Corte, M. B.; Festugato, L. Key parameters for tensile and compressive strength of fiber-reinforced soil-lime mixtures. *Geosynthetics International*, v. 19, p. 409-414, 2012b.

Consoli, N. C.; Festugato, L.; Heineck, K.S. Strain-hardening behaviour of fibre-reinforced sand in view of filament geometry. *Geosynthetics International*, v. 16, p. 109-115, 2009b.

Consoli, N. C.; Moraes R. R.; Festugato, L. Variables controlling strength of fibre-reinforced cemented soils. *Proceedings of the ICE - Ground Improvement*, v. 166, p. 221-232, 2013b.

Consoli, N. C.; Moraes, R. R.; Festugato, L. Split tensile strength of monofilament polypropylene fiber-reinforced cemented sandy soils. *Geosynthetics International*, v. 18, p. 57-62, 2011a.

Consoli, N. C.; Prietto, P. D. M.; Ulbrich, L. A. Influence of fiber and cement addition on behavior of sandy soil. *Journal of Geotechnical and Geoenvironmental Engineering*, New York, v. 124, n. 12, p. 1211-1214, 1998.

Consoli, N. C.; Prietto, P. D. M.; Ulbrich, L. A. The behavior of a fiber-reinforced cemented soil. *Ground Improvement*, ISSMGE, v. 3 n. 3, p. 21-30, 1999.

Consoli, N. C.; Ulbrich, L. A.; Prietto, P. D. M. Engineering behavior of randomly distributed fiber-reinforced cement soil. In: INTERNATIONAL SYMPOSIUM ON RECENT DEVELOPMENTS IN SOIL AND PAVEMENT MECHANICS, 1997, Rio de Janeiro. *Proceedings...* Rotterdam: A. A. Balkema, p. 481-486, 1997.

Consoli, N. C.; Vendruscolo, M.A.; Prietto, P. D. M. Behavior of plate load tests on soil layers improved with cement and fiber. *Journal of Geotechnical and Geoenvironmental Engineering*, Reston, v. 129, n. 1, p. 96–102, 2003a.

Consoli, N. C.; Zortéa, F.; Souza, M.; Festugato, L. Studies on the dosage of fiber-reinforced cemented soils. *Journal of Materials in Civil Engineering*, v. 23, p. 1624-1632, 2011b.

CONSOLI, N. C.et al. Effect of material properties on the behaviour of sand-cement-fibre composites. *Ground Improvement*, ISSMGE, v. 8, n. 2, p. 77-90, 2004.

CROCKFORD, W. W.; GROGAN, W. P.; CHILL, D. S. Strength and life of stabilized pavement layers containing fibrillated polypropylene. *Transportation Research Record*. Washington D. C., n. 1418, pp. 60 – 66, 1993.

DANTAS, B. T.; EHRLICH, M. Ábacos para dimensionamento de taludes reforçados sob condições de trabalho. In: SOUTH AMERICAN SYMP. ON GEOSYNTHETICS, 1., Proceedings. Rio de Janeiro, Brasil, 1999.

DANTAS, B.T.; EHRLICH, M. Métodos de análise de taludes reforçados sob condições de trabalho. *Solos e Rochas*, São Paulo, v. 23, n. 2, p. 113-133, 2000.

DANTAS, B.T.; EHRLICH, M. Perfomance of geosynthetic reinforced slopes at failure. – Discussão, *J. Geot. & Geoenv. Engrg.*, ASCE, Virginia, v. 126, n. 3, p. 286 - 288, março 2000.

DÉCOURT, L.; ALBIERO, J. H.; CINTRA, J. C. A. Análise e projeto de fundações profundas. Hachich et al. (eds.). *Fundações* – teoria e prática. 2. ed. São Paulo: Pini, 1998.

DGGT. Empfehlung für Bewehrungen aus Geokunststoffen – EBGEO. Berlin: Ernst & Sohn – German Geotechnical Society, 1997.

DGGT. *Recommendations for design and analysis of earth structures using geosynthetic reinforcements* – EBGEO. Berlin: Ernst & Sohn – German Geotechnical Society, 2011.

DONATO, M. et al. Fibras de polipropileno como reforço para materiais geotécnicos. *Solos e Rochas*, São Paulo, ABMS/ABGE, v. 27, n. 2, p. 161-179, 2004.

DONDI, G. Three-dimensional finite element analysis of a reinforced paved road, proceedings of the fifth international conference on geotextiles. *Geomembranes and Related Products*, Singapore, p. 95-100, 1994.

DUNCAN, J. M. et al. Strength, stress-strain and bulk modulus parameters for finite element analyses of stresses and movements in soil masses. *Geotech. Engrg. Res. Rep.* n. UCB/GT/80-01, University of California, Berkeley, 1980.

DUNCAN, J. M.; SEED, R. B. Compaction-induced earth pressures under Ko-conditions, *Journal of Geotechnical Engineering*, ASCE,Virgina, v. 112, Non. 1, p. 1-22., 1986.

DYER, N. R.; MILLIGAN, G. W. E. A photoelastic investigation of the interaction of a cohesionless soil with reinforcement placed at different orientations. In: INT. CONF. ON IN SITU SOIL AND ROCK REINFORCEMENT. *Proceedings...*, 1984, p. 257-262.

EBGEO. Empfehlungen für den Entwurf und die Berechnung von Erdkörpen mit Bewehrungen aus Geokunstoffen. In: DEUTSCHE GESELLSCHAFT FÜR GEOTECHNIK, 5., Essen, 2010.

EHRLICH, M. Análise de muros e taludes de solos reforçados. In: SOUTH AMERICAN SYMP. ON GEOSYNTHETICS. Keynote Lecture, *Proceedongs...*, Rio de Janeiro, 1999.

EHRLICH, M. Método de dimensionamento de lastros de brita sobre estacas com capitéis". *Solos e Rochas*, São Paulo, v. 16, n. 4, p. 229-34, 1993.

EHRLICH, M.; MITCHELL, J. K. Working stress design method for reinforced soil walls. *J. Geot. Engrg.*, Virgina, v. 120, n. 4, p. 625-645, 1994.

EIKSUND, G. et al. Material Models For Reinforced Unbound Aggregate. In: INTERNATIONAL CONFERENCE ON THE BEARING CAPACITY OF ROADS, RAILWAYS, AND AIRFIELDS. 6., 2002, Lisboa. *Proceedings...* Lisboa, 2002. p. 133–143.

ELIAS, V.; CHRISTOPHER, B. R.; BERG, R.R. Mechanically stabilized earth walls and reinforced soil slopes – Design and construction guidelines. *Federal Hwy. Administration Rep.*, Washington, D.C., n. FHWA/NHI-00-043, 2001.

FABRIN, T. W.; MONTEZ, F. T.; VIDAL, D. M. O Conceito de Fatores de Redução Aplicados às Propriedades dos Geossintéticos. *Geossintéticos'99*, Rio de Janeiro, 1999.

FABRIN, T. W.; QUEIROZ, P. I. B. Análise de Fundações Rasas Reforçadas com Geossintéticos. *Geossintéticos '99*. Rio de Janeiro, 1999.

FELLENIUS, W. Calculation of the Stability of Earth Dams. In: INTERNATIONAL CONGRESS ON LARGE DAMS, 2., *Transactions...* Washington, 1936.

FESTUGATO, L.; CONSOLI, N. C.; FOURIE A. Cyclic shear behaviour of fibre-reinforced mine tailings. *Geosynthetics International*, 2015 (accepted for publication).

FESTUGATO, L.; FOURIE A.; CONSOLI, N. C. Cyclic shear response of fibre-reinforced cemented paste backfill. *Géotechnique Letters*, v. 3, p. 5-12, 2013.

FOLQUE, J. Aterros fundados em estacas. *Geotecnia*, Lisboa, v. 58, p. 19-26., 1990.

GEOTEXTILES and Geomembranes, v. 19, p. 75-88, Elsevier Science Publishers London, 2001.

GIROUD, J. P. Determination of geosynthetic strain due to deflection. Technical Note. *Geosynthetics International*, v. 2, n. 3, p. 635-641, 1995.

GIROUD, J. P. et al. Design of soil-layer-geosynthetic systems overlying voids. *Geotextiles and Geomembranes*, London, v. 9, p. 11-50, 2000].

GIROUD, J. P.; HAN, J. *Design method for tensar geogrid-reiforced unpaved roads*. Disponível em: <www.tensar.com.uk>. Acesso em: 2003.

GIROUD, J. P.; HAN, J. The Giroud-Han design method for geosynthetic-reinforced unpaved roads. Part 1 – Method development and calibration. *Geosynthetics*, 2012.

GIROUD, J-P.; NOIRAY, L. Geotextile- reinforced unpaved road design, Journal of the Geotechnical Engineering Division. In: *Proceedings of the American Society of Civil Engineers*, v. 107, n. GT9, p. 1233-1254. Virginia, 1981.

GOMES, R. C.; MARTINS, C. C. Influência dos parâmetros de projeto na geometria e custo global de taludes reforçados com geotêxteis e resíduos de mineração. In: SIMPÓSIO BRASILEIRO DE GEOSSIN-TÉTICOS, 4., Porto Alegre, 2003.

GOURC, J. P.; VILLARD, P. Reinforcement by membrane effect: Application to embankments of soil liable to subsidence. *Proceedings of the 2nd Asian Geosynthetics Conference,* Kuala Lumpur, n. 1, p. 29-31, p. 55-72, May, 2000.

GRAY, D. H.; OHASHI, H. Mechanics of fiber reinforcement in sand. *Journal of Geotechnical Engineering*, New York, v. 109, n. 3, p. 335-353, 1983.

HASS, R.; WALL, J.; CARROLL, R. G. Geogrid reinforcement of granular bases in flexible pavements. *Transport Research Board Laboratory*, v. 1.188, Washington, D C, 1988.

HAZA, E.; GARNIER, J.; DUBREUCQ, TH. Shallow foundation on geotextile-reinforced soil: a centrifuge model study. In: INT. CONF. GEOSYN-THETICS, 7., Nice, 2002.

HEINECK, K.S.; COOP, M. R.; CONSOLI, N. C. Effect of micro-reinforcement of soils from very small to large shear strains. *Journal of Geotechnical and Geoenvironmental Engineering*, Reston, v. 131, n. 8, p. 1024-1033, 2005.

HEWLETT, W. J.; RANDOLPH, M. F. (1988) Analysis of Piled Embankments. Ground Engineering, 21(3) 12-8, (London, Reino Unido).

HOLMBERG, S. (1979) Bridge Approaches of Soft Clay Supported by Embankment Piles. *Geotech. Engrg.*, Bangkok, v. 10, n. 1, p. 77-89.

Holtz, D.; Rut. Prediction for roadways with geosynthetic separators. In: INTERNATIONAL CONFERENCE ON GEOSYNTHETICS, 6., Atlanta, 1998.

Holtz, R. D.; Massarsch, K. R. Improvement of the stability of an embankment by piling and reinforced earth. In: EUROPEAN CONF. ON SOIL MECH. AND FOUND. . Viena, 1976. Engrg. 473-478.

Huckert, A.; Villard, P.; Briançon, L. Experimental and numerical approaches of the design of geosynthetic reinforcements overlying voids. In: EUROPEAN YOUNG GEOTECHNICAL ENGINEERS CONFERENCE, 23., *Proceedings...*, Barcelona, 2014.

Huntingtone, G.; Ksaibati, K. Evaluation of geogrid reinforced granular base. *Geotechnical Fabrics Report.*, Minnesota, v. 18, n. 1, p. 22-28, 2000.

IGS., *Mini lecture series.* South Caroline: International Geosyntyetics Society, 2002.

ISO. *ISO/TR 20432:2007* Guidelines for the determination of the long-term strength of geosynthetics for soil reinforcement. International Organization for Standardization, 2007.

Jambu, N. Application of composite slip surface for stability analysis. In: EUROPEAN CONFERENCE OS STABILITY ANALYSIS. Suécia, 1954.

Jewell, R. A. Application of revised design charts for steep reinforced slopes. *Geotextiles and Geomembranes*, London, v. 10, p. 203-233, 1991.

Jewell, R. A. Soil reinforcement woth geotextiles. *Ciria Special Publication*, v. 123. London, 1996.

Jewell, R. A. Some effects of reinforcement on the mechanical behavior of soils. Dissertation (Ph.D.) – Univ. of Cambridge, Cambridge, 1980.

John, N. W. M. *Geotextiles*. Glasgow: Blackie, 1987.

John, N. W. M. *Geotextiles*. Glasgow: Blackie, 1987.

Jones, C. J. F. P.; Cooper, A. H. Road construction over voids caused by active gypsum dissolution, with an example from Ripon, North Yorkshire, England. *Environmental Geology*, v. 48, p. 384-394, 2005.

Jones, C. J. F. P.; Lawson, C. R.; Ayres, D. J. Geotextile reinforced piled embankments. In: INT. CONF. ON GEOTEXTILES, GEOMEMBRANES AND RELATED PRODUCTS, 4., Hague, 1990. 155-160.

Jones, C. J. F. P.; Lawson, C. R.; Ayres, D. J. Geotextile Reinforced Piled Embankments. In: INT. CONF. ON GEOTEXTILES, GEOMEM-

BRANES AND RELATED PRODUCTS, 4., 1990. London: Elsevier Science Publishers, 1990. P.155-160.

KANIRAJ, S. R. Rotational stability of unreinforced and reinforced embankments on soft soils. *Geotextiles and Geomembranes*, London, 13, n. 11, p. 707-726, 1994].

KANNAN, R. C. Designing foundations around sinkholes. *Engineering Geology*, London, v. 52, p. 75-82, [, 1999.

KAUFMANN, O.; QUINIF, Y. Cover-collapse sinkholes in the tournaisis area, southern Belgium. *Engineering Geology*, London, v. 52, p. 15-22, 1999.

KEMPFERT, H. G. et al. German recommendations for reinforced embankments on pile similar elements. In: *EuroGeo 3rd European Geosynthetics Conference* - Munich, v. 1, p. 279-283, 2004.

KEMPFERT, H. G.; STADEL, M.; ZAESKE, D. Berechnung von Geokunstoffbewehrten Tragschichten über Pfahlelementen. *Bautechnik, Ernst & Sohn*, Berlin, v. 74, n. 12, p. 818-825, 1997.

KHING, K. H. et al. Foundation on strong sand underlain by weak clay with geogrid at the interface. *Geotextiles and Geomembranes*, London, v. 13, p. 199-206, 1994.

KLEIN, R. J.; VIDAL, D. M.; RODRIGUES, R. M. Estudo dos efeitos nas propriedades do material compactado em obras de reforço de base de pavimentos com geossintéticos. In: SIMPÓSIO BRASILEIRO DE GEOSSINTÉTICOS, ABMS, 4., Porto Alegre, 2003.

KOERNER, G. R.; KOERNER, R. M. The installation survivality of geotextiles and geogrids. In: INTERN. CONF. ON GEOTEXTILES, GEOMEMBRANES AND RELATED PRODUCTS, 4., Hague, 1990.

KOERNER, R. M. Designing with geosynthetics. 4. ed. Prentice-Hall, 1998.

KOERNER, R. M. *Designing with geosynthetics*. New Jersey: Geosynthetic Research Institute, 1994.

KWON, J.; TUTUMLUER, E.; KIM, M. Development of a mechanistic model for geosynthetic-reinforced flexible pavements. *Geosynthetics International*, v. 12, p. 310-320, 2005.

LAWSON, C. R. The practice of soil reinforcing in Europe. *Proceedings of the Symposium.* London: Terry S. Ingold, Thomas Telford Services Ltd., 1995.

LAWSON, C. R.; YEE, T. W. Serviceability limits for basal reinforced embankments spanning voids. *Geo-Frontiers*, 2011.

LE, V. et al. Model tests of subsidence of the reinforced soil over void. *Ground Improvement and Geosynthetics GSP*, v. 238, 2014.

LENG, J.; GABR, M. A. Characteristics of geogrid-reinforced aggregate under cyclic load. *Journal of Transportation Research Board*, National Research Council, Washington, DC, n. 1786, p. 29–35, 2002.

LENG, J.; GABR, M. A. Numerical analysis of stress-deformation response in reinforce unpaved road sections. In: TRB ANNUAL MEETING, National Research Council, 28.,Washington, DC . *Proceedings...* Washington, DC, 2003.

LESHCHINSKY, D.; BOEDEKER, R. H. Geosynthetic. reinforced soil structures, *J. Geot. Engrg*, v. 115, n. 10, p. 1459-1478, 1989.

LIMA, D. C.; BUENO, B. S.; THOMASI, L. The mechanical response of soil-lime mixtures reinforced with short synthetic fiber. In: INTERNATIONAL SYMPOSIUM ON ENVIRONMENTAL GEOTECHNOLOGY, 3., 1996, San Diego. *Proceedings...* v. 1, p. 868-877, 1996.

LOW, B. K. et al. Slip circle analysis of reinforced embankments on soft ground. *Geotextiles and Geomembranes*, v. 9, n. 2, p. 165-181, 1990.

LOW, B. K. Stability analysis of embankments on soft ground. *ASCE Journal of Geotechnical Engineering*, v. 115, n. 2, p. 211-227, 1989.

MANJUNATH, V. R.; DEWAIKAR, D. M. Bearing capacity of inclined loaded footing on geotextile reinforced two-layer system. In: OCHAI; YASUFUKU; OMINE. (eds.). *Earth reinforcement*. Rotterdam: Balkema, 1996.

MANJUNATH, V. R.; DEWAIKAR, D. M. Bearing Capacity of inclined loaded footing on geotextile reinforced two-layer system. In: OCHAI, YASUFUKU; OMINE. (eds.). *Earth reinforcement*. Rotterdam: Balkema, 1996.

MARIENFELD, M.; MONTALVO, J. R. Incorporación de la capacidad de separación/estabilización del geotextil en el diseño de pavimentos flexibles usando el método AASHTO. *Geossintéticos'99*, Rio de Janeiro, 1998. P. 3-40.

MEYERHOF, G. G.; ADAMS, J. I. The ultimate uplift capacity of foundations. *Canadian Geotechnical Journal*, v. 5, n. 4, p. 225-244, 1968.

MIURA, N. et al. Polymer grid reinforced pavement on soft clay grounds. *Geotextiles and Geomembranes*, v. 9, 1990.

MORGENSTERN, N. R.; PRICE, V. E. The analysis of the stability of general slip surfaces. *Geotechnique*, v. 15, n. 1, p 79-93, 1965.

NATARAJ, M. S.; MCMANIS, K. L.; HOADLEY, P. G. Settlement and bearing capacity of footings on reinforced sand. In: OCHAI, YASUFUKU; OMINE. (eds.). *Earth reinforcement*. Rotterdam: Balkema, 1996.

NATARAJ, M. S.; McMANIS, K. L.; HOADLEY, P. G., Settlement and bearing capacity of footings on reinforced sand. In: OCHAI; YASUFUKU; OMINE. (eds.). *Earth reinforcement*. Rotterdam: Balkema, 1996.

Ogurtsova, J. et al. Pavimentos de baixo custo sobre solos argilosos revestidos com membrana impermeável de geotêxtil nãotecido e asfalto. In: REUNIÃO ANUAL DE PAVIMENTAÇÃO, 25., São Paulo, 1991.

OMAR, T. M. et al. Ultimate bearing capacity of rectangular foundations on geogrid-reinforced sand. *Geotechnical Testing Journal*, v. 16, n. 2, p. 246-52, 1983.

PAIVA, C. E. L.; AGUIAR, P. R. Avaliação do Desempenho de Estradas Pavimentadas sobre Solos Moles Reforçadas com Geotêxteis. *Geossintéticos*, São Paulo, 1995.

PALMEIRA, E. M. *Curso de estabilização e reforço de solos*: introdução à utilização de geossintéticos. Publicação n. GAP001A/2000. Brasília, DF: Universidade de Brasília – Programa de Pós-Graduação em Geotecnia, , 2000.

PALMEIRA, E. M. Embankments In: S.K. SHUKLA, K. (ed.). *Book of geosynthetic applications*. Telford: Thomas, 2002. chpt. 10.

PALMEIRA, E. M. Embankments. In: S.K. SHUKLA, K. (ed.). *Handbook of geosynthetics engineering*. 2. ed. Telford: Thomas, 2012. p.101-127.

PALMEIRA, E. M. *Estabilização e reforço de aterros sobre solos moles utilizando geotêxteis*. Publicação n. GRE 022A/92 Brasília, DF: Universidade de Brasília – Programa de Pós-Graduação em Geotecnia, 1992.

PALMEIRA, E. M. Manual técnico de solo reforçado. São José dos Campos: Huesker Ltda., 1999.

PALMEIRA, E. M.; PEREIRA, J. H. F.; DA SILVA, A. R. Backanalyses of geosynthetic reinforced embankments on soft soils. *Geotextiles and Geomembranes*, v. 16, n. 5, 1998.

PARRY, H. J. Coping with fife's mining industrial heritage. *Municipal Engineer*, n. 110, v. 231-240, 1983.

PERKINS, S. W. et al. Geosynthetic-reinforced pavements: overview and preliminary results. In: INTERNATIONAL CONFERENCE ON GEOSYNTHETICS, 6., Atlanta, 1998.

PERKINS, S. W. *Mechanistic-empirical modeling and design model development of geosynthetic reinforced flexible pavements*: Final Report. Report n. FHWA/MT-01/002/99160-1A, Montana Department of Transportation, 2001.

Aplicações em Reforço de Solos

POSPISIL, K.; ZEDNIK, P. Geosynthetic impact recognition on soil bearing capacity in the geotechnical laboratory testing field. In: INT. CONF. GEOSYNTHETICS, 7., Nice, 2002.

POULOS, H. G.; DAVIS, E. H. *Pile foundation analysis and design*. New York: John Wiley & Sons, 1980.

RAAD, L.; FIGUEROA, J. L. Load response of transportation support systems. *Transportation Engineering Journal*, ASCE, v. 16, p. 111-128, 1980.

RESENDE, L. *Técnicas alternativas para a construção de base de pavimentos rodoviários*. Dissertação (Mestrado em Geotecnia) – Departamento de Engenharia Civil da Universidade de Brasília, Brasília, DF, 1999.

RUDDOCK, E. C.; PORTER, J. F.; MCAVOY, A. R. A full-scale experiment on granular and bituminous road pavements laid on fabrics. In: INTERNATIONAL CONFERENCE ON GEOTEXTILES, 2., Las Vegas. *Proceedings...* v. 2. Las Vegas, 1982.

SALMAN, A.et al. Durability of geosynthetics based on acelereted laboratory testing. *Geosynthetic's 97*. Long Beach, 1997.

SANTONI, R. L.; TINGLE, J. S.; WEBSTER, S. L. Engineering properties of sand-fiber mixtures for road construction. *Journal of Geotechnical and Geoenvironmental Engineering*, New York, v. 127, n. 3, p. 258-268, 2001.

SARMA, S. K. Stability analysis of embankments and slopes. *Journal of the Geotechnical Engineering Division*, ASCE, v 105, n. GT12, p. 1511-1524, 1979.

SHIN, E. C.; DAS, B. M.; ATALAR, C. Cyclic plate load test on geogrid-reinforced granular pad. In: INT. CONF. GEOSYNTHETICS, 7., Nice, 2002.

SILVA DOS SANTOS, A. P.; CONSOLI, N. C.; BAUDET, B. A. The mechanics of fibre-reinforced sand. *Géotechnique*, London, v. 60, n. 10, p. 791-799, 2010.

SILVA, M. A.; BUENO, B. S.; LIMA, D. C. Estabilização de solos com inclusões curtas aleatórias. In: SIMPÓSIO BRASILEIRO SOBRE APLICAÇÕES DE GEOSSINTÉETICOS, 2., 1995. *Geossintéticos 95*, 1995. p. 327-335

SPACHT, L. P. et al. Comportamento de misturas solo-cimento-fibra submetidas a carregamentos estáticos e dinâmicos. *Solos e Rochas*, São Paulo, ABMS/ABGE, v. 25, n. 1, p. 15-34, 2002.

SPENCER, E. A method of analysis of the stability of embankments assuming parallel inter-slice forces. *Geotechnique*, v. 17, n. 1, p 11-26, 1967.

SUBHAN, K.; MASHNAD, M. Fatigue behavior of a pavement foundation with recycled aggregate and waste HDPE strips. *Journal of Geotechnical and Geoenvironmental Engineering*. Reston, v. 129, n. 7, p. 630-638, 2003.

TEODORO, J. M.; BUENO, B. S. Estudo do comportamento dos solos reforçados com fibras plásticas de polipropileno. In: CONGRESO BRASILEIRO DE MECÂNICA DOS SOLOS E ENGENHARIA GEOTÉCNICA, 11., Brasília, 1998. *Anais...* v. 2., p. 1093-1100, 1998.

TERZAGHI, K. *Theoretical soil mechanics*. New York: John Wiley and Sons, Inc. , 1943.

THE TENSAR CORPORATION. *Design guideline for flexible pavements with tensar geogrid reinforced base layers*.Technical note. The Tensar Corporation. TTN: BR 96, 1996.

THE TENSAR CORPORATION. *Design of tensar-geogrid reinforcement to support landfill lining and cover systems*. Technical note. The Tensar Corporation, 1989.

TRB. *Potential benefits of geosynthetics in flexible pavement systems*. Washington, DC: Transportation Research Board, 1989.

TUTUMLUER, E. *Predicting behavior of flexible pavements with granular bases*.. Dissertação (Doutorado) – School of Civil and Environmental Engineering, Georgia Institute of Technology, Atlanta, 1995.

TUTUMLUER, E.; BARKSDALE, R. D. Behavior of pavements with granular bases: prediction and performance. In: UNBAR4 SYMPOSIUM, *Proceedings...* Nottingham: Dawson A. R. & Jones R. H. Editors, 1995. pp. 173–183.

TUTUMLUER, E.; THOMPSON, M. R. Cross-anisotropic modeling of granular bases in flexible pavements. In: TRB. *Transportation Research Record 1577*, Washington, DC: National Research Council, 1997. p. 18–26.

VAN EEKELEN, S. J. M. et al. Model experiments on piled embankments Part I. *Geotextiles and Geomembranes*, v. 32, p. 69-81, 2012a.

VAN EEKELEN, S. J. M. et al. Model experiments on piled embankments. Part II. *Geotextiles and Geomembranes*, v. 32: 82-94, 2012b.

VAN EEKELEN, S. J. M.; BEZUIJEN, A. *Equilibrium models for arching in basal reinforced piled embankments*. ICSMGE 1267-1270, Paris, 2013a.

VAN EEKELEN, S. J. M.; BEZUIJEN, A.; VAN TOL, A. F. An Analytical model for arching in piled embankments. *Geotextiles and Geomembranes*, v. 39, p. 78-102, 2013b.

VELLOSO, R. Q. et al.Simulation of the mechanical behavior of fiber reinforced sand using the discrete element method. *Soils and Rocks*, v. 35, p. 201-206, 2012.

WEBSTER, S. L. Geogrid reinforced base course for flexible pavements for light aircraft: test section construction, laboratory tests and design critéria. USACE, DOT/FAA/RD-92/25 Virgínia, 1992.

WHITE, D. W. Literature review of geotextiles to improve pavements for general aviation airports. USACE, DOT/FAA/RD-90/26, Virgínia, 1991.

WINTER, M. G.; CROSS, J. C.; OLIPHANT, J. The use and effectiveness of geotextiles on road projects in Scotland. I: INTERNATIONAL CONFERENCE ON GEOTEXTILES, GEOMEMBRANES AND RELATED PRODUCTS, 5., Singapore, 1994.

YASUFUKU, N.; OCHIAI, H.; KAWAMATA, K. Supporting capability of geogrid reinforced soil foundations. In: INTERNATIONAL CONFERENCE ON GEOSYNTHETICS, 6., Atlanta, 1998.

ZAESKE, D.; KEMPFERT, H. G. Berechnung und Wirkungsweise von Unbewehrten und Bewehrten Mineralischen Tragschichten über Punkt – und Linienförmigen Traggliedern. *Bauingenieur*, v. 77, n. 2, p. 80-86, 2002.

ZEEVAERT, A. E. Finite element formulation for the analysis of interfaces, nonlinear and large displacement problems in geotechnical engineering. Dissertação (Doutorado) – School of Civil and Environmental Engineering, Georgia Institute of Technology, Atlanta, 1980.

ZORNBERG, J.; SITTAR, N.; MITCHELL, J. K. Performance of geosynthetic reinforced slopes at failure. *J. Geotechnical and Geoenvironmental Engineering*, London, v. 124, n. 8, p. 670-683, 1999.

Capítulo 5

Aplicações em Filtração

Paulo R. Aguiar
José C. Vertematti

5.1 INTRODUÇÃO

No Brasil, a utilização dos geossintéticos como elemento filtrante foi a primeira a ser amplamente divulgada, e ainda hoje essa é uma das suas principais aplicações. A razão desse sucesso é que geralmente os geossintéticos, mais especificamente os geotêxteis, substituem com vantagem uma ou mais camadas de agregados naturais nos sistemas filtrantes convencionais. Além disso, sua regularidade, advinda de seu processo de fabricação, dá à obra qualidade superior, proporcionando também sensível redução de custos, em comparação com as camadas de filtros naturais.

As principais vantagens no uso de geossintéticos, em relação aos filtros granulares, são as seguintes:

- a espessura de filtro é menor;
- trata-se de um produto industrial, portanto com características controladas e regulares;
- há continuidade da estrutura filtrante, mesmo no caso de ocorrência de recalques;
- facilidade de instalação e baixo custo, principalmente no caso de filtros inclinados.

Os geossintéticos são hoje amplamente aceitos e utilizados em trincheiras drenantes, margens de rios, proteções costeiras e de marinas, barragens, estruturas rodoferroviárias etc.

5.2 DEFINIÇÃO

Os problemas de mau desempenho dos sistemas filtrantes estão geralmente associados à erosão interna (má retenção do solo), à baixa permeabilidade ou à sua colmatação — entupimento causado pelas partículas finas do solo, que penetram em seu corpo ou bloqueiam a interface solo/filtro.

Portanto os sistemas filtrantes devem ser concebidos para obedecer a dois critérios contraditórios: o de retenção e o de permeabilidade. Pelo *critério de retenção,* o filtro deve bloquear a passagem das partículas do solo sob ação de um fluxo de água, ou de compressões estáticas/dinâmicas; já segundo o *critério de permeabilidade,* o filtro deve permitir o livre escoamento dos fluidos sem elevações significativas na perda de carga.

O critério de retenção está associado a problemas de erosão, podendo ser provocado pela água em movimento, cuja energia desloca partículas do solo em seu caminho. Um exemplo típico é o transporte de partículas da superfície do solo nos cursos de água. Essa forma de erosão chama-se "erosão externa", sendo causada pela ação do vento ou da água. Esse efeito erosivo pode ser evitado por meio da colocação de camadas granulares de agregados ou filtros geossintéticos sobre o solo, os quais dissipam a energia da água antes de seu contato com a superfície erodível.

A erosão interna é causada pela ação da água no interior de um solo, provocando o deslocamento de suas partículas, também chamado de "derramamento" (sufusão) ou *"piping"* (erosão interna progressiva). Essa ação da água pode ser devida ao fluxo do lençol freático ou de infiltrações locais (fluxo unidirecional), ou originado pela ação de ondas (fluxo turbulento e/ou bidirecional). A Figura 5-1 apresenta exemplos de erosão interna e externa.

O comportamento ideal de um sistema filtrante natural caracteriza-se por um contato íntimo solo/filtro, em que o filtro mantém intacta a estrutura do solo, retendo suas partículas mais grossas, as quais retêm partículas menores, e estas, por sua vez, retêm partículas ainda menores. Uma parte das partículas mais finas (mais próximas da interface solo/filtro) atravessa total ou parcialmente o filtro. Forma-se assim um conjunto solo/pré-filtro/filtro estável (Figura 5-2).

Quando se utiliza um geotêxtil como filtro, o fenômeno que ocorre assemelha-se ao descrito acima, em que a manta retém as partículas mais grossas, deixando passar as partículas mais finas, o que evita a colmatação interna, prejudicial ao desempenho do filtro. O geotêxtil atua, portanto, como um catalisador, proporcionando formação de um filtro natural no solo.

Aplicações em Filtração

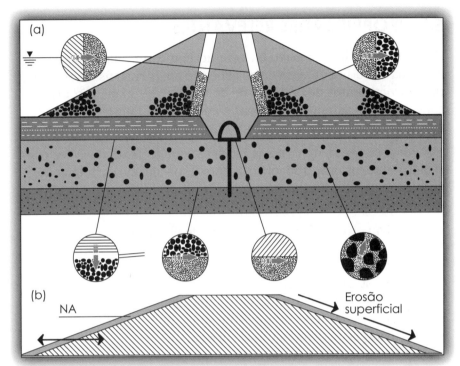

FIGURA 5-1
a) Erosão interna: seção transversal de barragem com problemas potenciais de estabilidade de filtro, de acordo com U. Schuler e J. Brauns (1992); b) erosão externa.

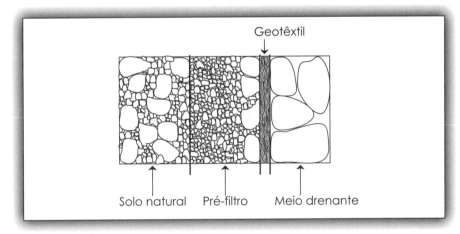

FIGURA 5-2
Formação do pré-filtro.

Para que isso aconteça, o geotêxtil deve apresentar, a curto prazo, uma permeabilidade superior à do solo, evitando a ocorrência de perdas de carga no fluxo de água. A longo prazo, a permeabilidade do filtro pode eventualmente sofrer redução, mas deverá sempre se manter superior à do solo, significando que a estrutura do solo está sendo mantida estável, mesmo que partículas finas em suspensão no fluxo ainda estejam passando pelo filtro (nos casos de fluxos bidirecionais).

5.3 PROPRIEDADES RELEVANTES

Um filtro mal dimensionado ou com desempenho ruim pode causar falhas na estrutura de terra ou de concreto em barragens, margens de rios, enrocamentos de proteção ou de contenção, ou em estradas. As consequências seriam desastrosas e a reparação muito cara, quando não impossível ou inacessível.

Por essa razão, um sistema filtrante com geotêxtil deve ser concebido e dimensionado adequadamente, especificado corretamente e instalado com segurança. As principais propriedades associadas aos sistemas filtrantes estão relacionadas a seguir:

- diâmetro de filtração (abertura de filtração);
- flexibilidade;
- permeabilidade;
- resistência à passagem da água;
- resistência à agressividade do meio ambiente;
- resistência a perfurações dinâmicas;
- energia de deformação absorvida.

5.4 PRODUTOS UTILIZADOS

Os filtros geossintéticos mais utilizados são os *geotêxteis* (junto a agregados granulares abertos – brita, por exemplo – ou como parte integrante de geocompostos drenantes) e os *geocompostos filtrantes* (combinações de geotêxteis tecidos e não tecidos).

5.5 DIMENSIONAMENTO E ESPECIFICAÇÃO

Para o dimensionamento de um filtro, devem ser considerados três aspectos principais: o tipo de fluxo que por ele irá percolar; o tipo de aplicação do filtro e o tipo do solo de fundação.

O tipo de fluxo que irá percolar no filtro pode ser:

- Monodirecional (caso de trincheiras drenantes, por exemplo)

- Multidirecional (caso de margens de rios e canais, enrocamentos marítimos etc.).

A aplicação do filtro pode ser de três tipos: filtros que proporcionam retenção total de finos (é o caso de barragens, por exemplo); filtros que proporcionam a retenção ideal para que uma estrutura geotécnica se mantenha íntegra durante a sua vida útil; filtros que proporcionam retenção parcial quando sujeitos a fluxo turbulento ou multidirecional.

Aplicações em Filtração

Recomenda-se sempre verificar a granulometria do solo da fundação, e se trata-se de um solo contínuo ou descontínuo. Solos descontínuos exigem estudos especiais de filtros.

As considerações apresentadas a seguir referem-se ao caso de fluxo monodirecional, filtros que proporcionem retenção ideal para as estruturas geotécnicas e para solos contínuos (solos estáveis).

Os filtros granulares devem atender basicamente a dois critérios principais: critério de permeabilidade e critério de retenção. Para o dimensionamento de filtros granulares, utilizam-se os critérios clássicos de Terzaghi, por exemplo.

Já um filtro geotêxtil deve atender a vários critérios. Segundo Giroud (2010), devem ser atendidos os seguintes critérios:

- critério de retenção;
- critério de permeabilidade;
- critério de porosidade;
- critério de espessura;
- critério de sobrevivência.

Critério de retenção

Para atender ao critério de retenção, inúmeros autores apresentam suas proposições, segundo as quais o geotêxtil deve atender à condição de filtro de acordo com a granulometria do solo, gradientes hidráulicos, direção do fluxo de água etc. Não há uma correspondência ou analogia desses critérios entre si, pois cada um é específico para a condição de uso do filtro analisada ou testada. A Tabela 5-1 reúne alguns dos critérios disponíveis.

Recomenda-se, entretanto, antes da adoção de qualquer um dos critérios da tabela, verificar se o solo é autoestável (ou autofiltrante) ou não. Sob essa condição, as partículas mais grossas do solo retêm as partículas menores e estas, por sua vez, retêm as partículas menores ainda, e assim por diante, permitindo a formação de um pré-filtro estável. Essa verificação é feita, por exemplo, através do critério de Chen et al. (1981):

$$D_{50s} > \frac{D_{85s}}{5}; \qquad D_{35s} > \frac{D_{50s}}{5}; \qquad D_{15s} > \frac{D_{35s}}{5}. \qquad [5\text{-}1]$$

Após a verificação da condição auto filtrante do solo, deve-se adotar um dos critérios da Tabela 5-1, aquele que seja mais adequado às condições da obra em questão. Cada critério fornece valores de diâmetro de filtração do geotêxtil a ser utilizado. Esses valores são função do método de ensaio indicado segundo cada um dos critérios e estão resumidos a seguir:

ASTM D 4751: Peneiramento a seco de frações uniformes de esferas de vidro. Fornece valores de AOS (*apparent opening size* – abertura de filtração equivalente).

AFNOR NFG 38014: Peneiramento hidrodinâmico de solo, padrão bem graduado. Fornece valores de O_{95} (abertura de filtração característica).

ASTM D 6767: Determina a curva de distribuição de vazios do geotêxtil, a dimensão máxima e dimensão média dos vazios.

NBR ISO 12956: Peneiramento úmido de partículas de areia bem graduada. Fornece valores de O_{90} (abertura de filtração característica).

TABELA 5-1
Alguns critérios de retenção para filtros

Autor	Critério
SCHOBER E TEINDL [1979]	Para $U > 3$, utilizar: $O_{90} < 5 \times D_{50s}$ Para $U \leq 3$, utilizar: $O_{90} < U \times D_{50s}$
LOUDIERE E FAYOUX [1982]	Para $U > 4$ (solos bem graduados), utilizar: $O_{95} \leq D_{85s}$ Para $U \leq 4$ (solos uniformes), utilizar: $O_{95} \leq 0,8 \times D_{50s}$ Para solos coesivos: utilizar os mesmos critérios acima, não sendo aceitos valores de O_{95} menores que 50 μm

GIROUD [1982]	Para $U > 3$, utilizar: $O_{max} < A \times D_{50}/U$;
	Para $U \leq 3$, utilizar: $O_{max} < B \times U \times D_{50s}$, onde A e B assumem os valores:
	  $A = 9$; $B = 1,0$ se a densidade relativa for baixa ($DR < 50\%$)
	  $A = 13,5$; $B = 1,5$ se a densidade relativa for intermediária ($50\% < DR < 80\%$)
	  $A = 18$; $B = 2,0$ se a densidade relativa for alta ($DR > 80\%$)

HERTEEN [1982]	Em solos não coesivos:
	  Para $U \geq 5$, utilizar: $O_{90} \leq D_{90s}$ e $O_{90} < 10 \times D_{50s}$, se o solo for bem graduado
	  Para $U < 5$, utilizar: $O_{90} \leq D_{90s}$ e $O_{90} < 2,5 \times D_{50s}$, se o solo for mal graduado
	Em solos coesivos, sob quaisquer condições:
	  Utilizar: $O_{90} < 10 \ D_{50s}$ e $O_{90} < D_{90s}$ e $O_{90} \leq 0,1$ mm
	Em condições críticas de solicitação, utilizar: $O_{90} < D_{50s}$

TABELA 5-1
Alguns critérios de retenção para filtros (continuação)

Autor	Critério

CFGG – Comitê Francês de Geotêxteis e Geomembranas [1986]	Inequação genérica: $O < C \times D_{85s}$
	Onde:
	$C = C_1, C_2, C_3, C_4$
	C_1 = fator granulométrico = 1,00 (solos bem graduados e contínuos);
	    0,80 (solos uniformes e contínuos)
	C_2 = fator de adensamento = 1,25 (solos densos e confinados);
	    0,80 (solos fofos e não confinados)
	C_3 = fator hidráulico = 1,00 (gradiente menor que 5);
	    0,80 (gradiente entre 5 e 20);
	    0,60 (gradiente entre 21 e 40 ou fluxo reverso)
	C_4 = fator de função = 1,00 (somente função de filtro);
	    0,30 (função de filtro e dreno)

FHWA [1995]	Inequação genérica: $AOS < B \times D_{85s}$
	Onde:
	    Em condições críticas, utilizar: $B = 1$
	    Em solos com $D_{50} \geq 0,075$ mm:
	        Utilizar $B = 1$ para $U < 2$ ou > 8
	        Utilizar $B = 0,5$ para $2 < U < 4$
	        Utilizar $B = 8/U$ para $4 < U < 8$
	    Em solos com $D_{50} < 0,075$ mm, B depende do tipo de geotêxtil:
	        Utilizar $B = 1,8$ para geotêxteis não tecidos
	        Utilizar $B = 1,0$ para geotêxteis tecidos
	        Utilizar $AOS < 0,3$ mm para ambos os tipos de geotêxteis

GIROUD [2002]	$$C'_U = \frac{d'_{60}}{d'_{10}} = \sqrt{\frac{d'_{100}}{d'_0}}$$
	Onde:
	Para $C'_U \leq 0,3$
	    $O_F \leq (C'_U)^{0,3} \, d'_{85s}$ para solo fofo
	    $O_F \leq 1,5 \, (C'_U)^{0,3} \, d'_{85s}$ para solo de densidade média
	    $O_F \leq 2 \, (C'_U)^{0,3} \, d'_{85s}$ para solo denso
	Para $C'_U \geq 0,3$
	    $O_F \geq 9 \, d'_{85s} / (C'_U)^{1,7}$ para solo fofo
	    $O_F \geq 13,5 \, d'_{85s} / (C'_U)^{1,7}$ para solo de densidade média
	    $O_F \geq 18 \, d'_{85s}/(C'_U)^{1,7} \, d'_{85s}$ para solo denso
	Obs.: Neste critério já está considerada a estabilidade interna do solo.

Critério de permeabilidade

Consideram-se os filtros geotêxteis como meios porosos, sendo, portanto, aplicável a lei de Darcy:

$$\frac{Q}{A} = V = K_n \times i,$$

[5-2]

em que:

V é a velocidade média de percolação (m/s);
A a área da seção (m²);
Q o fluxo (m³/s);
i o gradiente hidráulico; e
K_n a permeabilidade normal ao plano do geotêxtil (m/s).

O critério de permeabilidade inclui ainda dois outros requisitos: o requisito de poropressão e o requisito de fluxo.

Requisito de poropressão

A existência de um filtro em um solo sempre provoca um distúrbio no fluxo na região à montante do filtro. A seleção do filtro deve ser tal que o distúrbio seja o menor possível. Para que um filtro não provoque aumento de poropressões, a seguinte equação deve ser atendida:

$$k_F \geq i_S k_S$$

onde:

k_F = permeabilidade do filtro;
i_S = gradiente hidráulico;
k_S = permeabilidade do solo.

Alguns valores de gradientes hidráulicos em solos adjacentes a filtros são apresentados a seguir:

- Trincheiras drenantes: inferior a 1,0;
- Drenagem vertical de muros: 1,5;
- Colchões drenantes de aterros sanitários: 1,5;
- Dreno de pé de talude de barragem: 2,0;
- Lagoas com revestimento argiloso: superior a 10.

Requisito de fluxo

A presença de um filtro em um solo, mesmo que ele seja muito permeável, sempre provoca um decréscimo no fluxo, quando comparado a um caso sem filtro.

Cálculos realizados com a lei de Darcy mostram que esta redução no fluxo é inferior a 10 % de um fluxo sem filtro, se a seguinte condição for satisfeita:

$k_F \geq k_S$ para espessura de filtro variando de 1 a 10 mm, sendo válida, portanto, para filtros geotêxteis

Agrupando-se os dois requisitos acima tem-se:

$$k_F \leq \max (i_S k_S, k_S)$$

Um requisito poderá ser mais rigoroso que o outro, dependendo do gradiente hidráulico no solo adjacente ao filtro.

Critério de porosidade

Este critério procura garantir que o número de aberturas no geotêxtil seja suficiente, sendo mais crítico para geotêxteis tecidos.

Para geotêxteis não tecidos: $n \geq 0,55$ sendo n = porosidade.

Para geotêxteis tecidos: $A_R \geq 0,1$ (sendo A_R a área aberta relativa ou área aberta/área total).

Critério de espessura

Este critério é valido para geotêxteis não tecidos e filtros granulares, não sendo válidos para geotêxteis tecidos.

Para o entendimento deste critério, utilizam-se os estudos de Urashima (2002) onde basicamente, o geotêxtil consiste de um conjunto de fibras ou filamentos entrelaçados, os quais, durante a passagem de um fluxo de água, permitem o transporte de partículas do solo localizadas na interface solo/filtro. Estas, ao atravessar o geotêxtil, encontram vários pontos de estrangulamento (delimitados por três ou mais fibras mais próximas, mas não necessariamente em um mesmo plano), que restringem sua passagem. As partículas não percorrem um percurso reto, mas naturalmente selecionam o de resistência mínima.

Os pontos de estrangulamento são também denominados "pontos de confronto". Durante seu trajeto, uma partícula pode ultrapassar todas as barreiras ou ficar bloqueada em um desses pontos de confronto. O tamanho desse confronto é definido como o máximo diâmetro de uma esfera que ainda pode ultrapassá-lo (Figura 5-3).

O ponto de confronto é diferente de um poro. Enquanto o ponto de confronto tem uma definição precisa, um poro é o volume localizado entre as fibras.

O padrão desses confrontos para cada geotêxtil é representado por uma curva de distribuição de confrontos (Figura 5-4), característica para cada produto. As dimensões dos confrontos variam de C_0 a

FIGURA 5-3
Dimensão do confronto.

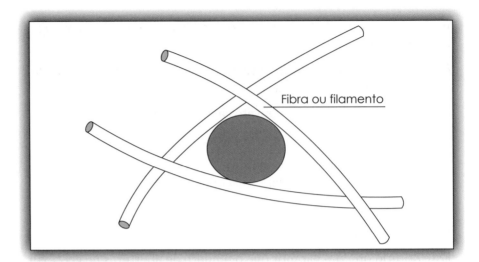

FIGURA 5-4
Curva de distribuição de confrontos.

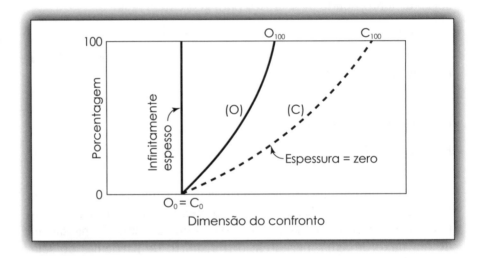

C_{100}, onde, nesse caso, 100% dos espaços entre fibras são iguais ou menores que C_{100}.

Ao percorrer o interior de um geotêxtil nãotecido, uma partícula descreve um percurso aproximadamente perpendicular ao plano deste. Ao longo de seu percurso, a partícula passa através de vários confrontos, até encontrar um com dimensão inferior ao seu tamanho. A partícula pode desviar-se e atravessar totalmente o filtro ou esse ponto de confronto pode bloqueá-la (Figura 5-6).

Em cada percurso há um confronto menor que todos os outros. Trata-se do "confronto controlador" (denominação proposta por Kenney, em 1985, para filtros de areia). O confronto controlador será, então, o *diâmetro de filtração* daquele percurso.

A curva de distribuição de confrontos é característica intrínseca do material que constitui o geotêxtil (depende das dimensões das fibras/filamentos, e do seu processo de entrelaçamento), ao passo que a curva

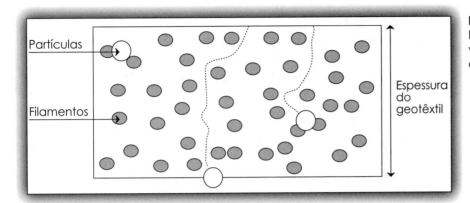

FIGURA 5-5
Filtro geotêxtil em corte transversal. Vêem-se vários pontos de confronto.

de distribuição das aberturas de filtração (diâmetro de filtração) é uma característica do geotêxtil.

De acordo com Giroud, para ser confiável, um geotêxtil não tecido deve ter uma espessura tal que corresponda a um número mínimo de 25 confrontos. A determinação quantitativa da espessura do geotêxtil é feita por meio das seguintes fórmulas:

$$\frac{O_F}{df} = \frac{1}{\sqrt{1-n}} - 1 + \frac{10n}{(1-n)\frac{t_{GT}}{df}}$$

Onde:
O_F = diâmetro de filtração do geotêxtil;
t_{GT} = espessura do geotextil nãotecido;
d_f = diâmetro da fibra do geotêxtil.

$$n = 1 - \frac{\mu_{GT}}{\rho_f \times t_{GT}}$$

Onde:
n = porosidade do geotêxtil;
μ_{GT} = massa por unidade de área do geotêxtil;
ρ_f = densidade de fibras do geotêxtil.

$$N_{confrontos} = \frac{\mu_{GT}}{\rho_f \times d_f \times \sqrt{1-n}}$$

Critérios de sobrevivência

Além da verificação da condição de filtro do geotêxtil, pelos critérios acima mencionados, outros aspectos não menos importantes devem ser considerados em uma obra, os quais podem assumir importância significativa ou não. São eles:

a) resistência a perfurações dinâmicas;
b) energia de deformação absorvida pelo geotêxtil;

c) flexibilidade;
d) resistência à passagem da água;
e) sensibilidade aos solos finos em suspensão;
f) resistência à agressividade do meio ambiente.

As características (a) e (b) estão relacionadas à sobrevivência do geotêxtil, sob solicitações mecânicas, durante a instalação do filtro, ao passo que as características de (c) a (f) estão relacionadas com a sua durabilidade ou seu desempenho no longo prazo.

Resistência a perfurações dinâmicas

As condições de instalação dos geotêxteis em estruturas hidráulicas são, com certeza, as mais severas. Isso pode ser demonstrado pelos danos ocorridos em geotêxteis durante a fase de instalação. Por essa razão, o dimensionamento das características de instalação é essencial, a fim de garantir o comportamento do filtro geotêxtil no longo prazo. Entretanto, para minimizar os danos de instalação, recomenda-se:

- remover qualquer objeto pontiagudo existente na superfície sobre a qual o geotêxtil vá ser colocado (pedras, raízes etc.);

TABELA 5-2	
Critérios de permeabilidade para filtros	
Autor	**Critério**
CFGG – Comitê Francês de Geotêxteis e Geomembranas [1986]	$K_n > e_g \times 10^n \times K_s$, sendo: e_g a espessura do geotêxtil; K_s a permeabilidade do solo; K_n a permeabilidade normal do geotêxtil; e n um valor conforme segue: $n = 3$ (situações com baixos gradientes hidráulicos, solos limpos, arenosos) $n = 4$ (baixos gradientes, solos de baixa permeabilidade, silto-argilosos) $n = 5$ (gradientes elevados, e obras de grande responsabilidade)
Lafleur [1992]	$K_{n\ filtro} \geq 20\,K_{n\ solo}$
BAW [1993]	$K_{n\ filtro} \geq 50\,K_{n\ solo}$ (para solos siltosos) $K_{n\ filtro} \geq 10\,K_{n\ solo}$ (para solos de baixo conteúdo de silte)
Giroud [1990]	$K_{n\ filtro} \geq i_{solo} \times K_{n\ solo}$ $i_{solo} = 1$ a $1,5$, para drenos de subsolos e colchões drenantes $i_{solo} = 3$ a 10, para núcleo de barragens $i_{solo} = 10$, para proteção de margens
Giroud [2010]	$k_f \leq \max{(i_s\,K_s, K_s)}$

Aplicações em Filtração

- limitar a altura de queda das pedras sobre o geotêxtil e/ou o tamanho e formato de seus grãos.

A instalação da camada de agregados — ou de pedras — frequentemente provoca ações dinâmicas no filtro geotêxtil. Essa característica é medida pelo ensaio de resistência a puncionamento estático CBR, pela norma NBR ISO 12236:2013, ou por meio do ensaio de perfuração dinâmica NBR 14971 (ISO 13433), que simula a queda de um cone sobre o geotêxtil. Quanto menor a perfuração provocada, mais resistente ou maior será o alongamento do geotêxtil.

Para fins de dimensionamento de trincheiras drenantes, a norma ABNT NBR 15224/2005, fornece os valores mínimos de resistência mecânica (Tabela 5-3).

Em obras de grande responsabilidade ou naquelas em que o geotêxtil estará sob condições extremas de solicitação, os valores da Tabela 5-3 devem ser reavaliados.

Energia de deformação absorvida pelo geotêxtil

A energia desenvolvida por uma pedra caindo de determinada altura sobre um geotêxtil estendido sobre a superfície do solo provoca seu alongamento ou, em casos extremos, sua ruptura.

O alongamento do geotêxtil depende da marca impressa pela pedra no subsolo. Quanto mais mole for o subsolo, maior será a marca da pedra no terreno e menores os danos no geotêxtil. Ao contrário, quanto mais duro for o terreno, maior será a necessidade de utilização de um geotêxtil mais espesso e de maior resistência.

TABELA 5-3 Requisitos mecânicos mínimos					
Propriedade	Norma	Nível de solicitação			
		I [1]		II [2]	
Alongamento sob carga máxima (%)	NBR ISO 10319:2013	≤ 30	> 30	≤ 30	> 30
Resistência a tração (kN/m) [3]	NBR ISO 10319:2013	20	8	30	12
Resistência a puncionamentos (kN)	NBR ISO 12236:2013	3,0	1,5	4,3	2,3

[1] Nível I: trincheiras pouco profundas (≤1 m), terreno bem regularizado, agregado pouco contundente e compactação leve.
[2] Nível II: adotado quando pelo menos uma das solicitações do nível I não se verificar.
[3] Considerar a direção de menor resistência do produto.

Flexibilidade

Conforme já afirmado anteriormente, o filtro geotêxtil atua como um catalisador que permite a formação de um filtro natural no solo. Isso significa que o geotêxtil deve estar em contato íntimo com o solo: quanto maior esse contato solo/geotêxtil, menor o risco de partículas em suspensão entrarem em contato com o geotêxtil.

Nos Estados Unidos, um estudo realizado em sistemas drenantes em escala real demonstrou que o mau contato solo/geotêxtil é a principal razão de falhas nos sistemas filtrantes.

Portanto, quanto mais flexível o geossintético, melhor deverá ser sua acomodação ao terreno (ver a Figura 5-3) e melhor seu desempenho.

Resistência à passagem da água

A resistência à passagem da água define a capacidade de o geotêxtil se molhar, também conhecida como "molhabilidade". Por meio da norma NF G 38020 é possível medir-se a carga hidráulica (mm) necessária para atravessar o geotêxtil e a porcentagem da área molhada.

Para proteções de margens, a resistência à passagem da água não é um parâmetro crítico. Entretanto para filtros geotêxteis empregados na drenagem agrícola, os quais estão sujeitos a ciclos de secagem e de saturação, a resistência à passagem da água deve ser considerada parâmetro crítico.

Sensibilidade ao solo em suspensão

A presença de partículas em suspensão é o maior risco de colmatação para filtros geotêxteis. Por essa razão, um bom contato entre o geotêxtil e o solo é absolutamente necessário, por exemplo, em casos de drenos horizontais profundos (DHP). Em alguns casos, entretanto, as partículas em suspensão ainda persistem — particularmente em áreas lodosas —, mesmo após uma limpeza da superfície do terreno no qual

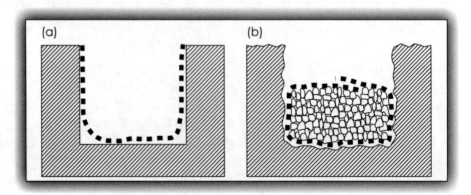

FIGURA 5-6
Influência da flexibilidade.
a) Um geotêxtil com baixa flexibilidade, mal posicionado na trincheira, permite a ocorrência de vazios nos cantos da trincheira;
b) um geotêxtil flexível ocupa todos os vazios do terreno.

Aplicações em Filtração

se instalará o filtro. Em tais casos, o geotêxtil deve permitir que essas partículas o atravessem, a fim de minimizar sua colmatação.

Resistência à agressividade do meio ambiente

O meio ambiente afeta os geotêxteis por meio de luz ultravioleta, de produtos químicos e de agressividade biológica.

Luz ultravioleta: a exposição de geotêxteis à radiação ultravioleta por longos períodos de tempo deve ser evitada. Se isso não for possível, o geotêxtil deve ser estabilizado para permitir sua exposição a essa radiação por períodos prolongados.

Produtos químicos: a maioria das situações que ocorrem em solo natural não apresenta problemas de ação química. Em condições específicas, é necessária uma avaliação para assegurar o emprego do polímero adequado, a fim de se evitar o risco de degradação por hidrólise, principalmente em ambientes onde há presença de carbonatos.

Agressividade biológica: o risco de degradação biológica não existe com polímeros. Mas com filtros pode ocorrer colmatação biológica, como é o caso de deposições de sais de ferro em filtros e drenos. Em tais situações, deverão ser realizados estudos específicos para se determinar a presença desses sais, além da tomada de medidas específicas para solução do problema.

5.6 PRINCIPAIS UTILIZAÇÕES E RECOMENDAÇÕES DE INSTALAÇÃO

Os sistemas filtrantes compreendem duas áreas principais de aplicação:

- sistemas drenantes — trincheiras, colchões e cortinas drenantes;
- controle de erosão de margens e costas marítimas — revestimentos de margens e enrocamentos de contenção.

5.6.1 Sistemas drenantes

Consistem em trincheiras e colchões drenantes para obras de terraplenagem ou para depósitos de rejeitos e de cortinas drenantes (ver o Capítulo 7).

O campo de aplicação dos sistemas drenantes abrange as obras de barragens, edificações, rodovias, ferrovias, campos esportivos e áreas de lazer, muros e taludes, aterros sanitários e depósitos de resíduos.

Trincheiras drenantes

Uma trincheira drenante é constituída basicamente por uma vala escavada, revestida com geotêxtil e preenchida com pedra britada e tubo-dreno. Tem como finalidade captar e escoar águas do lençol freático e/ou águas pluviais infiltradas no terreno.

As trincheiras drenantes são utilizadas em subsolos de edificações, rodovias, ferrovias, campos esportivos, taludes, aterros sanitários, lagoas etc. (Figura 5-7). A instalação do filtro geotêxtil nas trincheiras deve obedecer à seguinte sequência:

a) escavação da vala (a largura é função da profundidade, da necessidade de colocação de tubo ou não, e se a abertura da vala será feita com equipamento ou manualmente);

b) instalação do geotêxtil, de modo a permitir sua total acomodação na vala; o geotêxtil deve ser fixado provisoriamente na vala (Figura 5-8);

c) lançamento da camada inicial de brita;

d) posicionamento do tubo-dreno;

e) preenchimento com brita até a altura necessária;

f) fechamento do geotêxtil, mantendo-se uma sobreposição mínima aceitável de 15 cm, ou por meio de costura manual, caso o dreno esteja sujeito a recalques;

g) complementação do dreno com solo local compactado, ou areia, caso esteja previsto fluxo descendente.

O dreno pode ainda ser conectado a um colchão drenante para receber fluxo lateral. O desemboque de uma trincheira em uma caixa de passagem deve obedecer ao esquema visto na Figura 5-9, onde o geotêxtil envolve completamente o tubo de escoamento.

Atenção especial deve ser dada à altura de queda do material sobre o geotêxtil: quanto maior forem a altura de lançamento e o diâmetro do agregado, e mais resistente for o terreno, maior deverá ser a resistência mecânica do geotêxtil.

Em pátios ferroviários e drenos de pavimentos, o geotêxtil assume a função de elemento separador, muitas vezes, em função das características do dreno, não havendo o fechamento do geotêxtil. Uma alternativa aos drenos de pavimento que proporciona maior rapidez de execução consiste na utilização de um geocomposto drenante acoplado a um tubo-dreno. Para mais informações, ver o Capítulo 7.

Aplicações em Filtração 263

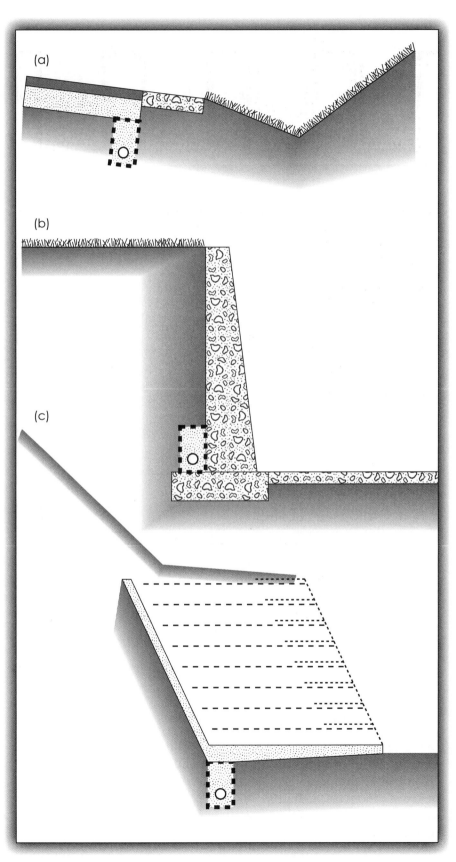

FIGURA 5-7
a) trincheiras drenantes em obra rodoviária; b) em muro de arrimo e c) na base de solo reforçado com geossintético.

FIGURA 5-8
Sequência de instalação do geotêxtil em dreno profundo.

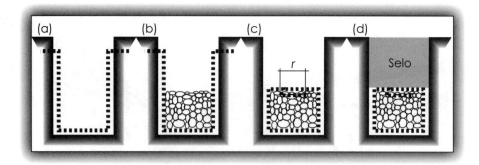

FIGURA 5-9
Desemboque de um dreno profundo em uma caixa de passagem.

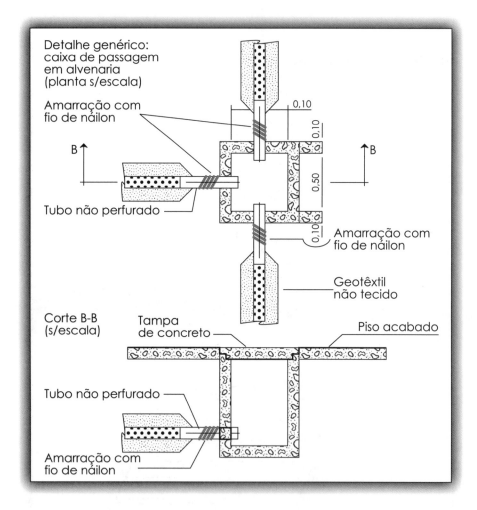

Colchões drenantes

Basicamente, um colchão drenante é formado por uma camada de material de drenagem de alta permeabilidade e um filtro geotêxtil. Os colchões drenantes são geralmente utilizados em obras de edificações, rodovias, campos esportivos, jardins suspensos, aterros sanitários, túneis etc. O esquema básico de aplicação pode ser visto na Figura 5-10.

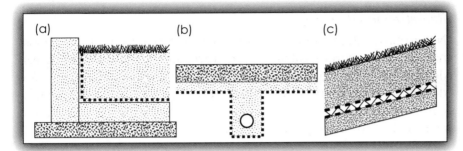

FIGURA 5-10
Aplicação de geotêxteis em colchões drenantes: a) em jardins suspensos; b) em subsolos de edifícios; c) na cobertura de aterros sanitários.

A escolha do geotêxtil está condicionada à granulometria do material drenante e às tensões atuantes no conjunto. A sobreposição mínima aceitável entre os painéis é de 15 cm. Para melhor desempenho, o agregado natural do colchão poderá ser substituído por um meio drenante sintético (georrede ou geoespaçador), conforme mostrado na Figura 5-11. Esse geocomposto drenante proporciona maior rapidez de execução e continuidade da superfície, particularmente em obras de superfícies irregulares, côncavas ou convexas.

Cortinas drenantes

São dispositivos constituídos por um geocomposto drenante, com a finalidade de captar as águas de infiltração existentes no maciço, em virtude da presença de lençol freático ou de acúmulo de águas pluviais. Aplicam-se a muros de gravidade, cortinas de edifícios, galerias, túneis *cut and cover* etc. Ver mais detalhes no Capítulo 7.

5.6.2 Controle de erosão de margens e costas marítimas

Compreende as obras de revestimentos de margens e enrocamentos de contenção em canais, rios, barragens, reservatórios, enrocamentos marítimos, marinas etc. O material mais empregado nessa aplicação é o geotêxtil e, mais recentemente, o geocomposto filtrante.

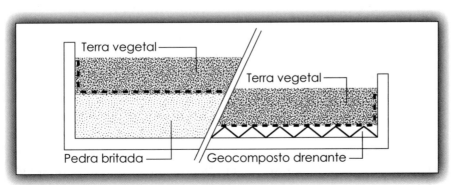

FIGURA 5-11
Exemplos de colchões drenantes utilizando agregados naturais ou geocompostos drenantes.

Revestimento de margens

Nesse tipo de utilização, o geotêxtil é associado a camadas de agregados naturais (ou concreto, gabião etc.) do revestimento final e/ou camadas de transição. Os geotêxteis são utilizados em canais, controle de erosão de fundações submersas, proteção de taludes a montante de barragens, e proteções costeiras sujeitas à ação de ondas. O esquema básico para cada aplicação está representado na Figura 5-12.

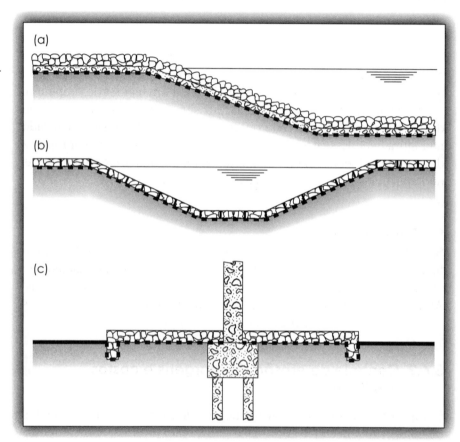

FIGURA 5-12
Utilização de geotêxteis como filtro em:
a) margens de canais ou proteções costeiras;
b) canais em gabiões;
c) proteção de fundações submersas.

A instalação consiste no lançamento do geotêxtil sobre o terreno a ser protegido, seguido da colocação da camada de agregado natural. A sobreposição mínima aceitável é de 20 cm, ou duas vezes o diâmetro das pedras em contato com o geotêxtil (utiliza-se o maior valor). Atenção especial deve ser dada à altura de queda do material sobre o geotêxtil: quanto maior a altura de lançamento, o diâmetro do agregado e mais resistente for o terreno, maior deverá ser a resistência mecânica do geotêxtil.

Outro aspecto importante está relacionado ao diâmetro do agregado natural sobre o geotêxtil. Deve-se evitar a colocação de pedras de grande diâmetro sem uma camada intermediária de transição (Figura 5-13). Ao longo do tempo, pode ocorrer acúmulo de finos sobre o geotêxtil, o que representa risco de escorregamento em taludes ou mau funcionamento do filtro. Nesses casos, recomenda-se a colocação de uma pequena camada de transição com material granular mais fino, para que o geotêxtil se mantenha permanentemente aderido ao terreno.

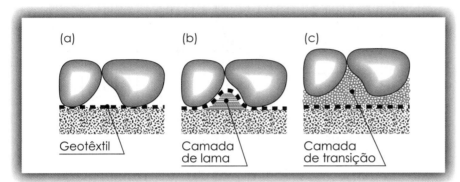

FIGURA 5-13
Situações a serem evitadas:
a) instalação de geotêxteis sobre solos argilosos e em contato direto com blocos de pedra de grandes dimensões, em taludes;
b) acúmulo de camada de solos finos sob o geotêxtil.
c) solução recomendada: instalação de uma camada de transição sobre o geotêxtil.

Enrocamentos de contenção

Os geossintéticos são utilizados com a função de filtros em quebra-mares, muros de cais e marinas, defensas, recuperação de áreas costeiras e fluviais etc. Sua instalação segue as mesmas recomendações apresentadas no item anterior, devendo ainda observar-se a sobreposição mínima de 20 cm ou duas vezes o diâmetro dos blocos em contato com o filtro (utilizar o maior valor).

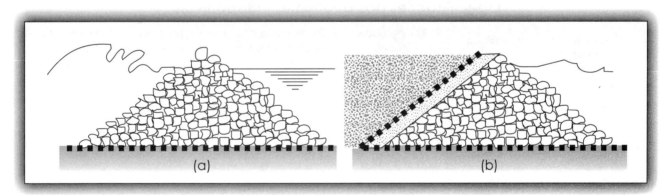

FIGURA 5-14
a) Utilização de geotêxteis como filtro sob quebra-mares;
b) contenção de aterros lançados no mar.

5.7 EXEMPLO DE DIMENSIONAMENTO

Dimensionar o geotêxtil filtrante de um dreno rodoviário profundo. Considerar que a trincheira terá profundidade mínima de 1,20 m e que o terreno é constituído por uma areia argilosa (cuja curva granulométrica se vê na Figura 5-15), e que sua permeabilidade é de $5,0 \times 10^{-4}$ cm/s. O nível de água é aflorante. Para maior facilidade de execução, o construtor deverá fazer o basculamento direto de uma

FIGURA 5-15
Curva granulométrica do solo (areia argilosa).

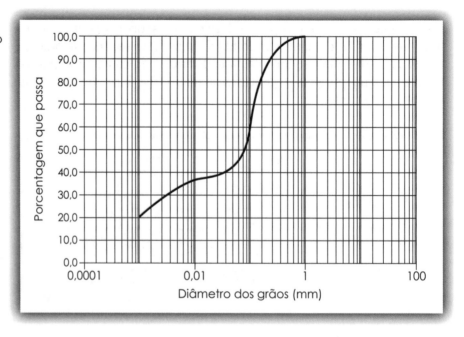

pedra britada de dimensões 20 a 25 mm, para o dreno. Qual será o geotêxtil não tecido mais adequado, entre os apresentados na Tabela 5-4, que atende a essas condições?

TABELA 5-4
Especificações dos geotêxteis indisponíveis

Geotêxtil não tecido	Espessura (mm)	Resistência a tração (kN/m)*	Resistência a puncionamento (kN)	Permeabilidade normal (cm/s)	Diâmetro de filtração (mm)
GTX A	2,1	13,2	2,4	4×10^{-1}	0,11
GTX B	1,4	9,0	1,7	$3,5 \times 10^{-1}$	0,18
GTX C	1,6	11,5	1,7	3×10^{-1}	0,11
GTX D	1,8	13,5	2,1	3×10^{-1}	0,10
GTX E	1,6	14,0	3,1	$1,3 \times 10^{-1}$	0,09
GTX F	2,0	13,5	2,5	4×10^{-1}	0,16

*Direção de menor resistência do produto

Aplicações em Filtração

Soluções

1. Critério de retenção

Verificamos a autoestabilidade do solo por meio do critério de Chen:

$$D_{50} > \frac{D_{85s}}{5} \qquad 0,08 > \frac{0,2}{5} \qquad 0,08 > 0,04 \quad \text{(OK)}$$

$$D_{35s} > \frac{D_{50s}}{5} \qquad 0,018 > \frac{0,08}{5} \qquad 0,018 > 0,016 \quad \text{(OK)}$$

$$D_{15s} > \frac{D_{35s}}{5} \qquad 0,0008 > \frac{0,18}{5} \qquad 0,0008 < 0,0036 \quad \text{(NOK)}$$

Portanto o solo é parcialmente estável.

Utilizamos, a seguir, o critério do CFGG:

$$O < C \cdot D_{85s},$$

onde:

$D_{85s} = 0,20$;

$C = C_1 \cdot C_2 \cdot C_3 \cdot C_4$ (com $C_1 = 1$; $C_2 = 0,8$; $C_3 = 1$; $C_4 = 1$):

$$O < 0,80 \times 0,20$$

e, portanto, $O < 0,16$ mm.

TABELA 5-5

Geotêxteis que atendem ao critério de retenção

Geotêxtil não tecido	Diâmetro de filtração (mm)	Critério de retenção
GTX A	0,11	OK
GTX B	0,18	NOK
GTX C	0,11	OK
GTX D	0,10	OK
GTX E	0,09	OK
GTX F	0,16	NOK

Atendem ao critério de retenção os geotêxteis A, C, D e E.

2. Critério de permeabilidade

Pelo critério do CFGG, temos:

$$K_n > e_g \cdot 10^n \cdot K_s.$$

Adotaremos o valor de $n = 4$.

TABELA 5-6 Geotêxteis que atendem ao critério de permeabilidade			
Geotêxtil não tecido	Espessura (mm)	Permeabilidade mínima requerida (cm/s)	Permeabilidade normal (cm/s)
GTX A	2,1	$1,05 \times 10^{-2}$	4×10^{-1}
GTX B	1,4	7×10^{-3}	$3,5 \times 10^{-1}$
GTX C	1,6	8×10^{-3}	3×10^{-1}
GTX D	1,8	9×10^{-3}	3×10^{-1}
GTX E	1,6	8×10^{-3}	$1,3 \times 10^{-1}$
GTX F	2,0	1×10^{-2}	4×10^{-1}

Portanto todos os geotêxteis atendem ao critério de permeabilidade.

3. Critério de sobrevivência

Como se trata de uma condição medianamente crítica, em função do lançamento de pedra britada de uma altura superior a 2,0 m, adotaremos o nível II de solicitação da Tabela 5-3. Para atender a essas condições (valores mínimos: 12 kN/m de resistência a tração e 2,3 kN de resistência a puncionamento):

Os geotêxteis A, E e F atendem ao critério.

TABELA 5-7 Geotêxteis que atendem ao critério de sobrevivência			
Geotêxtil não tecido	Resistência a tração (kN/m)	Resistência a puncionamento (kN)	Atendimento ao critério
GTX A	13,2 (ok)	2,4 (ok)	Ok
GTX B	9,0 (Nok)	1,7 (Nok)	Nok
GTX C	11,5 (Nok)	1,7 (Nok)	Nok
GTX D	13,5 (ok)	2,1 (Nok)	Nok
GTX E	14,0 (ok)	3,1 (ok)	Ok
GTX F	13,5 (ok)	2,5 (ok)	Ok

Aplicações em Filtração

TABELA 5-8
Geotêxteis que atendem a todos os critérios de projeto

Geotêxtil não tecido	Critério de retenção	Critério de permeabilidade	Critério de sobrevivência	Final
GTX A	Ok	Ok	Ok	Ok
GTX B	Nok	Ok	Nok	Nok
GTX C	Ok	Ok	Nok	Nok
GTX D	Ok	Ok	Nok	Nok
GTX E	Ok	Ok	Ok	Ok
GTX F	Nok	Ok	Ok	Nok

Portanto, tecnicamente, os geotêxteis A e E, atendem a todos os critérios e poderão ser utilizados para as condições estabelecidas conforme resumo apresentado na Tabela 5-8. A opção por um ou outro geotêxtil, no caso, deverá ser feita por meio de uma análise de relação custo/benefício.

5.8 CONCLUSÕES

A crescente escassez de agregados naturais, especialmente em determinadas regiões, quer pela dificuldade de obtenção, quer pelas restrições impostas pelos órgãos responsáveis pelo meio ambiente, faz dos geossintéticos, cada dia mais, uma opção capaz de satisfazer a todos os requisitos de projeto, de execução, de proteção ambiental. Eles se apresentam principalmente como uma solução econômica e versátil, adaptando-se a quaisquer métodos executivos que a obra venha a empregar.

No longo prazo, o desempenho dos geossintéticos como filtro é superior às soluções convencionais, por sua qualidade controlada e continuidade de superfície, desde que especificados corretamente e instalados, de acordo com processo construtivo previamente determinado.

REFERÊNCIAS BIBLIOGRÁFICAS

AGUIAR, P. R., *O desempenho dos geotêxteis como filtro de drenos profundos.* In: *CONGRESSO BRASILEIRO DE MECÂNICA DOS SOLOS E ENGENHARIA DE FUNDAÇÕES, 10.*, Foz do Iguaçu, 1994.

AGUIAR, P. R., VERTEMATTI, J. C., *Sistemas drenantes – aspectos teóricos e práticos.* São Paulo: Publicação Rhodia, 1977.

BAW. Bundesanstalt fur Wasserbau. *Code of practice* – use of geotextile filters on waterways. Karlsruhe, 1993.

CHEN Y. H.; SIMONS D. B.; DEMERY P. M., *Hydraulic Testing of Plastic Filter Fabrics.* ASCE, vol 107, no IR3 setembro [Virginia, EUA, 1981].

FISHER, G. R.; HOLTZ, R. D.; CHRISTOPHER, B. R. A critical review of geotextile pore size measurement methods. *Geo-Filters'92*, Proceedings of the International Conference on Filters and Filtration Phenomena in Geo-technical and Hydraulic Engineering. Karlsruhe, 1992.

French Committee of Geotextiles and Geomembranes. *Recommendations for the use of geotextiles in drainage and filtration systems.* Boulogne-Billancourt: Institut Textile de France, 1986.

GIROUD, J. P., Filter criteria for geotextiles. In: International Conference on Geotextiles, 2., *Proceedings...*Las Vegas, 1982.

GIROUD, J. P., Granular filters and geotextile filters. *Proceedings of GeoFilters'96.* Montreal, 1996.

GIROUD, J. P.; DELMAS, P.; ARTIÈRES, O. Theoretical Basis for the Development of a Two-Layer Geotextile Filter. In: *INTERNATIONAL CONFERENCE ON GEOSYNTHETICS. 4.,* Atlanta, 1998.

GIROUD, J. P. et al. Permeability of geotextile and granular filters. In: INTERNATIONAL CONFERENCE ON GEOSYNTHETICS, 7., Nice, 2002.

GIROUD, J. P. Development of criteria for geotextile and granular filters. In: INTERNATIONAL CONFERENCE ON GEOSYNTHETICS, 9., Guarujá, 2010.

HEERTEN, G., Dimensioning the filtration properties of geotextiles considering long-term conditions. In: INTERNATIONAL CONFERENCE ON GEOTEXTILES. *Proceedings...* Las Vegas, 1982.

HOLTZ, R. D.; Christopher, B. R.; Berg, R. R., *Geosynthetic Design and Construction Guidelines.* Federal Highway Administration, FHWA – HI-95-038 Washington, EUA, 1995.

LAFLEUR, J.; MLYNAREK, J.; ROLLIN, A. L., Filter Criteria for well graded cohesionless soils. *GeoFilters '92*, Proceedings of the International

Conference on Filters and Filtration Phenomena in Geotechnical and Hydraulic Engineering. Karlsruhe, 1992.

LOUDIERE, D.; FAYOUX, D. Filtration and drainage with geotextiles-tests and requirements. In: INTERNATIONAL CONFERENCE ON GEOTEXTILES, 2., *Proceedings...* Las Vegas, 1982.

SCHOBER, W.; Teindl, H. Filter criteria for geotextiles. In: EUROPEAN CONFERENCE ON SOIL MECHANICS AND FOUNDATION ENGINEERING, 7., *Proceedings...* Brighton, 1979.

SCHULER, U.; BRAUNS, J. Behaviour of coarse and well-graded filters. *Geo- Filters'92*, Proceedings of the International Conference on Filters and Filtration Phenomena in Geotechnical and Hydraulic Engineering. Karl- sruhe, 1992.

URASHIMA, D. C. *Simulação do processo de retenção de partículas por filtros têxteis.* São José dos Campos: Instituto Tecnológico da Aeronáutica, 2002.

Capítulo 6

Contenções em Obras Hidráulicas

José C. Vertematti
Gerson R. de Castro

6.1 INTRODUÇÃO

São inúmeras as possibilidades de utilização de geossintéticos em obras hidráulicas.

No Brasil, essas aplicações tiveram início logo após a fabricação do primeiro geotêxtil nacional, ainda na década de 1970. Inicialmente, o maior uso foi como filtro de transição em obras de controle de erosão fluvial e marítima. Na maioria dos casos, o geotêxtil substitui mais de uma camada de agregados naturais, sendo lançado acima e abaixo do nível de água. Suas utilizações iniciais foram, basicamente, em empedramentos de proteção de margens de rios, na interface solo/gabiões-manta ou gabiões-caixa, em ensecadeiras e em enrocamentos de contenção de aterros hidráulicos ou mecânicos lançados ao mar.

Na década de 1980, vários tipos de fôrmas têxteis tubulares, planas e cúbicas tiveram sua aplicação intensificada em nosso país, fabricadas com geotêxteis tecidos e não tecidos para preenchimentos com areia ou concreto, na forma de sacos, colchões ou "salsichões". A foto da Figura 6-1 é histórica; ela registra o primeiro teste realizado no Brasil para desenvolvimento de FTT fôrmas têxteis tubulares, que culminou com o registro da patente de invenção, em 1982.

A partir da década de 1990, as geocélulas começaram a se destacar em contenções hidráulicas, fluviais e marítimas, atuando como elemento superficial de proteção contra erosão ou como elemento de reforço do solo quando empilhadas em camadas horizontais.

À medida que os materiais foram adquirindo maior resistência mecânica, melhorando suas características hidráulicas, e o meio técnico foi desenvolvendo métodos de projeto mais confiáveis, as aplicações também se multiplicaram e se diversificaram, permitindo a utilização dos geossintéticos em obras de grande porte.

FIGURA 6-1
São Luís do Maranhão, 1981: primeiro teste de preenchimento hidráulico de FTT fôrma têxtil com areia, realizado no Brasil para contenção de aterro hidráulico. Pulando sobre o "salsichão", as crianças provocaram o rompimento da película argilosa na superfície interna do geotêxtil, permitindo a saída da água, com a consequente queda na pressão interna. Nos testes seguintes, foi desenvolvido o sistema de válvulas de alívio uniformemente espaçadas, que permitiu o controle adequado da pressão de preenchimento da FTT.

6.2 DEFINIÇÕES

As obras hidráulicas de contenção abrangem três tipos básicos e distintos de atuação: contra erosão superficial, para contenção de aterros mecânicos ou hidráulicos e para contenção de fluxos hídricos.

6.2.1 Contenção de erosão superficial

A estrutura de contenção deve proteger as margens e fundos de canais, rios, lagos e obras costeiras contra a ação das águas (variação de nível, fluxo tangencial e ondas), visando manter sua conformação original. Dependendo da inclinação do talude e do tipo de solo a ser contido, a estrutura deve, também, garantir a estabilidade do talude quanto à sua ruptura.

6.2.2 Contenção de aterros mecânicos ou hidráulicos

A estrutura de contenção atua como um dique, segurando o aterro mecânico lançado sobre áreas inundadas ou o aterro lançado hidraulicamente por dragagem.

6.2.3 Contenção de fluxos hídricos

A estrutura de contenção desvia, retém ou atenua os fluxos e correntes fluviais ou marítimas com o objetivo de controlar enchentes, dissipar energia, provocar assoreamentos, prevenir erosões ou reservar líquidos.

6.3 PRODUTOS UTILIZADOS

Vários são os geossintéticos utilizados nas obras de contenção hidráulica, tais como: geotêxteis, barreiras poliméricas, geocompostos filtrantes, geocélulas e fôrmas têxteis, estas em suas três modalidades, cúbicas, tubulares e planas.

6.3.1 Geotêxteis

São utilizados como elementos filtrantes, em substituição a uma ou mais camadas de agregados naturais. Também são muito empregados na confecção de fôrmas têxteis e paliçadas.

6.3.2 Barreiras poliméricas

Utilizadas como parte da solução, atuam como barreira impermeabilizante em canais, rios, lagoas, barragens e outras, sempre protegidas por elementos drenantes, protetores e dissipadores da energia das águas.

6.3.3 Geocompostos filtrantes

Geralmente são fabricados pela utilização de geotêxteis tecidos, mecanicamente aderidos a geotêxteis não tecidos, com o objetivo de otimizar suas propriedades filtrantes.

6.3.4 Geocélulas

São apresentadas com várias dimensões de células (altura, rugosidade das paredes, tamanho da célula, resistência mecânica das soldas) e utilizadas tanto para revestimento de superfícies como para reforço de solos junto a margens.

6.3.5 Fôrmas têxteis

As fôrmas têxteis podem ser manufaturadas no canteiro de obras ou industrializadas. Possibilitam o preenchimento com vários tipos de materiais, como: areia, vasa, argamassa, concreto e líquidos. Inúmeros tipos de fôrmas têxteis acham-se disponíveis no mercado, destacando-se as cúbicas, as tubulares e as planas:

- as *FTCs – fôrmas têxteis cúbicas* assemelham-se a sacos pequenos (200 litros) ou grandes (200 m^3), lançados em arranjos como uma alvenaria; no exterior, são conhecidas como *geobags*;

- as *FTTs – fôrmas têxteis tubulares* apresentam formato semelhante a cilindros, com alturas que variam de 50 a 500 cm e comprimentos que podem chegar a 100 m; também chamadas de *salsichões*, seu preenchimento é feito por dragas ou grandes motobombas;

- as *FTPs – fôrmas têxteis planas*, geralmente com formato de colchões ondulados, cobrem grandes áreas, com espessuras de até 60 cm; no exterior, são chamadas de *matress*.

6.4 PROPRIEDADES RELEVANTES

Dependendo das funções que o geossintético irá desempenhar na obra hidráulica, um maior número de propriedades será dele exigido. Listamos, a seguir, as principais e mais relevantes.

Permeabilidade. Deve ser alta nos geossintéticos filtrantes e quase nula nas barreiras poliméricas impermeabilizantes.

Retenção. Os geossintéticos filtrantes devem reter as partículas sólidas que tendem a ser deslocadas pelo fluxo hídrico.

Resistência a puncionamentos. Principalmente nas aplicações em que o geossintético entra em contato direto com gabiões, enrocamentos, brita e concreto.

Rugosidade. Deverá ser grande, quando for necessário mobilizar a resistência de interfaces de materiais, e desprezível, quando em contato direto com o fluxo de água.

Flexibilidade. É importante, na maioria dos casos, pois o geossintético deve se amoldar à superfície do solo-base e, caso este se movimente, acompanhar seu deslocamento.

Resistência a tração. Em geral, nas obras hidráulicas, os geossintéticos são submetidos a tracionamento pela ação do peso de solos saturados ou da própria água, nas ações das marés, variações de níveis, ondas e fluxos tangenciais.

Resistência químico-físico-biológica. O geossintético deve resistir, em função de cada projeto específico, ao ataque de raios ultravioleta e também de microrganismos.

Resistência nas soldas. Nas geocélulas, a resistência a tração da soldagem entre células consecutivas é de vital importância para a integridade do sistema, durante a vida útil da obra.

Resistência nas costuras. Nas fôrmas têxteis, a resistência das costuras à tração em todas as emendas, é de vital importância para a integridade do sistema durante toda a vida útil da obra.

Resistência a escoamento. Em todas as aplicações em que o geossintético é tracionado por longo prazo, devem-se levar em consideração os fatores de redução específicos.

6.5 PRINCIPAIS UTILIZAÇÕES

Como há uma grande diversidade de aplicações em obras de contenção hidráulica, selecionamos aquelas mais realizadas no Brasil e adicionamos algumas que, embora não sejam familiares, possuem um grande potencial de utilização.

Na Figura 6-2(a), vê-se a margem de um rio em processo de proteção contra erosão, por meio da utilização de gabiões tipo Reno, com emprego de camada única de geotêxtil filtrante não tecido na interface solo/gabião. Em razão da correnteza e da falta de luminosidade, seria impossível realizar essa obra com filtros granulares submersos. Na Figura 6-2(b), temos a construção de um canal de adução sobre solo permeável e erodível; nesse caso, a solução mais rápida e econômica foi a utilização dos seguintes elementos (de baixo para cima): geotêxtil de proteção/barreira polimérica impermeabilizante/geotêxtil de proteção/gabiões tipo Reno. Dessa forma, a barreira polimérica impermeabilizou todo o canal, o geotêxtil a protegeu de perfurações/rasgos e o gabião garantiu a estabilidade mecânica do conjunto.

FIGURA 6-2(a)
Revestimento de margem de rio com gabiões-manta e geotêxtil filtrante.

FIGURA 6-2(b)
Canal de adução impermeabilizado com barreira polimérica protegida em ambas as faces por geotêxtil e recoberta com gabiões-manta.

A Figura 6-3(a) mostra um córrego trapezoidal passando por revestimento com gabiões tipo Reno; na interface com o solo-base, usou-se camada única de geotêxtil filtrante. Na Figura 6-3(b), a seção do córrego é retangular e o processo construtivo é inverso: são construídos os gabiões-caixa, o geotêxtil filtrante é colocado sobre sua parte posterior e faz-se o reaterro compactado. Nesse tipo de aplicação, é muito importante a correta execução do reaterro atrás dos gabiões, utilizando-se areia até atingir o N.A. (nível de água) e, na parte superior, solo compactado em camadas.

FIGURA 6-3(a)
Córrego de seção trapezoidal, revestido com gabiões tipo Reno e geotêxtil filtrante.

FIGURA 6-3(b)
Córrego de seção retangular, revestido com gabiões tipo caixa e geotêxtil filtrante.

O revestimento das margens do rio enfocado na Figura 6-4(a) é constituído de concreto moldado no local, lançado sobre um colchão drenante de brita. Entre a brita e o solo-base é interposta uma camada de geotêxtil filtrante e, transpassando o concreto, são posicionados barbacãs, dispostos em malha quadrada; sua função é permitir o livre fluxo de água entre o solo-base e o canal, prevenindo o desenvolvimento de subpressões.

FIGURA 6-4(a)
Rio de seção trapezoidal, revestido em concreto moldado no local, utilizando geotêxtil como filtro de transição.

FIGURA 6-4(b)
Enrocamento de contenção de aterro hidráulico, arenoso, com geotêxtil espesso substituindo os filtros de transição granulares, entre as pedras e a areia.

No enrocamento de contenção do aterro hidráulico arenoso, como visto na Figura 6-4(b), a utilização de camada única de geotêxtil não tecido espesso como filtro possibilitou sensíveis ganhos econômicos e cronológicos, pois foram substituídas várias camadas de transição, que seriam construídas em planos inclinados submersos.

As geocélulas são fornecidas em módulos comprimidos e embalados individualmente. Estes devem ser expandidos antes de sua utilização [Figura 6-5(a)]. A Figura 6-5(b) mostra a seção transversal de um canal retangular totalmente revestido com geocélulas; na base, as geocélulas atuam apenas como revestimento de proteção, e nas laterais atuam, também, como reforço do solo por elas contido.

FIGURA 6-5(a)
Os módulos de geocélulas são fornecidos comprimidos, devendo ser expandidos na utilização.

FIGURA 6-5(b)
Esquema da seção transversal de um canal retangular revestido com geocélulas.

Nas aplicações hidráulicas, as geocélulas podem ser preenchidas com argila, solo-cimento, seixos rolados, brita, brita com acabamento argamassado e concreto. O correto material de preenchimento é definido pelo projeto em função das solicitações de obra: velocidade do fluxo, profundidade do canal, inclinação do talude, solo-base, existência de ondas, entre outras. Na Figura 6-6(a), as geocélulas são concretadas de cima para baixo, com auxílio de uma pá carregadeira. Nessa obra, a função das geocélulas é proteger o talude do aterro de uma avenida beira-mar contra a ação das ondas do mar, sendo necessário seu preenchimento com concreto. A Figura 6-6(b) mostra o preenchimento das geocélulas com concreto lançado por uma calha, no topo do talude. O canal que está sendo revestido tem seção trapezoidal e, em razão de sua grande declividade longitudinal, gera velocidades de fluxo que exigiram a utilização de concreto no preenchimento das geocélulas.

FIGURA 6-6(a)
Concretagem manual de geocélulas, em proteção de talude em uma avenida beira-mar.

FIGURA 6-6(b)
Concretagem de geocélulas, utilizando-se calha, em revestimento de canal de seção trapezoidal.

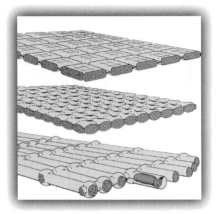

FIGURA 6-7(a)
Três tipos de fôrmas têxteis planas; de cima para baixo: tipo laje, tipo travesseiro e tipo tubular.

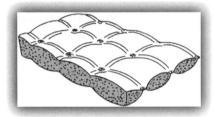

FIGURA 6-7(b)
Esquema de fôrma têxtil, destacando-se os nós da malha quadrada, que atuam como drenos.

Em todas as aplicações de geocélulas em obras hidráulicas com potencial erosivo, é necessário utilizar um geotêxtil filtrante na interface com o solo-base. Quando o material de preenchimento das geocélulas é menos permeável que o solo-base, deve-se prever uma malha drenante para evitar o desenvolvimento de subpressões.

As fôrmas têxteis planas [Figura 6-7(a)] são preenchidas com argamassa ou concreto, geralmente após seu posicionamento sobre o local a ser protegido. Os tendões internos, de alta tenacidade, unem e articulam os gomos de concreto ou argamassa. Mesmo após ruptura do geotêxtil superior, exposto, em razão de radiação ultravioleta, o conjunto se mantém uno e continua protegendo as margens por muitos anos.

Para permitir o livre fluxo das águas em ambos os sentidos, prevenindo o desenvolvimento de subpressões, todos os nós existentes nas fôrmas têxteis planas [ver Figura 6-7(b)] são permeáveis e drenantes.

Na situação apresentada na Figura 6-8(a), em que a declividade longitudinal do córrego era muito alta, foi necessário revestir todo o canal com fôrmas têxteis preenchidas com concreto. No fundo e nos taludes de baixa inclinação, utilizaram-se fôrmas têxteis planas e, nas escadas dissipadoras e em taludes íngremes, fôrmas têxteis tipo bolsa.

O córrego visto na Figura 6-8(b) possui baixa declividade longitudinal, mas um percurso bem sinuoso e margens muito erodíveis.

FIGURA 6-8(a)
Córrego em regime de escoamento supercrítico, revestido com geofôrmas planas, complementado com fôrmas têxteis cúbicas, tipo bolsa, junto às escadas dissipadoras.

FIGURA 6-8(b)
Córrego, em regime subcrítico, revestido com fôrmas têxteis planas em toda sua extensão.

Necessitava-se, portanto, de um revestimento flexível, porém bastante estável e resistente. Optou-se, então, pela utilização de uma forma têxtil plana preenchida com argamassa, em toda sua extensão.

Em obras fluviais ou marítimas, utiliza-se uma barcaça com fundo basculante para lançamento de fôrmas têxteis. Estas são previamente preenchidas com areia ou outro material granular e depois depositadas no fundo dos canais ou do mar por meio das portas existentes no fundo das barcaças. O esquema da operação é visto na Figura 6-9(a).

As barcaças empregadas nesse trabalho [Figura 6-9(b)] podem lançar fôrmas têxteis de variados tamanhos e a diversas profundidades. O empilhamento dos *geobags* no leito do canal ou do mar deve ser controlado por mergulhadores.

A combinação de vários tamanhos e formas de fôrmas têxteis, lançadas por barcaças ou preenchidas no local por dragas e moto bombas, possibilita a construção de molhes, espigões, recifes artificiais e todo tipo de estrutura para o controle de correntes e dissipação de energia.

Nas regiões onde há escassez de rochas, uma solução interessante para a proteção de margens está na utilização de fôrmas têxteis tipo bolsa, como ilustra a Figura 6-10(a), que podem ser preenchidas no local, ou em canteiro e em seguida transportadas. Outra opção, mais econômica e ideal para obras de grande porte, consiste na utilização de fôrmas têxteis tubulares, que são posicionadas, ancoradas e preenchidas hidraulicamente. Na Figura 6-10(b), vê-se um "salsichão" pronto para receber o material de enchimento: os magotes da draga vão sendo remanejados por meio das diversas válvulas dispostas na geratriz superior da fôrma têxtil, de modo a se obter um preenchimento uniforme.

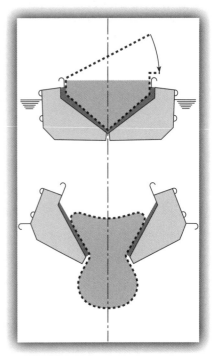

FIGURA 6-9(a)
Esquema do funcionamento de uma barcaça com fundo basculante lançando uma fôrma têxtil.

FIGURA 6-9(b)
Barcaça de fundo basculante para lançamento, fluvial ou marítimo, de FTC previamente preenchida, também chamada de *geobag* ou de *geocontêiner*.

FIGURA 6-10(a)
Obra costeira de proteção de talude com utilização de fôrmas têxteis cúbicas, tipo bolsa.

FIGURA 6-10(b)
Fôrma têxtil tubular posicionada e pronta para receber o material dragado, por meio de suas válvulas superiores.

Contenções em Obras Hidráulicas 287

FIGURA 6-11(a)
FTCs, preenchidas hidraulicamente com areia, para atuarem como dique de contenção de aterro hidráulico, no Alaska.

FIGURA 6-11(b)
FTTs, preenchidas hidraulicamente com areia, para atuarem como quebra mar paralelo à praia, prevenindo sua erosão, na Itália.

FIGURA 6-12(a)
FTT, em fase de preenchimento hidráulico com areia, para atuar como quebra ondas, paralelo à margem, em obra fluvial, na Tailândia.

FIGURA 6-12(b)
FTTs, preenchidas hidraulicamente com areia, para atuarem como quebra-mar para deslocar a linha de rebentação, prevenindo a erosão litorânea, na Alemanha.

Na Figura 6-13(a), vemos uma fôrma têxtil tubular em fase de preenchimento, cuja função é atuar como dique de contenção de aterro hidráulico. A Figura 6-13(b) mostra uma obra semelhante, em que uma fôrma têxtil tubular contém um aterro hidráulico recém-lançado.

Na Figura 6-14(a), as fôrmas têxteis estão dispostas no topo das margens do Rio Mississípi, nos Estados Unidos, em ambos os lados, e preenchidas com material dragado do próprio rio. Nessa obra, a função dos "salsichões" é atuar como diques de polderização no controle de enchentes.

Na contenção de aterros hidráulicos, sempre que houver mão de obra abundante e madeira disponível nas proximidades, a utilização de paliçadas é uma solução econômica e eficiente, conforme se pode ver na Figura 6-14(b).

Duas novas utilizações das fôrmas FTTs têm se desenvolvido intensamente desde o ano 2000, com destaque especial apresentado no VIII International Conference on Geosyntethics – Yokohama – 2006, a saber:

1. O uso de FTTs, fôrmas têxteis tubulares, para dessecar e acondicionar lodos e lamas, contaminados ou não, obtidos em dragagens em obras de desassoreamento de rios, portos, marinas, canais etc.

2. O uso de FTTs, fôrmas têxteis tubulares, para dessecar e acondicionar lodos e lamas provenientes de ETEs – Estações de Tratamento de Esgoto, ETAs – Estações de Tratamento de Água e de ETEIs – Estações de Tratamento de Efluentes Industriais.

Contenções em Obras Hidráulicas 289

FIGURA 6-13(a)
"Salsichão", em fase de preenchimento, para contenção de aterro hidráulico lançado sobre o mar.

FIGURA 6-13(b)
FTT já preenchida, atuando como dique de contenção de aterro hidráulico recém-lançado.

FIGURA 6-14(a)
FTT preenchida com lodo orgânico tratado e floculado, proveniente de uma ETE: após dessecado o lodo transforma-se em uma torta consistente que é retirada da FTT e transportada para disposição em aterro sanitário.

FIGURA 6-14(b)
FTT preenchida com lama mineral (silte argiloso) contaminada, floculada quimicamente, proveniente de dragagem de desassoreamento fluvial. A torta gerada, após a dessecagem da lama, é transportada para disposição em aterro sanitário.

Em ambos os casos, na maioria das vezes, se faz necessário um tratamento químico dessas misturas, antes de acondicioná-las dentro das fôrmas têxteis. Tal tratamento é feito pela adição de polieletrólitos que promovem a floculação das partículas constituintes das misturas, com dois principais objetivos:

- Reter a maior quantidade possível de poluentes adsorvidos nos flocos produzidos;
- Agregar as partículas finas (siltosas e argilosas) nos flocos produzidos, prevenindo o bloqueio dos poros, a colmatação e sua fuga através da malha do geotêxtil.

As utilizações das FTTs nessas duas novas aplicações são abordadas no Capítulo 15 – "Acondicionamento e dessecagem de lodos e lamas" deste manual, onde todos seus aspectos são analisados.

6.6 DIMENSIONAMENTO E ESPECIFICAÇÃO

A combinação dos tipos adequados de geossintéticos com várias modalidades de obras fluviais e marítimas produz uma grande diversidade de situações e aplicações em obras de contenção hidráulica. Assim, o dimensionamento de geossintéticos em obras hidráulicas constitui assunto muito extenso, que foge ao âmbito deste manual.

Nesta seção, portanto, serão comentados os principais aspectos e parâmetros intervenientes nos projetos dos vários tipos de geossintéticos utilizados. E, a título ilustrativo, será apresentada a formulação de dimensionamento de fôrmas têxteis tubulares.

FIGURA 6-15(a)
Fôrma têxtil tubular ao longo das margens do Rio Mississípi (Estados Unidos), como parte do projeto de polderização.

FIGURA 6-15(b)
Paliçadas para a contenção de aterro hidráulico, construídas com pau-de-mangue e geotêxtil.

6.6.1 Geotêxteis e geocompostos filtrantes

Quando utilizados em obras de contenção hidráulica, os geotêxteis e os geocompostos filtrantes exercem a função de filtro, na maioria das vezes. Seu dimensionamento como filtro é discutido no Capítulo 5.

Além da filtração propriamente dita, o geossintético deverá ser dimensionado e especificado para atender a situações específicas como, por exemplo, as que se seguem.

- Quando o geossintético é aplicado na interface de taludes, deve-se verificar a estabilidade planar de toda a estrutura, sobre e sob ele, considerando-se os coeficientes de atrito de interface.

- Quando o geossintético entra em contato com materiais contundentes, deve-se verificar sua resistência a puncionamento, nas fases construtiva e operativa, levando-se em conta o tamanho dos grãos, sua angulosidade, alturas de lançamento em obra e a energia aplicada pelas ondas.

Contenções em Obras Hidráulicas 293

- Dependendo do tamanho dos grãos do agregado que será utilizado, é importante considerar a flexibilidade e a espessura do geossintético para se garantir uma perfeita conformação com as superfícies, prevenindo-se assim o desenvolvimento de fluxos parasitas e erosões no substrato.

6.6.2 Barreiras poliméricas

Quando utilizadas em obras de contenção hidráulica, as barreiras poliméricas atuam como filme impermeabilizante. Assim, todas as considerações de projeto, dimensionamentos e especificações, são tratadas no Capítulo 13.

Adicionalmente, é importante ressaltar que as barreiras poliméricas aplicadas em obras de contenção hidráulica geralmente são protegidas por outro geossintético, com o objetivo de evitar puncionamentos e rasgos.

6.6.3 Geocélulas

As geocélulas são muito utilizadas em obras de contenção hidráulica, como proteção superficial contra a ação de fluxos tangenciais e rebentação de ondas.

O dimensionamento e a especificação de geocélulas levam em conta alguns cálculos clássicos de solicitação, aliados a cálculos específicos, que dependem de cada tipo de geocélula e de cada fabricante.

Listamos a seguir, os principais aspectos que devem ser analisados no dimensionamento e na especificação de geocélulas em obras hidráulicas.

- As geocélulas podem ser preenchidas com vários tipos de materiais, a saber: o próprio solo local, solo importado, seixo rolado, pedra britada, argamassa, solo-cimento, concreto, concreto pedra, pedra concreto.

- O tamanho das células, assim com sua altura, é função do tipo de preenchimento, do grau de solicitação e da inclinação dos taludes.

- O tipo de material de preenchimento é função dos esforços hidráulicos (velocidade de fluxo, sucção, variação do nível de água e outros) que serão impostos à estrutura e, portanto, deve ser objeto de projeto.

- Quando a geocélula é preenchida com um solo diferente do solo local, torna-se necessário interpor uma camada de geotêxtil filtrante entre o substrato e a geocélula; esse geotêxtil deve ser dimensionado corretamente, do ponto de vista filtrante e mecânico.

- Deve-se prever uma malha drenante (barbacãs ou células preenchidas com concreto poroso) sempre que o material de preenchimento das geocélulas for menos permeável que o substrato.

- A necessidade ou não de fixação da geocélula no substrato deve ser analisada durante o projeto; os principais elementos de fixação são os tendões poliméricos de alta tenacidade e os grampos de fixação, que prendem os tendões no substrato.

- A necessidade ou não de ancoragem da geocélula no topo e no pé dos taludes deve ser analisada durante o projeto.

- As características mecânicas e físicas mais importantes das geocélulas são: resistência a tração de suas fitas constituintes, resistência a tração das soldas entre células, rugosidade das paredes internas das células e perfurações nas fitas constituintes.

6.6.4 Fôrmas têxteis

As fôrmas têxteis, em sua maioria, são pré-fabricadas e fornecidas de acordo com a necessidade do cliente, bastando uma especificação correta do tipo apropriado. As fôrmas têxteis planas são dimensionadas de modo muito semelhante às geocélulas, e as fôrmas têxteis volumétricas de grande porte já dispõem de aplicativos de dimensionamento.

No Brasil, apesar do pioneirismo no assunto e do grande potencial de aplicação existente, as fôrmas têxteis tubulares são pouco utilizadas. É importante, pois, uma análise dos parâmetros de projeto com o intuito de provocar um maior interesse e disseminação dessa solução.

Esforços de tração em fôrmas têxteis tubulares

O dimensionamento mecânico da fôrma têxtil tubular preenchida com argamassa, areia, vasa ou líquidos, baseia-se no equilíbrio do geossintético flexível que constitui sua pele, permitindo o cálculo da força de tração circunferencial T e da geometria da seção transversal da fôrma têxtil. Essas formulações foram desenvolvidas e são apresentadas por Liu (1981), Kazimierowics (1994) e Carroll (1994), podendo ser resumidas como segue.

- O problema é bidimensional. Ou seja, a fôrma têxtil é suficientemente longa para que todas as suas seções transversais sejam idênticas, em termos de geometria e materiais. Portanto, a perda de pressão pela drenagem através das paredes do tubo, durante o preenchimento, e uma eventual segregação de materiais são desprezadas, tomando-se por base a pressão de entrada do material de preenchimento.

- O geossintético que constitui a fôrma têxtil é fino, flexível e possui peso desprezível.

Contenções em Obras Hidráulicas 295

- O material de preenchimento da fôrma têxtil é fluido, portanto o estado de pressão existente dentro da fôrma é hidrostático.

- Não se desenvolvem pressões cisalhantes entre o material de preenchimento e a fôrma têxtil.

- Para a especificação da resistência a tração do geossintético componente da fôrma têxtil, devem-se reduzir a tensão de pico T_{ult} por meio dos fatores de redução correlacionados pela seguinte fórmula:

$$T_{req} = T_{ult}/FRT \qquad [6\text{-}1]$$

$$[FRT = FRP_{DI} \cdot FRP_{CT} \cdot FRP_{AQ} \cdot FRP_{MA} \cdot FRP_{FL}], \qquad [6\text{-}1a]$$

sendo:

T_{req} a resistência circunferencial de projeto do geossintético, determinada por cálculos teóricos;

T_{ult} a resistência de pico de catálogo, determinada por ensaios de tração normalizados;

FRT o fator de redução total;

FRP_{DI} o fator de redução devido a danos de instalação que, para fôrmas têxteis, geralmente são causados por um aumento imprevisto na pressão de bombeamento (recomenda-se 1,3 como valor mínimo);

FRP_{CT} o fator de redução devido à perda de resistência nas costuras (recomenda-se 2,0 como fator mínimo ou sua determinação por meio de ensaios de tração específicos);

FRP_{AQ} o fator de redução devido a exposições a agentes químicos;

FRP_{MA} o fator de redução devido ao meio ambiente, tais como agentes físicos ou biológicos, presentes no material de preenchimento da fôrma têxtil ou no ambiente externo — por exemplo, os raios ultravioleta da luz solar (em princípio, deve ser tomado como igual a 1,0 em condições normais);

FRP_{FL} o fator de redução devido ao escoamento molecular do polímero constituinte do geossintético utilizado; é importante frisar que, nessa aplicação, o esforço máximo de tração ocorre durante o bombeamento, diminuindo depois à medida que o material de preenchimento vai se consolidando (recomenda-se utilizar 1,5 como valor mínimo preliminar).

As notações e a geometria da fôrma têxtil estudada são apresentadas na Figura 6-16, ressaltando-se que a fôrma têxtil é preenchida com apenas um tipo de material e, externamente, é circundada por ar.

A Equação [6-2] é válida para qualquer ponto ao longo de A_1OA_2. Para simplificar a análise, considera-se que não haja transferência de parte da tensão T_{req}, por cisalhamento, ao longo da interface de contato da base plana da fôrma têxtil.

$$r(x) = \frac{T_{req}}{p(x)} \quad [6-2]$$

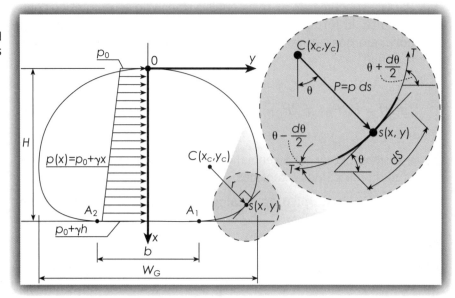

FIGURA 6-16
Seção transversal da fôrma têxtil tubular, vendo-se as notações adotadas a sua geometria.

Assim, a Equação [6-2] expressa a solução completa para o problema, e a equação diferencial [6-3] fornece o raio de curvatura:

$$r(x) = \frac{[1+(y')^2]^{3/2}}{y''}, \quad [6-3]$$

onde: $\quad y' = \dfrac{dy}{dx} \text{ e } y'' = \dfrac{d^2y}{dx^2}$

Substituindo a Equação [6-3] e $p(x)$ na Equação [6-2], tem-se:

$$Ty'' - [p_0 + y \cdot x] \cdot [1 + (y')^2]^{3/2} = 0 \quad [6-4]$$

A Equação [6-4] é uma equação diferencial não linear que precisa ser resolvida numericamente.

Sua solução produz as relações entre a geometria da fôrma têxtil $y(x)$, a força de tração circunferencial T_{req}, a pressão de bombeamento p_0, a densidade y do material de preenchimento e a altura H da fôrma têxtil (note que x varia apenas entre zero e H):

$$y = f(x, p_0, H, \gamma) \quad [6-5]$$

Tipicamente, $y(x)$ é procurada em função de um parâmetro de projeto definido: T_{req}, p_0 ou H é fornecido, a densidade γ do material de preenchimento é normalmente conhecida e os outros dois parâmetros são parte da solução do problema. Assim, a imposição

Contenções em Obras Hidráulicas

de duas condições de contorno, fisicamente justificáveis, permite a solução do problema.

A primeira condição é a horizontalidade do ponto 0, que deve assegurar uma transição plana entre os dois lados simétricos da fôrma têxtil:

$$\frac{1}{y'(0)} = 0 \qquad [6\text{-}6]$$

A segunda condição de contorno refere-se ao comprimento de contato da base, que deve, também, ser plano:

$$b = \frac{W}{p_0 + \gamma \cdot H} \qquad [6\text{-}7]$$

O parâmetro W representa o peso da fôrma têxtil preenchida por unidade de comprimento e pode, também, ser assim equacionado:

$$W = 2\gamma \int_0^H y(x) \cdot dx \qquad [6\text{-}8]$$

Combinando as Equações [6-7] e [6-8], temos:

$$b = \frac{2\gamma}{p_0 + \gamma \cdot H} \int_0^H y(x) \cdot dx \qquad [6\text{-}9]$$

Assim, fixando-se o perímetro L, o valor de b será o resultado da análise e a Equação [6-9] pode ser substituída por:

$$L = b + 2 \int_s ds \qquad [6\text{-}10]$$

em que:

S é o arco A_1OB_1; e
ds [$= (-1 + (y')^2)^{1/2}$] é o comprimento diferencial do arco.

Utilizando essa definição de ds na Equação [6-10], resulta:

$$L \frac{2\gamma}{p_0 + \gamma \cdot H} \cdot \int_0^H y(x) \cdot dx + 2 \int_0^H [1 + (y')^2]^{1/2} dx \qquad [6\text{-}11]$$

O esforço axial (T_{axial}) que atua no geossintético constituinte da fôrma têxtil, na direção longitudinal paralela ao seu comprimento, é representado na Figura 6-14. A força total P, que atua nos planos verticais das extremidades da fôrma têxtil, resulta do material de preenchimento pressurizado:

$$P = 2 \cdot \int_0^H (p + \gamma \cdot x) \cdot y(x) \cdot dx \qquad [6\text{-}12]$$

Na direção z, a fôrma têxtil carrega a força P de forma distribuída ao longo de todo o perímetro, ou seja:

FIGURA 6-17
Força de tração axial (T_{axial}) atuante na fôrma têxtil, determinada pela Equação [6-13].

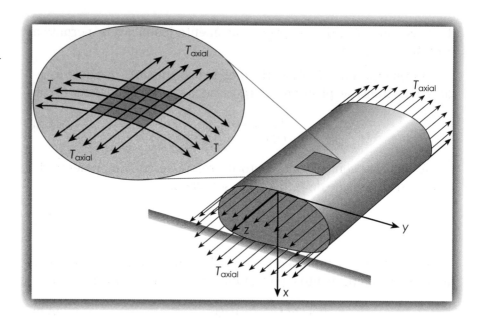

$$T_{axial} = \frac{2}{L} \cdot \int_0^H (p_0 + \gamma \cdot x) dx \quad [6\text{-}13]$$

Como a geometria da fôrma têxtil foi determinada pela Equação [6-4], o valor de T_{axial} pode ser computado por meio da Equação [6-13].

Tipicamente, T_{req} é maior que T_{axial}, fato que deve ser levado em conta no projeto e que pode conduzir à utilização de geossintéticos anisotrópicos mais econômicos, especialmente desenvolvidos para determinados projetos.

Fixado o perímetro L, a solução simultânea das Equações [6-4], [6-6] e [6-11] produz as relações entre T_{req}, H, p_0 e $y(x)$. Essa solução será completa se um dos parâmetros de projeto (T_{req}, H ou p_0) for conhecido. O processamento numérico dessa solução é extremamente trabalhoso e já existem vários estudos que apresentam, de formas semelhantes, sua solução por computação.

O aplicativo GeoCoPS (*geosynthetic confined pressurized slurry*), desenvolvido por Leshchinsky e Leshchinsky (1996), calcula a geometria da fôrma têxtil $y(x)$ e os valores das duas variáveis que faltam: conhecidos o perímetro L e a tensão de tração circunferencial T_{req}, o programa calcula a altura H atingida e a pressão de bombeamento necessária p_0. Podem-se alternar as variáveis de entrada, e o programa calculará as outras duas faltantes. Adicionalmente, o programa calcula o T_{axial} e permite levar em consideração os fatores de redução, visando especificar o geossintético a ser utilizado.

Filtração em fôrmas têxteis tubulares

Se a fôrma têxtil for fabricada com geossintéticos permeáveis, estes deverão obedecer às condições de filtro, de acordo com a norma de ensaio adotada pelo projetista, sempre tomando-se em consideração as condições de fluxo dinâmico.

Em casos extremos, onde se exige alta tenacidade e o material de preenchimento é constituído de misturas contendo argilas muito finas, pode ser necessário o emprego de geocompostos resistentes, fabricados com a união de geotêxteis tecidos e não tecidos.

Como o material dragado pode variar muito de granulometria e a perda de carga aumenta à medida que a fôrma têxtil fica preenchida, recomenda-se a utilização de válvulas de alívio como controle adicional da pressão interna.

Consolidação em fôrmas têxteis tubulares

Se o material de preenchimento for argiloso e o geossintético permeável, deve-se prever sua consolidação pela perda gradual de umidade, resultando numa redução ou perda de altura da fôrma têxtil.

A variação de altura (ΔH) da fôrma têxtil pode ser estimada por meio da fórmula:

$$\Delta H = H\delta\frac{(h_0 - h_f)}{1 + h_0 \cdot \delta} \qquad [6\text{-}14]$$

sendo:

ΔH a perda de altura da fôrma têxtil por consolidação do preenchimento;

H a altura inicial de projeto da fôrma têxtil, logo ao término do preenchimento (não consolidada);

δ o peso específico dos grãos constituintes do material de preenchimento;

h_0 a umidade inicial do material de preenchimento;

h_f a umidade final do material de preenchimento.

6.7 EXEMPLO DE CÁLCULO

Deve-se preencher uma fôrma têxtil com perímetro L = 9,0 m utilizando-se uma vasa totalmente saturada, com umidade inicial h_0 = 350%, densidade natural inicial γ = 1,2 t/m^3 e peso específico dos grãos δ = 2,70 t/m^3. Externamente, a fôrma têxtil está em contato com a atmosfera, e os fatores de redução para o geossintético são:

FRT_{DI} = 1,3; FRT_{CT} = 2; FRT_{AQ} = 1,0; FRT_{FL} = 2,0; FRT_{MA} = 1,0.

Calcular qual a pressão de bombeamento p_0 e a respectiva resistência à tração circunferencial na fôrma têxtil para se atingirem as alturas iniciais (H) 0,90 m, 1,80 m e 2,70 m. Sabe-se que o geossintético utilizado na fôrma têxtil é mecanicamente isotrópico e que a umidade final da vasa consolidada será h_f = 200%. Não é necessário verificar o geossintético quanto à condição de filtro.

Solução

Os cálculos, computados pelo aplicativo GeoCoPS, geram a geometria da fôrma têxtil e os demais parâmetros apresentados na Figura 6-15.

Para H = 0,90 m (cerca de 31% do diâmetro), a pressão de bombeamento necessária é nula; ou seja, a vasa é lançada na fôrma têxtil à pressão atmosférica e a resistência à tração circunferencial do geossintético é de apenas 2,60 kN/m.

Contudo, para uma altura de 2,70 m (cerca de 94% do diâmetro), a pressão de bombeamento requerida sobe de zero para 122,80 kPa, e a resistência à tração circunferencial, para praticamente 190,0 kN/m.

- O fator de redução total FRT será igual a:

$$FRT = 1{,}3 \cdot 2{,}0 \cdot 1{,}0 \cdot 2{,}0 = 5{,}2$$

- A redução de altura por consolidação pode ser estimada em:

$$\Delta H = H_0 \cdot 2{,}7 \cdot \frac{(3{,}5 - 2{,}0)}{1 + 3{,}5 \cdot 2{,}7} = H_0 \cdot 0{,}3876$$

Assim, podem-se resumir os resultados e as especificações dos geossintéticos constituintes das fôrmas têxteis como mostrado na Tabela 6-1.

TABELA 6-1
Parâmetros de projeto e especificação dos geossintéticos para confecção das fôrmas têxteis

Altura inicial (m)	Pressão de bombeamento (kPa)	Altura final consolidada (m)	Resistência circunferencial de projeto (kN/m)	Mínima resistência circunferencial de pico (kN/m)
0,90	—	0,55	2,60	13,52
1,80	4,80	1,10	14,60	75,92
2,70	122,80	1,65	189,70	986,52

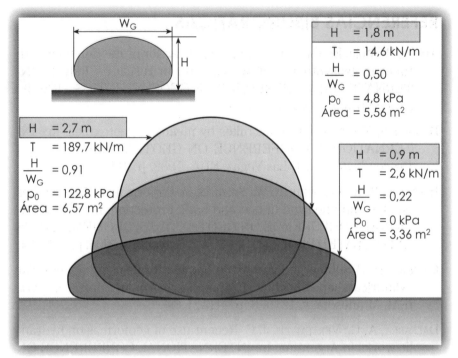

FIGURA 6-18
Geometria, pressão de bombeamento e resistência circunferencial da fôrma têxtil a tração, em função do perímetro e da altura inicial.

6.8 CONCLUSÕES

Os geossintéticos, quando utilizados em obras hidráulicas de contenção, possibilitam a idealização de soluções alternativas simples e, ao mesmo tempo, revolucionárias. Sua maior vantagem é possibilitar a substituição de materiais escassos por outros abundantes — isso quando os próprios geossintéticos não realizam tal façanha. Adicionalmente, a substituição de blocos de rocha por concreto ou areia, a eliminação de múltiplas camadas de filtros de transição submersos, o aproveitamento de materiais usualmente imprestáveis e a facilidade de manuseio, convidam a desafios cada vez mais ousados.

A combinação das facilidades atuais de cálculos e dimensionamentos, proporcionados pela informática com as vantagens construtivas aqui citadas, resulta em obras tecnicamente interessantes, que aceleram cronogramas e permitem grande economia.

No Brasil, onde o potencial de obras fluviais e marítimas é enorme, a utilização de geossintéticos poderá baratear e viabilizar a construção de muitos tipos de obra, como, por exemplo: controle de correntes marítimas e fluviais, controle de enchentes, polderizações, estocagem de rejeitos, núcleos de estruturas hidráulicas, barragens, portos e marinas, entre outras.

REFERÊNCIAS BIBLIOGRÁFICAS

AMINTI, P.; MORI, E.; FANTINI, P. Submerged barrier protection built with tubes in geosynthetics of big diameter in Tuscany – Italy. In: INTERNATIONAL CONFERENCE ON GEOSYNTHETICS – ICG, 9., *Proceedings...* Guarujá, 2010.

BOGOSSIAN, F.et al. Continuous dikes by means of geotextiles. In: INTERNATIONAL CONFERENCE ON GEOTEXTILES – IFAI, 2., *Proceedings...* v. 1, Las Vegas, EUA, 1982. p. 211-216.

BRETELER, M. K.; PILARCZYK, K. W.: SMITH, G. M. Performance of geotextiles on clay and fine sand in bed and bank protection. In: INTERNATIONAL CONFERENCE ON GEOTEXTILES, GEOMEMBRANES AND RELATED PRODUCTS, 15., v. 2, Singapore, 1994. p. 771-774.

CARROLL, R. P. Submerged geotextile flexible forms using noncircular cylindrical shapes. Technical Paper, *Geotechnical Fabrics Report*, IFAI, Minnesota, v. 12, n. 8, p. 4-15, 1994.

DALFARRA, A. C.; VERTEMATTI, J. C. Recent use of geoformas on hydraulic works in Argentina. In: INTERNATIONAL CONFERENCE ON GEOSYNTHETICS – ICG, 9., *Proceedings...* Guarujá, 2010.

DEPASQUALE, A. J.; LEATHERMAN, D.; THOMAS, R. Molly Ann's channel protection system. *Applications, Geotechnical Fabris Report*, IFAI, Minnesota, v. 19, n. 1, p. 44-50, 2001.

FOWLER, J. Tubos de geotextiles y control de inundaciones – um planteamiento econômico. *Geotechnical Fabris Report*, IFAI, Minnesota, p. 34-39, 2000. Edición Especial.

HEIBAUM, M. H. Geosynthetic containers – a new field of application with nearly no limits. In: INTERNATIONAL CONFERENCE ON GEOSYNTHETICS, 7., *Proceedings...* Nice, 2002. p 1013-1016.

KAZIMIEROVICZ, K., Simple analysis of deformations of sand-sausages. In: INTERNATIONAL CONFERENCE ON GEOTEXTILES, GEOMEMBRANES AND RELATED PRODUCTS, 15., *Proceedings...* v. 2. Singapore, 1994. p. 775-778.

LESHCHINSKY, D.; LESHCHINSKY, O. Geosynthetic confined pressurized slurry (GeoCoPS): supplemental notes for version 1.0. *Report TR*, CPAR-GL- 96-1. Viksburg: US Army Engineer Experimental Station, 1996.

LESHCHINSKY, D.et al. Geosynthetic tubes for confining pressurized slurry: some design aspects. *Journal of Geotechnical Engineering*, ASCE, Virgínia, v. 122, n. 8, p. 682-690, 1996.

LAWSON, C. R. Geotextile containment for hydraulic and environmental engineering, *Geosynthetics Intenational*, Hong Kong, v. 15, n. 6, p. 384-427, 2008.

IGS. *Recomendações IGS-Brasil 003* – Termos e Definições Complementares. São Paulo: IGS, 2014.

SAMPLE, J. W. Un envolving method of coastal erosion control applications. *Geotechnical Fabrics Report*, IFAI, Minnesota, v. 20, n. 2, p. 50-52, 2002.

SHIN, E. C. OH, Y. I. Coastal erosion prevention by geotextile tube technology, *Geotextiles and Geomembranes*, Korea, v. 25, p. 264-277, 2007.

SILVESTER, R. Use of grout-filled sausages in coastal structures. ASCE. *Journal of Waterway, Port, Coastal and Ocean Engineering*, Virginia, v. 112, n. 1, Jan. 1986.

U.S ARMY ENGINEER WATERWAYS EXPERIMENT STATION – Environmental Laboratory. *Environmental Effects Of Dredging*. Technical Notes. EEDP-05-01. Mississipi: U.S. ARMY, 1995.

Capítulo 7

Aplicações em Drenagens

Paulo R. Aguiar
José C. Vertematti

7.1 INTRODUÇÃO

No Brasil, a utilização de produtos geossintéticos na drenagem de gases e líquidos objetivando a substituição de materiais naturais, a redução de peso e a diminuição de espessura, teve início nos anos 1980. No exterior, provavelmente uma das primeiras especificações de geossintéticos com função drenante foi determinada pelo Departamento de Transportes da Grã-Bretanha, em 1987, o que permitiu uma maior disseminação dessa técnica.

Em nosso país, a primeira aplicação foi realizada para drenagem da pista de atletismo de um clube paulista. O objetivo era aliviar o peso do sistema drenante, pois a utilização de agregados naturais iria sobrecarregar a laje e as estruturas do prédio, conforme ilustra a Figura 7-1. O projeto especificava um estrado plástico com 10 cm de altura, na época fabricado para estocagem de materiais, para exercer a função de meio drenante, recoberto por um geotêxtil atuando como filtro sob uma camada de solo, onde foram assentadas as placas de grama.

Outra aplicação importante consistiu na utilização de um geotêxtil espesso entre pranchões, em escavações a céu aberto, nas obras do metrô na cidade de São Paulo, em 1984. O geotêxtil, pressionado entre vãos de pranchões consecutivos, atuava como elemento filtro-drenante, permitindo alívio das subpressões causadas pela presença do lençol freático e prevenindo o desenvolvimento de erosões internas no solo escavado. Essa utilização gerou uma especificação própria para tal serviço.

Além dessas aplicações criativas — surgidas a partir de uma necessidade específica de obra —, outras foram desenvolvidas, tais como a utilização de GDP-tubos drenos geossintéticos em vários tipos de sistema drenante, em drenos sub-horizontais (DHP) profundos e em drenos verticais para consolidação de solos moles.

A cada dia, a utilização de geossintéticos em sistemas drenantes vai se sofisticando. Surgem novos produtos, de melhor desempenho, que permitem rápida instalação, com garantia de suas propriedades a longo prazo e destinados a uma gama crescente de finalidades.

As principais vantagens na utilização dos geossintéticos com função drenante podem ser assim resumidas:

- são produtos uniformes, contínuos e flexíveis, que cumprem sua função mesmo quando aplicados em superfícies irregulares ou descontínuas;

- permitem uma significativa redução na espessura dos sistemas drenantes, em comparação com as soluções convencionais, reduzindo escavações e permitindo um maior aproveitamento do espaço disponível;

- são facilmente manuseados, podendo sua instalação ser mecanizada, o que permite significativa redução de cronogramas e custos;

- são extremamente leves, em comparação com os agregados naturais, proporcionando menores sobrecargas nas estruturas e fundações das obras civis.

FIGURA 7-1
No Brasil, o primeiro GCO-D geocomposto drenante "manufaturado na obra" foi empregado em 1980, numa pista de atletismo construída sobre laje. Um estrado plástico atuava como núcleo drenante e um geotêxtil não tecido era o elemento filtrante.

Aplicações em Drenagens

7.2 DEFINIÇÃO

A função drenagem, conforme a NBR ISO 10318, consiste na coleta e condução de um fluido pelo corpo de um geossintético. No entanto essa importante função, desempenhada por vários tipos de geossintético, às vezes é confundida com a função filtração, exercida pelos geotêxteis (ver o Capítulo 5), quando estes são utilizados em conjunto com agregados naturais em sistemas drenantes diversos, como trincheiras drenantes, colchões drenantes, cortinas drenantes e outros. Para evitar essa confusão, Giroud (1986) propôs alterar seu nome para transmissão de fluidos, expressão mais adequada, visto que os geossintéticos captam os fluidos e os conduzem, em seu plano, em direção a um coletor principal.

7.3 PRODUTOS UTILIZADOS

Em um sistema drenante, é possível um ou mais geossintéticos com função drenante, que podem ser classificados como segue.

Geotêxteis espessos. São constituídos por uma única camada de geotêxtil não tecido agulhado, com espessura de alguns milímetros, a qual filtra e conduz fluidos em seu plano, concomitantemente.

Geoespaçadores, georredes, geomantas e geoexpandidos. Trata-se de produtos utilizados como núcleo drenante, para criar um grande volume de vazios e, assim, substituir os materiais — pedra britada, argila expandida, seixo rolado, cascalho e outros — empregados nos drenos convencionais.

Geocompostos drenantes. A combinação de um geotêxtil filtrante com um núcleo drenante e/ou com um GDP, constitui um geocomposto drenante, que pode ser produzido industrialmente ou, simplesmente, manufaturado no próprio canteiro de obras. Existe no mercado grande número de geocompostos drenantes, fabricados a partir da combinação de vários geossintéticos, concebidos para utilização em todos os tipos de sistema drenante existentes.

FIGURA 7-2
GCO-D geocomposto drenante com núcleo geoespaçador
a) Esquema de núcleo geoespaçador de pata simples;
b) esquema de núcleo geoespaçador de pata dupla;
c) geocomposto drenante, produzido com geoespaçador de pata simples mais geotêxtil filtrante em camada única. Esse GCO-D é utilizado para captar fluidos apenas por uma de suas faces.

Os geoespaçadores e as georredes foram desenvolvidos especialmente para atuar como núcleos drenantes na condução de fluidos e, portanto, são relativamente pouco compressíveis.

As geomantas, constituídas por uma malha de filamentos sintéticos espessos, e os geoexpandidos são, muitas vezes, utilizados como núcleos drenantes e, estão sujeitos a uma maior redução de espessura quando submetidos a grandes tensões confinantes, por serem mais compressíveis.

Os GDPs – tubos drenos geossintéticos, especialmente projetados para utilização em drenagem. São empregados em substituição aos tubos convencionais de cerâmica perfurada, de concreto perfurado e de concreto poroso.

FIGURA 7-3
GCO-D geocompostos drenantes produzidos com outros tipos de núcleo.
a) GCO-D com núcleo de geomanta e geotêxtil filtrante em ambas as faces;
b) GCO-D com núcleo de georrede e geotêxtil filtrante em ambas as faces;
c) GCO-D com núcleo de geoexpandido poroso, com geotêxtil filtrante na face direita e geoexpandido impermeável na face esquerda.

FIGURA 7-4
GDP Tubo Dreno Geossintético corrugado, dotado de grande área aberta perfurada, distribuída ao longo de todo o seu perímetro.

Do ponto de vista geométrico, dois tipos de geocomposto drenante são os mais utilizados: os drenos de fita e os planares.

Os drenos de fita, também chamados de "drenos verticais", caracterizam-se por apresentar pequenas larguras (da ordem de 100 mm) e grande comprimento. São utilizados principalmente na consolidação de aterros sobre solos moles, aplicação que é estudada no Capítulo 10.

Os drenos planares caracterizam-se por apresentar grandes larguras, da ordem de vários decímetros, e por serem utilizados em drenos profundos ou subsuperficiais.

7.4 PROPRIEDADES RELEVANTES

Quando no desempenho da função drenagem, os geossintéticos apresentam elevada capacidade de escoamento, o que, no entanto, pode variar significativamente dependendo das tensões confinantes de compressão a que estiverem sujeitos na obra.

Além das propriedades inerentes ao geotêxtil filtrante, tratadas no Capítulo 5, as principais propriedades dos geossintéticos utilizados na transmissão de fluidos são as comentadas a seguir.

7.4.1 Propriedades físicas

A densidade – ou peso específico – do produto, a espessura e outras características específicas definem seu formato, constituição, posição do filtro etc.

7.4.2 Propriedades mecânicas

Resistência a tração

De uma maneira geral, os geossintéticos são anisotrópicos e, quando tracionados, podem apresentar variações em outras propriedades como, por exemplo, sua espessura.

Resistência a compressão

É uma das principais propriedades dos geossintéticos nessa aplicação, já que sua capacidade de transmissão de líquidos e gases depende diretamente de sua espessura.

Resistência a cisalhamento

Nos geocompostos drenantes, a aderência entre o núcleo drenante e o geotêxtil filtrante tem especial importância quando há tensões de cisalhamento opostas atuando nas faces superior e inferior. Assim, deve-se verificar se a aderência entre os elementos constituintes do geocomposto é suficiente e não se constitui num plano preferencial de ruptura.

FIGURA 7-5
Esquema de um GCO-D. Vê-se o efeito de redução do seu volume de vazios e, portanto, de sua transmissividade, pela deformação do filtro geotêxtil submetido a esforços de compressão. Esse efeito acontece em diferentes proporções, dependendo do tipo de núcleo drenante empregado, para uma mesma carga solicitante.

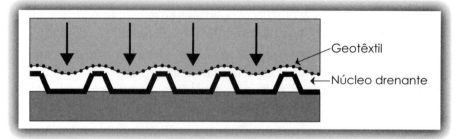

7.4.3 Propriedades hidráulicas

A transmissividade — ou capacidade de escoamento no plano do geossintético — define a capacidade do geossintético em transportar rapidamente volumes elevados de líquidos, sendo, portanto, sua principal característica, diretamente ligada à função drenante.

7.4.4 Propriedades de durabilidade

Indicam a manutenção de suas principais propriedades ao longo do tempo. Para tal, devem ser consideradas a matéria-prima que constitui o geossintético, a sua fluência sob tensões permanentes e a possibilidade de penetração do solo adjacente, nos espaços vazios do núcleo drenante. Nesse caso, as pressões atuantes no terreno podem deformar o geotêxtil filtrante, provocando assim a redução de sua transmissividade, conforme ilustra a Figura 7-5.

7.4.5 Propriedades ambientais

Devem ainda ser consideradas as alterações do geossintético ao longo do tempo por efeito da temperatura (por exemplo, no interior de aterros sanitários), pela natureza do líquido transportado, sua viscosidade, e pela possibilidade de desenvolvimento de microrganismos no núcleo drenante, o que pode diminuir sua transmissividade no longo prazo.

É importante ressaltar que, embora alguns geocompostos possuam uma geomembrana acoplada em uma das faces, a sua impermeabilidade só será garantida se a união dos painéis consecutivos for feita por meio de um sistema estanque, como colagem, soldagem ou aplicação de mastique elastomérico.

7.5 DIMENSIONAMENTO E ESPECIFICAÇÃO

7.5.1 Vazão unitária de contribuição de projeto

A vazão de contribuição unitária de projeto (q_d) pode ser determinada a partir da permeabilidade do solo, do gradiente hidráulico atuante sobre o dreno e da adoção de um fator de segurança FS, utilizando-se diretamente as leis de Darcy e da continuidade, ou por meio de outros métodos clássicos de dimensionamento disponíveis. Como a apresentação de tais métodos de cálculo fogem aos objetivos deste manual, sugerimos consultar Cedergren (1974).

Assim, a vazão de contribuição unitária de projeto pode ser escrita conforme a expressão:

$$q_d = FS \cdot q_{\text{calc}}, \qquad\qquad [7\text{-}1]$$

onde:

q_d é a vazão unitária de contribuição de projeto;

FS o fator de segurança, que leva em consideração as imperfeições de cálculo; e

q_{calc} a vazão unitária, calculada de acordo com o método teórico adotado.

7.5.2 Capacidade de vazão planar do geossintético

A capacidade de vazão planar de um geossintético ($q_{p,i}$), para determinada pressão confinante a certo gradiente hidráulico, é fornecida pelos fabricantes, pois deve ser determinada por ensaios de laboratório. Como, na maioria dos casos, o fluxo planar dentro do geossintético é turbulento, sua determinação teórica poderia conduzir a erros sensíveis. Assim, por meio de tabelas ou gráficos, os valores de q_{pi} podem ser obtidos em catálogos técnicos dos fabricantes.

É de suma importância, ao receber o produto na obra, certificar-se de sua procedência e verificar se atende aos requisitos de compra. As informações necessárias para estas verificações são elencadas na norma NBR ISO 10320 – Identificação na Obra.

Em obras de grande responsabilidade ou quando houver dúvidas sobre os valores fornecidos pelos fabricantes, recomenda-se obter uma amostra do geossintético e determinar seus valores de q_{pi} em laboratório, para verificar sua conformidade com os dados do fabricante e de projeto.

7.5.3 Capacidade de vazão admissível do geossintético

Os valores de $q_{p,i}$ obtidos nos ensaios de laboratório correspondem a valores últimos e geralmente consideram condições ideais de operação que nem sempre ocorrem em uma obra. Por essa razão, deve-se considerar uma redução no desempenho do geossintético quando submetido a situações limitantes de seu desempenho, para considerar sua atuação de longo prazo. Isso pode ser realizado pela introdução de fatores de redução, conforme segue:

$$q_{\mathrm{adm}} = \frac{q_{p,i}}{FRP_{IN} \times FRP_{FL} \times FRP_{CQ} \times FRP_{CB}}, \qquad [7\text{-}2]$$

sendo:

q_{adm} a capacidade de vazão planar admissível do geossintético $(\mathrm{cm}^3/\mathrm{s} \cdot \mathrm{m})$;

FRP_{IN} o fator de redução devido à intrusão do geotêxtil filtrante no núcleo drenante;

FRP_{FL} o fator de redução devido à deformação por fluência do núcleo drenante ou do geotêxtil filtrante;

FRP_{CQ} o fator de redução devido à colmatação química e/ou precipitação química no núcleo drenante; e

FRP_{CB} o fator de redução devido à colmatação biológica do núcleo drenante;

A Tabela 7-1 é sugerida por Koerner (1997) para as georredes e pode ser útil na estimativa dos fatores de redução para outros tipos de núcleos drenantes.

Para avaliar a resistência do geossintético a compressão, a Tabela 7-2, sugerida por Berkhout (1994,) mostra a variação das tensões de compressão e do gradiente hidráulico, fornecendo uma indicação para a definição das solicitações para cada obra.

Muller e Wohlecke (2014) realizaram intensos ensaios de laboratório, utilizando métodos normatizados, aplicados a vários GCO-D, e concluíram que, para grandes taxas de compressão associadas a grandes períodos de vida útil, o fator de redução total FRT pode extrapolar o valor de 3,7. Nesses casos, como por exemplo, a utilização em drenagem interna de aterros sanitários, um valor conservativo do FRT irá prevenir o colapso do GCO-D, tanto em termos de capacidade de vazão como em termos de ruptura por cisalhamento.

Aplicações em Drenagens

TABELA 7-1
Valores preliminares recomendados para os fatores de redução para $q_{p,i}$ em geocompostos que utilizam georredes

Aplicação	FRP_{IN}	FRP_{FL}*	FRP_{CQ}	FRP_{CB}
Campos esportivos	1,0 a 1,2	1,0 a 1,5	1,0 a 1,2	1,1 a 1,3
Camada de interrupção de capilaridade	1,1 a 1,3	1,0 a 1,2	1,1 a 1,5	1,1 a 1,3
Lajes e áreas suspensas	1,2 a 1,4	1,0 a 1,2	1,0 a 1,2	1,1 a 1,3
Muros de contenção, percolação de rochas fraturadas e taludes em solo	1,3 a 1,5	1,2 a 1,4	1,1 a 1,5	1,0 a 1,5
Colchões drenantes	1,3 a 1,5	1,2 a 1,4	1,0 a 1,2	1,0 a 1,2
Drenos superficiais para coberturas de aterros sanitários	1,3 a 1,5	1,1 a 1,4	1,0 a 1,2	1,2 a 1,5
Camada secundária de coleta de chorume (aterros sanitários)	1,5 a 2,0	1,4 a 2,0	1,5 a 2,0	1,5 a 2,0
Camada primária de coleta de chorume (aterros sanitários)	1,5 a 2,0	1,4 a 2,0	1,5 a 2,0	1,5 a 2,0

*Esses valores variam conforme a resina usada na produção da georrede; quanto maior a densidade, menor o fator de redução. A fluência do geotêxtil filtrante não foi considerada nesse caso, devendo ser feita uma avaliação específica.

7.5.4 Capacidade de vazão longitudinal do GDP Tubo Dreno Geosssintético

Na maioria dos casos, os geocompostos drenantes filtram, captam e concentram as águas drenadas do solo. No entanto, por serem estruturas esbeltas, não conseguem conduzir toda a água acumulada ao longo dos drenos, cujos comprimentos (C) podem atingir dezenas ou centenas de metros. Assim, é usual associar-se um GDP à extremidade do geocomposto drenante para acumular e conduzir as águas do dreno até o local de desemboque.

Analogamente aos tubos-dreno convencionais, a capacidade de vazão longitudinal (Q_{GP}) dos GDPs pode ser calculada pela fórmula de Manning, levando-se em conta o coeficiente de rugosidade de suas paredes internas, seu diâmetro interno e sua declividade longitudinal. Tanto a capacidade de vazão de influxo dos GDPs, expressa em litros por segundo por metro (L/s · m), como os ábacos indicativos da capacidade de vazão longitudinal são fornecidos pelos respectivos fabricantes dos GDPs.

TABELA 7-2
Aplicações dos drenos e suas condições de contorno

Aplicação	Rigidez da construção adjacente	Tensões de compressão (kPa)	Posição do geossintético	Gradiente hidráulico no núcleo
Cortinas de edifícios	Rígida/flexível	< 100	Vertical	1,00
Jardins suspensos	Flexível/rígida	< 20	Horizontal	0,03
Rodovias	Rígida ou Flexível/flexível	< 200	Horizontal	0,03
	Flexível/flexível	< 100	Vertical	1,00
Aterros sanitários	Flexível/rígida ou flexível	Cobertura < 20	Horizontal a inclinada	0 - 0,4
	Rígida ou flexível/ rígida ou flexível	Fundação < 800	Horizontal a inclinada	0,00 - 0,70
Túneis	Rígida/rígida ou flexível	< 200	Horizontal a vertical	0,00 (H) a 1,00 (V)

7.5.5 Especificação dos geossintéticos

A especificação dos geossintéticos deve ser baseada na correlação:

$$q_{\mathrm{adm}} \geq q_d \qquad [7\text{-}3]$$

Assim, considerando-se as correlações (7-1) a (7-3), podemos simplificar a especificação dos geossintéticos conforme segue.

a) Para geocompostos drenantes e geotêxteis não tecidos espessos:

$$q_{p,i} \geq FS \cdot FRP_{IN} \cdot FRP_{FL} \cdot FRP_{CQ} \cdot FRP_{CB} \cdot q_{\mathrm{calc}} \qquad [7\text{-}4]$$

b) Para GDPs:

$$Q_{\mathrm{GDP}} \geq FS \cdot q_{\mathrm{calc}} \cdot C, \qquad [7\text{-}5]$$

sendo:

Q_{GDP} a capacidade de vazão longitudinal do GDP; e
C o comprimento total do sistema drenante captado pelo GDP.

Aplicações em Drenagens

7.6 PRINCIPAIS UTILIZAÇÕES E RECOMENDAÇÕES DE INSTALAÇÃO

Há inúmeras utilizações de geossintéticos na drenagem de fluidos. Podemos destacar as seguintes:

- drenagem profunda e subsuperficial de rodovias;
- drenagem agrícola;
- cortinas de edifícios;
- revestimentos de margens de canais e reservatórios;
- jardins suspensos;
- encontro de pontes;
- muros de contenção;
- túneis (cut-and-cover, NATM, galerias);
- aterros sanitários (no sistema de revestimento da base e na cobertura);
- lagoas de efluentes industriais e de dejetos animais;
- campos esportivos;
- terraços;
- recomposição de taludes rompidos.

Algumas dessas utilizações estão esquematizadas nas Figuras 7-6 a 7-10.

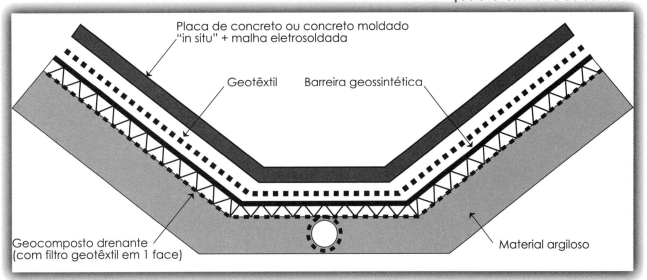

FIGURA 7-6
GCO-D e GDP aplicados em drenagem sob impermeabilização e revestimento de canal.

A instalação dos geossintéticos nessas obras deve obedecer à seguinte sequência:

1) corte do geossintético em painéis, na dimensão desejada;

2) posicionamento e fixação do painel por meio de ripas, pregos, fita adesiva, cola, ou sistema "Hilti" (Figura 7-11);

3) união entre painéis, por meio de simples sobreposição, grampos em forma de U, cabos ou solda com jato de ar quente, quando aplicável (Figuras 7-12 e 7-13);

4) recobrimento com geotêxtil filtrante das bordas do geocomposto que estejam em contato com o solo.

5) fixação por colagem ou grampeamento nas bordas (quando o núcleo drenante é fornecido sem o geotêxtil incorporado), para permitir uma perfeita instalação;

6) conexão apropriada do GDP, ou outro sistema coletor, ao geocomposto drenante.

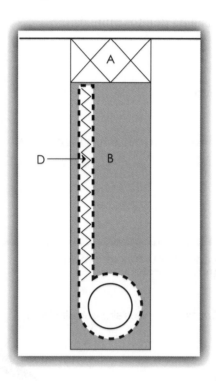

FIGURA 7-7
Dreno longitudinal profundo, esbelto, com largura de 15 cm, utilizando GCO-D (D) acoplado a um GDP, com a vala preenchida com areia (B) e selada com argila (A).

Aplicações em Drenagens

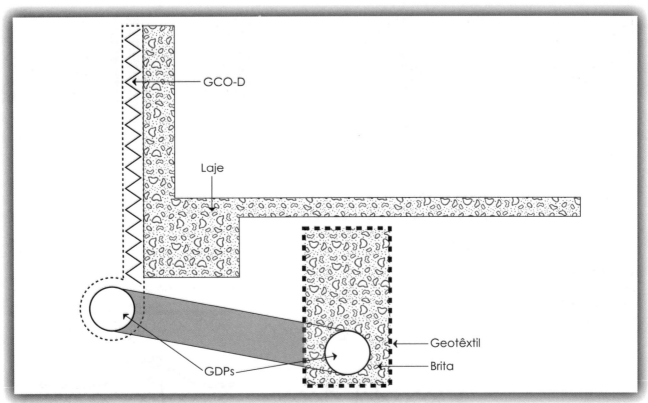

FIGURA 7-8 Sistema drenante em subsolo de edifício. São utilizados um GDO-D e um GDP para drenar as cortinas de concreto; as águas da cortina são lançadas em um dreno longitudinal profundo, localizado sob a laje, construído com a utilização de geotêxtil filtrante, pedra britada e GDP.

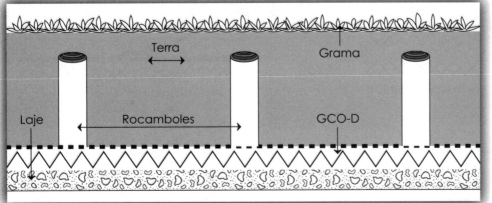

FIGURA 7-9 Sistema drenante sobre laje, em um campo poliesportivo. O geocomposto atua como colchão drenante, acoplado a uma malha de drenos verticais, construídos com geotêxtil não tecido, espesso, enrolado na forma de "rocambole".

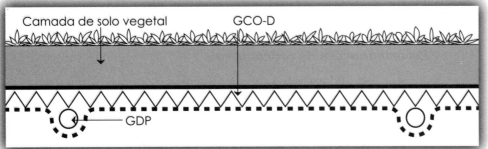

FIGURA 7-10 Sistema drenante subsuperficial em campo esportivo sobre solo. O geocomposto atua como colchão drenante, acoplado a GDPs condutores.

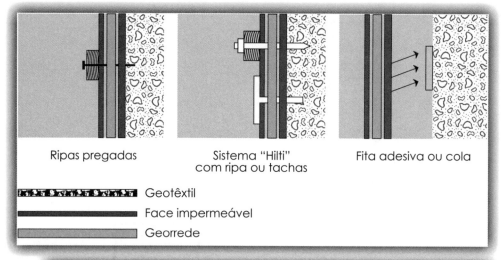

FIGURA 7-11
Diferentes modos de fixação de geocompostos drenantes em paredes verticais.

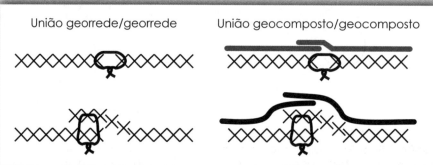

FIGURA 7-12
União mecânica de geocompostos drenantes através de cabos plásticos.

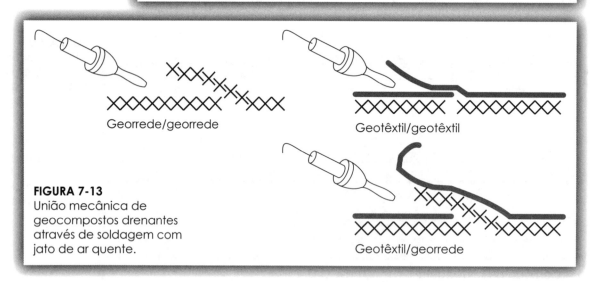

FIGURA 7-13
União mecânica de geocompostos drenantes através de soldagem com jato de ar quente.

Recomendações de ordem geral:

- não andar sobre o geossintético ou sobre o núcleo drenante para não danificar sua estrutura;
- cortar o geossintético/núcleo com estilete, seccionando, primeiro, o geotêxtil e, em seguida o núcleo.

Aplicações em Drenagens

7.7 EXEMPLO DE DIMENSIONAMENTO

Um muro de contenção com 100 metros de comprimento, em concreto, deve conter um aterro silto-arenoso de 8,00 m de altura. Em virtude do grande volume de água no local a ser aterrado realizaram-se cálculos estimativos, que acusaram uma vazão de contribuição unitária $q_{calc} = 18{,}0 \text{ cm}^3/\text{s·m}$. Esta deverá ser captada e evacuada junto à interface muro/aterro por meio de um sistema drenante eficiente, que atinja a altura de 2 m acima do pé do muro. Como informações complementares, baseadas nas condições de contorno da obra e nas condições locais de fornecimento de geossintéticos, pede-se:

- adotar $FS = 2{,}00$ para a vazão de contribuição unitária;
- adotar para os GCO-D os seguintes coeficientes de redução de vazão:

    $FRP_{IN} = 1{,}30$; $FRP_{FL} = 1{,}00$; $FRP_{CQ} = 1{,}10$; $FRP_{CB} = 1{,}00$.

- a areia tem densidade igual a 20 kN/m^3.

Considerar que os GDPs podem ser lançados com declividade longitudinal máxima de 1% e, para esse valor, suas capacidades de vazão longitudinal são:

Diâmetro nominal do GDP (pol)	Capacidade de vazão longitudinal, Q_{GDP} (L/s)
04	2,60
06	12,83
08	28,00

Considerar, também, que os geocompostos drenantes disponíveis, para gradiente hidráulico unitário, oferecem as capacidades vazão × tensão de confinamento apresentadas na Tabela 7-3.

Com base nesses dados, pede-se dimensionar o sistema drenante, composto de um GCO-D posicionado verticalmente na interface muro/aterro, acoplado a um GDP disposto sub-horizontalmente em seu bojo, que atenda à vazão local.

Solução

Utilizando a fórmula:
$$q_{p,i} \geq FS \cdot FRP_{IN} \cdot FR_{FL} \cdot FR_{CQ} \cdot FR_{CB} \cdot q_{calc} \qquad [7\text{-}4]$$

e substituindo os valores, obtemos:
$$q_{p,i} \geq 2{,}00 \times 1{,}30 \times 1{,}00 \times 1{,}10 \times 1{,}00 \times 0{,}018 \text{ L/s} \cdot \text{m},$$
$$q_{p,i} \geq 0{,}052 \text{ L/s} \cdot \text{m}.$$

TABELA 7-3
Capacidade de vazão dos geocompostos disponíveis

Geocomposto drenante	Capacidade de vazão (L/s·m) x tensão confinante, para $i = 1,0$			
	25 kPa	50 kPa	100 kPa	200 kPa
GCO-D - 01	0,40	0,40	0,35	0,35
GCO-D - 02	0,80	0,65	0,55	0,45
GCO-D - 03	0,50	0,45	0,40	0,38
GCO-D - 04	1,00	0,90	0,82	0,70
GCO-D - 05	3,20	3,10	3,00	2,90

Para o cálculo do diâmetro do GDP necessário, podemos dividir a extensão total do muro por 2, fazendo os tubos desaguarem nas duas extremidades do muro (duas águas), respeitando a declividade máxima de 1%. Assim, teremos uma extensão de acumulação de vazão nos GDPs de 50 m, em vez de 100 m. Utilizando a fórmula:

$$Q_{GDP} \geq FS \cdot q_{calc} \cdot C \qquad [7\text{-}5]$$

E substituindo os valores, teremos:

$$Q_{GDP} \geq 2,00 \cdot 0,018 \cdot 50,$$

$$Q_{GDP} \geq 1,80 \text{ L/s.}$$

Especificação dos geossintéticos

Para podermos especificar o GCO-D correto, devemos saber qual a tensão de compressão horizontal atuante no dreno, ao nível do pé do muro. Esse cálculo é simples, pois sabemos que o coeficiente de empuxo ativo (K_a) tem o valor aproximado de 0,33 para interface vertical rígida. Assim, a pressão atuante no geocomposto drenante, a oito metros de profundidade, será:

$$\sigma_h = K_a \cdot \gamma \cdot H = 0,33 \times 20 \text{ kN/m}^3 \cdot 8 \text{ m} = 52,8 \text{ kPa}$$

Com o valor de σ_h, consultamos as tabelas e definimos o geocomposto drenante e o GDP:

- Geocomposto drenante — GCO-D 01, pois possui capacidade de 0,40 > 0,052 L/s · m.

  Quantidade a ser utilizada: 2,0 m $\times$ 100 m.

- GDP — pode-se utilizar GDP de 4 pol (vazão total acumulada de 1,80 < 2,60 L/s). Quantidade a ser utilizada: 100 m de GDPs de 4 pol.

7.8 CONCLUSÕES

A utilização de produtos geossintéticos como elementos drenantes vem se tornando comum em todo o mundo em decorrência, principalmente, de três importantes fatores econômicos: escassez de materiais granulares naturais, aumento do custo da mão de obra e necessidade de diminuição dos cronogramas construtivos.

Pode-se juntar a esses três fatores os crescentes custos de transporte e a disposição dos materiais: quanto menor a movimentação de terra e agregados na execução de um dreno, menor será o seu custo total.

Do ponto de vista técnico, os geossintéticos empregados na drenagem garantem igual ou melhor comportamento que os materiais naturais, desde que projetados e aplicados adequadamente nas obras.

REFERÊNCIAS BIBLIOGRÁFICAS

Geotêxteis – Instalação em trincheiras drenantes. São Paulo: ABNT, 2005.

Aguiar, P. R.; Vertematti, J. C. *Sistemas drenantes* – aspectos te*óricos e práticos*. São Paulo: Rhodia, 1977.

Berkhout, H. In-plane permeability measurement of geosynthetic drains used in civil engineering and the construction industry. *Geosynthetics World*, v. 4, n. 4, 1994.

Cedergren, H. R. *Seepage, drainage and flow nets*. California: John Wiley and Sons Inc., 1974.

Giroud, J. P. Geotextiles to geosynthetics: a revolution in geotechnical engineering. In: INTERNATIONAL CONFERENCE ON GEOTEXTILES, 3., *Proceedings...* Vienna, 1986.

Koerner, R. M. *Designing with Geosynthetics*. New Jersey: Prentice Hall, 1997.

Muller, W. W.; Wohlecke, A. The performance of geocomposite drains in the long run. In: International Conference on Geosynthetics, 10., *Proceedings...* Berlin , 2014.

Capítulo 8

Aplicações em Separação de Materiais

Ennio M. Palmeira
Evangelista C. Fonseca

8.1 INTRODUÇÃO

O maior campo de aplicação de geossintéticos, ainda bem pouco explorado, é talvez sua utilização como elemento separador. Embora inúmeras obras já tenham sido realizadas no mundo todo, muitas das quais no Brasil, poucos são os estudos comparativos (em que se comparam trechos da mesma obra, com e sem a utilização de geossintético). Além disso, alguns dos estudos tiveram início nos anos 1990, de modo que ainda se achavam em curso uma década depois, uma vez que os períodos de acompanhamento são muito longos.

Enquanto não se dispõe de uma constatação documental abundante que certifique a eficiência do geossintético como elemento de separação, pode-se valer do sucesso de sua aplicação em obras correntes. Por exemplo, quando um engenheiro utiliza pela primeira vez um geossintético com a função de elemento separador e passa a adotá-lo rotineiramente ao constatar sua eficiência.

8.2 DEFINIÇÃO

A função separação pode ser definida como a interposição de um geossintético entre materiais distintos, de forma que a integridade e a funcionalidade destes sejam mantidas ou melhoradas.

Um exemplo clássico dessa situação é visto na Figura 8-1, onde a penetração de finos do solo de fundação pode comprometer o comportamento da brita sobrejacente ao longo do tempo. Uma solução tradicional para esse problema seria a utilização de uma camada de sacrifício de agregado, que iria se impregnar com o solo de fundação, ao longo do tempo. A utilização de um geossintético pode substituir essa camada de sacrifício, com redução do custo da obra e melhoria do comportamento estrutural no longo prazo.

É importante observar que, no presente caso, não se está considerando a possibilidade de o geossintético funcionar também como elemento de reforço, o que pode ocorrer simultaneamente à separação, dependendo das características do problema e do tipo de geossintético.

Várias são as situações em que os geossintéticos podem atuar como elementos separadores. Basicamente, podemos subdividir tais situações em dois grandes grupos: os de atuação temporária e os de atuação permanente.

8.2.1 Atuação temporária

Tem-se essa situação quando o geossintético atua com a função principal de elemento separador temporariamente, durante um pequeno período de tempo. Sua utilização, nessas condições, tem ocorrido de modo empírico, pois a solicitações de obra são muito incertas e dificultam um correto dimensionamento. Um exemplo é a geomembrana de baixa densidade lançada sobre um colchão drenante em subsolo de edifício antes da concretagem do piso; sua função consiste em impedir a penetração da nata do concreto nos vazios das pedras durante o lançamento e vibração deste. Passado o período de cura do concreto, a geomembrana separadora já terá cumprido sua função.

8.2.2 Atuação permanente

O geossintético atua com a função principal de elemento separador permanente, ao longo de toda a vida útil da obra. Nessas condições, na maioria dos casos, a especificação do geossintético é feita com base em um projeto específico. Por exemplo, um geotêxtil de alta gramatura aplicado entre o subleito e o lastro ferroviário: sua função é impedir a interpenetração pedra/solo, pelo efeito dinâmico do tráfego, durante toda vida útil da ferrovia, preservando as características de ambos os materiais.

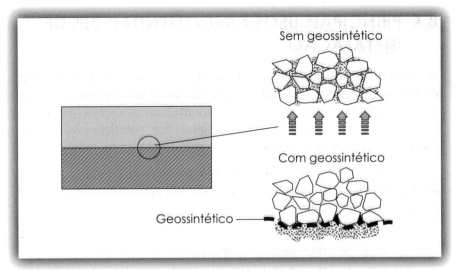

FIGURA 8-1
Geossintético atuando na função separação.

8.3 PROPRIEDADES RELEVANTES

Para que um geossintético exerça a função principal de elemento separador, ele deverá ser capaz de:

- reter os finos provenientes do solo de fundação (capacidade de retenção);
- resistir aos esforços a que será submetido ao longo da vida útil da obra (capacidade de sobrevivência).

As principais solicitações a que o geossintético poderá estar submetido nesse tipo de aplicação e que influenciarão em seu funcionamento são: tração localizada, estouro, perfuração e impacto.

Susunaga (2015) mostra também os benefícios da utilização de geotêxteis em separação, não só na minimização da impregnação da base de pavimento por finos do subleito, como também na dissipação de poro pressões geradas no subleito.

8.4 PRODUTOS UTILIZADOS

Nas aplicações com função de separação temporária, têm sido empregados os geotêxteis de baixa gramatura e barreiras geossintéticas de baixa densidade e espessura.

Nas aplicações em que a função separação é principal e permanente, têm sido utilizados os geotêxteis e os geocompostos.

8.5 PRINCIPAIS USOS E RECOMENDAÇÕES DE INSTALAÇÃO

São inúmeras as possibilidades de utilização dos geossintéticos como elemento separador em obras de engenharia, considerando-se as condições de tempo (temporária ou permanente), as condições hidráulicas (com ou sem a presença de fluxos de água) e as condições de suporte (pouca ou grande deformabilidade do solo-base).

Com o objetivo de mostrar a ampla diversidade de aplicações dos geossintéticos em separação, citamos a seguir apenas aquelas de maior evidência atualmente:

- entre o material drenante (em cortinas, colchões ou trincheiras) e o solo selante de reaterro;
- entre o material drenante (em cortinas, colchões ou trincheiras) e o concreto lançado;
- entre o subleito e o material drenante, em colchões ou trincheiras;
- entre o subleito e vários tipos de minérios, em pátios de estocagem;
- entre o subleito e a base granular, em estradas pavimentadas e aeroportos;
- entre o subleito e a base granular, em estradas não pavimentadas;
- entre o subleito e o lastro granular, em estradas de ferro;
- entre o solo de fundação e o solo de aterros rodoviários ou industriais;
- entre o solo lodoso e a areia lançada, na construção de praias e lagos artificiais;
- entre o subleito arenoso e a base granular, em estradas pavimentadas;
- entre o subleito e a base granular, em pátios e estacionamentos;
- entre o subleito e a base de placas/pavimentos articulados.

Em cirtude da diversidade de produtos e dos tipos de aplicação possíveis, as recomendações de instalação deverão ser estudadas caso a caso. O tipo de geossintético, as condições de manuseio, os materiais que o envolverão, os níveis de esforços solicitantes durante seu lançamento, as características da obra (função temporária ou permanente), entre outras, deverão ser levadas em consideração no plano de instalação do geossintético. Recomendações básicas são apresentadas no Capítulo 16.

8.6 DIMENSIONAMENTO E ESPECIFICAÇÃO

A variedade de utilizações dos geossintéticos como separador é enorme, de modo que se torna impossível a apresentação dos respectivos métodos de dimensionamento. Assim, a título de exemplo, elegeu-se uma aplicação com grande potencial em nosso país: a utilização de geossintéticos como elemento de separação entre o subleito e a camada de aterro granular em estradas de acesso e/ou serviço.

Particularmente nessa aplicação, as solicitações de obra exigem do geossintético uma boa capacidade de retenção de finos, boa permeabilidade à água, boa resistência a rasgos, boa resistência a perfurações e boa resistência a tração localizada. A classe de geossintéticos que mais bem atende a essas solicitações são os geotêxteis, que, portanto, serão o objeto de dimensionamento e especificação nesta seção.

É importante frisar que se está abordando apenas o dimensionamento da função principal exercida pelo geotêxtil. Este, eventualmente, dependendo da necessidade e dos níveis de solicitação/deformação, pode também exercer a função de reforço. Nesse caso, deve-se realizar um dimensionamento complementar para especificar um geotêxtil que atenda às duas funções, ao mesmo tempo.

8.6.1 Dimensionamento do geotêxtil para retenção de finos

Na literatura encontramos vários critérios de retenção aplicáveis a geotêxteis (PALMEIRA; GARDONI, 2000). O critério desenvolvido por Christopher e Holtz (1985), muito empregado na América do Norte, particularmente nos Estados Unidos, é sumariado a seguir.

Critério de retenção de Christopher & Holtz

Para condições permanentes de fluxo

$$AOS \text{ ou } O_{95} \leq Bd_{85}, \tag{8-1}$$

sendo:

AOS a abertura aparente de filtração;
O_{95} a abertura de filtração;
B o coeficiente adimensional (varia de 0,5 a 2,0 e depende das características do solo a ser filtrado e do geotêxtil); e
d_{85} o diâmetro das partículas de solo em contato com geotêxtil correspondente a 85% passando.

Para areias, areias com pedregulhos, areias siltosas e areias argilosas (com menos de 50% dos grãos menores que 0,075 mm), o coeficiente B é dado por:

- para $C_U \leq 2$ ou $C_U \geq 8 \Rightarrow B = 1$;
- para $2 \leq C_U \leq 4 \Rightarrow B = 0{,}5 C_U$;
- para $4 < C_U < 8 \Rightarrow B = 8/C_U$

(C_U é o coeficiente de não uniformidade do solo, $= d_{60}/d_{10}$).

Se o solo a ser retido contém finos, usa-se somente a parcela de solo menor que 4,75 mm na seleção do geotêxtil.

Para siltes e argilas, com mais de 50% das partículas menores que 0,075 mm, o coeficiente B é função do tipo de geotêxtil:

- para geotêxteis tecidos, $B = 1$, com AOS ou $O_{95} \leq 0{,}3$ mm;
- para geotêxteis não tecidos, $B = 1{,}8$, com AOS ou $O_{95} \leq 0{,}3$ mm.

Para condições dinâmicas de fluxo:

Para condições dinâmicas de fluxo, deve-se ter:

$$O_{95} \leq 0{,}5 \ d_{85}. \hspace{3cm} [8\text{-}2]$$

Para solos internamente instáveis:

Solos com C_u superiores a 20 e curvas granulométrica com concavidade para cima tendem a ser internamente instáveis, podendo ocorrer migração de partículas no interior da massa de solo a ser retido (sufusão). Nesse caso, para a escolha do geotêxtil devem-se utilizar os dados da fração da curva granulométrica representativa das partículas que seriam capazes de migrar internamente na direção do geotêxtil.

Critério de permeabilidade/permissividade:

- Para situações não críticas e condições pouco severas:

$$k_G \geq k_{\text{solo}}, \hspace{3cm} [8\text{-}3]$$

sendo k_G o coeficiente de permeabilidade do geotêxtil e k_{solo} o coeficiente de permeabilidade do solo.

- Para situações críticas e sob condições severas:

$$k_G \geq 10 \ k_{\text{solo}}. \hspace{3cm} [8\text{-}4]$$

- Para a possibilidade de colmatação biológica:

$$k_G \geq 100 \ k_{\text{solo}}. \hspace{3cm} [8\text{-}5]$$

Requisitos de permissividade:

- $\Psi \geq 0{,}5\ s^{-1}$, para menos de 15% das partículas menores que 0,075 mm;
- $\Psi \geq 0{,}2\ s^{-1}$, para entre 15% e 50% das partículas menores que 0,075 mm;
- $\Psi \geq 0{,}1\ s^{-1}$, para mais de 50% das partículas menores que 0,075 mm.

Deve-se também verificar se a capacidade de descarga do geotêxtil sob condições de trabalho é satisfatória.

No caso de geotêxteis em obras de separação, as condições de fluxo transiente predominam na quase totalidade dos casos. Os finos do solo de fundação acabam impelidos na direção do geotêxtil quando da existência de acréscimos de poropressões, por sobrecargas oriundas das rodas dos veículos ou pela tentativa de intrusão do solo de fundação nos vazios do material graúdo de aterro. Nesses casos, é mais prudente admitir condições dinâmicas de fluxo pelo critério de Christopher e Holtz.

8.6.2 Condições de sobrevivência do geotêxtil

Resistência a estouros

No caso de material de aterro com granulometria graúda (pedras ou blocos de rocha, por exemplo), pode ocorrer um mecanismo de estouro da camada de geotêxtil, como esquematizado na Figura 8-2.

Koerner (1998) apresenta a seguinte expressão para cálculo do fator de segurança contra o estouro do geotêxtil, baseado em estudo prévio de Giroud (1984):

$$FS = \frac{p_{\text{ensaio}} d_{\text{ensaio}}}{FRT \cdot p' d_v} \qquad [8\text{-}6]$$

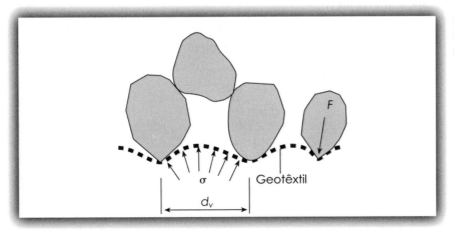

FIGURA 8-2
Solicitação do geotêxtil a estouro (Palmeira, 2000).

sendo:

FS_e o fator de segurança contra o estouro;
p_{ensaio} a pressão de ruptura por estouro em ensaio de laboratório;
d_{ensaio} o diâmetro utilizado no ensaio de estouro;
FRT o fator de redução global a ser aplicado na resistência à tração do geotêxtil;
p' a tensão normal ao nível do geotêxtil; e
d_v o diâmetro do vazio (Figura 8-2).

A pressão p' no nível do geotêxtil pode ser estimada pela equação:

$$p' = \frac{p_c A_c}{A_b} + \gamma h \qquad [8\text{-}7]$$

em que:

p_c é a pressão de contato pneu–aterro;
A_c a área de contato pneu–aterro;
A_b a área sob a qual se distribui o acréscimo de pressão vertical na interface aterro–geotêxtil;
γ o peso específico do material de aterro; e
h é a altura do aterro.

Admitindo-se um espraiamento dos acréscimos de pressão vertical ao longo da espessura do aterro com forma trapezoidal, e as áreas A_c e A_b com forma retangular, tem-se

$$A_c = BL \qquad [8\text{-}8]$$

e

$$A_b = B'L' = (B + 2h \tan \alpha)(L + 2h \tan \alpha), \qquad [8\text{-}9]$$

em que B, L, B' e L' são as dimensões das áreas carregadas retangulares e α é o ângulo de espraiamento do carregamento ao longo da espessura do aterro.

Segundo Giroud E Noiray (1981), os valores de B e L podem ser estimados pelas equações que se seguem.

○ Para caminhões normais,

$$B = \sqrt{\frac{P}{p_c}} \qquad [8\text{-}10]$$

e

$$L = \frac{B}{1.41} \qquad [8\text{-}11]$$

o   Para caminhões fora-de-estrada:

$$B = \sqrt{\frac{P\sqrt{2}}{p_c}}$$ [8-12]

e

$$L = \frac{B}{2}$$ [8-13]

sendo P a carga máxima por eixo do caminhão.

O valor de d_v pode ser estimado como 1/3 do diâmetro médio dos grãos do material de aterro. O valor do fator de redução global (*FRG*) é o resultado do produto dos diversos fatores de redução relevantes, sendo geralmente adotado um fator de redução unitário para o valor do fator de redução parcial devido à fluência (KOERNER, 1998). Entretanto, é recomendável um valor de *FRG* igual ou maior que 1,5.

No caso de utilização de resultados do ensaio de estouro preconizado pela norma ASTM D3786 (ASTM 1996a), o valor de d_{ensaio} a ser utilizado na Equação [8.6] é igual 30 mm.

Resistência à tração localizada

Outra possibilidade de solicitação na camada de geotêxtil é à tração localizada, por ação de blocos vizinhos do material de aterro, como esquematizado na Figura 8-3(a). Nesse caso, Giroud (1984) apresenta a seguinte equação para estimativa da resistência à tração exigida do geotêxtil:

$$T_{req} = p'd_v^2 f(\varepsilon)$$ [8-14]

com

$$f(\varepsilon) = \frac{1}{4}\left(\frac{2y}{b} + \frac{b}{2y}\right)$$ [8-15]

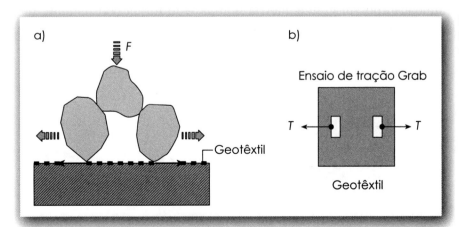

FIGURA 8-3
Solicitação de tração localizada (PALMEIRA, 2000).

sendo:

T_{req} a resistência a tração requerida do geotêxtil;
p' a tensão vertical ao nível do geotêxtil;
d_v o diâmetro do vazio;
$f(\varepsilon)$ a função deformação do geotêxtil deformado;
b largura do vazio entre blocos; e
y a penetração do geotêxtil no vazio entre blocos.

Deve-se ter:

$$T_{adm} = \frac{T_{ensaio}}{FR_{tl}} \geq FS_{tl}T_{req} \qquad [8\text{-}16]$$

onde:

T_{adm} é a resistência a tração localizada admissível;
T_{ensaio} a resistência a tração localizada obtida em ensaio de laboratório;
FR_{tl} o fator de redução para o valor de tração localizada obtido em ensaio ($\geq 2{,}5$); e
FS_{tl} o fator de segurança contra a ruptura por tração localizada do geotêxtil (≥ 2).

A solicitação imposta ao geotêxtil esquematizada na Figura 8.3(a) é semelhante àquela imposta à amostra de geotêxtil no ensaio do tipo tração localizada ["Grab Tensile Test", ASTM D4632, ASTM 1996b, Figura 8-3(b)]. Por essa razão, Koerner (1998) recomenda que, na escolha do geotêxtil a ser utilizado, se empregue o valor da resistência à tração obtida naquele tipo de ensaio, minorada pelos fatores de redução aplicáveis.

Solicitação de perfuração

Outra solicitação relevante no caso em que o material de aterro ou fundação possui granulometria graúda e/ou forma contundente de grãos é a perfuração da camada de geotêxtil. Na Figura 8-4 pode-se visualizar a solicitação de perfuração e a ocorrência desse mecanismo.

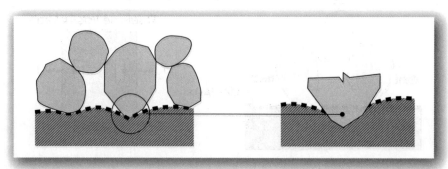

FIGURA 8-4
Solicitação de perfuração do geotêxtil (Palmeira, 2000).

Aplicações em Separação de Materiais   333

Koerner (1998) apresenta a seguinte expressão para a estimativa da força vertical a ser resistida pelo geotêxtil, quando submetido a perfuração:

$$F_{req} = p'd_{50}^2 S_1 S_2 S_3 \qquad [8\text{-}17]$$

sendo:

F_{req} a força de perfuração a que o geotêxtil deve resistir;
d_{50} o diâmetro médio dos grãos ou objetos contundentes;
S_1 fator de penetração (z_p/d_{50});
z_p a penetração da ponta do elemento contundente;
S_2 o fator de escala para equivalência entre condições geométricas do elemento contundente nos ensaios de perfuração de geotêxteis em laboratório e do objeto contundente no campo ($S_2 = d_{ensaio}/d_{50}$);
d_{ensaio} o diâmetro do elemento contundente no ensaio de laboratório (= 8,0 mm no ensaio da norma ASTM D4833, ASTM 1996c, por exemplo);
S_3 o fator que ajusta a forma plana da ponta do elemento perfurante usado em ensaios de laboratório (ASTM D4833, por exemplo) à forma real do elemento contundente no campo.

S_3 é função da relação entre a área plana de projeção vertical da partícula, ou objeto contundente, e a área plana do menor círculo circunscrito à partícula ou objeto contundente. Koerner (1998) fornece: $S_3 = 0,2$ para areias com grãos arredondados, $S_3 = 0,3$ para pedregulhos com forma relativamente arredondada, $S_3 = 0,6$ para rocha britada e $S_3 = 0,7$ para elementos de rocha oriundos de desmonte.

Assim, deve-se verificar para o geotêxtil:

$$F_{adm} = \frac{F_{ensaio}}{FR_{perf}} \geq FS_{perf} F_{req} \qquad [8\text{-}18]$$

em que:

F_{adm} é a resistência à perfuração admissível;
F_{ensaio} a resistência à perfuração localizada, obtida em ensaio de laboratório;
FR_{perf} o fator de redução para o valor de resistência à perfuração obtida em ensaio (≥ 2); e
FS_{perf} é o fator de segurança contra a ruptura por tração localizada do geotêxtil (≥ 2).

Resistência a impacto

Um tipo de dano que pode prejudicar o comportamento de um geotêxtil como elemento de separação é aquele causado por queda de objetos contundentes sobre a manta instalada no terreno. Koerner (1998) apresenta a seguinte equação, que permite a avaliação da energia transferida pelo objeto (com densidade igual a 2,6) ao geotêxtil

$$E = 13{,}35 \times 10^{-6} d_0^3 h \qquad [8\text{-}19]$$

sendo:

E a energia transferida pelo objeto cadente ao geotêxtil (em joules);
d_0 o diâmetro do objeto (em milímetros); e
h a altura de queda (em metros).

A Equação [8.19] foi desenvolvida a partir da transformação de energia potencial do objeto em energia cinética, e supõe o geotêxtil repousando sobre uma base rígida. Para levar em conta o efeito de o geotêxtil repousar sobre base compressível, Koerner (1998) sugere a utilização do fator de minoração (f_{imp}) obtido da Figura 8-5 para a energia calculada pela Equação [8-19], em função da resistência não drenada do solo de fundação ou de seu valor de Índice Suporte Califórnia (CBR). O valor da energia obtida deve então ser comparado a resultados de ensaios de impactos em geotêxteis, tais como os preconizados pelas normas ASTM A370 e ASTM D256 (KOERNER, 1998). Assim, a energia de impacto requerida é dada por

$$E_{req} = \frac{E}{f_{imp}} \qquad [8\text{-}20]$$

FIGURA 8-5
Fator de minoração de energia de impacto (KOERNER, 1998).

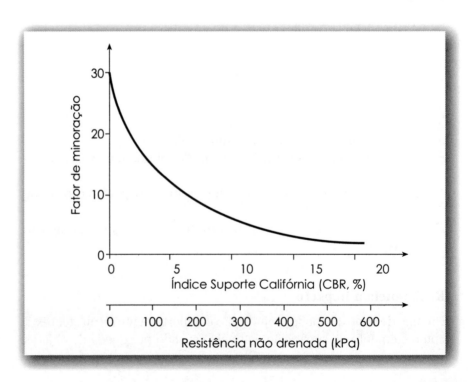

onde

E_{req} é a energia de impacto requerida e
f_{imp} é o fator de minoração obtido do gráfico da Figura 8-5.

Deve-se, então, verificar:

$$E_{adm} = \frac{E_{ensaio}}{FR_{imp}} \geq FS_{imp} E_{req}$$

[8-21]

sendo:

E_{adm} a energia de impacto admissível;
E_{ensaio} a resistência ao impacto obtida em ensaio de laboratório;
FR_{imp} o fator de redução para o valor da resistência ao impacto obtida
em ensaio ($\geq 2,5$); e
FS_{imp} o fator de segurança contra ruptura por impacto (≥ 2).

8.7 EXEMPLO DE DIMENSIONAMENTO

Dimensionar e especificar um geotêxtil para ser utilizado como elemento de separação entre um aterro e o seu subleito, constituintes de uma estrada de acesso que será submetida ao tráfego intermitente de veículos, com as características que seguem.

Aterro:

diâmetro médio dos grãos (d_{50}), 90 mm;
diâmetro máximo dos grãos, 190 mm;
grãos angulares/rocha britada;
espessura da camada (h), 0,5 m;
peso específico (γ) do material de aterro, 21 kN/m^3.

Solo de fundação:

$d_{85} = 0,242$ mm;
$d_{50} = 0,047$ mm;
Índice Suporte Califórnia (CBR), 5%;
$C_U = 19,0$;
nível de água aflorante.

Veículos:

pressão de calibragem dos pneus, 580 kPa;
carga por eixo (rodas duplas), 80 kN.

Solução:

Verificação da capacidade de retenção de finos

Pela Equação [8-2], para condições dinâmicas de fluxo:

$$O_{95} \leq 0,5 d_{85} = 0,5 \times 0,242$$

Assim:

$$O_{95} \leq 0,121 \text{ mm}.$$

Resistência a estouro

Pela Equação [8-6], temos:

$$FS_e = \frac{p_{ensaio} d_{ensaio}}{FR_G p' d_v} \qquad [8\text{-}6]$$

Cálculo de p'

para caminhões normais:

$$B = \sqrt{\frac{P}{p_c}} = \sqrt{\frac{80}{580}} = 0,37 \text{ m} \qquad [8\text{-}10]$$

$$L = \frac{B}{1,41} = \frac{0,37}{1,41} = 0,26 \text{ m} \qquad [8\text{-}11]$$

$$A_c = BL = 0,37 \times 0,26 = 0,0962 \text{ m}^2 \qquad [8\text{-}8]$$

Adotando-se $\tan \alpha = 0,5$:

$$A_b = (B + 2h \tan\alpha)(L + 2h \tan\alpha) =$$
$$=(0,37 + 2 \times 0,5 \times 0,5)(0,26 + 2 \times 0,5 \times 0,5) \qquad [8\text{-}9]$$
$$A_b = 0,66 \text{ m}^2$$

Assim:

$$p' = \frac{p_c A_c}{A_b} + \gamma h = \frac{580 \times 0,0962}{0,66} + 21 \times 0,5 = 95 \text{ kPa} \qquad [8\text{-}7]$$

Admitindo a utilização de ensaio de resistência a estouro pela norma ASTM D3786, temos $d_{ensaio} = 30,0 \text{ mm} = 0,030 \text{ m}$.

E adotando $FS_e = 2$, $FR_G = 1,5$ e $d_v = d_{50}/3 = 90/3 = 30 \text{ mm} = 0,030 \text{ m}$, tem-se:

$$2 = \frac{p_{ensaio} \times 0,030}{1,5 \times 95 \times 0,030} \qquad [8\text{-}6]$$

Obtém-se, então:

$$p_{ensaio} = 285 \text{ kPa}$$

Aplicações em Separação de Materiais

Assim, o geotêxtil a ser utilizado deve ter resistência a estouro (ensaio ASTM D3786) igual ou maior que 285 kPa.

Resistência a tração localizada

Pela Equação [8-14]:

$$T_{req} = p'd_v^2 f(\varepsilon) \qquad\qquad [8\text{-}14]$$

com

$$f(\varepsilon) = \frac{1}{4}\left(\frac{2y}{b} + \frac{b}{2y}\right) \qquad\qquad [8\text{-}15]$$

Admitindo uma relação $\frac{y}{b} = 0,4$ temos:

$$f(\varepsilon) = \frac{1}{4}\left(2 \times 0,4 + \frac{1}{2 \times 0,4}\right) = 0,51$$

Então:

$$T_{req} = p'd_v^2 f(\varepsilon) = 95 \times 0,030^2 \times 0,51 = 0,044 \text{ kN}$$

Assim, adotando $FR_{tl} = 2,5$ e $FS_{tl} = 2$, tem-se:

$$T_{adm} = \frac{T_{ensaio}}{FR_{tl}} \geq FS_{tl} T_{req} \qquad\qquad [8\text{-}16]$$

$$T_{ensaio} \geq FR_{tl}\, FS_{tl}\, T_{req} = 2,5 \times 2 \times 0,044$$
$$T_{ensaio} \geq 0,22 \text{ kN}$$

Assim, o geotêxtil deve apresentar uma resistência a tração localizada igual ou superior a 220 N.

Resistência a perfuração

Pela Equação [8-17]:

$$F_{req} = p'd_{50}^2 S_1 S_2 S_3 \qquad\qquad [8\text{-}17]$$

Adotando $S_1 = 0,33$ e $S_3 = 0,6$ (rocha britada), com:

$$S_2 = \frac{d_{ensaio}}{d_{50}} = \frac{8 \text{ mm}}{90 \text{ mm}} = 0,089$$

onde d_{ensaio} é o diâmetro do elemento contundente usado no ensaio ASTM D4833.

Assim,

$$F_{req} = p'd_{50}^2 S_1 S_2 S_3 = 95 \times 0,090^2 \times 0,33 \times 0,089 \times 0,6 =$$
$$= 0,0135 \text{ kN} = 13,5 \text{ N}$$

Então, admitindo $FR_{perf} = FS_{perf} = 2$, vem:

$$F_{adm} = \frac{F_{ensaio}}{FR_{perf}} \geq FS_{perf}F_{req} \qquad [8\text{-}18]$$

$$F_{ensaio} \geq FR_{perf}\,FS_{perf}\,F_{req} = 2 \times 2 \times 0,0135$$

$$F_{ensaio} \geq 0,054 \text{ kN}$$

Desse modo, o geotêxtil deverá apresentar resistência a perfuração igual ou superior a 0,054 kN (54 N) no ensaio ASTM D4833.

Resistência a impactos

Da Equação [8-19], temos:

$$E = 13,35 \times 10^{-6}\,d_0^3 h \qquad [8\text{-}19]$$

Adotando d_0 = (diâmetro máximo dos grãos) = 190 mm e $h = 1$ m, temos:

$$E = 13,35 \times 10^{-6} \times 190^3 \times 1 = 92 \text{ J}$$

Pelo gráfico da Figura 8-5, para um valor de CBR do solo da fundação igual a 5%, obtém-se f_{imp} = 11,5. Assim, a energia de impacto requerida é dada por:

$$E_{req} = \frac{E}{f_{imp}} = \frac{92}{11,5} = 8 \text{ J} \qquad [8\text{-}20]$$

Então:

$$E_{adm} = \frac{E_{ensaio}}{FR_{imp}} \geq FS_{imp}E_{req} \qquad [8\text{-}21]$$

Assim, adotando FR_{imp} = 3 e FS_{imp} = 2, teremos:

$$E_{ensaio} \geq FR_{imp}\,FS_{imp}\,E_{req} = 3 \times 2 \times 8 = 48 \text{ J} \qquad [8\text{-}21]$$

A resistência do geotêxtil a impacto em ensaios de laboratório deverá ser igual ou superior a 48 J.

8.7.1 Especificação do geotêxtil

Em vista dos cálculos apresentados nos itens anteriores, o produto geotêxtil a ser utilizado deverá satisfazer aos seguintes requisitos:

Propriedade	Requisito
Abertura de filtração (O_{95})	$O_{95} \leq 0,121$ mm
Resistência a estouro (ASTM D3786)	≥ 285 kPa
Resistência a tração localizada (ASTM D4632)	$\geq 0,22$ kN (220 N)
Resistência a perfuração (ASTM D4833)	$\geq 0,054$ kN (54 N)
Resistência a impacto (ASTM A370/ASTM D256)	≥ 48 J

Aplicações em Separação de Materiais   339

8.8 CONCLUSÕES

Dependendo do tipo de obra e de separação requerida do geossintético, o benefício de sua utilização será percebido em diferentes momentos: uma separação do tipo base granular/subleito arenoso produz resultados visíveis e mensuráveis já durante a execução da obra, ao passo que a eficiência de uma separação do tipo base granular/subleito argiloso só será mensurável durante a vida útil da obra. Apesar dessa diferenciação na manifestação dos efeitos benéficos da função separação, em todos os casos a relação custo/benefício tem se mostrado positiva e estimulado o crescimento das aplicações de geossintéticos com função de elemento separador de materiais.

REFERÊNCIAS BIBLIOGRÁFICAS

ASTM. *Test method for burst strength.* ASTM 3786. West Conshohocken: American Society for Testing and Materials, 1996a.

ASTM. *Test method for breaking load and elongation of geotextiles* (grab method). ASTM D4632. West Conshohocken: American Society for Testing and Materials, 1996b.

ASTM. *Test method for index puncture resistance of geotextiles, geomembranes and related products.* ASTM-D4833. West Conshohocken: American Society for Testing and Materials, 1996c.

CHRISTOPHER, B. R.; HOLTZ, R. D. *Geotextile Engineering Manual*, n. FHWA-TS-86/203. Washington, DC: Federal Highway Administration, 1985.

GIROUD, J. P. Geotextiles and geomembranes, definitions, properties and designs. St. Paul: Industrial Fabrics Association International, IFAI, 1984.

GIROUD, J. P.;NOIRAY, L. Geotextile reinforced unpaved road design. *Journal of the Geotechnical Engineering Division*, ASCE, GT9, p. 1233-1254, 1981.

KOERNER, R. M. *Designing with geosynthetics.* 4. ed., Prentice-Hall, 1998.

KOERNER, G. R.; KOERNER R. M. Separation: perhaps the most underestimated geotextile function. *Geotechnical Fabrics Report*, p. 04-09, 1994.

PALMEIRA, E. M. *Curso de estabilização e reforço de solos*: introdução à utilização de geossintéticos. Publicação n.º GAP001A/2000. Brasília DF: Programa de Pós-Graduação em Geotecnia, Universidade de Brasília, 2000.

PALMEIRA, E. M.; GARDONI, M. G. Geotextile in filtration: a state- of-the-art review and remaining challenges. In: State-of-the-Art Report, International Symposium on Geosynthetics-GeoEng 2000. *Proceedings...* v. 1. Melbourne: Mallek Bouazza, 2000. p. 85-110.

SUSUNAGA, M. P. *Geotêxteis em separação de camadas de pavimentos*. Dissertação (Mestrado) – Programa de Pós-Graduação em Geotecnia, Universidade de Brasília, Brasília, DF, 2015.

Capítulo 9

Aplicações em Proteção

Maurício Abramento
Virgínia C. Pezzolo

9.1 INTRODUÇÃO

No Brasil, desde os anos 1980, a principal utilização de produtos geossintéticos como elementos protetores tem sido no emprego de geotêxteis justapostos a barreiras geossintéticas, na impermeabilização de todos os tipos de estruturas e obras tais como lajes, canais, lagos artificiais, tanques de efluentes industriais, reservatórios de água limpa e outros.

O emprego de geossintéticos com a função de proteção, no entanto, é extremamente vasto, abrangendo muitos produtos empregados em vários tipos de estruturas e obras, cuja combinação gera inúmeras aplicações possíveis.

Neste capítulo, portanto, serão abordadas as principais utilizações em proteção, com o objetivo de permitir uma melhor exploração dessa importante função dos geossintéticos.

9.2 DEFINIÇÃO

Quando utilizados como elementos protetores, os geossintéticos atuam como uma camada redutora de tensões. O objetivo é prevenir ou reduzir os danos que seriam causados a uma determinada superfície, camada ou estrutura adjacente, preservando suas características originais.

Na Seção 5 serão apresentadas algumas aplicações típicas de geossintéticos atuando como elementos de proteção.

FIGURA 9-1
Esquema da função proteção: o geotêxtil protege o sistema impermeabilizante contra puncionamento pela camada de brita.

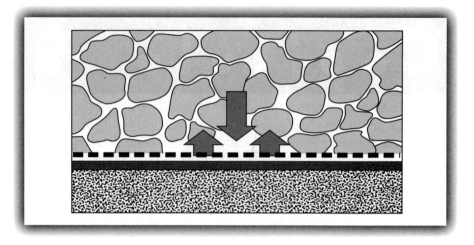

9.3 PROPRIEDADES RELEVANTES

Para que um determinado geossintético possa exercer a função principal de elemento protetor, dependendo do tipo de aplicação, ele deve apresentar uma ou mais das seguintes propriedades:

- ser capaz de resistir a esforços de puncionamento;
- ser capaz de resistir a esforços de tração localizada;
- ser capaz de resistir e não propagar rasgos;
- ser capaz de absorver esforços de compressão, por diminuição de volume;
- ser capaz de aumentar o atrito de interface entre os materiais que o envolvem;
- ser permeável, permitindo o livre fluxo de fluidos.

9.4 PRODUTOS UTILIZADOS

Os principais geossintéticos empregados na proteção de outros geossintéticos ou na proteção de instalações/equipamentos são:

- geotêxteis não tecidos espessos;
- geocélulas;
- geoespaçadores;
- geoexpandidos.

Outros tipos de geossintéticos, que originalmente não foram concebidos para exercer a função de proteção, eventualmente podem fazê-lo, por exemplo como georredes.

A descrição detalhada da estrutura desses geossintéticos é apresentada no Capítulo 1.

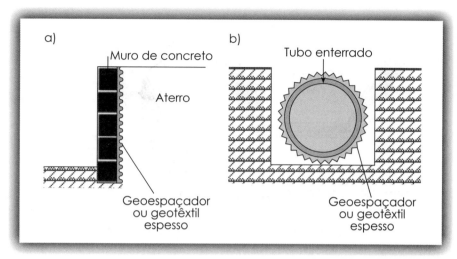

FIGURA 9-2
Proteção com utilização de geoespaçador ou geotêxtil espesso.
a) Proteção de impermeabilização de muro de concreto armado; e
b) proteção da camada antioxidante de tubulação metálica enterrada.

9.5 PRINCIPAIS UTILIZAÇÕES

São inúmeras as aplicações dos geossintéticos na função de proteção, muitas delas advindas de experiências práticas, criadas a partir de necessidades de obras em que as soluções convencionais se mostravam muito onerosas, de difícil execução ou simplesmente inexistiam. A Figura 9-2 ilustra a atuação de geoespaçador ou geotêxtil espesso como elemento protetor, em que:

a) a superfície impermeabilizada do muro de concreto é protegida contra as solicitações mecânicas induzidas pelo reaterro durante sua execução e por toda a vida útil da obra; e

b) a tubulação metálica enterrada tem sua camada antioxidante protegida contra puncionamentos e riscos durante o reaterro da vala e por toda a vida útil da obra.

A Figura 9-3 ilustra o emprego de uma camada de geotêxtil espesso interposto entre o solo-base irregular do talude e a barreira geossintética impermeabilizante do aterro de resíduos sólidos. O geotêxtil protege a barreira geossintética contra eventuais perfurações induzidas pela pressão dos resíduos e aumenta o atrito de interface, prevenindo o escorregamento do conjunto.

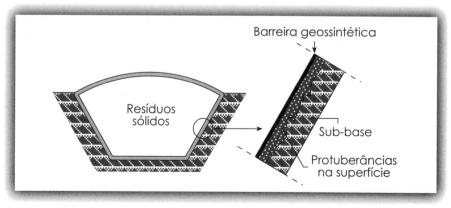

FIGURA 9-3
Utilização de geotêxtil espesso como camada de proteção para barreira geossintética em aterro de resíduos sólidos.

FIGURA 9-4
Canal ou lagoa com barreira geossintética duplamente protegida: inferiormente, por geotêxtil espesso; superiormente, por geocélula preenchida com concreto ou solo.

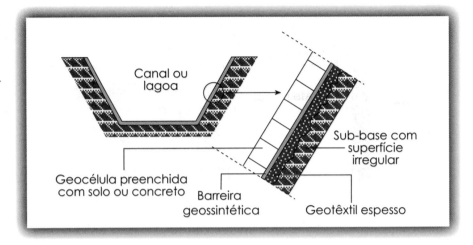

A Figura 9-4 ilustra a dupla proteção de uma barreira geossintética utilizada na impermeabilização de canais ou lagoas. O geotêxtil espesso protege a face inferior da barreira geossintética contra o esforço de puncionamento e aumenta o atrito de interface; a geocélula, preenchida com concreto e/ou solo, protege a face superior da barreira geossintética contra os efeitos da luz solar, objetos contundentes flutuantes e atos de vandalismo.

A Figura 9-5(a) ilustra o emprego de geoexpandido como elemento de proteção – também chamado de "inclusão compressível" – em um muro de concreto, contra esforços e/ou deslocamentos horizontais excessivos. Ao sofrer esforços acima do projetado, o geoexpandido os absorve, por meio de sua deformação plástica (esmagamento). Em 9-5(b), a inclusão protetora de geoexpandido é calculada para, ao se comprimir, provocar a redistribuição dos esforços verticais por arqueamento, aliviando a compressão da tubulação enterrada.

A Figura 9-6 mostra a utilização de geotêxtil na proteção de gramados contra agentes físicos e mecânicos, tais como geadas, granizo e pisoteamento durante eventos culturais ou esportivos. Nesses casos são importantes a resistência do geotêxtil contra rasgos, contra puncionamento, bem como sua espessura e permeabilidade ao ar. Cessada

FIGURA 9-5
Utilização de geoexpandido como elemento protetor.
a) absorvedor de esforços/deslocamentos horizontais junto a muro de concreto;
b) absorvedor de esforços/deslocamentos verticais sobre tubovia enterrada.

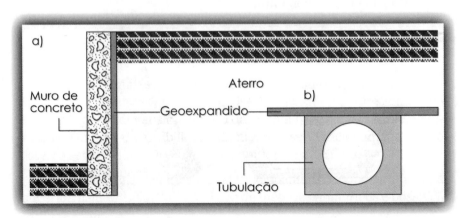

Aplicações em Proteção

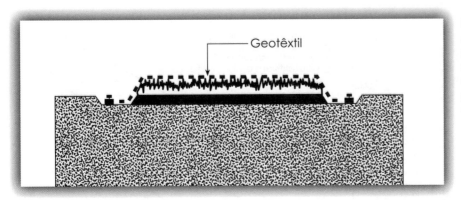

FIGURA 9-6
A proteção de gramados com geotêxtil previne a deterioração da vegetação por ação de pisoteamento intenso, por geadas noturnas e por chuva de granizo.

a atuação do agente sobre o gramado, o geotêxtil pode ser recolhido e utilizado em outras oportunidades.

9.6 DIMENSIONAMENTO E ESPECIFICAÇÃO

Entre as diversas aplicações de geossintéticos com função protetora, destacaremos nesta seção seu uso na proteção de barreira geossintéticas. Trata-se de uma das utilizações mais comuns em todo o mundo e, consequentemente, a mais estudada.

Conforme mencionado anteriormente, as barreiras geossintéticas instaladas em contato com material contundente (protuberâncias, vegetação, pedregulhos etc.) podem sofrer perfuração ou puncionamento durante ou após a instalação. Por exemplo, em áreas de deposição de resíduos sólidos, geralmente a superfície é bastante irregular, podendo causar danos por puncionamento ou estouro da barreira geossintética. Na maioria dos casos, é muito difícil detectar a ocorrência desses danos; além disto, o custo do reparo pode ser muito elevado.

Aumentando-se a espessura da barreira geossintética, sua resistência a puncionamentos também aumenta, como se percebe no gráfico da Figura 9-7 (KOERNER, 1998). Outro modo bastante eficiente de se aumentar a resistência da barreira geossintética contra puncionamentos é pela introdução de uma ou mais camadas de geotêxtil não tecido agulhado, de elevada gramatura. Isso pode ser visto na própria Figura 9-7, onde se compara o aumento da resistência ao puncionamento de uma barreira geossintética:

a) aumentando-se a sua espessura; e
b) introduzindo-se uma ou duas camadas de um geotêxtil com gramatura de 400 g/m^2.

Nota-se, também, que o aumento da resistência a puncionamentos varia linearmente com o aumento da espessura. Os seguintes aspectos devem, entretanto, ser considerados:

- A introdução de uma camada de geotêxtil com 400 g/m^2 é tão ou mais eficiente para o aumento da resistência contra puncionamentos do que o simples aumento da espessura da barreira geossintética.

FIGURA 9-7
Variação da resistência ao puncionamento de barreira geossintética com a associação a um geotêxtil.

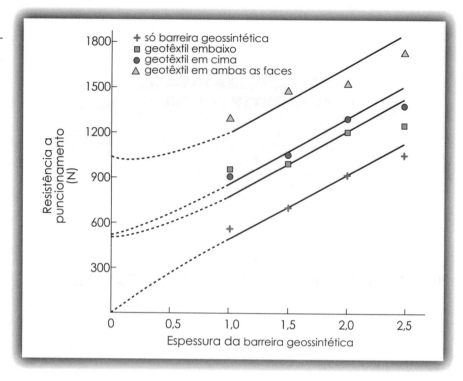

- Colocando-se duas camadas de geotêxtil, uma sobre e outra sob a barreira geossintética, a resistência do conjunto contra puncionamentos aumenta consideravelmente.
- Segundo Koerner (1998), além de a resistência da barreira geossintética aumentar com a introdução do geotêxtil, este absorve toda a carga de puncionamento antes de a barreira geossintética ser solicitada, resguardando-a de ações mecânicas.

Com relação à espessura da barreira geossintética, Wilson-Fahmy et al. (1996) demonstram que a resistência de uma barreira geossintética de PEAD ao puncionamento aumenta proporcionalmente à sua espessura. Por exemplo, barreiras geossintéticas disponíveis no mercado nacional com espessuras de 1 e de 2 mm resistem a puncionamentos de 320 e 640 N, respectivamente. Por outro lado, o emprego de geotêxtil com gramatura relativamente elevada junto à barreira geossintética mostra-se muito mais eficiente no aumento da resistência ao puncionamento. Os mesmos autores mostram que a resistência ao puncionamento aumenta de quatro a dez vezes com o uso de geotêxteis. É um aumento significativo até mesmo com geotêxteis de gramaturas relativamente baixas, da ordem de 270 g/m^2

Conclui-se, portanto, que o emprego de geotêxteis de elevada gramatura (por exemplo, 600 g/m^2) eleva consideravelmente a resistência da barreira geossintética contra puncionamentos, resguardando-a de soli-

Aplicações em Proteção

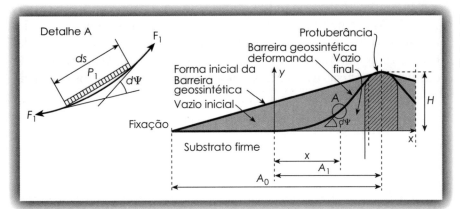

FIGURA 9-8
Geometria empregada na análise de puncionamento de barreira geossintética.

citações mecânicas e resultando em uma solução técnica mais adequada, mais eficiente e mais econômica do que o aumento em sua espessura.

O geotêxtil, quando justaposto a uma barreira geossintética, não desempenha o papel de elemento para "arqueamento" desta sobre uma protuberância; ele se acomoda sobre a superfície protuberante (ver Figura 9-8), protegendo a barreira geossintética.

Quando a barreira geossintética estiver sujeita a danos de perfuração por impacto, pela queda de objetos, também deverá ser protegida. A Figura 9-9 compara a resistência de uma barreira geossintética contra impactos com e sem a proteção de geotêxtil não tecido agulhado, com gramatura de 400 g/m², em uma das faces (base ou topo) e em ambas as faces. Fica comprovado que a resistência a impactos aumenta consideravelmente com a introdução do geotêxtil.

Apresenta-se, a seguir, um método de dimensionamento de geotêxteis para proteção de barreiras geossintéticas em relação a puncionamentos. Essa formulação foi originalmente desenvolvida por Narejo et al. (1996), sendo apresentada de forma resumida por KOERNER

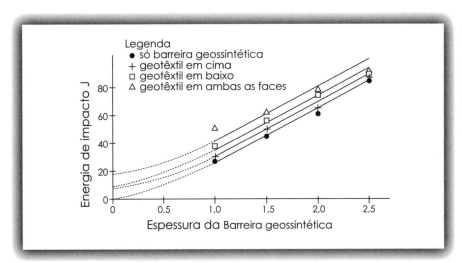

FIGURA 9-9
Resultado de ensaios de puncionamento dinâmico para várias espessuras de barreira geossintética e diferentes combinações de geomembrana com geotêxtil não tecido de 400 g/m².

(1998). Basicamente, a equação fornece a gramatura necessária de um geotêxtil não tecido agulhado, para se aumentar a resistência da barreira geossintética a puncionamentos, em função das características das protuberâncias e do carregamento sobre a barreira geossintética.

Nessa formulação, o fator de segurança (FS) com relação ao puncionamento da barreira geossintética é dado por:

$$FS = \frac{P_{adm}}{P_{base}}$$ [9-1]

em que P_{base} é a tensão normal atuante sobre a barreira geossintética e P_{adm} é a tensão admissível ao puncionamento da barreira geossintética, calculada de acordo com a Equação [9-2]:

$$P_{adm} = \left[50 + 0{,}00045\left(\frac{M}{H^2}\right)\right] \frac{1}{\left[MF_S \cdot MF_{PD} \cdot MF_A\right]} \frac{1}{\left[FRP_{FL} \cdot FRP_{AQB}\right]}$$

[9-2]

sendo:

P_{adm} em kPa;
M a gramatura do geotêxtil (g/m^2);
H a altura da protuberância (m);
MF_A, MF_{PD}, MF_S fatores de forma e espaçamento das protuberâncias e de carga sobre a barreira geossintética; e
FRP_{FL} e FRP_{AQB} fatores de redução para fluência e degradação do geotêxtil.

Os valores dos fatores de forma e de redução encontram-se nas Tabelas 9-1 e 9-2.

A formulação é limitada a alturas de protuberâncias da ordem de 5,0 cm. E, embora ela não forneça a resistência ao puncionamento necessária do geotêxtil para proteção, recomenda-se

TABELA 9-1
Fatores de forma para a Equação [9-2]

Forma das protuberâncias (MF_S)		Disposição das protuberâncias (MF_{PD})		Carga sobre a barreira geossintética (MF_A)		
Angulares	1,0	Isoladas	1,0	Hidrostática		1,0
Intermediárias	0,5	Próximas, H = 38 mm	0,83	Magnitude de cargas geostáticas	Baixa	0,75
Arredondadas	0,25	Próximas, H = 25 mm	0,67		Intermediária	0,50
Arredondadas	0,25	Próximas, H = 12 mm	0,50		Elevada	0,25

Aplicações em Proteção

TABELA 9-2
Fatores de redução para a Equação [9-2]

Fator de redução para danos químicos e biológicos (FRP_{CQB}) Gramatura (g/m²)		Fator de redução para fluência (FRP_{FL})			
		$H = 38$ mm	$H = 25$ mm	$H = 12$ mm	
Chorume pouco agressivo	1,1	Só barreira geossintética	NR	NR	NR
Chorume intermediário	1,3	270	NR	NR	>1,5
Chorume muito agressivo	1,5	550	NR	1,5	1,3
>1.000		1.100	1,3	1,2	1,1
		>1.100	1,2	1,1	

[NR, não recomendado; H, altura da protuberância.]

que este tenha propriedades mecânicas semelhantes às dos geotêxteis empregados no desenvolvimento da formulação. Essas propriedades são apresentadas na Tabela 9-3.

TABELA 9-3
Propriedades mecânicas dos geotêxteis empregados no desenvolvimento da formulação de Narejo et al. (1996)

Geotêxtil	Massa por unid. de área (g/m²) ASTM D 5261	Espessura (mm) ASTM D 5199	Resistência (kN/m) ASTM D 4595	Módulo (kN/m) ASTM D 4595	Elongação (%) ASTM D 4595	Punciona-mento (N) ASTM D 4833
Nãotecido agulhado PET - 1	130	1,3	10	37	60	200
Nãotecido agulhado PET - 2	270	2,5	19	61	60	400
Nãotecido agulhado PET - 3	550	4,8	41	69	60	800
Nãotecido agulhado PET - 4	1.080	9,6	75	142	70	1.500
Nãotecido agulhado PP - 1	300	3,0	28	42	40	500
Nãotecido agulhado PP - 2	680	5,6	51	78	40	1.100
Nãotecido agulhado PP - 3	1.350	11,0	96	137	40	2.300

9.7 EXEMPLO DE DIMENSIONAMENTO

O projeto básico de um canal trapezoidal de adução previa utilização de uma barreira geossintética de 1 mm de espessura no revestimento e impermeabilização de seu perímetro. Durante as escavações, no entanto, verificou-se a existência de protuberâncias que exigiram a modificação do projeto. Entre as alternativas possíveis, duas se destacaram: aumento da espessura da barreira geossintética de 1 para 2 mm ou proteção com a utilização de geotêxtil espesso.

A lâmina de água máxima nos canais é de 7,0 m e uma rigorosa inspeção visual das protuberâncias existentes nos taludes levou à adoção dos seguintes parâmetros:

- protuberâncias de angulares a angulares-intermediárias ($MF_S = 1,0$ a $0,75$);
- protuberâncias isoladas ($MF_{PD} = 1,0$);
- protuberâncias com alturas variando na faixa de 2,5 a 5,0 cm;
- carregamento hidrostático ($MF_A = 1,0$);
- fator de redução para fluência do geotêxtil ($FRP_{FL} = 1,1$; $1,25$ ou $1,5$);
- fator de redução para degradação química ou biológica ($FRP_{AQB} = 1,0$);

Pede-se a especificação do geotêxtil correto para proteção da barreira geossintética de 1 mm, para $FS = 2$ e $FS = 3$.

Solução

Substituindo-se os parâmetros de projeto nas Equações [9-1] e [9-2], obtêm-se os resultados apresentados na Tabela 9-4.

Tabela 9-4 Gramatura do geotêxtil em função da altura (H) da protuberância, para FS = 2,0 ou 3,0			
	Gramatura do geotêxtil (g/m²)		
H (cm)	FS 3,00 FRP_{FL} 1,50 MF_s 1,00	FS 2,00 FRP_{FL} 1,10 MF_s 1,00	FS 2,00 FRP_{FL} 1,25 MF_s 0,75
2,5	370	145	110
3,0	529	210	160
4,0	940	370	290
5,0	1.500	580	450

Aplicações em Proteção

FIGURA 9-10
Canal trapezoidal de adução com a barreira geossintética, aplicada sobre geotêxtil de 600 g/m², atuando como elemento de proteção contra puncionamento.

Os resultados mostram que, para as condições locais do canal, um geotêxtil não tecido, agulhado, com gramatura de 600 g/m² protege a barreira geossintética com relação ao puncionamento por uma protuberância isolada com altura variando entre 3,0 e 5,0 cm, com canto vivo ou subarredondado, adotando-se FS = 2.

Observa-se também que a metodologia empregada não menciona explicitamente a resistência necessária do geotêxtil contra puncionamentos. Recomenda-se, entretanto, que a resistência mínima a puncionamentos de geotêxteis empregados em proteção mecânica situe-se na faixa de valores indicados na Tabela 9-3.

9.8 EXEMPLOS DE OBRAS

Apresentamos, a seguir, alguns exemplos de obras que empregam geossintéticos como elemento de proteção, visando ilustrar essa função ainda pouco difundida em nosso país.

O primeiro exemplo apresentado refere-se à utilização de geotêxtil como elemento de proteção de uma barreira geossintética em um canal de adução (Figuras 9-10 e 9-11). A adoção de um geotêxtil como elemento de proteção da barreira geossintética para os canais atendeu a necessidades específicas da obra, pois permitiu a aceleração do processo de instalação da barreira geossintética com uma melhor relação custo/benefício, quando comparada à solução alternativa de

FIGURA 9-11
Instalação da barreira geossintética sobre o geotêxtil, em painéis modulados previamente confeccionados.

simples aumento da espessura da barreira geossintética. Além disso, a instalação do geotêxtil sob a barreira geossintética não acarretou dificuldades operacionais, ao passo que uma barreira geossintética de maior espessura implicaria perda de maleabilidade na instalação.

A utilização de geotêxtil como elemento de proteção é particularmente adequada no caso de canais com grandes seções transversais, em que a preparação do substrato de aplicação com tolerâncias estritas quanto a irregularidades torna-se uma operação onerosa em termos de cronograma e mão de obra. Com relação à metodologia empregada, sugere-se que, além da gramatura, também a resistência do geotêxtil a puncionamento e a estouro condicione a sua escolha como proteção da barreira geossintética. Esses aspectos deveriam ser incorporados explicitamente na formulação.

O segundo exemplo apresenta uma aplicação importante de geotêxteis não tecidos, agulhados: a proteção de dutos enterrados contra ação mecânica de puncionamento exercida pelos materiais da vala escavada e/ou o reaterro compactado. Particularmente nesta obra, foi empregado um geotêxtil não tecido agulhado, relativamente pesado (gramatura de 900 g/m^2), em razão do porte dos dutos e dos esforços solicitantes. As Figuras 9-12 a 9-14 mostram detalhes da instalação do geotêxtil no duto, bem como de seu içamento e instalação na vala.

No terceiro exemplo, destaca-se o emprego de geocélulas como elementos de proteção de uma barreira geossintética em um reservatório. Inicialmente, é colocada uma camada de geotêxtil sob a barreira geossintética para proteção contra puncionamento, como se vê na Figura 9-15.

FIGURA 9-12
Detalhe da instalação do geotêxtil no perímetro dos dutos a serem protegidos.

Aplicações em Proteção   353

FIGURA 9-13
Instalação na vala dos dutos já protegidos, por meio de equipamento especial.

FIGURA 9-14
Vista geral da obra, apresentando a tubulação e a vala em várias fases de construção.

A barreira geossintética é instalada sobre o geotêxtil, ancorada na crista e no pé do talude.

Instala-se a geocélula sobre a barreira geossintética para proteção contra impactos. Normalmente se fixa a geocélula ao talude por meio de grampos metálicos ou de fibra de vidro, mas essa forma de fixação não é adequada nesse caso, pois perfuraria a barreira geossintética.

Desse modo, empregou-se uma forma alternativa de fixação, que consiste em introduzir cabos de náilon ao longo da geocélula, os quais são ancorados na crista do talude, como mostra a Figura 9-16. A seguir

FIGURA 9-15
Aplicação da geocélula sobre o conjunto barreira geossintética/geotêxtil, previamente instalados sobre a superfície regularizada.

FIGURA 9-17
Concretagem da geocélula imediatamente após sua instalação e ancoragem.

FIGURA 9-16
Detalhe dos cabos e da valeta de ancoragem dos geossintéticos na crista do talude.

(Figura 9-17), a geocélula é preenchida com concreto. Outras alternativas de preenchimento incluem solo vegetal (com posterior vegetação da face) ou solo cimento.

No quarto exemplo (Figura 9-18), aplica-se um geoespaçador como elemento de proteção de uma parede de concreto. O geoespaçador é fixado com grampos, aplicados com pistola pneumática.

Como último exemplo, a Figura 9-19 ilustra a utilização de um geotêxtil nãotecido de 200 g/m² como elemento de proteção de um gramado contra pisoteamento. Isso, acontece durante a realização de eventos artísticos sobre gramados de campos esportivos ou de praças públicas. O geotêxtil é fixado sobre o gramado por grampeamento, protegendo-o contra os efeitos abrasivos do pisoteamento e permitindo sua livre oxigenação. Ao término do evento, o geotêxtil é retirado e enrolado para reaproveitamento em futuros eventos.

FIGURA 9-18
Proteção de uma parede de concreto com emprego de geoespaçador, que é fixado com pistola pneumática de grampos.

FIGURA 9-19
Geotêxtil empregado como proteção contra o pisoteamento em eventos culturais realizados sobre gramados.

9.9 CONCLUSÕES

O uso de geossintéticos na função de elemento protetor vem se difundindo e consolidando cada vez mais, em decorrência de sua grande versatilidade, diversidade de aplicações e à favorável relação custo/benefício proporcionada. No entanto a função proteção ainda é pouco estudada e desenvolvida academicamente, tendo à frente um imenso campo para ser pesquisado, no sentido de fornecer métodos de cálculo que permitam dimensionar e especificar os geossintéticos nas mais variadas formas de proteção já existentes.

Portanto, enquanto tais pesquisas estão em desenvolvimento, é importante que todo projeto se fundamente nas metodologias já existentes, nas experiências anteriormente adquiridas e que, em cada obra, sejam realizados ensaios de simulação de campo para confirmar as especificações de projeto.

REFERÊNCIAS BIBLIOGRÁFICAS

ABRAMENTO, M.; DUARTE, J. Uso de geotêxtil para proteção mecânica de geomembrana em canal de adução. In: COBRAMSEG, 12., *Anais...* São Paulo, 2002.

HORVATH, JOHN S. *Geofoam geosynthetic*. Scarsdale: Horvath Engeneering, 1995.

KOERNER, R. M. Designing with Geosynthetics. Prentice Hall, 761 pp. EUA, 1998.

NAREJO, D.; KOERNER, R. M.; WILSON FAHMY, R. F. Puncture protection of geomembranes - Part II: experimental. *Geosynthetics International*, v. 3, n. 5, p. 629-653, 1996.

WILSON FAHMY, R. F.; NAREJO, D.; KOERNER, R. M. Puncture protection of geomembranes - Part I: Theory. *Geosynthetics International*, v. 3, n. 5, p. 629-653, 1996.

Capítulo 10

Aplicações em Adensamento de Solos Compressíveis

Henrique M. Oliveira
Márcio S. S. Almeida
Maria E. S. Marques

10.1 INTRODUÇÃO

A ocupação de áreas com ocorrência de solos compressíveis é consequência da expansão das cidades, das infraestruturas de transporte e também da crescente escassez de áreas com subsolo de melhor capacidade de suporte. A construção sobre esses depósitos, que apresentam baixos valores de resistência não drenada e elevada compressibilidade, é um desafio, pois duas condições devem ser atendidas: garantia da estabilidade, isto é, deve-se evitar a ruptura das fundações; e manutenção das deformações, tanto verticais (recalques) como horizontais, dentro de limites adequados, de acordo com as características da obra.

A utilização dos drenos verticais é uma das alternativas construtivas para a aceleração dos recalques e, consequentemente, aceleração do ganho de resistência do solo compressível. A utilização de drenos verticais não minimiza a magnitude dos recalques, porém pode promover a redução dos recalques primários e secundários pós-construtivos quando associada à sobrecarga. Com a diminuição do caminho máximo de drenagem dentro da massa de solo compressível o ganho da resistência ao cisalhamento do solo ocorre mais rapidamente com a saída de águas dos vazios do solo, em decorrência do adensamento.

Os drenos verticais de areia foram pioneiramente utilizados em fins de 1920, na Califórnia, nos Estados Unidos. Cerca de dez anos depois, Kjellman desenvolveu na Suécia o primeiro protótipo de dreno pré-

-fabricado (de papelão). Apesar de sua rápida deterioração, aqueles drenos continuaram a ser utilizados até o início dos anos 1970, quando o núcleo de papelão foi substituído por material sintético com sulcos, porém ainda com filtro de papel. Filtros de geotêxtil foram incorporados em modelos posteriores do dreno, constituindo os atuais drenos verticais pré-fabricados que são geocompostos drenantes específicos, usualmente chamados de geodrenos, apresentados em tiras, com cerca de 10 cm de largura e dezenas de metros de comprimento.

Hoje, os geodrenos são largamente aplicados em todo o mundo, particularmente no Sudeste Asiático, na Europa e na América. No Brasil, a cravação desses drenos teve início nos primeiros anos da década de 1970, principalmente no Rio de Janeiro e na Baixada Santista. Entre o final da década de 1980 e a metade da década seguinte, foram executados drenos pré-fabricados para indústrias e galpões nas baixadas Santista e Fluminense, além de pequenas obras esporádicas. A partir da segunda metade da década de 1990, incrementou-se o uso da solução em obras rodoviárias significativas, como na BR-101, em Santa Catarina, na Rodovia Fernão Dias e em várias rodovias no Nordeste, principalmente na Bahia, Pernambuco e Alagoas, e na Região Norte, no Maranhão. No setor aeroviário destaca-se o emprego da solução nas obras do Aeroporto Salgado Filho, no Rio Grande do Sul (SCHNAID; NACCI, 2000).

10.2 UTILIZAÇÃO DOS GEODRENOS

Os geodrenos são elementos drenantes inseridos por cravação dentro da massa de solo com o propósito de reduzir o comprimento máximo de drenagem para aproximadamente a metade da distância de cravação dos drenos. Considerando que o tempo necessário para se obter determinado grau de adensamento primário médio da camada compressível é proporcional ao quadrado do comprimento máximo de drenagem, podem ser obtidas reduções muito significativas. Em um caso típico, o período para se obter 90% de grau de adensamento é reduzido de uma ou duas dezenas de anos para um prazo inferior a um ano. A Figura 10-1(a) esquematiza a cravação de drenos em uma camada compressível e, na Figura 10-1(b), vê-se o arranjo final do aterro sobre geodrenos com o detalhe do geodreno apresentado na Figura 10-1(c).

Com a instalação de geodrenos, a direção do fluxo de água no interior da massa de solo passa de predominantemente vertical para predominantemente horizontal (radial). A água coletada pelos elementos verticais é encaminhada ao colchão drenante, na superfície do terreno natural, de onde é levada para a atmosfera ou para o lençol freático.

A Figura 10-2 ilustra a vantagem da utilização de geodrenos para a aceleração de recalques. Os resultados de monitoramentos de recalques de aterros construídos sobre drenos, quando comparado ao de aterros convencionais, comprova a aceleração dos recalques. Os aspectos teó-

Aplicações em Adensamento de Solos Compressíveis 359

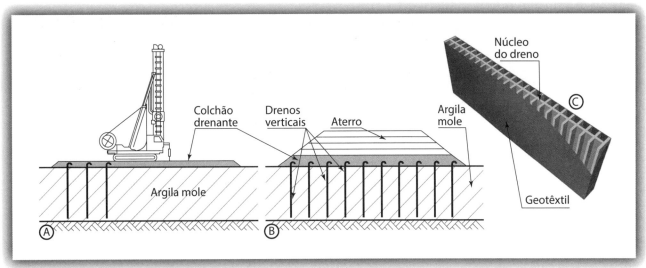

FIGURA 10-1
Aterro sobre solo compressível:
a) cravação de geodrenos;
b) configuração final;
b) detalhe do geodreno.

ricos e práticos relacionados à utilização de geodrenos são abordados em detalhe por Magnan (1983) e resumidos por Holtz et al. (1991).

Os geodrenos apresentam elevada resistência mecânica, o que garante sua integridade durante as operações de instalação, resistindo às solicitações provenientes da cravação, e suportando os esforços oriundos da deformação horizontal e vertical da massa de solo de fundação durante o processo de adensamento. Em contrapartida, os drenos tradicionais de areia são muito susceptíveis a danos durante sua execução e operação. Em argilas muito moles pode ocorrer o cisalhamento dos drenos de areia, que se tornam inoperantes.

A instalação dos geodrenos é realizada por meio de equipamentos de cravação que apresentam grande produtividade, quando comparados às operações necessárias à instalação de drenos de areia, da ordem de 2 km por dia ou mais, a depender da estratigrafia. Além disso, na ausência de jazidas de areia próximas do local da obra, a utilização de geodrenos torna-se bastante competitiva, pois, embora exija a execução do colchão drenante, pode-se executá-lo com materiais britados associados a geossintéticos de filtração e/ou separação.

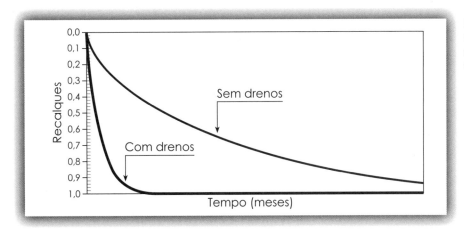

FIGURA 10-2
Comparação da evolução de recalques com e sem drenos verticais, no decorrer do tempo.

10.3 SOLUÇÕES TEÓRICAS PARA A UTILIZAÇÃO DE DRENOS VERTICAIS

10.3.1 Teoria do adensamento

O adensamento em uma camada de solo compressível com fluxo de água puramente vertical, unidimensional (1D), é dado pela equação diferencial:

$$\frac{\partial u}{\partial t} = c_v \frac{\partial^2 u}{\partial z^2} \tag{10-1}$$

em que:

$$c_v = \frac{k_v(1+e)}{a_v \cdot \gamma_w} \tag{10-2}$$

$$T_v = \frac{c_v \cdot t}{H_d^2} \tag{10-3}$$

onde T_v é o fator tempo. No gráfico da Figura 10-3, é apresentada a solução para a porcentagem de adensamento médio da camada para fluxo vertical proposta por Terzaghi, $\bar{U}_v$, em relação ao fator tempo Tv.

O adensamento tridimensional (3D), caso em que há fluxo nas direções x, y e z, é regido pela equação:

$$\frac{\partial u}{\partial t} = c_h \left[\frac{\partial^2 u}{\partial x^2} + \frac{\partial^2 u}{\partial y^2} \right] + c_v \frac{\partial^2 u}{\partial z^2} \tag{10-4}$$

$$c_h = \frac{k_h(1+e)}{a_v \cdot \gamma_w} \tag{10-5}$$

sendo:

x, y, z as coordenadas de um ponto de massa de solo;
u a poro-pressão;
t o tempo;
e o índice de vazios;
c_v e c_h os coeficientes de adensamento para drenagem vertical e horizontal, respectivamente, determinados experimentalmente;
a_v o módulo de compressibilidade vertical;
k_v e k_h a permeabilidade vertical e horizontal, respectivamente;
H_d o comprimento máximo de drenagem; e
γ_w o peso específico da água.

Considerando que a permeabilidade é a mesma nas direções x e y, a Equação [10-4] representa o adensamento vertical devido a um

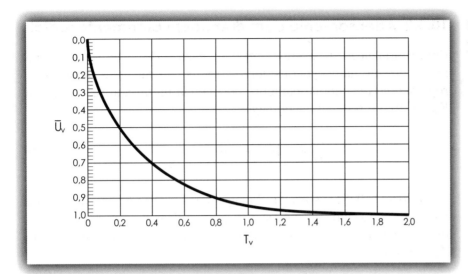

FIGURA 10-3
Adensamento médio x fator tempo para drenagem vertical ($\bar{U}_v \times T_v$) – Solução de Terzaghi.

fluxo combinado vertical e horizontal, o que ocorre, por exemplo, nas bordas de um aterro sem drenos. No caso de emprego de elementos drenantes verticais cilíndricos, a Equação [10-4] pode ser convertida para coordenadas cilíndricas:

$$\frac{\partial u}{\partial t} = c_h \left[\frac{1}{r} \frac{\partial u}{\partial r} + \frac{\partial^2 u}{\partial r^2} \right] + c_v \frac{\partial^2 u}{\partial z^2} \qquad [10\text{-}6]$$

em que r é a distância radial medida do centro de drenagem até o ponto considerado.

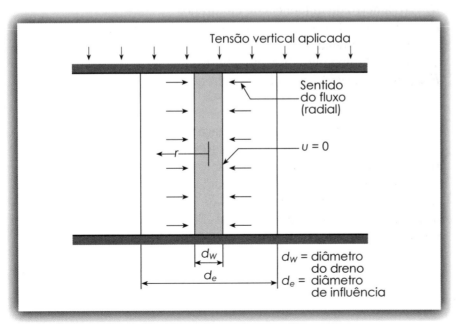

FIGURA 10-4
Drenagem puramente radial.

10.3.2 Adensamento com drenagem puramente radial

Com a utilização de drenos verticais, caso a drenagem vertical na massa de solo não seja considerada, tem-se a drenagem radial pura, representada esquematicamente pela célula unitária apresentada na Figura 10-4 e regida pela equação:

$$\frac{\partial u}{\partial t} = c_h \left[\frac{1}{r}\frac{\partial u}{\partial r} + \frac{\partial^2 u}{\partial r^2} \right] \qquad [10\text{-}7]$$

Barron (1948) resolveu a Equação [10-7] para um cilindro de solo com um dreno cilíndrico vertical para a condição de deformações verticais iguais (*equal strain*), obtendo o grau de adensamento médio da camada, $\overline{U_h}$.

$$\overline{U_h} = 1 - e^{-[8T_h/F(n)]} \qquad [10\text{-}8]$$

onde:

$$T_h = \frac{c_h \cdot t}{d_e^2} \qquad [10\text{-}9]$$

$$F(n) = \frac{n^2}{n^2-1}\ln(n) - \frac{3n^2-1}{4n^2} \cong \ln(n) - 0,75 \qquad [10\text{-}10]$$

$$n = \frac{d_e}{d_w} \qquad [10\text{-}11]$$

sendo:

d_e o diâmetro de influência de um dreno;
d_w o diâmetro do dreno ou diâmetro equivalente de um geodreno com seção retangular;
T_h o fator tempo para drenagem horizontal; e
$F(n)$ uma função da densidade de drenos.

Barron também resolveu a equação para deformações verticais livres (*free strain*). Nesse caso, na superfície do cilindro de influência de um dreno são permitidas deformações verticais livres à medida que o adensamento se desenvolve. Essa solução é apresentada em termos de funções de Bessel e para valores de $n > 5$ – caso dos geodrenos – as duas soluções são muito próximas. Por esta razão a solução para a condição de *equal strain* é, em geral, utilizada por sua simplicidade.

10.3.3 Adensamento com drenagem combinada radial e vertical

Caso a contribuição da drenagem vertical na evolução dos recalques da massa de solo não seja negligenciada considera-se a ocorrência simultânea das duas drenagens, que é denominada drenagem combinada. A drenagem combinada foi tratada teoricamente por Carrillo (1942), que resolveu a Equação [10-6] pelo método de separação de variáveis, obtendo para o grau de adensamento médio global ou combinado $\bar{U}$:

$$\left(1-\bar{U}\right) = \left(1-\bar{U}_v\right)\left(1-\bar{U}_h\right) \qquad [10\text{-}12]$$

Usualmente a contribuição da drenagem vertical na drenagem combinada é significativa, em termos práticos, apenas para camadas de solo compressível com espessuras inferiores a 10 m.

10.4 DIMENSIONAMENTO DE GEODRENOS

Para o dimensionamento de geodrenos são empregadas as teorias até aqui apresentadas e as considerações geométricas e empíricas descritas a seguir.

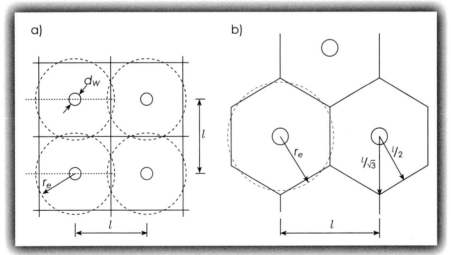

FIGURA 10-5
(a) Malha de drenos quadrada e
(b) triangular.

10.4.1 Diâmetro de influência e espaçamento de geodrenos

Os geodrenos são instalados em malhas quadradas ou triangulares de lado igual a l. A malha quadrada está representada esquematicamente na Figura 10-5(a). Igualando a área do quadrado com a do círculo equivalente temos:

$$l^2 = \frac{\pi d_e^2}{4} \quad \text{e} \quad d_e = l\sqrt{\frac{4}{\pi}}$$

obtendo então, o diâmetro de influência de uma malha quadrada:

$$d_e = 1{,}13 \cdot l \qquad [10\text{-}13]$$

A malha triangular é representada esquematicamente na Figura 10-5(b). Igualando a área do círculo equivalente ao hexágono, temos:

$$\frac{\pi \cdot d_e^2}{4} = \frac{\sqrt{3}}{2} l^2 \quad \text{e} \quad d_e = \sqrt{\frac{2}{\pi}\sqrt{3}} \cdot l$$

Ou seja, o diâmetro de influência para malhas triangulares é dado por:

$$d_e = 1{,}05 \cdot l \qquad [10\text{-}14]$$

10.4.2 Diâmetro equivalente dos geodrenos

As dimensões dos geodrenos devem ser representadas por um diâmetro equivalente (d_w). Os geodrenos têm formato retangular e as dimensões a e b são da ordem de 10 cm e 0,5 cm, respectivamente, conforme apresentado na Figura 10-6.

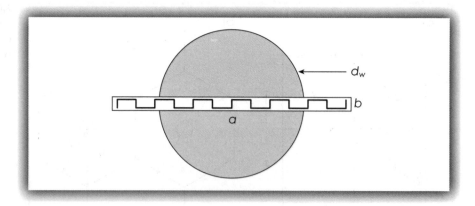

FIGURA 10-6
Diâmetro equivalente do geodreno.

Hansbo (1979) propôs que d_w tivesse o mesmo perímetro do dreno real. Dessa forma, o diâmetro equivalente é representado pela Equação [10-15]:

$$d_w = \frac{2(a+b)}{\pi} \qquad [10\text{-}15]$$

Estudos numéricos subsequentes realizados por Rixner et al. (1986) e por Hansbo (1987) sugerem que, na prática, o diâmetro equivalente do dreno deve ser adotado como:

$$d_w = \frac{(a+b)}{2} \qquad [10\text{-}16]$$

A Equação [10-15] é mais empregada, na prática, do que a [10-16]. A diferença no uso de uma ou outra equação para cálculo do espaçamento dos drenos é desprezível, principalmente diante da grande variação do coeficiente de adensamento, cujo valor depende do tipo de ensaio e da metodologia de cálculo utilizada para sua determinação.

10.4.3 Influência do amolgamento na instalação do dreno (smear)

Deve-se incorporar aos cálculos o amolgamento do solo compressível ao redor e ao longo do dreno, causado pela sua instalação. O amolgamento reduz a permeabilidade horizontal do solo e, em consequência, a velocidade do adensamento. A Figura 10-7 apresenta esquematicamente a área amolgada ao redor de um dreno. Quando se considera o amolgamento, deve-se acrescentar ao valor de $F(n)$, na Equação [10-10], o valor F_s (HANSBO, 1981):

$$F_s = \left[\left(\frac{k_h}{k'_h}\right) - 1\right] \cdot \ln\left(\frac{d_s}{d_w}\right) \qquad [10\text{-}17]$$

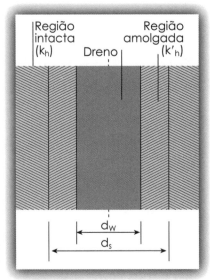

FIGURA 10-7
Amolgamento causado pela cravação do dreno.

onde:
d_s é o diâmetro da área afetada pelo amolgamento;
$d_s = 2\,d_m$; onde d_m é o diâmetro do mandril de cravação (HANSBO, 1987);
$d_m = \sqrt{\frac{4}{\pi} \cdot w \cdot t}$; onde w e l são as dimensões de um mandril retangular

(BERGADO, 1994);
k'_h é a permeabilidade horizontal da área afetada pelo amolgamento.

10.4.4 Resistência hidráulica do geodreno

Em determinadas circunstâncias, os drenos pré-fabricados podem não apresentar permeabilidade infinita, conforme admitido por Barron (1948) na dedução da Equação [10-8]. Nesses casos, a Equação [10-18], a seguir, proposta por Orleach (1983) a partir das equações de Hansbo (1981), pode ser utilizada para avaliar a resistência hidráulica dos drenos:

$$W_q = 2\pi \left(\frac{k_h}{q_w}\right) \cdot L^2 \qquad [10\text{-}18]$$

Mede-se a vazão do dreno (q_w) em ensaio, quando ele é submetido a um gradiente unitário $i = 1{,}0$; e L (comprimento característico do

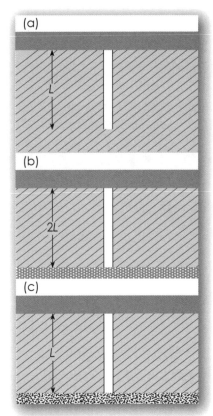

FIGURA 10-8
(a) dreno parcial; (b) camadas inferior e superior permeáveis e (c) camada inferior impermeável.

dreno) é definido como o comprimento do dreno quando a drenagem ocorre apenas por uma das extremidades e como a metade deste quando a drenagem se dá pelas duas extremidades (Figura 10-8).

Quando $W_q < 0,1$, a resistência hidráulica do dreno pode ser desprezada. Caso contrário, HANSBO (1981) recomenda acrescer ao valor de $F(n)$, na Equação [10-10], o valor F_q, definido a seguir:

$$F_q = \pi \cdot z(L - z)\frac{k_h}{q_w}$$

[10-19]

Como F_q é função de z (distância à extremidade drenante), tem-se $\bar{U}_h = f(z)$ e, portanto, adota-se um valor médio de (ALMEIDA,1992).

10.4.5 Parâmetros necessários ao dimensionamento de geodrenos

O grau médio de adensamento também é função dos coeficientes de adensamento, especialmente o horizontal (c_h) e, no caso de consideração de drenagem combinada, também é função do coeficiente de adensamento vertical (c_v). Além disso, a geometria da malha de drenos influencia o valor de $\bar{U}$, por meio do diâmetro de influência (d_e).

Os parâmetros relativos ao efeito do amolgamento resultante da cravação (k'_h e d_s) podem influenciar muito a dissipação de poro-pressões, caso o processo executivo provoque perturbação excessiva.

O comprimento dos drenos pode influenciar caso o dreno seja longo (acima de 20 m) e sua capacidade de descarga relativamente pequena. O diâmetro equivalente dos drenos (d_w) apresenta pequena influência em comparação com outras variáveis que afetam o dimensionamento dos geodrenos. Uma variação de 28% no diâmetro equivalente do dreno (de 5,4 para 6,9 cm) resulta em uma redução da ordem de 8% no tempo necessário para se atingir grau de adensamento desejado.

De acordo com Holtz et al. (2001), para melhoria da confiabilidade na determinação dos parâmetros geotécnicos necessários ao dimensionamento de geodrenos são recomendados ensaios de campo e de laboratório. Para obras de pequeno porte recomendam-se ensaios de dissipação de piezo cone (campo) e ensaios oedométricos (laboratório) para argilas homogêneas. Para argilas com macro textura desenvolvida recomenda-se também a execução de ensaios de determinação de k_h de campo. Para grandes obras, recomendam-se os ensaios de campo e laboratório e a execução de aterros experimentais. Estes últimos são especialmente importantes no caso de argilas com macrotextura desenvolvida.

O valor de k'_h (permeabilidade da zona afetada pelo amolgamento) depende da realização de ensaios especiais, raramente realizados. Na

Aplicações em Adensamento de Solos Compressíveis

falta de dados, Hansbo (1981) recomenda adotar-se

$$\frac{k_h}{k'_h} = \frac{k_h}{k_v}$$

A razão k_h/k_v varia em geral entre 1,5 a 2,0 para as argilas moles brasileiras [Almeida & Marques, 2010], podendo atingir valores ao redor de 15 para outras argilas fortemente estratificadas [Rixner et al., 1986].

No que diz respeito ao valor de c_h a adotar, este pode ser definido a partir de ensaios de laboratório ou de campo. Os ensaios de laboratório mais usuais são os de adensamento oedométrico radial descritos por Coutinho (1976), Seraphim (1995) e Coelho (1997). O ensaio de campo mais utilizado é o de dissipação com piezocone [Danziger, 1990, Schnaid & Odebrecht, 2012.

Na ausência de ensaios de campo podem-se, em análises preliminares, realizar ensaios de adensamento oedométrico convencional, estimando-se c_h através do c_v determinado nesses ensaios, usando a equação:

$$c_h = \frac{k_h}{k_v} \cdot c_v \qquad\qquad [10\text{-}20]$$

Convém ressaltar que os valores de permeabilidade e coeficiente de adensamento a serem empregados são aqueles relativos à faixa de variação das tensões *in situ*, ou seja, à qual o depósito será submetido. Em caso de carregamento ocorrendo no domínio normalmente adensado, a utilização de geodrenos é mais eficaz do que no domínio sobreadensado. No domínio normalmente adensado o c_v é cerca de dez vezes menor que no trecho sobreadensado, e a instalação de drenos acelera o processo de adensamento, que de outra forma seria muito lento.

10.4.6 Sequência para dimensionamento

O dimensionamento de um sistema de geodrenos tem como objetivo definir o padrão da malha de cravação e determinar o espaçamento entre os drenos, a fim de se obter o grau de adensamento médio na camada desejada em um período de tempo aceitável. A sequência de trabalho é dada pelos passos abaixo.

1. Definir os parâmetros geotécnicos necessários: c_v, c_h, k_v, k_h/k'_h;

2. Definir o padrão de cravação, em malha quadrada ou triangular e as grandezas geométricas pertinentes: d_w, d_m, d_s, e h_{arg}. O padrão triangular é mais eficiente e o quadrado ligeiramente mais fácil de executar;

3. Estimar a capacidade de descarga do geodreno (q_w) para o estado de tensões representativo do caso;

4. Definir o grau de adensamento global médio desejado para a camada e definir o tempo aceitável (t_{ac}) para obter;

5. Definir se será considerada drenagem combinada ou somente radial, que é mais conservativa;

6. Definir espaçamento l (tentativa inicial) e calcular d_e;

7. Calcular T_v pela pela teoria de Terzaghi, o correspondente $\bar{U}_v$, para o tempo t_{ac} definido no passo 4, caso se adote drenagem combinada;

8. Calcular $F(n)$ (Equação [10-10]), incluindo o efeito do amolgamento (Equação [10-17]), e Equação [10-19] no caso de a resistência hidráulica do geodreno ser relevante;

9. Calcular $\bar{U}_h$, pela Equação [10-12] em função do $\bar{U}_v$, calculado no passo 7. Caso se adote drenagem radial somente, $\bar{U}_h = \bar{U}$;

10. Com o valor obtido no passo 9 e de $F(n)$ no passo 8, calcula-se T_h e, pela Equação [10-9], o tempo t_{calc} necessário para se obter o adensamento desejado;

11. Se $t_{calc} > t_{ac}$, reduzir tentativamente l, usar um padrão triangular, se ainda não utilizado, ou empregar o geodreno com q_w maior, e repetir os passos de 8 a 11 até obter $t_{calc} \leq t_{ac}$;

Os espaçamentos típicos de geodrenos variam em geral entre 2,5 e 1,5 m, dependendo do cronograma da obra e dos parâmetros do solo compressível, entretanto, com os curtos prazos das obras varia-se a análise para espaçamentos na faixa de 1,5 m.

10.5 ESPECIFICAÇÃO

A principal característica que o geodreno deve apresentar é ser mais permeável que o solo sem alteração dessa propriedade durante a sua vida útil. Para tanto, especifica-se o dreno basicamente por sua capacidade de vazão e pela permeabilidade do filtro. As características de resistência mecânica e flexibilidade são também importantes, pois o dreno deve resistir às operações de cravação e às deformações impostas pelo solo durante o adensamento.

Bergado et al. (1994) e Holtz et al. (2001) propõem que q_w não seja inferior a um valor entre 9 e $13,5 \times 10^{-6}$ L/s (~100 a 150 m³/ano), quando medido sob um gradiente hidráulico unitário e sob a pressão lateral efetiva confinante máxima atuante no campo. A permeabilidade do filtro deve ser maior que dez vezes a do solo para condições críticas e iguais à do solo para aplicações menos críticas, adotando-se a maior

Aplicações em Adensamento de Solos Compressíveis   369

abertura de filtração do geotêxtil possível, baseada nos critérios de retenção de solo, descritos a seguir:

$$\frac{O_{90}}{D_{50}} < 1{,}7 \text{ a } 3 \text{ (SCHOBER; TEINDER, 1979)} \qquad [10\text{-}21]$$

$$\frac{O_{90}}{D_{85}} < 1{,}3 \text{ a } 1{,}8 \text{ (CHEN; CHEN, 1986)} \qquad [10\text{-}22]$$

$$\frac{O_{50}}{D_{50}} < 10 \text{ a } 12 \text{ (CHEN; CHEN, 1986)} \qquad [10\text{-}23]$$

onde:
O_{90} = abertura de filtração do geotêxtil, definida como o diâmetro do maior grão de solo capaz de atravessá-lo;
D_{50} e D_{85} = diâmetros das partículas para os quais 50% e 85% do solo, respectivamente, é mais fino.
O_{50} = diâmetro da partícula para o qual 50% do solo passa através do geotêxtil.

Os drenos comercialmente disponíveis apresentam variados valores de q_w e O_{90}, que deverão ser avaliados para cada caso em particular, para aplicações mais e menos críticas, adequados à permeabilidade do solo e à sua granulometria.

A resistência e a flexibilidade mecânicas do filtro e do núcleo são normalmente atendidas pelos geodrenos de melhor qualidade comercialmente disponíveis. Se forem previstos recalques ou deformações horizontais muito significativas, os geodrenos devem apresentar pequena redução de q_w quando submetidos ao dobramento.

10.6 PRINCIPAIS UTILIZAÇÕES

A técnica de melhoria do solo de fundação por meio de geodrenos é excepcionalmente útil para a construção de aterros sobre solos moles em etapas, por reduzirem em muito o tempo de cada etapa, e, assim, com frequência, viabilizando economicamente sua adoção. Essa técnica apresenta grande aplicabilidade na construção de aterros rodoviários, ferroviários, aeroportuários, portuários, áreas de estocagem em geral e fundações de estruturas submetidas a baixas tensões, quando assentadas sobre solos moles ou compressíveis.

Usualmente os geodrenos são empregados em obras que suportam algum nível de deformação pós-construtiva (recalques e deformações horizontais). No entanto, se houver condições de estabilidade para se prover sobrecarga temporária adequada e disponibilidade de tempo, as deformações pós-construtivas relativas ao adensamento primário e compressão secundária podem ser reduzidas e, eventualmente, até anuladas após a remoção da sobrecarga. Assim, a conjugação de geodrenos e sobrecarga temporária, para acelerar o adensamento e reduzir os recalques pós-construtivos, é muito recomendada, pois explora ao máximo o benefício do adensamento acelerado. O emprego de geossintéticos de reforço, de baixa deformabilidade, para aterros sobre fundações pouco resistentes, em conjunto ou não com bermas de equilíbrio, possibilita o uso de sobrecargas maiores.

Os geodrenos são tanto mais eficazes quanto maior a permeabilidade horizontal, a estratificação ou a macrotextura do solo, pois permitem a interligação de zonas mais permeáveis em uma rede de drenagem interconectada, reduzindo a distância de drenagem e otimizando o adensamento.

O benefício em termos de tempo para obtenção de determinado grau de adensamento, em relação à situação sem o uso de drenos, depende da espessura da camada compressível e do coeficiente de adensamento. Para camadas pouco espessas ou com coeficiente de adensamento elevado, o dimensionamento pode indicar um pequeno ganho de desempenho, em termos de economia de tempo de adensamento. A utilização de geodrenos em solos muito turfosos normalmente não é indicada, em razão do alto coeficiente de adensamento desses depósitos.

Cabe ressaltar que os geodrenos não reduzem a magnitude dos recalques a serem desenvolvidos como resultado da aplicação da carga, apenas os aceleram. É necessário que os recalques pós-construtivos sejam compatíveis com a utilização/operação da área tratada.

10.7 PRÉ-CARREGAMENTO POR VÁCUO

O pré-carregamento por vácuo é um caso particular de sobrecarga temporária associado a drenos verticais e horizontais conforme apresentado na Figura 10-9. A técnica foi concebida por KJELLMAN (1952), entretanto, até os anos 1980 essa técnica quase não era utilizada, pois era necessária a instalação de membranas de alto desempenho e de bombas capazes de bombear água e ar com eficiência. A partir da década de 1990 a técnica tem sido utilizada com sucesso em várias obras (CHOA, 1989; COGNON et al., 1994; JACOB et al., 1994; QIAN et al., 1992; SHANG et al., 1998; MARQUES, 2001;VAN IMPE et al., 2001; DONG et al., 2001; INDRARATNA et al, 2005.; RUJIKIATKAMJORN et al., 2007).

Durante a aplicação do vácuo a tensão efetiva aumenta em virtude da diminuição da poropressão. Como esta variação de poropressão atua hidrostaticamente (isotropicamente), os caminhos de tensão tendem a ser paralelos ao eixo isotrópico, impossibilitando a ruptura por instabilidade em decorrência da aplicação do vácuo, já que o caminho de tensões devido à diminuição da poro-pressão fica sempre abaixo da linha de ruptura.

O vácuo é aplicado por meio de um sistema de bombeamento associado aos drenos horizontais que são instalados na camada drenante de areia. Para impedir a entrada de ar no sistema e manter o vácuo, utiliza-se em geral uma membrana impermeável de PVC que cobre toda a área a ser tratada, e desce até trincheiras periféricas, garantindo a estanqueidade do sistema. Se for necessário um carregamento adicional pode-se utilizar uma sobrecarga de aterro acima da membrana, mesmo durante o período de aplicação de vácuo, e esse aterro também pode ser alteado à medida que a argila ganhar resistência. O aterro só vai ser construído acima da membrana depois que a sua estanqueidade for verificada.

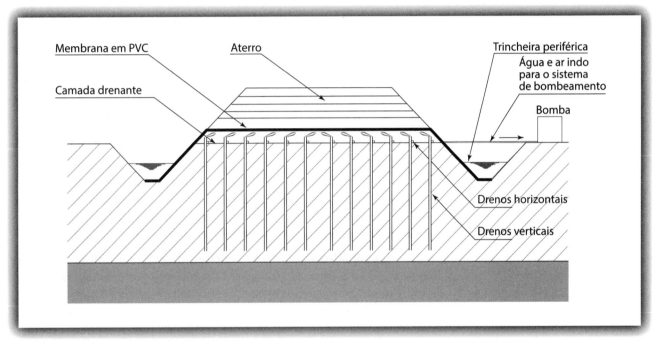

FIGURA 10-9
Seção transversal esquemática do pré-carregamento por vácuo.

O sistema de bombeamento, capaz de bombear água e ar simultaneamente, é acoplado a um reservatório dentro do qual o vácuo é quase perfeito, da ordem de 100 kPa, mas o valor da sucção medido sob a membrana é da ordem de 70 a 75 kPa, equivalente a uma eficiência do sistema da ordem de 70-75%. A poro-pressão varia em função da posição do ponto com relação ao dreno, e em função do tempo (u (raio, tempo)). Quanto mais tempo o bombeamento ficar ligado, maior será o valor de sucção dentro da camada de solo, podendo atingir no máximo 70 a 75 kPa, ou seja, o aumento na tensão efetiva do solo corresponde a uma sobrecarga equivalente a cerca de 4,5 m de aterro, para uma tensão total considerada constante, desconsiderando submersão. Quando os recalques previstos são alcançados as bombas de vácuo são desligadas e não há necessidade de bota-fora, minimizando os volumes de terraplenagem.

O pré-carregamento por vácuo apresenta algumas vantagens quando comparado com as técnicas convencionais de sobrecarrega:

- essa metodologia construtiva não requer bermas de equilíbrio, já que não há solicitações de cisalhamento nas bordas do aterro, e o pré-carregamento por vácuo pode ser executado em uma só etapa, acelerando o processo;

- os deslocamentos horizontais são menores que os de um aterro convencional, ou seja, os acréscimos de tensão horizontal em estruturas próximas são menores;

- a submersão de aterros convencionais, devida ao recalque, reduz o valor do acréscimo da tensão vertical efetiva ao final do adensamento. Com o vácuo, o acréscimo de tensão permanece constante enquanto o vácuo está ligado;

- os volumes de terraplenagem são menores, considerando-se também que com o vácuo não é necessária a construção de bermas ou área de bota-fora para o descarregamento;

O pré-carregamento por vácuo em área submersa também tem sido utilizado para a disposição de material de dragagem. Van Impe et al. (2001) descreveu o uso não convencional de adensamento por vácuo sem o uso da membrana de PVC, em uma área submersa, com os drenos horizontais instalados dentro de uma argila siltosa, com o objetivo de diminuir os volumes de disposição de material de dragagem.

As dificuldades executivas ocorrem quando há lentes de areia atravessando a massa de solo a ser tratada, que pode inviabilizar economicamente a aplicação do vácuo. No caso de uma estratigrafia com ocorrência de lentes de areia, a execução de paredes estanques até a base da camada de areia pode ser uma solução para a melhoria da eficiência do sistema (VARAKSIN, 2010). Além disso, as bombas de aplicação do vácuo necessitam de instalação elétrica, manutenção periódica e segurança contra vandalismo, o que aumenta o custo da técnica, que é ainda muito dispendiosa para pequenas áreas, já que o a aplicação do pré-carregamento por vácuo dura em média cerca de seis a oito meses.

Quando o vácuo é utilizado com a membrana em PVC, o nível d'água dentro do depósito sobe desde o nível d'água original do terreno (N.A.) até o nível dos drenos horizontais. O valor máximo da variação de tensão efetiva causada pelo vácuo depende então desta posição relativa entre estes níveis. Por exemplo, caso esta diferença de níveis seja de 2 m, a variação máxima da tensão efetiva possível de ocorrer seria [70 a 75 kPa − $(2 \times \gamma_w)$]. Se o N.A. é superficial não há problemas, mas se o N.A. é profundo, há uma perda de eficiência do sistema, e recomenda-se a instalação dos drenos horizontais próximo ao N.A. Nesse caso, a membrana tem de descer dentro da trincheira abaixo do N.A. para garantir a estanqueidade, o que pode representar uma perda na estabilidade global do aterro.

Uma técnica mais recente de aplicação de vácuo é a técnica sem utilização de membrana em PVC, (CHAI; CARTER, 2011) onde uma bomba dedicada é conectada a linhas de tubos horizontais estanques conectados a cada dreno vertical. Na técnica "sem membrana" os drenos verticais são estanques (trecho cego) até que o N.A. seja atingido, contornando assim o problema do N.A. profundo. Essa técnica pode ser utilizada em camadas, com lentes de areia, bastando para isso identificá-las adequadamente e "cegar" o dreno nessas profundidades. Também não requer o uso de trincheira lateral, conforme indicado na Figura 10-9.

10.8 RECOMENDAÇÕES DE UTILIZAÇÃO

As principais recomendações para o emprego de geodrenos estão relacionadas à sua instalação, a aspectos relativos ao colchão drenante e ao monitoramento de seu desempenho, conforme descrito a seguir.

10.8.1 Instalação dos geodrenos

O equipamento de instalação dos drenos deve ter mandril de cravação com a menor seção transversal possível e ainda resistir aos esforços de cravação, a fim de minimizar os efeitos do amolgamento no solo. Em geral, os equipamentos de cravação conseguem cravar os drenos através de camadas de aterro ou camadas arenosas, superficiais ou profundas, relativamente resistentes. No caso de existência de camadas superficiais mais resistentes, executam-se pré-furos de menor diâmetro com o mesmo equipamento de cravação.

Os drenos devem ser instalados em toda a espessura da camada compressível. Quando isso não for possível, será preciso, pelo menos, tratar a camada que apresente o menor valor de coeficiente de adensamento. No Brasil existem equipamentos com capacidade para atingir facilmente 20 m de profundidade.

Nos casos de camadas compressíveis e moles em superfície, a espessura do colchão de areia deve ser dimensionada de forma a garantir a estabilidade quanto ao afundamento ou tombamento do equipamento de cravação. Os equipamentos de cravação são máquinas hidráulicas de grande porte, com peso suficientemente elevado para garantir a reação na cravação. Muitas vezes, essa condição é mais crítica quanto à estabilidade do que a condição final do aterro sobre o solo mole.

Em solos muito pouco resistentes, uma camada de reforço geossintético sob a camada inicial, ou sob o colchão drenante, pode ser necessária a fim de garantir a estabilidade local sob a ação das cargas do equipamento. Esse cuidado é muito importante para que não se produzam rupturas localizadas durante a instalação e garantir a integridade do equipamento. Normalmente, os equipamentos de cravação são capazes de perfurar com facilidade camadas de geossintéticos com resistência de 400 kN/m ou mais.

A aceitação de drenos pré-fabricados na obra deve ser feita mediante a verificação de conformidade com as especificações de projeto e a apresentação de certificados de ensaio dos produtos. Estes devem ser apropriadamente transportados e estocados para aplicação. Os drenos não devem sofrer incidência direta de luz solar (polímeros são sensíveis à radiação ultravioleta) nem apresentar danos mecânicos, como rasgos no filtro e no núcleo.

10.8.2 Colchão drenante

O colchão drenante, que captará o fluxo proveniente dos drenos, deve ter características geotécnicas e geométricas apropriadas, de forma a apresentar capacidade de vazão maior ou igual à dos drenos e não retardar o funcionamento do conjunto drenante. Em geral, os colchões drenantes são executados com areia grossa, limpa e lavada, com espessura da ordem de 0,50 a 1 m, com granulometria tal que garanta uma alta permeabilidade. A espessura deve ser dimensionada a partir do comprimento máximo de drenagem dentro do colchão e da vazão dos drenos, de forma a igualar ou superar a contribuição destes. Para aplicações rodoviárias e ferroviárias, em que a largura dos colchões drenantes não é muito elevada, essa espessura é suficiente. No entanto, no caso da existência de bermas longas ou no caso de um colchão com grandes dimensões em planta, é necessário um dimensionamento hidráulico (CEDERGREEN, 1989; ALMEIDA; MARQUES, 2010).

Quando não há material arenoso com permeabilidade suficientemente alta, ou quando a extensão mínima em planta do colchão for muito grande, podem ser incluídos drenos de brita, com ou sem tubos perfurados, no interior do colchão para auxiliar na drenagem ou poços de drenagem. As saídas, ou seja, as faces laterais e drenos do colchão drenante – caso existam – devem ser abertas à pressão atmosférica ou ao nível freático, de forma a não haver restrição ao livre escoamento das águas.

10.8.3 Monitoramento

A aceitação de geodrenos na obra deve ser feita mediante a verificação de conformidade com as especificações de projeto e a apresentação de certificados de ensaio dos produtos. Estes devem ser apropriadamente transportados e estocados para aplicação. Os drenos não devem sofrer incidência direta de luz solar (polímeros são sensíveis à radiação ultravioleta) nem apresentar danos mecânicos, como rasgos no filtro e no núcleo.

O controle de desempenho da solução em funcionamento é importantíssimo e deve ser realizado com o objetivo de verificar se o comportamento observado está de acordo com os parâmetros usados no projeto e, se necessário, atualizar as previsões, principalmente no caso de carregamento em etapas. Para tanto, emprega-se instrumentação no aterro, composta, no mínimo, por um conjunto de placas de recalque localizadas de preferência na base da camada inicial e instaladas próximas a sondagens à percussão previamente realizadas.

O recalque é calculado por meio de levantamentos topográficos periódicos das placas quando também se registram as espessuras de aterro. Recomenda-se também a instalação de piezômetros para a averiguação da dissipação das poro-pressões. No caso específico de aplicação de vácuo é necessário que estes piezômetros sejam capazes de medir poro-pressões negativas, a exemplo de piezômetros de corda vibrante.

Para interpretação das leituras das placas de recalque podem ser empregadas as teorias pertinentes ou o método de Asaoka (1978), levando-se em conta as recomendações de Pinto (2001).

No caso de aterros com reduzido fator de segurança à ruptura, nos projetos mais importantes ou onde uma ruptura tenha consequências desastrosas, a instrumentação geotécnica deverá ser mais abrangente, constituindo um projeto especial. Nesse caso, poderão ser utilizados mais instrumentos, incluindo-se medidas de deslocamentos horizontais com inclinômetros e medição de recalques em profundidade dentro da camada mole.

É essencial que o engenheiro projetista ou seu representante vistorie todos os aspectos da construção, desde a preparação do terreno, execução do colchão drenante, instalação de drenos, lançamento do aterro, acompanhamento de recalques e remoção da sobrecarga. A execução de geodrenos é uma atividade especializada e, para o sucesso da solução, deve ser realizada por pessoal treinado e equipamento apropriado.

Não são raras situações em que o solo apresenta características piores do que as previstas. Nesses casos, podem-se instalar drenos adicionais, aumentar a sobrecarga, aumentar o tempo alocado para o adensamento ou reduzir o grau médio de adensamento desejado, ou ainda, aceitar conviver com recalques pós-construtivos.

10.9 EXEMPLO

Calcular a malha de geodrenos para se obter um grau médio de adensamento ($\bar{U}$) de 90%, em nove meses (t_{ac}), em uma fundação de aterro rodoviário composta por uma camada compressível de argila mole sobreposta a uma camada drenante de areia. A argila mole é uniforme, levemente sobreadensada, com espessura de 15 m, localizada no litoral brasileiro, com coeficiente de adensamento vertical e horizontal $c_v = 1,0 \times 10^{-7}$ m²/s e $c_h = 1,5 \times 10^{-7}$ m²/s, permeabilidade vertical e horizontal $k_v = 2 \times 10^{-8}$ cm/s e $k_h = 3 \times 10^{-8}$ cm/s, respectivamente, obtidos pela interpretação de ensaios oedométricos e de dissipação de piezo cone, ambos representativos do trecho de compressão virgem.

O geodreno a ser utilizado tem dimensões $a = 10$ cm, $b = 0,8$ cm e capacidade de descarga para gradiente hidráulico unitário $q_w = 65 \times 10^{-6}$ m³/s. O mandril tem dimensões externas de 12 ×15 cm.

Solução

Optou-se por adotar uma malha de cravação de drenos com padrão triangular. Em razão da grande espessura de argila mole, considerou-se drenagem radial somente.

Tentativa inicial de espaçamento entre drenos: $l = 2$ m;

$d_e = 1,05 \times 2$ m $= 2,1$ m;
$d_w = (10 + 0,8)$ cm/2 $= 5,4$ cm (Equação [10-16]);
$\bar{U} = \bar{U}_h = 0,9$ (dado);
$n = 2,1$ m/0,054 m $= 38,89$ (Equação [10-11]);
$F(n) = \ln (38,89) - 0,75 = 2,911$ (Equação [10-10]);
$k_h/k_v = 3 \times 10^{-8}$ cm/s/2 $\times 10^{-8}$ cm/s $= 1,5$;
$d_m = (4/\pi \times 5 \times 12)^{1/2} = 8,7$ cm;
$d_s = 2 \times 8,7 = 17,5$ cm;
$F_s = (1,5 - 1) \times \ln(17,5/5,4) = 0,588$ (Equação [10-15]);

$$W_q = 2 \times \pi \times \frac{3 \times 10^{-10} \, \text{m/s}}{65 \times 10^{-6} \, \text{m}^3 / \text{s}} \times (7,5 \, \text{m})^2 = 1,63 \times 10^{-3} > 0,1;$$

portanto a resistência hidráulica do dreno é importante (Equação [10-18], com $L = 7,5$, metade da espessura da camada mole);

$F_q = \pi \times 7,5/2 \times (7,5 - 7,5/2) \times 3 \times 10^{-10}/65 \times 10^{-6} = 2,04 \times 10^{-4}$ (Equação [10-19], com $z = 7,5/2$ m, situação mais desfavorável);

$T_h = -[(2,911 + 0,588 + 2,04 \times 10^{-4})/8] \times \ln(1 - 0,9) = 1,007$ (Equação [10-8]);

$t = 1,007 \times (2,1 \, \text{m})^2/1,5 \times 10^{-7}$ m²/s $= 11,40$ meses (Equação [10-9]).

Como t = 11,40 meses > t_{ac}, deve-se reduzir o espaçamento para acelerar o adensamento radial. Usando l = 1,8 m e repetindo todos os passos, obtém-se t = 9,00 meses $\leq t_{ac}$, conforme se deseja para $\bar{U}_h$ = 90%.

10.10 CONCLUSÕES

A utilização de geodrenos é uma técnica consagrada mundialmente para aceleração do adensamento de solos compressíveis, com o objetivo de reduzir os recalques e deformações pós-construtivos, aumentar mais rapidamente a resistência ao cisalhamento dos solos moles e viabilizar a solução de construção por etapas.

A técnica de aceleração de recalques pela instalação de drenos apresentada, as teorias associadas, os parâmetros a serem utilizados, a forma de dimensionamento, as principais utilizações, as especificações e recomendações de execução enumeradas, possibilitam ao leitor o emprego dessa solução, desde o projeto até a execução.

É fundamental para um dimensionamento econômico e que busque um grau de precisão adequado, a realização de uma campanha de investigação geotécnica com ensaios de campo e laboratório de qualidade.

Trata-se de uma solução geotécnica especializada, devendo ser dimensionada por engenheiro geotécnico experiente nas fases de projeto, execução e monitoramento. Também é requerida atenção especial à elaboração de especificações para os geodrenos e para todas as etapas construtivas e de monitoramento. A verificação da conformidade às especificações, para aceitação dos produtos e serviços, e a exigência de ensaios de atestação das características dos produtos são condições para o sucesso da aplicação da técnica.

No Brasil do início dos anos 1990 os geodrenos ainda eram muito pouco empregados em comparação a outras partes do mundo. Na Ásia, por exemplo, vários países com condições econômicas semelhantes às nossas já utilizavam intensamente esta técnica. Essa situação já apresenta uma tendência de mudança, com um significativo incremento no emprego de geodrenos em nosso país, verificado a partir da segunda metade da década de 1990.

REFERÊNCIAS BIBLIOGRÁFICAS

ALMEIDA, M. S. S.; MARQUES, M. E. S. *Aterros sobre solos moles*. Projeto e desempenho. São Paulo: Oficina de Textos, 2010.

ALMEIDA, M. S. S. Geodrenos como elementos de aceleração de recalques. In: SEMINÁRIO DE APLICAÇÃO DE GEOSSINTÉTICOS EM GEOTECNIA, Brasília, DF, Universidade de Brasília – UNB. *Anais...* 1992. p. 121-139.

ASAOKA, A. Observational procedure of settlement prediction. *Soil and Foundations*, v. 18, n. 4, p. 87-101, 1978.

BARRON, R. A. Consolidation of fine grained soils by drain wells. *Trans., ASCE*, Virginia, v. 113. p. 718-742, 1948.

BERGADO, D. T. et al. Improvement techniques of soft ground in subsiding and lowland environment. Rotterdam: Balkema, 1994.

CARRILLO, N. Simple two and three dimensional cases in the theory of consolidation soils. *Journal of Math. and Phys.*, v. 21, p. 1-5, 1942.

CEDERGREEN, H. R. *Seepage, drainage and flow nets*. 3. ed. New York: John Wiley and Sons, 1989.

CHAI, J. C.; Carter, J. P. *Deformation analysis in soft ground improvement*. Ed. Springer, 2001.

CHEN, R. H.; CHEN, C. N. Permeability characteristics of prefabricated vertical drains. In: INTERNATIONAL CONFERENCE ON GEOTEXTILES, 3., *Proceedings...* Vienna, 1986. p. 785-790.

CHOA, V. Drains and vacuum preloading pilot test. In: INT. CONF. ON SOIL MECH. AND FOUND, 12., *Proceedings...* Rio de Janeiro, 1989. p. 1347-1350.

COELHO, L. B. M. *Considerações a respeito de um ensaio alternativo para a determinação do coeficiente de adensamento horizontal dos solos*. Tese (M. Sc.) –Coppe/UFRJ, Rio de Janeiro, 1997.

COGNON, J. M.; JURAN, I.; THEVANAYAGAM, S. Vacuum consolidation technology – principles and field experience. Vertical and Horizontal Deformations of Foundations and Embankments. Settlement'94, College Station. *Geot. Spec. Pub.*, Virginia, n. 40, ASCE, p. 1237-1248, 1994.

COUTINHO, R. Q. *Características de adensamento com drenagem radial de uma argila mole da baixada fluminense*. Tese (M. Sc.) – Coppe/UFRJ, Rio de Janeiro, 1976.

DANZIGER, F. A. B. *Desenvolvimento de equipamento para realização de ensaios de piezocone: aplicação a argilas moles*. Tese (D. Sc.) – Coppe/UFRJ, Rio de Janeiro, 1990.

DONG, Z. L.; ZHEN, X. L.; KAN, M. M. K. Effet of vacuum preloading and road base surcharge on the lateral displacement of surrounding soil in highway ground improvement. In: Lee et al. (eds.). *Soft soil engineering*. Swets & Zeitlinger, 2001. p. 459-464.

HANSBO, S. Consolidation of clay by bandshaped prefabricated vertical drains. *Ground Engineering*, v. 12, n. 5, p. 16-25, 1979.

HANSBO, S. Consolidation of fine grained soils by prefabricated drains. In: INT. CONF. ON SOIL MECH. AND FOUND. ENG, 10., *Proceedings...* v. 3. Stockholm, 1981. p. 677-682.

Aplicações em Adensamento de Solos Compressíveis

HANSBO, S. Facts and fiction in the field of vertical drainage. In: INT. SYMP. ON PREDICTION AND PERFORMACE IN GEOT. ENG., *Proceedings...* Alberta, 1987. p. 61-72.

HOLTZ, R. D. et al. *Prefabricated vertical drains.* CIRIA, RPS 364. London: CIRIA, 1991.

HOLTZ, R. D.; SHANG, J. Q.; BERGADO, D. T. Soil improvement. In: Rowe, K.; R., Kluwer. (eds.). Geotechnical and geoenvironment engineering handbook. Norwel: Academic Publishers, 2001.

INDRARATNA, B.; BAMUNAWITA, C.; KHABBAZ, H. Numerical modelling of vacuum preloading & field applications. *Canadian Geotechnical Journal,* v. 41, p. 1098-1110, 2004.

JACOB, A.; THEVANAYAGAM, S.; KAVAZAJIAN, E. Vacuum-assisted consolidation of a hydraulic landfill. Vertical and horizontal deformations of foundations and embankments – Settlement'94, College Station. *Geotechnical Special Publication,* Virginia, n. 40, ASCE, p. 1249-1261, 1994.

KJELLMAN, W. Consolidation of clay soil by means of atmospheric pressure. In: CONF. ON SOIL STABILIZATION, MIT, *Proceedings...* Cambridge, 1952. p. 258-263.

MAGNAN, J. P. *Théorie et pratique des drainsverticaux, technique et documentation.* Paris: Lavoisier, 1983.

MARQUES, M. E. S. *Influência da viscosidade no comportamento de laboratório e de campo de solos argilosos* Tese (D. Sc.) – Coppe/UFRJ, Rio de Janeiro, 2001.

ORLEACH, P. *Techniques to evaluate the field performance of vertical drains.* Tese (M. Sc.) – MIT, Cambridge, 1983.

PINTO, C. S. Considerações sobre o método de Asaoka. *Solos e Rochas,* ABMS, São Paulo, v. 24, n. 1, p. 95-100, 2001.

QIAN, J. H. et al. The theory and practice of vacuum preloading. *Computers and Geotechnics,* v. 13, p. 103-118, 1992.

RIXNER, J. J.; KRAEMER, S. R.; SMITH, A. D. Prefabricated vertical drains, v. 1. *Relatório FHWA-RD-86/168.* Washington, DC: Federal Highway Administration, 1986.

RUJIKIATKAMJORN C.; INDRARATNA, B.; CHU, J. Numerical modelling of soft soil stabilized by vertical drains, combining surcharge and vacuum preloading for a storage yard. *Canadian Geotechnical Journal,* v. 44, p. 326-342, 2007.

SCHNAID, F.; ODEBRECHT, E. *Ensaios de campo e suas aplicações à engenharia de fundações.* 2. ed. São Paulo: Oficina de Textos, 2012.

SCHNAID, F.; NACCI, D. Ampliação do aeroporto internacional Salgado

Filho. Parte II: Projeto e desempenho do aterro sobre argila mole. *Revista Solos e Rochas*, São Paulo, v. 24, n. 3, p. 251-266, 2000.

SCHOBER, W.; TEINDEL, H. Filter criteria for geotextiles. *Design Parameters in Geotechnical Engineering,* BGS, London, v. 7, p. 168-178, 1979.

SERAPHIM, L. A. Coefficient of consolidation in radial drainage. In: INTERNATIONAL SYMPOSIUM ON COMPRESSION AND CONSOLIDATION OF CLAYEY SOILS. *Proceedings...* v. 1, Hiroshima, 1995. p. 165-170.

SHANG, J. Q.; TANG, M.; MIAO, Z. Vacuum preloading consolidation of reclaimed land: a case study. *Canadian Geotechnical Journal*, v. 35, n. 5, p. 740-749, 1998.

VAN IMPE, W. F. et al. Underwater vacuum consolidation of dredged silt – a case history. In: Lee et al. (eds.). *Soft soil engineering.* Swets & Zeitlinger, 2001. p. 499-506.

VARAKSIN, S. Vacuum consolidation, vertical drains for the environment friendly consolidation of very soft polluted mud at the Airbus A-380 factory site. In: Almeida , M. S. S. (ed.). *Symposium on new techniques for design and construction in soft clays*. São Paulo: Oficina de Textos, 2010. p. 87-102.

Capítulo 11

Aplicações em Colunas Encamisadas

Clara Takaki
Werner Bilfinger
Luiz G. F. S. Mello

11.1 INTRODUÇÃO

As Colunas Encamisadas com Geossintéticos (*Geosynthetic Encased Columns – GEC*) foram desenvolvidas na Alemanha no início na década de 1990 como alternativa às estacas "estruturais" rígidas e às colunas de brita convencionais, tendo como características principais:

- Comparada às estacas rígidas, maior ductilidade/flexibilidade estrutural e permeabilidade;

- Comparada às colunas de britas convencionais, estabilidade mecânica e atuação como filtro/separador, garantindo assim a integridade e qualidade no elemento coluna e, consequentemente, menores recalques residuais. Adicionalmente, devido ao confinamento pelo geossintético e sua resistência, a capacidade de suportar cargas verticais das colunas encamisadas é maior, abrindo também a possibilidade de uso de areias como material de preenchimento.

O método de dimensionamento das colunas encamisadas foi desenvolvido por Raithel, M. (1999) e Raithel e Kempfert (2000) e encontra-se normatizado na EBGEO (2011).

A sua primeira aplicação no continente sul-americano foi no Brasil em 2006/2007 apresentado em Mello, et al. (2008).

Produtos Utilizados

Idealmente, o geossintético tubular utilizado para a construção das colunas encamisadas deve ter rigidez elevada, baixa deformação ao longo do tempo (*creep*), alta permeabilidade, resistência a danos de instalação elevada em função do método construtivo e alta resistência à ação biológica e química. Adicionalmente, produtos sem a costura lateral têm sido mais utilizados, pois se evita a operação de costura individual, assim como a redução da resistência à tração, em virtude da própria costura.

Geralmente se utilizam colunas com diâmetros de 0,50 a 1,50 m, sendo diâmetros entre 0,60 a 1,0 m os mais comuns.

O geossintético tubular pode ser constituído de Polivinil Álcool (PVA) ou Poliéster (PET).

11.2 ASPECTOS EXECUTIVOS

As colunas encamisadas podem ser executadas sem e com deslocamento lateral do solo argiloso mole do entorno.

No caso de colunas executadas sem deslocamento, uma camisa metálica provisória de ponta aberta é cravada com uso de tubo guia vibrado ao longo de todo o comprimento da coluna, e posteriormente escava-se o seu interior para instalação do geossintético tubular com o seu preenchimento de baixo para cima. A camisa metálica em seguida é retirada por vibração, com o objetivo de compactar o material de preenchimento e facilitar a sua remoção.

Nas colunas executadas com deslocamento, a metodologia comumente empregada no Brasil consiste na cravação de uma camisa metálica com ponta de formato de cone, fechada e articulada. A camisa metálica provisória é cravada até a cota de ponta da coluna. Em seguida, o geossintético tubular é instalado no interior da coluna e retirada a camisa metálica.

A Tabela 11-1 apresenta uma síntese das vantagens e desvantagens comparando os dois métodos executivos descritos.

11.3 DIMENSIONAMENTO E ESPECIFICAÇÃO

11.3.1 Aplicação e limitações

A experiência brasileira de utilização deste tipo de solução ainda é limitada e não existe normatização específica. Por esta razão, apresentam-se neste item as recomendações da normativa alemã EBGEO (2011).

Aplicações em Colunas Encamisadas

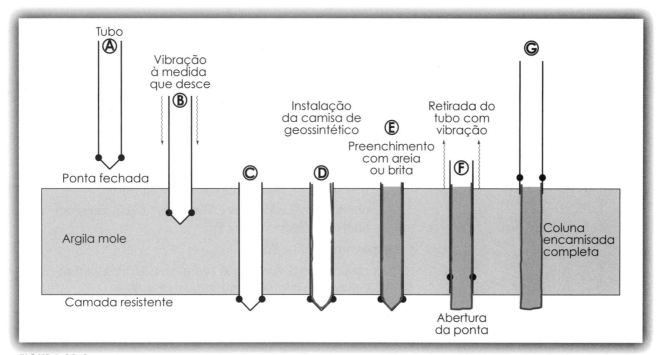

FIGURA 11-1
Execução de colunas encamisadas pelo método de deslocamento (Raithel; Kempfert, 2000). Apud (Almeida; Marques, 2010).

TABELA 11-1
Características dos métodos executivos das colunas encamisadas com geossintético (EBGEO, 2011)

Método de escavação	Sem deslocamento	Com deslocamento
Diâmetro possível	Mais do que 1,5 m	Até 0,80
Depósito de Material Excedente	Necessário	Não necessário
Tempo de execução de uma coluna	Maior	Menor
Perfuração em solos resistentes (inclui lentes intermediárias mais compactas)	Possível	Normalmente impossível
Vibração e excesso de poropressão gerada na execução	Baixa	Alta [1]
Constrição no entorno no fuste da coluna durante a execução	Não	Normalmente sim
Deslocamento horizontal e vertical como um resultado da execução da coluna	Não	Sim [1]
"Compactação" [2] do solo do entorno durante a instalação	Não	Sim [1]
Efeito sobre o geossintético tubular durante a instalação	Baixo	Baixo
Exame do material escavado durante a execução	Possível visualmente	Via parâmetros medidos pelo equipamento adotado

[1] Em função da malha adotada e estratigrafia do subsolo.
[2] Comentário dos autores: a compactação citada pode ser acompanhada de significativo amolgamento.

Segundo a EBGEO a utilização de colunas encamisadas é recomendada nas seguintes condições, com base em constatação empírica:

- Características das argilas moles:

    - módulo edométrico do solo compressível ($E_{oed,s}$) entre 500 e 3.000 kPa para pressão de referência de 100 kPa;

    - resistência não drenada (s_u) superior a 3 kPa e inferior a 30 kPa;

        observação 1. limite superior garante a cravação do revestimento nos comprimentos sugeridos;

        observação 2. Alexiew e Tompson (2014) sugerem limites inferiores ≤ 20k Pa;

    - espessuras de 3 a 20 m;

        observação 3. Alexiew e Tompson (2014) sugerem colunas de comprimento total de 8 a 30 m.

- O solo resistente na fundação (base da coluna):

    - módulo edométrico (E_{oed}) do solo de fundação ≥ 5.000 kPa;

    - ângulo de atrito ≥ 30 graus.

- Coluna encamisada:

    Preenchimento da coluna pronta deverá garantir:

    - módulo edométrico da coluna: $E_{oed,c} \geq 10 \times E_{oed,s}$, solo mole;

    - ângulo de atrito ≥ 30 graus;

    - coeficiente de uniformidade (CU) = 1,5 a 6;

    - porcentagem de finos ≤ 5%;

    - coeficiente de permeabilidade: $k_c \geq 10^{-5}$ m/s e no mínimo cem vezes maior do que o do solo mole;

    - diâmetro da coluna: de 0,4 m a 1,5 m;

        observação 4. Alexiew e Tompson (2014) sugerem diâmetros usuais entre 0,4 a 0,8 m;

    - resistência à tração no geossintético tubular, valores usuais de 100 a 400 kN.

11.3.2 Dimensionamento

Geralmente, colunas encamisadas servem como fundação, ou tratamento da fundação, de aterros. Neste capítulo se apresenta uma metodologia de dimensionamento da coluna propriamente dita. O dimensionamento da estabilidade do aterro e seu funcionamento como "aterro estaqueado" são objeto de capítulos específicos.

A metodologia analítica de dimensionamento proposta é aquela sugerida pela EBGEO (2011). O uso de métodos numéricos é possível, tendo como vantagem a possibilidade de utilização de modelos constitutivos mais sofisticados e estratigrafias mais complexas. A utilização deste tipo de abordagem, entretanto, implica os cuidados inerentes à utilização de modelos numéricos.

A EBGEO (2011), com base na DIN 1054, recomenda a adoção de fatores de segurança parciais nas solicitações e nas resistências. O dimensionamento do reforço tubular das colunas encamisadas com geossintético é realizado considerando a seguinte equação:

$$R_D \leq F_d \qquad [11\text{-}1]$$

onde:

R_D é a resistência à tração de projeto disponível do geossintético de revestimento da coluna. R_D é a resistência nominal do geossintético tubular reduzida por fatores de redução de resistência característicos do material do geotêxtil e por um fator de segurança parcial de resistência, conforme

$$R_D = \frac{\eta_M}{\gamma_M} \frac{R_{B,k,5\%}}{FRP_{FL} \cdot FRP_{DI} \cdot FRP_{MA}} \qquad [11\text{-}2]$$

onde:

$R_{B,k,5\%}$ é a resistência característica do geossintético para os valores de resistência a curto prazo (95% de confiança).

FRP_{FL} é o fator de redução para fluência do geossintético.

FRP_{DI} é o fator de redução para danos mecânicos no geossintético, em função do material de enchimento.

FRP_{MA} é o fator de redução por danos químicos e ambientais ao geossintético.

η_M é o fator de calibração do modelo de cálculo (= 1,1).

γ_M é o fator de segurança parcial da resistência estrutural do geossintético (Tabela 11-2).

F_d é a máxima força atuante no geotêxtil de revestimento das colunas (F_r) que resulta do cálculo das tensões e deformações da coluna encamisada majorada pelos fatores de segurança nas situações de projeto.

$$F_d = F_{r,G} \cdot \gamma_G + (F_{r,G+Q} - F_{r,G}) \cdot \gamma_Q \qquad [11\text{-}3]$$

onde:

$F_{r,G}$ é a força atuante no geossintético para cargas permanentes características.

$F_{r,G+Q}$ é a força atuante no geossintético para a soma de cargas permanentes e acidentais, ambas características.

γ_G é o fator de segurança para as cargas permanentes (Tabela 11-2).

γ_Q é o fator de segurança para as cargas variáveis (Tabela 11-2).

TABELA 11-2
Fatores de segurança parciais para dimensionamento da coluna encamisada (EBGEO 2011)

Fator de segurança parcial	Notação	Situação operacional	Situação temporária	Evento extremo
Cargas permanentes (desfavorável)	γ_G	1,35	1,2	1,1
Cargas permanentes (favorável)	$\gamma_{G,inf}$	1,0	1	1
Carga variável (desfavorável)	γ_Q	1,5	1,3	1,1
Carga variável (favorável)	γ_Q	0	0	0
Resistência	γ_M	1,4	1,3	1,2

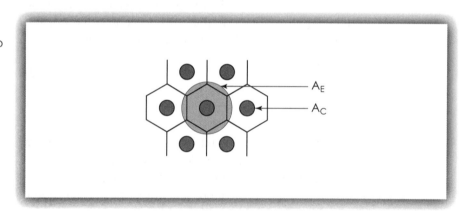

FIGURA 11-2
Áreas consideradas no método analítico.

O método analítico axissimétrico para dimensionamento da coluna é aplicado com o conceito de célula unitária, representada pela área ocupada pela coluna (A_C) e pela área de influência (A_E) de cada coluna, conforme a Figura 11-2.

A análise desenvolvida nesse método considera as seguintes hipóteses:

- O deslocamento horizontal é nulo nas bordas laterais da célula unitária.
- Os deslocamentos horizontal e vertical são nulos na base da célula unitária.
- Os recalques no topo da coluna e no topo do solo mole são iguais.
- O reforço perimetral de geossintético tem um comportamento elástico linear.
- O carregamento considerado é uniforme.

Os dados necessários para o dimensionamento são:

- Parâmetros do solo compressível no entorno: $c'_S, \phi'_S, \gamma_S, \nu, E_{oed,s}$
- Parâmetros geomecânicos do material de enchimento: c'_C, ϕ'_C, γ_C;

- Carregamento vertical de dimensionamento: ($\Delta\sigma_o$)
- Geometria da coluna: raio (r_C) e comprimento (h)
- Disposição da coluna: área de influência ($A_E = \pi r_E^2$)
- Geossintético tubular: resistência a tração (F_r) e raio (r_{geo})

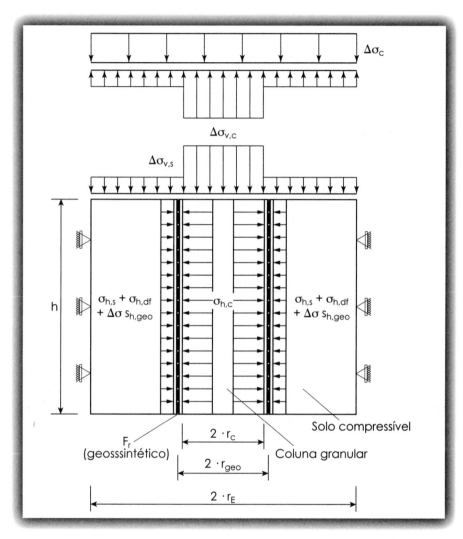

FIGURA 11-3
Esquema da célula unitária EBGEO (2011).

Inicialmente, define-se o equilíbrio de forças verticais no topo da célula unitária em virtude da tensão inicial proveniente do carregamento $\Delta\sigma_0$.

$$\Delta\sigma_0 \cdot A_E = \Delta\sigma_{v,c} \cdot A_c + \Delta\sigma_{v,s} \cdot (A_E - A_c) \qquad [11\text{-}4]$$

onde:
$\Delta\sigma_0$ carregamento vertical de dimensionamento
$\Delta\sigma_{v,c}$ tensão vertical no topo da coluna
$\Delta\sigma_{v,s}$ tensão vertical no topo do solo
A_E Área de influência
A_c Área da coluna

Definem-se então as equações das tensões horizontais no solo mole e na coluna, considerando os acréscimos de tensões verticais e as tensões efetivas iniciais, antes do carregamento ($\sigma v,0,c$ e $\sigma v,0,s$):

$$\sigma_{h,c} = \Delta\sigma_{v,c} \cdot K_{a,c} + \sigma_{v,0,c} \cdot K_{a,c} \qquad [11\text{-}5]$$

$$\sigma_{h,s} = \Delta\sigma_{v,s} \cdot K_{0,s} + \sigma_{v,0,s} \cdot K_{0,s}{}^{*} \qquad [11\text{-}6]$$

onde:

$\sigma_{h,c}$ tensão horizontal na coluna

$\sigma_{v,0,c}$ tensão vertical inicial na coluna (sem sobrecarga)

$K_{a,c}$ coeficiente de empuxo ativo na coluna = $(1 - \text{sen } \Phi_c)/(1 + \text{sen } \Phi_c)$

$\sigma_{h,s}$ tensão horizontal no solo

$\sigma_{v,0,s}$ tensão vertical inicial no solo (sem sobrecarga)

$K_{0,s}$ coeficiente de empuxo repouso no solo = $1\text{-sen }\Phi_s$,

$K_{0,s}{}^{*}$ na instalação com o método da escavação: $K_{0,s}{}^{*} = K_{0,s} = 1 - \text{sen } \phi'_s$ Na instalação através do método do deslocamento, o coeficiente no repouso é considerado maior, $K_{0,s}{}^{*}: = 1$

No geossintético estima-se a força de tração (F_r):

$$F_r = J \cdot \frac{\Delta r_{geo}}{r_{geo}} \qquad [11\text{-}7]$$

$$\Delta\sigma_{h,geo} = \frac{F_r}{r_{geo}} = \frac{J \cdot \dfrac{\Delta r_{geo}}{r_{geo}}}{r_{geo}} J \cdot \frac{\Delta r_{geo}}{r_{geo}^2} \qquad [11\text{-}8]$$

onde:

r_{geo} raio nominal do geossintético

Δr_{geo} aumento do raio devido a $\Delta\sigma_0$

$\Delta\sigma_{h,geo}$ acréscimo de tensão horizontal resistente na coluna

Com as Equações [11-5] a [11-8] define-se a tensão horizontal diferencial ($\Delta\sigma_{h,diff}$) com a seguinte equação no contato do geossintético tubular:

$$\Delta\sigma_{h,diff} + \sigma_{h,c} - (\sigma_{h,s} + \Delta\sigma_{h,geo}) \qquad [11\text{-}9]$$

A partir de $\Delta\sigma_{h,diff}$ é possível estimar o valor da variação do raio da coluna Δr_c e o recalque no solo s_s, usando-se o $E_{oed,s}$ e ν do solo compressível numa distribuição pré-definida (α).

$$\Delta r_c = \frac{\Delta\sigma_{h,diff}}{E^*} \cdot \left(\frac{1}{\alpha} - 1\right) \cdot r_c \qquad [11\text{-}10]$$

$$s_s = \left(\frac{\Delta\sigma_{v,s}}{E_{oed,s}} - 2 \cdot \frac{1}{E^*} \cdot \frac{\nu_s}{1 - \nu_s} \cdot \Delta\sigma_{h,diff}\right) \cdot h \qquad [11\text{-}11]$$

Aplicações em Colunas Encamisadas — 389

Sendo:

$$E^* = \left(\frac{1}{1-v_s} + \frac{1}{1+v_s} \cdot \frac{1}{\propto} \right) \cdot \frac{(1+v_s) \cdot (1-2v_s)}{(1-v_s)} \cdot E_{oed,s}$$

$$\propto = \frac{A_C}{A_E}$$

Admite-se, por hipótese, que o volume da coluna é constante. Portanto, pode-se determinar o recalque da coluna s_c:

$$S_c = \left(1 - \frac{r_o^2}{(r_o + \Delta r_c)^2} \right) \cdot h_o \qquad [11\text{-}12]$$

Por hipótese, os recalques no topo da coluna e no topo do solo mole são iguais. Logo, das Equações [11-11] e [11-12], tomando-se $h_o = h$ e $r_o = r_c$ temos:

$$\frac{S_c}{h} = \frac{S_s}{h} \qquad [11\text{-}13]$$

$$\left(1 - \frac{r_c^2}{(r_c + \Delta r_c)^2} \right) = \left(\frac{\Delta \sigma_{v,s}}{E_{oed,s}} - 2 \cdot \frac{1}{E^*} \cdot \frac{v_s}{1-v_s} \cdot \Delta \sigma_{h,diff} \right) \qquad [11\text{-}14]$$

$$\Delta r_c = \Delta r_{geo} - (r_{geo} - r_c) \qquad [11\text{-}15]$$

onde,

$$E_{oed,s} = E_{oed,ref} \left(\frac{p^* + c_s' \cdot \cot \emptyset_s'}{p_{ref}} \right)^m \qquad [11\text{-}16]$$

O valor do modulo edométrico $E_{oed,s}$ é definido para o estado de tensão médio p^* adicionado pela função da coesão e ângulo de atrito do solo mole, usando-se analogias de modelos constitutivos adotados em análise de modelos numéricos. O expoente m é adotado unitário para materiais argilosos. Os valores $p1^*$ e $p2^*$ são respectivamente tensões efetivas antes e depois de determinado o acréscimo de tensão vertical no solo:

$$p^* = \frac{p_2^* - p_1^*}{\ln \left(p_2^* \big/ p_1^* \right)} \qquad [11\text{-}17]$$

sendo:

$$p_2^* = \Delta \sigma_{v,c} + p_1^* \text{ e } p_1^* = \sigma_{v,0,s}$$

Valores simplificados podem ser associados a $p^* = \dfrac{p_2^* - p_1^*}{2}$

A metodologia analítica apresentada pode ser operacionalizada em programas tipo planilha eletrônica usuais, discretizando a coluna ao longo da vertical, sendo necessárias iterações em cada um dos elementos discretizados, buscando atender às hipóteses do modelo. Para fins de pré-dimensionamento, gráficos estão apresentados no item a seguir.

11.4 GRÁFICOS DE PRÉ-DIMENSIONAMENTO

Os gráficos ora apresentados servem para o pré-dimensionamento da coluna encamisada e são baseadas nas formulações analíticas apresentadas no item 11-3.

Os dados para elaboração dos gráficos estão abaixo definidos, partindo da premissa inicial de deformação máxima imposta no geossintético de 5%, não sendo considerados eventuais aterros de compensação de greide.

As condições de contorno são:

Solo compressível:
- $c' = 5$ kPa, $\phi' = 18°$ e $\gamma_{sat} = 5$ kN/m^3
- $E_{oed,100\ kPa} = 500$ kPa
- $\nu = 0{,}4$
- $K_{0,s}^{*}: = 1$

Areia da coluna
- $c' = 0$ kPa, $\phi' = 30°$ e $\gamma_{sat} = 9$ kN/m^3

Geossintético:
- Raio do geossintético $= r_{geo} = r_c$

A utilização dos gráficos segue os passos abaixo.

- Define-se inicialmente o $\Delta\sigma_0$ (carregamento vertical de dimensionamento)

- No Gráfico 1, é possível obter o valor da força de tração no geossintético (Fr) em função do raio da coluna (r_c) e sua densidade (α);

- Uma vez definido α e $\Delta\sigma_0$, no Gráfico 2 é possível obter a tensão vertical na coluna ($\Delta\sigma_{v,c}$).

- Com α e $\Delta\sigma_{v,c}$, é possível, no Gráfico 3, estimar o recalque adimensionalizado s/h em função da espessura do solo mole h.

11.5 EXEMPLO

Carregamento vertical permanente: 100 kPa;

Carregamento acidental: 20 kPa.

1, $\Delta\sigma_0 = 120$ kPa (carga permanente + carga acidental)

  a) No Gráfico 1: alfa = 15% → F_r = 92 kN/m para 5% de deformação e r_c = 0,40 m;
  b) No Gráfico 2: alfa = 15% → $\sigma_{v,c}$ = 0,75 MPa

FIGURA 11-4
Gráficos 1 e 2 de pré-dimensionamento.

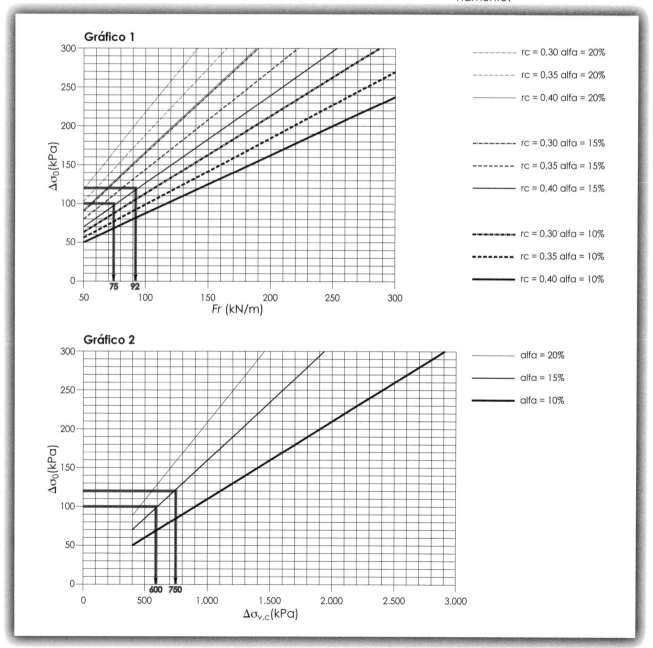

c) No Gráfico 3: alfa = 15% e $\sigma_{v,c}$ = 0,75 MPa temos:

- para espessura do solo mole h = 5 m → s/h = 8,62% → s = 0,43 m
- para espessura do solo mole h = 10 m → s/h = 7,92% → s = 0,79 m
- para espessura do solo mole h = 15 m → s/h = 7,35% → s = 1,10 m
- para espessura do solo mole h = 20 m → s/h = 6,85% → s = 1,37 m

2. $\Delta\sigma_0$ = 100 kPa

   a) No Gráfico 1: alfa = 15% → F_r = 75 kN/m para 5% de deformação e r_c = 0,40 m;

   b) No Gráfico 2: alfa = 15% → $\sigma_{v,c}$ = 0,60 MPa

   c) No Gráfico 3: alfa = 15% e $\sigma_{v,c}$ = 0,60 MPa temos:

   - para espessura do solo mole h = 5 m → s/h = 8,48% → s = 0,42 m
   - para espessura do solo mole h = 10 m → s/h = 7,70% → s = 0,77 m
   - para espessura do solo mole h = 15 m → s/h = 7,05% → s = 1,06 m
   - para espessura do solo mole h = 20 m → s/h = 6,50 % → s = 1,30 m

FIGURA 11-5
Gráfico 3 de pré-dimensionamento.

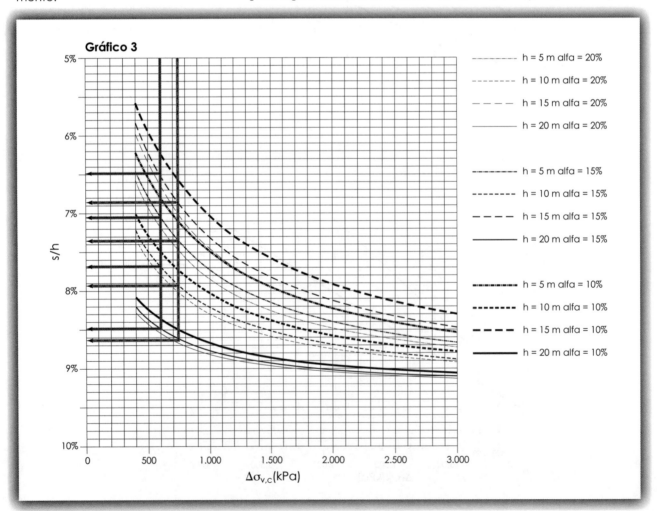

Aplicações em Colunas Encamisadas 393

3. Resistência requerida de projeto no geossintético (F_d) de acordo com a Equação [11-3]

$$F_d = F_{r,G} \cdot \gamma_G + (F_{r,G+Q} - F_{r,G}) \cdot \gamma_Q$$

a) Situação temporária:

- $F_d = 75 \times 1{,}2 + (92{-}75) \times 1{,}3 = 112$ kN/m

b) Situação operacional:

- $F_d = 75 \times 1{,}35 + (92{-}75) \times 1{,}5 = 127$ kN/m

4. Resistência de projeto (R_D) de acordo com a Equação [11-2]:

$$R_D = \frac{\eta_M}{\gamma_M} \frac{R_{B,k,5\%}}{FRP_{FL} \cdot FRP_{DI} \cdot FRP_{MA}} > F_d$$

a) Situação temporária (dois anos)

$$R_D = \frac{1{,}1}{1{,}3} \frac{300}{1{,}45 \times 1{,}17 \times 1{,}0} = 150 > F_d = 112 \rightarrow \text{ok!}$$

b) Situação operacional

$$R_D = \frac{1{,}1}{1{,}4} \frac{300}{1{,}54 \times 1{,}17 \times 1{,}0} = 131 > F_d = 127 \rightarrow \text{ok!}$$

11.6 RECOMENDAÇÕES

Para melhor desempenho, ou seja, para recalques menores é necessário que as solicitações verticais nas colunas sejam maximizadas, descarregando os solos compressíveis do entorno, aumentando os seguintes parâmetros:

- A razão de áreas (α), isto é, a relação área da coluna/área efetiva ($\alpha = A_c/A_e$);
- A resistência do geossintético tubular, isto é, aumento do F_r buscando menor deformação;
- As características geomecânicas do material de enchimento da coluna.

O geossintético tubular deve ser dimensionado para resistir às maiores solicitações, que acontecem no trecho superior da coluna. Cabe ressaltar que, para geossintéticos tubulares com costuras laterais, deverá ser considerada uma redução da resistência disponível.

Em função da malha adotada e metodologia construtiva proposta poderão ocorrer deslocamentos significativos em profundidade no subsolo na fase construtiva, devendo ser avaliadas a ordem de execução e suas consequências caso existam fundações ou estruturas existentes lindeiras.

O uso associado de aterros de pré-carga é possível. Recomenda-se que estimativas de tempo de tratamento sejam realizadas considerando a coluna como dreno vertical, conforme metodologias apresentadas em capítulos específicos, assim como o dimensionamento da estabilidade do aterro e seu funcionamento como "aterro estaqueado".

REFERÊNCIAS BIBLIOGRÁFICAS

ALMEIDA, M. S. S.; MARQUES, M. E. S. *Aterros sobre solos moles* – projeto e desempenho. São Paulo: Oficina de Texto, 2010. Coleção Huescker.

DIMITER A.; THOMSON, G. Geotextile encased columns (GEC): why, where, when, what, how? In: INTERNATIONAL CONFERENCE ON GEOTECHNIQUE, CONSTRUCTION MATERIALS AND ENVIRONMENT, 4., Brisbane, Nov. 19-21, 2014.

EBGEO Recommendations for design and analysis of earth structures using geosynthetic reinforcements – DGGT. Translation of the 2nd. German Edition. Berlin: Ernst & Sohn, 2011.

MELLO, L. G. et al. First use of geosynthetics encased sand columns in South America. In: PANAMERICAN GEOSYNTHETICS CONFERENCE & EXHIBITION, 1., *Proceedings...* Cancún, 2008.

RAITHEL, M. Zum Trag - und Verformungsverhalten von geokunststoffummantelten Sandsäulen.Schriftenreihe Geotechnik. Heft 6. Universität Gesamthochschule Kassel, 1999.

RAITHEL, M.; KEMPFERT, H. G. Calculation models for dam foudations with geotextile-coated sand columns. In: GEOENG 2000. *Proceedings...* Melbourne, 2000.

Capítulo 12

Aplicações em Restauração de Pavimentos

Régis M. Rodrigues
Jorge A. P. Ceratti

12.1 INTRODUÇÃO

As primeiras aplicações de geossintéticos em restauração datam da década de 1970, em trechos experimentais de pavimentos asfálticos rodoviários com a utilização de geotêxteis. Experimentos dessa natureza prosseguiram ao longo da década de 1980, mas somente a partir da década de 1990 sua aplicação se incorporou de fato ao leque de técnicas disponíveis em projetos reais, passando a abranger pavimentos rodoviários, aeroportuários e urbanos, incluindo a restauração de pavimentos rígidos por meio de recapeamentos asfálticos.

A grande vantagem na utilização dos geossintéticos consiste em prover confiabilidade adicional para um desempenho adequado do pavimento restaurado, em situações em que as técnicas convencionais não têm condições de oferecer garantias, a menos que envolvam grandes custos. Dessa forma, os geossintéticos possibilitam uma limitação ou até mesmo uma otimização dos custos de restauração, nos casos em que as técnicas convencionais exigiriam intervenções radicais, chegando até à reconstrução total ou parcial da estrutura. As condições de projeto potencialmente interessantes para a consideração do uso de geossintéticos abrangem:

a) pavimentos severamente trincados, apresentando trincas na superfície, com mais de 6 cm de profundidade, suportando tráfego comercial significativo (caminhões e ônibus) ou aeronaves com peso bruto superior a 13 tf;

b) pavimentos asfálticos que apresentam mau desempenho com relação a acúmulo de deformações plásticas sob cargas repetidas e cuja causa não está na instabilidade das camadas asfálticas existentes.

O histórico brasileiro da utilização de geossintéticos na restauração de pavimentos inclui alguns casos de insucesso. Constatou-se que, além da inexistência de um projeto específico, as soluções implementadas não eram tecnicamente adequadas para combater os mecanismos que controlavam a deterioração dos pavimentos.

Assim, para a correta avaliação das condições técnico-econômicas da utilização de um geossintético na restauração de pavimentos, deve-se conceber um projeto de engenharia que avalie, em uma determinada situação, a estrutura do pavimento existente, o tráfego atuante, as restrições orçamentárias e as condições operacionais

Somente pela elaboração de projetos tecnicamente adequados a cada obra será possível combater os mecanismos que controlam a deterioração dos pavimentos e obter todos os benefícios oferecidos pelos geossintéticos, por meio de técnicas de restauração que sejam superiores às convencionais, em termos de desempenho e/ou economia.

12.2 DEFINIÇÃO

Os geossintéticos utilizados na restauração de pavimentos são os geotêxteis e as geogrelhas, em uma ou mais das seguintes funções:

- sistema antirreflexão de trincas e de juntas;
- redução de deformações plásticas;
- bloqueio de bombeamento de finos.

Exercendo o geossintético uma ou mais dessas funções, o resultado final será um crescimento mais lento da irregularidade longitudinal do pavimento, implicando uma vida de serviço maior.

12.2.1 Sistemas antirreflexão de trincas e de juntas

A ação combinada do tráfego e do clima leva as camadas asfálticas e cimentadas dos pavimentos a trincarem, mais cedo ou mais tarde. As trincas no pavimento criam uma descontinuidade na estrutura que causa alterações na distribuição das tensões, provocando um aumento destas nas proximidades da descontinuidade. Uma vez instalada a trinca, ela aumenta em extensão, severidade e intensidade, levando eventualmente à desagregação do revestimento. Por meio desses efeitos, a velocidade de deterioração do pavimento usualmente acelera

Aplicações em Restauração de Pavimentos

após o início do trincamento, com efeitos particularmente importantes na progressão dos afundamentos em trilha de roda e da irregularidade longitudinal.

Em um recapeamento simples sobre um pavimento trincado, o problema mais comum é a reflexão ou propagação das trincas das camadas antigas para as novas, que se apresenta após ciclos de carregamento, em que pequenas espessuras de concreto asfáltico não resistem à rápida propagação das trincas, que, por conseguinte, reduzem a vida útil do pavimento. Além disso, o aumento da espessura para atrasar a ascensão da trinca pode não compensar economicamente, em especial quando o potencial para ocorrência da reflexão de trincas em camadas asfálticas de recapeamento for elevado.

A reflexão tende a controlar o desempenho do pavimento restaurado, encurtando drasticamente sua vida de serviço, no caso de restaurações executadas por meio de recapeamento simples. Um sistema antirreflexão de trincas deve ser então concebido, definindo-se a natureza dos materiais e a espessura das camadas constituintes. Essas técnicas costumam envolver o uso de camadas intermediárias especiais, colocadas entre a camada de recapeamento e o pavimento trincado.

Esse problema está presente tanto na restauração de pavimentos asfálticos como na restauração de pavimentos rígidos, onde as juntas entre as placas tendem a se refletir através da camada asfáltica de recapeamento, mesmo sem presença de tráfego pesado, em decorrência dos movimentos de retração e expansão térmicas das placas.

Outra situação potencialmente problemática é encontrada no alargamento de pistas antigas para aumento da capacidade de tráfego, com a adição de novas faixas de tráfego. A junta longitudinal de construção poderá se abrir, permitindo a infiltração de água, se medidas especiais não forem implementadas.

A reflexão de trincas e juntas é produzida por um ou mais dos seguintes mecanismos: movimentos de abertura e fechamento da trinca associados a variações térmicas e/ou flexão sob as cargas de roda [Figura 12-1(a)], e movimentação da extremidade da trinca em seu plano devido a tensões de cisalhamento aplicadas pelas cargas de roda do tráfego [Figura 12-1(b)]. Este último movimento pode se dar na direção da trinca (modo de "corte") ou perpendicularmente a ela (modo de "rasgamento").

Nos sistemas antirreflexão de trincas, pode-se distinguir para os geossintéticos dois modos específicos de atuação, discutidos a seguir: o desvio de trincas e a conversão de trincas em microfissuras.

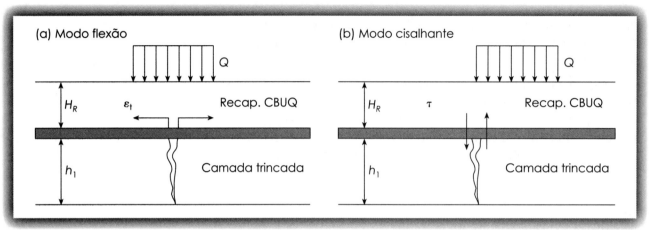

FIGURA 12-1
Mecanismos do trincamento por reflexão.

Desvio de trincas

É o caso dos geotêxteis impregnados por asfalto. O geotêxtil constitui um *container* para o asfalto, permitindo que se aplique, na interface entre o pavimento antigo e a camada asfáltica de recapeamento, uma taxa de pintura de ligação bem mais elevada que a que seria possível caso o geotêxtil não estivesse presente. O asfalto tem propriedades reológicas altamente dependentes da velocidade de carregamento, de modo a apresentar baixa rigidez sob aplicação lenta de tensões e elevada rigidez sob pulsos de tensões de curta duração. Assim, sob as cargas transientes dos veículos em alta velocidade, a rigidez elevada do asfalto garante adequada transmissão de esforços entre as camadas e proteção da fibra inferior da camada de recapeamento contra deformações de tração.

Por outro lado, sob as movimentações de natureza térmica, que são bastante lentas, a baixa rigidez do asfalto produz certo grau de desacoplamento entre as camadas, inibindo a reflexão de trincas e juntas, que seria produzida caso as duas camadas estivessem perfeitamente aderidas. Esse sistema não é eficaz para atrasar a reflexão de trincas quando o trincamento por reflexão é controlado por grandes movimentações verticais entre os dois lados da trinca, como é o caso de pavimentos rígidos nos quais há placas que se movimentam significativamente sob a passagem das cargas de roda (para esses casos, as geogrelhas devem ser utilizadas). Na melhor das hipóteses, contudo, não se tem o bloqueio do processo de trincamento por reflexão, mas apenas seu atraso, devido a um mecanismo em que a dissipação da energia aplicada pelas cargas de roda ao pavimento é feita produzindo temporariamente um desligamento localizado entre a face inferior do geotêxtil e a plataforma subjacente.

A trinca que se reflete, contudo, é menos severa que aquela que se formaria caso o geotêxtil não estivesse presente, devido a uma ação de reforço do geotêxtil sob as deformações de tração maiores associadas à abertura de uma trinca. Essa severidade menor faz com que a possibilidade de erosão subsequente do topo do pavimento, nos bordos da trinca refletida, seja menor, ao mesmo tempo em que a extensão gradual do comprimento da trinca refletida na direção horizontal seja mais lenta, em virtude do entrosamento de agregados, que é mantido nas paredes da trinca.

O desempenho global do pavimento é, portanto, melhorado por meio de uma combinação de efeitos: atraso do trincamento por reflexão, trincas refletidas de severidade atenuada e manutenção da estanqueidade do revestimento, protegendo as camadas subjacentes da ação das águas pluviais e, dessa forma, mantendo a resistência da estrutura contra deformações plásticas sob cargas repetidas e evitando o bombeamento de finos da camada de base através das trincas refletidas.

Conversão de trincas em microfissuras

Esse é o caso das geogrelhas. Sua presença faz com que seja impossível a monopolização da energia dissipada para a progressão de apenas uma única trinca dominante, sendo que, ao contrário, formam-se inúmeras microfissuras de baixa severidade e trajetória aleatória, a maior parte delas de progressão muito lenta e que pode ser interrompida quando adquirem uma orientação que impossibilite a continuidade do processo de dissipação de energia em sua extremidade.

O grau de transferência de tensões ao longo das paredes de cada uma dessas microfissuras é elevado, o que auxilia na redução de sua velocidade de crescimento por atenuar a concentração de tensões em sua extremidade. O resultado é uma camada que mantém elevada rigidez, integridade e estanqueidade, em vista de não ser prejudicada a transmissão de esforços por entrosamento entre os agregados mais graúdos da mistura asfáltica. As seguintes consequências advêm desse mecanismo:

- O pavimento permanece com elevado grau de impermeabilização, mesmo após as trincas terem atingido a superfície, por serem mais fechadas e não interligadas.

- Um futuro recapeamento poderá ser feito diretamente sobre a camada asfáltica do recapeamento antigo, sem maiores preocupações quanto a trincamentos por reflexão, uma vez que as microfissuras subjacentes terão atividade baixa.

- O desempenho global do pavimento restaurado melhora. Isso ocorre tanto em razão do atraso na reflexão das trincas subjacentes à camada asfáltica de recapeamento quanto pela eliminação ou menor incidência de trincas severas na superfície, na medida em que trincas de baixa severidade se espalham mais lentamente pela superfície do pavimento e não sofrem erosão de bordos ou desagregação. Além disso, os afundamentos em trilha de roda e a irregularidade longitudinal serão menos severos, à medida que a contribuição da camada asfáltica nas deformações plásticas da estrutura é reduzida, ao mesmo tempo em que a manutenção da rigidez da camada mantém sua capacidade de aliviar as tensões atuantes nas camadas subjacentes.

12.2.2 Redução de deformações plásticas

No caso dos geotêxteis impregnados por asfalto, sua ação de imper-meabilização evita perda de capacidade de suporte dos solos e dos materiais granulares sob o umedecimento que a infiltração de águas pluviais através das trincas do revestimento produziria. No caso das geogrelhas, o padrão de trincamento das camadas asfálticas será o de um microfissuramento difuso, apresentando-se as fissuras com baixa severidade e bastante ramificadas, permitindo que o entrosamento de agregados permaneça elevado. Isso induz a pequenas deformações plásticas nas camadas asfálticas, mantendo elevada rigidez, bem como a capacidade de aliviar as tensões causadas pelas cargas de roda nas camadas subjacentes.

12.2.3 Bloqueio de bombeamento de finos

A ação erosiva da água infiltrada nas trincas do revestimento, em ca-madas de base contendo finos, pode ser evitada pela presença de um geotêxtil impregnado de asfalto nas camadas de revestimento.

12.3 PROPRIEDADES RELEVANTES

São propriedades relevantes para os geotêxteis:

- resistência à tração > 7 kN/m (NBR 10319);
- capacidade de retenção de ligante betuminoso > 0,9 L/m^2 (Texas DOT-3099);
- ponto de amolecimento > 180 $^{\circ}$C.

Já as geogrelhas poliméricas têm como propriedades relevantes:

- Resistência à tração $\geq$ 50 kN/m para deformação $\leq$ 12% (NBR ISO 10319);
- Resistência à fadiga $\geq$ 90% de resistência retida após 100.000 ciclos carga/descarga;
- abertura da malha (d) de modo tal que $2 \leq d/\phi_{max} \leq 10$, sendo ϕ_{max} o diâmetro máximo de agregados da mistura asfáltica aplicada sobre a geogrelha;
- ponto de amolecimento > 180 $^{\circ}$C.

12.4 PRODUTOS UTILIZADOS

Na classe dos geotêxteis, são recomendáveis os nãotecidos de poliéster ou polipropileno com gramatura maior ou igual a 150 g/m^2, espessura maior ou igual a 1,50 mm, resistência à tração maior ou igual a 7 kN/m e ponto de amolecimento maior ou igual a 180 °C. Em termos de desempenho, pouca diferença tem sido observada entre os geotêxteis de diferentes gramaturas que atendem a esses critérios, com um ligeiro benefício adicional acrescentado pelas maiores gramaturas.

Na classe das geogrelhas poliméricas são necessários materiais com resistência à tração e à fadiga, pois estarão submetidos a ciclos carga/descarga durante toda a vida útil da obra. Além disso, a manifestação de seus benefícios requer que a relação entre a abertura da malha (d) e o diâmetro máximo dos agregados da mistura asfáltica (ϕ_{max}) obedeça a um limite, a fim de que o entrosamento entre os agregados mais graúdos da mistura asfáltica possa ser incrementado pela ação de reforço da malha, quando as tensões e deformações de tração ou de cisalhamento forem aplicadas à camada asfáltica.

Ao mesmo tempo, a malha deve ter abertura suficiente para permitir a acomodação dos agregados mais graúdos em seu interior, sendo aconselhável atender à relação d/ϕ_{max} entre 2 e 10. A aderência entre a geogrelha e as camadas de concreto asfáltico é outro fator a ser considerado para escolha do produto. Em qualquer caso, o efeito da inserção de uma determinada geogrelha deve ser quantificado através de ensaios de laboratório, preferencialmente verificado por meio do desempenho de trechos experimentais, antes de seu uso em projetos de restauração.

12.5 DIMENSIONAMENTO

O dimensionamento deve ser feito por meio de previsão do desempenho futuro do pavimento restaurado, envolvendo as técnicas convencionais de restauração aplicáveis e aquela concebida com o uso do geossintético cuja aplicação se está investigando. Para tanto, aplicam-se modelos de previsão de desempenho apropriados e confiáveis, com preferência para aqueles estruturados dentro da concepção dos modelos mecanístico--empíricos (ou seja, modelos fundamentados em bases teóricas consistentes e cuja validação e calibração experimental tenha sido feita a partir de pavimentos reais em serviço).

As previsões envolvem: trincamento por reflexão da camada asfáltica de recapeamento, geração de afundamentos em trilha de roda sob a ação das cargas repetidas do tráfego e progressão da irregularidade longitudinal. Serão consideradas equivalentes as soluções que conduzirem à mesma vida de serviço (V_S), e a comparação entre elas poderá ser feita a partir do custo de instalação (CI). Alternativamente, podem ser geradas soluções com vidas de serviço diferentes mas que atendam a um período de projeto (PP) desejado. A solução ideal será aquela que levar ao menor valor para o parâmetro custo anual uniforme equivalente de manutenção ($CAUEM$), definido por:

$$CAUEM = \frac{CI}{V_S}$$ [12-1]

Em termos de previsão da vida de reflexão de trincas da camada asfáltica de recapeamento, é preciso considerar que, à passagem de uma carga de roda, três condições críticas de solicitação são geradas, como ilustrado na Figura 12-1: um pulso de tração na flexão (quando o centro da área carregada está alinhado com a trinca) e dois pulsos de cisalhamento ao longo do plano da trinca (quando o bordo da área carregada se alinha com a trinca, posição em que as máximas tensões de cisalhamento são aplicadas no plano da trinca).

O consumo por fadiga produzido pela passagem de uma carga de roda é dado por:

$$cf_1 = \frac{1}{N_f} + \frac{2}{N_c}$$ [12-2]

em que N_f e N_c são, respectivamente, os números de ciclos de carga capazes de, isoladamente, produzir a formação da trinca de reflexão, nos modos flexão e cisalhante de solicitação. Em se tratando de um sistema com geossintético, deve-se escrever:

$$cf_1 = \frac{1}{F_f N_f} + \frac{2}{F_c N_c}$$ [12-3}

sendo F_f e F_c os fatores de incremento da resistência a fadiga propiciados pela inserção do geossintético na camada asfáltica e que devem ser obtidos experimentalmente. A título de ilustração e com base em ensaios de fadiga realizados em vigotas ou placas apoiadas sobre uma plataforma trincada ou sob flexão, a Tabela 12-1 mostra valores possíveis para esses parâmetros. Conhecendo-se cf_1, o número de passagens da carga de roda capaz de levar a camada asfáltica ao final de sua vida de reflexão de trincas será dado por:

$$N_0 = \frac{1}{cf_1}$$ [12-4]

de acordo com a lei de Miner, cuja aplicação é válida para misturas asfálticas.

TABELA 12-1
Fatores de incremento da resistência à reflexão de trincas

Geossintético	F_f	F_c
Geotêxtil	1,7 a 7,0	1,3 – 1,5
Geogrelha polimérica	3,0 – 8,0	3,0 – 3,6

No caso dos geotêxteis (MONTESTRUQUE, 2002 e congressos do RILEM de 1993 e 1996), os limites inferiores de F_f parecem estar associados ao ligante utilizado na impregnação, com as emulsões asfálticas comuns levando aos extremos inferiores, o CAP – cimento asfáltico de petróleo puro levando aos valores intermediários, e os asfaltos modificados por elastômeros ou polímeros levando aos extremos superiores. Existe também evidência de que maiores valores para F_f são obtidos a temperaturas mais baixas. Majidzadeh et al. (1984), por exemplo, obtiveram F_f por volta de 4,2 sob 22,2 °C e $F_f = 100$ a 4,4 °C, para geotêxteis impregnados por emulsão asfáltica.

O fato de ter-se valores de $F_c > 1$ em todos os casos, mesmo no dos geotêxteis, que não possuem qualquer capacidade de transmitir esforços entre os lados carregado e não carregado da trinca na posição cisalhante, está associado ao efeito de redução da severidade da trinca de reflexão, de modo que o entrosamento de agregados nas paredes da trinca refletida é incrementado pela presença do geossintético.

A estimativa de N_f e de N_c deve ser feita a partir de um modelo de previsão de desempenho mecanístico-empírico para o caso de recapeamento simples (sem a presença do geossintético). Um modelo desse tipo foi aplicado às condições de projeto descritas a seguir.

- Concreto asfáltico da camada de recapeamento:
  - volume de vazios de ar, $V_V = 4\%$;
  - teor de asfalto em volume, $V_B = 12\%$;
  - asfalto, CAP 20;
  - diâmetro máximo de agregados, $\phi_{max} = \frac{3}{4}$ pol;
  - teor de finos, $\% < \#200 = 4\%$;
  - resistência à tração sob compressão diametral a 25 °C, $R_t = 8,3$ kgf/cm²;
  - módulo de resiliência sob compressão diametral a 25 °C, $M_R = 35.600$ kgf/cm².
- Temperatura média do ar, 23 °C.
- Velocidade média dos veículos de carga, $v = 80$ km/h.
- Camada de base em brita graduada com CBR = 100 e espessura $h_2 = 28$ cm.
- Solo de subleito com CBR = 7.

Assim, foram obtidas as previsões de vida de reflexão de trincas mostradas nas Tabelas 12-2 e 12-3. Trata-se do programa Pavesys9 (RODRIGUES, 2001), desenvolvido com base em modelos mecanísticos cuja validade foi aferida a partir de estudos especiais (AASHO Road Test, experimentos do USACE que levaram aos métodos baseados no CBR, Pista Circular de Nantes, pesquisa SHRP-LTPP, entre outros estudos) e que recebeu calibração experimental com base no desempenho de pavimentos em serviço no Brasil.

Deve-se ressaltar que os resultados das Tabelas 12-2 e 12-3 referem- se exclusivamente às condições de projeto anteriormente referidas, às quais se deve acrescentar o fato de estar o revestimento asfáltico existente, de espessura h_1, severamente trincado, com módulo de elasticidade efetivo igual a $E_1 = 10.000$ kgf/cm^2. Esse valor correspondente ao que se obtém por meio de provas de carga com *falling weight deflectometer,* quando a camada se encontra com sua integridade bastante comprometida por trincas severas que atravessam toda a espessura. Para a camada de base granular, foi adotado um valor típico para o módulo de elasticidade observado no caso de brita graduada $E_2 = 1.700$ kgf/cm^2, enquanto o solo de subleito foi caracterizado por $E_3 = 700$ kgf/cm^2.

Os resultados anotados na Tabela 12-2 referem-se ao número acumulado de repetições do eixo padrão rodoviário de 80 kN (com equivalência de cargas dada pelos fatores da AASHTO) requerido para que as primeiras trincas de fadiga se tornem visíveis na superfície do pavimento. Já a Tabela 12-3 se refere ao momento em que a camada asfáltica de recapeamento atinge uma porcentagem de área trincada TR = 20%, situação que pode ser considerada como aquela em que o pavimento precisa ser restaurado, por estarem as duas trilhas de roda praticamente tomadas por trincamento no padrão tipo couro de crocodilo.

As Tabelas 12-4 a 12-6 apresentam os fatores de incremento que devem ser aplicados aos valores de N_f da Tabela 12-3, caso se reforce a camada asfáltica de recapeamento com um geossintético que apre-

TABELA 12-2
Vida de reflexão de trincas em recapeamento simples
(10^6 repetições do eixo de 80 kN para início do trincamento)

H_R (cm)	N_0 para $h_1 = 5$ cm	N_0 para $h_1 = 10$ cm	N_0 para $h_1 = 15$ cm
4	0,449	0,529	0,665
6	0,666	0,866	1,140
8	0,956	1,530	2,320
10	2,010	3,080	4,420

TABELA 12-3
Vida de reflexão de trincas em recapeamento simples
(10⁶ repetições do eixo de 80 kN para TR = 20%)

H_R (cm)	N_f para h_1 = 5 cm	N_f para h_1 = 10 cm	N_f para h_1 = 15 cm
4	0,910	0,989	1,130
6	1,260	1,460	1,750
8	1,670	2,260	3,050
10	2,860	3,920	5,520

sente os F_f e F_c lá indicados. As vidas de reflexão de trincas da Tabela 12-3 devem ser encaradas apenas como uma indicação de ordem de grandeza, na medida em que se baseiam em condições estruturais e climáticas específicas. Já os fatores de incremento das Tabelas 12-4 e 12-5 podem ser utilizados de maneira mais geral, de modo que a vida de reflexão de trincas do pavimento reforçado por geossintético é dada por:

$$N_f^{ref} = \text{Fator} \times N_f \qquad [12\text{-}5]$$

em que N_f se refere ao recapeamento simples.

A progressão da área trincada de um pavimento restaurado por recapeamento simples pode ser prevista por (RODRIGUES, 2001):

$$TR = a_0(t - T_0)^{a_1} \qquad [12\text{-}6]$$

$$a_0 = 5{,}3748 \cdot \left[\frac{N_{ano}/10^5}{H_R} \right]^{1,2923} \qquad [12\text{-}7]$$

$$a_1 = 2 \qquad [12\text{-}8]$$

para TR $\leq$ 50%. E:

$$TR = -100 + 4a_0 \cdot \left(\frac{50}{a_0} \right)^{0,5} \cdot (t - t_0) - a_0(t - t_0)^2 \qquad [12\text{-}9]$$

para 50 < TR $\leq$ 100%, sendo:

TR a percentagem de área trincada;

t a idade da camada de recapeamento (anos);

t_0 a idade correspondente ao momento em que as primeiras trincas de reflexão se tornam visíveis na superfície do pavimento [= N_0/N_{ano} $\leq$ 5,4 exp $(0{,}103H_R)$];

N_{ano} o tráfego anual, expresso em repetições do eixo padrão de 80 kN (AASHTO); e

H_R a espessura da camada asfáltica de recapeamento, em CBUQ (cm).

TABELA 12-4
Fatores de aumento da vida de reflexão de trincas para $h_1 = 5$ cm

H_R (cm)	F_f	F_c	Fator	H_R (cm)	F_f	F_c	Fator
4	1	1	1,00	8	1	1	1,00
		2	1,01			2	1,02
		5	1,02			5	1,02
		10	1,02			10	1,02
	2	1	1,09		2	1	1,51
		2	1,11			2	1,54
		5	1,11			5	1,57
		10	1,13			10	1,59
	5	1	1,37		5	1	2,87
		2	1,43			2	3,08
		5	1,46			5	3,23
		10	1,46			10	3,28
	10	1	1,84		10	1	4,63
		2	1,98			2	5,30
		5	2,05			5	5,83
		10	2,10			10	5,99
6	1	1	1,00	10	1	1	1,00
		2	1,02			2	1,02
		5	1,02			5	1,02
		10	1,03			10	1,03
	2	1	1,17		2	1	1,63
		2	1,20			2	1,70
		5	1,21			5	1,74
		10	1,21			10	1,76
	5	1	1,87		5	1	3,23
		2	1,96			2	3,57
		5	2,02			5	3,81
		10	2,04			10	3,88
	10	1	2,95		10	1	5,17
		2	3,25			2	6,15
		5	3,48			5	6,99
		10	3,56			10	7,34

Tabela 12-5
Fatores de aumento da vida de reflexão de trincas para $h_1 = 10$ cm

H_R (cm)	F_f	F_c	Fator	H_R (cm)	F_f	F_c	Fator
4	1	1	1,00	8	1	1	1,00
		2	1,02			2	1,02
		5	1,02			5	1,03
		10	1,02			10	1,03
	2	1	1,21		2	1	1,61
		2	1,24			2	1,68
		5	1,27			5	1,73
		10	1,27			10	1,74
	5	1	1,84		5	1	3,12
		2	1,95			2	3,47
		5	2,04			5	3,72
		10	2,08			10	3,81
	10	1	2,80		10	1	4,87
		2	3,21			2	5,89
		5	3,51			5	6,77
		10	3,63			10	7,12
6	1	1	1,00	10	1	1	1,00
		2	1,01			2	1,03
		5	1,03			5	1,05
		10	1,03			10	1,05
	2	1	1,35		2	1	1,68
		2	1,38			2	1,79
		5	1,42			5	1,85
		10	1,42			10	1,88
	5	1	2,49		5	1	3,29
		2	2,71			2	3,78
		5	2,86			5	4,13
		10	2,91			10	4,29
	10	1	3,93		10	1	5,08
		2	4,58			2	6,38
		5	5,10			5	5,00
		10	5,30			10	8,06

Essa análise leva em conta o desempenho relativo ao trincamento da camada asfáltica. Outros aspectos que devem ser considerados incluem a geração de afundamentos em trilha de roda e a evolução da irregularidade longitudinal do pavimento. Diversos modelos estão disponíveis, abrangendo desde os mecanístico-empíricos até os modelos empíricos mais simples. Desta última categoria, sugere-se o uso dos modelos do HDM-III (Paterson, 1987). No caso da previsão de afundamentos em trilha de roda, o modelo é expresso por:

$$RDM = 1,0 AGER^{0,166} SNC^{-0,502} COMP^{-2,30} NE_4^{ERM} \qquad [12\text{-}10]$$

$$ERM = 0,0902 + 0,0384 DEF - 0,009 RH + 0,00158 MMP \times CRX$$
$$[12\text{-}11]$$

onde:

RDM é o afundamento em trilha de roda – média das trilhas externa e interna (mm);

$COMP$ o índice de compacidade do pavimento, em relação a um padrão;

$AGER$ a idade do pavimento, desde a construção ou último recapeamento (anos);

NE_4 o número equivalente acumulado de passagens do eixo padrão de 80 kN (AASHTO);

DEF a deflexão da viga Benkelman (mm), sob o eixo de 80 kN;

RH o estado quanto à restauração (=1 para pavimentos recapeados e 0 para pavimentos originais);

MMP a precipitação pluviométrica média mensal (m/mês);

CRX a porcentagem da área trincada.

Tabela 12-6
Fatores de aumento da vida de reflexão de trincas para $h_1 = 15$ cm

H_R (cm)	F_f	F_c	Fator	H_R (cm)	F_f	F_c	Fator
4	1	1	1,00	8	1	1	1,00
		2	1,02			2	1,03
		5	1,03			5	1,04
		10	1,03			10	1,05
	2	1	1,29		2	1	1,66
		2	1,34			2	1,76
		5	1,37			5	1,83
		10	1,38			10	1,85
	5	1	2,28		5	1	3,18
		2	2,54			2	3,64
		5	2,73			5	4,03
		10	2,81			10	4,16
	10	1	3,47		10	1	4,79
		2	4,18			2	6,10
		5	4,80			5	7,31
		10	5,04			10	7,84
6	1	1	1,00	10	1	1	1,00
		2	1,01			2	1,04
		5	1,03			5	1,07
		10	1,04			10	1,08
	2	1	1,58		2	1	1,71
		2	1,65			2	1,85
		5	1,70			5	1,92
		10	1,72			10	1,96
	5	1	2,97		5	1	3,26
		2	3,34			2	3,87
		5	3,61			5	4,55
		10	3,71			10	4,57
	10	1	4,54		10	1	4,82
		2	5,59			2	6,34
		5	6,46			5	7,89
		10	6,86			10	8,57

Em média, cada camada asfáltica de recapeamento aplicada reduz os afundamentos em trilha de roda existentes em 85%. O número estrutural corrigido SNC, é dado por:

$$SNC = SN + 3{,}51\log_{10}CBR - 0{,}85(\log_{10}CBR)^2 \qquad [12\text{-}12]$$

$$SN = (a_1h_1 + a_2h_2m_2 + a_3h_3m_3) \qquad [12\text{-}13]$$

sendo:

SN o número estrutural do pavimento (AASHTO);
a_i o coeficiente de equivalência estrutural da camada i;
h_i a espessura da camada i (pol);
m_i o coeficiente de drenagem da camada i;
CBR = Índice Suporte Califórnia do solo de subleito.

No que diz respeito à evolução da irregularidade longitudinal:

$$IRI(t) = [IRI_0 + 725(1 + SNC)^{-4,99}NE_4(t)]e^{0,0153t} \qquad [12\text{-}14]$$

em que:

NE_4 é o tráfego acumulado do eixo padrão 8,2 tf (milhões por faixa);

t a idade do pavimento desde a construção ou restauração (anos).

O valor inicial da irregularidade (IRI_0) deve ser estimado a partir de Coelho e Queiroz (1985):

$$QI_d = 19 + \frac{QI_a - 19}{0{,}602H_R + 1} \qquad [12\text{-}15]$$

sendo:

QI_a a irregularidade do pavimento existente (contagens/km); e

QI_d a irregularidade imediatamente após aplicação da camada asfáltica de recapeamento, de espessura H_R (cm).

Essa fórmula pode ser aplicada também para previsão da irregularidade do pavimento após fresagem. Basta substituir o parâmetro H_R pela espessura de corte (h_c). A relação entre a irregularidade expressa em contagens/km e em m/km é:

$$QI = 13 \times IRI. \qquad [12\text{-}16]$$

O efeito da inserção de um geossintético pode ser avaliado nesses modelos considerando-se possíveis benefícios relativos à manutenção da impermeabilização do revestimento e também com relação a uma maior integridade estrutural da camada asfáltica (em virtude de menor severidade das trincas de reflexão). No primeiro caso, os coeficientes de drenagem m_i das camadas granulares e de solos podem ser definidos utilizando-se os critérios do "Guia da AASHTO", reproduzidos na Tabela 12-7. A Tabela 12-8 mostra a definição utilizada no Guia para o parâmetro "qualidade da drenagem" utilizado na Tabela 12-7.

Aplicações em Restauração de Pavimentos 411

TABELA 12-7 Coeficiente de drenagem (m_i)				
Qualidade da drenagem	Tempo que a estrutura do pavimento é exposta a níveis de umidade próximos da saturação (%)			
	< 1%	1 – 5%	5 – 25%	> 25%
Excelente	1,40 – 1,35	1,35 – 1,30	1,30 – 1,20	1,20
Boa	1,35 – 1,25	1,25 – 1,15	1,15 – 1,00	1,00
Regular	1,25 – 1,15	1,15 – 1,05	1,00 – 0,80	0,80
Ruim	1,15 – 1,05	1,05 – 0,80	0,80 – 0,60	0,60
Muito ruim	1,05 – 0,95	0,95 – 0,75	0,75 – 0,40	0,40

Tabela 12-8 Definição de qualidade da drenagem	
Qualidade da drenagem	Remoção da água infiltrada
Excelente	Em 2 horas
Boa	Em 1 dia
Regular	Em 1 semana
Ruim	Em 1 mês
Muito ruim	Não há drenagem

Assim, por exemplo, as camadas de base e subleito receberiam $m_2 = m_3 = 1,30$ para considerar a impermeabilização introduzida pelo geossintético, e teríamos $m_2 = m_3 = 1,00$ para a estrutura sem o geossintético. O *CBR* do solo de subleito poderia refletir condições de umidade de equilíbrio próximas à umidade ótima da compactação, no caso do pavimento com geossintético, e um *CBR* mais baixo seria razoável para descrever o caso da estrutura sem geossintético, sujeita a infiltração de águas pluviais. Uma consideração desse tipo só não seria necessária caso o solo de subleito fosse granular e de alta permeabilidade, uma vez que a água eventualmente infiltrada sofreria drenagem rápida por gravidade, sem afetar as condições de projeto de forma significativa.

Com relação ao segundo efeito, a manutenção da integridade estrutural da camada asfáltica de recapeamento permitiria considerar $a_1 = 0,44$ (valor máximo permitido no "Guia da AASHTO" e associado a revestimentos em *CBUQ* de alta estabilidade), ao passo que a não utilização do geossintético levaria a valores a_1 de 0,30 a 0,40, a fim de considerar o efeito das trincas severas de reflexão. Nos dois casos, teríamos um valor de *SNC* maior para o pavimento ao longo do período de projeto com o uso do geossintético, propiciando geração menos intensa de afundamentos em trilha de roda e de irregularidade longitudinal.

12.6 RECOMENDAÇÕES DE INSTALAÇÃO

Algumas geogrelhas poliméricas são termofixadas, por conterem impregnação betuminosa que, ao se aquecer em contato com a camada asfáltica de recapeamento recém-aplicada, permite uma fácil aderência com a plataforma subjacente e com a própria camada de recapeamento.

No caso dos geotêxteis, quando aplicados à superfície do pavimento, devem ser desenrolados sob tensão sobre uma película de asfalto com cerca de 1 mm de espessura, resultante de uma primeira pintura ligante lançada sobre o pavimento existente. Um percentual do asfalto dessa película pode ser absorvido pela superfície do pavimento subjacente, ou escorrer para dentro de trincas. Deve-se aplicar sobre o geotêxtil uma demão de ligante asfáltico que, somando-se à primeira demão inferior, irá completar sua saturação, por ocasião do lançamento e da compactação da camada de recapeamento. A pintura inferior e a superior também têm por função garantir a efetiva ligação entre o pavimento existente, o geotêxtil e o recapeamento. Após a aplicação da camada asfáltica de recapeamento a quente sobre o geotêxtil, o ligante que já havia sido espalhado é reaquecido, levando à saturação do geotêxtil e sua efetiva ligação com o pavimento existente e a camada de recapeamento.

Com relação às restrições de temperatura e às características físicas e mecânicas necessárias para o uso de fibras em pavimentos, pode-se dizer que um geotêxtil não tecido a ser utilizado como camada intermediária deve apresentar propriedades que contribuam para as seguintes funções importantes:

Com relação às restrições de temperatura e às características físicas e mecânicas necessárias para o uso de fibras em pavimentos, pode-se dizer que um geotêxtil não tecido a ser utilizado como camada intermediária deve apresentar propriedades que contribuam para as seguintes funções importantes:

- absorver facilmente o ligante asfáltico, de maneira a se tornar uma membrana resistente e impermeável, que impeça a penetração de água nas camadas subjacentes;

- ser durável e resiliente sob a ação das cargas do tráfego;

- deve ser capaz, durante a instalação, de resistir à temperatura de aplicação do concreto asfáltico (150 °C) e às solicitações mecânicas da instalação (sobrevivência).

O *Swiss Geotextile Manual* apresenta em detalhe os aspectos construtivos a serem observados na instalação do geotêxtil no campo. Algumas observações devem ser feitas, conforme segue.

- Uma aderência deficiente entre o geotêxtil e o pavimento subjacente pode decorrer de: excesso de ligante, cura incompleta da emulsão, falta de ligante (por se ter uma superfície muito porosa) ou umidade excessiva da manta (em função de condições climáticas adversas).

- Uma superfície muito irregular requer a aplicação prévia de uma camada de regularização, antes da colocação do geotêxtil.

- Devem ser efetuados reparos em áreas localizadas onde a deterioração estrutural (trincamento por fadiga, deformações plásticas) se mostra muito acentuada, devendo ser preenchidas as panelas e as trincas com abertura superior a 5 mm.

- As ondulações na manta, já colocada, são praticamente inevitáveis e podem servir de origem a trincas na camada asfáltica de recapeamento. Todos os cuidados devem ser dispensados, portanto, no sentido de se limitar a formação dessas ondulações, por meio da aplicação de uma tensão apropriada enquanto se desenrola a manta.

- A fim de obter os referidos efeitos de absorção de tensões e uma aderência adequada da camada asfáltica de recapeamento, deve-se conseguir uma taxa de impregnação suficientemente elevada da manta.

- É preciso muita precaução quando se usam emulsões asfálticas para a pintura de ligação, a fim de se assegurar a cura adequada antes da colocação do geotêxtil, o que depende da temperatura e da umidade do meio ambiente. É recomendável a utilização de caminhão espargidor, provido de tacômetro e munido de barra distribuidora calibrada e aferida, a fim de garantir uma perfeita taxa da aplicação de emulsão asfáltica catiônica RR-1C. Esse primeiro banho sobre a superfície promove a condição de semissaturação e aderência do geotêxtil. O banho recomendado para um geotêxtil de 200 g/m^2, por exemplo, é de 1,1 L/m^2 de RR-1C, que, após ruptura e cura, gera 0,64 L/m^2 de resíduo asfáltico, por se tratar de emulsão com 63% de resíduo betuminoso ativo.

- A superfície onde a manta será aplicada deve estar o mais limpa possível, pois a poeira pode reduzir a aderência. A limpeza por meio de vassoura mecânica seguida de jato de ar comprimido é, portanto, recomendável, sendo imprescindível no caso de superfícies fresadas ou com grau de desagregação superficial elevado.

- Quando o recapeamento é sobre pavimentos rígidos, a movimentação vertical excessiva das juntas deve ser eliminada por meio de uma estabilização da sub-base.

- No caso de aplicação sobre superfícies fresadas, considerar que a emulsão asfáltica utilizada para ligação da manta com o pavimento existente tenderá a se concentrar na parte mais baixa das corrugações, reduzindo a aderência da manta se não for aplicada uma taxa de emulsão suficiente. A emulsão deverá estar curada antes que a manta seja aplicada.

- A colocação do geotêxtil, imediatamente após a primeira imprimação de ligação, pode ser efetuada manualmente ou com ajuda de um pendural, instalado em uma pá carregadeira com a concha levantada, desenrolando-se sob tensão, então, a manta de geotêxtil sobre a pista. Exige-se um cuidado especial para evitar a formação de "rugas", que poderiam originar trincas na camada asfáltica de recapeamento. Todas as precauções devem ser tomadas, portanto, no sentido de se limitar a formação dessas ondulações, por meio da aplicação de uma tensão apropriada enquanto se desenrola a manta.

- A manta deve ser compactada por um rolo pneumático (com pressão de 50 psi) antes de se aplicar a segunda imprimação, sendo suficientes duas a três passadas, que servem para provocar a aderência completa entre o geotêxtil e o pavimento subjacente.

- Sobre a manta é realizada uma segunda imprimação. Essa película betuminosa serve para impregnar o geotêxtil e provocar sua ligação com a camada de recapeamento. A quantidade de material a ser aplicada é maior que a da primeira imprimação de ligação.

- Após a cura ou ruptura da emulsão aplicada, espalha-se um pouco do próprio concreto asfáltico a ser utilizado na camada de recapeamento, ao longo da trajetória das trilhas da vibro-acabadora e dos seus caminhões de abastecimento (operação de "salgamento"), a fim de que o trânsito desses equipamentos não danifique a manta.

- O espalhamento e a compactação da camada asfáltica de recapeamento são executados da forma usual.

Para garantir um perfeito funcionamento do sistema formado pelo pavimento existente, o geotêxtil e o recapeamento, a taxa de imprimação deve ser adequada à capacidade de absorção de asfalto pelo geotêxtil. A experiência norte-americana (que desde o início da década de 1980 utiliza geossintéticos, a uma razão de 16.000 km/ano, envolvendo geotêxteis não tecidos com gramaturas entre 120 e 135 g/m^2) mostra que se deve aplicar uma taxa de imprimação da ordem de 1,1 L/m^2 de asfalto residual, a fim de que o geotêxtil absorva cerca de 0,9 L/m^2 e deixe 0,2 L/m^2 para a ligação entre o geotêxtil, o pavimento existente e a camada asfáltica de recapeamento. De fato, o efeito de impermeabilização no geotêxtil é desprezível até que este absorva, pelo menos, 0,7 L/m^2 de asfalto residual. O calor da camada asfáltica

Aplicações em Restauração de Pavimentos 415

de recapeamento e a pressão aplicada durante a compactação forçam a imprimação para dentro do geotêxtil. É por essa razão que não se deve usar geotêxtil com camadas de recapeamento muito delgadas (espessuras inferiores a 2,5 cm), uma vez que essas camadas esfriam rapidamente, especialmente nos dias frios ou sem insolação.

12.7 EXEMPLO DE DIMENSIONAMENTO

A fim de ilustrar o procedimento aqui proposto para projeto, supõe-se a restauração de um pavimento flexível com revestimento em *CBUQ*, de $h_1 = 10$ cm de espessura e severamente trincado, submetido a um tráfego com *VDM* = 1.770 veículos/dia, sendo 35% de veículos comerciais (caminhões e ônibus).

Trata-se de restaurar o pavimento de modo que venha a apresentar um desempenho adequado durante um período de projeto de dez anos. A camada de base é em brita graduada ($h_2 = 25$ cm) e o solo de subleito é uma argila siltosa com *CBR* = 9. O pavimento apresenta afundamento médio em trilha de roda *RDM* = 7 mm e irregularidade longitudinal *QI* = 45 cont./km. A deflexão média do pavimento, medida com a viga Benkelman em prova de carga com o eixo padrão de 80 kN, é igual a $D_0 = 56 \times 10^{-2}$ mm. A pluviometria da região é dada por 0,123 m/mês.

Pede-se verificar a viabilidade técnico-econômica da restauração do pavimento com uso de um geossintético que tenha $F_f = 3$ e $Fc = 2$.

Solução

O tráfego anual pode ser estimado como $N_{ano} = 365 \times 0,35 \times 1770 \times F_V$ = $2,26 \times 10^5$ repetições do eixo padrão rodoviário, de acordo com os fatores de equivalência de cargas da AASHTO, que tendem a apontar para um fator de veículo em torno de 1,0 para esse nível de tráfego. Para a fase pós-trincamento, admitem-se as seguintes condições para a seção que não contará com a inserção do geossintético:

- o coeficiente de drenagem passará de $m_2 = 1,00$ para $m_2 = 0,70$, a fim de se considerar a entrada de água através das trincas e que poderá levar a camada de base a trabalhar uma parte do tempo sob condições de saturação;

- o *CBR* do solo de subleito passará de *CBR* = 9 para *CBR* = 7, em virtude da possibilidade de aumento do seu teor de umidade na estação chuvosa;

- o coeficiente estrutural da camada asfáltica de recapeamento passará de $a_1 = 0,44$ para $a_1 = 0,30$, em vista da redução da capacidade estrutural do revestimento, associada ao trincamento.

De acordo com a Tabela 12-3, o recapeamento simples para esse caso deveria contar com $H_R = 8$ cm para um período de projeto de dez anos. De acordo com a Tabela 12-2, para $H_R = 8$ cm, as primeiras trincas de reflexão surgiriam na superfície do pavimento após $N_0 = 1,53 \times 10^6$ repetições de carga, ou $t_0 = 6,8$ anos. Após a aplicação da camada de recapeamento, a deflexão média do pavimento passará para $D_0 = 43 \times 10^{-2}$ mm (valor previsto por meio da teoria de camadas elásticas, no caso, com o programa Flaps). Um desempenho equivalente em termos de trincamento requer $H_R = 5,3$ cm em $CBUQ$ com o uso do geossintético que foi prescrito. A deflexão média do pavimento após essa restauração foi prevista como $D_0 = 45 \times 10^{-2}$ mm. Essa espessura foi determinada como segue.

Da Tabela 12-5, obtém-se a variação do fator de reforço com a espessura do recapeamento, que pode ser expressa, usando os pontos daquela tabela para $F_c = 2$, por:

$$F_f = 2 \Longrightarrow \text{fator} = 0,9017 \exp(0,0759 H_R);$$
$$F_f = 5 \Longrightarrow \text{fator} = 1,1109 \exp(0,1441 H_R).$$

Para $F_f = 3$, por interpolação linear dos coeficientes do modelo acima:

$$\text{Fator} = 0,97143 \exp(0,09863 H_R).$$

Da Tabela 12-3 e para $h_1 = 10$ cm, a vida de fadiga da camada de recapeamento sem o reforço pode ser dada por:

$$N_f^{SR} = 0,1193 \times 10^6\, H_R^{1,4621}.$$

Como se quer determinar a espessura de recapeamento com o reforço que leve à mesma vida de fadiga do recapeamento sem reforço, as fórmulas acima requerem que:

$$N_f = 2,26 \times 10^6 = \text{fator} \times N_f^{SR}$$
$$= 0,97143 \exp(0,09863 H_R) \times 0,1193 \times 10^6 H_R^{1,4621},$$

o que leva a $H_R = 5,3$ cm.

A Tabela 12-9 mostra o desempenho previsto por meio dos modelos aqui recomendados, para a restauração feita por recapeamento simples em $CBUQ$ e para a restauração com uso de um geossintético que tenha: $F_f = 3$ e $F_c = 2$. Admitiu-se que, a partir de $TR = 10\%$, os efeitos da entrada de água através das trincas, no caso do recapeamento simples, começam a se manifestar. Para a análise econômica, as equivalências podem ser feitas apenas em termos da vida de reflexão de trincas ou considerando também o desenvolvimento dos afundamentos em trilha de roda e da irregularidade longitudinal.

Aplicações em Restauração de Pavimentos

Tabela 12-9
Exemplo de análise de alternativas para restauração de pavimento

		Recapeamento simples em CBUQ						Recapeamento com geossintético				
Ano	TR (%)	SNC	CBR	a_1	Nacum (10^6)	RDM (mm)	QI (cont/km)	SNC	CBR	a_1	RDM (mm)	QI (cont/km)
0	0,0	5,29	9	0,44	0,226	1,05	23,5	4,68	9	0,44	1,05	26,0
1	0,0	5,29	9	0,44	0,452	2,60	24,3	4,68	9	0,44	2,71	27,1
2	0,0	5,29	9	0,44	0,678	2,86	24,9	4,68	9	0,44	2,99	27,9
3	0,0	5,29	9	0,44	0,904	3,04	25,5	4,68	9	0,44	3,18	28,8
4	0,0	5,29	9	0,44	1,130	3,18	26,2	4,68	9	0,44	3,34	29,6
5	0,0	5,29	9	0,44	1,356	3,30	26,8	4,68	9	0,44	3,47	30,4
6	0,0	5,29	9	0,44	1,582	3,40	27,5	4,68	9	0,44	3,58	31,3
7	0,0	5,29	9	0,44	1,808	3,50	28,1	4,68	9	0,44	3,68	32,2
8	1,5	5,29	9	0,44	2,034	3,59	28,8	4,68	9	0,44	3,77	33,1
9	5,1	5,29	9	0,44	2,260	3,70	29,5	4,68	9	0,44	3,85	34,0
10	10,7	4,63	7	0,30	2,486	4,00	32,3	4,68	9	0,44	3,93	35,0
11	18,5	4,63	7	0,30	2,712	4,14	33,2	4,68	9	0,44	4,00	36,0
12	28,4	4,63	7	0,30	2,938	4,31	34,2	4,68	9	0,44	4,07	37,0
13	40,3	4,63	7	0,30	3,164	4,49	35,2	4,68	9	0,44	4,13	38,0
14	54,2	4,63	7	0,30	3,390	4,71	36,2	4,68	9	0,44	4,19	39,0
15	67,0	4,63	7	0,30	3,616	4,92	37,3	4,68	9	0,44	4,25	40,1
16	77,7	4,63	7	0,30	3,842	5,11	38,3	4,68	9	0,44	4,30	41,2
17	86,4	4,63	7	0,30	4,068	5,29	39,4	4,68	9	0,44	4,35	42,3
18	92,9	4,63	7	0,30	4,294	5,44	40,5	4,68	9	0,44	4,40	43,4
19	97,3	4,63	7	0,30	4,520	5,56	41,7	4,68	9	0,44	4,45	44,6
20	99,6	4,63	7	0,30	4,746	5,66	42,8	4,68	9	0,44	4,49	45,8

Os resultados da Tabela 12-9 mostram uma equivalência também com relação a esses parâmetros nas duas soluções analisadas, de modo que o custo inicial de implantação das soluções pode ser utilizado para se decidir acerca da alternativa mais eficaz. De fato, enquanto o recapeamento simples, com $H_R = 8,0$ cm, leva a $RDM = 5,7$ mm e a $QI = 42,8$ cont./km no ano 20, o recapeamento com $H_R = 5,3$ cm e com o geossintético adotado leva a $RDM = 4,5$ mm e a $QI = 45,8$ cont/km, valores cuja diferença é insignificante do ponto de vista de desempenho global do pavimento e em termos de funcionalidade para os usuários.

12.8 CONCLUSÕES

Diversos geossintéticos disponíveis no mercado têm potencial como retardadores de reflexão de trincas, redutores de deformações plásticas e/ou elementos impermeabilizantes em estruturas de pavimentos. Para se obter o melhor proveito das características do geossintético, é importante o conhecimento e entendimento dos fenômenos que ocorrem no pavimento, para que sejam concebidas as correções necessárias.

Para tanto, é fundamental a correta modelagem desses fenômenos, bem como a previsão de desempenho do geossintético na utilização pretendida. Presentemente, no início do século XXI, com o conhecimento adquirido nos últimos anos sobre as características mecânicas desses materiais e seu desempenho em estruturas de pavimentos, é possível desenvolver soluções, nas quais, por meio de sua utilização, obtêm-se resultados otimizados técnica e economicamente.

Os geossintéticos se apresentam, portanto, como uma excelente alternativa técnico-econômica para situações enfrentadas correntemente pelo projetista ao definir soluções para restauração de pavimentos.

REFERÊNCIAS BIBLIOGRÁFICAS

AASHTO. The AASHTO guide for design of pavement structures. Washington, DC: The American Association of State Highway and Transportation Officials, 1986.

BÜHLER, A. V. *Estudo do efeito de geogrelha metálica de reforço em revestimentos asfálticos*. Dissertação (Mestrado) – Instituto Tecnológico de Aeronáutica – ITA, São José dos Campos, 2001.

COELHO, P. S. M.; QUEIROZ, C. A. V. Modelos experimentais para previsão do desempenho de recapeamentos de pavimentos asfálticos. In: REUNIÃO ANUAL DE PAVIMENTAÇÃO DA ABPV, 20., *Anais...* v. 1, p. 25-43. Fortaleza, 1985.

FRANCKEN, L.; BEUVING, E.; MOLENAAR, A. A. A. (eds.). *Proceedings of the third international RILEM conference on reflective cracking in pavements* (design and performance of overlay systems). 2-4 Hollland, 1996.

MAJIDZADEH, K. et al. Mechanistic Methodology for Airport Pavement Design with Engineering Fabrics. v. I. theoretical and experimental bases. *Final Report* DOT/FAA/PM-84/9, Aug. Washington DC: Federal Aviation Administration, 1984.

MONTESTRUQUE, G. E. et al. Experimental evaluation of a polyester geogrid as an anti-reflective cracking interlayer on overlays. In: EUROGEO 2000, EUROPEAN GEOSYNTHETICS CONFERENCE, 2., *Proceedings...* v. I, p. 427-430, Bologna, Oct. 2000.

MONTESTRUQUE, G. E. V.; RODRIGUES, R. M. Evaluación del comportamiento en laboratorio del geotextil como capa anti-propagación de fisuras. *Carreteras*, Revista Técnica de la Asociación Espanola de la Carretera, Madri, 4a Época, n. 113, p. 76-82, 2001.

MONTESTRUQUE, G. E. V. *Elaboração de método de projeto para restauração de pavimentos asfálticos com sistemas anti-reflexão de trincas*. Tese (Doutorado) – Instituto Tecnológico de Aeronáutica – ITA, São José dos Campos, 2002.

PATERSON, W. D. Road deterioration and maintenance effects (models for planning and management). Washington, DC: The World Bank, Johns Hopkins University Press, 1987. The Highway Design and Maintenance Standards Series.

RIGO, J. M.; DEGEIMBRE, R.; FRANCKEN, L. (eds.). *Proceedings of the second international RILEM conference on reflective cracking in pavements* (State of the art and design recommendations), Liege, 1993.

RODRIGUES, R. M. Performance prediction model for asphalt overlays with geotextile interlayers on cracked pavements. In: INTERNATIONAL CONFERENCE ON GEOSYNTHETICS, 6., *Proceedings...* Atlanta: International Geotextile Society – IGS, v. 2, p. 973-976, 1998.

RODRIGUES, R. M. *Aperfeiçoamento e consolidação de modelos de previsão de desempenho para pavimentos rodoviários e aeroportuários com base na pesquisa* LTPP-FHWA. Relatório Final da Pesquisa CNPq No 301314/96-9 São José dos Campos, 2001.

Capítulo 13

Aplicações em Controle de Erosão Superficial

Afonso C. M. Marques
Regis E. Geroto

13.1 INTRODUÇÃO

O processo de erosão superficial de solos, tanto em áreas urbanas quanto rurais, tem afetado, com frequência e severidade,diversas regiões do país. Tal processo é motivado sobremaneira por ocupação desordenada do espaço físico, concentração e intensidade de chuvas, características geológico-geotécnicas dos solos, presença de formações arenosas ou silto-arenosas extremamente susceptíveis à erosão, entre outros fatores.

Os processos naturais de erosão podem ser acelerados pela interferência do homem, advindo daí danosas consequências ao meio ambiente, tais como a perda de áreas agricultáveis, a degradação e contaminação de cursos d'água e a destruição de bens públicos, como estradas, ruas, canais, edificações e outros.

A prevenção dos processos erosivos superficiais é sempre recomendada, tendo em vista as dificuldades e os custos normalmente envolvidos para o combate e correção dos problemas deles advindos. As medidas de prevenção estão normalmente associadas à implantação de sistema de drenagem superficial e a regularização e proteção superficial das áreas de taludes e de terrenos com declividades mais acentuadas sujeitas à erosão.

As técnicas empregadas em obras contra a erosão podem variar de soluções simples e flexíveis, como o plantio de espécies vegetais, que podem proporcionar uma proteção temporária ou mesmo de longo prazo contra as erosões, ou soluções mais complexas e pesadas, como a execução de estruturas rígidas em concreto fundadas no terreno local. A utilização de geossintéticos pode estar inserida em praticamente toda a gama soluções empregadas em obras contra a erosão, e tem experimentado um avanço significativo nos últimos anos, proporcionando uma proteção adequada dos solos, mesmo nas situações em que as condições locais (declividades, tipo de solos, regime pluviométrico, uso e ocupação dos terrenos etc.) se mostram adversas e potencialmente deflagradoras de processos erosivos.

No Brasil, a utilização da técnica de grama armada foi uma das aplicações pioneiras de geossintéticos no controle de erosões superficiais, fornecendo as condições propícias para o crescimento e o desenvolvimento das espécies vegetais. Tal solução, à semelhança de outros materiais que serão abordados na sequência, tem como campo de aplicação os taludes rodoviários e ferroviários, margens de canais, lagos e reservatórios e intervenções paisagísticas em terrenos de elevada inclinação, entre outros.

13.2 DEFINIÇÃO

O primeiro grande grupo de aplicação dos geossintéticos no controle de erosões está associado à sua atuação como barreiras de proteção superficial, quando colocados sobre terrenos e materiais potencialmente erodíveis, garantido a integridade das áreas protegidas quanto à dinâmica do processo erosivo, qual seja: o destacamento de partículas do solo pelas gotas de chuva, pelo fluxo superficial e pelo transporte dos sedimentos pelo fluxo das águas. Assim, a utilização de geossintéticos em taludes íngremes de cortes e aterros, em margens de canais e de cursos d'água, representa a grande maioria das aplicações em controle de erosões.

Ainda no que tange à atuação como barreiras de proteção superficial, os geossintéticos podem ser empregados no confinamento de materiais utilizados como barreiras/camadas volumétricas, ou atuando com funções complementares, tais como filtros para a retenção de partículas de solo, em soluções construídas com a associação a materiais inertes. Estas aplicações são apresentadas em mais detalhes nos capítulos referentes ao emprego de geossintéticos em obras hidráulicas e filtração.

Outro grande grupo de aplicação dos geossintéticos são as barreiras de contenção e controle de sedimentos, também chamadas de *silt fences*. Essas barreiras são construídas em geral, com geotêxteis tecidos apoiados/escorados em pontaletes (mourões) cravados no terreno, conformando verdadeiras paliçadas que têm por objetivo a retenção de sedimentos carreados por processos erosivos superficiais. Também podem ser empregados na construção de barreiras de contenção as geofôrmas e os *biologs* (degradáveis), elementos tubulares que, adequadamente dispostos, possibilitarão conformar diques e estruturas para a retenção de sedimentos.

Na Figura 13-1 estão ilustradas, de forma esquemática, as aplicações de geossintéticos no controle de erosões, como barreira de proteção superficial e como barreira de contenção.

Aplicações em Controle de Erosão Superficial 423

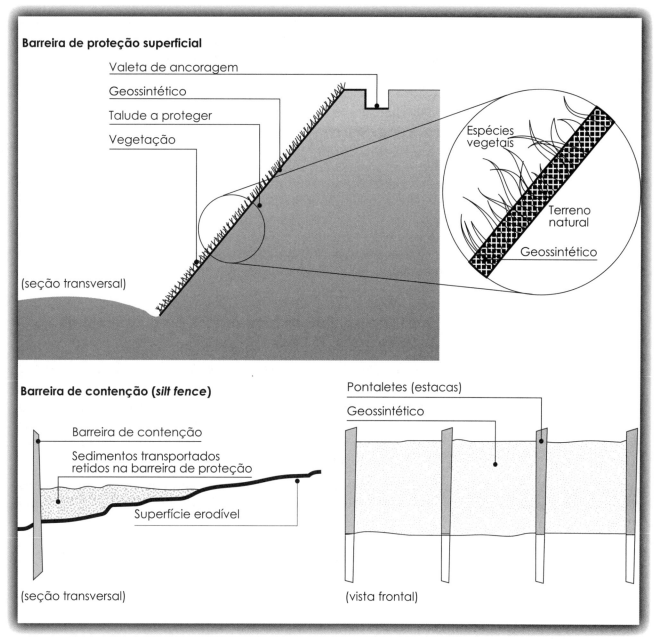

FIGURA 13-1
Geossintético na função de barreira de proteção e de contenção.

13.3 PROPRIEDADES RELEVANTES

Os geossintéticos selecionados para desempenhar a função de controle de erosões devem atender, basicamente, a um ou mais dos seguintes requisitos:

- reter os finos provenientes dos solos subjacentes ou dos materiais erodíveis transportados;
- resistir às velocidades de escoamento e esforços tangenciais provocados pelo fluxo de águas superficiais.

Outros aspectos e solicitações que deverão ser igualmente verificados, em função do tipo e das condições de implantação do sistema de proteção e particularidades locais da obra, são: resistência a tração, permissividade, perfuração e impacto.

13.4 PRODUTOS UTILIZADOS

Além das mantas com elevada porosidade, usualmente empregadas nessas aplicações, uma grande quantidade de geossintéticos tem sido desenvolvida e utilizada com sucesso no controle de erosões. Os geossintéticos empregados no controle de erosão podem ser classificados em dois grandes grupos de materiais: os temporários (*TERMs*) e os permanentes (*PERMs*) (Theisen, 1992). A Figura 13-2 ilustra a distribuição e classificação dos geossintéticos para controle de erosão.

13.4.1 Geossintéticos temporários para controle de erosões (TERMs)

Os materiais temporários (*TERMs – Temporary Erosion and Revegetation Materials*) correspondem a produtos total ou parcialmente degradáveis que proporcionam o controle de erosões e facilitam o desenvolvimento da vegetação. Tais materiais são utilizados em locais onde a vegetação, após a degradação do produto, poderá prover por si só, suficiente proteção contra a erosão.

Além dos materiais essencialmente naturais, como palha e fibras de coco, juta etc., os geossintéticos (fabricados) que fazem do grupo

FIGURA 13-2
Geossintéticos para controle de erosões.

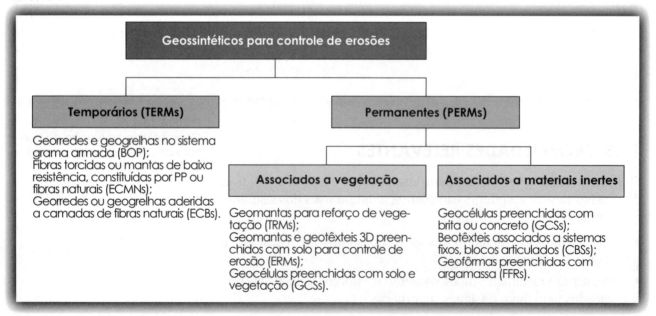

de materiais temporários, abrangem as georredes e geogrelhas empregadas na técnica de grama armada (*BOP – Biaxially Oriented Process Nets*), as fibras torcidas e mantas de PP ou fibras naturais de baixa resistência (*ECMNs – Erosion Control Meshes and Nets*) e os geocompostos constituídos por geomantas ou geogrelhas, também de baixa resistência, aderidas a mantas e camadas de fibras vegetais (*ECBs – Erosion Control Blankets*).

Os geossintéticos pertencentes ao grupo de materiais temporários são mais leves e com reduzida resistência mecânica, sendo empregados com a finalidade de auxiliar na conformação da vegetação no terreno, em geral, a partir da sua associação com elementos naturais e biodegradáveis. Neste sentido, os geossintéticos desse grupo, bem como os materiais naturais complementares, não devem ser dimensionados de forma a resistir aos esforços mecânicos e/ou atuar como elementos de reforço para os terrenos em que esses materiais serão empregados.

As geogrelhas e georredes utilizadas no sistema denominado grama armada, são dispostas e fixadas sobre as camadas de vegetação do terreno e ajudam a dissipar a energia das gotas de chuva, reduzindo o seu impacto na superfície dos taludes e prevenindo o surgimento do ravinamento, quando a vegetação ainda está na fase de desenvolvimento. Simultaneamente, permitem a troca de umidade com o ambiente, promovem o sombreamento parcial das raízes, impedem a ocorrência de escorregamentos superficiais localizados e confinam materiais alterados e/ou fragmentos de rocha, quando utilizadas em superfícies com solos saprolíticos e saprolitos, uma vez que possuem resistência à tração adequada a essas solicitações. Esses materiais se enquadram no conjunto de produtos temporários, pois em decorrência da exposição ao sol e a intempéries, experimentam uma redução de sua resistência e desempenho, porém em período suficiente para o estabelecimento da vegetação.

Os materiais temporários têm como principal finalidade oferecer condições adequadas para a reconstituição da vegetação, retendo a umidade do solo, atuando como fonte de matéria orgânica e de nutrientes às espécies vegetais (já que são degradáveis), além de atuar como uma camada de proteção à superfície do terreno em que se deseja restabelecer a vegetação, protegendo o solo do impacto das chuvas e do escoamento superficial das águas. Dada à variabilidade da composição e grande gama de produtos disponíveis, a seleção dos materiais temporários a serem aplicados deve levar em consideração diversos aspectos, como as características do terreno local, características climáticas, tempo de degradação dos materiais e o tipo de vegetação que se pretende reestabelecer.

Na Figura 13-3 estão ilustrados alguns materiais empregados como sistemas temporários de controle de erosão.

FIGURA 13-3
Geossintéticos TERMs – biomantas.

13.4.2 Geossintéticos Permanentes para Controle de Erosões (PERMs)

Os materiais permanentes (*PERMs – Permanent Erosion and Revegetation Materials*), por sua vez, podem ser subdivididos em produtos constituídos por materiais não degradáveis que atuam como camada protetora do terreno e reforço da vegetação e em materiais, também não degradáveis, associados a sistemas semiflexíveis articulados ou armados.

No primeiro grupo, que contempla os geossintéticos associados ao reforço da vegetação, podem ser citadas as geomantas, os geotêxteis e geogrelhas tridimensionais para reforço da vegetação (*TRM – Turf Reinforcement Matrix*), os geocompostos constituídos de geomantas preenchidas com solo para controle de erosão e revegetação, (*ECRM – Erosion Control and Revegetation Matrix*) e as geocélulas instaladas sobre a superfície e preenchidas com solo (*GCS – Geocellular Containment Systems*).

As geomantas, geotêxteis e geogrelhas tridimensionais utilizadas no reforço de vegetação são flexíveis e altamente porosas. Uma vez consolidado o sistema, por possuírem elementos em relevo, esses materiais apresentam melhor desempenho (estabilidade) na superfície de instalação, maior capacidade de retenção do solo superficial, mesmo em condições de escoamento de água sobre a superfície, e maior solidarização com o sistema radicular da vegetação, conforme o desenvolvimento desta se processa.

As diferenças básicas entre esses produtos estão relacionadas com a espessura, sendo que as geomantas são mais espessas, permitindo maior preenchimento e retenção de solo em seu corpo, enquanto os geotêxteis e geogrelhas tridimensionais apresentam maior resistência à tração, sendo mais adequados em aplicações em que as características mecânicas sejam mais relevantes.

Ainda no grupo de materiais associados à garantia de desenvolvimento da vegetação, podem ser incluídas as geocélulas preenchidas

Aplicações em Controle de Erosão Superficial   427

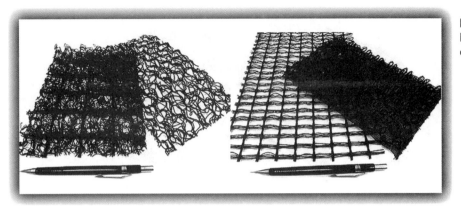

FIGURA 13-4
PERMs – geossintéticos associados à vegetação.

com solo, que são elementos relativamente flexíveis e permitem confinar uma camada de solo em seu interior, possibilitando o desenvolvimento da vegetação em sua superfície.

A Figura 13-4 ilustra alguns exemplos de geossintéticos empregados como sistemas permanentes para o controle de erosão associados à vegetação.

No segundo grupo, que compreendem os geossintéticos associados a materiais inertes, estão incluídas as geocélulas preenchidas com brita, argamassa ou concreto (*GCS – Geocellular Containment Systems*), os geotêxteis tecidos em forma de colchões ou bolsas preenchidos com argamassa ou solo (*FFR – Fabric Formed Revetments*), ou ainda os sistemas constituídos por blocos de concreto aderidos a geotêxteis de alta resistência (*CBS – Concrete Block Systems*). Neste grupo podem ser incluídos ainda, os geossintéticos empregados em funções complementares, como os geotêxteis não tecidos atuando como elementos de transição e filtro, utilizados junto a estruturas em gabião ou camadas de enrocamento lançado.

A maioria dos geossintéticos empregados neste grupo apresenta elevada resistência mecânica, já que devem ser capazes de resistir a solicitações importantes ocasionadas pelas condições mais severas de fluxo e/ou impacto. Já os geossintéticos aplicados em funções complementares devem atender às suas finalidades específicas, como, por exemplo, os geotêxteis não tecidos empregados como elementos de filtro na interface solo–estrutura, no caso de soluções com gabiões, geocélulas preenchidas com brita, blocos de concreto etc.

Na Figura 13-5 são apresentados alguns geossintéticos empregados como sistemas permanentes no controle de erosão, associados a sistemas semiflexíveis e materiais inertes.

Quanto à aplicação em barreiras de contenção e controle de sedimentos, também chamadas de *silt fences*, os produtos normalmente utilizados são os geotêxteis tecidos de laminetes, uma vez que esses

FIGURA 13-5
PERMs – geossintéticos associados a sistemas semiflexíveis e materiais inertes.

materiais possuem alta resistência à tração, alta eficiência na contenção das partículas de solo e permeabilidade suficiente para permitir o escoamento da água retida pela barreira. Nesses sistemas, os geotêxteis tecidos podem ser empregados ainda na confecção das fôrmas têxteis, as quais, preenchidas e dispostas na horizontal, formam diques para a retenção de sedimentos.

13.5 PRINCIPAIS UTILIZAÇÕES DOS SISTEMAS DE CONTROLE DE EROSÃO

Os geossintéticos empregados em sistemas de controle de erosão têm como finalidade aumentar a resistência do terreno, melhorando seu desempenho frente à ocorrência e deflagração de processos erosivos, atuando como elementos de suporte ao desenvolvimento e estabelecimento da cobertura vegetal ou como sistemas de proteção efetiva à ação de agentes erosivos, por um determinado período ou de forma permanente.

Inicialmente, serão apresentados, de forma sucinta, alguns conceitos relacionados à deflagração de processos erosivos, de forma a auxiliar o entendimento quanto aos fatores intervenientes, que por sua vez, direcionam a intervenção a ser realizada, bem como a seleção de determinado tipo de geossintético.

13.5.1 Processos erosivos

A erosão consiste em um conjunto de processos pelos quais os materiais de crosta terrestre são desagregados, dissolvidos ou desgastados e transportados de um ponto a outro pelos agentes erosivos, tais como as geleiras, os rios, os mares, o vento ou a chuva (VILAR, 1987).

Com relação à forma de ocorrência, os processos erosivos podem ser classificados da seguinte maneira:

Aplicações em Controle de Erosão Superficial   429

- **Erosão superficial:** em geral é ocasionada pelo impacto e escoamento superficial das águas sobre a superfície do terreno (em menor escala pela ação do vento), resultando na desagregação, na remoção e no arraste de grãos ou torrões de solo. Esse processo pode ser ocasionado pela ação das águas das chuvas (impacto e escoamento), ação da correnteza (escoamento) e efeito das ondas (impacto).

- **Erosão interna (*piping*):** também denominada erosão tubular regressiva, ocorre quando, em virtude de forças geradas por diferença de gradiente hidráulico, há um fluxo d'água no maciço que promove o carreamento das partículas finas para a região de menor gradiente, em geral para a parte externa ao maciço, provocando a formação de vazios e bolsões no maciço, que, por causa da menor resistência dessas camadas porosas, gera o colapso do maciço.

- **Voçorocas:** a voçoroca representa um estágio avançado de degradação do terreno, no qual são observados remoções e destacamentos de grande volume de solo da superfície do terreno afetado. A voçoroca pode ter origem em processos erosivos superficiais, internos (*piping*) ou na combinação de ambos.

Dentre os modelos utilizados para a determinação da taxa de erosão dos solos, pode ser destacada a Equação Universal de Perda de Solo – USLE (*Universal Soil Loss Equation*), desenvolvida a partir da década de 1930 pelo Departamento de Agricultura dos Estados Unidos (USDA) e descrita por Wischmeier e Smith (1978). Desde então o modelo vem sendo complementado, porém conservando sua equação básica, a qual é apresentada a seguir:

$$A = RKLSCP \qquad\qquad [13\text{-}1]$$

onde:
A = perda de solo anual (t ha^{-1} ano^{-1});
R = fator de precipitação e escoamento;
K = fator de erodibilidade do solo;
L = comprimento do talude/superfície;
S = declividade do talude/superfície;
C = rugosidade do talude/superfície;
P = fator relacionado à manutenção da solução.

Com relação às características do solo que condicionam seu potencial de erodibilidade (fator de erodibilidade), sabe-se que os solos mal graduados, pouco coesivos e com baixo ângulo de atrito, são mais suscetíveis à deflagração de processos erosivos, caso dos siltes e das areias finas. Em linhas gerais, os solos granulares são mais suscetíveis à erosão que os solos coesivos (argilas), no entanto, para o caso dos solos granulares, é observada uma melhora no seu comportamento proporcionalmente ao aumento do diâmetro/dimensão de seus grãos, dado ao aumento da massa dos grãos e maior embricamento, que dificultam a ocorrência do destacamento e transporte desses materiais.

O fator de erosividade está relacionado com a intensidade das chuvas e a energia envolvida no processo pela ação das águas. Este parâmetro é resultado da intensidade das precipitações, que influenciam diretamente o impacto das gotas no solo, que gera a desagregação das partículas/grãos, e o escoamento superficial, que transporta os materiais desagregados.

As características da superfície do terreno, bem como as condições de manutenção local, também interferem na ocorrência dos processos erosivos, já que a extensão e a declividade do terreno, bem como o tipo e condição da cobertura (rugosidade), influenciam diretamente na condição do escoamento superficial, principalmente quanto à velocidade de fluxo e capacidade de arraste.

13.5.2 Sistemas de proteção superficial flexíveis

Os sistemas de proteção superficial flexíveis podem ser empregados em regiões suscetíveis à ocorrência de erosão superficial, como, por exemplo: taludes e superfícies suscetíveis à ocorrência de erosão, margens de rios, lagos e canais com baixa velocidade de escoamento.

Os geossintéticos empregados nessas aplicações atuam como uma camada de proteção do solo contra a ação erosiva provocada pela água ou pelo vento, sendo que, na maioria das aplicações desse tipo, os geossintéticos estão associados ao reestabelecimento da vegetação superficial do terreno, podendo ser empregados para tal fim, produtos temporários (degradáveis) ou permanentes.

Na Figura 13-6 podem ser observadas algumas aplicações de sistemas de proteção superficial flexíveis.

Na Tabela 13-1 podem ser observados os grupos e geossintéticos utilizados em sistemas de proteção superficiais flexíveis, bem como suas características gerais.

FIGURA 13-6
Aplicação de geossintéticos em sistemas de proteção flexíveis.

TABELA 13-1
Grupos e geossintéticos utilizados em sistemas de proteção superficial flexíveis associados à vegetação

	Grupo	Geossintéticos	Características
Temporários	BOP *Biaxially Oriented Process Nets*	Georredes e geogrelhas	Instalados sobre a vegetação, com o intuito de fixar e proteger a camada vegetal (grama armada).
	ECMN *Erosion Control Meshes and Nets*	Fibras torcidas e mantas de PP ou fibras naturais	Materiais degradáveis, aplicados na superfície para o desenvolvimento da vegetação.
	ECB *Erosion Control Blankets*	Geomantas ou geogrelhas aderidas a fibras vegetais	Materiais degradáveis com reforço de grelhas ou mantas leves, aplicados na superfície para o desenvolvimento da vegetação.
Permanentes	TRM *Turf Reinforcement Matrix*	Geomantas, geotêxteis e geogrelhas tridimensionais	Mantas mais resistentes e espessas, com superfície irregular (relevo), que favorece a retenção do solo, solidarização do sistema radicular e estabelecimento da vegetação.
	ECRM *Erosion Control and Vegetation Matrix*	Geocompostos constituídos por geomantas ou geotêxteis e solo	Formado pela associação de um ou mais materiais TRM, preenchidos ou não com solo, melhorando seu desempenho e favorecendo a revegetação.
	GCS *Geocelullar Containment Systems*	Geocélulas preenchidas com solo	Materiais que permitem o confinamento de considerável volume de solo em seu interior, facilitando o desenvolvimento da vegetação.

13.5.3 Sistemas de proteção superficial semiflexíveis, articulados ou rígidos

Os sistemas de proteção superficiais compostos por barreiras semiflexíveis, articuladas ou armadas (rígidas), podem ser empregados em terrenos suscetíveis à ocorrência de erosão superficial e como medida auxiliar na prevenção e controle de processos de erosão interna (*piping*), sendo aplicadas no revestimento de rios e canais, na proteção de taludes, obras de proteção costeira, entre outras.

Assim como os geossintéticos empregados nos sistemas de proteção flexíveis, os materiais empregados nesses sistemas atuam como uma camada de proteção do solo contra a ação erosiva provocada pela água ou pelo vento, porém em condições muito mais severas de fluxo (correnteza) e/ou impacto das águas (ondas), exigindo o emprego de materiais muito mais resistentes que os empregados nos sistemas flexíveis.

Já no tratamento da ocorrência de erosão interna (*piping*), a composição destes sistemas é representada, em geral, por elementos que atuam como filtro ou como barreiras físicas, restringindo a migração e a fuga de finos pela superfície do talude.

Na Figura 13-7 podem ser observadas algumas aplicações de sistemas de proteção superficial semiflexíveis, articuladas ou armadas.

Na Tabela 13-2 podem ser observados os grupos e geossintéticos utilizados em sistemas de proteção superficiais semiflexíveis, articulados ou armados.

FIGURA 13-7
Aplicação de geossintéticos associados a elementos semiflexíveis e rígidos.

TABELA 13-2
Grupos e geossintéticos utilizados em sistemas de proteção superficial semiflexíveis articulados ou armados

	Grupo	Geossintéticos	Características
Permanentes	GCS *Geocelullar Containment Systems*	Geocélulas preenchidas com brita ou concreto	Materiais que permitem o confinamento de brita ou concreto, atuando como barreira de proteção ou camada de filtro.
	FFR *Fabric Formed Revetments*	Fôrmas têxteis preenchidas com solo ou argamassa	Bolsas de geotêxteis (geralmente tecidos), que confinam material em seu interior (solo ou argamassa), podendo ser volumétricas, lineares ou planas.
	CBS *Concrete Block Systems*	Geotêxteis instalados sob os elementos inertes	Sistema que compreende a combinação de estruturas em concreto, com geotêxteis atuando como camada de separação e/ou filtro.
	Estruturas em gabião	Geotêxteis instalados sob os elementos	Material rochoso, confinado em caixas ou colchões (gabião) ou lançado (enrocamento), disposto sobre um ou mais geossintéticos que podem atuar como elemento de filtro e/ou separação.

13.5.4 Barreiras de contenção de sedimentos

As barreiras de contenção de sedimentos, comumente chamadas de *silt fences*, são empregadas na ocorrência de erosão superficial e voçorocas, onde são observados o desprendimento e o transporte de volumes significativos de sedimentos pela superfície de um terreno.

Estas barreiras são empregadas quando se deseja restringir o avanço desses sedimentos e proteger o terreno e obras localizadas a jusante (cotas mais baixas), como estradas, corpos d'água, edificações etc. As barreiras podem ser construídas em um ou mais níveis, dependendo da área a proteger e quantidade de sedimentos a reter.

Na Figura 13-8 podem ser observadas algumas aplicações de barreiras de contenção de sedimentos.

Na Tabela 13-3 podem ser observados os grupos e geossintéticos utilizados em barreiras de contenção de sedimentos.

FIGURA 13-8
Aplicação de geossintéticos como barreira de contenção (DENR, 2001; Couto et al., 2010).

TABELA 13-3
Grupos e geossintéticos utilizados em barreiras de contenção de sedimentos

Grupo	Geossintéticos	Características
Temporários	Biologs	Elementos cilíndricos compostos por materiais degradáveis (palha, fibras etc.), dispostos na horizontal e escorados em estacas cravadas no terreno, formando diques de retenção.
Permanentes	Geotêxteis tecidos	Geotêxteis instalados na vertical e escorados em paliçadas (estacas) cravadas no terreno, formando cortinas para a retenção dos sedimentos. Solução conhecida como *silt fences*.
Permanentes	Fôrmas têxteis lineares	Bolsas cilíndricas (forma de tubos) fabricadas com geotêxteis, que confinam solo ou argamassa em seu interior, que dispostas na horizontal e escoradas ou não em estacas, formam diques para retenção de sedimentos.

13.6 SELEÇÃO DO SISTEMA DE CONTROLE DE EROSÃO

A seleção de um tipo de sistema para o controle da erosão deve considerar uma série de requisitos e solicitações, relacionadas principalmente com seu desempenho frente às condições do meio, como, por exemplo, a estabilidade do material frente às velocidades de escoamento e forças de cisalhamento provocadas pelo fluxo, à resistência a degradação, a capacidade de retenção de finos, além de esforços mecânicos oriundos da forma de disposição dos materiais nos taludes.

Uma vez avaliadas as questões relativas ao desempenho, que permitem definir entre uma solução com sistema flexível ou com sistema semiflexível/rígido, a escolha pelo tipo de geossintético a ser empregado pode ser embasada por aspectos complementares, como por exemplo: desenvolvimento de vegetação, disponibilidade da solução, características locais e construtivas, aspectos econômicos etc.

Neste capítulo serão apresentadas algumas premissas e critérios básicos acerca da seleção do tipo de sistema a ser aplicado, bem como dos geossintéticos utilizados na solução.

13.6.1 Desempenho ao fluxo

Dentre os fatores que influenciam na escolha do sistema para o controle da erosão superficial, a resistência ao escoamento (fluxo) constitui o parâmetro crítico na seleção do sistema a ser empregado e consequentemente dos geossintéticos utilizados.

Na Figura 13-9 podem ser observadas, a título indicativo, as curvas de velocidades limite em função da duração do fluxo para distintos sistemas de proteção e de geossintéticos, assim como para superfícies vegetadas e não vegetadas. Trata-se de recomendação de referência para a seleção do sistema de proteção superficial a ser indicado na proteção de taludes, margens de rios, canais ou mesmo valas de drenagem (Theisen, 1992). No que tange ao desenvolvimento da vegetação, a maioria dos sistemas flexíveis possibilita o estabelecimento da vegetação em maior ou menor tempo, enquanto que os sistemas semiflexíveis e rígidos, a princípio, não são dimensionados ou utilizados para tal finalidade.

À parte dos aspectos relacionados à seleção de espécies vegetais e análise das características climatológicas, os geossintéticos associados têm como função conceber uma camada de proteção ao solo superficial e à vegetação, protegendo-os do impacto das chuvas e escoamento superficial das águas, além de fornecer condições adequadas para a fixação e desenvolvimento da vegetação.

A seleção do geossintético a ser empregado também deve levar em consideração o método de revegetação (semeadura), já que para taludes mais abatidos a semeadura é realizada de forma manual, enquanto, em taludes mais íngremes, é comum o emprego do método por hidrossemeadura, que consiste na projeção na face do talude de uma mistura aquo-pastosa, com matéria vegetal.

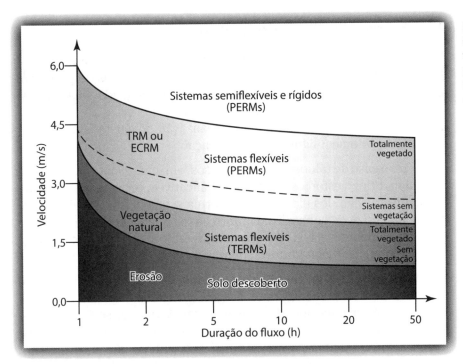

FIGURA 13-9
Curvas de velocidade limite *versus* duração do escoamento para distintos sistemas de controle de erosão e geossintéticos (THEISEN, 1992).

13.6.2 Desenvolvimento da vegetação

Desta forma, as biomantas e os geossintéticos mais espessos e porosos, caso das geomantas e geogrelhas tridimensionais, são os materiais mais flexíveis quanto à possibilidade de aplicações e que apresentam melhor desempenho frente às condições descritas (extensão e inclinação dos taludes). As biomantas degradáveis atuam como fonte de nutrientes à vegetação, acelerando o desenvolvimento e consolidação da vegetação, enquanto os geossintéticos de maior volume (espessos e porosos) promovem maior retenção (ou confinamento) de camada fértil em seu corpo, tanto para as condições de semeadura manual ou projetada.

Para taludes com inclinações mais abatidas (i < 45°), as geocélulas também apresentam bom desempenho quanto ao desenvolvimento da vegetação, já que possibilitam o confinamento de grande volume de camada fértil e confinamento das raízes em seu interior. Já no caso de aplicações em taludes mais íngremes (i ≥ 45°), também podem ser empregados os geotêxteis tridimensionais, já que esses materiais possuem alta resistência à tração e capacidade de retenção da solução aquo-pastosa empregada no método de hidrossemeadura.

Atualmente, podem ser encontrados geocompostos formados com a associação de biomantas ou geomantas à geogrelhas de alta resistência, conferindo em um mesmo produto, um elemento que apresenta elevada resistência e alta capacidade de retenção. Além do emprego desses geocompostos, também pode ser realizada a associação de mais de um produto durante sua aplicação, como, por exemplo, a associação de biomantas (degradáveis) com geocélulas preenchidas com solo.

13.6.3 Características do terreno

As características do terreno, como a extensão ou declividade dos taludes, em geral, não restringem a aplicação dos sistemas de proteção contra a erosão, exigindo, nesses casos, uma adequada seleção dos geossintéticos a serem empregados, de forma que estes atendam aos requisitos e esforços atuantes, ou a realização de ajustes no método de disposição ou configuração da aplicação.

Para o caso de taludes muito extensos, em que os materiais podem ser submetidos a esforços de tração significativos, pode-se fazer necessária a instalação dos elementos de forma segmentada (níveis). Esta segmentação pode ser realizada tanto em sistemas flexíveis como em sistemas semiflexíveis e rígidos, e compreende a execução de bermas e/ou ancoragens (valas) intermediárias nos taludes.

Com relação à inclinação dos taludes, esta pode condicionar o emprego de determinados tipos de geossintéticos e ajustes nas configurações de instalação e disposição dos materiais. Esse fato é especialmente observado em taludes muito íngremes, em que as forças estabilizantes (atrito) no contato dos geossintéticos com o terreno podem não oferecer condições de estabilidade à solução. Em tais condições, se faz necessário o emprego de geossintéticos com maior resistência à tração, associado a um sistema de grampos de fixação em maior quantidade e profundidade, além de alteração da forma de disposição ou da geometria e tipo do elemento.

Na Tabela 13-4 são apresentadas algumas considerações acerca da aplicação dos materiais para várias faixas de inclinação dos taludes. Destaca-se que, para as condições em que é apresentada a indicação "Sem exigências significativas", devem ser levadas em consideração as recomendações, verificações e análises intrínsecas à solução avaliada.

13.6.4 Aspectos econômicos

Além dos aspectos técnicos, o aspecto econômico (custos envolvidos) pode ter papel determinante na escolha de determinado sistema ou técnica a ser aplicada. Os custos de implantação dos sistemas de controle de erosão podem variar significativamente em função de diversos fatores, como, por exemplo: disponibilidade da técnica/produto, custo dos materiais, mão de obra, frete, características do local de implantação etc.

De forma geral, pode-se estabelecer uma relação direta dos custos de implantação de determinada solução com o nível de desempenho que esta oferece, ou seja, quando se faz necessário o emprego de materiais mais resistentes mecanicamente e com maior durabilidade, a solução a ser aplicada tende a apresentar um custo superior.

Na Tabela 13-5 é apresentada uma indicação relativa dos custos das soluções, bem como as características gerais dos sistemas de controle

Aplicações em Controle de Erosão Superficial

TABELA 13-4
Características requeridas aos materiais em função da inclinação dos taludes

Grupo/geossintéticos		Inclinação do talude			
		i ≤ 20°	20° < i ≤ 30°	30° < i ≤ 45°	i > 45°
ECMN	Fibras torcidas e mantas de PP ou fibras naturais	Sem exigências significativas	Materiais com maior resistência à tração e maior densidade de grampos	Materiais reforçados e elevada densidade de grampos	Estudos específicos dos materiais e método de fixação nos taludes
ECB	Geomantas ou geogrelhas aderidas a fibras vegetais				
BOP	Georredes e geogrelhas		Sem exigências significativas	Utilizar geossintéticos mais resistentes e maior densidade e comprimento dos grampos	
TRM	Geomantas, os geotêxteis e geogrelhas tridimensionais		Avaliar resistência à tração do material empregado (caso das biomantas).	Utilizar geossintéticos mais resistentes (ou reforçados) e maior densidade de grampos	Estudos específicos dos materiais e método de fixação nos taludes
ECRM	Geocompostos constituídos por geomantas ou geotêxteis e solo				
GCS	Geocélulas preenchidas com solo		Sem exigências significativas	Avaliar estabilidade. Utilizar geocélulas com menor espaçamento e maior altura	Avaliar a possibilidade de instalação de geocélulas dispostas na horizontal (camadas).
GCS	Geocélulas preenchidas com brita ou concreto		Avaliar a estabilidade ao deslizamento, a ancoragem e a resistência dos materiais		
FFR	Geofôrmas preenchidas com solo ou argamassa			Avaliar estabilidade. Eventualmente, alterar a disposição de montagem	Alterar o tipo de geofôrma (plana para volumétrica) e disposição de montagem
CBS	Geotêxteis combinados com elementos inertes e blocos			Avaliar a estabilidade. Eventualmente alterar os materiais	Avaliar a estabilidade global e tipo de material empregado

de erosão (grupo associado, tipos de geossintéticos e desempenho). Tendo em conta a quantidade de fatores que condicionam os custos finais das aplicações, as análises econômicas deverão ser reavaliadas caso a caso e à época da obra, considerando (pelo menos) as variáveis indicadas no início deste tópico.

onde:

Velocidade do fluxo

Baixo: $V \leq 4,0$ m/s ($t = 1$ hr) e $V \leq 1,8$ m/s ($t = 24$ hrs);

Médio: $4,0$ m/s $< V \leq 6,0$ m/s ($t = 1$ hr) e $1,8$ m/s $< V \leq 4,5$ m/s ($t = 24$ hrs);

Alto: $V > 6{,}0$ m/s ($t = 1$ hr) e $V > 4{,}5$ m/s ($t = 24$ hrs).

Custo por m² instalado (ver nota 1 – Tabela 13-5):
Baixo: $C \leq$ US\$ 5;
Médio: US\$ $5 < C \leq$ US\$ 20;
Alto: $C >$ US\$ 20.

TABELA 13-5
Características gerais e custos indicativos de sistemas de controle de erosão
(THEISEN; RICHARDSON, 1998)

Grupo			Geossintéticos	Velocidade de fluxo	Custo [1]
TERM	Flexíveis associados à vegetação	ECMN	Fibras torcidas e mantas de PP ou fibras naturais	Baixo	Baixo
TERM	Flexíveis associados à vegetação	ECB	Geomantas ou geogrelhas aderidas a fibras vegetais	Baixo	Baixo
TERM	Flexíveis associados à vegetação	BOP	Georredes e geogrelhas[2]	Baixo/médio	Baixo/médio
PERM	Flexíveis associados à vegetação	TRM	Geomantas, os geotêxteis e geogrelhas tridimensionais[3]	Médio	Baixo/médio
PERM	Flexíveis associados à vegetação	ECRM	Geocompostos constituídos por geomantas ou geotêxteis e solo	Médio	Médio
PERM	Flexíveis associados à vegetação	GCS	Geocélulas preenchidas com solo	Médio	Médio
PERM	Semiflexíveis e rígidos	GCS	Geocélulas preenchidas com brita ou concreto[4]	Médio/alto	Médio/alto
PERM	Semiflexíveis e rígidos	FFR	Fôrmas têxteis preenchidas com solo ou argamassa[5]	Alto	Médio/alto
PERM	Semiflexíveis e rígidos	CBS	Geotêxteis combinados com elementos inertes e blocos	Alto	Alto

[1] As referências relativas aos custos de instalação são meramente indicativas e podem variar em função dos materiais constituintes da solução, disponibilidade de produtos, frete e características do local de aplicação etc.
[2] O desempenho e custo da solução estão relacionados com as características da vegetação e material constituinte.
[3] O desempenho e custos podem variar em função das características e variações dos produtos.
[4] O desempenho e custos podem variar em função do material de preenchimento.
[5] O custo pode variar em função do material de preenchimento.

13.7 DIMENSIONAMENTO E RECOMENDAÇÕES

13.7.1 Sistemas de proteção superficial flexíveis

Dimensionamento

Para o dimensionamento e verificação da aplicabilidade dos geossintéticos empregados na construção de sistemas de proteção superficial, deve ser levada em conta uma série de requisitos e solicitações, relacionados ao seu desempenho mecânico, desempenho ao fluxo, além de propriedades básicas para as aplicações em sistemas de controle de erosão.

a) Desempenho mecânico

As verificações quanto ao desempenho mecânico dos geossintéticos estão relacionadas principalmente com o comportamento dos materiais submetidos a esforços de tração.

Para a determinação da magnitude dos esforços de tração que os materiais serão submetidos, devem ser realizadas as análises de equilíbrio, conforme esquema ilustrado na Figura 13-10.

onde:
- H altura do talude;
- W peso da camada de cobertura (geossintéticos e camada de recobrimento);
- F Forças resistentes ($W \times \cos\beta \times \tg\varphi$);
- β ângulo de inclinação do talude;
- φ ângulo de atrito na interface geossintético e terreno.

A resolução do equilíbrio de forças permite determinar os esforços atuantes nos geossintéticos, como, por exemplo, a força de tração requerida, dada pela seguinte equação:

$$T_{req} = (W \times \sen\beta) - F \qquad [13\text{-}2]$$

Uma vez conhecida a magnitude do esforço de tração, e aplicados os devidos fatores de segurança (vide fatores de redução no item 4.3.6

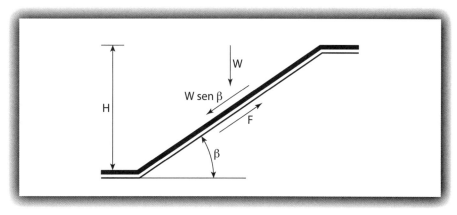

FIGURA 13-10
Aplicação de geossintéticos associados a elementos semiflexíveis e rígidos.

deste manual), pode ser determinada a resistência à tração de pico do geossintético T_{max}, determinada no ensaio de faixa larga, bem como realizado o dimensionamento do sistema de ancoragem a ser empregado.

b) Desempenho ao fluxo hidráulico

Para a verificação do desempenho dos geossintéticos frente aos aspectos hidráulicos, deve-se inicialmente realizar o dimensionamento hidráulico da seção ou superfície em que o material será empregado, para a determinação dos parâmetros de escoamento.

A seguir, são listados alguns parâmetros de escoamento, que devem ser determinados para a verificação do desempenho e seleção dos geossintéticos para determinada aplicação:

- velocidade de escoamento;
- forças de cisalhamento superficiais;
- tensões tangenciais e de arraste.

Para o caso das geocélulas, além das análises relacionadas ao desempenho do geossintético, deve ser avaliado, de forma específica, o comportamento do material empregado no seu preenchimento, visto que esses materiais podem ser carreados em função das condições de fluxo, comprometendo seu desempenho.

c) Requisitos básicos

Considerando a gama de produtos disponíveis no mercado, que apresentam funcionalidades e desempenhos distintos, torna-se difícil estabelecer um critério geral com requisitos básicos para esses materiais, já que alguns produtos são desenvolvidos para apresentar melhor desempenho à tração, outros para reter maior quantidade de solo, outros para atuar como elemento de filtro e separação etc.

Neste sentido, é fundamental que o geossintético a ser empregado atenda aos requisitos de desempenho hidráulico e mecânico, de forma a garantir sua sobrevivência ao meio, e em complemento a esses requisitos, deve-se selecionar um geossintético que atenda às solicitações da intervenção, como as citadas no item 13.6.

A título ilustrativo, nas Tabelas 13-6 e 13-7 são apresentados alguns critérios básicos para seleção de geomantas utilizadas como barreiras de proteção (CARROLL et al., 1992), tendo por base a avaliação de desempenho destes materiais *in situ* e em ensaios de laboratório. Estas tabelas indicam valores limites para propriedades e características relevantes para a função de controle de erosão, respectivamente, para as geomantas para reforço de vegetação (*TRM - Turf Reinforcement Matrix*) e para as geomantas para controle de erosão e revegetação preenchidas com solo (*ECRM – Erosion Control and Revegetation Matrix*).

TABELA 13-6
Critério de seleção de geomantas para reforço de vegetação (*TRM*) (Carrol et al., 1992)

Propriedade	Normas de referência	Valor limite
Espessura	ASTM D-1777	13 mm (min)
Porosidade [1]	-	95% (min)
Cobertura do solo[2]	-	30% (min) 60% (max)
Rigidez	ASTM D-1388	40.000 mg · cm (max)
Resiliência[3]	-	80% (min)
Resistência à tração	ASTM D-1682	1,9 kN/m (min)
Deformação	ASTM D-1682	70% (max)
Estabilidade aos raios UV	ASTM D-4355	80% (min)
Durabilidade[4]	-	90% (min)

(1) cálculo baseado no peso específico, na espessura e na densidade;
(2) representa a percentagem de sombreamento à projeção da luz;
(3) definida como a porcentagem da espessura original após três ciclos de carregamento (689 KPa por 60s seguido por 60s sem carga); espessura medida 30 minutos após remoção da carga;
(4) durabilidade química a reagentes tipicamente esperados no local das obras.

TABELA 13-7
Critério de seleção de geomantas para controle de erosão e revegetação (*ECRM*) (Carrol et al., 1992)

Propriedade	Normas de referência	Valor limite
Espessura	ASTM D-1777	6 mm (min)
Porosidade [1]	-	95% (min)
Cobertura do solo[2]	-	50% (min) 80% (max)
Rigidez	ASTM D-1388	40.000 mg · cm (max)
Resiliência[3]	-	80% (min)
Resistência à tração	ASTM D-1682	1,4 kN/m (min)
Deformação	ASTM D-1682	70% (max)
Estabilidade aos raios UV	ASTM D-4355	80% (min)
Durabilidade[4]	-	90% (min)

(1) cálculo baseado no peso específico, na espessura e na densidade;
(2) representa a percentagem de sombreamento à projeção da luz;
(3) definida como a porcentagem da espessura original após três ciclos de carregamento (689 KPa por 60s seguido por 60s sem carga); espessura medida 30 minutos após remoção da carga;
(4) durabilidade química a reagentes tipicamente esperados no local das obras.

Recomendações para ancoragem e fixação

Considerando que a eficiência dos sistemas de controle de erosão está diretamente relacionada com a aderência dos geossintéticos ao terreno de fundação, são apresentadas, a seguir, algumas recomendações básicas acerca da ancoragem e fixação (grampeamento) dos materiais na superfície do terreno.

A aderência entre os materiais geossintéticos e a superfície do terreno é fundamental para garantir o desenvolvimento e o enraizamento da vegetação no terreno local. Desta forma, previamente à instalação dos geossintéticos, deverá ser realizado o preparo e regularização da superfície do terreno local, com a remoção de protuberâncias e o preenchimento de cavidades com solo local.

Para a ancoragem dos geossintéticos, deve ser escavada uma vala no topo dos taludes (trincheira) sendo convenientemente posicionada a manta em seu interior, para, em seguida, ser preenchida com solo compactado, confinando o geossintético no interior da vala. Recomenda-se o envelopamento do material de preenchimento da vala, fixando a manta (com grampos) na borda interna do topo do talude.

As geocélulas poderão ser ancoradas de maneira similar, ou com o auxílio de elementos complementares, como grampos e barras ancoradas, introduzidas no terreno. A Figura 13-11 ilustra os sistemas de ancoragem no topo (trincheira e grampeamento).

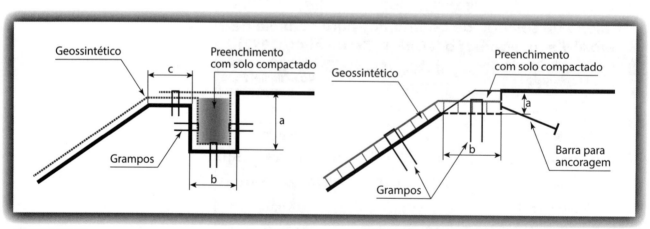

FIGURA 13-11
Sistema de ancoragem no topo do talude (em vala e com barra).

Com o intuito de garantir maior conformação das mantas no terreno, bem como evitar a ocorrência de erosão e descalçamento no pé dos taludes, é recomendada igualmente a construção de um sistema de ancoragem dos geossintéticos no pé dos taludes. Essa ancoragem pode ser realizada com a construção de uma trincheira, com o emprego de grampos de fixação e/ou com o lançamento e envelopamento de material granular no pé do talude. Para o caso das geocélulas e fôrmas têxteis, recomenda-se a continuidade da instalação no plano horizontal da base do talude, em uma extensão de, pelo menos, 1,0 m. A Figura 13-12 ilustra os sistemas de ancoragem no pé dos taludes.

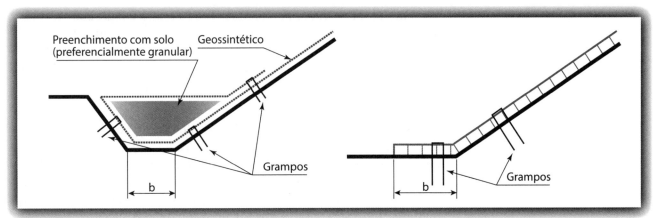

FIGURA 13-12
Sistema de ancoragem no pé do talude (em vala ou com avanço no plano).

No caso de taludes muito extensos ou íngremes, em que os materiais possam estar submetidos a esforços de tração elevados, podem ser executadas bermas e valas de ancoragem intermediárias, de forma a segmentar os elementos, reduzindo os esforços de tração transmitidos junto aos diversos níveis de aplicação dos materiais. Um aspecto geral das bermas ou trincheiras intermediárias pode ser observado na Figura 13-13.

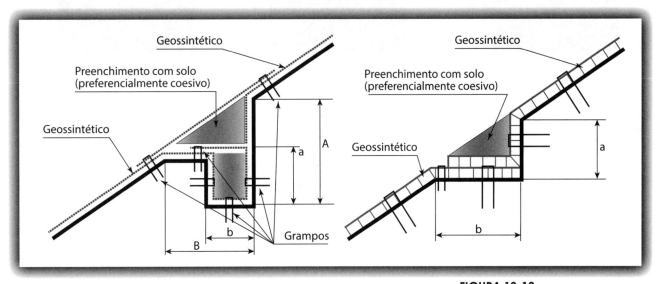

FIGURA 13-13
Sistema de ancoragem intermediária (em vala ou com sobreposição).

Além do sistema de ancoragem, a aderência completa dos geossintéticos aos taludes somente é obtida com a construção de um sistema adequado de fixação dos materiais na superfície dos taludes. A quantidade de grampos a ser empregada por m² de material instalado é definida em função da inclinação dos taludes, sendo que em taludes mais íngremes, se faz necessário o emprego de maior quantidade de grampos.

Para as biomantas, geomantas, geotêxteis e geogrelhas, é recomendado o emprego de grampos em formato de "U", enquanto, para as geocélulas, é usual o emprego de grampos com o formato de "J". O comprimento dos grampos, pode variar de 10 cm até mais de 50 cm, sendo esse comprimento definido em função da espessura do geossintético a ser fixado e da resistência do terreno.

Na Figura 13-14 é apresentada uma ilustração com uma sugestão de arranjo e distribuição dos grampos para a fixação dos geossintéticos nos taludes, bem como apresentada uma indicação da densidade (quantidade) de grampos por metro quadrado em função da inclinação do talude. Tal quantidade deverá ser comprovada em função dos materiais e características dos terrenos envolvidos.

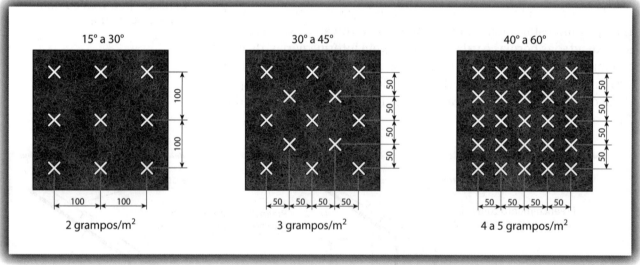

FIGURA 13-14
Espaçamento ilustrativo de grampos em função da inclinação do talude.

13.7.2 Sistemas de proteção superficial semiflexíveis, articulados ou armados

O dimensionamento e especificação de geossintéticos para o controle de erosões na interface solo/enrocamento, sistemas articulados e estruturas semiflexíveis deve levar em conta a capacidade de retenção de finos e a permeabilidade à água, visando a adequada drenagem do maciço e o alívio de subpressões atuantes, como o confinamento das partículas finas dos materiais.

Nos Capítulos 5 e 6 deste manual são apresentadas as aplicações de geossintéticos em obras hidráulicas e em filtração, as quais apresentam soluções, por vezes, similares às aplicadas no controle de erosão. Desta

Aplicações em Controle de Erosão Superficial 445

forma, para as verificações e dimensionamento dos sistemas semifle-xíveis, articulados ou armados, cabem as considerações e métodos apresentados e detalhados nestes capítulos.

13.7.3 Barreiras de contenção de sedimentos

Dimensionamento

O método de dimensionamento para as barreiras de contenção de sedimentos foi proposto por Richardson e Middlebrooks (1991), tendo por premissa básica a quantidade de material a ser retido pela barreira de contenção. O método se aplica a terrenos lisos e isentos de vegetação, sendo a erosão superficial o principal mecanismo envolvido. O processo de cálculo, igualmente apresentado por Koerner (1999), envolve as seguintes etapas:

a) Cálculo do comprimento (desenvolvimento) máximo do talude (L_{max}), cujos sedimentos podem ser contidos por uma única barreira de proteção

Para grandes extensões de taludes um conjunto de barreiras em cascata deve ser concebido, dimensionado cada uma delas individualmente:

$$L_{max} = 36{,}2e^{-11{,}1\alpha} \qquad (13\text{-}3)$$

onde:

L_{max} = comprimento (desenvolvimento) do talude, em metros.

α = inclinação do talude, medida em termos da razão altura vertical *versus* comprimento horizontal.

b) Cálculo da vazão de escoamento superficial para a área estudada

Tendo-se por base valores de precipitação local com períodos de retorno entre cinco e dez anos, os quais podem ser alterados em função da dimensão e características da região de proteção:

$$Q = CIA * 10^{-3} \qquad (13\text{-}4)$$

onde:

Q = vazão de escoamento superficial (m³/h);

C = coeficiente de escoamento superficial;

I = precipitação (mm/h);

A = área de contribuição (m²).

c) Cálculo da altura da barreira de contenção para um único evento de precipitação

Um fator representando o número de eventos de precipitação a ser retido pela barreira deve aqui ser aplicado. Ressalte-se que as barreiras, após a ocorrência dos eventos para os quais foram dimensionados, ou sempre que necessário, deverão ser limpas, isto é, os sedimentos retidos deverão ser removidos para o adequado funcionamento da estrutura de controle de erosão.

$$V = Qt = \frac{H}{2}\left(\frac{H}{\alpha}\right) \tag{13-5}$$

$$H = \sqrt{2aQt} \tag{13-6}$$

onde:

V = volume total escoado (m³);
t = duração do evento de precipitação (h);
H = altura da barreira de contenção (m).

d) Definição do espaçamento das estacas

No procedimento apresentado, o espaçamento é arbitrado, sendo utilizado na sequência para a definição da resistência do geotêxtil e estaca. Os espaçamentos normalmente utilizados entre estacas situam-se entre 1,8 e 2,5 m (SHEA, 1994), sendo recomendado que o espaçamento seja inferior a três vezes a altura da barreira.

e) Especificação do geotêxtil

A definição do material é feita tendo por base a resistência última à tração do geotêxtil T_{max} na direção de menor resistência (ensaio de banda larga), a partir do gráfico da Figura 13-15. Sobre o valor encontrado recomenda-se a adoção de um fator de redução global, de acordo com o item 4.3.6 deste manual.

f) Definição do tipo/material da estaca

A Figura 13-16 permite estabelecer os momentos máximos atuantes, em função da altura da barreira de contenção, e daí serem obtidos subsídios para a definição do material e do tipo de estaca. A figura apresenta, a título ilustrativo, alguns materiais, conforme indicado na referência citada.

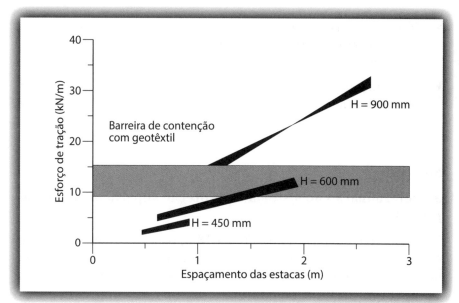

FIGURA 13-15
Resistência à tração do geotêxtil *versus* espaçamento das estacas *versus* altura da barreira de contenção (RICHARDSON; MIDDLEBROOKS, 1991).

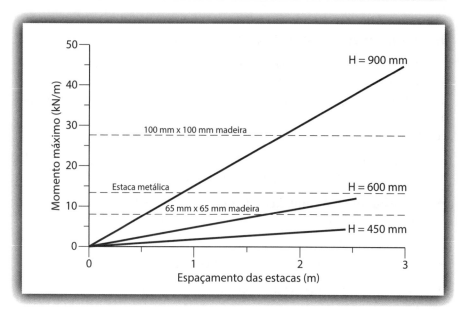

FIGURA 13-16
Momento máximo *versus* espaçamento das estacas *versus* altura da barreira de contenção (RICHARDSON; MIDDLEBROOKS, 1991).

13.8 EXEMPLOS DE DIMENSIONAMENTO

13.8.1 Barreiras de proteção superficial

Dimensionar um sistema de proteção contra a erosão para um talude, considerando as seguintes características:

- Geometria do talude
    - Altura (desnível)   H = 6,0 m;
    - Inclinação: $\omega = 26{,}6°$ (2H:1V);
    - Comprimento: L = 13,4 m.

- Terreno natural:
  - Peso específico $\gamma_{tn} = 18$ kN/m^3;
  - Ângulo de atrito $\varphi = 24°$.
- Escoamento
  - Velocidade: $v = 4,5$ m/s;
  - Duração do fluxo: $t = 2$ horas.

Solução:

a) Determinação do sistema de proteção superficial a ser empregado

Conforme a indicação da Figura 13-9, para as características de escoamento indicadas ($v = 4,5$ m/s e $t = 2$ hrs), pode ser empregado um sistema de proteção superficial flexível, com materiais permanentes associados à vegetação (ver Tabela 13-1).

b) Determinação dos esforços atuantes

Para fins de cálculo, será considerado que o solo de cobertura estará totalmente consolidado ao geossintético (desconsiderando a possibilidade de escorregamento do solo sobre o geossintético). Também não serão considerados como carregamento, os esforços devidos ao fluxo sobre essa camada.

Para a determinação da resistência à tração requerida ao material, foram considerados os seguintes parâmetros:

- Considerando a camada de cobertura (revegetação)
  - Peso específico $\gamma_{CB} = 15$ kN/m^3
  - Espessura da camada $e = 5$ cm
- Fator de redução de atrito na interface: $f_\varphi = 2/3$ (1,33)
- Ângulo de atrito geossintético/terreno (2/3φ) $\delta = 16°$

Cálculo da sobrecarga da camada de cobertura (W)

$$W = \gamma_{CB} \times e_{CB} \times \Rightarrow 15,0 \times 0,05 \times 13,4 = 10 \text{ kN/m}$$

Cálculo da força resistente (F)

$$F = W \cdot \cos(\beta) \cdot \tan(\delta) \Rightarrow 10 \cdot \cos(26,6°) \cdot \tan(16°) = 2,6 \text{ kN/m}$$

Cálculo da tração máxima (T_{REQ})

$$T_{REQ} = (\cdot \text{sen}(\beta)) - F \Rightarrow (10 \cdot \text{sen}(26,6°)) -2,6$$

$$T_{REQ} = 4,5 - 2,6 = 1,9 \text{ kN/m}$$

c) Cálculo da resistência à tração de pico do geotêxtil T_{max}

A resistência à tração do geotêxtil T_{max} é obtida através da majoração da T_{req} pela aplicação do fator de redução global FRT, no caso adotado com o valor igual a 3,0:

$$T_{req} \leq T_{MAX}/FRT$$

$$T_{max} \geq T_{req} \cdot FRT$$

$$T_{max} \geq 1,90 \cdot 3,0 = 5,70 \text{ kN/m}$$

Desta forma, no sistema de proteção do talude, para as condições apresentadas, deve ser empregado um geossintético com resistência à tração de, pelo menos, 5,70 kN/m.

Observação: O fator de redução global, utilizado na determinação da resistência requerida ao geossintético, é determinado a partir dos valores dos fatores de redução parciais (fluência, danos mecânicos, degradação e incertezas estatísticas), os quais por sua vez são definidos em função do tipo de geossintético empregado e características do meio (vide item 4.3.6 deste manual).

d) Dimensionamento da ancoragem

Para o caso proposto, foi pré-definida a altura da vala de ancoragem e serão determinadas as demais dimensões da trincheira, conforme os parâmetros apresentados a seguir:

- Altura da vala $\qquad d_{AT} = 0,30$ m;
- Solo de preenchimento da trincheira $\gamma_{AT} = 18$ kN/m^3;
- Solo de cobertura $\qquad \gamma_{CB} = 15$ kN/m^3;
- Espessura da cobertura $\qquad e = 0,05$ m.

Desta forma, para garantir massa de solo suficiente para a mobilização completa do empuxo passivo, será adotado um afastamento da borda de 0,50 m ($L_{RO} = 0,50$ m).

Caso seja necessário executar a vala de ancoragem em distância inferior a necessário para a mobilização completa do empuxo passivo, deverá ser aplicado um fator de redução do empuxo, proporcional à redução da área mobilizada.

Seção ilustrativa da região de ancoragem

FIGURA 13-17
Seção ilustrativa do trecho de ancoragem.

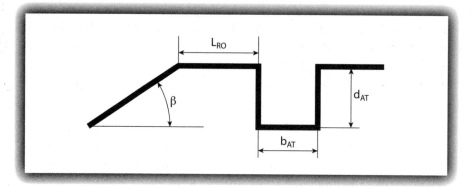

Cálculo do carregamento da camada de cobertura sobre o geossintético/vala (σ_n)

$$\sigma_n = \gamma_{CB} \times e_{CB} \Rightarrow 15,0 \times 0,05 = 0,75 \text{ kN/m}^2$$

Cálculo da força de tração de arrancamento no plano horizontal (T_{AR})

$$T_{AR} = T \cdot \cos(\beta)\ 1,9 \cdot \cos(26,6°) = 1,7 \text{ kN/m}$$

Verificação do comprimento mínimo da borda (para mobilização completa do empuxo passivo (L_{ROmin})

$$L_{ROmin} = d_{AT} \cdot \tan\left(45 + \frac{\phi}{2}\right) \Rightarrow 0,30 \cdot \tan(57°) = 0,46 \text{ m}$$

Seção esquemática com equilíbrio de forças

FIGURA 13-18
Esquema de forças atuantes na região da ancoragem.

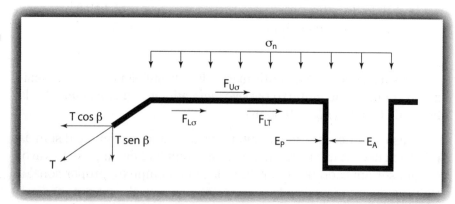

O equilíbrio de forças da seção esquemática ilustrada é satisfeito pela seguinte equação:

$$T_{AR} \leq T_{ANC}$$
$$T_{ANC} = F_{U\sigma} + F_{L\sigma} + F_{LT} - E_A + E_P$$

Cálculo da força de atrito sobre o geossintético ($F_{U\sigma}$)

Considerando a pequena espessura de solo que dificultará a mobilização desse atrito, esta força será desconsiderada nos cálculos.

Cálculo da força de atrito sob o geossintético ($F_{L\sigma}$)

$$F_{L\sigma} = \sigma_n \times L_{RO} \times \tan(\beta) \Rightarrow 0,75 \times 0,50 \times \tan 16°$$

$$F_{L\sigma} = 0,11 \text{ kN/m}$$

Cálculo da força de atrito devido à componente vertical da tração (F_{LT})

$$F_{LT} = T \times \text{sen}(\beta) \times \tan(\delta) \Rightarrow 1,9 \cdot \text{sen}(26,6°) \times \tan(16°)$$

$$F_{LT} = 0,24 \text{ kN/m}$$

Cálculo do coeficiente de empuxo ativo (K_A)

$$K_A = \tan^2\left(45 - \frac{\varphi}{2}\right) = \tan^2\left(45 - \frac{24}{2}\right) = 0,42$$

Cálculo do empuxo ativo (E_A)

$$E_A = \left(\frac{1}{2}\gamma_{AT} \times d_{AT} + \sigma_n\right) \times K_A \times d_{AT} \Rightarrow \left(\frac{1}{2} \times 18 \times 0,30 + 0,75\right) \times 0,42 \times 0,30$$

$$E_A = 0,43 \text{ kN/m}$$

Cálculo do coeficiente de empuxo passivo (K_P)

$$K_P = \tan^2\left(45 + \frac{\varphi}{2}\right) = \tan^2\left(45 + \frac{24}{2}\right) = 2,37$$

Cálculo do empuxo passivo (E_P)

$$E_P = \left(\frac{1}{2}\gamma_{AT} \times d_{AT} + \sigma_n\right) \times K_P \times d_{AT} \Rightarrow \left(\frac{1}{2} \times 18 \times 0,30 + 0,75\right) \times 2,37 \times 0,30$$

$$E_P = 2,45 \text{ kN/m}$$

Cálculo da resistência da ancoragem (T_{ANC})

$$T_{ANC} = F_{U\sigma} + F_{L\sigma} + F_{LT} - E_A + E_P = 0 + 0,11 + 0,24 - 0,43 + 2,45$$

$$T_{ANC} = 2,4 \text{ kN/m}$$

Verificação da condição da ancoragem

$$T_{AR} \leq T_{ANC}$$

$$T_{ANC} = 1,7 \leq 2,4 = T_{ANC} \rightarrow OK!$$

Cálculo do fator de segurança

$$FS_{ANC} = \frac{T_{ANC}}{T_{AR}} = \frac{2,4}{1,7} = 1,41$$

Para aplicações de geossintéticos submetidos a solicitações de tração, o fator de segurança obtido está dentro da faixa de valores aceitáveis. De forma a complementar as verificações, será determinado qual é o comprimento mínimo da base, para alcançar um FS $\geq$ 2,0.

Determinação da força resistente adicional (T_{ADIC})

$$FS_{ANC} = \frac{T_{ANC}}{T_{AR}} \Rightarrow T_{ANC2} = 1,7 \times 2,0 = 3,4 \text{ kN/m}$$

$$T_{ADIC} = T_{ANC2} - T_{ANC} = 3,4 - 2,4 = 1,0 \text{ kN/m}$$

Cálculo da largura da base (b_{AT})

Considerando o contato do geossintético nas duas faces (superior e inferior), o comprimento da base pode ser determinado pela seguinte equação.

$$T_{ADIC} = 2\left(\left(\gamma_{AT} \times b_{AT} \times d_{AT}\right)\tan 16° + \left(\gamma_{CB} \times b_{AT} \times e_{CB}\right)\tan 16°\right)$$

$$1,0 = 2 \times \left(\left(18 \times b_{AT} \times 0,3\right)\tan 16° + \left(15 \times b_{AT} \times 0,05\right)\tan 16°\right)$$

$$1,0 = 2 \times \left(1,55_{AT} + 0,22b\right) \Rightarrow b_{AT} = \frac{1,00}{3,54}$$

$$b_{AT} \geq 0,29 \Rightarrow b_{AT} = 0,30 \text{ m}$$

Desta forma, para atender a um fator de segurança requisitado (FS $\geq$ 2,0), a base da vala deve ter comprimento mínimo de 0,30 m.

13.8.2 Barreiras de contenção

Dimensionar uma barreira de contenção para um terreno liso e pouco vegetado, com coeficiente de escoamento superficial igual a 0,4, sujeito a erosão superficial, que apresenta inclinação média de 6 % e extensão

Aplicações em Controle de Erosão Superficial   453

total de 90 m. A precipitação pluviométrica na região, para um período de retorno de cinco anos, é de 110 mm/h. O dimensionamento deverá ser realizado para três eventos de precipitação antes da manutenção/limpeza do sistema, utilizando-se um geotêxtil tecido e um fator de redução global $FRT = 3{,}0$.

Solução:

a) Cálculo do comprimento máximo do talude (L_{max}) por barreira de proteção

$$L_{max} = 36{,}2e^{-11{,}1 \times 0{,}06}$$

$$L_{max} = 18{,}5 \text{ m (adotado 18 m)}$$

Neste caso, portanto, um conjunto de cinco barreiras de contenção em cascata se faz necessário.

b) Cálculo da vazão de escoamento superficial

$$Q = 0{,}4 \times 110 \times (18 \times 1) \times 10^{-3}$$

$$Q = 0{,}79 \text{ m}^3/\text{h}$$

c) Cálculo da altura da barreira de contenção

$$H = \sqrt{2 \times 0{,}06 \times 0{,}79 \times 1{,}0}$$

$$H = 0{,}305 \text{ m}$$

Para três eventos de precipitação semelhantes, tem-se: $H = 3 \times 0{,}305$ m $= 0{,}915$ m

d) Escolha do espaçamento das estacas

Admite-se, no presente exemplo, um espaçamento igual a 2,0 m.

e) Especificação do tipo/material da estaca

O momento máximo atuante M_{max} na estaca pode ser obtido a partir da Figura 13-16, admitindo-se o espaçamento de 2,0 m e a altura da barreira de 0,90 m. Tem-se, portanto:

$$M_{max} = 30{,}0 \text{ kNm}$$

Pela recomendação da Figura 13-16, pontaletes de madeira com dimensão 100 mm × 100 mm são adequados ao sistema.

f) Especificação do geotêxtil

A resistência à tração requerida para o geotêxtil T_{req} é obtida do gráfico da Figura 13-15, admitindo-se a altura da barreira de 0,90 m. Tem-se, portanto:

$$T_{req} = 25,0 \text{ kN/m}$$

Assim, considerando-se o fator de redução global FRT = 3,0 podemos calcular a resistência à tração nominal do geotêxtil a ser empregado no sistema:

$$T_{req} = T_{max}/FRT \quad \text{ou} \quad T_{max} = T_{req} \cdot FRT = 25,0 \cdot 3,0 = 75 \text{ kN/m}$$

PROPRIEDADE	REQUISITO
Resistência à Tração Faixa Larga	$T_{MAX} \geq 75 \text{ kN/m}$

13.9 CONCLUSÕES

A aplicação de geossintéticos no controle de erosões tem experimentado grande desenvolvimento tecnológico, aliando novos produtos a técnicas construtivas que conferem às soluções segurança, confiabilidade, vida útil e economicidade nas intervenções. Uma elevada gama de produtos possibilita a escolha de diferentes materiais e soluções para diversas situações de obra.

O adequado desempenho das aplicações, no entanto, está intimamente relacionado com o correto dimensionamento e especificação dos materiais, assim como um controle de qualidade dos produtos, que envolve desde as fases de recebimento e estocagem, até a completa disposição e aplicação *in situ*. No presente capítulo, algumas das aplicações potenciais no controle de erosões com geossintéticos foram descritas, sendo recomendada para um maior aprofundamento do tema, a leitura das referências a seguir apresentadas.

Registre-se, por fim, que esta aplicação vem experimentando constantes evoluções tecnológicas em termos de produtos e soluções associadas, o que exige dos projetistas e executores uma frequente interação com fabricantes e fornecedores para garantir sempre a adequada seleção de produtos e técnicas de proteção contra processos de erosão superficial.

REFERÊNCIAS BIBLIOGRÁFICAS

ASTM. *Standard test method for thickness of textile materials.* ASTM D-1777. West Conshohocken: American Society for Testing and Materials, 2002.

ASTM. *Standard test method for stiffness of fabrics*. ASTM D-1388. West Conshohocken: American Society for Testing and Materials, 2002.

ASTM. *Standard methods of test for breaking load and elongation of textile fabrics*. ASTM D-1682. West Conshohocken: American Society for Testing and Materials, 1975.

ASTM. *Standard test method for deterioration of geotextiles by exposure to light, moisture and heat in a xenon arc type apparatus*. ASTM D-4355-02. West Conshohocken: American Society for Testing and Materials, 2002.

AVESANI NETO, J. O.; BUENO, B. S. Revestimento e proteção de canais e corpos d'água com geocélulas. In: CONGRESSO NACIONAL DE GEOTECNIA, 12., *Anais...* Guimarães, 2010.10 p.

CARROLL, R. G.; RODENCAL, J.; COLLIN, J. G. Geosynthetics in erosion control – the principles. *Geotextiles and Geomembranes*, v. 11, p. 523-534, 1992.

CHRISTOPHER, B. R.; HOLTZ, R. D.; BERG, R. R. *Geosynthetic design and construction guidelines*. Report n. FHWA-HI-95-038, Washington, DC: Federal Highway Administration, 1998. Couto, L. et al. Técnicas de bioengenharia para revegetação de taludes. *Boletim Técnico CBCN*, Viçosa: Centro Brasileiro para Conservação da Natureza e Desenvolvimento Sustentável, 2010.

DENR. *Erosion and sediment control* – field manual. North Caroline: North Carolina Department of Environment and Natural Resources, 2001.

FARIAS, R. J. C. Utilização de Geossintéticos em Sistemas de Controle de Erosões. Tese de Doutorado, Universidade de Brasília, Brasília, DF, 2005. 188 p.

FROBEL, K.R.; WERNER, G.; WEWERKA, M. Geotextiles as filters in erosion control. *Geotextile testing and the design engineer*. ASTM Special Technical Publication, v. 952, p. 45-56, 1985.

GGHA Erosion and sediment control guidelines for urban construction. greater golden horseshoe area conservation authorities. Canadá. 2006.

GOLDSTEIN, U. *Geossintéticos em controle de erosões*. Curso sobre aplicações de geossintéticos e geotecnia e maio ambiente. São Paulo: IGS Brasil, Instituto de Engenharia, 1998.

HENDRICKSON, S. E. *Erosion control mattings and components*-section 02375. Storm Drainage Standards. Loveland: Department Stormwater Utility, 2009. 8p.

KOERNER, R. M. *Designing with geosynthetics*. 4. ed. Prentice-Hall, 1998.

KOERNER, G.R.; CARSON, D. A. Geosynthetic erosion control materials: a landfill cover field study. Geosynthetics in foundation reinforcement and erosion control systems. *Geotechnical Special Publication*, v. 76, ASCE, 1998.

LAURO, F. J.; THEISEN, M. S. Finding the right erosion control solution. *Profile Solutions, Land and Water Magazine*, p. 9, nov./dec. 2006.

NDOR. Drainage design and erosion control manual. Nebraska: Nebraska Department of Roads, 2006.

ROCHA, P. E. O.; FERRETTI, P. C. B.; MIGUEL, M. G. Execução de Novo Semeio Sobre Estrutura de Contenção com Paramento em Geomanta, In: Simpósio Brasileiro de Geossintéticos, 6., Belo Horizonte, 2011.

RUSTOM, R. N. Overall performance index to characterize geosynthetic erosion control systems. In: International Conference on Geotextiles, Geomembranes, and Related Products, 5., Singapore, 1994. p. 739-742.

SHEA, B. M. Silt fence design considerations. *Geotechnical Fabrics Report*, p.12-14. Feb. 1994.

SPRAGUE, J. C. Silt fence installation efficacy. *Geotechnical Fabrics Report*, p. 22-29, May 2001.

THEISEN, M. S. The role of geosynthetics in erosion and sediment control: an overview. *Geotextiles and Geomembranes*, v. 11, p. 535-550, 1992.

THEISEN, M. S.; RICHARDSON, G. N. Geosynthetic Erosion control for landfill final covers. *Geotechinical Fabrics Report*, p. 22-27, May 1998.

VILAR, O. M. *Formulação de um modelo matemático para a erosão dos solos pela chuva*. 1987. 196 f. Tese (Doutorado) – EESC, USP, São Carlos, 1987.

Vilar, O. M.; Prandi, E. C. Erosão dos solos. In: Cintra, J. C. A.; Albiero, J. H. (eds.). *Solos do interior de São Paulo*. São Carlos: ABMS/USP.1995 p.177-205.

Wischmeier, W. H.; SMITH, D. D *Predicting rainfall erosion losses*. A guide to conservation planning. Washington, DC: USDA-SEA, 1978.

Wu, K. J.; Austin, D. N. Three-dimensional polyethylene geocells for erosion control and channel linings. *Geotextiles and Geomembranes*, v. 11, p. 611-620, 1992.

Capítulo 14

Aplicações em Barreiras Impermeabilizantes

Orencio M. Vilar
Benedito S. Bueno
Clóvis Benvenuto

14.1 INTRODUÇÃO

Barreiras impermeabilizantes são utilizadas na engenharia para as mais variadas finalidades, como por exemplo, impedir a migração de umidade e de vapores, reservar água e diferentes efluentes, e conter rejeitos das mais variadas origens, como os resíduos sólidos urbanos e industriais.

Tradicionalmente, essas barreiras têm sido construídas com os mais diferentes materiais, como solo compactado, concreto e asfalto e geomembranas[1] impregnadas com diferentes substâncias. O advento dos geossintéticos introduziu novos materiais para a composição de barreiras impermeáveis, como as geomembranas (GM) e os geocompostos argilosos[2] (mais conhecidos como GCL, acrônimo de seu nome em inglês: *geosynthetic clay liner*). Cada uma dessas opções apresenta vantagens e desvantagens, em função de uma série de requisitos exigidos em determinada aplicação: resistência e durabilidade frente às solicitações de natureza química, física e mecânica; disponibilidade do material; facilidade de construção e custo. Por exemplo, na possibilidade de recalques, solos compactados, relativamente rígidos, camadas de asfalto e placas de concreto podem trincar, facilitando o vazamento das substâncias contidas. Além disso, essas camadas possuem espessuras apreciáveis, ocupando volumes importantes que poderiam ser mais

---

[1] Segundo a nova nomenclatura adotada pela NBR ISO 10318/2013 – Termos e Definições passam a serem denominadas como barreiras geossintéticas – GBR (vide item 1.6 do Capítulo 1). Neste texto será mantida a nomenclatura anterior por ser, ainda, de domínio público.

[2] Segundo a nova nomenclatura adotada pela NBR ISO 10318/2013 – Termos e Definições passam a serem denominadas como barreiras geossintéticas argilosas – GBR-C (vide item 1.6 do Capítulo 1). Neste texto será mantida a nomenclatura anterior por ser, ainda, de domínio público.

bem aproveitados. As geomembranas e os geocompostos argilosos por apresentar reduzida espessura e elevada flexibilidade, constituem uma alternativa apropriada nessas situações.

No decorrer deste capítulo, são apresentadas as características gerais das geomembranas e dos geocompostos argilosos, suas aplicações típicas, propriedades e solicitações a que estão sujeitas em barreiras impermeáveis, bem como aspectos construtivos de sua aplicação em campo.

14.2 DEFINIÇÃO

A função impermeabilizante ou de barreira exercida por um geossintético pode ser definida como a capacidade de prevenir ou bloquear a migração de fluidos, sejam eles líquidos ou gases, para fora ou para dentro de um determinado sistema ou obra.

14.3 PRODUTOS UTILIZADOS

14.3.1 Barreiras geosssintéticas

As geomembranas (GM) consistem em membranas poliméricas flexíveis que apresentam permeabilidades extremamente baixas (da ordem de 10^{-12} cm/s) e que são utilizadas como barreiras para líquidos e vapores. São produzidas industrialmente, em geral na forma de bobinas, que são levadas ao local da obra, onde se procede a sua instalação e respectivas emendas. Alguns tipos de geomembranas podem ser emendadas na fábrica, formando grandes painéis, assim reduzindo ou eliminando os trabalhos de emenda em campo.

As propriedades e o comportamento das geomembranas apresentam variações, em função da resina e dos aditivos que eventualmente as compõem. A Tabela 14-1 mostra os principais tipos de geomembranas atualmente utilizados. Conforme comentado no Capítulo 1, as geomembranas podem ser termoplásticas ou termo fixas. No primeiro caso, elas podem ser retrabalhadas várias vezes por aquecimento e resfriamento, preservando suas propriedades. Isso é de interesse nas operações de emenda por solda a quente e nos casos em que as GMs possam estar expostas a grandes variações de temperatura. As termofixas só podem ser processadas uma vez, já que reprocessamentos subsequentes degradarão o material.

Assim, dispõe-se de geomembranas compostas a partir de diferentes matérias-primas, destacando-se, também, que é possível produzir geomembranas para impermeabilização de outras maneiras (por exemplo, por meio da impregnação de um geotêxtil com asfalto).

Aplicações em Barreiras Impermeabilizantes 459

Serão aqui abordadas somente as GM termoplásticas, com ênfase para as de PEAD (polietileno de alta densidade), as de PELBD (polietileno linear de baixa densidade) e as de PVC (policloreto de vinil), que são os tipos mais utilizados em barreiras impermeáveis.

TABELA 14-1
Principais geomembranas hoje utilizadas
[KOERNER, 1998]

Mais utilizadas	Menos utilizadas
Polietileno de alta densidade (PEAD)	Polipropileno flexível (fPP)
Polietileno bastante flexível (PBF); inclui polietileno de diferentes densidades, desde muito baixa a baixa	Polipropileno flexível reforçado (fPP-R)
	Polietileno clorossulfonado reforça-do (PECS-R)
Polietileno linear de baixa densida-de (PELBD)	Interpolímero de etileno alloy refor-çado (EIA-R)
Polivinil clorado (PVC)	

As geomembranas de polietileno de alta e de baixa densidades são fornecidas em bobinas, com larguras variadas que podem chegar até cerca de 10 m, comprimentos variáveis e que podem superar 100 m para as GM menos espessas e espessuras entre 1,0 e 2,5 mm. Por sua vez, as geomembranas de PVC são fabricadas também em bobinas, mas comumente fornecidas em painéis de variadas dimensões, compostos a partir de emendas feitas em fábrica. As espessuras variam de 0,4 a 3,0 mm.

Como qualquer material, as geomembranas estão sujeitas a uma série de solicitações desde sua fabricação, estocagem e transporte até a instalação e vida útil da obra. A Tabela 14-2 apresenta uma síntese preliminar das vantagens e desvantagens associadas aos diferentes tipos de geomembrana.

14.3.2 Geocompostos argilosos para barreiras impermeabilizantes (GCL)

Nos geocompostos argilosos para barreiras impermeabilizantes (GCL) uma camada de argila em pó, usualmente bentonita sódica, é contida, por meios mecânicos ou químicos, entre duas camadas de geotêxteis ou entre uma camada de geotêxtil e outra de geomembrana. Como em sua fabricação se emprega a bentonita, são também chamados de "geocompostos bentoníticos". São fabricados com dimensões da ordem de 5 m por 50 m e espessuras em torno de 1 cm, sendo o conteúdo de argila, com umidade entre 10 e 20%, da ordem de 3 a 5 kg/m^2.

TABELA 14-2
Vantagens e desvantagens dos principais tipos de geomembrana

Tipo de GBR	Vantagens e desvantagens
PEAD e PEBD Polietileno de alta e de baixa densidade	Boa resistência contra diversos agentes químicos Boas características de resistência e solda Boas características de resistência mecânica Bom desempenho a baixas temperaturas Baixo atrito de interface, se for de superfície lisa PEAD é relativamente rígido PEBD e mais flexível Formação de rugas; difícil conformação ao subleito Sujeita a *stress cracking*
PVC Polivinil clorado	Boa trabalhabilidade (flexível) Facilidade de soldagem Bom atrito de interface, mesmo com superfície lisa Boas características de resistência mecânica Baixa resistência a ultravioleta, ozônio, sulfetos e intempéries Fraco desempenho a altas e baixas temperaturas Baixa resistência química a algumas substâncias

Uma classificação geral dos diferentes tipos de geocompostos argilosos separa-os em reforçados e não reforçados. No caso dos reforçados, as camadas externas de geossintéticos são unidas mecanicamente por costura ou agulhamento; os não reforçados são fabricados com o uso de adesivos. A Figura 14-1 ilustra as diferentes classes de geocompostos argilosos.

FIGURA 14-1
Geocompostos argilosos reforçados e não reforçados.

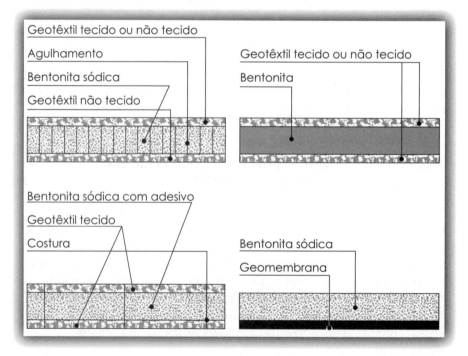

Os geocompostos argilosos têm sido utilizados em substituição ou em adição a solos em sistemas impermeabilizantes. Suas principais qualidades residem na flexibilidade, com propriedades de autocicatrização, em caso de perfuração, e relativa facilidade de instalação e de emenda. Além das considerações anteriores, há ainda a possibilidade de suas propriedades serem controladas durante o processo de fabricação, o que permite reduzir os custos associados à garantia de construção nos trabalhos de instalação em campo. A Tabela 14-3 faz uma comparação das características e principais diferenças entre barreiras de solos compactados e os geocompostos argilosos.

TABELA 14-3
Comparação solos compactados *versus* geocompostos argilosos, quando utilizados como barreiras impermeáveis [DANIEL, 1995]

Característica	Geocomposto argiloso	Solo compactado
Material	Bentonita, adesivos, geotêxteis e barreiras geossintéticas	Solos locais ou misturas de solo e bentonita
Espessura	Aproximadamente 10 mm; ocupa pouco volume do aterro	Comumente entre 30 e 60 cm; ocupa maior volume do aterro
Condutividade hidráulica	10^{-11} m/s $\leq k \leq 5 \cdot 10^{-11}$ m/s	$k \leq 10^{-9}$ m/s
Velocidade e facilidade de construção	Rápida, instalação simples	Lenta; construção complicada
Facilidade de garantia de qualidade	Relativamente simples e direta; procedimentos baseados no bom-senso	Procedimentos de garantia de qualidade complicados; requer pessoal habilitado e com bom conhecimento
Vulnerabilidade a danos durante a construção devido a ressecamento e congelamento	Essencialmente secos; pouco ressecam durante a construção; pouco vulnerável a congelamento degelo	Próximo da saturação; pode ressecar durante a construção; vulnerável a congelamento degelo
Vulnerabilidade a puncionamento	Vulnerável se de pequena espessura	Barreiras espessas não podem ser puncionadas acidentalmente
Vulnerabilidade a danos por recalques diferenciais	Resiste a recalques diferenciais muito maiores que os suportados por solos compactados	Resistem menos a recalques diferencias sem fissurar
Disponibilidade de materiais	Facilmente transportados a qualquer local	Materiais apropriados não disponíveis em qualquer local
Custo	Relativamente baixo; bastante previsíveis que não variam muito de projeto para projeto	Muito variável – depende das características dos solos disponíveis no local
Facilidade de reparo	Fácil, com a colocação de remendo sobre a área danificada	Difícil – pode exigir o deslocamento de equipamento pesado se a área a reparar for grande
Experiência	Pouca	Utilizado há muitos anos
Aprovação por organismos reguladores	Não explicitamente permitido; em muitas normas e especificações – o proprietário deve obter aprovação de equivalência para atingir as especificações de desempenho	Solos compactados são usualmente requeridos pelas agências reguladoras para compor barreiras.

14.4 PRINCIPAIS APLICAÇÕES

Os geossintéticos para impermeabilização são utilizados em várias situações e na impermeabilização de diversos tipos de obras e estruturas, tais como:

- aterros de resíduos domésticos e industriais;
- lagoas de contenção e de tratamento de resíduos industriais;
- revestimento de túneis;
- bases encapsuladas de estradas;
- tanques e silos subterrâneos de armazenamento;
- lagoas para piscicultura, esporte e lazer;
- coberturas e subsolos de edificações;
- caixas d'água elevadas ou enterradas;
- canais de adução e irrigação;
- piscinas e praia artificiais;
- confinamentos de áreas contaminadas.

A Figura 14-2 ilustra algumas dessas aplicações. Por sua baixa permeabilidade, boas características de resistência química e mecânica, controle de fabricação e facilidade de instalação, os geossintéticos constituem uma imprescindível opção em obras de proteção ambiental, como na disposição de resíduos das mais variadas naturezas.

Neste capítulo, é dado um destaque especial às aplicações de geossintéticos em obras de controle ambiental, com ênfase nos geossintéticos que desempenham funções de impermeabilização. Essas aplicações são de extrema responsabilidade social e econômica e exigem desses produtos a solicitação de todas as suas propriedades e características. No que se refere aos resíduos, há diversas alternativas de gerenciamento como, por exemplo, aquelas que tratam de reduzi-los, reaproveitá-los ou reciclá-los. Outras opções disponíveis consistem na incineração ou na compostagem, entre outras aplicáveis a alguns tipos de resíduo sólido, como os urbanos. Contudo, qualquer que seja a opção, sempre restam resíduos que necessitam ser dispostos, de alguma forma, no meio físico e, principalmente, no solo. Para esse propósito, conta-se com dispositivos como os aterros de resíduos e as lagoas de efluentes, que são estruturas projetadas com base em princípios de engenharia e de forma a não trazer danos ou riscos para saúde pública, além de minimizar os impactos provocados no meio ambiente.

Os geossintéticos, de uma forma geral, encontram ampla aplicação nos sistemas de disposição, desempenhando funções de drenagem, de separação e de reforço, entre outras. Além disso, os geossintéticos desempenham importante função na composição de barreiras imper-

Aplicações em Barreiras Impermeabilizantes 463

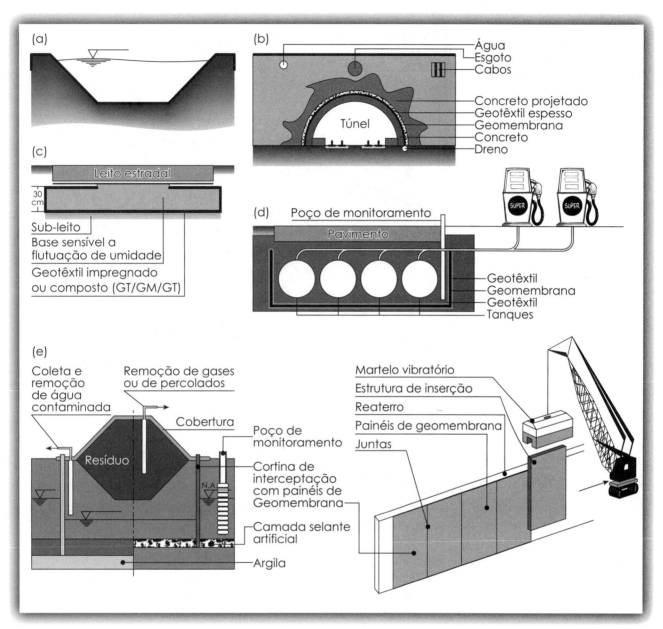

FIGURA 14-2
Algumas utilizações de sistemas impermeabilizantes compostos com geossintéticos.
(a) Canais de irrigação, adução e tanques de efluentes;
(b) revestimento de túneis;
(c) bases encapsuladas de estradas em solos sensíveis a flutuações de umidade;
(d) tanques subterrâneos de armazenamento;
(e) confinamento de áreas contaminadas com painéis de geomembrana. (adaptado de Brandl e Adam, 2000).

meabilizantes desses sistemas. A Figura 14-3 ilustra aspectos gerais de um aterro de resíduos, com ênfase para as diferentes possibilidades de aplicação de geossintéticos.

FIGURA 14-3
Aplicações típicas de geossintéticos em aterros de resíduos (adaptado de Koerner, 1998).

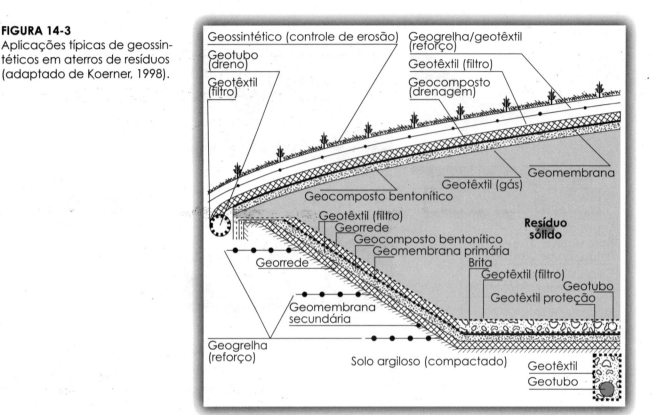

Nota-se, por exemplo, na Figura 14-3, na base e nas laterais da cava do aterro, a presença de georredes para drenagem dos líquidos lixiviados através do aterro, geotêxteis cumprindo o papel de elemento de separação entre o resíduo e o meio drenante (georrede ou material granular) e geomembranas (primária e secundária) protegendo o solo de fundação e cumprindo a função de evitar que os líquidos lixiviados, gerados por degradação do resíduo ou por infiltração, possam atingir o solo de fundação e os lençóis de água superficial e subsuperficial. Subjacente à geomembrana primária, encontra-se outra camada impermeabilizante, construída com geocomposto argiloso, seguida por outra camada drenante, destinada a servir de camada de detecção de possíveis vazamentos do corpo do aterro e, finalmente, a geomembrana secundária assentada diretamente sobre o solo de fundação, no caso, um solo argiloso compactado. Essa configuração compõe uma barreira impermeabilizante dupla, com sistema de detecção de vazamentos, e é comumente utilizada para a contenção de resíduos perigosos.

Anteriormente à construção dos elementos citados, pode existir a necessidade de se drenarem fontes e nascentes situadas na base do futuro aterro, o que se pode realizar com a construção de drenos empregando geotubos e geotêxteis com a função de filtro.

Aplicações em Barreiras Impermeabilizantes · 465

Tem-se, ainda, na Figura 14-3, a presença de geossintéticos compondo a cobertura do aterro e com funções semelhantes à que desempenham na proteção de base. Destaca-se a presença da geomembrana e do GCL. Sua função consiste em impedir a entrada de água de infiltração no interior do maciço de resíduos e evitar o aumento da geração de líquidos lixiviados. Adicionalmente, a barreira impermeabilizante de cobertura pode conter e disciplinar o movimento de gases eventualmente gerados no resíduo, impedindo-os de se propagar descontroladamente na atmosfera. Para essa função, pode-se incorporar um geotêxtil ou um geocomposto drenante, capaz de coletar esses gases e de conduzi-los a um sistema de captação e tratamento, ou mesmo para uso.

Assim, é importante realçar que, com muita frequência, são construídos drenos na forma de colchões ou trincheiras sobre e sob barreiras impermeáveis. Em síntese, os sistemas drenantes com geossintéticos concebidos para obras ambientais podem cumprir as seguintes funções:

a) Quando internos aos efluentes ou resíduos, visam captar os gases e lixiviados gerados para evacuá-los e prevenir o desenvolvimento de subpressões que iriam instabilizar a obra.

b) Quanto instalados sob o sistema de impermeabilização podem ser destinados a controlar o lençol freático ou a proteger o meio ambiente contra eventuais falhas e fugas de efluentes contaminantes.

c) Quando instalados sobre os efluentes ou resíduos, em suas coberturas, visam captar as águas pluviais, impedi-las de penetrar nos resíduos e aliviar o peso da própria cobertura.

Evidentemente, para cada uma dessas utilizações deve-se conceber um sistema específico de forma a não haver superposição de funções e o comprometimento de todo o sistema de impermeabilização.

As aplicações de geossintéticos com função de filtração e drenagem são tratadas especificamente nos Capítulos 5 e 7.

Na massa de resíduo, propriamente dito, podem-se adotar alternativas de colocação de geossintéticos (não indicadas na figura), como geocompostos drenantes, tanto para líquidos como para gases, e geomembranas de uso temporário, em substituição às camadas de solos de cobertura intermediárias. Essas geomembranas podem ser dispostas ao final de uma etapa de serviço e retiradas na retomada do lançamento, evitando o espalhamento de material pelo vento e a presença de animais, com evidente ganho de espaço no aterro. Geogrelhas podem ser úteis, também, durante a operação do aterro como reforço de subleito ou de base para o tráfego de veículos pelo maciço de resíduos, durante as operações de lançamento, espalhamento e compactação.

Na ilustração da Figura 14-3, temos a presença de barreiras de base e de cobertura compostas com a utilização de grande quantidade de geossintéticos. Nem todos esses elementos estarão necessariamente presentes em qualquer aterro, porém constata-se a importância dos geossintéticos destinados à impermeabilização — na atualidade uma presença constante em sistemas de disposição de resíduos. As primeiras aplicações de barreiras empregavam apenas solos de baixa permeabilidade, em geral compactados. O advento das geomembranas e, mais recentemente, dos geocompostos argilosos, modificou as configurações das barreiras, graças a uma série de vantagens, entre as quais se incluem o controle de qualidade de um produto manufaturado, a facilidade de instalação, a sua reduzida permeabilidade e o ganho de espaço no aterro. Assim, os diferentes materiais são utilizados às vezes isoladamente, mas muito comumente são combinados em diferentes configurações e arranjos, os quais dependem, em primeira aproximação, do tipo de resíduo a ser estocado. Nesse sentido, os resíduos são classificados em perigosos, não inertes e inertes. A Figura 14-4 ilustra algumas alternativas de barreiras.

Embora as geomembranas sejam consideradas impermeáveis, elas estão sujeitas a vazamentos, seja por imperfeições de fabricação, de instalação e/ou de operação do sistema. Assim, a opção da Figura 14-4 (a) deve ser evitada, pois, na ocorrência de vazamentos, estes não

FIGURA 14-4
Exemplos de arranjos de barreiras impermeáveis de base.
(a) Barreira impermeável do tipo simples, em que a geomembrana repousa diretamente sobre o solo de fundação;
(b) barreira composta, em que se conciliam uma geomembrana e solo compactado de baixa permeabilidade;
(c) arranjo análogo a (b), substituindo-se o solo compactado por um geocomposto argiloso;
(d) sistema de barreiras duplas em que se conciliam duas geomembranas, entremeadas por um meio drenante (material granular, georrede etc.) e argila compactada. O meio drenante tem por função principal servir de camada de detecção e de coleta de líquidos que eventualmente vazem;
(e) arranjo de barreiras duplas compostas;
(f) arranjo análogo a (e), empregando geocompostos argilosos.
[Adaptado de Sharma e Lewis, 1994.]

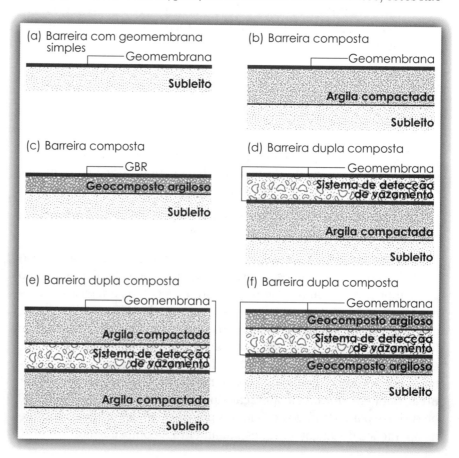

poderão ser contidos ou atenuados. Nas outras opções, eventuais vazamentos poderão ser contidos pelas outras camadas da barreira como, por exemplo, a argila compactada na opção 14-4(b). Ressalte-se ainda que, nas seções apresentadas, estão omitidas as camadas drenantes no topo da barreira, eventuais camadas de proteção e de separação.

Assim, o interesse na adoção de sistemas compostos e de barreiras duplas visa prevenir que imperfeições de fabricação, danos de instalação e de operação das geomembranas causem a fuga descontrolada de lixiviado, o qual será contido pela camada inferior. No caso de barreiras duplas, o lixiviado poderá ser detectado e removido pelo dreno intermediário.

As camadas de cobertura têm função semelhante às camadas de base, no entanto estão sujeitas a outros tipos de solicitação. Por exemplo, quando o líquido, cuja infiltração para o interior do aterro se deseja controlar, é a água, a resistência química da geomembrana passa a ser uma questão secundária. Não obstante, há uma série de solicitações adicionais não presentes na proteção de base, como ciclos de umedecimento e secagem, pressões de gás resultantes da decomposição do resíduo, erosões por ação da chuva e do vento, a ação de animais roedores, recalques por vezes elevados como em aterros de resíduos sólidos urbanos, a ação de raízes e deslizamentos do solo de cobertura. Essas questões tornam, muitas vezes, mais complexo o projeto de um sistema de cobertura do que o de uma impermeabilização de base.

Na prática brasileira, tem-se relegado a segundo plano a adoção de sistemas de cobertura, por razões econômicas, principalmente. No entanto, é fácil entender que a presença desse elemento é tão importante quanto as barreiras de fundo, por diversas razões. A mais imediata delas é que, impedindo-se a infiltração, serão reduzidas as quantidades de lixiviado a controlar no interior do maciço de resíduos, embora, em certos casos, seja conveniente uma cobertura permeável para acelerar a degradação dos resíduos, como através da técnica de recirculação de lixiviados, às vezes aplicada em aterros sanitários. A Figura 14-5 mostra a composição típica de um sistema de cobertura.

Também para a cobertura, nem todas as camadas esquematizadas estarão necessariamente presentes em todo projeto. Além disso, algumas camadas podem ser combinadas, como a camada superficial e a camada de proteção, escolhendo-se solos que ofereçam boa resistência mecânica e que propiciem um meio de crescimento para a vegetação. Camadas de controle e de captação de gás, por exemplo, só serão necessárias em resíduos capazes de gerar gases.

Como na base, a camada impermeável constitui o elemento crucial do sistema. Geossintéticos podem desempenhar essa função com muitas vantagens, já que solos compactados – a opção clássica

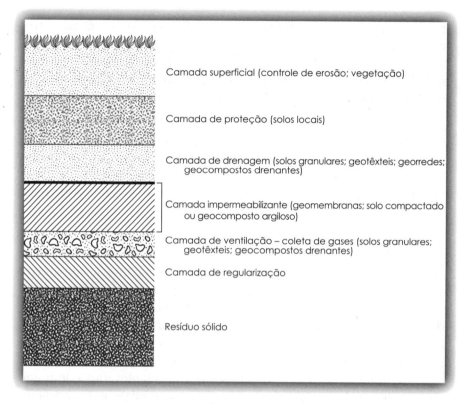

FIGURA 14-5
Exemplo de configuração de camada de cobertura de sistemas de disposição de resíduos.

– apresentam algumas desvantagens, como a menores tolerância a recalques diferenciais, ressecamento e expansão por ciclos de secagem/umedecimento e dificuldade de compactação sobre resíduos fofos e/ou moles.

A Tabela 14-4 mostra as principais características dos componentes de sistemas de cobertura de aterros de resíduos.

14.5 PROPRIEDADES RELEVANTES

14.5.1 Geomembranas

Matéria-prima

Propriedades associadas à matéria-prima são importantes no processo de composição e de fabricação da geomembrana e incluem, entre outras, a densidade da resina e seu ponto de fusão.

Em certos casos, é necessário conhecer a composição molecular da geomembrana, seja para identificar os seus componentes, seja para superar problemas advindos da utilização de geomembranas de diferentes origens, como pode ocorrer ao se soldar uma geomembrana de polietileno antiga com uma mais nova, por exemplo. Nesse caso, o ensaio DSC – calorimetria diferencial, por exemplo, ajuda a determinar a melhor temperatura de soldagem para essas geomembranas.

Aplicações em Barreiras Impermeabilizantes

TABELA 14-4
Características dos componentes básicos de sistemas de cobertura [DANIEL, 1995]

Camada	Função primária	Materiais usuais	Observações
Superficial	Promover o crescimento da vegetação; evapotranspiração; prevenir erosão	Solo com húmus; pedregulhos (regiões áridas); geossintéticos para controle de erosão	Camada superficial para controle de erosão por água e/ou vento sempre é necessária
Proteção	Acumular água; proteger camadas inferiores contra raízes, animais e ação antrópica; proteger camada impermeável contra ressecamento e congelamento; manter estabilidade	Mistura de solos; pedregulhos	Alguma forma de proteção sempre é necessária; camadas superficiais e de proteção podem ser combinadas em uma única camada de cobertura
Drenagem	Drenar água de infiltração para minimizar seu contato com a barreira impermeável; minimizar forças de percolação	Areias; pedregulhos; geotêxteis; georredes e geocompostos	Opcional. Necessária quando quantidades excessivas de água atravessam a camada de proteção ou as forças de percolação são elevadas
Impermeável	Minimizar infiltração de água para o resíduo e o escape de gás para a atmosfera	Solos argilosos compactados; geomembranas; geocompostos argilosos	Normalmente é necessária; dispensável em regiões áridas
Coleta de gases	Coletar e transferir gás para pontos de remoção e/ou de geração	Areia; geotêxteis e georredes	Necessária se o resíduo produz quantidades excessivas de gás

Um aspecto relacionado ao polímero que compõe a geomembrana é o seu grau de cristalinidade, pois isto determinará várias características de comportamento, como, por exemplo, a expansão por calor ou a resistência química. Em geral, em um polímero têm-se cadeias moleculares que se alinham em um estado cristalino e estável, enquanto outras cadeias apresentam-se não alinhadas compondo um estado amorfo. Desta forma os polímeros correntemente utilizados na fabricação de geossintéticos são classificados como semicristalinos, cada qual exibindo diferentes graus de cristalinidade. A porcentagem de cristalinidade pode atingir cerca de 30% no PVC e até 70% no PEAD. A calorimetria diferencial (DSC) pode ser utilizada para estabelecer a cristalinidade de um determinado produto. A Tabela 14-5 ilustra as principais características dos métodos de identificação químicos correntemente empregados e informações adicionais sobre polímeros encontram-se no Capítulo 2.

Propriedades físicas e mecânicas da barreira

Propriedades físicas, mecânicas e relacionadas ao meio ambiente, como a resistência aos raios ultravioleta ou ao ozônio, bem como a resistência química a diferentes substâncias, são medidas na geomembrana já manufaturada. Existe um grande número de normas e especificações de ensaios para geomembranas. Uma mesma propriedade é medida, às vezes, segundo métodos diferentes, causando confusão na escolha de um ou outro método, bem como na interpretação dos resultados. Os métodos mais citados na literatura são os da ASTM, do GRI e, mais recentemente, da ISO. A esses métodos somam-se os propostos em diversos países, como os da norma alemã, por exemplo, ou da norma brasileira, que tende a acompanhar as prescrições da ISO, principalmente para geotêxteis. Uma listagem das normas aplicáveis a ensaios com geomembranas já foi fornecida no Capítulo 3, Tabela 3-3. Nesse capítulo, reproduzem-se algumas informações lá apresentados para destacar aspectos de interesse ao emprego de GMs e GCLs na composição de barreiras impermeabilizantes.

Entre as propriedades físicas destacam-se a espessura, a altura de asperezas, no caso de membranas texturizadas, e a densidade. Há, também, métodos de ensaios para a determinação da transmissividade de vapor d'água e de vapor de diferentes solventes.

O ensaio mecânico mais correntemente efetuado é o de resistência a tração. Há várias configurações de corpos de prova e de ensaios para medir essa propriedade, sendo os ensaios unidirecionais os mais comuns. Nestes, corpos de prova são continuamente tracionados em máquinas universais de ensaio, registrando-se as deformações produzidas e as forças associadas. Esses ensaios empregam corpos de prova de dimensões relativamente pequenas, na forma de halteres, para que a ruptura possa produzir-se junto à seção estreitada e para que as deformações estejam contidas na capacidade de curso da máquina de ensaio. As normas ASTM D638 e D6693 especificam as condições desses ensaios, que devem ser considerados como índice, pois servem mais para propósitos classificatórios do que propriamente para quantificação.

Ensaios de tração de faixa larga representam com mais fidelidade diversas solicitações de tração. Nessa opção, empregam-se corpos de prova retangulares com 20 cm de largura e 10 cm de comprimento, como recomenda a norma ASTM D4885. Em geral, as resistências obtidas nos ensaios de faixa larga são inferiores às obtidas nos ensaios com corpos de prova em forma de halteres.

Há ainda situações em que a geomembrana pode estar sujeita a solicitações multiaxiais, como as que ocorrem por causa de recalques do material sobre o qual se apoia a geomembrana, e existem diversos arranjos de ensaio capazes de reproduzir esses casos em laboratório. Assim, ocorrem diferenças entre valores de resistência a tração, as

TABELA 14-5
Principais características de métodos químicos de identificação de geomembranas [Halse et al., 1991]

Método	Informação obtida	Vantagens[a]	Desvantagens
TGA (Termogravimétrico)	Tipo de polímero; aditivos; teor de cinzas; porcentagem de negro de fumo; temperaturas de decomposição	Medida direta; alta precisão; usado para todos os polímeros	Resultados qualitativos; custo elevado
DSC (calorimetria diferencial)	Ponto de fusão, cristalinidade; tempo de oxidação; transição vítrea	Medida direta, alta precisão, usado para todos os polímeros	Resultados qualitativos; limitado para polímeros clorados; custo elevado
TMA (termo–mecânico)	Coeficiente de expansão térmica linear; ponto de amolecimento; transição vítrea	Medida direta; alta precisão, usado para todos os polímeros	Custo elevado
IR (infravermelho)	Identifica aditivos, cargas e plastificantes; taxa de reação oxidativa	Usado para todos os polímeros	Preparação da amostra sem informação da resina; custo elevado
GC e HPLC (cromatografia)	Identifica aditivos e plastificantes	Medida direta	Preparação da amostra sem informação da resina, custo elevado
Densidade (ρ)	Densidade e cristalinidade	Medida direta, valores precisos, baixo custo	Somente polímeros selecionados; sem informação da resina
Índice de derretimento (MI)	Ponto de fusão e taxa de fluxo	Refere-se ao peso molecular; medida precisa; baixo custo	Limitado para polímeros clorados; valores empíricos
GPC (cromatografia por permeação de gel)	Distribuição de peso molecular	Valores precisos; técnica válida somente para peso molecular; usado para todos os polímeros	Não é de utilização comum; preparação da amostra; custo muito elevado

Observação: uma vantagem comum a todos os métodos é o tamanho extremamente reduzido das amostras para os ensaios, em comparação aos tamanhos típicos dos ensaios de propriedades físicas e mecânicas.

quais dependem do tipo de ensaio utilizado, da forma e das dimensões do corpo de prova e da taxa de deformação aplicada durante o ensaio. A Figura 14-6 ilustra curvas tensão–deformação de diversas geomembranas, onde se podem destacar diversos aspectos qualitativos e quantitativos referentes à tração desses materiais.

FIGURA 14-6
Curvas típicas tensão–deformação para diferentes tipos de geomembrana. 1, PECS; 2,butil; 3, PEC; 4, PVC; 5, PP; 6, PEAD; 7 membrana impregnada, reforçada com trama de PE [Rigo; Cazzuffi, 1991].

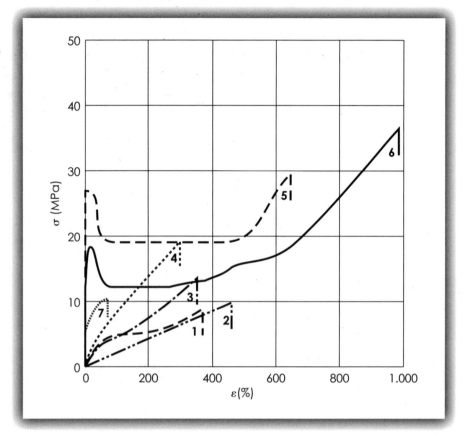

Considerando apenas as geomembranas de maior uso, pode-se destacar:

a) As geomembranas de PEAD são relativamente rígidas, pois atingem uma tensão de escoamento para cerca de 17% de deformação. À medida que aumentam as deformações, cai a tensão, que principia novamente a aumentar para cerca de 400% de deformação até a ruptura, que ocorre em cerca de 1.000% de deformação.

b) As geomembranas de PVC são mais flexíveis e apresentam uma curva tensão/deformação diferente da observada para PEAD, com as tensões crescentes com as deformações até a ruptura, que se processa para deformações superiores a 300%.

c) Considerando a tensão de escoamento do PEAD como representativa da tensão de ruptura, observa-se que o PEAD e o PVC apresentam resistências a tração de magnitudes próximas.

d) As demais geomembranas têm características tensão/deformação que se aproximam ou das geomembranas de PEAD ou de PVC; ou seja, dependendo do material, tendem a ser mais rígidas ou mais flexíveis.

Aplicações em Barreiras Impermeabilizantes

Os resultados dos ensaios de resistência a tração são úteis para o controle de qualidade durante a fabricação, para a comparação entre variações nos processos de produção, para a comparação entre diferentes produtos, para identificação, para verificar a variação mecânica provocada após a incubação em diferentes substâncias e para verificar a variação provocada após envelhecimento.

Outros ensaios mecânicos que traduzem solicitações comuns em geomembranas são os de resistência ao puncionamento e a rasgos. Muitas vezes as geomembranas são colocadas sobre ou sob material pontiagudo ou com cantos vivos, como pode ocorrer quando estão em contato com materiais granulares de camadas drenantes. À medida que crescem os carregamentos, esses materiais tendem a puncionar a geomembrana e abrir uma passagem para os líquidos e vapores contidos. Como no ensaio de resistência a tração, há diversas alternativas para se medir essa propriedade, com diferentes arranjos e técnicas de ensaio que, além disso, incluem ensaios estáticos e dinâmicos. As normas NBR ISO 12236 e ASTM D4833 especificam as condições de um ensaio de puncionamento estático correntemente utilizado. De qualquer maneira, as opções disponíveis devem ser entendidas como ensaios-índices ou qualitativos, considerando-se a pequena quantidade de amostra utilizada e a dificuldade de associar os resultados das diferentes alternativas com o desempenho em campo. Para a aplicação prática, a tendência é buscar-se um ensaio que consiga reproduzir mais adequadamente as solicitações de campo, inclusive reproduzindo as condições do material de base da geomembrana e do material a ser estocado.

A resistência a puncionamento das geomembranas pode ser melhorada com a utilização conjunta de um geotêxtil atuando como reforço. O aumento da resistência estará condicionado pelas características desse geotêxtil, como o seu tipo, resistência a tração, gramatura e espessura sob carga. Os benefícios da utilização conjunta de um geotêxtil necessitam ser cotejados com uma possível redução de resistência de interface, considerando-se as baixas resistências que usualmente se desenvolvem entre diferentes geossintéticos.

Alguns fabricantes fornecem geomembranas solidarizadas com geotêxtil, constituindo geocompostos impermeabilizantes, o que minimiza o problema, pois a resistência da interface solidarizada tende a ser maior do que a resistência entre a geomembrana e o geotêxtil apenas superpostos. As combinações de geomembranas com geotêxteis substituem geomembranas mais espessas e, portanto, são geocompostos mais leves e mais fáceis de manusear. Mais informações sobre esse tema são fornecidas no Capítulo 9.

Principalmente durante a instalação, uma geomembrana está sujeita a rasgar-se por ação do vento ou por manuseio inadequado. Uma alternativa de ensaio para se conhecer a resistência ao rasgo é a oferecida pela norma ASTM D 1004. O corpo de prova apresenta, em sua região central, uma reentrância que forma um ângulo de 90°, por onde o rasgo se propagará ao se tracionar a geomembrana. A máxima tensão aplicada constitui a resistência ao rasgo, valor que deve ser tomado como índice, já que não existe uma relação entre o valor de laboratório e o desempenho em campo.

As geomembranas, dependendo das condições de carga e de sua composição, podem estar sujeitas a ruptura por fissuras de tração (*stress cracking*). Esta é definida como a ruptura ou quebra de uma geomembrana de polietileno devida a uma tensão de tração inferior à resistência a tração da geomembrana. As rupturas por fissuras de tração parecem ser condicionadas por questões ambientais, como a exposição da geomembrana a variações de temperatura, o que pode induzir o surgimento de tensões de tração. Além disso, a presença de ranhuras e arranhões, deformações concentradas, bem como a superposição de soldas por extrusão, podem desencadear a ruptura.

De acordo com o ensaio ASTM D5397 para verificação de fissurações sob tensão, submetem-se vários corpos de prova, imersos em solução específica (Igepal), a 50 °C, a distintos carregamentos. Mede-se o tempo de ruptura para cada nível de carregamento, obtendo-se uma curva em que se distinguem um trecho de comportamento dúctil e outro de ruptura frágil, utilizando-se o tempo de transição entre o comportamento dúctil e frágil para definir a capacidade da geomembrana para resistir a fissuras por tração. Um procedimento alternativo, mais expedito, consiste em carregar os corpos de prova com um único estágio de carga, no caso correspondente a 30% da tensão de tração de ruptura observada nos ensaios de tração em forma de halteres (ASTM D6693). Neste caso, os corpos de prova devem resistir à tensão por, pelo menos, 500 horas, conforme a última recomendação divulgada na GM 13, em 2014.

Do ponto de vista prático, a prevenção de ruptura por fissuras de tração, em geomembranas susceptíveis a esse fenômeno, pode ser conseguida atentando-se para os seguintes pontos:

- instalar a geomembrana com folga suficiente para compensar eventuais retrações térmicas;
- executar emendas uniformes para prevenir a concentração de esforços em pontos falhos e a consequente propagação de fissuras de tração;
- adotar uma adequada composição da geomembrana, em termos de polímero e aditivos, para balancear as principais características, como a cristalinidade, a densidade, o peso molecular e a orientação das moléculas.

A Tabela 14-6 sintetiza resultados de resistência a tração, resistência a rasgos e resistência a puncionamentos de algumas geomembranas

Aplicações em Barreiras Impermeabilizantes 475

fabricadas no Brasil. Uma compilação de ensaios aplicáveis a geomembranas de PEAD, valores mínimos de propriedades e frequência de ensaios pode ser encontrada na especificação GM 13 (2014).

Resistências de interfaces entre geomembranas e diferentes materiais

Na análise de sistemas de contenção de resíduos ou de efluentes, é necessário conhecer as resistências que podem se desenvolver entre a geomembrana e o solo subjacente, entre a geomembrana e outros geossintéticos, entre diferentes geossintéticos, e entre estes e o resíduo a ser estocado. Tal necessidade se prende ao fato de que, por vezes, as barreiras impermeáveis são compostas por diferentes geossintéticos ou repousam sobre solos de baixa resistência, de forma que as interfaces podem se constituir em planos preferenciais de ruptura e condicionar a estabilidade do resíduo, de coberturas e da barreira como um todo.

TABELA 14-6
Valores médios de algumas propriedades de geomembranas fabricadas no Brasil*

| Produto | Resistência a tração | | Punção [b] (N) | Resistência a rasgos [c] (N) | |
| | CP em forma de haltere [a] (MPa) | | | | |
	Longit.	Transv.		Longit.	Transv.
PEAD 0,8 mm	19	19	389	126	129
PEAD 2,5 mm	18	20	911	338	344
PVC 1,0 mm	18	16	266	52	49
PVC 2,0 mm	17	15	504	92	95

(a) ASTM D638; (b) ASTM D4833; (c) ASTM D1004. *Propriedades medidas pelo Laboratório de Geossintéticos da EESC-USP, nos anos de 2000-2001, em amostras enviadas pelos fabricantes.

Há inúmeras informações acerca das resistências de interfaces produzidas em diferentes épocas e seguindo diferentes técnicas. Assim, muito da informação presente na literatura deve ter o seu universo de abrangência limitado aos materiais e condições a partir dos quais foram obtidas. Os ensaios que fornecem essas resistências são o ensaio clássico de cisalhamento direto, preparado segundo diferentes configurações, o ensaio de plano inclinado e o ensaio de arrancamento. O ensaio de cisalhamento direto de grandes dimensões segue o preconizado pela ASTM D5321 ou pela ABNT NBR ISO 12957, parte 1, e emprega corpos de prova quadrados, com 30 cm de lado. A mesma norma brasileira, em sua parte 2, especifica um ensaio de resistência de interface que emprega o equipamento de plano inclinado.

Os resultados são interpretados de acordo com o critério de resistência de Mohr-Coulomb, que admite envoltória de resistência linear e que pode ser expressa como

$$s = c_a + \sigma\,\mathrm{tg}\,\delta, \qquad\qquad [14\text{-}1]$$

sendo:

c_a a adesão entre o geossintético e o solo;
c o intercepto de coesão do solo;
δ o ângulo de atrito entre solo e geossintético.

Quando a geomembrana está em contato com o solo, pode-se esperar que diversos fatores tendam a afetar a resistência da interface. Por exemplo, o umedecimento da interface de geomembrana apoiada sobre argila, provocado por condensação de água ou por água advinda de processos de adensamento, pode reduzir consideravelmente a resistência que haveria caso essa umidade não estivesse presente. Acrescente-se a isso que as condições de cisalhamento do solo, se drenado ou não drenado, desempenharão importante influência na resistência disponível. Tem-se verificado, também, que a resistência de interface entre argila e geomembrana varia com a tensão normal (envoltória de resistência curvilínea), diferentemente do pressuposto no critério de resistência de Mohr-Coulomb: para baixos valores de tensão normal, as resistências são crescentes com a tensão normal, para em seguida tornarem-se aproximadamente constantes.

Outro aspecto condicionante da resistência a se utilizar em projeto, refere-se ao fato de que a resistência de pico é atingida para valores muito baixos de deslocamentos, havendo significativas reduções pós-pico, quando a resistência encaminha-se para a resistência residual.

Os resultados de ensaio com solo costumam também ser apresentados por meio da eficiência, que relaciona os parâmetros de resistência da interface e do solo:

$$E_a = \frac{c_a}{c} \qquad \text{e} \qquad E_\phi = \frac{\mathrm{tg}\,\delta}{\mathrm{tg}\,\phi} \qquad\qquad [14\text{-}2]$$

em que

E_a é a eficiência com relação à adesão;
E_ϕ a eficiência com relação ao atrito; e
ϕ o ângulo de atrito do solo.

Aplicações em Barreiras Impermeabilizantes

A Tabela 14-7 sintetiza faixas de variações da resistência de interface entre solos e geomembranas, entre solos e outros geossintéticos, e entre diferentes geossintéticos. Constatam-se, de imediato, variações de grande magnitude, o que pode ser creditado aos diferentes tipos de ensaio utilizados e seus condicionamentos, à forma de interpretação dos resultados, à consideração da resistência de pico ou residual, à variabilidade das composições e dos processos de fabricação dos diferentes geossintéticos. De fato, conforme citado anteriormente, são muitas as interferências possíveis, que incluem as condições de drenagem dos solos em contato com as geomembranas e outros geossintéticos, a faixa de tensões considerada, a possibilidade de umedecimento das interfaces e o fato de que, comumente, a resistência de pico é mobilizada para pequenos deslocamentos, com significativas reduções, à medida que aumentam os deslocamentos, até atingir-se a resistência residual. Assim, os valores da Tabela 14-7 são apenas ilustrativos, evidenciando-se a necessidade de ensaios específicos que procurem retratar, o mais fielmente possível, as condições de solicitação de obra, com vistas à definição dos parâmetros de projeto. De uma forma geral, além da possibilidade de ruptura pelas interfaces formadas em uma barreira impermeável, deve ser também avaliada a possibilidade de ruptura pelo solo de apoio e pela massa de resíduo. Os métodos clássicos de análise de estabilidade de taludes têm sido aplicados a estas situações, porém foge do objetivo do texto comentá-los. Os interessados em outras informações a respeito podem recorrer a Sharma e Lewis (1994), Koerner (1998) e Quian et al. (2002).

TABELA 14-7
Faixas de variação de ângulos de atrito de interface (em graus) entre solos, geossintéticos e geomembranas [simplificada de Sharma e Lewis, 1994]

Material	Areias	Argilas	PVC	PEAD lisa	PEAD texturizada	Georrede
Geomembrana PVC	20 – 30	6 – 15	—	—	—	—
Geomembrana lisa PEAD	17 – 25	5 – 10	—	—	—	—
Geomembrana texturizada PEAD	30 – 40	9 – 15	—	—	—	—
Geotêxtil tecido	23 – 42	16 – 26	10 – 28	7 – 11	9 –17	9 – 18
Geotêxtil não tecido agulhado	25 – 44	15 – 28	16 – 26	8 – 12	15 – 33	10 – 27
Georrede	—	—	11 – 24	5 – 19	7 – 25	—

Resistência química e durabilidade

A resistência que as geomembranas podem oferecer a diferentes substâncias constitui uma propriedade fundamental, uma vez que, se ela for de alguma forma afetada pelas substâncias presentes, a sua função de impedir a passagem de contaminantes poderá ser comprometida.

A resistência química das GBRs tem sido determinada pelos fabricantes e por institutos de pesquisa para diferentes substâncias, como se pode comprovar pela Tabela 14-8. Esta pode ser utilizada como um guia geral, no entanto há uma série de situações em que é necessário conhecer como uma barreira geossintética se comporta frente a certa substância. Isso pode ocorrer, por exemplo, quando: a GBR estiver em contato com líquidos compostos por diferentes substâncias, onde efeitos sinergéticos poderão comprometer o desempenho da geomembrana; a GBR for composta de uma mistura de materiais; o lixiviado variar sua composição química ao longo do tempo; ocorrerem condições extremas não contempladas pelos testes divulgados pelo fabricante ou presentes na literatura, como, por exemplo, um efluente lançado a elevadas temperaturas.

Em casos de situações específicas, tem-se recorrido ao método 9090 da EPA, a despeito das muitas críticas que se possam fazer ao seu procedimento. Nesse método, determinam-se uma ou mais propriedades mecânicas ou químicas da geomembrana virgem e, após sua imersão na substância de interesse, durante determinados períodos de tempo e a diferentes temperaturas (23 °C e 50 °C são as temperaturas de referência), executam-se novos ensaios comparativos. O período máximo recomendado é de 120 dias, e o ensaio deve ser visto como um indicador da possibilidade de degradação da geomembrana frente a uma determinada substância e não como um quantificador, já que não há um critério apropriado para definir perdas aceitáveis e nem é esse o objetivo do método. Outras críticas à eficiência do método dizem respeito à inexistência de correlação entre as variações observadas em campo e em laboratório, ao tempo de ensaio relativamente curto, frente à vida útil da obra, ao fato de as amostras não estarem sujeitas a qualquer carregamento e à possibilidade de o ensaio empregado na avaliação da degradação não ser sensível o suficiente para detectar possíveis variações estruturais.

Além do efeito das substâncias químicas, qualquer ação que afete a cadeia polimérica tende a alterar o desempenho da geomembrana a longo prazo. Comumente, esses efeitos se manifestam pelo enrijecimento da geomembrana, traduzido por um aumento da resistência à ruptura e redução da deformação correspondente, mas podem também se manifestar por modificações em suas características de permeabilidade e transmissividade. Entre esses efeitos, citam-se a oxidação e a ação de raios ultravioleta, da temperatura e de agentes biológicos.

TABELA 14-8
Resistência química de geomembranas [apud SHARMA; LEWIS, 1994]

Geomembrana	Borracha butil		PEC		PECS		Poliolefina elasticizada		Borracha epicloroidina		PEMD		Neoprene		PEAD		PVC	
Agente químico	**Temperatura**																	
	A	B	A	B	A	B	A	B	A	B	A	B	A	B	A	B	A	B
Hidrocarbonos asfálticos	O	O	X	X	O	O	X	O	X	X	O	O	X	X	X	X	O	O
Hidrocarbonos aromáticos	O	O	O	O	O	O	X	O	X	X	O	O	X	X	X	X	O	O
Solventes clorados	X	X	O	O	O	O	X	O	X	X	X	O	X	O	X	X	O	O
Solventes oxigenados	X	X	O	O	O	O	X	O	X	O	X	X	X	X	X	X	O	O
Solventes de petróleo bruto	O	O	X	X	O	O	X	O	X	O	O	O	X	X	X	X	O	O
Álcoois	X	X	X	X	O	O	X	O	X	X	X	X	X	X	X	X	X	X
Ácidos orgânicos	X	X	X	X	X	O	X	O	X	O	X	X	X	X	X	X	X	X
Ácidos inorgânicos	X	X	X	X	X	O	X	O	X	O	X	X	X	X	X	X	X	X
Bases orgânicas	X	X	X	X	X	O	X	O	X	X	X	X	X	X	X	X	X	X
Bases inorgânicas	X	X	X	X	X	O	X	O	X	X	X	X	X	X	X	X	X	X
Metais pesados	X	X	X	X	X	O	X	X	X	X	X	X	X	X	X	X	X	X
Sais	X	X	X	X	X	O	X	X	X	X	X	X	X	X	X	X	X	X

A = 38°C; B = 70 °C; X = desempenho adequado, em geral; O = resistência fraca, em geral.

Nota importante:

A definição de desempenho adequado, empregada na Tabela 14-8, pode variar significativamente para cada aplicação e em função da expectativa de vida desejada. Aparentemente, materiais similares podem apresentar grande variação de desempenho para a mesma exposição, dependendo de sua formulação. Dessa forma, os dados da Tabela 14-8 são meramente indicativos e não devem ser utilizados como fonte para escolha e/ou especificação de geomembranas.

Para combater a ação dos raios ultravioleta e da oxidação, recorre-se a vários aditivos na composição da geomembrana, como negrode-fumo, antioxidantes e outros agentes estabilizadores. A presença e a dispersão de negro de fumo podem ser avaliadas pelos métodos ASTM D1603 e ASTM D5596. A resistência a raios ultravioleta é determinada segundo procedimento similar ao utilizado na determinação da resistência química, expondo-se a geomembrana, em laboratório, a condições controladas de raios ultravioleta, ou em ambiente externo, diretamente sob a luz solar. Ensaios de referência são comparados na amostra virgem e efetuados após exposição da geomembrana a raios ultravioleta, relatando-se a porcentagem de resistência retida pela geomembrana após certo tempo de exposição. Métodos aplicáveis são o ASTM D4355 e ASTM D1435.

Os processos de oxidação ocorrem pela interação entre radicais livres e o oxigênio, e afetam a cadeia polimérica da resina, em um processo que tende a aumentar gradativamente, uma vez deflagrado. A avaliação da quantidade e da depleção de antioxidantes pode ser obtida em ensaios térmicos, como o de DSC, descrito na Tabela 14-5, em que se satura de ar o recipiente contendo a geomembrana e mede-se o OIT – tempo de indução da oxidação.

A deterioração de geomembranas por agentes biológicos compreende a ação de animais (roedores e insetos), raízes e microrganismos, com efeitos de difícil quantificação. Em primeira aproximação pode-se esperar que geomembranas mais resistentes possam também suportar a ação de animais e raízes, a menos que em suas composições entrem substâncias que atraiam roedores. A ação de microrganismos parece não afetar as cadeias poliméricas, no entanto podem afetar geossintéticos em contato com as geomembranas, como geotêxteis destinados à filtração e separação que podem se colmatar.

Frise-se, também, que variações de temperatura podem afetar o desempenho de geomembranas. O efeito parece ser mais marcante para altas do que para baixas temperaturas. O método ASTM D5721 fornece recomendações de ensaio para avaliação das mudanças provocadas pela elevação de temperatura.

14.5.2 Geocompostos argilosos (GCL)

Condutividade hidráulica

De uma forma geral, a condutividade hidráulica de geocompostos argilosos (GCL) varia entre 10^{-10} e 10^{-8} cm/s, em relação inversa à intensidade da tensão normal atuante. Dados experimentais indicam não haver diferenças significativas de condutividade entre os diferentes geocompostos argilosos, com exceção, evidentemente, dos que utilizam geomembranas. No que se refere às emendas por superposição, também

Aplicações em Barreiras Impermeabilizantes 481

há comprovação de que funcionam adequadamente, não comprometendo a baixa condutividade da geomembrana.

Resistência ao cisalhamento

A resistência de geocompostos argilosos pode ser separada considerando duas possibilidades de ruptura: uma passando pelo próprio corpo da bentonita (resistência interna) e outra pela interface entre o geotêxtil (ou geomembrana) e o material adjacente (resistência de interface).

Um problema associado aos geocompostos argilosos reside nas baixas resistências das bentonitas, quando hidratadas. Bentonitas secas apresentam ângulos de atrito por vezes superiores a 30°; contudo, quando hidratadas, esses ângulos caem até a valores inferiores a 10°. Isso pode gerar situações de instabilidade, quando rupturas podem ocorrer por meio da bentonita. As técnicas de reforço introduzidas na produção de diversas classes de geocompostos argilosos têm permitido superar essa deficiência, contudo as condições de uso devem garantir a permanência desse benefício. Por exemplo, em camadas de cobertura, a ação das intempéries pode expor e solicitar o geocomposto, comprometendo esse benefício a longo prazo.

Da mesma forma que os demais geossintéticos, as informações disponíveis acerca da resistência de geocompostos argilosos apresentam grande dispersão, pelas características dos ensaios empregados, condições de hidratação, tipo de geossintético, forma de união, condições de dissipação de pressões neutras e influência das características químicas do fluido de hidratação. Assim, sugerem-se ensaios específicos para a definição de parâmetros de projeto, onde se possam levar em conta as características de solicitação do material em obra.

A resistência de interface fica condicionada, entre outros fatores, pelo material em contato com o geocomposto e pela possibilidade de a bentonita escapar do invólucro de geotêxteis e lubrificar a interface. Em função da grande variedade de situações que podem ocorrer, o mais indicado para cada situação específica é realizar ensaios em que as condições de campo possam ser reproduzidas a contento, principalmente em relação às condições de umidade e de dissipação de pressões neutras.

Autocicatrização

Danos de instalação e de operação podem provocar furos em geocompostos argilosos. No entanto a elevada capacidade de expansão da bentonita componente dos geocompostos argilosos faz com que a auto cicatrização ocorra com facilidade, dependendo do tamanho do furo. Experimentos de laboratório com geocomposto do tipo colado, seco e com abertura controlada de furos revelaram que furos com diâmetro inferior a 25 mm pouco afetam a condutividade hidráulica após hidratar a bentonita, estando esta confinada.

Outra situação em que a autocicatrização se faz presente ocorre em processos decorrentes de ciclos de umedecimento e secagem. Os geocompostos, depois de hidratados, expandem e, quando ressecados, contraem e trincam, com aumento da permeabilidade. Experimentos laboratoriais revelam que, também nesses casos, a capacidade de autocicatrização recupera as propriedades hidráulicas do geocomposto, quando novamente hidratado, praticamente sem alteração da condutividade. Um aspecto ainda não esclarecido suficientemente é a presença de cátions capazes de substituir o Na+ da bentonita. Dependendo do cátion, é possível haver interferências na permeabilidade do geocomposto argiloso e na capacidade de expansão da bentonita. Um expediente utilizado para prevenir problemas dessa natureza consiste em saturar o GCL com água, anteriormente ao seu contato com o lixiviado que possa conter cátions trocáveis. Tem-se também, nesses casos, substituído a bentonita sódica por bentonita cálcica. Esta apresenta menor capacidade de troca, no entanto tem maior condutividade hidráulica e menor expansão. A Tabela 3-6, Capítulo 3, lista alguns ensaios realizados com GCL e a especificação GRI-GCL 3 (2010) lista ensaios aplicáveis e a frequência de teste desejável, além de propriedades mínimas que devem ser atendidas pelos GCLs.

14.6 ESFORÇOS SOLICITANTES EM GEOMEMBRANAS

Além das solicitações de natureza física e química, também atuam sobre as geomembranas esforços mecânicos decorrentes de várias ações, como o peso próprio, o peso do resíduo a estocar, a dilatação térmica, recalques diferenciais, arraste provocado por deslizamento do resíduo ou da cobertura, e vento, entre outras. Essas solicitações servirão para estabelecer uma espessura mínima que, no entanto, poderá ser modificada por imposições construtivas e características de sobrevivência à instalação, ou, ainda, por especificações de agências reguladoras. Apresentam-se, a seguir, modelos para cálculo de algumas dessas ações.

14.6.1 Tensões devidas ao próprio peso

As geomembranas têm como função primária a estanqueidade e por isso os esforços sobre ela devem ser minimizados. Não obstante, certas ações sempre estarão presentes, como o peso próprio da geomembrana disposta sobre um talude (Figura 14-7).

Aplicações em Barreiras Impermeabilizantes

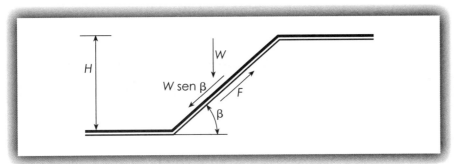

FIGURA 14-7
Ação do próprio peso da geomembrana.

O peso da geomembrana (W), por metro de comprimento do talude, será:

$$W = \gamma_{GM} t \frac{H}{\operatorname{sen} \beta} \qquad [14\text{-}3]$$

Assim, a tensão atuante na geomembrana fica expressa por:

$$\sigma_{t_A} = \frac{W \operatorname{sen} \beta - W \cos \beta \operatorname{tg} \delta}{t} \qquad [14\text{-}4]$$

sendo:

γ_{GM} o peso específico da geomembrana;
t a espessura da geomembrana;
H a altura do talude;
β o ângulo de inclinação do talude;
σ_{tA} a tensão de tração atuante na geomembrana;
W o peso da geomembrana; e
δ o ângulo de atrito entre a geomembrana e o material de fundação.

14.6.2 Tensões causadas por recalques

Outras ações mais difíceis de quantificar referem-se à possibilidade de recalques do solo de fundação e a arraste da geomembrana, promovida pela movimentação do resíduo estocado, da camada de proteção ou do solo de cobertura. Destaque-se que, além dos recalques do solo, recalques do resíduo estocado afetam rotineiramente as geomembranas posicionadas nos sistemas de cobertura.

No caso de ocorrência de um recalque DH, como assinalado na Figura 14-8, verifica-se que a membrana passa a ser tracionada. No modelo proposto por Koerner (1998), para se calcular a espessura da geomembrana capaz de suportar as tensões despertadas, é necessário conhecer o comprimento de mobilização, a mínima distância necessária para mobilizar toda a resistência da geomembrana, quando confinada sob certa tensão normal. A Figura 14-9 mostra o comprimento de mobilização para geomembranas de PEAD e de PVC.

FIGURA 14-8
Geomembrana tracionada por recalque da fundação e modelo de cálculo [Koerner, 1998].

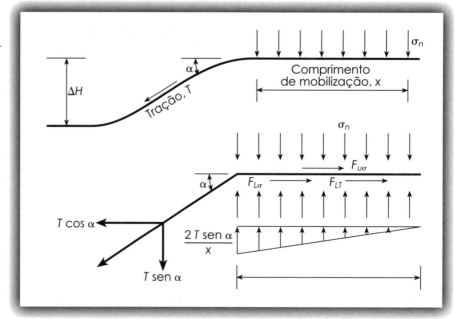

FIGURA 14-9
Comprimentos típicos de mobilização e tensões normais associadas para Geomembranas de (a) PEAD e de (b) PVC [Koerner, 1998].

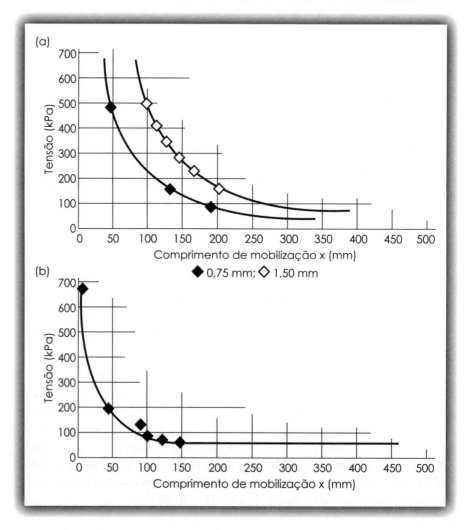

Aplicações em Barreiras Impermeabilizantes 485

Considerando o equilíbrio de forças na direção horizontal (Figura 14-8), pode-se escrever:

$$T \cos \alpha = F_{U\sigma} + F_{L\sigma} + F_{LT},\qquad [14\text{-}5]$$

resultando para a força de tração na geomembrana::

$$T = \frac{\sigma_n x (\mathrm{tg}\,\delta_U + \mathrm{tg}\,\delta_L)}{\cos\alpha - \mathrm{sen}\,\alpha\,\mathrm{tg}\,\delta_L}\qquad [14\text{-}6]$$

Conhecendo-se a tensão de ruptura da geomembrana (σ_r) e o fator de segurança (FS) que se deseja no dimensionamento, pode-se determinar a mínima espessura (t) para resistir ao esforço calculado (T):

$$t = \frac{\sigma_n x (\mathrm{tg}\,\delta_U + \mathrm{tg}\,\delta_L)}{(\sigma_r\,/\,FS)(\cos\alpha - \mathrm{sen}\,\alpha\,\mathrm{tg}\,\delta_L)}\qquad [14\text{-}7]$$

Os símbolos adicionais da Equações [14-5], [14-6] e [14-7] são:

$F_{U\sigma}$ a força de atrito sobre a geomembrana, devida ao peso de material estocado (se for um líquido, como em um canal ou lagoa, essa força será nula);

$F_{L\sigma}$ a força de atrito sob a geomembrana, devido ao peso de material estocado;

F_{LT} a força de atrito sob a barreira geosssintética, devido à componente vertical da força de tração T;

α o ângulo de subsidência;

σ_n a tensão normal, devido ao peso de material estocado;

δ o ângulo de atrito entre a geomembrana e o material adjacente;

x o comprimento de mobilização (Figura 14-9)

14.6.3 Tracionamento devido ao arraste

Outra solicitação importante refere-se à possibilidade de arraste da geomembrana provocado pelas solicitações de atrito que possam se desenvolver entre a geomembrana e o material imediatamente sobrejacente. Sendo F_v a força de atrito sobre a geomembrana (devida, por exemplo, ao resíduo estocado, à camada de proteção mecânica, à camada de drenagem) e F_L a correspondente força entre a geomembrana e o material subjacente, se F_v for maior que F_L, a geomembrana passa a ser tracionada e pode romper. Cumpre, assim, verificar a resistência a tração da geomembrana (e de qualquer geossintético componente da barreira e sujeito ao mesmo tipo de solicitação).

Sharma e Lewis (1994) sugerem como alternativa de abordagem dessa questão que se apele para uma solução de natureza física, como, por exemplo, conciliar os materiais em contato. Assim, reduzir o coeficiente de atrito entre a geomembrana e o material sobrejacente (F_u) e fazer com que esse atrito seja inferior ao atrito que se desenvolve entre a geomembrana e o material subjacente (F_L) minimiza os efeitos de arraste. A adoção de um geotêxtil sobre a geomembrana pode facilitar essa tarefa, contudo em todas essas situações é indispensável verificar a estabilidade do corpo do aterro, que pode ter uma ruptura condicionada por esses planos de menor resistência.

14.6.4 Tensões causadas por dilatação térmica

Variações de temperatura ocasionam expansão e contração das geomembranas. Isso pode despertar tensões de tração e é um importante tópico construtivo, visto ser necessário preverem-se folgas de instalação capazes de compensar as deformações geradas. A elongação da geomembrana por variação térmica (ΔL) pode ser expressa por:

$$\Delta L = \mu L \Delta T \qquad \text{[14-8]}$$

onde:
μ é o coeficiente linear de expansão térmica;
L o comprimento da geomembrana;
ΔT a variação de temperatura.

A título de ilustração, geomembranas de PEAD apresentam μ variando entre 11 e 13 $\cdot 10^{-5}$ °C^{-1} e de PVC, com 35% de plastificante, entre 7 e 25 $\cdot$ 10^{-5} °C^{-1}. Nos cálculos que envolvem efeitos devidos à temperatura, é importante considerar a temperatura da geomembrana e não a temperatura ambiente, visto que nas geomembranas a temperatura atinge valores superiores à do ambiente.

A Tabela 14-9 sintetiza uma série de solicitações sobre geomembranas, os modelos de cálculo sugeridos na literatura e os parâmetros necessários.

14.6.5 Comprimento de ancoragem

Geomembranas lançadas em superfícies inclinadas como, por exemplo, na proteção dos taludes de um canal, devem ser ancoradas para não deslizar, sob a ação dos esforços que sobre ela atuam. A ancoragem pode ser proporcionada pelo simples espalhamento e recobrimento de uma porção adicional de geomembrana, ou pela sua inserção em uma trincheira, como esquematizado nas Figuras 14-10 e 14-11.

No caso sem trincheira, a condição de equilíbrio na direção horizontal fornece:

$$\Sigma F_x = 0 \quad \text{ou} \quad T_{\text{adm}} \cos\beta = F_{U\sigma} + F_{L\sigma} + F_{LT} =$$

$$= \sigma_n \tan\delta_U (L_{RO}) + \sigma_n \tan\delta_L (L_{RO}) + 0{,}5 \left(\frac{2T_{\text{adm}}\,\text{sen}\,\beta}{L_{RO}} \right) (L_{RO}) \tan\delta_L$$

Aplicações em Barreiras Impermeabilizantes

TABELA 14-9
Solicitações mecânicas em geomembranas [KOERNER, 1998]

Problema	Tensões na gm	Diagrama de corpo livre	Propriedades necessárias		FS típico
			Geomembrana	Aterro	
Peso próprio	Tração		γ_{GM}, t, σ_{adm}, δ_L	β, H	≥ 10
Peso do solo de cobertura	Tração		t, σ_{adm}, δ_U, δ_L	β, h, γ, H	0,5 a 2
Impacto durante a construção	Impacto		I	d, W	0,1 a 5
Peso do aterro	Compressão		σ_{adm}	γ, H	≥ 10
Punção	Puncionamento		σ_p	γ, H P, A_p	0,5 a 3
Ancoragem	Tração		t, σ_{adm}, δ_U, δ_L	β, γ, ϕH	0,7 a 5
Recalque Do aterro	Cisalhamento		τ, δ_U	α, γ, H	≥ 10
Recalque sob o aterro	Tração		τ, σ_{adm}, δ_U, δ_L, X	α, γ, H	0,3 a 10

Geomembrana
γ_{GM} = peso específico da geomembrana
t = espessura da geomembrana
σ_{adm} = tensão admissível (cedência, ruptura)
τ = tensão cisalhante
I = resistência a impacto
σ_p = resistência a puncionamento
δ_U = ângulo de atrito com material sobrejacente
δ_L = ângulo de atrito com material subjacente
X = comprimento de mobilização
T = força de tração na geomembrana

Aterro
H = altura do talude
β = ângulo do talude
γ = peso específico
h = altura da camada
α = ângulo de subsidência
ϕ = ângulo de atrito
d = altura de queda
W = peso da geomembrana
p = força de puncionamento
A_p = área de puncionamento

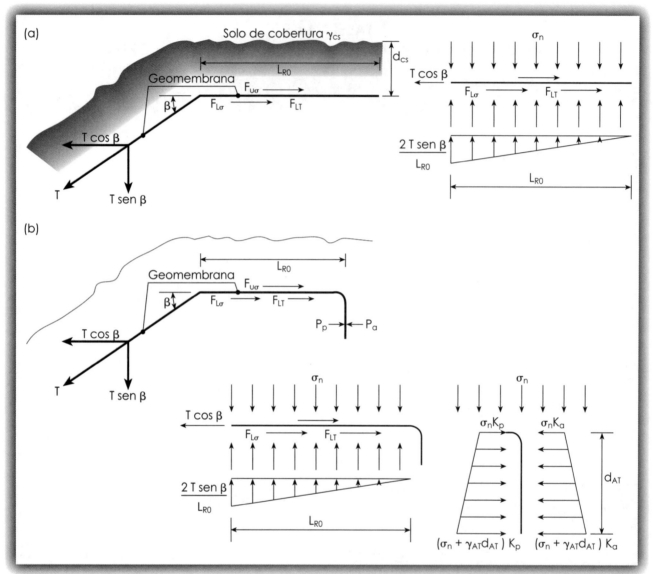

FIGURA 14-10
Modelos de cálculo de ancoragem de geomembranas.
(a) Ancoragem simples;
(b) ancoragem em trincheira.

FIGURA 14-11
Esquema típico de ancoragem de geomembrana em trincheira.

Aplicações em Barreiras Impermeabilizantes 489

Resulta, assim, para o comprimento de ancoragem da geomembrana:

$$L_{RO} = \frac{T_{adm}(\cos \beta - \text{sen } \beta \tan \delta_L)}{\sigma_n(\tan \delta_U + \tan \delta_L)}$$ [14-9]

em que:

T_{adm} é a força de tração admissível na geomembrana ($T_{adm} = \sigma_{adm} \cdot t$)
σ_{adm} a tensão de tração admissível na geomembrana;
t a espessura;
β o ângulo de inclinação do talude;
$F_{U\sigma}$ a força de atrito sobre a geomembrana, devida ao peso do solo sobrejacente (pequenas espessuras de solo, trincamentos e movimentações em conjunto com a geomembrana tornam esse valor desprezível);
$F_{L\sigma}$ a força de atrito, sob a geomembrana, devida ao peso do solo sobrejacente;
F_{LT} a força de atrito, sob a geomembrana, devida à componente vertical da força de tração, T;
σ_n a tensão normal, devida ao peso do material sobrejacente;
δ o ângulo de atrito entre a geomembrana e o material adjacente; e
L_{RO} o comprimento de ancoragem.

No caso de uma trincheira, surgem esforços adicionais causados pelos empuxos ativo(P_A) e passivo(P_P) sobre a geomembrana na trincheira. Da condição de equilíbrio na direção horizontal, tem-se:

$$\Sigma F_x = 0 \quad \text{e} \quad T_{adm}\cos \beta = F_{U\sigma} + F_{L\sigma} + F_{LT} - P_A + P_P$$ [14-10]

onde

$$P_A = \frac{1}{2}(\gamma_{AT}d_{AT})K_A d_{AT} + (\sigma_n)K_A d_{AT}$$ [14-11]

Analogamente,

$$P_A = (0,5\gamma_{AT}d_{AT} + \sigma_n)K_P d_{AT},$$ [14-12]

sendo:
γ_{AT} o peso específico do solo na trincheira;
d_{AT} a profundidade da trincheira de ancoragem;
K_A o coeficiente de empuxo ativo;
K_P o coeficiente de empuxo passivo; e

Dessa opção resulta uma equação e duas incógnitas,d_{AT} e L_{RO}, sendo necessário adotar valores para uma delas para se obter a outra.

Na determinação dos esforços para calcular a força de ancoragem necessária, devem-se considerar todos os esforços que venham a solicitar a geomembrana, como o peso próprio, o efeito da temperatura e de ventos, se importantes no local, e o efeito de arraste proporcionado pelo resíduo ou por uma camada de cobertura.

Embora as geomembranas devam ser instaladas para se evitar a ocorrência de arrancamento e de rasgo pelos esforços atuantes, tem-se admitido que a possibilidade de arrancamento ocorra antes de um eventual rasgo, por ser menos prejudicial ao sistema e pela maior facilidade de correção. Com esse objetivo, dimensiona-se a força de arrancamento na ancoragem ligeiramente inferior à força resultante da resistência à tração da geomembrana.

14.7 ASPECTOS DE INSTALAÇÃO DE BARREIRAS IMPERMEÁVEIS

Na definição de uma barreira impermeável, diversos requisitos devem ser verificados e atendidos. Estes incluem desde a concepção do sistema em si, com a escolha da geomembrana e dos elementos apropriados para a finalidade desejada, até requisitos construtivos, de controle de instalação e de monitoramento em serviço que deverão ser obedecidos para que a barreira cumpra a sua função. Foge do objetivo deste manual entrar em detalhes acerca da concepção do sistema, os quais podem ser encontrados em textos específicos, como Sharma e Lewis (1994) e Koerner (1998), e em normas de diferentes organismos, como a USEPA e a Cetesb, em São Paulo.

São apresentadas, a seguir, algumas informações sobre a instalação de geomembranas. Ressalte-se, porém, que dado o caráter de síntese deste texto, mais detalhes podem ser obtidos nas recomendações para projeto do IGS Brasil (IGSBR GM 01/03, 2003).

14.7.1 Aspectos gerais

No que se refere à escolha do tipo e espessura da geomembrana, é necessário lidar com questões tais como vida útil do empreendimento, se temporário ou definitivo, a natureza do resíduo a ser estocado, sua periculosidade e sua agressividade aos tipos de geomembrana em consideração. Outros aspectos que possam afetar a durabilidade da geomembrana devem ser avaliados, como a possibilidade de exposição a intempéries (raios ultravioleta; grandes variações de temperatura) durante longos períodos e a ação de agentes biológicos (animais, microrganismos, raízes). Em geral, as geomembranas são compostas com aditivos que permitem resistir à ação de raios ultravioleta durante a instalação, mas, em caso de paralisação da instalação por longos períodos ou de construção em etapas, será recomendável prever alguma forma de proteção. O mesmo se aplica em camadas de fechamento, onde o solo de cobertura possa ser erodido e expor a geomembrana. Situações como essa devem ser reparadas imediatamente à sua constatação.

Durante a vida útil do empreendimento, as ações em serviço precisam ser consideradas. Estas incluem o efeito de agentes que possam afetar a durabilidade da geomembrana, como as solicitações de origem mecânica: recalques, objetos que puncionem a geomembrana ou por arraste do material sobrejacente (o próprio resíduo, camadas de proteção ou de cobertura etc.).

Os esforços atuantes nas geomembranas, em conjunto com as considerações acerca da durabilidade e sobrevivência do sistema, servirão para definir uma espessura mínima, bem como os detalhes de ancoragem. No entanto, essas espessuras mínimas podem ser sobrepujadas por especificações restritivas dos organismos reguladores ou por requisitos de sobrevivência à instalação, conforme se discutirá mais adiante. Contudo não há prescrições para todos os tipos de aplicações e nem em todos os países, cabendo ao engenheiro um papel fundamental na proposição de determinada alternativa para um problema que se mostre equivalente às especificações das agências reguladoras.

As operações de construção e de instalação da geomembrana constituem um ponto crucial para o sucesso do empreendimento. Nesse particular, pode ser necessário conhecer aspectos ambientais locais, como o regime de chuvas, as variações de temperatura, a umidade relativa e o regime de ventos. Certas geomembranas são mais sensíveis a variações de temperatura do que outras; assim, a variação de temperatura, a umidade e o vento podem dificultar a sua instalação e as operações de emenda.

As variações de temperatura obrigam a adoção de folgas nas dimensões das geomembranas para se evitarem os problemas decorrentes da contração, como tensões indesejáveis. A formação de rugas ou "bocas de peixe" deve ser evitada procurando-se alternativas de construção, como lançamento de quantidades de membrana que possam ser emendadas rapidamente ou trabalhar nas partes do dia em que as temperaturas são mais amenas. Na ocorrência de rugas, estas devem ser cortadas, a fim de se manter plana a região de emenda e facilitar a passagem da máquina de solda. Nessas operações, as dimensões de traspasse podem ficar inadequadas, caso em que se deve recobrir a área com um "manchão" do mesmo material da geomembrana, soldado a ela por extrusão, estendendo-se até cerca de 15 cm além da área afetada.

Antes do lançamento da geomembrana, é necessário que o subleito esteja devidamente preparado e conformado para recebê-la. Isso inclui observar, como mínimas, as características de compactação e a presença de materiais cortantes ou pontiagudos, como pedras com dimensões acima de um mínimo especificado e, caso previsto, a correta instalação de alguma forma de proteção mecânica, como geotêxteis destinados à proteção contra puncionamento.

Camadas de proteção mecânica sobre a geomembrana são necessárias por diversas razões, como evitar o puncionamento pelo resíduo, possibilitar o tráfego de veículos e prevenir danos por vandalismo. Em geral, elas podem ser compostas com solo local, com resíduos selecionados, com geotêxteis combinados ou não com solo, com argamassa ou concreto, entre outros.

No lançamento das camadas de proteção, de camadas drenantes e das primeiras camadas de resíduos, deve-se cuidar para que os equipamentos necessários ao espalhamento tenham peso e características compatíveis com a proteção, evitando-se assim danos desnecessários à geomembrana. Dessa forma, o trânsito de qualquer equipamento sobre a geomembrana desprotegida deve ser proibido. O mesmo se aplica ao movimento da equipe de instalação, que deve ser minimizado e realizado com cuidado e com calçados adequados, evitando-se também a queda de ferramentas que possam ferir a geomembrana por impacto.

Dessa breve exposição, constata-se que as geomembranas devem sobreviver aos rigores da instalação para que possam ter um desempenho compatível com o desejado em projeto. Assim, as condições de subleito, a forma de lançamento da geomembrana e das camadas de proteção afetarão a sua sobrevivência. Koerner (1998) sugere valores mínimos de propriedades para garantir a sobrevivência de geomembranas, frente a distintas condições de instalação, os quais são reproduzidos na Tabela 14-10.

O plano de instalação da geomembrana, a posição das emendas e a proteção ao levantamento pelo vento precisam ser considerados a priori para evitar imprevistos durante a instalação. Como já comentado, a ação do vento pode levantar a geomembrana e rasgá-la. Dessa forma é preciso promover ancoragem provisória para a geomembrana recém--espalhada, até que se execute a emenda e a ancoragem definitivas. Isso normalmente é realizado com o auxílio de sacos de areia, espaçados convenientemente e com peso tal que possam resistir ao esforço de levantamento provocado pelo vento. O lançamento de quantidades que possam ser instaladas ao longo de um dia de trabalho constitui-se em um expediente recomendável para evitar a exposição desnecessária da geomembrana ao vento e aos demais agentes, como variações de temperatura.

Os detalhes de acabamento de toda a instalação devem ser criteriosamente considerados. Estes incluem a ancoragem e a forma como a geomembrana interagirá com interferências que necessitem atravessá-la, como condutos que transportem efluente para uma lagoa ou sistemas de drenagem de gases de camadas de cobertura. Os detalhes de como a geomembrana deve envolver o dispositivo e como ocorrerá a vedação dessa interação devem ser apresentados em projeto. A Figura 14-12 mostra um detalhe típico de envolvimento de tubo transpassante.

TABELA 14-10
Propriedades mínimas recomendadas para a sobrevivência de geomembranas às operações de instalação [Koerner, 1998]

Propriedade e método de ensaio	Grau requerido de sobrevivência à instalação*			
	Baixo	Médio	Alto	Muito alto
Espessura (ASTM D 5193) (mm)	0,63	0,75	0,88	1,00
Tração ASTM D 882 (tira de 25 mm) (kN/m)	7,00	9,00	11,00	13,00
Rasgo (D1004 – molde C) (N)	33,00	45,00	67,00	90,00
Punção (ASTM D 4833) (N)	110,00	140,00	170,00	200,00
Impacto (ASTM D 3998 modificada) (J)	10,00	12,00	15,00	20,00

"Baixo" refere-se à colocação manual, cuidadosa, em subleito bem graduado, muito uniforme, com cargas leves de natureza estática, típicas de barreiras de vapor abaixo de lajes de piso. "Médio" refere-se à colocação manual ou mecânica em subleitos com cargas médias, típicas de revestimento de canais. "Alto" refere-se à colocação manual ou mecânica, em subleitos de textura pobre, com cargas altas, típicas de barreiras e coberturas de aterros. "Muito alto" refere-se à colocação manual ou mecânica em subleitos de textura muito pobre, com cargas muito altas, típicas de barreiras para pilhas de lixívia e coberturas de reservatórios.

Quanto à trincheira de ancoragem, sua seção deve ser cuidadosamente especificada para que já desde os trabalhos de conformação se procure dar a forma apropriada no subleito. Nesse particular, deve-se conciliar a seção da trincheira com as características da geomembrana, visto que geomembranas muito rígidas dificilmente poderão ser dobradas ou convenientemente soldadas, a fim de atender a conformação de

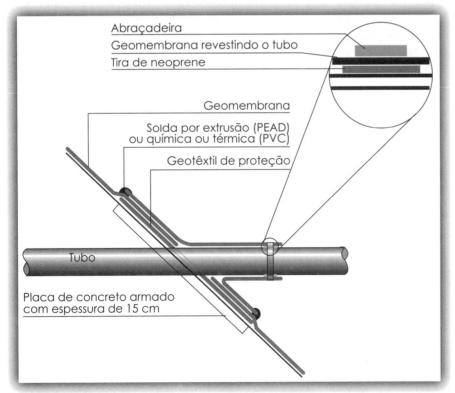

FIGURA 14-12 Exemplo de conexão tubo/geomembrana, dispostos em talude.

uma trincheira de seção retangular. Mudar a seção da trincheira (por exemplo, adotar seção em V), sempre se verificando as cargas sobre os condutos que eventualmente componham a trincheira, pode ser uma alternativa ao problema citado.

Além desses aspectos, é necessário verificar a ocorrência de planos preferenciais de ruptura nas diversas interfaces que possam levar o sistema à instabilidade. Quando se pensa no sistema como um todo, há a necessidade de se levar em consideração aspectos como os dispositivos de drenagem, a capacidade de carga e recalques da fundação, a estabilidade dos taludes e a estabilidade dos solos de cobertura. Questões de cunho geotécnico podem ser resolvidas consultando-se a literatura específica sobre o assunto. Koerner (1998) e Sharma e Lewis (1994) apresentam diversas considerações acerca de problemas geotécnicos associados a sistemas de disposição de resíduos.

13.7.2 Execução de emendas

Emendas em geomembranas

Um aspecto comum na instalação de geomembranas é a necessidade de emendas em campo, mesmo daquelas fornecidas em painéis. Trata-se de uma operação delicada e fundamental para um bom desempenho da geomembrana em qualquer sistema de impermeabilização. Na verdade, em função da reduzida permeabilidade desses materiais, os aspectos determinantes de seu comportamento serão as fugas e os vazamentos e não a permeabilidade. Vazamentos podem ocorrer por meio de emendas malfeitas, tanto em campo quanto em fábrica, orifícios resultantes da fabricação, perfurações por manuseio e instalação inadequada ou devidas a solicitações em serviço. A emenda de geomembranas configura o processo mais crítico de toda a instalação e do qual dependerá o desempenho da barreira como um todo.

No caso de geomembranas flexíveis, como as de PVC, sempre que possível, devem-se utilizar painéis pré-fabricados, em que várias larguras de geomembranas são emendadas na própria fábrica, diminuindo a probabilidade de falhas e imperfeições. De qualquer maneira, o projetista deve levar em conta os equipamentos de movimentação e acessos disponíveis na obra para dimensionar os painéis ou bobinas de geomembrana a serem fornecidos.

Alguns métodos de emenda são aplicáveis somente a certos tipos de geomembranas. Em geral eles se baseiam em processos térmicos ou processos químicos, que, por amolecimento ou derretimento, seguidos da aplicação de pressão sobre as superfícies a serem coladas, permitem a união de geomembranas contíguas.

Quando se opta por geomembranas de polietileno, deve-se prever que praticamente todas as emendas serão realizadas em campo, pois, embora elas possam ser soldadas na fábrica, deve-se evitar o seu dobramento, o que inviabiliza a produção de painéis. As geomembranas de polietileno são unidas apenas por processos térmicos, sendo o de solda por cunha quente e o da extrusão de material fundido, de mesma composição que a geomembrana, os mais comuns. O primeiro processo utiliza equipamento específico e consiste em fundir as geomembranas na região da emenda por meio da passagem de uma cunha metálica aquecida por resistência elétrica e, em seguida, um mecanismo de pressão na forma de rolos complementa o processo de solda das duas geomembranas. Nesse processo, pode-se ter uma única emenda uniforme ou duas emendas, separadas por um espaço vazio, utilizado para verificar a estanqueidade da solda. No procedimento de solda, devem ser controladas a temperatura, a pressão aplicada às geomembranas e a velocidade de execução.

Outro processo de fusão emprega ar aquecido por meio de uma resistência: o ar é impelido ao longo da junção entre as geomembranas, promovendo sua fusão. Em seguida, a área é pressionada para completar o processo de solda. Tal como no processo de cunha quente, uma ou duas linhas de solda podem ser executadas.

No processo de extrusão, uma porção derretida do polímero é extrudada e colocada em contato com a extremidade da geomembrana (filete de extrusão) que está superposta e com a geomembrana subjacente ou entre as duas geomembranas (extrusão plana). O polímero derretido aquece e derrete as geomembranas na região da emenda, ocorrendo a ligação após o resfriamento. Esse é, praticamente, o único processo possível de ser aplicado em geomembranas de polietileno em locais de difícil acesso, geometrias complicadas, soldas de pequenos comprimentos e reparos ou reforços na forma de "manchão".

Os processos de fusão (cunha quente e ar quente) também são aplicados a geomembranas de PVC. Estas comumente já saem de fábrica soldadas em painéis que podem ou não cobrir a área desejada, em função de sua dimensão. Os painéis confeccionados em fábrica geralmente têm as emendas executadas por solda com aparelho de alta frequência: a ressonância molecular provoca o aquecimento e a fusão das geomembranas. Para grandes áreas, porém, é necessário emendar diferentes painéis em campo.

Outra opção, comum para PVC, é a utilização de solvente (solda química) passado sobre as superfícies a serem unidas, as quais, em seguida, devem ser pressionadas para que se complete a união. Alternativamente, pode-se dissolver certa quantidade do polímero (entre 1 e 20%), para tornar o solvente mais viscoso ou para ajustar sua taxa de evaporação. Por fim, podem-se utilizar nessas geomembranas, adesivos, colas químicas ou de contato. A Tabela 14-11 sintetiza os possíveis tipos de emenda aplicáveis a diferentes geomembranas, enquanto a Figura 14-13 ilustra esquemas de diversos tipos de emenda.

TABELA 14-11
Possíveis métodos para emendas de diferentes tipos de geomembrana
[KOERNER, 1998]

Método de emenda	Tipo de barreira geosssintética							
	PEAD	PEMF	PP	PP-R*	PVC	PECS-R*	EIA-R*
Extrusão (filete e plano)	A	A	A	A	A**	NA	NA
Fusão térmica (cunha quente e ar quente)	A	A	A	A	A	A	A
Fusão química (química e química encorpada)	NA	NA	NA	NA	A	A	A
Adesiva (química e contato)	NA	NA	NA	NA	A	A	A

*Reforçadas. **Aplicável apenas para acabamentos. A, método aplicável; NA, método não aplicável; PEMF, polietileno muito flexível (inclui barreiras geosssintéticas de PE de densidades muito baixa e linear de baixa densidade).

FIGURA 14-13
Esquemas de diversos tipos de emenda.

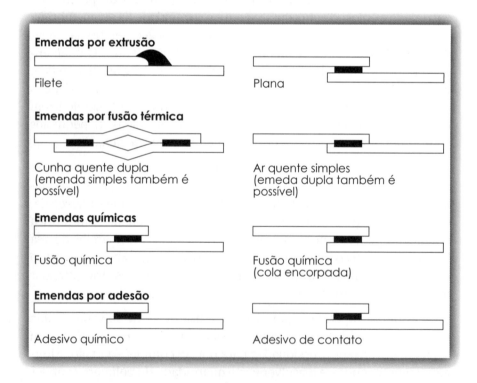

Nos processos térmicos, usualmente são executadas emendas de teste em retalhos de geomembrana, a fim de se verificar a adequação de determinado método de emenda e treinamento e aclimatação da equipe de instalação às condições locais. Corpos de prova dessas emendas

Aplicações em Barreiras Impermeabilizantes

são testados para verificar a qualidade da emenda e, eventualmente, definir procedimentos de ajuste no processo para obter produtos com a especificação desejada. As emendas de teste são também executadas durante o transcurso da obra, quando ocorrerem mudanças climáticas, troca de equipe de instalação ou alteração em qualquer fator que possa afetar a qualidade da emenda.

Após execução de certa quantidade de emendas, é necessário testá--las para verificação do produto acabado. Para esse propósito, realizam-se ensaios nas emendas (ensaios não destrutivos) e em porções retiradas de campo (ensaios destrutivos). Evidentemente, a quantidade de ensaios destrutivos deve ser a menor possível, em função das interferências que causam, como a necessidade de remendos nas partes amostradas. Algumas recomendações sugerem uma frequência de seis amostras obtidas aleatoriamente a cada quilômetro de emenda ou, de forma regular, uma amostra a cada 150 m de emenda. As emendas devem oferecer resistência compatível com a da geomembrana. Os métodos ASTM D6392 e ASTM D4437 especificam as condições de ensaio de resistência de emendas de geomembranas, que compreendem a tração da emenda e o seu descolamento. As especificações contidas na GM19 (2005) definem valores mínimos de emendas em geomembranas de PEAD e outras poliolefinas soldadas por processos térmicos. Os ensaios destrutivos são pontuais e revelam aspectos da resistência da emenda. No entanto nada dizem da continuidade da emenda e sua estanqueidade. Ensaios não destrutivos se prestam para avaliar as emendas em sua totalidade e podem ser efetuados das mais variadas maneiras. O ensaio de pressurização da emenda consiste em aplicar, nas emendas duplas, certa pressão e verificar a sua permanência.

Em caso de queda de pressão, há pontos de vazamento ao longo do trecho ensaiado. Esses pontos podem ser encontrados reduzindo-se os trechos gradativamente.

O ensaio de faísca (*spark test*) é utilizado para verificar os painéis quanto à possibilidade de haver furo ocasionado por queda de objetos durante a instalação, ocorridos durante o transporte ou oriundos de defeitos de fabricação. O ensaio é constituído por uma fonte de baixa amperagem e alta tensão ligada a um fio terra e uma haste dotada de uma escova que, ao ser passada lentamente sobre o painel provoca uma faísca, acompanhada de um aviso sonoro, se encontra qualquer descontinuidade na geomembrana. Outro teste consiste na caixa de vácuo, que emprega uma caixa com paredes transparentes. Sobre a porção de geomembrana que se pretende ensaiar, espalha-se espuma e coloca-se em seguida a caixa. Durante a aplicação de vácuo, caso haja furos ou descontinuidades, nota-se a formação de bolhas. No caso de geomembranas flexíveis, o *air lance test* costuma também ser empregado e consiste em aplicar um jato de ar sobre a emenda, verificando-se se ocorre algum descolamento.

As técnicas de detecção de vazamentos têm sido aprimoradas constantemente, existindo hoje diversas alternativas baseadas em métodos elétricos. Em essência elas se baseiam no aterramento de um eletrodo sob a geomembrana (no solo de fundação ou camada de detecção e drenagem no caso de barreiras duplas) e aplicação de tensão sobre a geomembrana, que inclusive pode estar recoberta pela camada de drenagem ou por resíduo. Medem-se eventuais quedas de potencial que indicarão as regiões onde há danos na geomembrana. A norma ASTM D6747 estabelece diretrizes para a escolha de técnicas elétricas para detecção de vazamentos em geomembranas, considerando diferentes condições e uma descrição das diferentes variantes dos métodos existentes pode ser encontrada em Ferreira (2014).

A tecnologia de emendas vem sendo constantemente aprimorada e novos métodos têm surgido e começam a ser gradativamente utilizados na prática, como os métodos ultrassônicos. Foge do objetivo deste manual fornecer detalhes acerca de todos os métodos de solda, podendo os interessados recorrer a Koerner (1998) para informações adicionais. Evidentemente, a introdução de um novo método não deve prescindir de todas as verificações necessárias para que os demais tenham sua eficiência e aplicabilidade claramente definidas.

Emendas em geocompostos argilosos

Nos GCLs, a maioria das emendas é efetuada por simples superposição, em comprimentos que variam entre 10 e 30 cm. A Figura 14-14 ilustra diversas opções de emendas.

No caso de geocompostos argilosos (GCLs) produzidos com geotêxteis agulhados, coloca-se a bentonita em uma proporção de cerca de 0,8 kg/m, na região de superposição, que deve penetrar nos poros do geotêxtil e, quando hidratada, promover a autoligação entre os pai-

FIGURA 14-14
Opções de emendas em geocompostos argilosos.

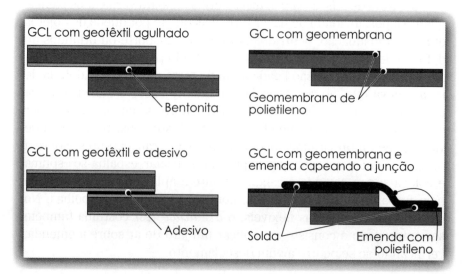

Aplicações em Barreiras Impermeabilizantes 499

néis; para geotêxteis colados, prescinde-se da colocação de bentonita adicional. No caso de geocompostos argilosos com geomembranas, adota-se só a superposição como emenda. No entanto, em certas situações, uma garantia adicional pode ser proporcionada, colocando-se uma capa de geomembrana soldada.

Disposição geométrica das emendas

No tocante à disposição das emendas, estas devem se posicionar deforma a minimizar os esforços sobre elas. Algumas recomendações gerais sugeridas por Sharma e Lewis (1994) são:

- Orientar as emendas no sentido do máximo gradiente;
- Emendas paralelas ao pé do talude devem ser locadas a uma distância mínima de 1,5 m do pé, para evitar que sejam afetadas por contrações ou levantamentos junto ao pé;
- Emendas paralelas à crista devem ser localizadas no mínimo a 60 cm desta, a fim de minimizar os esforços sobre a emenda;
- As geomembranas a montante devem sobrepor-se às geomembranas a jusante; isso evita o acúmulo de lixiviado na emenda e minimiza as condições de pelagem da emenda em caso de recalque, espalhamento ou instabilidade do resíduo;
- O número de emendas deve ser minimizado, especialmente nos cantos e em posições em que a geometria é diferenciada;
- As emendas devem se estender até os limites do painel que será ancorado; isso evitará o rasgamento da geomembrana na eventualidade de ela ser exposta;
- Emendas em cantos para onde convergem três ou quatro geomembranas devem ser completadas com uma cobertura (manchão) que recubra o local com várias emendas.

Informações complementares sobre a disposição e instalação de geomembranas podem ser encontradas em IGSBR GM 01/03.

14.7.3 Documentação e acompanhamento técnico da instalação

Durante a instalação da geomembrana, deve-se registrar, em forma de relatórios, toda a sequência executiva da instalação: número, localização e data de colocação de cada painel ou bobina, ensaios de verificação e de controle de qualidade das soldas e o *as built* de toda a GBR instalada. O instalador deve comprovar a qualidade dos serviços de instalação da geomembrana, por meio da apresentação de planilhas do registro dos trabalhos e dos ensaios de estanqueidade e verificação da qualidade das soldas.

Paralelamente, deve ser feito o acompanhamento técnico de obra (ATO), por meio do monitoramento da instalação da geomembrana, que compreende a verificação de todas as etapas dos serviços. Assim, recomenda-se que sejam verificados e documentados (relatórios e fotos) os seguintes itens:

- Condições da superfície de apoio;
- Colocação e modulação dos painéis;
- Ancoragem temporária e ancoragem definitiva;
- Equipamentos necessários para as soldas;
- Equipamentos necessários para os ensaios de verificação das soldas;
- Verificação da execução das soldas e eventuais reparos;
- Verificação dos acabamentos em interferências, tais como tubos, paredes, extravasores etc.;
- Verificação do cruzamento das soldas;
- Elaboração do as *built* (esquema da modulação, interferências e reparos);
- Verificação do correto preenchimento das planilhas de controle, de acordo com o serviço executado e na sequência de execução;
- Verificação do preenchimento do diário de obras, que é um relato de tudo o que aconteceu no dia, como, por exemplo, as interrupções e as respectivas justificativas.

14.8 CONCLUSÕES

As baixas permeabilidades, as boas características de resistência química e mecânica, o controle de fabricação de um produto manufaturado e a facilidade de instalação são razões que justificam o crescente uso de geomembranas e de geocompostos argilosos em obras de proteção ambiental. Assim, o uso dessa classe de geossintético se constitui em um item praticamente obrigatório na construção de barreiras impermeabilizantes, em obras que exigem proteção contra a migração de fluidos como nos sistemas de contenção de resíduos e de efluentes. Há um expressivo acervo de utilizações bem-sucedidas no Brasil e em todo o mundo, e os fabricantes brasileiros podem proporcionar materiais e tecnologia de qualidade para enfrentar os problemas em que barreiras impermeabilizantes se façam necessárias.

Deve ser ressaltada que, além da aplicação em projeto e obra dos geossintéticos de qualidade comprovada, a importância do controle de qualidade na instalação dos sistemas impermeabilizantes é a forma de obter-se as reais propriedades dos geossintéticos utilizados, pois de outra maneira, todo o benefício e proteção ambiental planejada fica comprometida, podendo gerar possíveis passivos ambientais de difícil solução e recuperação onerosa.

REFERÊNCIAS BIBLIOGRÁFICAS

ABNT. Associação Brasileira de Normas Técnicas. *NBR ISO 12236.* Geossintéticos – Ensaio de puncionamento estático (punção CBR). São Paulo: ABNT, 2013.

ABNT. Associação Brasileira de Normas Técnicas. *NBR ISO 12957-1.* Geossintéticos – Determinação das características de atrito Parte 1: Ensaio de cisalhamento direto. São Paulo: ABNT, 2013.

ASTM. *D638-14.* Standard test method for tensile properties of plastics. West Conshohocken: ASTM International, 2014.

ASTM. *D1004-13.* Standard test method for tear resistance (graves tear) of plastic film and sheeting. West Conshohocken: ASTM International, 2013.

ASTM. *D1435-13.* Standard practice for outdoor weathering of plastics. West Conshohocken: ASTM International, 2013.

ASTM. *D1603-14.* Standard test method for carbon black content in olefin plastics. West Conshohocken: ASTM International, 2014.

ASTM. *D4437-08.* Standard practice for non-destructive testing (NDT) for determining the integrity of seams used in joining flexible polymeric sheet geomembranes. West Conshohocken: ASTM International, 2013.

ASTM. *D4355-14.* Standard test method for deterioration of geotextiles by exposure to light, moisture and heat in a xenon arc type apparatus. West Conshohocken: ASTM International, 2014.

ASTM. *D4833.* Standard test method for index puncture resistance of geomembranes and related products. West Conshohocken: ASTM International, 2013.

ASTM. *D4885-01.* Standard test method for determining performance strength of geomembranes by the wide strip tensile method. West Conshohocken: ASTM International, 2011.

ASTM. *D5721-08.* Standard practice for air-oven aging of polyolefin geomembranes. West Conshohocken: ASTM International, 2013.

ASTM. *D5321-14.* Standard test method for determining the shear strength of soil-geosynthetic and geosynthetic-geosynthetic interfaces by direct shear. West Conshohocken: ASTM International, 2014.

ASTM. *D5397-07.* Standard test method for evaluation of stress crack resistance of polyolefin geomembranes using notched constant tensile load test. West Conshohocken: ASTM International, 2012.

ASTM. *D5596-03.* Standard test method for microscopic evaluation of the dispersion of carbon black in polyolefin geosynthetics. West Conshohocken: ASTM International, 2009.

ASTM. *D6392-12*. Standard test method for determining the integrity of nonreinforced geomembrane seams produced using thermo-fusion methods. West Conshohocken: ASTM International.

ASTM. *D6693-04*. Standard test method for determining tensile properties of nonreinforced polyethylene and nonreinforced flexible polypropylene geomembranes. West Conshohocken: ASTM International, 2010.ASTM. *D6747-15*. Standard guide for selection of techniques for electrical leak location of leaks in geomembranes. West Conshohocken: ASTM International, 2015.

BRANDL, H.; ADAM, D., Special applications of geosynthetics in geotechnical engineering. In: EUROPEAN GEOSYNTHETICS CONFERENCE, 2., *Proceedings...* Bologna, 2000.

DANIEL, D. E., Pollution prevention in landfills using engineered final covers. In: SYMPOSIUM GREEN '93, *Proceedings...* Bolton, 1993, Rotterdam: A. A. Balkema, 1995. p. 73-92.

EPA. *Method 9090*. Compatibility tests for wastes and membrane linersin EPA SW- 846; test methods for evaluating solid waste. Washington, DC: U. S. Environmental ProtectionAgency,1992.

FERREIRA, J. A. Z. A importância do controle e da garantia de qualidade de construção em obras de aterro sanitário. *Revista Limpeza Pública*, São Paulo, Assoc. Bras. de Limpeza Pública, n. 87, p. 26-41, –2014.

GM13. *Test methods, test properties and testing frequency for high density polyethylene (HDPE) smooth and textured geomembranes*. GRI Test Method. Folsom: Geosynthetic Institute, 2014.

GM19. *Seam strength and related properties of thermally bonded polyolefin geomembranes*. GRI Test Method. Folsom: Geosynthetic Institute, 2005.

GRI-GCL3. *Test methods, required properties, and testing frequencies of geosynthetic clay liners*. (GCLs). GRI Test Method. Folsom: Geosynthetic Institute, Folsom, 2010.

IGSBR. *GM 01/03*. Instalação de geomembranas termoplásticas em obras geotécnicas e de saneamento ambiental. São Paulo: IGS, 2003.

HALSE, Y. et al. Chemical identification methods used to characterize polymeric geomembranes. Geomembranes – identification and performance testing. – *Report of Technical Committee 103*. MGH – Mechanical and Hydraulic Testing of Geomembrane – RILEM. London: Chapman and Hall , 1991. p. 316-336.

KOERNER, R. M., *Designing with geosynthetics,* 4. ed. Upper Saddle River: Prentice Hall Inc. , 1998.

QUIAN, X.; KOERNER, R. M.; GRAY, D. H. *Geotechnical aspects of landfill design and construction*. Upper Saddle River: Prentice Hall, –2002.

RIGO, J. M.; CAZZUFFI, D. A., Test standards and their classification. Geomembranes – identification and performance testing. *Report of Technical Committee 103*._MGH – Mechanical and Hydraulic Testing of Geomembrane – RILEM. London: Chapman and Hall, 1991. p. 22-58.

SHARMA, H. D.; LEWIS, S. P. *Waste containment systems, waste stabilization and landfills*: Design and evaluation. John Wiley & Sons, 1994.

Capítulo 15

Aplicações em Acondicionamento e Dessecagem de Lodos e Lamas

José C. Vertematti

15.1 INTRODUÇÃO

As FTTs, Fôrmas Têxteis Tubulares, começaram a ter seu uso intensificado no início da década de 1980 (vide Capítulo 6) como estruturas de peso, preenchidas hidraulicamente com areia, empregadas como diques de contenção, espigões, quebra-ondas etc.

Na década de 2000, uma nova utilização das FTTs começou a tomar corpo e a se desenvolver rapidamente: o acondicionamento e dessecagem de lodos e lamas, hidraulicamente nelas inseridos, por meio de bombeamento ou dragagem.

15.2 DEFINIÇÕES

A seguir são listadas, em ordem alfabética, as definições dos principais termos e notações que serão utilizados no texto deste capítulo.

Berço drenante – camada drenante horizontal que serve de base para recepção da FTT, cuja função é captar e evacuar adequadamente o percolado produzido; pode ser construída com agregados naturais ou com um GCO-D;

Bocais – orifícios localizados na geratriz superior das FTTs, acoplados a mangas têxteis verticais, uniformemente espaçados de acordo com a necessidade do projeto; os bocais podem ser utilizados tanto para o preenchimento das FTTs como para o alívio de pressão ou como extravasores;

Central polimérica – conjunto de equipamentos onde são executadas a diluição dos polímeros em solução aquosa, seu armazenamento e sua liberação para ser misturada aos lodos e lamas;

Chicana – tubulação sinuosa, com várias curvas a 90°, que, por meio da alta turbulência provocada, realiza uma efetiva mistura do polímero com o lodo/lama e a consequente floculação adequada (ver Figura 15-5);

Coagulação – aglutinação de partículas finas, presentes em uma mistura, pela adição de produtos químicos;

Dessecagem ou desaguamento – retirada da água livre de uma mistura, parcial ou totalmente, por meio de percolação, pela malha de um geossintético;

ETA – Estação de Tratamento de Água;

ETE – Estação de Tratamento de Esgoto;

TABELA 15-1
Resumo dos tipos de coagulantes e floculantes mais utilizados

Coagulante ou floculante	Função
$Al_2(SO_4)_3$ – Sultafo de Alumínio	Cátions polivalentes (Al^{3+}, Fe^{3+}, Fe^{2+} etc.) neutralizam as cargas elétricas das partículas suspensas e os hidróxidos metálicos (Exemplo: $Al_2(OH)_3$), ao adsorverem os particulados, geram uma floculação parcial.
PAC – Policloreto de Alumínio	
$FeCl_3$ – Cloreto Férrico	
$FeSO_4$ – Sulfato Ferroso	
$Ca(OH)_2$ – Hidróxido de Cálcio	Usualmente utilizado como agente controlador do pH. Porém, os íons cálcio atuam também como agentes de neutralização das cargas elétricas superficiais, funcionando como um coagulante inorgânico.
Polímeros Aniônicos e Não Iônicos	Geração de "pontes" entre partículas já coaguladas e a cadeia do polímero, gerando flocos de maior diâmetro.
Polímeros Catiônicos	Neutralização das cargas elétricas superficiais que envolvem os sólidos suspensos e incremento do tamanho dos flocos formados (via formação de pontes). Usualmente utilizado no tratamento de lamas orgânicas.
Policátions	São polieletrólitos catiônicos de baixo peso molecular, os quais possuem como função principal a neutralização das cargas elétricas superficiais e aumento do tamanho dos flocos. Utilizados em substituição aos floculantes inorgânicos convencionais.

ETEI – Estação de Tratamento de Efluentes Industriais;

Floculação – intensa aglutinação de coágulos, desenvolvidos em um lodo ou lama, produzindo flocos e uma grande quantidade de água livre. Desta forma, a água livre pode ser facilmente retirada da mistura, provocando uma grande concentração dos flocos existentes;

Floculante ou polímero – produto químico, apresentado em forma de pó ou líquido, que provoca a aglutinação e floculação dos coágulos existentes em uma mistura aquosa;

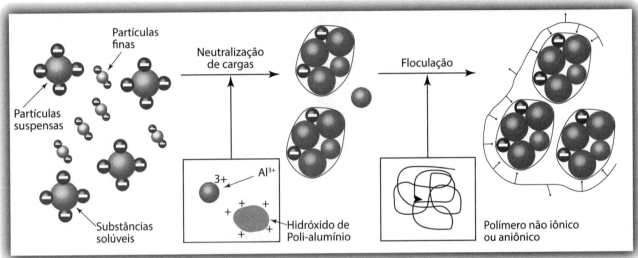

FIGURA 15-1
Desenho esquemático dos processos de coagulação e floculação.

Lama ou polpa – mistura aquosa contendo, predominantemente, matérias inorgânicas;

Lodo – mistura aquosa contendo, predominantemente, matérias orgânicas;

Mistura – lodo ou lama a ser acondicionada e dessecada nas FTTs;

Percolado – líquido efluente, que percola por meio do geossintético constituinte de uma FTT, durante o seu processo de preenchimento e dessecagem do lodo ou lama, transformando-o em torta;

pH – potencial hidrogeniônico, que varia na faixa de 0 a 14, sendo o valor neutro = 7, abaixo deste valor a substância é ácida e acima é básica;

ppm – parte por milhão, medida em peso ou volume;

Torta – produto resultante da dessecagem de um lodo ou uma lama;

TSP – teor de sólidos totais, presente na mistura, tomado em peso ou massa (%);

TSV – teor de sólidos totais, presente na mistura, tomado em volume (%);

h – teor de umidade, relação entre o peso da água e o peso total da mistura, tomada em %, portanto sempre menor que 100%.

TABELA 15-2 Velocidade de sedimentação x diâmetro x densidade Lei de Stokes		
Diâmetro da partícula (mm)	Velocidade de sedimentação (cm/s) a 15 °C	
	Densidade: 2 g/cm³	Densidade: 1,02 g/cm³
0,1	0,478	0,00957
0,05	0,1195	0,002392
0,01	0,00478	0,0000957
0,005	0,001195	0,00002392
0,001 (1 µm)	0,0000478	0,000000957

15.3 PRODUTOS UTILIZADOS

As FTTs são confeccionadas com os seguintes tipos de geossintéticos:

- GTX-N – geotêxtil nãotecido, geralmente utilizado em situações onde a exigência de resistência à tração não ultrapasse 40 kN/m.

- GTX-W – geotêxtil tecido, utilizado na faixa de resistência à tração de zero a 200 kN/m.

- GCO-R – geocomposto resistente, fabricado a partir da junção de um GTX-N com um GTX-W; geralmente utilizado quando há uma grande solicitação à tração na FTT, exercida pelo GTX-W, uma grande necessidade de garantia de filtração e de proteção físico –mecânica da FTT, exercidas pelo GTX-N.

A escolha do produto ideal, para cada tipo de aplicação e obra, depende da intensidade e tipo das solicitações físicas, químicas e mecânicas que a FTT irá sofrer durante sua instalação e vida útil, e estão intimamente ligadas às propriedades relevantes especificadas em projeto.

Aplicações em Acondicionamento

15.4 PROPRIEDADES E CARACTERÍSTICAS RELEVANTES

As FTTs, quando utilizadas em acondicionamento e dessecagem de lodos e lamas, devem ter garantidas suas integridades, serem suficientemente permeáveis e serem capaz de reter as partículas e/ou flocos existentes na mistura, em seus interiores, durante toda suas vidas úteis.

Para tal, o projeto deve adequar as seguintes propriedades às necessidades da obra:

- resistência à tração;
- permeabilidade;
- abertura de filtração;
- resistência à luz solar;
- resistência química;
- resistência ao puncionamento;
- resistência nas uniões por costura.

15. 5 PRINCIPAIS UTILIZAÇÕES

As utilizações mais usuais são as seguintes:

15.5.1 ETEs – Estações de Tratamento de Esgoto

As FTTs são utilizadas para acondicionar e dessecar o lodo tipicamente orgânico, na fase final de seu tratamento e substituem, total ou parcialmente, os leitos de secagem, os filtros-prensa e as centrífugas, na dessecagem do lodo (ver Tabela 15-3).

Na grande maioria dos casos, é necessário promover a floculação do lodo imediatamente antes de seu lançamento nas FTTs, visando liberar a maior quantidade de água possível e criando flocos de tamanhos e consistência adequada para serem retidos pela malha do geossintético.

O acondicionamento é temporário e a torta gerada, quando estiver com o teor de sólidos definido pelo projeto, deverá ser transportada para um aterro sanitário, por caminhões. O acesso à torta é feito por meio do rasgamento das FTTs em sua geratriz superior.

15.5.2 ETAs – Estações de Tratamento de Água

As FTTs são utilizadas para acondicionar e dessecar os lodos ou lamas, na fase final de seu tratamento e substituem, total ou parcialmente, os leitos de secagem, os filtros-prensa e as centrífugas, na dessecagem do lodo (ver Tabela 15-3).

Na maioria dos casos, é necessário promover a floculação do lodo imediatamente antes de seu lançamento nas FTTs, visando liberar a maior quantidade de água possível e criando flocos de tamanhos e consistência adequada para serem retidos pela malha do geossintético.

Há, no entanto, nos quais onde os ensaios de filtração mostram a desnecessidade de floculação da lama tratada: isso acontece quando a água captada no corpo hídrico possui fração sólida predominantemente mineral, com grãos silto-arenosos que são facilmente retidos pelo geossintético, sem adsorver grande quantidade d'água livre.

O acondicionamento é temporário e a torta gerada, quando estiver com o teor de sólidos definido pelo projeto, deverá ser transportada para um aterro sanitário, por caminhões. O acesso à torta é feito por meio do rasgamento das FTTs em sua geratriz superior.

15.5.3 ETEIs – Estações de Tratamento de Efluentes Industriais

As FTTs são utilizadas para acondicionar e dessecar os lodos ou lamas, na fase final de seu tratamento, e substituem, total ou parcialmente, os leitos de secagem, os filtros-prensa e as centrífugas, na dessecagem do lodo (ver Tabela 15-3).

Na maioria dos casos, é necessário promover a floculação do lodo imediatamente antes de seu lançamento nas FTTs, visando liberar a maior quantidade de água possível e criando flocos de tamanhos e consistência adequada para serem retidos pela malha do geossintético.

Há, no entanto, casos nos quais os ensaios de filtração mostram a desnecessidade de floculação da lama tratada: isso acontece quando a água captada no corpo hídrico possui fração sólida predominantemente mineral, com grãos silto-arenosos que são facilmente retidos pelo geossintético sem adsorver grandes quantidade de água livre.

O acondicionamento, se for temporário, deverá durar até que a torta gerada esteja com o teor de sólidos definido pelo projeto quando, então, deverá ser transportada para um aterro sanitário, por caminhões. O acesso à torta é feito por meio do rasgamento das FTTs em sua geratriz superior.

Há casos em que os volumes de lama gerada pela indústria são tão grandes que requerem a utilização de FTTs dispostas em várias camadas, umas sobrepostas às outras, para poder atender à demanda.

Nessas situações, mesmo após a torta atingir o teor de sólidos previsto em projeto, as FTTs são mantidas intactas em seu local de lançamento. O projeto deverá prever seu encapsulamento, por meio de barreiras geossintéticas sob e sobre as FTTs e posterior capeamento superficial com solo compactado.

Aplicações em Acondicionamento

TABELA 15-3

Comparação entre os métodos de dessecagem de lodos e lamas mais utilizados

Item considerado	FTT – Fôrmas têxteis tubulares	Filtros-prensa e centrífugas	Leitos de secagem
Energia	Utiliza a energia gravitacional.	Necessitam de grande quantidade de energia para acionamento dos conjuntos girantes e/ou prensas.	Utiliza energia gravitacional.
Floculante	Menor quantidade de floculantes.	Maior quantidade de floculantes devido a necessidade da formação de flocos com alta resistência.	Menor quantidade de floculantes.
Coagulante	Raramente necessário.	Geralmente necessários para ajudar na formação de flocos com alta resistência.	Geralmente necessário.
Manutenção	Baixos custos de manutenção.	Altos custos e longos períodos de manutenção.	Altos custos e longos períodos de manutenção.
Operação	Simples e barata.	Complexa e especializada.	Operação manual e lenta.
Torta gerada	Alto teor de sólidos em pouco tempo, variando na faixa de 22% a 80%, com significativa redução dos custos de transporte para descarte final.	Produz torta com teor de sólidos na faixa de 8 a 20%, mas a ocorrência de quebra de flocos, comum neste processo, prejudica a eficiência na dessecagem do lodo/lama.	Pequenos volumes de torta gerada em grandes áreas. Torta sujeita à ação das chuvas, diminuindo o teor de sólidos e/ou aumentando o tempo necessário de dessecagem.
Qualidade do percolado	Excelente, gerando economia no seu tratamento percolado.	O percolado, por não atingir a qualidade mínima exigida, deve ser tratado, gerando custos adicionais.	Percolado com boa qualidade, em pequena quantidade.

15.5.4 Dragagem de lamas fluviais e marítimas contaminadas

As FTTs são utilizadas para acondicionar e dessecar as lamas contaminadas provenientes da dragagem de desassoreamento de canais, rios e portos, geralmente realizadas para manutenção dos calados, nas suas ampliações ou novas construções.

Na maioria dos casos, é necessário promover a floculação da lama contaminada, imediatamente antes de seu lançamento nas FTTs, visando liberar a maior quantidade de água possível e criando flocos de tamanhos e consistência adequada para serem retidos pela malha do geossintético.

O acondicionamento, se for temporário, deverá durar até que a torta gerada esteja com o teor de sólidos definido pelo projeto quando, então, deverá ser transportada para um aterro sanitário por caminhões. O acesso à torta é feito por meio do rasgamento das FTTs em sua geratriz superior.

Há casos em que os volumes de lama gerada pela dragagem são tão grandes que requerem a utilização de FTTs dispostas em várias camadas, umas sobrepostas às outras, para poder atender à demanda.

Nestas situações, mesmo após a torta atingir o teor de sólidos previsto em projeto, as FTTs são mantidas intactas em seu local de lançamento. O projeto deverá prever seu encapsulamento, por meio de barreiras geossintéticas sob e sobre as FTTs e posterior capeamento superficial com solo compactado.

15.5.5 Diques de contenção preenchidos com lamas marítimas, fluviais ou industriais

Geralmente as lamas provenientes da dragagem de rios, canais, obras marítimas contêm uma quantidade significativa de partículas pesadas, tais como siltes e areias. O mesmo acontece em algumas lamas industriais, principalmente aquelas obtidas em atividades de mineração. Nestes casos, é interessante o preenchimento de FTTs com estes materiais pesados visando torná-las diques contínuos de contenção de aterros mecânicos, aterros hidráulicos etc.

Nestas situações, por serem obras definitivas, é importante ter especial cuidado na especificação dos geossintéticos a serem utilizados, principalmente com relação a:

- resistência mecânica de longo prazo;
- resistência de longo prazo à luz solar;
- resistência ao ataque químico.

15.5.6 Proteção ambiental – disposições das tortas e percolados produzidos nas FTTs

Em todas as utilizações citadas é de suma importância dispor as tortas e os percolados produzidos pelos sistemas de FTTs, de forma a preservar o meio ambiente, sem contaminá-lo.

Aplicações em Acondicionamento

Assim, deverão ser atendidos todos os itens apresentados nas disposições do CONAMA – Conselho Nacional do Meio Ambiente, órgãos ambientais estaduais e municipais, tanto quanto à disposição dos resíduos sólidos em aterros sanitários como no retorno do percolado ao corpo hídrico.

15.6 DIMENSIONAMENTO E ESPECIFICAÇÃO

15.6.1 Ensaios com o lodo, lama e geossintético constituinte da FTT

Antes de se iniciar o dimensionamento das FTTs, propriamente dito, é necessário determinar as condições de filtração da mistura que deverá ser acondicionada e dessecada. A seguir, propõe-se uma rotina sequencial de operações e ensaios que deverão ser realizados para definir as condições de filtração da mistura.

1. O primeiro passo é a realização de um ensaio de filtração simples em um cone confeccionado com um círculo do geossintético que se pretende utilizar na confecção das FTTs.

2. Este ensaio simples é conhecido como ensaio de cone, conforme ilustrado na Figura 15-2. Tomam-se 500 mL da mistura que são derramados, instantaneamente, no interior do cone têxtil, sobre um béquer graduado. Se a mistura dessecar rapidamente, em até 120 segundos (superfície sem brilho) e o percolado estiver límpido (menos de 1% de sólidos passantes), conclui-se que a mistura é autodrenante e não há necessidade de se fazer um tratamento químico. Caso haja uma grande passagem de finos pela trama do geotêxtil, gerando um percolado turvo (mais de 1% de sólidos passantes) e/ou a mistura continue muito úmida (pouco percolado produzido e/ou superfície da mistura brilhante), será necessário provocar sua floculação por meio de tratamento químico.

3. Havendo necessidade de flocular a mistura, deve-se definir quais os produtos químicos que serão utilizados, por meio do ensaio de jarra, conhecido como *Jar Test* – Figura 15-3. Neste ensaio determina-se o tipo e quantidade de polímero, a ser acrescentado à mistura, necessários para formar flocos grandes (alguns milímetros) e consistentes, que decantem rapidamente e eliminem totalmente a turbidez da mistura.

   Em seguida, deve-se realizar o ensaio de cone (vide Figura 15-2), para constatar a compatibilidade do lodo floculado com o geossintético escolhido para as FTTs.

   Na Figura 15-1 e Tabelas 15-1 a 15-3, é ilustrado o processo de floculação e são fornecidas informações sobre tipos de coagulantes, floculantes e decantação.

FIGURA 15-2
Ensaio de cone – a) início do ensaio; b) mistura dessecada e percolado recolhido.

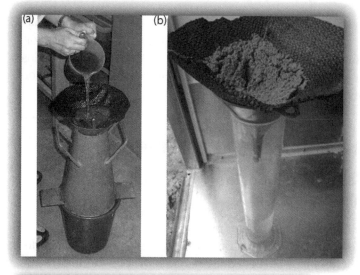

FIGURA 15-3
Ensaio *Jar Test*: mistura dispersa turva, floculação adequada e decantação sem turbidez.

4. Em projetos de maior porte, quando for necessário refinar as informações sobre o processo de floculação, os tempos de drenagem e a turbidez do percolado, faz-se necessário complementar os ensaios de *Jar Test* e cone têxtil com ensaios de campo monitorados.

São dois os ensaios mais utilizados, a saber: (Figura 15-4)

- Ensaio de Bolsa Suspensa ou *Hanging Bag Test* – HBT – consiste em preencher uma bolsa, com a mistura floculada ou não, pendurada verticalmente em suporte próprio. Seu preenchimento, a tomada de dados e os resultados obtidos são ditados por norma específica. Em Koerner e Koerner (2006) são apresentados vários ensaios comparativos com os HBT.

- Ensaio de Minifôrma ou *Pillow Test* – PT – consiste em preencher uma bolsa em forma de travesseiro, com a mistura floculada ou não, disposta horizontalmente em suporte próprio. Seu preenchimento, a tomada de dados e os resultados obtidos são ditados por norma específica – ASTM D7880.

Para se passar para o próximo item do projeto, deve-se estar de posse das seguintes informações, obtidas nos ensaios realizados e junto ao contratante do projeto:

Aplicações em Acondicionamento

- o teor de sólidos da mistura que será acondicionada e dessecada nas FTTs;
- a especificação e marca do polímero a ser utilizado, sua concentração na solução polimérica e a quantidade (em ppm) de solução necessária para a realização de uma floculação adequada, se for necessário realizar a floculação da mistura;
- o peso específico seco dos grãos constituintes da mistura;
- o volume total de mistura a ser dessecado, por período de tempo determinado;
- o teor de sólidos desejado para a torta a ser gerada nas FTTs;
- a área disponível para o assentamento do berço receptor das FTTs mais a central de floculação, ser for o caso.

FIGURA 15-4
Ensaios de filtração: (a) HBR e (b) PT.

15.6.2 Determinação dos parâmetros físicos e volume da torta gerada

15.6.2.1 Principais parâmetros

Para se determinar o volume de torta que será produzido dentro das FTTs, por meio da dessecagem da mistura, vários parâmetros deverão ser fornecidos e/ou determinados.

A seguir, listamos os principais parâmetros que poderão ser úteis nos cálculos físicos do projeto:

TSV = teor de sólidos totais, em volume;
TSP = teor de sólidos totais, em peso;
γ = densidade da mistura os da torta;
δ = peso específico seco dos grãos da mistura;
V = volume da mistura ou da torta;
P = peso da mistura, da torta ou dos grãos sólidos;
ED = eficiência de drenagem das FTTs;

EF = eficiência de filtração das FTTs;
m = indexador de mistura;
p = indexador de percolado;
s = indexador de sólidos;
a = indexador de água;
h = teor de umidade.

15.6.2.2 Principais correlações

A seguir são apresentadas as correlações que poderão ser úteis durante o desenvolvimento do projeto, com relação à dessecagem da mistura e sua transformação em torta: (densidade da água = 1 kg/L, unidades no SI)

Densidade
$$\gamma = (100 \cdot \delta)/[100 \cdot \delta - TSP \cdot (\delta - 1)] \quad [15\text{-}1]$$

Eficiência de Drenagem, por definição
$$ED = (TSPt - TSPm) \cdot 100/TSPm \quad [15\text{-}2]$$

Eficiência de Filtração, por definição
$$EF = (TSPm - TSPp) \cdot 100/TSPm \quad [15\text{-}3]$$

Peso específico seco dos grãos
$$\delta = (TSP \cdot \gamma)/[TSP \cdot \gamma - 100(\gamma - 1)] \quad [15\text{-}4]$$

Teor de sólidos totais em peso, por definição $\quad TSP = P_s/P_m \quad [15\text{-}5]$

Teor de sólidos totais em peso $\quad TSP = TSV \cdot \delta/\gamma \quad [15\text{-}6]$

Teor de umidade, por definição $\quad h = P_a/P_m \quad [15\text{-}7]$

Volume de torta gerada pela dessecagem da mistura
$$V_t = TSP_m \cdot \gamma_m \cdot V_m/TSP_t \cdot \gamma_t \quad [15\text{-}8]$$

15.6.2.3 Determinação do volume de torta gerado

A sequência de cálculo para a determinação do volume de torta a ser gerado nas FTTs é o seguinte:

- de posse de uma amostra significativa da mistura, pode-se determinar sua densidade γ_m, por pesagem direta, e seu teor de sólidos totais, em peso $\boldsymbol{TSP_m}$, através de dessecagem em estufa;

- determinação de δ dos grãos, através da correlação [15-4];

- dispondo-se do volume de mistura V_m a ser dessecado e do valor do $\boldsymbol{TSP_t}$, – teor de sólidos desejado para a torta a ser gerada nas **FTTs**, determina-se o V_m, volume de torta a ser gerado, através da correlação [15-8].

Aplicações em Acondicionamento

15.6.3 Dimensionamento da Central de Floculação

15.6.3.1 Central de floculação

Sabendo-se a vazão diária $V_{d,m}$ (m³/dia) de mistura a ser acondicionada nas FTTs, a proporção de solução de polimérica P_p (ppm) a ser aplicada na mistura, e a concentração da solução polimérica C_p (%), pode-se determinar a vazão diária de solução polimérica $V_{d,p}$ (m³/dia) necessária, por meio da correlação:

$$V_{d,p} = V_{d,m} \cdot P_p/(10 \cdot C_p) \qquad [15\text{-}9]$$

Com o consumo diário de solução polimérica e o número de horas trabalhadas por dia, pode-se dimensionar a central polimérica, segundo a rotina:

- definir a quantidade e volume dos reservatórios para diluição e reservação de solução polimérica;

- determinar a vazão média de solução polimérica, em L/min, por exemplo;

- definir o tipo e capacidade da bomba de injeção de solução na mistura;

- definir os diâmetros das tubulações e registros a serem utilizados.

15.6.3.2 Floculação em linha

A floculação da mistura, na maioria dos casos, é feita por meio da injeção da solução polimérica na tubulação que conduz a mistura às FTTs. Imediatamente após feita a injeção, deve-se instalar uma chicana misturadora que irá, por meio de uma alta turbulência, promover a floculação da fração sólida da mistura.

A verificação da qualidade da floculação obtida deve ser feita por meio de uma derivação testemunha, com registro, localizada logo a jusante da chicana.

Verificações frequentes deverão ser feitas para garantir que toda mistura lançada nas FTTs estejam floculadas adequadamente.

Uma tubulação de retorno deverá ser instalada, logo após a derivação testemunha, para poder retornar a mistura ao reservatório original, caso se constate que a floculação está inadequada.

FIGURA 15-5
(a) Detalhe de uma chicana misturadora; (b) Esquema de injeção e floculação.

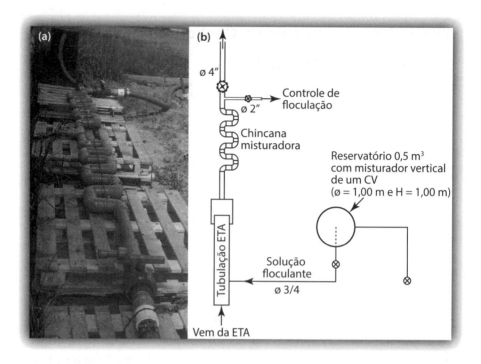

15.6.4 Dimensionamento geométrico e mecânico – aplicativo GeoCoPS

O dimensionamento geométrico e mecânico das FTTs para acondicionamento de lodos e lamas pode ser realizado, por exemplo, por meio da utilização do aplicativo GeoCoPS, amplamente conhecido no meio técnico e de custo bastante acessível.

A sua sequência de utilização é plenamente descrita no Capítulo 6 deste manual, item 6.6.4, podendo-se obter os esforços de tração, a pressão interna gerada durante o preenchimento, a geometria e área da seção transversal, e o abatimento após a consolidação prevista.

15.6.5 Disposição e Preenchimento das FTTs

A disposição das FTTs deverá ter a seguinte sequência:

- as FTTs deverão ser dispostas sobre os berços drenantes, impermeabilizados em sua base, que irão captar o percolado mais as águas pluviais;

- o berço deverá ser horizontal ou ter uma pequena declividade em direção a um dreno lateral dotado de bomba de sucção e recalque;

- o percolado bombeado poderá retornar ao sistema de tratamento ou ser conduzido ao corpo hídrico mais próximo. Nesse caso, deve--se verificar se há necessidade de seu tratamento, em atendimento à Resolução CONAMA 430;

- antes de se iniciar o preenchimento das FTTs, estas deverão ser ancoradas para garantir a manutenção de seu posicionamento: tanto o vento quanto o seu preso próprio, durante o preenchimento, tendem a causar seus deslocamentos laterais e, inclusive, suas rotações e torções;

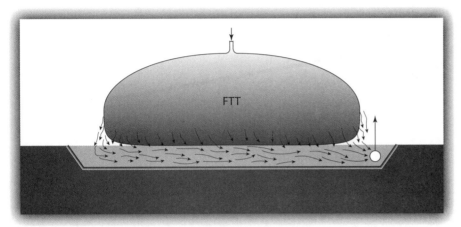

FIGURA 15-6
Seção esquemática de uma FTT sobre berço drenante.

A diferença fundamental existente, entre o preenchimento de uma FTT com mistura tipicamente granular e o preenchimento com mistura tipicamente orgânica, é a sequência executiva: enquanto naquela recomenda-se o preenchimento contínuo, em um único ciclo, nesta são necessários múltiplos ciclos alternados de preenchimento/descanso, visando promover a consolidação da mistura e a consequente geração da maior quantidade de torta possível, conforme ilustrado na Figura 15-7.

- durante a aplicação desses múltiplos ciclos, é de suma importância a observação dos seguintes cuidados:

- em cada ciclo, não ultrapassar a altura máxima de projeto da FTT, controlando-a por meio de um gabarito graduado;

- controlar o tempo decorrido na dessecagem da FTT, entre ciclos consecutivos, de forma a manter a mistura sempre úmida: se a superfície de contato torta/FTT secar completamente, o atrito de interface gerado será muito grande e poderá provocar a ruptura do geossintético no início do próximo ciclo de preenchimento.

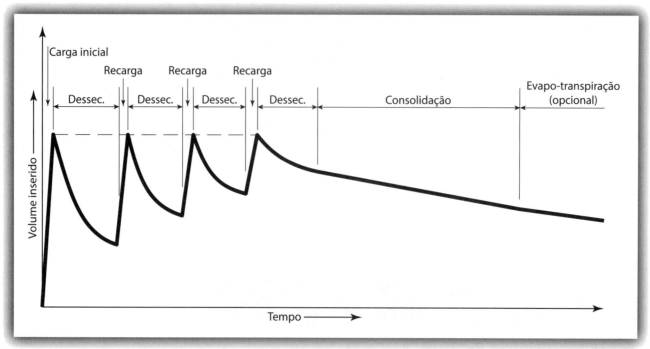

FIGURA 15-7
Ciclos de preenchimento/dessecagem, ao longo do tempo.

15.7 EXEMPLOS DE APLICAÇÕES

Inúmeras são as possibilidades de utilização das FTTs em sistemas de controle ambiental.

A seguir, serão citados alguns exemplos de utilizações, por meio de fotos comentadas.

FIGURA 15-8
(a) FTTs com 2,3 m de altura, 8,5 m de largura e 60 m de comprimento, dispostas em uma ETE; (b) Outra vista, na mesma ETE: note-se a impermeabilização de fundo do berço drenante e as ancoragens laterais.

Aplicações em Acondicionamento

FIGURA 15-9
Uma FTT com 1,0 m de altura sobre outra FTT com 2,5 m de altura, ambas preenchidas com cinzas industriais e atuando como dique perimetral de contenção de aterro de rejeitos das próprias cinzas.

FIGURA 15-10
(a) FFT disposta em ETEI, totalmente preenchida e consolidada, com 25 m de comprimento e 2 m de altura; (b) Na mesma FTT, vista do aspecto da torta produzida.

FIGURA 15-11
(a) Múltiplas FTTs acondicionando lama contaminada dragada durante o desassoreamento no leito de uma marina; (b) Múltiplas FTTs acondicionando lama fluvial contaminada, proveniente de dragagem de desassoreamento para resgatar a navegabilidade local.

15.8 EXEMPLO DE DIMENSIONAMENTO

A ETE – Estação de Tratamento de Esgoto de uma pequena cidade, com 60.000 habitantes, está com seus leitos de secagem do lodo tratado completamente saturados, pois atendem apenas a 40.000 habitantes, de acordo com o projeto executado há muitos anos. Por outro lado, não há espaço disponível para a implantação de mais leitos de secagem nem verba suficiente para a implantação e manutenção de um sistema de dessecagem por centrifugação.

São fornecidas as seguintes informações:

- volume mensal de lodo gerado $V_{m,m} = 250$ m^3, com $TSP_m = 4\%$;

- leitos de secagem: duas unidades, com dimensões de 5 m × 10 m;

- o peso específico dos sólidos, presentes no lodo, é $\delta = 1{,}3$ kgf/L;

- a torta produzida nos leitos de secagem possui $TSP_t = 24\%$;

- o *Jar Test*, associado ao ensaio de cone com geossintético, determinou a utilização de 100 ppm de polieletrólito catiônico, diluído a 0,2%, para uma perfeita floculação do lodo e sua filtração (drenagem rápida com passagem desprezível de partículas finas);

- no ensaio de cone, feito em laboratório, constatou-se que o teor de sólidos do percolado foi igual a $TSP_p = 0{,}1\%$;

- adotar os seguintes fatores de redução parciais para a resistência à tração do geossintético a ser utilizado na fabricação das FTTs (ver item 6.6.4, no Capítulo 6):

    $FRP_{DI} = 1{,}1$; $FRP_{CT} = 2{,}5$; $FRP_{FL} = 1{,}5$; $FRP_{MA} = 1{,}1$

$FRT = FRP_{DI} \cdot FRP_{CT} \cdot FRP_{FL} \cdot FRP_{MA} = 1{,}1 \times 2{,}5 \times 1{,}5 \times 1{,}1 = 4{,}54$

Pede-se:

Verificar a possibilidade de se instalar um sistema de acondicionamento e dessecagem do lodo produzido pela ETE que seja compatível com a produção atual.

As FTTs deverão ser instaladas sobre os atuais leitos de secagem, pois não há disponibilidade de áreas extras.

Determinar todas as condições de lançamento, preenchimento e as eficiências ED e EF.

Solução:

A – Determinação do volume anual de torta, gerado nas FFTs

Anualmente, o volume de lodo tratado gerado será $V_{m,a}$ = 12 × 250 m^3 = 3.000 m^3/ano.

A densidade do lodo gerado pode ser determinada por meio de pesagem direta de volume determinado ou pela correlação [15-1]:

$$\gamma_m = (100 \cdot \delta)/[100 \cdot \delta - TSP_m \times (\delta -1)] =$$
$$= 130/[130 - 4 \cdot (1,3 -1)] = 1,009 \text{ kgf/L}$$

Analogamente, determina-se a densidade da torta gerada:

$$\gamma_t = (100 \cdot \delta)/[100 \cdot \delta - TSP_t \times (\delta -1)] =$$
$$= 130/[130 - 24 \cdot (130 - 24 \cdot (1,3 -1)] = 1,059 \text{ kgf/L}$$

A massa, e o peso, de sólidos presentes na torta gerada será mesma presente no lodo original: a única diferença será o volume d'água, muito menor na torta em virtude da dessecagem provocada pelas FTTs.

Assim, igualando-se a massa de sólidos presentes na torta gerada, com TSP = 24%, com a massa de sólidos presentes no lodo, com TSP = 4%, pode-se determinar o volume anual de torta gerado, aplicando-se a correlação [15-8]:

$$V_t = TSP_m \cdot \gamma_m \cdot V_m/TSP_t \times \gamma_t =$$
$$= 4 \times 1,009 \times 3.000/24 \times 1,059 = 477 \text{ m}^3/\text{ano}$$

B – Dimensionamento geométrico e mecânico das FTTs para operação anual da ETE – GeoCoPS

Utilizando-se o aplicativo **GeoCoPS** (vide o item 6.6.4 do Capítulo 6 – Contenções em Obras Hidráulicas), municiado com os parâmetros acima determinados, obtém-se o seguinte resultado:

- resistência do geossintético T ≥ 68 kN/m;
- perímetro da seção transversal = 10,0 m;
- área da seção transversal consolidada = 5,5 m^2;
- altura da seção transversal consolidada = 1,6 m;
- largura da seção transversal consolidada = 4,0 m.

A seção esquemática da FTT obtida é apresentada na Figura (15-12).

Adotando-se um comprimento de 8 m para as FTTs, deixando 2 m de borda livre nos berços, tem-se:

Número de FTTs necessário = 477 m^3/(5,5 m^2 × 8 m) = 11 unidades

Como os dois leitos de secagem serão transformados em berços drenantes, pode-se instalar duas FTTs concomitantes, com ciclos de preenchimento alternativos, conforme esquematizado na Figura 15-13.

FIGURA 15-12
Seção transversal consolidada das FTTs a serem utilizadas na ETE.

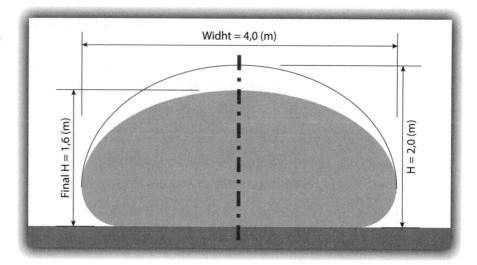

C – Características hidráulicas do geossintético constituinte das FTTs

Conforme o enunciado do problema, em laboratório foram executados ensaios de *Jar Test* e de filtração em cone geossintético, tendo sido obtidos resultados satisfatórios.

Essa é a melhor forma de verificar a adequação hidráulica do geossintético, quando à retenção dos flocos e permeabilidade à água. Critérios teóricos, ao invés de práticos, podem levar a erros e insucessos pois as combinações polímeros + lodos + trama dos geossintéticos são infinitas e imprevisíveis.

FIGURA 15-13
Seção transversal esquemática da solução proposta.

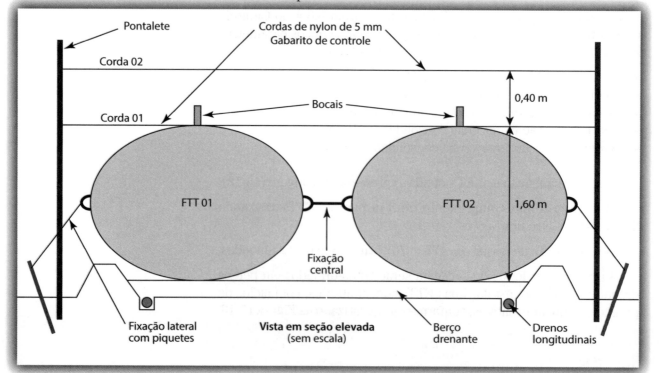

Quanto à eficiência do sistema adotado, tem-se:

$$\boldsymbol{ED} = (TSP_t - TSP_m) \times 100/TSP_m = (24 - 4) \times 100/4 = 500\%$$

$$\boldsymbol{EF} = (TSP_m - TSP_p) \times 100/TSP_m = (4 - 0,1) \times 100/4 = 99,7\%$$

D – Parâmetros básicos da floculação e preenchimento das FTTs

A seguir, apresentamos uma das possibilidades operacionais adequadas a serem implantadas na ETE em questão:

- o tipo, concentração e quantidade de polímero a ser utilizado foram determinados, em laboratório, com amostras de 500 mL do lodo tratado, em ensaios de *Jar Test*;

- para a obtenção de uma solução aquosa com concentração de 0,2%, serão necessários 2,0 g de floculante por litro de solução;

- para flocular 1 m^3 de lodo, a 100 ppm, serão necessários 50 L de solução a 0,2%;

- portanto, para flocular o volume total de lodo serão necessários: 50 L/m^3 × 3.000 m^3 = 150 m^3 de solução (consumo total de 300 kg de floculante em pó);

- uma tubulação de mangotes flexíveis de 2" de diâmetro será capaz de conduzir uma vazão de lodo de cerca de 50 L/min, a uma velocidade de fluxo de 0,5 m/s, que irá consumir cerca de 2,5 L/min de solução polimérica;

- preenchendo-se as FTTs durante de quatro horas/dia, com ciclos alternados entre elas e períodos de dessecagem, o consumo diário de floculante será de cerca de 600 L.

Assim, a central polimérica poderá ser dotada de dois reservatórios, por exemplo, de 500 L cada para suprir a demanda, alternadamente, com ampla folga.

E – Resumo da solução obtida

A ETE deverá operar com os dois leitos de secagem, transformados em berços drenantes, suportando FTTs que serão esvaziadas e repostas sempre que a torta gerada atingir o $TSP_t = 24\%$, conforme previsto em projeto.

Serão o total de 11 unidades de FTTs utilizadas por ano, com as seguintes características:

- resistência do geossintético T $\geq$ 68 kN/m;

- perímetro da seção transversal = 10 m;

- área da seção transversal, consolidada = 5,5 m^2;

- largura, quando cheia = 4 m;

- comprimento, quando cheia = 8 m;

- sltura, quando consolidada = 1,6 m;

- 600 L/dia de solução de floculante catiônico, diluído a 0,2%, para flocular cerca de 8.300 L de lodo tratado.

15.9 CONCLUSÕES

Nas últimas duas décadas, a utilização de FTTs – Fôrmas Têxteis Tubulares para acondicionamento e dessecagem de lodos e lamas, quer sejam contaminados ou não, tem se disseminado por todo o mundo em velocidade fantástica.

Os fenômenos como decantação, tempo de percolação, grau de consolidação, resistência mecânica, grau de umidade pontual e outros, que se desenvolvem ao longo do tempo no seio da torta gerada dentro das FTTs ainda serão objeto de estudos e desenvolvimentos durante muitos anos. Eu, pessoalmente, trabalho com FTTs desde 1980 e posso afirmar que os desafios deverão perdurar ainda por várias décadas!

Hoje, o que se tem como certo, é que as FTTs vieram para ficar pois são práticas, econômicas e eficientes, requisitos estes cada vez mais necessários na moderna engenharia.

REFERÊNCIAS BIBLIOGRÁFICAS

ASTM. *D7880/D7880M-13*. Determining flow rate of water and suspended solids retention from a closed geosynthetic bag. West Conshohocken: ASTM, 2013.

BOGOSIAN, F. et al. Continuous retaining dikes by means of geotextiles. In: INTERNATIONAL CONFERENCE ON GEOTEXTILES, IFAI, 2., *Proceedings...*, v. 1, p. 211-216. Las Vegas, 1982.

CONAMA. *Resolução* n. 357 – Classificação dos corpos de água e diretrizes ambientais. Brasília: Conama, 2005.

CONAMA. *Resolução* n. 430 – Condições e padrões de lançamento de efluentes., Brasília: Conama, 2011.

FOWLER, J.; STEPHENS, T. Proposed ASTM standard method for hanging bag geotextile containment system for dewatering material. *Proposed ASTM Method*, v. 1, p. 1-9, 2002.

GUANAES, E. A. Análise laboratorial do desaguamento do lodo residual de estação de tratamento de água por meio de geossintéticos. Dissertação (Mestrado) – CEFET, Belo Horizonte, 2009.

KOERNER, G. R.; KOERNER, R. M. Geotextile tube assessment using a hanging bag test. *Geotextile and Geomembranes*, v. 24, p. 129-137, 2006.

LAWSON, C. R. Geotextile containment for hydraulic and environmental engineering. *Geosynthetics Intenational*, Hong Kong, v. 15, n. 6, p. 384-427, 2008.

LESHCHINSKY, D.; LESHCHINSKY, O. *Geosynthetic confined pressurized slurry* (GeoCoPS): Supplemental notes for version 1.0. Report TR CPAR-GL- 96-1, Viksburg: US Army Engineer Experimental Station, 1996.

LESHCHINSKY, D. et al. geosynthetic tubes for confining pressurized slurry: some design aspects. *Journal of Geotechnical Engineering*, Virginia, ASCE, v. 122, n. 8, p. 682-690, 1996.

KIFFLE, Z. B. et al. Effect of pore size distributiom and retention and passing. In: International Conference on Geosynthetics, 10., Berlim, , 2014.

PASTOR, R. J.; CARVALHO A. R. P.; ZIBORDI, G. *Tratamento químico para estações de tratamento de água*. Arthur Nogueira: Kurita, 2008.

SATYAMURPHY, R.; BHATIA, S. K. Effect of polymer conditioning on dewatering charactterstics of fine sediment slurry using geotextiles. *Geosybthetics International*, v. 16, n. 2, p. 83-96, 2009.

SILVA, A.; VERTEMATTI, J. C. Dewatering system with linear geoforms on the ETE – Uberabinha – DMAE – MG Sewage Treatment Plant In: International Conference on Geosynthetics, 9., Guarujá, 2010.

Capítulo 16

Recomendações Básicas para Estocagem, Manuseio e Instalação de Geossintéticos

José C. Vertematti

Os geossintéticos, como qualquer outro produto de engenharia, requerem cuidados mínimos de estocagem, manuseio e instalação para que preservem suas características originais e possam atender plenamente os requisitos de projeto.

São apresentadas, neste capítulo algumas considerações básicas para auxiliar no transporte, no manuseio e na instalação dos geossintéticos nas obras. Como a variedade de aplicações, tipos e matérias-primas dos geossintéticos é muito grande, as recomendações aqui apresentadas têm caráter indicativo, devendo ser complementadas ou substituídas pelas especificações do projetista e/ou do fabricante do geossintético indicado, caso necessário.

Com relação às barreiras impermeáveis, mais especificamente as geomembranas e os geocompostos argilosos, as recomendações de instalação são apresentadas no item 14.7, do Capítulo 14 deste manual.

As recomendações apresentadas neste capítulo são indicativas e não substituem aquelas indicadas nos planos de instalação dos geossintéticos, detalhados em projeto.

16.1 ESTOCAGEM

A estabilidade dos geossintéticos às intempéries e às ações de produtos/materiais adjacentes, enquanto estocados, varia de um produto para outro em função de seu processo de fabricação e de sua matéria-prima: enquanto alguns podem sofrer aumento de peso ao absorver água, outros são sensíveis a solventes orgânicos. As observações e considerações aqui apresentadas são de caráter geral, válidas para todos os tipos de geossintéticos.

Deve-se manter a embalagem original intacta, sempre que possível, até o momento e local de sua utilização. Se o geossintético for estocado ao ar livre, será necessário cobri-lo com lona preta de polietileno, para protegê-lo da ação dos raios ultravioleta e de eventual absorção de água.

Em qualquer situação, o plano de apoio das bobinas de geossintético deve estar seco, livre de terra, óleo, solventes e enxurradas. Para tanto, podem-se utilizar pranchas de madeira ou estrados.

Se, porventura, o geossintético for estocado de maneira imprópria, com exposição ao sol, enxurradas, solventes etc., recomenda-se sacrificar as primeiras voltas externas da bobina, aproveitando-se somente o material intacto.

16.2 TRANSPORTE E DESLOCAMENTOS

O transporte das bobinas de geossintéticos em caminhões e também nas cargas e descargas deve ser feito de forma a preservar a embalagem original, sem rasgá-la, mantendo-se intacto o suporte central de papelão, plástico ou metal.

Deslocamentos por pequenas distâncias podem ser feitos por empilhadeiras, pás carregadeiras, minitratores e rolamento manual, sempre com o devido cuidado para não rasgar nem perfurar, tanto a embalagem como o geossintético.

16.3 CORTES

As bobinas podem ser desenroladas por rolamento no solo, desde que este esteja seco e firme; se necessário, pode-se utilizar um cavalete. Para cortar o geossintético, utilizam-se tesouras, estiletes ou facas.

16.4 REPAROS

Quando o geossintético apresentar danos por perfuração ou rasgo, é preciso cobrir a área afetada com um manchão do próprio material. O traspasse mínimo, em todas as direções, deverá ser igual ao comprimento da sobreposição indicado no plano de instalação. A título

Recomendações Básicas para Estocagem

indicativo, recomenda-se um traspasse mínimo de 30 cm além da área afetada, em todas as direções. Por exemplo, um rasgo em linha reta com 40 cm de comprimento exigiria um manchão de 60 cm × 100 cm.

Se o manchão for posicionado em planos inclinados ou verticais, recomenda-se costurá-lo manualmente ao geossintético, evitando seu deslocamento.

16.5 DIREÇÃO DA UNIÃO

A união de duas mantas de geossintéticos, por mais bem-feita que seja, sempre representa uma descontinuidade. Assim, devem-se minimizar as solicitações nessas regiões, sejam elas mecânicas ou hidráulicas, sempre que possível. Por exemplo, se um geossintético está exercendo função de reforço, recomenda-se que as linhas de união das mantas sejam posicionadas paralelamente à direção de maior tracionamento.

16.6 UNIÃO POR SIMPLES SOBREPOSIÇÃO

A forma mais simples de se garantir a continuidade do geossintético consiste em uni-lo por sobreposição. O comprimento da sobreposição depende do tipo de geossintético: flexibilidade, matéria-prima, rugosidade superficial, malha superficial etc. A sobreposição deve garantir a transmissão dos esforços de tração solicitantes.

16.7 SENTIDO DA SOBREPOSIÇÃO

A disposição das mantas sobre o solo-suporte deve ser feita em função das solicitações construtivas ou em vida útil, exercidas sobre o geossintético. O sentido da sobreposição deve levar em conta o lançamento dos materiais sobre a manta, as ações do vento ou o fluxo de água.

16.8 UNIÃO POR GRAMPEAMENTO

Quando o solo-base permite e as condições construtivas e/ou de solicitação exigem, pode-se complementar a união por sobreposição, por meio de grampeamento. As situações mais comuns são:

- locais de ventos intensos, durante a construção;
- obras nas quais o lançamento de aterro e/ou material drenante sobre o geossintético poderia provocar dobramento ou desunião, durante a construção;
- locais onde usuários ou a presença de pessoas estranhas possa desfazer a sobreposição.

16.9 UNIÃO POR COSTURA

A união por costura pode ser utilizada em substituição à sobreposição e ao grampeamento, quando estes se mostrarem insuficientes ou onerosos. Vários tipos de costura podem ser empregados, mas basicamente se utilizam costura mecânica em geotêxteis e costura manual em geogrelhas. Na costura mecânica, a resistência a tração é menor que a do próprio geossintético (perdas em função da perfuração do geossintético pela agulha), sendo necessário levar em conta tal perda, quantificando-a por meio de ensaios de tração de faixa larga. Dependendo do tipo de aplicação, do tipo de costura e do tipo/resistência da linha, a perda de resistência à tração do geossintético pode variar na faixa de 10% a 60%.

16.10 LIMPEZA DO SOLO-BASE

Durante a instalação do geossintético, deve-se evitar qualquer tipo de contaminação, tais como lama, óleo, solventes etc., sob risco de perda da eficiência e/ou resistência mecânica.

16.11 INSTALAÇÃO DIRETA NO SOLO-BASE

Se o geossintético for instalado diretamente no solo, sem terraplanagem prévia, alguns cuidados são necessários:

- raízes, galhos, vegetação nativa que não sejam prejudiciais, podem permanecer na superfície do solo atuando como uma estiva natural.

- objetos perfurantes como grandes galhos, raízes de árvores, pedras de grande porte, arames, ferragens etc., devem ser eliminados para evitar perfurações e rasgo.

16.12 PRESENÇA DE ÁGUA

Quando se instala o geossintético sobre o solo-base na presença de água – parada ou em movimento – deve-se fazer um planejamento prévio, pois:

- o geossintético poderá saturar-se com a água, sofrer um aumento sensível de peso e ter sua instalação dificultada, dependendo de sua natureza e matéria-prima;

- o geossintético poderá boiar e ter sua instalação sobre o solo base dificultada;

- o geossintético poderá sofrer esforços de arrasto, o que irá dificultar sua instalação sobre o solo-base.

16.13 PROTEÇÃO SUPERFICIAL

Em todas obras em que o geossintético fique exposto às intempéries, sua superfície deverá ser protegida contra insolação (raios ultravioleta), objetos contundentes, incêndio e vandalismo. Tal proteção pode ser feita com camada de sacrifício (outra camada de geossintético sobreposta), vegetação, empedramento, argamassa, muros, concreto projetado etc.

16.14 LANÇAMENTO DE ATERRO

O lançamento de aterro sobre o geossintético, merece algumas recomendações:

- os equipamentos não deverão andar diretamente sobre o geossintético;
- se o solo-base for firme, os equipamentos de terraplanagem poderão andar sobre uma camada de aterro de 30 cm espalhada sobre o geossintético;
- se o solo-base for mole, recomenda-se uma camada mínima inicial de 50 cm de aterro para o tráfego de trator e caminhões;
- em obras sobre solos muito moles, recomenda-se o avanço do aterro em forma de cunha, para que eventuais ondas de expulsão de solo mole sejam liberadas lateralmente;
- a largura total do geossintético deve ultrapassar em, pelo menos, 50 cm o pé do aterro, a fim de garantir total separação e eventual drenagem das águas de consolidação.

16.15 LANÇAMENTO DE AGREGADOS

Quando o lançamento e/ou espalhamento de agregados sobre o geossintético for feito com grãos maiores que 10 cm e/ou de alturas maiores que 2,00 m, certos cuidados devem ser tomados para prevenir perfurações e rasgos:

- forrar o geossintético com camada granular amortecedora, com grãos menores lançados de menor altura;
- em obras de grande responsabilidade, como barragens, realizar ensaios simulados de campo ou laboratório.

16.16 AGREGADOS SOB O GEOSSINTÉTICO

Sempre que se instala o geossintético sobre pedras grandes (diâmetros superiores a 10 cm), sem prévia regularização com agregados menores, recomenda-se deixá-lo folgado, para que se conforme à superfície sem se danificar ao receber as camadas superiores.

16.17 PLANO DE INSTALAÇÃO DO GEOSSINTÉTICO

Todo projeto deverá conter um plano de instalação específico para o geossintético, definindo e descrevendo os seguintes itens:

a) Número de equipes de instalação, número de funcionários por equipe e rendimento diário médio por equipe;

b) Disposição das mantas, com indicação da direção, sentido e ordem de instalação;

c) Tipo de união das mantas adotado.

Ao ser indicada a sobreposição, deverão ser fornecidos os seguintes detalhes:

- comprimento da sobreposição;
- direção e sentido da sobreposição;
- fixação da sobreposição (peso, grampos etc.);
- perda percentual de geossintético na sobreposição.

Ao ser indicada a costura, deverão ser fornecidos os seguintes detalhes: número de equipes de costura:

- número de funcionários por equipe;
- tipo de costura, tipo de máquina e tipo de linha;
- borda livre da costura;
- consumo unitário de linha;
- perda percentual de geossintético na costura;
- resistência mínima da costura.

d) Procedimentos e detalhes construtivos de preparo do solo-base, sobrelarguras, engastes, lançamento de materiais, cuidados com o transporte, estocagem e manuseio.

Se o projeto não incluir um plano de instalação com os itens aqui abordados, sugerimos que o engenheiro de obra o elabore, com base nos dados deste manual, mais aqueles fornecidos pelo fabricante do geossintético.

16.18 ACOMPANHAMENTO TÉCNICO DE OBRA (ATO)

Para garantir o bom desempenho do geossintético, atendendo às prescrições e especificações de projeto e ao cumprimento do plano de instalação, é necessário um acompanhamento e controle de execução que observe os seguintes pontos:

- identificação na obra (NBR ISO 10320) – informações como fabricante, fornecedor, nome do produto, tipo de produto, identificação da unidade, massa nominal da unidade, comprimento, largura, massa por unidade de área (NBR ISO 9864), tipo de polímero componente principal, classificação do produto (NBR ISO 10318);

- conformidade do geossintético – verificação da qualidade, quantidade e apresentação do produto, de acordo com as especificações técnicas de projeto, através de retirada de amostras e ensaios em laboratório (verificação dos valores aceitáveis para cada característica relevante do produto);

- verificação das condições de preparo do solo-base, de acordo com as especificações;

- correta orientação e disposição das mantas; boa execução das uniões – sentido, comprimento, bordas, costura, rendimento;

- posicionamento das mantas: ação do vento, água, veículos, comprimento de ancoragem;

- integridade das mantas – vandalismo, roubo, circulação de veículos e equipamentos, ataques químicos e físicos, furos, rasgos etc.;

- lançamento de materiais – características, natureza, granulometria, altura de queda, equipamento, sentido, direção, espessura da primeira camada, grau de compactação.

REFERÊNCIAS BIBLIOGRÁFICAS

ABNT. Associação Brasileira de Normas Técnicas. *ISO NBR 10320.* "Geotêxteis e Produtos Correlatos – Identificação na obra. São Paulo: ABNT, 2013.

IFAI – Industrial Fabrics Association Institute. *A disign primer*: geotextiles and related materials. Saint Paul, 1990.

GIROUD, J. P. From geotextiles to geosynthetics: a revolution in geotechnical engeneering. In: International Conference on Geotextiles, 3., 3., *Proceedings*...Vienna, 1986.

VERTEMATTI, J. C. *Curso básico de geotêxteis*. São Paulo: ABINT – Associação Brasileira das Indústrias de Nãotecidos e Tecidos Técnicos, 2001.

VERTEMATTI, J. C. Geossintéticos: modismo ou modernismo? *Revista Engenharia*, São Paulo, n. 526,1998.

Apêndice

Unidades e Notações

José C. Vertematti

Unidades

São apresentados, a seguir, as unidades e prefixos matemáticos básicos, dos quais derivam os demais utilizados neste manual.

Unidades:

UNIDADE	NOTAÇÃO	GRANDEZA	UNIDADES CORRELATAS OU ORIGINÁRIAS
Grama	g	Massa	—
Grama-força	gf	Força	$9,807 \cdot 10^{-3}$ N
Grau	°	Ângulo plano	$1,745 \cdot 10^{-2}$ Rad
Grau Celsius	°C	Temperatura	—
Joule	J	Energia	N · m
Litro	L	Volume	10^{-6} m^3
Metro	m	Comprimento	—
Metro cúbico	m^3	Volume	10^6 l
Metro quadrado	m^2	Área	—
Newton	N	Força	102,0 gf
Pascal	Pa	Pressão	N/m^2
Radiano	Rad	Ângulo plano	57,30°
Segundo	s	Tempo	—
Tonelada	t	Massa	10^6 g

Prefixos para múltiplos e submúltiplos das unidades:

G	giga = 10^9
M	mega = 10^6
k	quilo = 10^3
h	hecto = 10^2
da	deca = 10^1
d	deci = 10^{-1}
c	centi = 10^{-2}
m	mili = 10^{-3}
μ	micro = 10^{-6}
n	nano = 10^{-9}

Notações

As notações utilizadas pelos autores do MBG nos textos, figuras, tabelas, ábacos e fórmulas baseiam-se, preferencialmente, na NBR ISO 10318 Geossintéticos – Termos e definições. No entanto, em virtude da abrangência dos temas, da diversidade de teorias e organismos oficiais consultados, são utilizadas notações adicionais ou repetições de notações com diferentes significados.

Todas as notações são sumariamente descritas e indicada a localização de sua primeira aparição. Caso uma mesma notação possua diferentes significados, ela é repetida em outra linha com uma nova descrição sumária.

Na listagem de notações, são apresentados os símbolos representativos de propriedades, geometrias, relações, fatores e, também, siglas relativas a matérias-primas, produtos e entidades oficiais.

Para facilitar a procura, a listagem original foi subdividida em duas, ambas apresentadas em ordem alfabética: listagem de caracteres arábicos e listagem de caracteres gregos.

Listagem das notações

Notação	Descrição sumária	Localização
a	dimensão do capitel	p. 159
A	área da seção transversal normal ao fluxo	p. 254
A	fator da densidade relativa, Giroud	p. 252
A	área de contribuição	p. 445
A	perda de solo anual	p. 429
a_1	coeficiente estrutural da camada de concreto asfáltico	p. 219
a_2	coeficiente estrutural da camada de base	p. 219
a_3	coeficiente estrutural da camada de sub-base	p. 219
A_b	área onde se distribui o acréscimo de pressão vertical na interface aterro/geotêxtil	p. 330
A_c	área de contato pneu-aterro	p. 330
A_E	área de influência da coluna	p. 387
AGER	idade do pavimento, desde a construção, ou último recapeamento	p. 408
a_i	coeficiente de equivalência estrutural da camada i	p. 214 e p. 410
AOS	abertura de filtração aparente	p. 253
a_{sr}	adesão solo reforço/reforço geossintético	p. 89
ASCE	American Society of Civil Engineers	p. 302
ASTM	American Society for Testing and Materials	p. 20
a_v	módulo de compressibilidade vertical	p. 360
B	largura da placa	p. 118
b	largura da sapata	p. 153
b	largura da cavidade de comprimento infinito	p. 188
b	largura do vazio entre blocos	p. 332
B	fator da densidade relativa, Giroud	p. 252
B	fator de segurança aplicado ao D_{85} do solo, FHWA	p. 252
B	coeficiente adimensional no critério de retenção de finos	p. 327
B	largura da área de contato do pneu-aterro	p. 330
B'	largura do carregamento espraiado	p. 330
BOP	georrede biaxial antierosiva	p. 424
c	coesão do material de aterro ou do solo de fundação	p. 97

C	fator global, CFGG	p. 253
C	comprimento total do sistema drenante captado pelo geotubo	p. 314
C	coeficiente de escoamento superficial	p. 445
C	rugosidade do talude/superfície	p. 429
c'	coesão efetiva do solo, genérica	p. 112
C_1	fator granulométrico, CFGG	p. 253
C_2	fator de adensamento, CFGG	p. 253
C_3	fator hidráulico, CFGG	p. 253
C_4	fator de função, CFGG	p. 253
C_a	adesão de interface geossintético/solo	p. 66
CAUEM	custo anual uniforme equivalente de manutenção	p. 402
CBR	Índice Suporte Califórnia do subleito	p. 57
CBUQ	concreto betuminoso usinado a quente	p. 405
C_c	coeficiente de arqueamento	p. 160
C_d	coeficiente de deslizamento direto entre solo e reforço	p. 90
CEN	Comitê Europeu de Normalização	p. 20
cf_1	consumo, por fadiga, pela passagem de uma roda	p. 402
CFGG	Comitê Francês de Geotêxteis e Geomembranas	p. 253
c_h	coeficiente de adensamento radial	p. 360
C_i	coeficiente de interação entre solo e reforço	p. 90
CI	custo de instalação	p. 401
COMP	índice de compacidade do pavimento	p. 408
C_p	concentração da solução polimimérica	p. 517
CPE	polietileno clorado	p. 39
CR	eficiência do acoplamento	p. 130
CRX	percentagem de área trincada no pavimento	p. 408
C_U	coeficiente de não uniformidade do solo	p. 328
c_v	coeficiente de adensamento vertical	p. 360
D	função drenagem de um geossintético, genérico	p. 24
D	diâmetro da cavidade	p. 194
d	espessura da camada de reaterro	p. 153
d	abertura da malha da geogrelha	p. 400

Unidades e Notações

d_0	diâmetro do objeto impactante	p. 334
D_{15s}	15% das partículas de solo, em peso, possuem diâmetros menores que esse valor	p. 251
D_{35s}	35% das partículas de solo, em peso, possuem diâmetros menores que esse valor	p. 251
d_{50}	diâmetro médio dos grãos ou objetos contundentes	p. 251
D_{50s}	50% das partículas de solo, em peso, possuem diâmetros menores que esse valor	p. 251
d_{85}	85% das partículas de solo, em peso, possuem diâmetros menores que esse valor	p. 327
D_{85s}	85% das partículas de solo, em peso, possuem diâmetros menores que este valor	p. 251
d_{AT}	profundidade da trincheira de ancoragem	p. 489
d_e	diâmetro de influência de um dreno	p. 362
DEF	deflexão da viga Benkelman, sob o eixo padrão	p. 408
d_{ensaio}	diâmetro usado no ensaio	p. 330
d_f	diâmetro da fibra do geotêxtil	p. 257
d_g	recalque do geossintético	p. 190
d_{GTX}	espessura nominal de um geotêxtil	p. 50
D_i	espessura da camada/do pavimento	p. 214
DR	densidade relativa	p. 251
d_s	diâmetro da área afetada pelo amolgamento	p. 365
d_s	recalque da superfície	p. 193
D_S	extensão horizontal da deformação da superfície	p. 178
DSC	ensaio de calorimetria diferencial de varredura	p. 40
d_v	diâmetro do vazio, no ensaio de estouro	p. 330
d_w	diâmetro equivalente de um dreno sintético com seção retangular	p. 362
E	função controle de erosão superficial, genérico	p. 24
E	módulo de deformabilidade sob tração de um polímero	p. 41
E	empuxo ativo	p. 111
E	energia transferida ao geotêxtil, pelo objeto cadente	p. 334
e	índice de vazios	p. 360
ED	eficiência de drenagem	p. 516

E_a	eficiência com relação à adesão	p. 476
E_{adm}	energia de impacto admissível	p. 335
E_{ensaio}	resistência ao impacto, obtida em laboratório	p. 335
EF	eficiência de filtração	p. 516
E_ϕ	eficiência com relação ao atrito	p. 476
e_g	espessura do geotêxtil	p. 258
$EIA\text{-}R$	interpolímero de etileno alloy reforçado	p. 459
$E_{oed,s}$	módulo endométrico do solo	p. 384
$EPDM$	etileno-propileno monômero diênico	p. 36
EPS	poliestireno expandido	p. 36
E_{req}	energia de impacto adquirida	p. 334
F	função filtração de um geossintético, genérico	p. 24
F	força resistente	p. 448
f	fator de arrancamento de interface	p. 66
$f(\varepsilon)$	função deformação do geotêxtil deformado	p. 332
$F(n)$	função da densidade de drenos	p. 362
F^*	fator de resistência ao arrancamento	p. 128
f_a	coeficiente de aderência solo/reforço	p. 129
F_{adm}	resistência a perfurações admissível	p. 333
$F_{Ai,d}$	resistência a arrancamento de camada de reforço i	p. 153
F_{anc}	fator de segurança contra a ruptura por deficiência de ancoragem	p. 100
$Fator$	fator de incremento da vida de reflexão de trincas, devido ao geossintético	p. 402
f_b	coeficiente de interação solo/reforço	p. 122
f_c	fator de segurança parcial para a coesão	p. 164
f_c	fator igual a 30 kPa	p. 212
F_c	fator de incremento de resistência a fadiga devido ao geossintético, por cisalhamento	p. 402
F_d	força máxima atuante no geotêxtil constituinte da coluna	p. 385
F_e	fator de segurança contra a expulsão do solo mole	p. 95
F_{ensaio}	resistência a perfuração localizada, obtida em laboratório	p. 335
f_ϕ	fator de redução no valor do ângulo de atrito do solo	p. 122

F_f	fator de incremento de resistência a fadiga devido ao geossintético, por flexão	p. 402
f_{fs}	fator de segurança parcial aplicado ao peso próprio do aterro	p. 160
$F_{i,d}$	força fornecida por cada uma das camadas i do reforço geossintético	p. 152
f_{imp}	fator de minoração da energia de impacto	p. 335
$F_{L\sigma}$	força de atrito sob a geomembrana, devida ao peso do material estocado	p. 485
F_{LT}	força de atrito sob a geomembrana, devida à componente vertical da força de tração T	p. 485
f_{ms}	fator de segurança parcial aplicado ao φ'_{cv}	p. 165
f_n	coeficiente de segurança parcial, associado a fatores econômicos	p. 165
F_o	fator de segurança mínimo para todas as superfícies tangentes à horizontal na profundidade z, em aterro sem reforço	p. 97
f_p	fator de segurança parcial, associado à resistência ao arrancamento	p. 166
fPP	polipropileno flexível	p. 459
fPP-R	polipropileno flexível reforçado	p. 459
F_q	fator de capacidade de carga para o embutimento (ou carregamento)	p. 129
f_q	fator de segurança parcial, associado à sobrecarga aplicada ao aterro	p. 160
f_r	módulo de liquidez do reforço à tração	p. 116
F_r	fator de segurança mínimo para todas as superfícies tangentes à horizontal na profundidade z em aterro reforçado	p. 96
F_r	força de tração no geossintético da coluna	p. 390
F_{req}	força de perfuração a que o geotêxtil deve resistir	p. 333
$F_{r,G}$	força atuante no geossintético, para cargas permanentes	p. 385
$F_{r,G+Q}$	força atuante no geossintético, para cargas permanente e acidental	p. 385
FR_{imp}	fator de redução para o valor da resistência ao impacto, obtida em ensaio	p. 335
FRP_{AQ}	fator de redução parcial para ataque químico	p. 91
FRP_{AQ}	fator de redução devido à colmatação química e/ou precipitação química no interior do núcleo drenante	p. 91
FRP_{AQB}	fator de redução por degradação química e biológoca do geotêxtil	p. 348

FRP_{CB}	fator de redução devido à colmatação genérica	p. 312
FRP_{CT}	fator de redução devido à perda de resistência nas costuras	p. 295
FRP_{DI}	fator de redução parcial para danos mecânicos de instalação	p. 91
FR_{perf}	fator de redução para o valor de resistência a perfuração, obtida em ensaio	p. 333
FRP_{FL}	fator de redução parcial devido à fluência, em tração	p. 91
FRP_{FL}	fator de redução por fluência do geotêxtil	p. 348
FRP_{IN}	fator de redução devido à intrusão do filtro de geotêxtil no núcleo drenante	p. 312
FRP_{MA}	fator de redução parcial para degradação ambiental	p. 385
FRT	fator de redução global	p. 91
FR_{tl}	fator de redução para o valor de tração localizada, obtido em ensaio	p. 332
f_s	fator igual a 75 mm	p. 212
FS	fator de segurança, genérico	p. 311
FS_d	fator de segurança contra deslizamento ao longo da base	p. 111
FS_e	fator de segurança contra estouro	p. 330
FS_f	fator de segurança contra a ruptura do solo de fundação	p. 113
FS_G	fator ou coeficiente de segurança global	p. 114
$f_{sg,d}$	coeficiente de atrito de interface geossintético/solo	p. 153
FS_{imp}	fator de segurança contra ruptura por impacto	p. 335
FS_{perf}	fator de segurança contra ruptura por tração localizada do geotêxtil	p. 333
FS_t	fator de segurança ao tombamento	p. 111
FS_{tl}	fator de segurança contra ruptura por tração localizada do geotêxtil	p. 332
F_t	força por unidade de largura em geogrelhas, com elementos ensaiados individualmente	p. 81
FTC	fôrma têxtil cúbica, volumétrica ou bolsa têxtil	p. 29
FTP	fôrma têxtil plana ou colchão têxtil	p. 29
FTT	fôrma têxtil tubular, linear ou salsichão	p. 29
$F_{U\sigma}$	Força de atrito sobre a geomembrana, devida ao peso próprio do material estocado; é nula para líquidos	p. 485
GBA	geobarra, genérico	p. 29
GBR	barreira geossintética, genérico	p. 27

GBR-C	barreira geossintética argilosa	p. 28
GCE	geocélula, genérico	p. 25
GCO	geocomposto, genérico	p. 25
GCO-D	geocomposto para drenagem	p. 29
GCO-R	geocomposto para reforço, genérico	p. 29
GDP	tubo-dreno geossintético	p. 148
GeoCoPS	aplicativo para o dimensionamento geométrico e mecânico de FTTs	p. 298
GFM	geoexpandido	p. 29
GGR	geogrelha, genérico	p. 26
GMA	geomanta, genérico	p. 26
GNT	georrede, genérico	p. 26
GR	razão de gradientes hidráulicos	p. 62
GRI	Geosynthetic Research Institute	p. 20
GSP	geoespaçador, genérico	p. 25
GST	geotira	p. 27
GTX	geotêxtil, genérico	p. 27
GTX-N	geotêxtil nãotecido	p. 27
GTX-W	geotêxtil tecido	p. 27
GSY	geossintético, genérico	p. 25
H	altura do aterro ou maçico reforçado	p. 96
H	altura real do talude	p. 121
H	altura de solo acima do geosssintético	p. 188
h	espessura de base granular requerida	p. 211
H	altura inicial da fôrma têxtil	p. 299
h	altura do aterro	p. 330
h	altura de queda do objeto	p. 334
H	altura da protuberância	p. 248
H	altura da barreira de contenção	p. 446
h	altura da camada de material sobre a geomembrana	p. 487
h	teor de umidade	p. 508
h_0	umidade inicial do material de preenchimento da geofôrma	p. 299
H_d	componente horizontal da carga atuante na sapata	p. 153

H_d	comprimento máximo de drenagem	p. 360
H_{eq}	altura equivalente do talude, levando-se em conta a sobrecarga na superfície	p. 121
h_f	umidade final do material de preenchimento da geofôrma	p. 299
h_i	espessura da camada i do pavimento	p. 410
h_o	espessura equivalente de solo para a sobrecarga aplicada na superfície do terrapleno	p. 121
H_R	altura da camada de recapeamento, em CBUQ	p. 405
K	fator de erodibilidade do solo	p. 429
$k_{a,c}$	coeficiente de empuxo ativo da coluna	p. 388
k_F	permeabilidade do filtro	p. 254
$K_{o,s}$	coeficiente de empuxo do solo, em repouso	p. 388
i	índice de numeração das camadas de geossintético, de cima para baixo	p. 152
i	gradiente hidráulico	p. 254
I	resistência a impacto	p. 487
I	precipitação pluviométrica	p. 445
i_{23}	gradiente hidráulico entre os pontos 2 e 3	p. 69
i_{36}	gradiente hidráulico entre os pontos 3 e 6	p. 69
IF	índice de fluidez	p. 70
$I_{in,i}$	comprimento do geossintético sob a atuação da sapata	p. 153
IIR	borracha butílica	p. 40
I_R	coeficiente geométrico, método de Low	p. 96
IRI_t	irregularidade longitudinal, no tempo t	p. 410
ISO	International Standardization Organization	p. 20
i_{solo}	coeficiente de segurança para a permeabilidade, Giroud	p. 258
$ISSMFE$	International Society for Soil Mechanics and Foundation Engineering	p. 20
$I_{u,b}$	comprimento do geossintético fora da área de projeção da sapata	p. 153
J	módulo de rigidez sob tração do geossintético, genérico	p. 86
J	módulo de estabilidade de abertura da geogrelha	p. 211
J_ε	módulo de rigidez sob tração do reforço, à deformação ε	p. 87
Jr	módulo de rigidez de reforço à tração	p. 116

k	parâmetro de módulo tangente inicial do solo	p. 116
K	coeficiente de empuxo	p. 188
K_a	coeficiente de empuxo ativo (Rankine)	p. 119
k_d	coeficiente de empuxo, Jewell	p. 124
k_G	coeficiente de permeabilidade do geotêxtil	p. 328
k_h	permeabilidade horizontal do solo	p. 360
k'_h	permeabilidade horizontal do solo afetado pelo amalgamento	p. 365
K_n	permeabilidade normal ao plano do geotêxtil	p. 60
K_o	coeficiente de empuxo no repouso	p. 119
k_p	permeabilidade planar do geossintético	p. 61
K_P	coeficiente de empuxo passivo	p. 489
K_S	permeabilidade do solo, normal ao fluxo	p. 258
k_{solo}	coeficiente de permeabilidade do solo	p. 328
k_v	permeabilidade vertical	p. 376
L	comprimento da placa ou tambor do rolo compressor	p. 119
L	comprimento da área de contato pneu-aterro	p. 330
L	comprimento característico do dreno	p. 366
l	espaçamento entre drenos	p. 365
L	comprimento da barreira geossintética	p. 486
L	comprimento do talude/superfície	p. 429
L	perímetro da seção transversal da FTT	p. 523
L'	comprimento do carregamento espraiado	p. 330
L_a	comprimento de ancoragem	p. 90
l_{anc}	comprimento mínimo de ancoragem	p. 100
L_B	comprimento de ancoragem requerido para o reforço na base da estrutura	p. 124
l_b	largura total do reforço geossintético	p. 153
L_b	comprimento mínimo do reforço, além da linha externa dos capitéis	p. 174
L_e	comprimento de reforço na zona resistente, além da superfície potencial de ruptura	p. 128
L_e	comprimento mínimo do reforço	p. 174
L_{max}	comprimento de desenvolvimento do talude	p. 445

L_{max}	comprimento máximo do talude, entre duas barreiras	p. 453
L_o	comprimento de ancoragem do envelopamento	p. 130
L_p	distância entre a face externa do último capitel e o pé do aterro	p. 159
L_r	comprimento dos reforços geossintéticos	p. 111
L_{RO}	comprimento de ancoragem da geomembrana	p. 489
M	gramatura do geotêxtil	p. 348
MF_A	fator de carga das protuberâncias	p. 348
MF_{PD}	fator de espaçamento das protuberâncias	p. 348
MF_S	fator de forma das protuberâncias	p. 348
m_i	coeficiente de drenagem do material da camada i	p. 214
m_i	coeficiente de drenagem da camada i do pavimento	p. 410
M_{max}	momento máximo atuante nas estacas	p. 453
MMP	precipitação pluviométrica media mensal	p. 408
M_R	módulo de resiliência do subleito	p. 213
M_R	momentos dos esforços resistentes em relação ao centro de rotação	p. 114
M_{So}	momentos dos esforços solicitantes em relação ao centro de rotação	p. 114
n	número de elementos por metro de largura de geogrelha	p. 81
n	módulo expoente da curva tensão–deformação do solo	p. 124
n	inclinação do talude lateral do aterro (1V:nH)	p. 159
n	potência de 10 a ser aplicada na correlação de permeabilidade, CFGG	p. 253
N	volume específico do solo para pressão de 1 kPa	p. 223
N	número de repetições do eixo padrão	p. 204
N_0	número de ciclos de carga que leva a capa asfáltica ao final de sua vida de reflexão de trincas	p. 402
N_1	número de estabilidade, método de Low	p. 97
N_2	número de estabilidade, método de Low	p. 97
N_{ano}	tráfego anual, expresso em repetições do eixo padrão	p. 405
n_B	número de camadas de reforço geossintético	p. 153
N_c	número de ciclos de carga que produz trinca de reflexão, por cisalhamento	p. 402
$N_{confrontos}$	número de confrontos da partícula, no geotêxtil	p. 257

N_c, N_q e N_γ	fatores de capacidade de carga obtidos a partir das expressões de Terzaghi e Peck, 1967	p. 113
NE_4	número equivalente acumulado de passagens do eixo padrão	p. 408
N_f	número de ciclos de carga que produz trinca de reflexão, por flexão	p. 402
N_f^{ref}	número de ciclos de carga que produz trinca de reflexão, com reforço geossintético	p. 405
N_γ	coeficiente de capacidade de carga do solo	p. 119
N_{geo}	número de repetições do eixo padrão que produz determinado afundamento em trilha de roda, no pavimento com o geossintético	p. 204
O_{90}	abertura de filtração do geotêxtil, Schober e Teindl, Herteen	p. 252
O_{95}	abertura de filtração do geotêxtil, Loudière e Fayoux	p. 64
$O_{95,d}$	abertura aparente do geossintético	p. 64
O_{max}	diâmetro de filtração máximo do geotêxtil, Giroud	p. 252
P	função proteção do geossintético, genérico	p. 24
p	tensão normal aplicada sobre o geossintético	p. 188
P	força total aplicada nos planos verticais extremos da geofôrma	p. 297
P	carga máxima por eixo do caminhão	p. 331
P	fator relacionado à manutenção da solução	p. 429
p'	tensão normal vertical, ao nível do geotêxtil	p. 330
p'	pressão média aplicada no solo	p. 223
P	carga de roda	p. 211
p_0	pressão de bombeamento	p. 300
PA	Poliamida ou Nylon	p. 36
P_A	esforço ativo atuante sobre o bloco de solo mole	p. 95
P_a	pressão atmosférica	p. 116
P_A	empuxo ativo na trincheira, sobre a geomembrana	p. 489
P_{adm}	tensão admissível de puncionamento da geomembrana	p. 348
P_{base}	tensão normal atuante sobre a geomembrana	p. 348
PBF	polietileno bastante flexível	p. 459
p'_c	tensão atuante nos capitéis	p. 160
p_c	pressão de contato pneu–aterro	p. 330
PE	polietileno	p. 36

PEAD	polietileno de alta densidade	p. 37
PEBD	polietileno de baixa densidade	p. 37
PECS-R	polietileno clorossulfonado reforçado	p. 459
PELBD	polietileno linear de baixa densidade	p. 37
PEMD	polietileno de média densidade	p. 479
PEMF	polietileno muito flexível	p. 496
P_{ensaio}	pressão de ruptura por estouro, em laboratório	p. 330
PET	poliéster	p. 36
PE	polietileno	p. 36
PECS	polietileno clorossulfonado	p. 40
PERM	manta geossintética antierosiva permanente	p. 424
pH	potencial hidrogeniônico	p. 507
P_f	índice de serventia final	p. 218
P_m	peso da mistura, lodo ou lama	p. 516
PP	polipropileno	p. 36
P_p	reação passiva contra o deslizamento do bloco de solo mole	p. 95
pp	período de projeto	p. 402
P_P	empuxo passivo na trincheira, sobre a geomembrana	p. 489
ppm	parte por milhão	p. 507
PPTA	poliaramida	p. 39
P_r	resistência do reforço ao arrancamento	p. 115
$P_{r,o}$	resistência admissível das conexões	p. 115
PS	poliestireno	p. 36
PSI	índice de serventia presente	p. 218
PVA	polivinil álcool	p. 39
PVC	policloreto de vinila ou polivinil clorado	p. 36
q	sobrecarga uniformemente distribuída sobre o terrapleno	p. 111
Q	carga estática equivalente do compactador	p. 118
q	sobrecarga uniformemente distribuída na superfície do terrapleno	p. 122
Q	fluxo normal ao plano	p. 254
Q	vazão de escoamento superficial	p. 445

q_{adm}	capacidade de vazão planar admissível do geossintético	p. 312
q_{calc}	vazão unitária calculada	p. 311
q_d	vazão unitária de contribuição de projeto	p. 311
Q_{GP}	capacidade de vazão longitudinal do geotubo	p. 314
QI_a	irregularidade do pavimento existente	p. 410
QI_d	irregularidade imediatamente após a aplicação da camada de recapeamento asfáltico	p. 410
q_{max}	capacidade de carga do solo de fundação	p. 112
$Q_{p,d}$	capacidade de carga de sapata apoiada em camada de solo de reforço, sem geossintético	p. 152
$Q'_{p,d}$	capacidade de carga de sapata apoiada em camada de solo, reforçada com geossintético	p. 152
$q_{p,i}$	capacidade de vazão planar inicial do geossintético, obtida em laboratório	p. 311
q_s	sobrecarga no nível da base da estrutura, caso esta esteja parcialmente enterrada	p. 112
q_w	vazão do dreno vertical pré-fabricado	p. 365
R	função reforço do geossintético, genérico	p. 24
R	fator de precipitação e escoamento	p. 429
r	raio da cavidade circular	p. 188
r	raio da área de contato da roda equivalente	p. 211
r	distância radial medida do centro de drenagem até o ponto considerado	p. 361
R_B	força de aderência na base do bloco de solo mole	p. 95
$R_{B,k,5\%}$	resistência característica de projeto, de custo prazo, para 95% de confiança	p. 385
RDM	afundamento em trilha de roda	p. 408
R_D	resistência à tração disponível, de projeto	p. 385
r_{geo}	raio nominal da coluna	p. 388
RH	estado de restauração	p. 408
R_o	raio do círculo crítico tangente à horizontal na profundidade z, método de Low	p. 98
R_r	índice do circulo crítico, tangente à horizontal, na profundidade z, para o aterro reforçado, método de Low	p. 98
R_T	força de aderência no topo do bloco de solo mole	p. 95

r_u	parâmetro de poropressão	p. 97
S	função separação do geossintético, genérico	p. 24
S	declividade do talude/superfície	p. 429
s	espaçamento entre estacas adjacentes	p. 159
s	profundidade máxima permitida de trilha de roda	p. 212
S_1	fator de penetração para o elemento perfurante	p. 333
S_2	fator de escala para equivalência geométrica laboratório/obra	p. 333
S_3	fator que ajusta a forma plana da ponta do elemento perfurante usado em ensaios de laboratório	p. 333
Sv	espaçamento horizontal entre reforços	p. 116
S_i	índice de rigidez relativa solo–reforço	p. 124
SN	número estrutural do pavimento	p. 214
SN_{BR}	número estrutural do pavimento, considerando-se a contribuição da geogrelha	p. 214
SNC	número estrutural do pavimento, corrigido	p. 410
S_o	desvio padrão que leva em conta as incertezas das variáveis medidas e do processo construtivo	p. 214
S_S	recalque no solo	p. 388
S_u	resistência não drenada do solo mole	p. 97
S_{ueq}	resistência não drenada equivalente do solo mole	p. 97
Sv	espaçamento vertical entre reforços	p. 116
T	temperatura	p. 41
T	esforço de tração no geossintético, genérico	p. 86
t	tempo	p. 88
t	idade do pavimento original ou da restauração	p. 405
t	tempo de duração do evento de precipitação	p. 446
t_0	idade correspondente ao aparecimento visível das primeiras trincas de reflexão	p. 405
T_{axial}	força de tração axial na FTT	p. 298
T_a	carga de arrancamento atuante no geossintético	p. 90
T_{adm}	resistência a tração localizada admissível do geossintético	p. 32
T_{axial}	resistência axial a tração de projeto atuante no geossintético	p. 297
TBR	taxa de benefício de tráfego	p. 204
TERM	manta geossintética antierosiva temporária	p. 424

T_d	resistência a tração do reforço de dimensionamento	p. 115
T_{ds}	esforço lateral do aterro, transferido ao geossintético	p. 158
T_{ensaio}	resistência a tração localizada do geossintético, em laboratório	p. 332
T_f	temperatura de fusão	p. 42
T_g	temperatura de transição vítrea	p. 42
TGA	ensaio de análise termogravimétrica	p. 40
t_{GT}	espessura nominal do geotêxtil	p. 50
T_h	fator tempo para drenagem horizontal, na consolidação de solos compressíveis	p. 362
T_{max}	resistência de pico do geossintético, em ensaio de faixa larga	p. 87
T_{max}	tensão máxima de tração solicitante, nos reforços	p. 115
T_o	tensão de tração no reforço, junto à face do muro ou talude reforçado	p. 115
t_p	espessura total da camada de solo reforçado	p. 153
T_r	resistência de pico do geossintético, em ensaio de faixa larga	p. 87
TR	porcentagem de área de recapeamento trincada	p. 404
T_{ref}	resistência de referência do geossintético, para o tempo de vida útil esperado para a obra	p. 88
T_{req}	resistência a tração do geossintético, requerida pelo projeto	p. 90
TRM	geossintético tridimensional para reforço de vegetação	p. 437
T_{rp}	força de tração, atuante no reforço, que transfere a carga vertical do aterro às estacas	p. 157
TSP	teor de sólidos totais, em peso	p. 507
TSV	teor de sólidos totais, em volume	p. 507
T_{ult}	resistência a tração de pico do geossintético, determinada em ensaio rápido	p. 295
T_v	fator tempo, em consolidação de solos compressíveis	p. 360
U	coeficiente de uniformidade do solo	p. 252
u	poro-pressão	p. 360
$\bar{U}$	grau de adensamento global	p. 362
$\bar{U}_h$	grau de adensamento para drenagem horizontal ou radial	p. 362
UV	radiação ultravioleta	p. 35
$\bar{U}_v$	grau de adensamento vertical médio da camada	p. 360
V	velocidade média de percolação	p. 254

V	volume total escoado	p. 446
V	volume específico do solo	p. 223
V_d	componente vertical da carga atuante na sapata	p. 153
v_m	volume da mistura, lodo ou lama	p. 516
V_s	vida de serviço do pavimento	p. 401
V_t	volume da torta gerada	p. 516
W	peso da fôrma têxtil preenchida, por unidade de comprimento	p. 297
W	peso da geomembrana, por unidade de comprimento	p. 483
W	peso da camada de cobertura	p. 439
W_{18}	número de solicitações equivalentes ao eixo padrão	p. 213
W_G	largura da FTT	p. 296
W_q	resistência hidráulica dos drenos verticais pré-fabricados	p. 366
W_T	carga vertical distribuída, aplicada pelo aterro, suportada pelo refôrço	p. 161
x	comprimento de mobilização da força de tração T	p. 487
y	penetração do geotêxtil no vazio, entre blocos	p. 332
y_E	braço de alavanca do empuxo ativo, em relação ao pé da estrutura	p. 111
z	profundidade considerada no solo mole	p. 98
z	profundidade do elemento de solo considerado, no aterro	p. 121
Z_c	profundidade de influência da compactação	p. 120
Z_p	penetração da ponta do elemento contundente	p. 333
Z_R	desvio padrão da probabilidade de êxito, definida para a estrutura dimensionada	p. 214

Listagem das notações em caracteres gregos

Notação	Descrição da Notação	Localização
α	fator de correção do efeito de escala	p. 128
α	ângulo de espraiamento do carregamento ao longo da espessura do aterro	p. 330
α	declividade do talude igual à tangente do ângulo com o plano horizontal	p. 445
α	ângulo de inclinação gerado pela subsidência	p. 485
α	relação áreas da coluna e sua influência	p. 393
α'_1	coeficiente de interação da face 1 solo/geossintético	p. 166

Unidades e Notações

α'_2	coeficiente de interação da face 2 solo/geossintético	p. 166
α_β	fator geométrico estrutural para resistência passiva	p. 129
α_f	fator geométrico estrutural para resistência friccional	p. 129
β	deformabilidade do reforço	p. 125
β	ângulo de inclinação do talude	p. 439
β	inclinação relativa do talude V:H	p. 483
δ	ângulo de atrito de interface geossintético/solo ou material adjacente	p. 66
δ	inclinação da carga Q atuante na sapata	p. 152
δ	peso específico seco dos grãos	p. 299
δ	peso específico dos grãos constituintes do material de preenchimento da FTT	p. 299
δ_{sr}	ângulo de atrito entre o solo e o reforço	p. 89
Δh	espaçamento vertical entre camadas de reforço geossintético	p. 153
ΔH	perda de altura da FTT, por consolidação do preenchimento	p. 299
ΔH	perda de altura por consolidação	p. 299
ΔL	elongação da geomembrana por variação térmica	p. 486
ΔPSI	perda de serventia esperada durante o período de projeto	p. 213
Δ_{rc}	variação do raio da coluna	p. 388
Δr_{geo}	aumento do raio da coluna	p. 388
$\Delta\sigma_0$	carregamento vertical do dimensionamento	p. 390
$\Delta\sigma_{h,diff}$	tensão horizontal diferencial	p. 388
$\Delta\sigma_{h,geo}$	acréscimo de tensão horizontal resistente na coluna	p. 388
$\Delta\sigma_{v,c}$	tensão vertical no topo da coluna	p. 387
$\Delta\sigma_{v,s}$	tensão vertical no topo do solo	p. 387
ΔQ	acréscimo de capacidade de carga devido ao reforço geossintético	p. 152
ΔT	intervalo de variação térmica	p. 486
ε	deformação específica do geossintético	p. 189
ε'	taxa de deformação do geossintético, em função do tempo decorrido	p. 86
ε_{adm}	deformação específica admissível no reforço geossintético	p. 99
ε_{max}	elongação na ruptura, genérica	p. 87
η	porosidade	p. 227

η_m	fator de calibração do módulo de cálculo	p. 385
ϕ	ângulo de atrito interno do solo ou do material de aterro	p. 184
δ	ângulo de atrito solo/geossintético	p. 476
ϕ'	ângulo de atrito interno do solo	p. 228
ϕ'_p	ângulo de atrito efetivo do solo obtido em condições de pico de resistência	p. 122
ϕ'_{cv}	ângulo de atrito efetivo do solo em condições de volume constante	p. 122
ϕ_{max}	diâmetro máximo dos agregados da mistura asfáltica	p. 400
γ	peso específico do material de aterro, do solo-base ou do solo de reforço	p. 122
γ	peso específico do solo acima do geossintético	p. 188
γ	densidade do material de preenchimento da geofôrma	p. 296
γ_{AT}	peso específico do solo na trincheira de ancoragem	p. 489
γ_f	peso específico do solo de fundação	p. 113
γ_G	fator de segurança para as cargas permanentes	p. 385
γ_{GM}	peso específico da geomembrana	p. 483
γ_M	fator de segurança parcial da resistência estrutural do geossintético	p 385
γ	densidade da mistura	p. 515
γ_Q	fator de segurança para as cargas variáveis	p. 385
γ_t	densidade da torta	p. 523
γ_u	densidade de camada de solo de reaterro	p. 153
γ_w	peso específico da água	p. 360
λ	número de estabilidade, método de Low	p. 97
λ	inclinação das linhas de compressão	p. 223
μ	coeficiente linear de expansão térmica da geomembrana	p. 486
μ^*	coeficiente de atrito aparente da interface solo/reforço	p. 129
ν_o	coeficiente de Poison, no repouso	p. 119
ω	ângulo de inclinação do maciço reforçado em relação ao plano horizontal, Jewell	p. 121
ω_s	sobrecarga atuante sobre o aterro	p. 160
Ψ	permissividade do geossintético	p. 61
ρ_a	massa por unidade de área de um geossintético	p. 49

ρ_f	massa específica da fibra ou do filamento que constitui o geotêxtil	p. 50
ρ_f	densidade das fibras do geotêxtil	p. 257
ρ_w	massa específica da água	p. 50
σ	tensão normal de confinamento do geossintético	p. 66
σ_{adm}	tensão de tração admissível na geomembrana	p. 487
σ_h	tensão normal horizontal	p. 184
$\sigma_{h,c}$	tensão horizontal na coluna	p. 388
σ_n	tensão normal de confinamento do geossintético	p. 485
σ_p	resistência ao puncionamento	p. 487
σ_r	tensão de tração de ruptura da geomembrana	p. 485
σ_{tA}	tensão de tração atuante na geomembrana	p. 483
σ_v	tensão normal vertical	p. 188
$\sigma_{v,o,c}$	tensão vertical inicial na coluna	p. 388
σ'_v	tensão efetiva vertical na interface solo/reforço	p. 129
σ'_v	tensão vertical média na base do aterro	p. 160
$\sigma_{v,i}$	tensão vertical atuante no geossintético, fora da área de projeção da sapata	p. 153
σ'_{zc}	tensão vertical máxima após a compactação	p. 117
θ	transmissividade do geossintético	p. 61
θ_d	ângulo de equilíbrio	p. 180
θ_p	ângulo com a vertical entre a face externa do último capitel e a borda do aterro	p. 159
Θ	temperatura do geossintético	p. 87
τ	resistência ao cisalhamento de interface	p. 66
τ_a	tensão cisalhante de arrancamento em uma das faces do geossintético	p. 87
τ_{ai}	tensão de aderência na face inferior do reforço	p. 100
τ_{as}	tensão de aderência na face superior do reforço	p. 100
τ_s	resistência ao cisalhamento do solo	p. 90
τ_{sr}	tensão de aderência o solo/reforço	p. 89
$\upsilon_{a,d}$	ângulo que define a cunha de ruptura sob a sapata	p. 152
φ'_{cv}	ângulo de atrito efetivo do material do aterro, sob grandes deformações	p. 159
$\varphi'_{F,k}$	ângulo de atrito efetivo do solo das camadas reforçadas	p. 152

Currículo dos Autores

AFONSO CELSO MORUZZI MARQUES [Capítulo 13]
Engenheiro civil, graduado pela Escola de Engenharia de São Carlos da Universidade de São Paulo em 1986, mestre em Mecânica dos Solos pela Faculdade de Ciências e Tecnologia da Universidade de Lisboa em cooperação com o Laboratório Nacional de Engenharia Civil – LNEC (1991) e doutor em Geotecnia pela Escola de Engenharia São Carlos – USP, em cooperação técnica com universidade norte-americana, Virginia Polytechnic Institute and State University – Virginia Tech (Visiting Professor), em 2001. Membro da equipe da ENGECORPS desde 1991, tendo atuado no desenvolvimento de projetos de infraestrutura em obras hidrelétricas, rodoviárias, metroviárias, portuárias e aeroportuárias, entre outras. Exerce atualmente as funções de Diretor Técnico da Área de Infraestrutura e de Consultor em Geotecnia.
E-mail: afonso@engecorps.com.br

ALBERTO ORTIGÃO [Item 4.4]
É engenheiro civil e doutor pela UFRJ, onde foi professor por mais de 25 anos. Foi pesquisador do Building Research Establishment, Inglaterra, e engenheiro da Fugro em Londres. Foi professor visitante das seguintes universidades: University of British Columbia, UBC, Canadá; City University of Hong Kong e University of Western Sydney Austrália. Trabalhou em grandes de aterros, rodovias, túneis, barragens, metrôs, portos, estabilização de taludes no Brasil, no Peru, na Bolívia, na Venezuela, no Equador, em Hong Kong e na Malásia. Publicou cerca de uma centena de artigos técnicos e quatro livros.
E-mail: ortigao@terratek.com.br

ALBERTO S. F. J. SAYÃO [Item 4.5]
Graduado em Engenharia Civil pela Pontifícia Universidade Católica do Rio de Janeiro (1976) e doutorado em Engenharia Geotécnica na University of British Columbia, Canadá (1989), onde atuou como Professor Visitante em 2000. Atualmente é professor associado da PUC-Rio. Foi presidente da ABMS – Associação Brasileira de Mecânica dos Solos e Engenharia Geotécnica de 2004 a 2008. Com experiência em ensino e pesquisa em Engenharia Geotécnica, atua principalmente em investigações de campo e laboratório, estabilização de encostas, geossintéticos, e barragens e obras de terra. Foi eleito, em 2011, membro titular da Academia Nacional de Engenharia (ANE), onde atua como diretor secretário geral. É autor de dois livros na especialidade, e dezenas de artigos em congressos e revistas téc-

nicas e na imprensa. É membro eleito do Conselho Deliberativo do Comitê Brasileiro de Barragens (CBDB) e membro vitalício do Conselho Diretor da ABMS. Prêmios: José Machado, da ABMS, no biênio 1996-98; Revista Geotecnia, em 2002; Revista Soil and Rocks, em 2012; Medalha da Sociedade Portuguesa de Geotecnia, em 2014.
E-mail: sayao@puc-rio.br

ANDRÉ KAZUO KUCHIISHI [Item 4.9]
Graduado em Engenharia Civil da Escola Politécnica da USP. É aluno de Iniciação Científica do Laboratório de Tecnologia de Pavimentação do Departamento de Engenharia de Transportes, tendo participado de eventos, congressos, patente e artigos científicos relacionados à caracterização da textura do pavimento asfáltico.
E-mail: andre.kuchiishi@usp.br

BENEDITO DE SOUZA BUENO [Capítulos 2, 3 e 14]
Engenheiro civil (1975) e mestre em Geotecnia pela Escola de Engenharia de São Carlos – EESC-USP (1979); PhD em Engenharia Civil (1987) pela University of Leeds (Inglaterra, GB). Professor titular aposentado da EESC, lecionou também na Universidade Federal de Viçosa e realizou pesquisas na área de Melhoria de Solos, principalmente, com o uso de geossintéticos. Foi o idealizador e responsável pela construção e montagem do Laboratório de Geossintéticos da EESC. Recebeu diversos prêmios como os da International Geosynthetics Society, Petrobrás e Associação Brasileira de Mecânica dos Solos e Engenharia Geotécnica. Orientou cerca de 50 Dissertações de Mestrado e Teses de Doutorado e publicou cerca de duas centenas de trabalhos em congressos e em periódicos e vários textos básicos para o ensino de graduação na área de Geotecnia.

CELSO LUIZ LOTTI [Capítulo 2]
Possui graduação em Engenharia de Materiais com ênfase em Polímeros pela Universidade Federal de São Carlos (2003) e mestrado em Ciência e Engenharia de Materiais também pela Universidade Federal de São Carlos (2011). Com mais de 12 anos de experiência de atuação no setor petroquímico, trabalhou nas áreas de Pesquisa, Desenvolvimento e Suporte Técnico de empresas multinacionais como Rhodia, EP e DOW. Atualmente atua como especialista na área de Engenharia de Aplicação e Desenvolvimento de Mercado na Braskem, para o segmento de nãotecidos na América do Sul.
E-mail: celso.lotti@braskem.com

CLARA NAOKO TAKAKI [Capítulo 11]
Engenheira civil pelo Escola Politécnica da Universidade de São Paulo – EPUSP (1996). Atuou nas áreas de Projetos e Consultoria Geotécnica somando duas décadas de experiência em obras de infraestrutura (obras rodoviárias, portuária, industrial e barragem)

Curriculo dos Autores

com ênfase nas áreas de fundação, obras de terra, estrutura de contenções, tratamentos de solos argilosos moles, estabilizações de encostas e escavações. Atualmente, é sócia do Escritório Geotécnico Brasileiro.
E-mail: clara@escritoriogeotecnico.com.br

CLÓVIS BENVENUTO [Capítulo 14]
Engenheiro civil, Escola Politécnica da Universidade de São Paulo – EPUSP (1974); Mestre em Engenharia de Solos, – EPUSP (1983);Especialista em Waste Management in Kitakiushu, Japan, (1994). Vice-presidente da Associação Brasileira de Resíduos Sólidos e Limpeza Pública – ABLP, (2014). Diretor Técnico da Geotech – Geotecnia Ambiental Consultoria e Projetos Ltda.(1997). Atua nas áreas de Licenciamento Ambiental de Aterros Sanitários e Industriais, Planos de Recuperação Ambiental de Áreas Degradadas (PRAD) e Planos de Gestão Integrada de Resíduos Sólidos (PGIRS). Presta serviços de consultoria, estudos e projetos nas áreas de competência de: Obras de Terra, Fundações, Estabilidade de Taludes e Contenções, Geotecnia Ambiental, Resíduos Sólidos e Geossintéticos.
E-mail: geotech@terra.com.br

EDUARDO AZAMBUJA [Item 4.5]
Engenheiro civil pela Universidade Federal do Rio Grande do Sul (1985) e Mestre em Geotecnia pelo PPGEC (UFRGS). Diretor da Azambuja Engenharia e Geotecnia Ltda desde 1994, atua em projetos estruturais, geotécnicos e ambientais.
E-mail: eduardo@azambuja.com.br

ENNIO MARQUES PALMEIRA [Item 4.4 e Capítulo 8]
Nascido na cidade do Rio de Janeiro (RJ), em 1953, atualmente é professor titular da Universidade de Brasília. É formado em Engenharia Civil pela Universidade Federal do Rio de Janeiro (1977), e é mestre em Ciências pela COPPE/UFRJ (1981) e PhD. pela University of Oxford (Reino Unido, 1987). Fez estágio de pós-doutorado na University of British Columbia (Canadá, 1995). É pesquisador Nível 1A do CNPq, membro titular da Academia Brasileira de Ciências e Comendador da Ordem Nacional do Mérito Científico, conferido pela Presidência da República do Brasil. É membro honorário da International Geosynthetics Society (IGS) e foi premiado duas vezes pela IGS (1996 e 2004). Recebeu também os prêmios José Machado e Terzaghi da Associação Brasileira de Mecânica dos Solos e Engenharia Geotécnica (ABMS). Foi editor da revista *Soils and Rocks*, é editor associado dos periódicos *Canadian Geotechnical Journal* e *Environmental Geotechnics* e membro dos corpos editoriais dos periódicos *Geotextiles and Geomembranes, Geosynthetics International, International Journal of Geosynthetics and Ground Engineering e Soils and Rocks*. É também revisor de artigos para diversos periódicos internacionais. Ministrou diversas palestras e cursos no país

e no exterior, tendo sido *keynote lecturer* em eventos internacionais sobre geossintéticos e *mercer lecturer* (IGS/ISSMGE) do biênio 2007-2008. Pesquisa e leciona sobre geossintéticos em aplicações geotécnicas e geoambientais há 37 anos, e possui mais de 400 trabalhos publicados sobre o tema. Organizou, ou co-organizou, diversos eventos sobre geossintéticos no país e no exterior. Orientou 68 teses e dissertações de mestrado sobre geossintéticos, algumas delas premiadas nacional ou internacionalmente. Recebeu diversas premiações e honrarias no país e no exterior.
E-mail: palmeira@unb.br

EVANGELISTA CARDOSO FONSECA [Capítulo 8]
Engenheiro civil pela Escola Politécnica da Universidade Federal da Bahia/UFBA (1978). MSc em Geotecnia pela Pontifícia Universidade Católica do Rio de Janeiro/PUC-Rio (1991). Fez pesquisas voltadas à caracterização e comportamento geotécnico de solos residuais e não saturados. Realizou pesquisa sobre o comportamento de muros em solo reforçado com geossintéticos. Mais de duas décadas de atuação como Consultor em Geotecnia e mais de três como professor da UFBA.
E-mail: evan@ufba.br

GERSON RODRIGUES DE CASTRO [Capítulo 6]
Engenheiro civil e mestre em Engenharia de Solos pela Escola Politécnica da Universidade de São Paulo – Epusp. Foi professor de Mecânica dos Solos, Obras de Terras e Fundações na Epusp, Instituto de Geociências e Faculdade de Arquitetura da USP, desde 1972; atuou na área de Geotecnia aplicada a obras rodoviárias, metroviárias, barragens, fundações de edifícios, de pontes, de obras portuárias, de escavações subterrâneas a céu aberto e túneis nas empresas Sondotécnica – Engenharia de Solos, Figueiredo Ferraz Consultoria e Engenharia de Projetos e Maubertec Engenharia de Projetos. Atuou como chefe de Geotecnia da Divisão de Projetos da DERSA e hoje trabalha como Assessor da Fiscalização na Divisão de Obras da Desenvolvimento Rodoviário Dersa S.A.
E-mail: gerson.castro@dersa.sp.gov.br

GLICÉRIO TRICHÊS [Item 4.9]
Engenheiro civil pela UFSC (1981); mestre em Geotecnia pela Coppe-UFRJ (1985); doutor em Infraestrutura Aeroportuária pelo Centro Tecnológico de Aeronáutica (CTA), do Instituto Tecnológico de Aeronáutica – ITA (1993). É professor Titular do Curso de Engenharia Civil da Universidade Santa Catarina (UFSC), desde 1984 e do Programa de Pós-graduação do mesmo curso, do qual foi coordenador por dois mandatos. Pesquisador 1D do CNPq. Orientador de mestrado e doutorado. Desenvolve trabalhos de pesquisa e de aplicação técnica na área de infraestrutura, reciclagem de materiais e pavimentos, novos materiais, nanotecnologia, ruído, entre

outros, tendo publicado mais de 200 artigos sobre estes temas em eventos nacionais e internacionais e em revistas e periódicos indexados. Coordenador de projetos de pesquisa com financiamento do CNPq, Fapesc , Petrobras, e da iniciativa privada. Coordenador do Grupo de Pesquisa Rodovias Verdes (www.rodoviasverdes. ufsc.br) em que atuam mais de 15 alunos de graduação, de pós--graduação e professores. É consultor nas áreas de avaliação de pavimentos, projetos de dimensionamento e de restauração de rodovias e controle tecnológico de execução de pavimentos. Participou na elaboração de projetos em mais de 600 km de rodovias de Santa Catarina. É membro atuante de Associações e Comissões na área de infraestrutura viária.
E-mail: glicerio.triches@ufsc.br

HENRIQUE MAGNANI DE OLIVEIRA [Capítulo 10]
Engenheiro civil pela Universidade Federal de Santa Catarina – UFSC (1986); mestre em Geotecnia pela Coppe – UFRJ (1991); especialização em Geotecnia nas Universidades de Tóquio e Nagóia (Japão); doutorado em Geotecnia pela Coppe – UFRJ. É professor de Engenharia Civil desde 1996 e de Pós-Graduação de Engenharia Civil da UFSC. Desenvolve pesquisas sobre comportamento de aterros reforçados sobre solos moles tratados com drenos verticais pré-fabricados. Consultor em Geotecnia, com ênfase em aterros sobre solos moles; aterros estaqueados; fundações de pontes e de edifícios; contenção, estabilização e proteção de margens de rios, escavações e contenção de encostas.
E-mail: henriquemagnani@uol.com.br

JORGE AUGUSTO PEREIRA CERATTI [Capítulo 12]
Engenheiro civil formado pela Universidade Federal do Rio Grande do Sul – UFRGS (1976); MSc. pelo CPGEC (Centro de Pós-Graduação de Engenharia Civil/UFRGS) (1979; DSc. pela Coppe – UFRJ (1991). Trabalha há mais de duas décadas com pesquisas e consultoria na área de Geotecnia Aplicada a Pavimentos. Coordenador do Laboratório de Pavimentação – Lapav, da UFRGS, tem cerca de cem trabalhos publicados, no Brasil e no exterior, sobre Mecânica de Pavimentos.
E-mail:ceratti@adufrgs.ufrgs.br

JOSÉ CARLOS VERTEMATTI
[Itens 4.1, 4.2, 4.3, 4.11, Capítulos 1, 5, 6, 7, 15 e Apêndice]
Engenheiro civil pela Escola Politécnica da Universidade de São Paulo – Epusp(1974). Atua nas áreas de Geotecnia e Hidráulica, acumulando experiência em mercados e aplicações de geossintéticos desde 1975. Desenvolveu várias invenções: dique contínuo de contenção (Fôrma Têxtil Tubular FTT), dreno vertical composto (Geodreno) e dreno subterrâneo extensível (Geocomposto Drenante Extensível GCDE). É diretor da empresa JCV Técnicas e Soluções de

Engenharia S/S Ltda., que atua nas área de consultoria geotécnica e hidráulica.
E-mail: vertematti2014@gmail.com

LIEDI BARIANI BERNUCCI [Item 4.9]
Graduada em Engenharia Civil pela Escola Politécnica da Universidade de São Paulo (1981), mestrado em Engenharia Geotécnica pela Universidade de São Paulo (1987), tendo feito pesquisa para seu mestrado no Institut Fuer Grundbau und Bodenmechanik – Eidgenoessische Technische Hochschule Zürich, ETHZ, Suíça, onde permaneceu de 1984 a 1986. Retornou à mesma Instituição suíça para seu doutorado "sanduíche" com bolsa da Fapesp (1988-1989) e finalizou seu doutorado em Engenharia de Transportes pela Universidade de São Paulo (1995). Realizou sua livre-docência em 2001 e tornou-se, em 2006, professora titular da Escola Politécnica da Universidade de São Paulo, da qual é docente desde 1986. Foi a chefe do Departamento de Engenharia de Transportes da Escola Politécnica da USP por sete anos no total, cargo que ocupou até março de 2014. É atualmente vice-diretora da Escola Politécnica (2014-2018). Atua na área de Infraestrutura de Transportes: Vias Urbanas, Rodovias, Aeroportos e Ferrovias. Formou diversos alunos de graduação, de mestrado e de doutorado; supervisionou pós-doutorados; é autora do livro " *Pavimentação Asfáltica: Formação Básica para Engenheiros* & quot; juntamente com Laura M.G. Motta, Jorge A P Ceratti e Jorge B. Soares; publicou mais de 160 trabalhos; foi editora da *Transportes*, de 1999 a 2003; coordena projetos de pesquisa financiados por órgãos de fomento, agências e por empresas públicas e privadas; foi coordenadora da Comissão de Asfalto do Instituto Brasileiro de Petróleo, Gás e Biocombustível (IBP), em 2007, coordenou o 19º. Encontro de Asfalto em 2008, e coordenou a área científica do Congresso Brasileiro de Rodovias e Concessões em 2009 e em 2011. Participa de diversas associações e grupos de trabalhos de normalização e estudos.
E-mail: liedi@usp.br

LUCAS FESTUGATO [Capítulo 4.10]
Graduado em Engenharia Civil (2005), mestrado (2008) e doutorado (2011) em Engenharia com ênfase em Geotecnia pela Universidade Federal do Rio Grande do Sul, com período "sanduíche" na The University of Western Australia. Recebeu a Láurea Acadêmica no curso de graduação, e foi condecorado pela Associação Brasileira de Mecânica dos Solos e Engenharia Geotécnica com o Prêmio Icarahy da Silveira, destinado ao autor da melhor dissertação de mestrado em Geotecnia, defendida em instituição brasileira, no biênio 2008-2009. Cursou o pós-doutorado (2011-2012) na mesma universidade, onde atuou como pesquisador e professor na graduação e na pós-graduação. Atualmente é professor adjunto do departamento de Engenharia Civil da Universidade Federal do Rio Grande do Sul. É revisor dos periódicos *Construction and Building Materials*,

Geotextiles and Geomembranes, Journal of Geotechnical and Geoenvironmental Engineering, Geosynthetics International, International Journal of Pavement Engineering e Engineering Geology. Apresenta Fator H 6, de acordo com Web of Science, e Fator H 7, de acordo com Scopus. Atua principalmente nos seguintes temas: desenvolvimento e realização de ensaios avançados de laboratório, reforço de solos e fundações. Destaca-se o projeto e a construção de célula de compressão triaxial cíclica pelo pesquisador.
E-mail: lucas@ufrgs.br

LUIZ GUILHERME F. S. DE MELLO [Itens 4.6 e 4.7 e Capítulo 11]
Engenheiro civil pela Escola Politécnica – USP (1974). Atua na área de geotecnia, acumulando mais de 27 anos de experiência. É diretor da Vecttor Projetos S/C Ltda., que presta consultoria e elabora projetos na área de geomecânica aplicada. Professor-assistente da Escola Politécnica, tem participação intensa na ABMS, ISSMGE, ITA, DFI e IGS.
E-mail: lgmello@vecttor.com.br

MÁRCIO DE SOUZA SOARES DE ALMEIDA [Capítulo 10]
Graduado em Engenharia Civil na UFRJ em 1974; MSc. na COPPE 1977 quando entrou para os quadros da COPPE, onde desde 1994 é professor titular. Orientou mais de 70 teses de doutorado e mestrado. Obteve o PhD na University of Cambridge, Inglaterra em 1984. pós-doutorado na Itália e Noruega em 1991-92. Foi *Academic Visitor* das Universidades de Cambridge, Oxford, Western Austrália e ETH-Zurique. Tem dois Prêmios ABMS: Terzaghi e José Machado. É Pesquisador IA CNPq e "Cientista do Nosso Estado" FAPERJ. Participou duas vezes do CA-EC do CNPq (é atualmente membro titular 2013-2016) e de duas avaliações trienais da Capes. Coordenou o Programa de Engenharia Civil e a Área Interdisciplinar de Engenharia Ambiental da COPPE/UFRJ. Participou de 2 PRONEX/MCT. É atualmente um dos líderes de pesquisa do INCT "REAGEO". Coordena o MBA "Pós-graduação em meio ambiente" da COPPE desde 1998. Autor de dois livros, de capítulos de livros; 60 artigos em periódicos indexados no exterior e no país e mais de 300 artigos em congressos no Brasil e no exterior. Principais áreas de atuação: Obras de Terra, Geotecnia Ambiental e Marinha, Investigação Geotécnica e Geossintéticos. Já presidiu dois congressos internacionais. Tem intensa atuação em consultoria geotécnica. Foi convidado pelo "Comité Français de Mécanique de Sols" para proferir a "Conférence Coulomb", em junho de 2015, em Paris.
E-mail: mssal@globo.com

MARIA ESTHER SOARES MARQUES [Capítulo 10]
Engenheira civil pela Universidade Federal do Rio de Janeiro (1989), mestrado e doutorado em Engenharia Civil pela COPPE/UFRJ (1996, 2001) com pesquisas de campo e laboratório realizadas na Univer-

sité Laval, Québec. Tem experiência na área de Engenharia Civil, com ênfase em Mecânicas dos Solos, atuando principalmente nos seguintes temas: comportamento de solos moles, ensaios de campo, ensaios de laboratório, aterros sobre solos moles. Atua em projetos de pesquisas sobre comportamento de solos moles com publicação de dois livros em coautoria sobre o tema: Aterros sobre solos moles projeto e desempenho (2010) e Design and Performance of Embankments on Very Soft Soils (2013). É professora associada do Instituto Militar de Engenharia atuando na graduação, no curso de Fortificação e Construção, e nos cursos de pós–graduação em Transportes e Engenharia de Defesa.
E-mail: esther@ime.eb.br

MAURÍCIO ABRAMENTO [Capítulo 9]
Engenheiro civil (1984) e mestre em Engenharia de Solos (1988) pela Escola Politécnica da Universidade de São Paulo. PhD em Engenharia Civil e Ambiental pelo Massachusetts Institute of Technology – MIT (1993). Sócio-diretor da CEG Engenharia, empresa de consultoria e projetos em geotecnia, e professor doutor da Escola Politécnica da USP, das disciplinas de Mecânica dos Solos, Obras de Terra e Fundações (graduação) e Geossintéticos (pós-graduação). Atuou como engenheiro pesquisador do Instituto de Pesquisas Tecnológicas – IPT e como professor de Fundações e Obras de Terra na Universidade São Judas Tadeu. Atua como consultor em engenharia geotécnica, com ênfase em geossintéticos, geotecnia ambiental, fundações, estabilidade de taludes e estruturas de contenção.
E-mail: abramento@ceg.eng.br

MAURÍCIO EHRLICH [Item 4.5]
Engenheiro civil pela Universidade do Rio de Janeiro – UFRJ (1974). Obteve os graus de M.Sc. (1978) e D.Sc. (1987) também pela UFRJ. Fez pós-doutorado em Berkeley, EUA (1990). É professor da COPPE/UFRJ e EE/UFRJ, orientador de 56 teses de mestrado e doutorado em pesquisas sobre Solos Reforçados, Sistemas de Contenção, Encostas e Geotecnia Ambiental. Participou e escreveu livros e capítulos de livros e assinou mais de 200 artigos em revistas e congressos nacionais e internacionais. Pesquisador do Conselho Nacional de Desenvolvimento Científico e Tecnológico (CNPq) e detentor da bolsa "Cientista do estado" – Fundação de Amparo à Pesquisa do Estado do Rio de Janeiro (Faperj). É o único profissional atuante do hemisfério sul detentor da Norman Medal (em 1995), principal comenda conferida pela American Society of Civil Engineers (ASCE). Recebeu o Prêmio Terzaghi da Associação Brasileira de Mecânica dos Solos e Engenharia Geotécnica (ABMS), em 2006, e o IGS Achievement Award da International Geosynthetics Society, em 2012.
E-mail: me@coc.ufrj.br

NEY AUGUSTO NASCIMENTO [Item 4.8]

Engenheiro civil formado pela Universidade Federal do Paraná (UFPR) em 1972. Mestre (1975) e doutor (1983) pela University of New Mexico, Albuquerque, Estados Unidos. Professor titular aposentado da UFPR, onde lecionou durante 35 anos disciplinas de solos, fundações, materiais e geologia de engenharia. Responde atualmente pela Diretoria de Desenvolvimento Tecnológico dos Institutos Lactec, onde representa um dos associados, a UFPR. Consultor geotécnico independente, atuando com ênfase na área de saneamento.
E-mail: neygeotecnia@gmail.com

NILO CESAR CONSOLI [Item 4.10]

Professor Titular do Depto. Eng. Civil e pesquisador permanente do Programa de Pós-Graduação em Engenharia Civil da Universidade Federal do Rio Grande do Sul (UFRGS), pesquisador categoria 1A do CNPq, possui doutorado em Engenharia Civil pela Concordia University-Canadá (1991) e pós-doutorados pelas University of Oxford (1996) e University of Western Australia (2006). Editor associado do *Journal of Geotechnical and Geoenvironmental Engineering* da American Society of Civil Engineers (ASCE), membro do Editorial Board dos periódicos *Geotextiles & Geomembranes* (Elsevier), *Geosynthetics International* [Institution of Civil Engineers (ICE-UK)], *Ground Improvement* (ICE-UK), *Soils & Rocks and Transportation Geotechnics* (Elsevier), revisor dos periódicos *Géotechnique* (ICE-UK), *Journal of Materials in Civil Engineering* (ASCE), *Canadian Geotechnical Journal* (CGS), *Geotechnical Testing Journal* (ASTM), *Journal of Hazardous Materials* (Elsevier), *Waste Management* (Elsevier), *Engineering Geology* (Elsevier), *Construction and Building Materials* (Elsevier), *Geotechnical Engineering* (ICE-UK), *Soils and Foundations* (Elsevier), Geotechnical and Geological Engineering (Springer), *Géotechnique Letters* (ICE-UK), entre outros. Premiado com Telford Prize (2001) pelo Institution of Civil Engineers (ICE)-London-UK, Prêmio Terzaghi (2008) pela ABMS-Brasil e Telford Premium (2009) pelo ICE-London-UK. Têm 106 artigos no Web of Science (1.019 citações e índice h=19) e 111 artigos no SCOPUS (1.515 citações e índice h=22). É co-autor do livro Patologia das Fundações (Oficina de Textos). Tem vínculos de pesquisa com a Purdue University, University of Western Australia, University of Oxford, Imperial College London, University College London, University of Glasgow, University of Bristol, University of Southampton, Universidade do Porto, Universidade de Coimbra, City University of Hong Kong, University of Hong Kong, Universitá degli Study di Napoli Federico II, University of Manitoba, entre outras. Têm experiência em Geotecnia e Meio Ambiente – Sustentabilidade, com ênfase em novos materiais e obras geotécnicas especiais, atuando principalmente nos seguintes temas: solos reforçados com fibras, ground improvement, encapsulamento/solidificação com agentes cimentantes, métodos numéricos aplicados a problemas geotécnicos e utilização de resíduos industriais no melhoramento de solos.
E-mail: consoli@ufrgs.br

ORENCIO MONJE VILAR [Capítulos 3 e 14]
Engenheiro civil (1975), mestre e doutor em Geotecnia pela Escola de Engenharia de São Carlos – EESC-USP, realizou Pós Doutorado no CEDEX – Espanha. Professor Titular da EESC, foi Assessor do Comitê de Engenharias do CNPq, coordenador de Engenharias da Fapesp e editor da Revista *Solos e Rochas*. Tem realizado pesquisas sobre solos não saturados e geossintéticos, tendo publicado cerca de duas centenas de trabalhos em congressos e em periódicos e vários textos básicos para o ensino de graduação na área de Geotecnia.
E-mail: orencio@sc.usp.br

PAULO ROBERTO AGUIAR [Capítulos 1, 5 e 7]
Graduado em Engenharia Civil – Epusp – Escola Politécnica de São Paulo – USP – 1974, e pós graduação Mestre em Transportes pela UNICAMP-2007Atua nas áreas de geotecnia, hidráulica, infraestrutura ferroviária e meio ambiente. Acumula efetiva experiência com geossintéticos desde 1975, tendo participado de inúmeros projetos e consultorias para sua aplicação. Possui trabalhos publicados em congressos nacionais e internacionais. Foi Gerente geral da Polyfelt Geosynthetics Brasil Ltda. até abril/2001 e atualmente é diretor da Erelys Assessoria e Consultoria Ltda, empresa de consultoria e projetos. Foi Presidente do CE-02:153.19 – Geossintéticos ABNT-CB-02 no período de 2002 a 2011, e vice presidente da Associação Brasileira de Geossintéticos no período 2007 a 2009.
E-mail : paulo.aguiar@erelys.com.br

REGIS EDUARDO GEROTO [Capítulo 13]
Engenheiro civil pela Universidade Federal de São Carlos – UFSCar (2005), mestre em Geotecnia pela Escola de Engenharia de São Carlos – EESC-USP (2008), com pesquisas relacionadas à aplicação de geossintéticos em obras ambientais. Atualmente é engenheiro geotécnico da Engecorps Engenharia S.A., atuando no desenvolvimento de projetos geotécnicos em obras de infraestrutura civil (terminais aeroportuários, obras de arte especiais e contenções), em obras de infraestrutura hídrica (canais de irrigação, barragens, estações de bombeamento, túneis hidráulicos e aquedutos), em obras ambientais (aterros sanitários, dragagem de canais e obras de remediação), entre outras. Apresentou trabalhos e minicursos, além de publicar diversos artigos em congressos nacionais e internacionais, relacionados ao emprego de geossintéticos em obras geotécnicas e ambientais.
E-mail: regis@engecorps.com.br

RÉGIS MARTINS RODRIGUES [Capítulo 12]
Engenheiro de infraestrutura aeronáutica pelo Instituto Tecnológico de Aeronáutica – ITA (1985); MSc. pela Coppe/UFRJ (1987); DSc. pela COPPE/UFRJ (1991); pós-doutorado na Texas A&M University (2000).

Atua na engenharia de pavimentos (projeto, gerência, restauração, avaliação, materiais, softwares para projeto), incluindo pavimentos rodoviários, aeroportuários, urbanos e ferroviários. Tem cerca de sessenta artigos publicados, no Brasil e no exterior, e participação em cerca de oitenta projetos. É professor do ITA desde 1994.
E-mail: regis@ita.br

ROGÉRIO FRANCISCO KÜSTER PUPPI [Item 4.8]
Engenheiro civil pela Universidade Federal do Paraná – UFPR (1978), mestre em Geotecnia pela PUC-RJ (1988) e doutor em Mecânica Computacional, pelo CESEC-UFPR (2008), e professor associado da UTFPR.
E-mail: rfkpuppi@utfpr.edu.br

ROMERO CÉSAR GOMES [Item 4.5]
Engenheiro civil e engenheiro geólogo pela UFOP (1981); Mestre em Geotecnia pela UFRJ (1986), doutor em Geotecnia pela USP/São Carlos (1993), é professor titular da UFOP, atuando como docente e orientador de pesquisas de graduação, mestrado e doutorado no Departamento de Engenharia Civil da UFOP e no NUGEO – Núcleo de Geotecnia da UFOP. Atua nas áreas de Geossintéticos, Geotecnia Aplicada à Mineração e Geotecnia Urbana, principalmente, com participação em inúmeros projetos de pesquisa e de consultoria técnica nestas áreas de atuação profissional. Atualmente é o coordenador geral dos Programas de pós-graduação em Geotecnia da UFOP.
E-mail: romero@em.ufop.br

TIAGO VIEIRA [Item 4.9]
Engenheiro civil pela Escola Politécnica da USP (2011), mestre em Engenharia de Transportes (2014), e doutorando pela mesma universidade. Atuação profissional na área de consultoria com foco em pesquisa e desenvolvimento de novas tecnologias. Participações e apresentações em eventos técnicos e científicos com abrangência nacional e internacional, desenvolvimento de patentes e softwares.
E-mail: tiagovr@usp.br

VIRGÍNIA CLEMÊNCIA PEZZOLO [Capítulo 9]
Engenharia civil formada pela Escola de Engenharia Mauá, SP (1986), atuou como vice-coordenadora da Divisão de Impermeabilização do Instituto de Engenharia de São Paulo (1991-2000). Possui grande experiência na área de consultoria e projetos de impermeabilização. É sócia-diretora da Proassp Assessoria e Projetos S/C Ltda.
E-mail: virginia@proassp.com.br

WERNER BILFINGER [Itens 4-6 e 4-7 e Capítulo 11]
Engenheiro civil pela Escola Politécnica – USP (1991); mestre em Engenharia de Solos pela Escola Politécnica (1997); doutor em Engenharia de Solos pela Escola Politécnica (2002). Atua na área de geotecnia e mecânica das rochas aplicada em diversos campos como, por exemplo: aterros sobre solos moles, contenções, obras portuárias, obras rodoviárias, metroviárias e ferroviárias em geral, túneis e barragens. É sócio da Vecttor Projetos S/C Ltda.
E-mail: werner@vecttor.com.br